经济学原理 第5版

微观经济学分册

〔美〕曼昆 著 梁小民 梁 砾 译

北京大学出版社
PEKING UNIVERSITY PRESS

北京市版权局著作权合同登记　图字:01－2009－2221
图书在版编目(CIP)数据

经济学原理(第5版):微观经济学分册/(美)曼昆著;梁小民等译.—北京:北京大学出版社,2009.4
ISBN 978－7－301－15089－4

Ⅰ.经…　Ⅱ.①曼…　②梁…　Ⅲ.微观经济学－教材　Ⅳ.F0 F016

中国版本图书馆CIP数据核字(2009)第043970号

N. Gregory Mankiw
Principles of Economics, fifth edition
ISBN: 978－0－324－58997－9

书　　名:经济学原理(第5版):微观经济学分册
著作责任者:〔美〕曼　昆　著　　梁小民　梁　砾　译
责 任 编 辑:张　燕　郝小楠
标 准 书 号:ISBN 978－7－301－15089－4/F·2161
出 版 发 行:北京大学出版社
地　　址:北京市海淀区成府路205号　100871
网　　址:http://www.pup.cn
电　　话:邮购部62752015　发行部62750672　编辑部62752926　出版部62754962
电 子 邮 箱:em@pup.pku.edu.cn
印　刷　者:涿州市星河印刷有限公司
经　销　者:新华书店
787毫米×1092毫米　16开本　35印张　672千字
2009年4月第1版　2012年10月第14次印刷
定　　价:54.00元

献给 *Catherine* *Nicholas* 和 *Peter*,

作为我给下一代的另一种贡献

作者介绍

N. 格里高利 · 曼昆(N. Gregory Mankiw)是哈佛大学经济学教授。作为学生,他曾在普林斯顿大学和麻省理工学院学习经济学;作为教师,他讲授过宏观经济学、微观经济学、统计学和经济学原理。多年前他甚至还在长滩岛当过一个夏天的帆船运动教练。

曼昆教授是一位高产的学者和一位学术与政治争论的经常参与者。他的著作发表在许多学术杂志上,例如《美国经济评论》、《政治经济学杂志》和《经济学季刊》,以及更具普及性的报刊上,例如《纽约时报》和《华尔街日报》。他也是最畅销的中级经济学教科书《宏观经济学》(沃思出版公司出版)的作者。除了教学、研究和写作之外,曼昆教授还是美国国家经济研究局的合作研究人员、波士顿联邦储备银行和国会预算办公室的顾问,以及 ETS 考试研发委员会下设的经济学高阶水平考试委员会成员。从 2003 年到 2005 年,他担任总统经济顾问委员会主席。

曼昆教授现在与妻子 Deborah,三个孩子 Catherine、Nicholas 和 Peter,以及宠物狗 Tobin 住在麻省的威尔斯利。

1. 名词解释
2 单项选择
3. 多项选择
4. 判断改错 x5 =15
5. 计算 10

前言：致学生

6. 举例说明 2x5=10
7. 分析说明 1x10 =10

19 世纪伟大的经济学家阿尔弗雷德·马歇尔（Alfred Marshall）在他的教科书《经济学原理》中这样写道："经济学是一门研究人类一般生活事务的学问。"虽然自从马歇尔那个时代以来，我们对经济了解得更多了，但对经济学的这一定义在今天依然如同在 1890 年他的教科书第 1 版出版时一样正确。

作为一个 21 世纪初的学生，为什么你还应该从事经济学的学习呢？原因有三个：

学习经济学的第一个原因是，它有助于你了解你所生活在其中的世界。有许多经济问题会激起你的好奇心。为什么在纽约市找公寓如此困难？为什么如果旅客周六停留一个晚上，航空公司对往返机票的收费就要低一些？为什么约翰尼·迪普（Johnny Depp）作为电影明星得到的报酬如此之高？为什么许多非洲国家的生活水平如此低下？为什么一些国家通货膨胀率高，而另一些国家物价稳定？为什么在一些年份找工作容易，而在另一些年份困难？这些只是经济学课程可以帮助你回答的许多问题中的几个。

学习经济学的第二个原因是，它将使你更精明地参与经济。在你的日常生活中，你要做出许多经济决策。当你是学生时，你要决定在学校学习多少年。一旦你参加了工作，你要决定把多少收入用于支出，多少用于储蓄，以及如何将你的储蓄用于投资。有一天你会发现你要管理一家小企业或一个大公司，而且你要决定为你的产品制定多高的价格。本书各章提出的观点将使你从一个新角度去思考如何最好地做出这些决策。学习经济学本身不会使你富有，但它将提供一些有助于你努力致富的工具。

学习经济学的第三个原因是，它将使你更好地理解经济政策的潜力与局限性。各种不同形式税收带来的负担是多少？与其他国家自由贸易的影响是什么？保护环境的最好方法是什么？政府的预算赤字如何影响经济？这些问题以及类似的经济问题总是萦绕在市政机关、州长办公室和白宫的决策者的脑海里。作为一个选民，你可以帮助政府在这些引导全社会资源配置的政策之间作出选择。对经济学知识的理解将有助于你履行这一职责。而且说不准，也许有一天你自己也会成为那些决策者中的一员。

因此，经济学原理可以运用到生活中的方方面面。无论以后你阅读报纸、管理企业还是坐在白宫椭圆形的办公室中，你都将会为学习过经济学而感到欣慰。

N. 格里高利·曼昆

2008 年 9 月

1. 机会成本：是指为了得到某种东西而所要放弃另一些东西的最大价值
2. 略
3. 边际报酬递减规律：①是指当其它技术水平不变的条件下，在连续地把一种可变要素增加到其它一种或几种数量不变的生产要素上去的过程中，当这种可变生产要素的投入量小于某一特定值时，增加该要素投入所带来的边际产量是递增的，当这种可变要素的投入量连续增加并超过这个特定值时，增加该要素投入所带来的边际产量是递减的

或② 在短期生产过程中，在其它条件不变前提下，增加某种生产要素的投入，当该生产要素投入增加到一定程度以后，增加一单位该要素所带来的效益增加量是递减的。边际收益递减规律是在以技术水平和其它生产要素的投入数量保持不变为条件的条件下进行讨论的一种规律

4. 公共物品：指公共使用或消费的物品，严格意义上来讲公共物品具有非竞争性和非排他性

5. 供给价格弹性：指供给量对价格变化作出的反应程度

6. 消费者剩余 P.139

7. 边际效用递减规律：在一定时间内，在其它商品的消费数量保持不变的条件下，随着消费者对某种商品消费量的增加，消费者从该商品连续增加的每一消费单位中所得到的效用增量即边际效用是递减的

8. 市场失灵：市场无法有效率地分配商品和劳务情况

9. 帕累托最优：也称帕累托效用，是指资源分配的一种理想状态。假定固有的一群人和可分配的资源，从一种分配状态到另一种状态的变化中，在没有任何人境况变坏的情况下，使得至少一人变得更好。

10. 纳什均衡：是一种策略组合，使得每个参与人的策略是对其它参与人策略的最优反应。在一个博弈均衡里，如果其它参与者不改变策略，任何一个参与者都不改变自己的策略

11. 一级价格歧视：假定垄断者知道每一个消费者对任何数量的产品所要支付的最大货币量，并以此决定其价格，所确定的价格正好等于对产品的需求价格，因而获得每个消费者的全部消费剩余

12 引致需求：生产要素的需求不是直接需求，而是间接需求，这种生产要素的需求又叫派生需求或引致需求 eg:面包商对面粉的需求
13 弹性：一个变量相对于另一变量发生的一定比例的改变的属性

曼昆的第 5 版　来体验吧

我们知道你经常缺少时间。但是，当体验了曼昆第 5 版的学习工具时，你可以使你的努力与结果最大化。运用产品支持网站和经济学中心所提供的网络互动实战应用方法，你可以迅速地强化每一章的概念，磨炼你的技能。

如果印刷本的学习指南更适于你的需要和学习习惯，曼昆第 5 版的学习指南在其准确性、语言的简洁性和提高你学习效率的实践性方面，是无与伦比的。

产品支持网站

www. cengage. com/economics/mankiw

曼昆的产品支持网站简单易用。在这里，你可以找到免费的自测题（Interactive Quiz）、关键术语的电子学习卡片（Key Terms Flashcards）、各章“即问即答”的答案、与你的老师可能使用的 PowerPoint 相对应的学生笔记大纲材料（Student Note Prompt Handouts），以及其他一些资源。

学习指南

由大卫 · R. 哈克斯编写的本书学习指南旨在帮助你达到个人的最佳状态，它完全基于教科书第 5 版而设计，覆盖了所有章节的内容——不仅全面，而且精准。每一章节都贯穿了教科书中相应章节的内容，非常方便实用。学习指南的章节里包括了所有的关键术语和概念——这意味着你可以确信，只要你能做出学习指南中的题目，你就理解了教科书中的全部内容。

学习指南中使用的问题“类型”反映了你在学习当中发现的最有效的方式。我们的学生调查表明，那些和你一样的学生们觉得填空题、搭配题和没有单一答案的问答题都不太有时间效率——而这本学习指南没有设计这类问题。

学习指南图

第 1 篇 导 言

第 1 章 经济学十大原理 —— 少数几个重要思想指导着经济学的研究。
第 2 章 像经济学家一样思考 —— 经济学家既可以作为科学家来观察世界，也可以作为决策者来观察世界。
第 3 章 相互依存性与贸易的好处 —— 比较优势理论解释了人们如何从经济上的相互依存性中获益。

第 2 篇 市场如何运行

第 4 章 供给与需求的市场力量
第 5 章 弹性及其应用
—— 经济如何协调独立的经济主体？通过供求的市场力量。
第 6 章 供给、需求与政府政策 —— 用供求的工具来考察各种政府政策的效应。

第 3 篇 市场和福利

第 7 章 消费者、生产者与市场效率
第 8 章 应用：赋税的代价
第 9 章 应用：国际贸易
—— 为什么供求均衡对整个社会是合意的？消费者和生产者剩余的概念解释了市场的效率、赋税的代价,以及国际贸易的利益。

第 4 篇 公共部门经济学

第 10 章 外部性
第 11 章 公共物品和公共资源
—— 市场结果并不总是有效率的，政府有时可以弥补市场失灵。
第 12 章 税制的设计 —— 为了给政府的各种计划提供资金，政府通过其税制筹集收入，设计税制要关注效率与平等的平衡。

第 5 篇 企业行为与产业组织

第 13 章 生产成本
第 14 章 竞争市场上的企业
—— 企业理论阐明了竞争市场供给背后的决策。
第 15 章 垄断
第 16 章 垄断竞争
第 17 章 寡头
—— 有市场势力的企业会使市场结果无效率。

第 6 篇 劳动市场经济学

第 18 章 生产要素市场
第 19 章 收入与歧视
第 20 章 收入不平等与贫困
—— 这几章考察了劳动市场的特点，大多数人在劳动市场上赚到了自己的大部分收入。

第 7 篇　深入研究的论题

微观经济学中增加的论题包括家庭决策、不对称信息、政治经济学以及行为经济学。

第 8 篇　宏观经济学的数据

用于监测整体经济发展的生产总量和物价总水平。

第 9 篇　长期中的真实经济

这几章描述了长期中决定关键真实变量的力量，这些变量包括 GDP 的增长、储蓄、投资、真实利率和失业。

第 10 篇　长期中的货币与物价

在决定物价水平、通货膨胀率和其他名义变量的长期行为时，货币制度至关重要。

第 11 篇　开放经济的宏观经济学

用贸易余额、国外净投资和汇率描述了一国与其他国家的交易。

开放经济的长期模型解释了决定贸易余额、真实汇率和其他真实变量的因素。

第 12 篇　短期经济波动

总需求与总供给模型解释了短期经济波动、货币政策和财政政策的短期效应，以及真实变量和名义变量之间的短期联系。

第 13 篇　最后的思考

最后一章提出了在经济政策五个主要争论问题上争论双方的观点。

目 录

第1篇 导 言

规范分析
实政分析

第1章 经济学十大原理

第2章 像经济学家一样思考

第 3 章 相互依存性与贸易的好处

第 2 篇 市场如何运行

第 4 章 供给与需求的市场力量

第 5 章
弹性及其应用

第 6 章
供给、需求与政府政策

第 3 篇
市场和福利

第 7 章
消费者、生产者与市场效率

第 8 章
应用:赋税的代价

第 9 章
应用:国际贸易

第 4 篇
公共部门经济学

第 10 章
外 部 性

第 11 章 公共物品和公共资源

第 12 章 税制的设计

第 5 篇 企业行为与产业组织

第 13 章 生产成本

第 14 章 竞争市场上的企业

第 15 章 垄断

第 16 章 垄断竞争

第 17 章 寡头

第 6 篇
劳动市场经济学

第 18 章
生产要素市场

第 19 章
收入与歧视

第 20 章
收入不平等与贫困

第7篇 深入研究的论题

第21章 消费者选择理论

第22章 微观经济学前沿

2. $Q_d=2500-100P$

(1) 求出2-4之间的价格弧弹性

$Ed=\frac{dQ}{dP}\cdot\frac{P}{Q}=(-100)$

(2) 求P=2时的需求价格点弹性

根据需求的价格弧弹性公式：

$ed=-\frac{\Delta Q}{\Delta P}\cdot\frac{\frac{P_1+P_2}{2}}{\frac{Q_1+Q_2}{2}}=1.5$

4. $STC=Q^3-12Q^2+40Q$

(1) P=100时最大利润？

$STC=Q^3-120Q^2+400$

$\therefore SMC=3Q^2-240Q$

根据完全竞争厂商实现利润最大化原则 P=SMC

$\because P=100 \quad \therefore 3Q^2-240Q=100$

解得利润最大化产量 $Q^*=$

$\therefore$ 利润为 $TR-STC=PQ-STC$

$=100Q^*-(Q^{*3}-120Q^{*2}+400)$

七.

1.

(1) 外部经济：指某些企业或个人因其它企业和个人的经济活动而受到不利影响的，又不能从造成这些影响的企业或个人那里得到补偿的经济现象

eg：江河上游的造纸厂排放污水，造成下游农作物欠收，农业减产的情况。

2. 公地的悲剧：公地作为一项资源或财产有许多拥有者，他们中的每一个都有使用权，但没有权力阻止其它人使用，从而造成资源过度使用和枯竭 eg 过度捕捞的渔业。

1

2、粮食丰收 农民收入下降

(1) 需求价格弹性定义

(2) 根据弹性理论，商品需求弹性的大小会导致价格和销售收入的不同变化

即：① ed>1 富有弹性，价格和销售收入反方向变动

② ed<1 缺乏弹性 …… 同向

③ ed=1 单位…… 即价格变化 销售收入不变

第1篇 导言

(2) 根据供求定理：…… 反方向

(3) 农民丰收会引起供给曲线右移 粮食产量增加 均衡价格下降 由于粮食的需求是缺乏弹性的 因此会导致农民收入减少，粮食产量增加反而会导致农民收入减少 即所谓的谷贱伤农

(4) 政策：农业补贴 控制粮食产量 或需求一定时供应量的增加会导致价格下降 政府设定最低保护价 对超额供应部分给予收购来对农民进行保护

计算：1. $Q_d=14-3P$

$Q_s=2+6P$

(1) 求均衡价格

(2) 求均衡点 Ed Es

需求价格弹性 供给价格弹性

1、考勤
2、收发作业
3、平时成绩的评定 50%
邓忠祥 Tel：13543000555
E-mail: bsdzhfx2010@163.com
密码:bsdzhfx163
13676073788

第 1 章 经济学十大原理

经济(economy)这个词来源于希腊语 oikonomos，它的意思是“管理一个家庭的人”。乍一看，这个来源似乎有点奇特。但事实上，家庭和经济有着许多相似之处。 3

一个家庭面临着许多决策。它必须决定各个家庭成员分别去做什么，以及每个家庭成员能得到什么回报：谁做晚饭？谁洗衣服？谁在晚餐时多得到一块甜点？谁有权选择看什么电视节目？简而言之，家庭必须考虑到每个成员的能力、努力和愿望，以在其各个成员中配置稀缺资源。

和一个家庭一样，一个社会也面临着许多决策。一个社会必须决定将要做哪些工作以及谁来做这些工作。社会需要一些人种粮食，一些人做衣服，还有一些人开发电脑软件。一旦社会分配人们(以及土地、建筑物和机器)去做各种工作，它就必然需要将他们生产的物品与劳务量进行分配。社会必须决定谁将吃鱼子酱而谁将吃土豆，谁将开法拉利跑车而谁将坐公共汽车。

由于资源是稀缺的，社会资源的管理就显得尤为重要。**稀缺性**(scarcity)是指社会拥有的资源是有限的，因此不能生产人们希望拥有的所有物品与劳务。正如每个家庭成员都不可能得到他(或她)想要的每一件东西一样，社会上的每个人也不能达到他(或她)希望的最高生活水平。

稀缺性：
社会资源的有限性。

经济学(economics)研究社会如何管理自己的稀缺资源。在大多数社会中，资源并不是由一个全权的独裁者来配置，而是通过千百万家庭和企业的共同行动来配置的。因此，经济学家研究人们如何做出决策：他们做多少工作、购买什么、储蓄多少，以及如何把储蓄用于投资。经济学家还研究人们如何相互交易。例如，经济学家探讨一种物品的众多买者与卖者如何共同决定该物品的销售价格和销售量。最后，经济学家分析影响整个经济的力量和趋势，包括平均收入的增长、找不到工作的人占总人口的比例，以及价格上升的速度。 4

经济学：
研究社会如何管理自己的稀缺资源。

经济学的研究是多方面的，但可以用几个中心思想把这个领域统一起来。在本章中，我们将阐述经济学的十大原理。即使你开始时完全不懂这些原理，或者它们并不能使你完全信服，也不必担心。在以后各章中，我们将更充分地揭示这些思想。这里介绍的十大原理只是为了让你了解经济学所研究内容的概况。你可以把这一章作为“即将到来的魅力的预演”。

1.1 人们如何做出决策

“经济是什么”这个问题并没有什么神秘之处。无论我们谈论的是洛杉矶经济、美国经济，还是全世界的经济，经济只不过是在生活中相互交易的人们所组成的群体而已。由于一个经济的行为反映了组成这个经济的个人的行为，所以我们的经济学研究就从个人做出决策的四个原理开始。

1.1.1 原理一：人们面临权衡取舍

你可能听到过一句老话：“天下没有免费的午餐。”抛开语法不谈，这句格言包含了相当多的真理。为了得到我们喜爱的一件东西，通常就不得不放弃另一件我们喜爱的东西。做出决策就是要求我们在一个目标与另一个目标之间进行权衡取舍。

我们考虑一个学生决定如何配置她的最宝贵的资源——时间。她可以把所有的时间用于学习经济学，可以把所有的时间用于学习心理学，也可以把时间在这两个学科之间进行分配。对于她用于学习一门课的每一个小时，她都要放弃本来可以用于学习另一门课的一小时。而且，对于她用于学习功课的每一个小时，她都要放弃本来可用于睡眠、骑车、看电视或打工赚点零花钱的一小时。

我们还可以考虑一个家庭的父母决定如何使用自己的家庭收入。他们可以购买食物、衣物，或全家度假；他们也可以为自己退休或孩子的大学教育储蓄一部分收入。当他们选择把额外的1美元用于上述用途中的一种时，他们在某种其他用途上就要少花1美元。

当人们组成社会时，他们面临各种不同的权衡取舍。经典的权衡取舍是在“大炮与黄油”之间。当一个社会的支出更多地用在保卫其海岸免受外国入侵的国防（大炮）上时，其用于提高国内生活水平的消费品（黄油）就少了。在现代社会里，同样重要的是在清洁的环境和高收入水平之
5 间的权衡取舍。要求企业减少污染的法律增加了生产物品与劳务的成本。由于成本高，结果这些企业赚的利润少了，支付的工资低了，收取的价格高了，或者是这三种结果的某种结合。因此，尽管污染管制所带来的好处是更清洁的环境，以及由此带来的健康水平的提高，但其代价是企业所有者、工人和消费者的收入减少了。

效率：
社会能从其稀缺资源中得到最大利益的特性。

社会面临的另一种权衡取舍是在效率与平等之间。**效率**（efficiency）

是指社会能从其稀缺资源中得到的最大利益。**平等**(equality)是指将这些资源的成果平均地分配给社会成员。换句话说,效率是指经济蛋糕的大小,而平等则是指如何分割这块蛋糕。

平等:
经济成果在社会成员中平均分配的特性。

在设计政府政策的时候,这两个目标往往是不一致的。例如,我们来考虑目的在于实现更平等地分配经济福利的政策。某些此类政策,如福利制度或失业保障,是要帮助那些最需要帮助的社会成员。另一些政策,如个人所得税,是要求经济上成功的人士对政府给予比其他人更多的支持。虽然这些政策实现了更大程度的平等,但它们降低了效率。当政府把富人的收入再分配给穷人时,就减少了对辛勤工作的奖励;结果是,人们工作少了,生产的物品与劳务也少了。换句话说,当政府想要把经济蛋糕切为更为均等的小块时,这块蛋糕本身也变小了。

认识到人们面临权衡取舍本身并没有告诉我们,人们将会或应该做出什么决策。一个学生不应该仅仅因为要增加用于学习经济学的时间而放弃心理学的学习。社会不应该仅仅因为环境管制条例降低了我们的物质生活水平而不再保护环境,也不应该仅仅因为帮助穷人扭曲了工作激励而弃之不顾。然而,人们只有了解他们面临的选择,才有可能做出良好的决策。因此,我们对经济学的学习要从认识生活中的权衡取舍开始。

1.1.2 原理二:某种东西的成本是为了得到它所放弃的东西

成本
会计成本
机会成本
隐成本
沉没成本
边际成本 ?

由于人们面临着权衡取舍,所以做出决策就要比较可供选择的行动方案的成本与利益。但在许多情况下,某种行动的成本并不是一目了然的。

考虑是否上大学的决策。主要的利益是丰富了知识且一生中拥有了更好的工作机会。但成本是什么呢?要回答这个问题,你会想到把你用于学费、书籍、住房和伙食的钱加总起来。但这种总和并不真正代表你上一年大学所放弃的东西。

上述计算方法存在两个问题。第一个问题是,它计算在内的某些成本并不是上大学的真正成本。即使你离开了学校,你也需要有睡觉的地方、要吃饭。只有在大学的住宿和伙食比其他地方贵时,贵的这一部分才是上大学的成本。第二个问题是,它忽略了上大学最大的成本——你的时间。当你把一年的时间用于听课、读书和写文章时,你就不能把这段时间用于工作。对大多数学生而言,为上学而不得不放弃的收入是他们受教育的最大单项成本。

一种东西的**机会成本**(opportunity cost)是为了得到这种东西所放弃的东西。当做出任何一项决策时,决策者应该认识到每一种可能的行为所带来的机会成本。实际上,决策者通常是知道这一点的。那些大学里

机会成本:
为了得到某种东西所必须放弃的东西。 6

的运动员如果退学转而从事职业运动，就能赚几百万美元。他们深深认识到，他们上大学的机会成本极高。所以他们通常决定：不值得花费这种成本来获得上大学的利益。这一点儿也不奇怪。

1.1.3 原理三：理性人考虑边际量

理性人： 系统而有目的地尽最大努力实现其目标的人。

经济学家通常假设，人是理性的。在机会成本为既定的条件下，**理性人**（rational people）系统而有目的地尽最大努力去实现其目标。当你学习经济学时，你会遇到一些企业，为实现利润最大化，它们要决定雇用多少工人和制造并出售多少产品；你也会遇到一些人，他们要决定把多少时间用于工作，并用赚到的钱购买什么物品与劳务，以便获得最大可能的满足。

边际变动： 对行动计划的微小增量调整。

理性人知道，生活中的许多决策很少是黑与白的选择，而往往是介于其间。当到了吃午饭的时间时，你面临的决策不是在完全不吃和大吃一顿之间的选择，而是是否再多吃一勺土豆泥；当考试临近时，你的决策不是在放弃考试和一天学习 24 个小时之间的选择，而是是否多花一小时时间复习功课而不是看电视。经济学家用**边际变动**（marginal change）这个术语来描述对现有行动计划的微小增量调整。记住“边际”指“边缘”，因此，边际变动是围绕你所做的事的边缘的调整。理性人通常通过比较边际利益（marginal benefit）与边际成本（marginal cost）来做出决策。

例如，考虑一个航空公司决定对等退票的乘客收取多高的价格。假设一架有 200 个座位的飞机横越美国飞行一次，航空公司的成本是 10 万美元。在这种情况下，每个座位的平均成本是 10 万美元/200 个，即 500 美元。人们很容易就此得出结论：航空公司的票价决不应该低于 500 美元。而事实上，一个理性的航空公司往往会通过考虑边际量而设法增加利润。设想一架飞机即将起飞时仍有 10 个空位，而在登机口等退票的乘客愿意支付 300 美元买一张票。航空公司应该把票卖给他吗？当然应该。如果飞机有空位，多增加一位乘客的成本是微不足道的。虽然每位乘客飞行的平均成本是 500 美元，但边际成本仅仅是这位额外的乘客将免费消费的一包花生米和一罐软饮料的成本而已。只要等退票的乘客所支付的钱大于边际成本，卖给他机票就是有利可图的。

边际决策还有助于解释另外一些令人困惑的经济现象。这里有一个经典问题：为什么水这么便宜，而钻石如此昂贵？人需要水来维持生存，而钻石并不是不可或缺的；但由于某种原因，人们愿意为钻石支付的钱要远远高于水。原因是一个人对任何一种物品的支付愿望都基于其边际利益，即物品产生的额外利益。反过来，边际利益又取决于一个人拥有多少这种物品。水是不可缺少的，但增加一杯水的边际利益微不足道，因为水太多了。与此相反，并没有一个人需要用钻石来维持生存，但由于钻石太少，人们认为增加一单位钻石的边际利益是很大的。

当且仅当一种行为的边际利益大于边际成本时，一个理性决策者才会采取这种行为。这个原理可以解释为什么航空公司愿意以低于平均成本的价格卖票，以及为什么人们愿意为钻石支付比水高的价格。习惯于边际思考的逻辑可能需要一段时间，但学习经济学将给你许多实践的机会。

1.1.4　原理四：人们会对激励做出反应 7

激励(incentive)是引起一个人做出某种行为的某种东西，诸如惩罚或奖励的预期。由于理性人通过比较成本与利益做出决策，所以，他们会对激励做出反应。你将会知道，在经济学研究中，激励起着中心作用。一位经济学家甚至提出，整个经济学的内容可以简单地概括为："人们对激励做出反应，其余内容都是对此的解释。"

激励：
引起一个人做出某种行为的某种东西。

在分析市场如何运行时，激励是至关重要的。例如，当苹果的价格上涨时，人们决定少吃苹果；同时，苹果园主决定雇用更多工人并多摘些苹果，因为出售苹果的利益也增加了。换言之，市场上的高价格提供了买者少消费和卖者多生产的激励。正如我们将看到的，价格对消费者和生产者行为的影响对于市场经济如何配置稀缺资源是至关重要的。

政府决策者决不能忘记激励，因为许多政策改变了人们面临的成本或利益。例如，汽油税鼓励人们开小型的节油型汽车。欧洲开小型车的人比美国多，原因之一就是欧洲的汽油税比美国高。汽油税还鼓励人们拼车或乘坐公共交通工具，并鼓励人们在离自己住所近的地方工作。汽油税越高，就会有越多的人驾驶混合动力汽车。如果汽油税足够高，人们就会开始驾驶电动汽车。

篮球明星勒布朗·詹姆斯(LeBron James)懂得机会成本和激励。他决定不读大学而直接进入职业篮球联盟。在这里，他作为 NBA 的顶尖球员之一赚到了几百万美元。

图片来源：© SHELLY LENNON/AI WIRE/LANDOV.

当决策者未能考虑到他们的政策如何影响激励时，这些政策就会带来意想不到的效果。例如，考虑一下有关汽车安全的公共政策。今天所有的汽车都有安全带，但 50 年前并不是这样。20 世纪 60 年代 Ralph Nader 的著作《任何速度都不安全》引起公众对汽车安全性能的关注。国会的反应是通过立法要求将安全带作为新汽车的标准配置。

关于安全带的法律如何影响汽车安全呢？直接的影响是显而易见的：当一个人系上安全带后，发生车祸时存活的概率提高了。但是，其影响并不是仅此而已，因为这项法律还通过改变激励而影响了人们的行为。相关的行为是司机开车时的速度和谨慎程度。缓慢而谨慎地开车是有代价的，因为这要耗费司机的时间和精力。当决定开车的谨慎程度时，理性人会比较谨慎开车的边际利益和边际成本（也许这种比较是无意识的）。当提高安全程度的利益高时，他们就会更慢、更谨慎地开车。例如，人们在道路有冰时会比道路干净时更缓慢而谨慎地开车。

考虑安全带法律如何改变一个司机的成本—收益计算。安全带降低了司机的车祸代价，因为它们降低了伤亡的概率。换言之，安全带减少了缓慢而谨慎地开车的利益。人们对安全带的反应和对道路状况改善的反应一样——更快、更放肆地开车。这样，安全带法律最终导致的结果是车祸的次数增加了。开车谨慎程度的下降对行人有明显不利的影响，因为他们遇上车祸的概率上升了，但却没有（像司机那样）获得增加的保护的利益。

乍一看，这种关于激励与安全带的讨论似乎是毫无根据的猜测。但是，经济学家萨姆·佩兹曼（Sam Peltzman）在1975年的一项经典研究中说明了汽车安全法实际上有许多这类影响。根据佩兹曼的证据，这些法律减少了每次车祸的死亡人数，但却增加了车祸的次数。他的结论是，净结果是司机死亡人数变动很小，而行人死亡人数增加了。

佩兹曼对汽车安全的分析是人们对激励做出反应的一般性原理的一个不落俗套的例子。在分析任何一种政策时，我们不仅应该考虑它的直接影响，而且还应该考虑通过激励产生的不太明显的间接影响。如果政策改变了激励，那就会使人们改变自己的行为。

即问即答 • 描述你最近面临的一个重要的权衡取舍问题。• 举出一个既有货币性的机会成本又有非货币性的机会成本的某种行动的例子。• 描述一个你的父母为了努力影响你的行为而向你提供激励的例子。

新闻摘录
激励型工资

人们得到的工资会如何影响他们的激励和他们所做出的决策。

哪里的公交车运行准时

Austan Goolsbee

在夏天的午后，从芝加哥大学开车到芝加哥市的北边，沿途可以称得上是世界上最美的路线之一。沿着湖滨大道行驶，左手边是格兰特公园、世界上最早的几栋摩天大楼和西尔斯大厦，右手边是蓝莹莹的密歇根湖。但是可以想见，如此美景，道路交通状况可想而知。你如果是天天走这条路，那你就会知道如何抄近路。你知道，要是想从白金汉喷泉到麦考米克，最好别从大街上走，而是向北绕开湖滨大道几英里。

但是很多公共汽车总是挤在动弹不得的拥堵中，我就总是不明白为什么公交车司机不能绕行？他们天天走这条路，肯定知道怎么走顺，估计他们自己开车也不会这么凑堵车的热闹。公交车在湖滨大道并没有停靠站，所以即使绕行也不会把任何乘客耽搁了，但是要是堵车延误了时间，行车时刻表就会乱作一团。公交车本来是十分钟一趟，往往会变成半个小时后同时来三辆。这可是最没效率的公共交通系统。所以我就不明白，为什么不绕行来保证准时准点呢？

你可能一开始会认为是公交车司机工资太低，懒得动脑筋。但是事实上，根据一项2004年11月的调查，芝加哥的全职公交车司机每小时拿23美元以上，是美国第七高工资的行当。问题可能和工资多少没有关系，而是和工资怎么支付有关系。至少，亚利桑那大学的 Ryan Johnson 和 David Reiley 以及智利天主大学的 Juan Carlos Muñoz 在他们关于智利公交车司机的新研究课题中是这么解读的。

智利的公交公司在司机的工资支付上有两种方式：按小时计工资或者由乘客支付。由乘客支付工资明显减少了误车。由于激励措施得当，司机们按人们的常理行事。交通拥堵时他们抄近路，吃饭如厕的时间也尽量短。司机们都想尽快上路，多载一些乘客。简言之，公交车司机的生产效率提高了……

当然，激励型工资也不是十全十美，司机们开车往返越快，事故就越多，这就跟我们开车的道理一样。还有乘客报怨车子颠簸得让他们要吐，因为司机们一见乘客都上了车就加大油门。不过如果要选择的话，乘客还是会惊人一致地选择那些能把他们准时送达目的地的公交公司。圣地亚哥95%以上的公交线路都采取激励型工资。

我们其实可能也都知道激励型工资更有效率。毕竟，我们看到芝加哥的出租车就不像公交车那样堵上湖滨大道，因为出租车司机靠每一趟的路程赚钱，只有把你尽快送到目的地，他们才可能接上更多的其他客人。

资料来源：Slate.com，2006年3月16日。

1.2 人们如何相互交易

前四个原理讨论了个人如何做出决策。在我们的人生旅途中，我们的许多决策不仅影响我们自己，而且还会影响其他人。以下三个原理是关于人们如何相互交易的。

"每周只需5美元，便可让你免去割草的困扰，悠闲地观赏篮球赛！"

图片来源：FROM THE WALL STREET JOURNAL—PERMISSION, CARTOON FEATURES SYNDICATE.

1.2.1 原理五：贸易可以使每个人的状况都变得更好

也许你在新闻中听到过，在世界经济中日本人是我们的竞争对手。在某些方面这是正确的，因为美国企业和日本企业生产许多相同的产品。福特公司和丰田公司在汽车市场上争夺同样的顾客，苹果公司和索尼公司在数码音乐播放器市场上争夺同样的顾客。

但在思考国家之间的竞争时，这种想法很容易产生误导。美国和日本之间的贸易并不像体育比赛一样，一方赢而另一方输。实际上，事实正好相反：两国之间的贸易可以使两个国家的状况都变得更好。

为了说明原因，我们先考虑贸易如何影响你的家庭。当你的家庭的某个成员找工作时，他（她）要与也在找工作的其他家庭的成员竞争。各个家庭在购物时也会相互竞争，因为每个家庭都想以最低的价格购买最好的东西。从某种意义上说，经济中每个家庭都在与所有其他家庭相竞争。

尽管有这种竞争，但把你的家庭与所有其他家庭隔绝开来并不会使你的家庭过得更好。如果真的隔绝开来的话，你的家庭就必须自己种粮食、自己做衣服、自己盖房子。显然，你的家庭在与其他家庭的交易中受益匪浅。无论是在耕种、做衣服还是盖房子方面，贸易使每个人都可以专门从事自己最擅长的活动。通过与其他人交易，人们可以按较低的成本获得各种各样的物品与劳务。

国家和家庭一样，也能从相互交易中获益。贸易使各国可以专门从事自己最擅长的活动，并享有种类更多的物品与劳务。日本人和法国人、埃及人、巴西人一样，在世界经济中既是我们的竞争对手，又是我们的伙伴。

1.2.2 原理六：市场通常是组织经济活动的一种好方法

20世纪80年代苏联和东欧的解体是20世纪后半期世界上最重大的
9 变化。这些国家运行的前提假设是，政府官员能够最佳地配置经济中的稀缺资源。这些中央计划者决定，生产什么物品与劳务、生产多少，以及谁生产和消费这些物品与劳务。支撑中央计划的理论是，只有政府才能以促进整个社会经济福利的方式组织经济活动。

大部分曾经是中央计划经济的国家已经放弃了这种制度，代之以发
10 展市场经济。在一个**市场经济**（market economy）中，中央计划者的决策被千百万企业和家庭的决策所取代。企业决定雇用谁和生产什么；家庭决定为哪家企业工作，以及用自己的收入购买什么。这些企业和家庭在市场上相互交易，价格和利己引导着它们的决策。

市场经济：
当许多企业和家庭在物品与劳务市场上相互交易时，通过它们的分散决策配置资源的经济。

乍一看，市场经济的成功是一个谜。毕竟，在市场经济中，没有一个人追求整个社会的经济福利。自由市场包括大量物品与劳务的许多买者与卖者，而所有人都主要关心自己的福利。尽管市场中存在的是分散的决策和千百万利己的决策者，但事实已经证明，市场经济在以一种促进总体经济福利的方式组织经济活动方面非常成功。

经济学家亚当·斯密（Adam Smith）在他1776年出版的著作《国民财富的性质和原因的研究》中提出了全部经济学中最著名的观察结果：家庭和企业在市场上相互交易，它们仿佛被一只"看不见的手"所指引，并导致了合意的市场结果。本书的目的之一就是要解释这只"看不见的手"如何施展它的魔力。

你学经济学时就会知道，价格就是“看不见的手”用来指引经济活动的工具。在任何一个市场上，当买者决定需求多少时，他们盯着价格；当卖者决定供给多少时，他们也盯着价格。作为买者与卖者决策的结果，市场价格既反映了一种物品的社会价值，也反映了生产该物品的社会成本。斯密的重要观点是，价格会自发调整，指引这些单个买者和卖者，在大多数情况下实现整个社会福利的最大化。

斯密的观点有一个重要的推论：当政府阻止价格根据供求状况自发调整时，它就限制了“看不见的手”对组成经济的千百万家庭和企业的决策进行协调的能力。这个推论解释了为什么税收对资源配置有不利的影响：由于税收扭曲了价格，从而也扭曲了家庭和企业的决策。这个推论还解释了租金控制这类直接控制价格的政策所引起的更大危害。而且，这个推论解释了中央计划经济在苏联和东欧的失败。在中央计划经济国家，价格并不是在市场上决定的，而是由中央计划者规定的。这些计划者缺乏关于消费者嗜好和生产者成本的必要信息（在市场经济中这些信息都反映在价格上）。中央计划者之所以失败，是因为他们在管理经济时把市场上这只“看不见的手”绑起来了。

参考资料
亚当·斯密与看不见的手

这也许是一种巧合：亚当·斯密的伟大著作《国民财富的性质和原因的研究》是在1776年出版的，而正好是在这一年美国革命者签署了《独立宣言》。但是，这两部文献都有一个在当时流行的观点——让人们各行其是，而不要让政府沉重的手来指导他们的行为，结果往往会最好。这种政治哲学为市场经济，从更一般的意义上来说则是为自由社会提供了理论基础。

亚当·斯密

为什么分散的市场经济运行得这么好？这是因为可以指望人们友爱而仁慈地相互对待吗？完全不是。在这本书中，亚当·斯密描述了市场经济中人们如何相互交易：

> 人类几乎随时随地都需要同胞的协助，要想仅仅依赖他人的恩惠，那是绝对不行的。他如果能够刺激他人的利己心，使其有利于他，并告诉其他人，给他做事是对他们自己有利的，那么他要达到目的就容易得多了。……请给我们我所要的东西吧，同时，你也可以获得你所要的东西：这句话是交易的通义。我们所需要的相互帮忙，大部分是依照这个方法取得的。
>
> 我们每天所需的食物和饮料，不是出自屠户、酿酒师或面包师的恩惠，而是出自他们利己的打算。我们不说唤起他们利他心的话，而说唤起他们利己心的话。我们不说自己有需要，而说对他们有利。社会上，除乞丐外，没有一个人愿意全然靠别人的恩惠过活。……
>
> 每一个人……既不打算促进公共的利益，也不知道自己是在何

种程度上促进那种利益……他所盘算的也只是他自己的利益。在这种场合下，像在其他许多场合一样，他受着一只看不见的手的引导，去尽力达到一个并非他本意想要达到的目的。也并不因为不是出于本意，就对社会有害。他追求自己的利益，往往使他能比在真正出于本意的情况下更有效地促进社会的利益。

斯密是说，经济参与者受利己心所驱动，而市场上这只“看不见的手”指引这种利己心去促进总体的经济福利。

亚当·斯密的许多见解仍然是现代经济学的核心内容。我们在以后各章中的分析将更准确地表述斯密的结论，并更充分地分析市场这只看不见的手的优点与缺陷。

1.2.3 原理七：政府有时可以改善市场结果

如果市场这只看不见的手如此伟大，为什么我们还需要政府呢？学习经济学的目的之一是提高我们对政府政策的适当作用与范围的认识。

我们需要政府的原因之一是：只有在政府实施规则并维持对市场经济至关重要的制度时，看不见的手才能施展其魔力。最重要的是，市场经济需要实施**产权**（property rights）的制度，以便个人可以占有和控制稀缺资源。如果一个农民预见到他的谷物会被偷走，他就不会种庄稼；除非确保顾客在离开前会付费，否则餐馆就不会提供服务；如果有太多的顾客通过非法复制 CD 来逃避付费，一家唱片公司就不会生产 CD。我们都依靠政府提供的警察和法庭来保护我们对自己生产出来的东西的权利——而看不见的手依靠我们保护自己权利的能力。

产权：
个人拥有并控制稀
11 缺资源的能力。

然而，我们需要政府的另一个原因是：看不见的手是强有力的，但并不是无所不能的。政府干预经济并改变人们自己选择的资源配置的原因有两类：促进效率或促进平等。这就是说，大多数政策的目标是既要把经济蛋糕做大，又要改变这个蛋糕的分割方式。

市场失灵：
市场本身不能有效配置资源的情况。

外部性：
一个人的行为对旁观者福利的影响。

市场势力：
12 单个经济活动者（或一小群经济活动者）对市场价格有显著影响的能力。

先来考虑效率目标。尽管看不见的手通常会使市场有效地配置资源，以使经济蛋糕最大化，但情况并不总是这样。经济学家用**市场失灵**（market failure）这个术语来指市场本身不能有效配置资源的情况。市场失灵的一个可能原因是**外部性**（externality），它是指一个人的行为对旁观者福利的影响。外部成本的经典例子是污染。市场失灵的另一个可能原因是**市场势力**（market power），它是指单个人（或一小群人）不适当地影响市场价格的能力。例如，假设一个小镇里的每个人都需要水，但只有一口井，那么这口井的所有者就不会受到残酷竞争的限制，而正常情况下，看不见的手正是以这种竞争来约束个人的利己行为。在存在外部性或市场势力的情况下，设计良好的公共政策可以提高经济效率。

现在来考虑平等目标。即使看不见的手带来了有效率的产出，它也不能消除经济福利上巨大的不对称。市场经济根据人们生产其他人愿意购买的东西的能力来给予其报酬。世界上最优秀的篮球运动员赚的钱比世界上最优秀的棋手多，只是因为人们愿意为看篮球比赛付比看象棋比赛更多的钱。看不见的手并没有保证每个人都有充足的食物、体面的衣服和充分的医疗。根据某种政治哲学，这种不平等要求政府进行干预。实际上，许多公共政策，例如所得税和福利制度的目标就是要实现更平等的经济福利分配。

我们说政府有时可以改善市场结果并不意味着它总能这样。公共政策并不是天使制定的，而是由极不完善的政治程序制定的。有时所设计的政策只是为了有利于政治上有权势的人；有时政策是由动机良好但信息不充分的领导人制定的。当你学经济学时，你就能更好地判断什么时候一项政府政策是正确的，因为它促进了效率或者平等；而什么时候是不正确的。

即问即答 • 为什么一个国家如果不把自己和其他国家隔离开来，其状况就会变得更好？ • 为什么我们有市场？根据经济学家的观点，政府应当在市场中扮演怎样的角色？

1.3 整体经济如何运行

我们从讨论个人如何做出决策开始，然后考察人们如何相互交易。所有这些决策和相互交易共同组成了“经济”。最后三个原理涉及整体经济的运行。

1.3.1 原理八：一国的生活水平取决于它生产物品与劳务的能力

世界各国生活水平的差别是惊人的。在2006年，美国人均收入约为44 260美元。同一年，墨西哥人均收入为11 410美元，而尼日利亚的人均收入为1 050美元。毫不奇怪，这种平均收入的巨大差别反映在生活质量的各种衡量指标上。高收入国家的公民比低收入国家的公民拥有更多电视机、更多汽车、更好的营养、更好的医疗保健，以及更长的预期寿命。

随着时间的推移，生活水平的变化也很大。在美国，在历史上看，收入每年增长2%左右（根据生活费用变动进行调整之后）。按这个增长率，人均收入每35年翻一番。在过去一个世纪中，人均收入增长了8倍左右。

生产率： 13
每一单位劳动投入所生产的物品与劳务数量。

用什么来解释各国之间和不同时期中生活水平的巨大差别呢？答案非常简单。几乎所有生活水平的差别都可以归因于各国**生产率**（productivity)的差别——即每一单位劳动投入所生产的物品与劳务数量的差别。在那些每单位时间工人能生产大量物品与劳务的国家,大多数人享有高生活水平;在那些工人生产率低的国家,大多数人必须忍受贫困的生活。同样,一国的生产率的增长率决定了它的平均收入的增长率。

生产率和生活水平之间的基本关系是简单的,但它的意义却是深远的。如果生产率是生活水平的首要决定因素,那么,其他因素就应该是次要的。例如,有人想把上个世纪美国工人生活水平的提高归功于工会或最低工资法,但美国工人的真正英雄是他们不断提高的生产率。另一个例子是,一些评论家声称,20 世纪 70 年代和 20 世纪 80 年代美国收入增长放缓是由于与日本和其他国家日益激烈的竞争。但真正的敌人不是来自国外的竞争,而是美国生产率增长的放缓。

生产率与生活水平之间的关系对于公共政策也有深远的含义。在考虑任何一项政策如何影响生活水平时,关键问题是这项政策如何影响我们生产物品与劳务的能力。为了提高生活水平,决策者需要通过让工人受到良好的教育、拥有生产物品与劳务需要的工具,以及获取最好的技术,来提高生产率。

1.3.2 原理九:当政府发行了过多货币时,物价上升

不排除少量产品价格降 eg: iphone5

1921 年 1 月,德国一份日报的价格为 0.3 马克。不到两年之后,也就是 1922 年 11 月,一份同样的报纸的价格为 7 000 万马克。经济中所有其他价格都以类似的程度上涨。这个事件是历史上**通货膨胀**(inflation)最令人震惊的例子,通货膨胀是指经济中物价总水平的上升。

通货膨胀:
经济中物价总水平的上升。

虽然美国从未经历过类似于德国 20 世纪 20 年代的情况,但通货膨胀有时也成为一个经济问题。例如,20 世纪 70 年代期间,物价总水平翻了一番多,当时的杰拉尔德·福特(Gerald Ford)总统称通货膨胀是"公众的头号敌人"。与此相比,在 21 世纪前十年,通货膨胀率平均每年为 2.5%;按这种速度,物价翻一番几乎需要 30 年。由于高通货膨胀会让社会付出各种代价,所以世界各国都把保持低通货膨胀作为经济政策的一个目标。

是什么引起了通货膨胀?在大多数严重或持续的通货膨胀情况下,罪魁祸首是货币量的增长。当一国政府发行了大量本国货币时,货币的价值就下降了。在 20 世纪 20 年代初的德国,当物价平均每月上升 3 倍时,货币量每月也增加了 3 倍。美国的情况虽然没有这么严重,但从美国的经济史中也可以得出类似的结论:20 世纪 70 年代的高通货膨胀与货币量的迅速增长是相关的,而 20 世纪 90 年代的低通货膨胀与货币量的缓慢增长也是相关的。

"没错,当你开始排队时价钱可能是 68 美分,但现在已是 74 美分了!"

图片来源:COPYRIGHTED 1978. CHICAGO TRIBONE COMPANY. ALL RIGHTS RESERVED. USED WITH PERMISSION.

1.3.3 原理十:社会面临通货膨胀与失业之间的短期权衡取舍

虽然在长期中,物价水平高主要是货币量增加的结果,但短期中问题就变得比较复杂而且争论较多。大多数经济学家是这样描述货币注入的短期效应的:

- 经济中货币量增加刺激了社会的整体支出水平,从而增加了对物品与劳务的需求。
- 需求的增加随着时间推移,会引起企业提高物价,但同时,它也鼓励企业雇用更多的工人,并生产更多的物品与劳务。
- 雇用更多的工人意味着更少的失业。

上述推理过程推出一种在整个经济范围内的最终的权衡取舍:通货膨胀与失业之间的短期权衡取舍。

尽管一些经济学家对这些观点仍然有疑问,但大多数经济学家承认,社会面临通货膨胀与失业之间的短期权衡取舍。这就意味着,在一两年的时间内,许多经济政策朝相反的方向推动通货膨胀与失业。无论通货膨胀和失业是从高水平开始(如 20 世纪 80 年代初的情况)、从低水平开
始(如 20 世纪 90 年代后期的情况),还是从这两者之间的某个水平开始, 15
决策者都面临这种权衡取舍。这种短期权衡取舍关系在分析经济周期中起着关键作用。**经济周期**(business cycle)是用生产的物品与劳务量或雇用的人数来衡量的,经济活动中无规律的、大部分无法预测的波动。

经济周期: 就业和生产等经济活动的波动。

决策者在运用各种政策工具时可以利用通货膨胀和失业之间的这种短期权衡取舍关系。决策者可以通过改变政府支出量、税收量和发行的货币量来影响对物品和劳务的总需求。需求的变动反过来又影响经济在短期中所经历的通货膨胀和失业的组合。由于这些经济政策工具具有如此大的潜在力量,因此,决策者应该如何运用这些工具来控制经济一直是

一个备受争议的问题。

即问即答 列出并简要解释描述整体经济如何运行的三个原理。

新闻摘录
为什么你应该学习经济学

在这篇毕业典礼演讲的摘录中，达拉斯联邦储备银行前总裁阐述了学习经济学的意义。

是忧郁的科学吗？不！

Robert D. McTeer, Jr.

我承认，在职业生涯的升迁中，经济学训练的价值日益彰显。我想象不出对于公司总裁、国会议员或美国总统来说，什么专业比经济学更好。你可以学会将使你终生受益的系统的、经过严格训练的思维方式。与此相反，那些经济状况欠佳的人可能会困惑，经济如何能在由更少的人管理的情况下更好地运行。谁做计划？谁做决策？谁决定生产什么？在我看来，亚当·斯密的看不见的手是你通过学习经济学所学到的最重要的事情。你了解到，我们每个人可以如何出于利己的目的而工作，并仍然会产生合意的社会效果。你也知道了，市场是如何协调杂乱无章的活动，以增进各国的财富。你知晓了市场的魔力，以及过多干预市场的危险。你更好地理解了你最早在幼儿园时就学过的东西：不要杀鸡取卵……

经济学训练有助于你理解一些谬论和不合意的结果。事实上，我倾向于把经济学定义为研究如何预测不合意结果的一门学问……

在经济学文献中看来没什么比通常所说的"破窗谬论"更切合当前的经济争论的了。当一项政府计划就其自身的价值而言并不正确，但却能带来就业机会时，就想想破窗谬论：那些无事生非的青少年用砖块打碎面包店的窗户。人们跑过来并惋惜道："多可恶。"但你可能不知道，有人会提出"坏事变好事"的说法：现在面包师将不得不花钱来修理窗户。这就会增加修理工的收入，而他又将把增加的收入用于支出，这又增加了其他卖者的收入，以此类推。你知道这一点，支出链将扩大，并带来更高的收入和就业。如果打破的窗户足够大，就很可能会带来一轮经济繁荣！……

大多数选民陷入了破窗谬论，但经济学专业的人就不会。他们会说："嗨！等一等！"如果面包师没有把他的钱用于修窗户，他可能会把钱用于购买一套他一直攒钱想买的新衣服上。那么，裁缝就会有可用于支出的新的收入，以此类推。破窗并没有引起新的净支出，而只是转移了支出。破窗并没有创造新的活动，而只是创造了不同的活动。人们看到这种发生了的活动，但他们没有看到本来会发生的活动。

破窗谬论以许多形式反复出现。当创造或保持工作岗位成为主要目标时，我称它为"考虑工作岗位谬论"。经济学专业人士了解一种非直观的现实,即真正的进步来自消灭工作岗位。过去我们用 90% 的人来种植粮食,而现在只需要 3% 的人。但是,请允许我这样问,我们的状况因为农业工作岗位的减少而恶化了吗?那些本来会成为农民的人现在成了大学教授和电脑专家……

因此,我们要做的不是计算工作岗位的数量,而是要使每一个工作岗位发挥作用。当劳动市场上供求不一致时,我们偶尔也会采取措施来消除这一难题。但这是暂时的。不要成为卢德派分子,去毁坏机器;也不要成为一个保护主义者,企图在纽约城里种香蕉。

资料来源: *The Wall Street Journal*, June 4, 2003.

1.4 结论

现在你对经济学研究什么已经有了一个初步的了解。在以后各章中,我们将提出许多关于人、市场与经济的具体见解。掌握这些见解需要付出一些努力,但并不是一项难以完成的工作。经济学这门学科建立在几个基本思想之上,这些思想可以应用于许多不同的情况。

在全书中我们将要经常提到本章所强调,并在表 1-1 中所概括的 16
经济学十大原理。每次在叙述到这十大原理时,都会像现在一样在边上出现一个标志。但即使在没有这个标志时,你也应该记住这些基本原理。即使是最复杂的经济分析也是用这里所介绍的十大原理构建起来的。

表 1-1 **经济学十大原理** 17

人们如何做出决策	1. 人们面临权衡取舍
	2. 某种东西的成本是为了得到它所放弃的东西
	3. 理性人考虑边际量
	4. 人们会对激励做出反应
人们如何相互交易	5. 贸易可以使每个人的状况都变得更好
	6. 市场通常是组织经济活动的一种好方法
	7. 政府有时可以改善市场结果
整体经济如何运行	8. 一国的生活水平取决于它生产物品与劳务的能力
	9. 当政府发行了过多货币时,物价上升
	10. 社会面临通货膨胀与失业之间的短期权衡取舍

参考资料
如何阅读本书

经济学是有趣的，但它也是难学的。我写这本教科书的目的是使学习经济学既有趣，又尽可能容易。但你作为学生也有你的任务。经验表明，如果你在学这本书时积极参与，你就会在考试和以后的岁月中受益匪浅。这里有几个如何最有效地阅读这本书的秘诀。

(1) 上课之前先读书。学生在上课之前最好先阅读一下本书的相关章节。你会更好地领会课程内容，而且你会把问题更多地集中在你需要更多帮助的地方。

(2) 要总结，而不要画重点线。在教科书上画黄色标记是一种消极的做法，它不能让你动脑。相反，当你读完一节时，要花几分钟时间用自己的话总结一下刚刚读过的内容，在我们提供的宽宽的每页边缘上写下你的概述。当你读完一章时，比较一下你的概述与该章结尾的内容提要：你找出要点了吗？

(3) 考考自己。在全书中，"即问即答"提供了检测你是否掌握了所学内容的即时反馈。利用这个机会，在书的每页边缘上写下你的答案，然后与本书网站上提供的答案进行核对。即问即答的目的是检验你的基本理解。如果你答错了，也许你就需要复习一下这一节。

(4) 实践，实践，再实践。每章结尾的"复习题"用来测验你对本章内容的理解，而"问题与应用"帮助你运用并扩充所学内容。也许你的老师会指定其中一些练习题作为家庭作业。其实，不管老师是否指定，都要认真做这些习题。你对新知识的运用越多，这些知识就会被掌握得越牢固。

(5) 上网。本书出版者有一个庞大的网站来帮助你学习经济学。这个网站包括了附加案例、应用与问题，以及一些自我测验。去找到这个网站，网址是 http://academic.cengage.com/economics/mankiw。

(6) 小组学习。阅读完本书并独立完成练习题以后，与同学一起讨论这些内容。你们将相互学习——这又是从"交易"中获益的一个例子。

(7) 教其他人。正如所有教师都知道的，学习某种东西最好的方法莫过于再教其他人。抓住向学友、朋友、父母，甚至宠物讲授经济学新概念的机会。

(8) 不要忽略现实世界中的例子。陷在所有的数字、图形和陌生的新名词中，很容易让人忽略这一切的经济学含义。贯穿全书的案例研究和新闻摘录专栏有助于提醒你这一点。不要跳过这些内容。这些内容说明了经济学理论如何与我们生活中发生的事件息息相关。

(9) 把经济学思维运用到你的日常生活中。在知道了其他人如何把经济学运用到真实世界中之后，你自己也要试着这样做！你可以用经济分析更好地理解自己的决策、你周围的经济，以及你在报上读到的事件。你所看到的世界可能会从此不同。

内容提要

◎ 关于个人做出决策的基本结论是：人们面临不同目标之间的权衡取舍；任何一种行为的成本可以用其所放弃的机会来衡量；理性人通过比较边际成本与边际利益做出决策；人们根据他们所面临的激励改变自己的行为。

◎ 关于人们之间相互交易的基本结论是：贸易以及相互依赖性可以是互利的；市场通常是协调人们之间经济活动的一种好方法；通过纠正市场失灵或者提高经济中的平等程度，政府可以潜在地改善市场结果。

◎ 关于整体经济的基本结论是：生产率是生活水平的最终根源；货币量的增长是通货膨胀的最终根源；社会面临着通货膨胀与失业之间的短期权衡取舍。

关键概念

稀缺性
经济学
效率
平等
机会成本
理性人
边际变动
激励
市场经济
产权
市场失灵
外部性
市场势力
生产率
通货膨胀
经济周期

复习题 18

1. 列举三个你在生活中面临的重大权衡取舍的例子。
2. 看一场电影的机会成本是什么？
3. 水是生活必需品。一杯水的边际利益是大还是小呢？
4. 为什么决策者应该考虑激励？
5. 为什么各国之间的贸易不像一场比赛一样有赢家和输家呢？
6. 市场中的那只"看不见的手"在做什么呢？
7. 解释市场失灵的两个主要原因，并各举一个例子。
8. 为什么生产率是重要的？
9. 什么是通货膨胀？什么引起了通货膨胀？
10. 短期中通货膨胀与失业如何相关？

问题与应用

1. 描述下列每种情况下所面临的权衡取舍：

   a. 一个家庭决定是否购买一辆新车。

b. 国会议员决定对国家公园支出多少。

c. 一个公司总裁决定是否新开一家工厂。

d. 一个教授决定用多少时间备课。

e. 一个刚大学毕业的学生决定是否去读研究生。

2. 你正想决定是否去度假。度假的大部分成本（机票、住旅馆的费用、放弃的工资）都用美元来衡量，但度假的利益是
19 心理上的。你将如何比较利益与成本呢？

3. 你正计划用星期六的时间去做兼职，但一个朋友请你去滑雪。去滑雪的真实成本是什么？现在假设你已计划星期六在图书馆学习。这种情况下去滑雪的成本是什么？请解释。

4. 你在篮球比赛的赌注中赢了100美元。你可以选择现在花掉它或者在利率为5%的银行账户中存一年。现在花掉100美元的机会成本是什么呢？

5. 你管理的公司在开发一种新产品过程中已经投资500万美元，但开发工作还远远没有完成。在最近的一次会议上，你的销售人员报告说，竞争性产品的进入使你们新产品的预期销售额减少为300万美元。如果完成这项开发还要花费100万美元，你还应该继续进行这项开发吗？为了完成这项开发，你的最高花费应该是多少？

6. 魔力饮料公司的三位经理正在讨论是否要扩大产量。每位经理提出了做出这个决策的一种方法：

哈利：我们应该考查一下我们公司的生产率——每个工人生产的加仑数——将上升还是下降。

罗恩：我们应该考查一下我们的平均成本——每个工人的成本——将上升还是下降。

赫敏：我们应该考查一下多卖一加仑饮料的额外收益大于还是小于额外成本。

你认为谁对？为什么？

7. 社会保障制度为65岁以上的人提供收入。如果一个社会保障的领取者决定去工作并赚一些钱，他（或她）所领到的社会保障津贴通常会减少。

a. 提供社会保障如何影响人们在工作时的储蓄激励？

b. 收入提高时津贴减少的政策如何影响65岁以上的人的工作激励？

8. 最近改革政府反贫困计划的法案对许多福利领取者做了只能领取两年津贴的限制。

a. 这些变动如何影响对工作的激励？

b. 这些变动如何反映了平等与效率之间的权衡取舍？

9. 你的室友做饭比你好，但你打扫房间比你的室友快。如果你的室友承担全部做饭工作，你承担全部打扫工作，那么你所要花费的时间比你们平均分摊两种家务时花费的时间是多了还是少了？试举一个类似的例子，说明专业化和贸易如何使两个国家的状况都变得更好。

10. 假设美国经济采用了中央计划制，而且你成为主要计划者。在你需要为下一年做出的千百万决策中包括生产多少激光唱片，录制哪些艺术家的激光唱片，以及哪些消费者应该得到这些激光唱片。为了理智地做出这些决策，你需要有关激光唱片行业的哪些信息？你需要有关在美国的每个人的哪些信息？你认为你能在多大程度上做好这项工作？

11. 解释下列每一项政府活动的动机是关注平等还是关注效率。在关注效率的情况下，讨论所涉及的市场失灵的类型。

a. 对有线电视频道的价格进行管制。

b. 向一些穷人提供可用来购买食物的消费券。

c. 在公共场所禁止吸烟。

d. 把美孚石油公司（它曾拥有美国90%的炼油厂）分拆为几个较小的公司。

e. 对收入高的人实行高个人所得税税率。

f. 制定禁止酒后开车的法律。

12. 从平等和效率的角度讨论下面每种说法：

a. "应该保证社会上每个人得到尽可能最好的医疗。"

b. "当工人被解雇时，应该使他们在找到一份新工作之前能一直领取失业津贴。"

13. 你的生活水平在哪些方面不同于你的父母或祖父母在你这个年龄时的生活水平？为什么会发生这些变化？

14. 假设美国人决定把他们更多的收入用于储蓄。如果银行把这笔钱借给企业，企业用这笔钱建设新工厂，这种高储蓄会如何加快生产率增长呢？你认为谁会从更高的生产率中获益呢？社会会得到免费午餐吗？

15. 在美国独立战争期间，美国殖民地政府无法筹集到足够的税收来为战争融资，为了弥补这个差额，殖民地政府决定更多地印发货币。印发货币弥补支出有时被称为"通货膨胀税"。你认为当增发货币时，谁被"征税"了？为什么？

16. 假设你是一个决策者，正要决定是否降低通货膨胀率。为了做出理智的决策，你需要了解有关通货膨胀、失业和两者之间的权衡取舍关系的哪些知识？

第2章
像经济学家一样思考

21 每个研究领域都有自己的语言和思考方式。数学家谈论公理、积分和向量空间，心理学家谈论自我、本我和认知的不一致性，律师谈论案发现场、侵权行为和允诺禁反言。

经济学家也没有什么不同。供给、需求、弹性、比较优势、消费者剩余和无谓损失等此类术语都是经济学家语言的一部分。在以后各章中，你将遇到许多新术语，还会碰上一些经济学家以特定方式使用的熟悉的词汇。乍一看，这种新语言似乎有一种不必要的神秘。但是，正如你将了解到的，它的价值在于能够为你提供一种关于你所生活的世界的新的、有用的思考方式。

本书的目的就是帮助你学会经济学家的思考方式。正如你不可能在一夜之间成为一个数学家、心理学家或律师一样，学会像经济学家一样思考也需要一些时间。但本书通过把理论、案例研究和新闻中的经济学事例结合起来，将为你提供充分的发展和实践这种技能的机会。

在深入了解经济学的本质和细节之前，综述一下经济学家如何研究这个世界是很有用的。因此，本章将讨论经济学方法论。经济学家在处理所遇到的问题时有何独特之处？像经济学家一样思考是什么意思？

22 2.1 作为科学家的经济学家

经济学家努力以科学家的客观性来探讨他们的主题。他们研究经济的方法与物理学家研究物质以及生物学家研究生命的方法一样：先提出理论，再收集数据，然后分析数据，以努力证明或否定他们的理论。

对初学者来说，声称经济学是一门科学似乎有点不可思议。经济学家毕竟不用试管或望远镜进行研究工作。但是，科学的本质是**科学方法**——冷静地建立并检验有关世界如何运行的各种理论。这种研究方法适用于研究一国经济，就像适用于研究地心引力或生物进化一样。正如阿尔伯特·爱因斯坦(Albert Einstein)曾经指出的:“所有科学不过是日常思考的提炼而已。”

虽然爱因斯坦的评论对诸如经济学的社会科学和诸如物理学的自然科学同样适用，但许多人并不习惯用科学家的眼光去观察社会。接下来我们将讨论经济学家运用科学的逻辑来考察经济如何运行的一些方法。

“Michael，我是个社会科学家，这也意味着我无法解释电学或其他类似的事物，但如果你想了解的是‘人’，那你可找对人了。”

图片来源：© 2002 THE NEW YORKER COLLECTION FROM CARTOONBANK.COM. ALL RIGHTS RESERVED.

2.1.1 科学方法：观察、理论和进一步观察

据说17世纪著名科学家和数学家伊萨克·牛顿(Isaac Newton)有一天看到一个苹果从树上掉下来之后，好奇心油然而生。这一观察促使牛顿创立了万有引力理论，这个理论不仅能解释苹果为什么掉到地上，而且也适用于宇宙中的任意两个物体。其后对牛顿理论的检验表明，该理论在许多情况下适用(尽管正如爱因斯坦以后强调的，并不是在一切情况下都适用)。由于牛顿的理论成功地解释了人们所观察到的现象，所以现在全世界大学的本科物理课中仍讲授这一理论。

理论与观察之间的这种相互作用也发生在经济学领域中。一位经济学家若生活在价格正在迅速上升的国家中，就可能会受到这种观察的刺激而提出一种通货膨胀理论。这种理论可能会断言，当政府发行了过多货币时，高通货膨胀就发生了。为了检验这种理论，这位经济学家可以收集并分析许多不同国家价格和货币量的数据。如果货币量增长完全与价格上升的速度无关，这位经济学家就会开始怀疑自己的通货膨胀理论的正确性。如果全球数据的检验结果仍然表明货币量增长与通货膨胀密切相关(事实的确如此)，这位经济学家就会更加相信自己的理论。

虽然经济学家像其他科学家一样运用理论和观察，但他们面临着一种障碍，从而使其工作更具挑战性：在经济学研究中，进行实验往往是很

困难的，而且有时是不可能的。研究万有引力的物理学家可以在他们的实验室里扔下许多物体，以得到检验他们理论的数据。与此相比，研究通货膨胀的经济学家绝不会被允许仅仅为了获得有用的数据而操控一国的货币供给。经济学家像天文学家、进化论生物学家一样，通常不得不使用这个世界碰巧向他们提供的数据。

为了寻找实验室实验的替代品，经济学家十分关注历史所提供的自
23 然试验。例如，当中东战争中断了原油运输时，全世界石油价格飞涨。对石油和石油产品的消费者来说，这个事件降低了他们的生活水平；对经济决策者来说，它提出了如何做出最佳应对的难题；但对经济科学家来说，它提供了研究重要自然资源对世界经济影响的机会。因此，在本书中我们将研究许多历史事件。这些事件之所以具有研究价值，既是因为它们使我们能了解过去的经济，更重要的则是因为它们使我们能对当前的经济理论做出说明和评价。

2.1.2 假设的作用

如果你问一位物理学家，一块大理石从10层楼的楼顶落下来需要多长时间，她可能会通过假设这块大理石在真空中落下来回答这个问题。当然，这个假设是不现实的。事实上，楼房周围是空气，空气对下落的大理石产生摩擦并使其下落速度变慢。但物理学家将指出，这种对大理石的摩擦力如此之小，以至于其影响可以忽略不计。因此假设大理石在真空中下落能使问题简化，而对答案又没有实质性影响。

经济学家由于同样的原因而做出假设：假设可以使复杂的世界简单化，而且使解释这个世界变得更为容易。例如，为了研究国际贸易的影响，我们可以假设，世界只由两个国家组成，而且每个国家只生产两种产品。当然，在现实中，有许多国家，每个国家都生产成千上万的不同类型的产品。但通过假设只有两个国家和两种产品，我们可以集中思考问题的实质。一旦我们理解了这种简化了的假想世界中的国际贸易，我们就可以更好地理解我们生活在其中的、更复杂的现实世界中的国际贸易。

科学思考的艺术——无论在物理学、生物学还是经济学中——就是决定做出什么假设。例如，假设我们从楼顶扔下来的是气球而不是大理石，我们的物理学家就会意识到，没有摩擦的假设在这种情况下是欠准确的：摩擦对气球的影响力要比对大理石大得多。前面所提到的重力在真空中发生作用的假设对研究大理石的下落是适用的，但对研究气球的下落并不适用。

类似地，经济学家用不同的假设来回答不同的问题。假设我们想研究政府改变流通中的货币量会对经济产生怎样的影响。这一分析的一个重要内容是价格会做出什么反应。经济中的许多价格并不经常变动，如报摊上的杂志价格就好几年才会变动一次。了解了这一事实后，当我们

研究政策变动在长短不同时间中的影响时,就会做出不同的假设。为了研究这种政策的短期效应,我们可以假设价格变动并不大。我们甚至可以做出极端而人为的假设:所有价格都是完全固定的。但是,为了研究这种政策的长期效应,我们可以假设所有价格都是完全可变的。正如物理学家在研究大理石下落和气球下落时用了不同的假设一样,经济学家在研究货币量变动的短期与长期效应时也用了不同的假设。

2.1.3 经济模型

高中生物教师用塑料人体模型来讲授基础解剖学。这些模型包括所有主要的器官,如心脏、肺、肾等等。这些模型使教师可以用一种简单的 24
方式向学生说明,人体的这些重要器官是如何组合在一起的。由于这些塑料模型是程式化的,并略去了许多细节,没有人会把它们误认为是真人。尽管它缺乏真实性——实际上正是由于缺乏真实性——研究这些模型对了解人体的构造是有帮助的。

经济学家也用模型来了解世界,但不是塑料模型,而通常是由图形和方程式组成的模型。与生物学教师的塑料模型一样,经济模型也忽略了许多细节,以便使我们了解真正重要的东西。正如生物教师的模型并不包括人体所有的肌肉和毛细血管一样,经济学家的模型也不包括经济的每一个特征。

当我们在本书中用模型来研究各种经济问题时,你会看到,所有模型都建立在一些假设之上。正如物理学家通过假设不存在摩擦来分析大理石下落一样,经济学家也利用假设撇开与所研究问题无关的许多经济细节。所有模型——物理学的、生物学的和经济学的——都为了加深我们对现实的理解而简化了现实。

2.1.4 我们的第一个模型:循环流量图

经济由从事许多活动——购买、销售、工作、雇佣、制造等——的千百万人所组成。为了理解经济的运行方式,我们必须找到某种方法来简化我们对所有这些活动的思考。换句话说,我们需要一个模型用普通的术语来解释经济是如何组织起来的,并说明经济的参与者如何相互交易。

图 2-1 提出了一个直观的经济模型,这个模型称为**循环流量图**(circular-flow diagram)。在这个模型中,经济由两类决策者——家庭和企业——所组成。企业用劳动、土地和资本(建筑物和机器)这些投入品来生产物品和劳务。这些投入品被称为生产要素。家庭则拥有生产要素并消费企业生产的所有物品与劳务。

循环流量图:
一个说明货币如何通过市场在家庭与企业之间流动的直观经济模型。

图 2-1　循环流量图

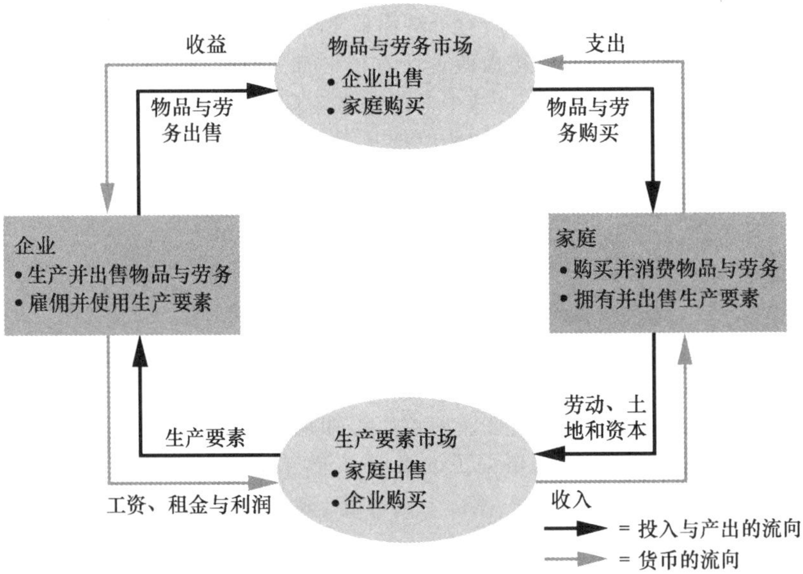

该图是对经济组织方式的简要表述。经济决策由家庭和企业做出。家庭和企业在物品与劳务市场(在这个市场上,家庭是买者而企业是卖者)以及生产要素市场(在这个市场上,企业是买者而家庭是卖者)上相互交易。外面一圈的箭头表示货币的流向,而里面一圈的箭头表示相应的投入与产出的流向。

家庭和企业在两类市场上相互交易。在**物品与劳务市场**上,家庭是买者,而企业是卖者。特别是家庭购买企业生产的物品与劳务。在**生产要素市场**上,家庭是卖者,而企业是买者。在这些市场上,家庭向企业提供用于生产物品与劳务的投入。循环流量图提供了一种把家庭与企业之间发生的所有经济交易组织在一起的简单方法。

循环流量图的两个环形相互区别,但又相互关联。里面的环形代表家庭与企业之间投入与产出的流向。家庭在生产要素市场上把劳动、土地和资本出售给企业使用。然后企业用这些要素生产物品与劳务,这些物品与劳务又在物品与劳务市场上出售给家庭。就这样,生产要素从家庭流向企业,而物品与劳务由企业流向家庭。外面的环形代表相应的美元流动。家庭支出货币向企业购买物品与劳务。企业用一些销售收益支付生产要素的报酬,诸如它们工人的工资。所剩下的是企业所有者的利润,而企业所有者本身也是家庭的成员。

现在我们通过跟踪在经济中流通的 1 美元钞票来看看循环流向。设想开始时在你的家中,比如说在你的钱包里,有 1 美元钞票。如果你想买一杯咖啡,你就可以拿这 1 美元到经济中的一个物品与劳务市场,比如,你到当地的星巴克咖啡店去买。你在这里把 1 美元花在了美味的咖啡上。当这 1 美元进入星巴克的钱柜时,它就成为企业的收益。但是,这 1 美元并不会在星巴克停留很久,因为企业会用它在生产要素市场上购买投入品。星巴克会用这 1 美元为它所占用的空间向房东支付租金或为工人支付工资。无论在哪一种情况下,这 1 美元又成了某个家庭的收入,又一次回到了某个人的钱包中。此时,经济循环流量图中的故事又一次开始了。

图 2－1 中的循环流量图是一个简单的经济模型。它略去了在某些情况下会很重要的各种细节。例如，一个更为复杂、更为现实的循环流量模型应该包括政府和国际贸易的作用。（你付给星巴克的一些美元会用于纳税或购买巴西农民的咖啡豆。）但这些细节对于理解经济的组织方式并不是至关重要的。由于其简化性，在考虑经济中各部分如何组合在一起时，记住这个循环流量图是很有用的。

2.1.5 我们的第二个模型：生产可能性边界

与循环流量图不同，大多数经济模型都是用数学工具来构建的。这里我们用一个最简单的经济数学模型——生产可能性边界，来阐明一些基本的经济思想。

虽然现实经济生产成千上万种物品与劳务，但我们可以设想一个只 26
生产两种物品——汽车与电脑——的经济。汽车行业和电脑行业共同使用经济中的全部生产要素。**生产可能性边界**（production possibilities frontier）是一个图形，它表明在生产要素和生产技术既定时，一个经济所能生产的产品——在这个例子中是汽车和电脑——的数量的各种组合。

生产可能性边界： 表示在可得到的生产要素与生产技术既定时，一个经济所能生产的产品数量的各种组合的图形。

图 2－2 是生产可能性边界的一个例子。如果这个经济把全部资源都用于汽车行业，该经济将生产 1 000 辆汽车而不生产电脑；如果全部资源都用于电脑行业，该经济将生产 3 000 台电脑而不生产汽车。生产可能性边界的两个端点代表这两种极端的可能性。

更为可能的情况是，这个经济把资源分配在两个行业中，于是，在生产可能性边界上就有了其他点。例如，该经济可以生产 600 辆汽车和 2 200 台电脑，如图中 *A* 点所示。或者，通过把一些生产要素从电脑行业转向汽车行业，该经济可以生产 700 辆汽车和 2 000 台电脑，如 *B* 点所示。

由于资源是稀缺的，因此并不是每一种想象的结果都是可行的。例如，无论在两个行业之间如何配置资源，经济也不可能生产出 *C* 点所代表的汽车和电脑量。在用于制造汽车和电脑的技术为既定时，经济并没有足够的生产要素来提供 *C* 点所对应的产量水平。经济可以用它拥有的资源在生产可能性边界上和以内的任何一点进行生产，但它不能在这条边界以外的任何一点进行生产。

如果经济从它可以获得的稀缺资源中获得了它能得到的全部东西，就称这种结果是**有效率**的。生产可能性边界上（而不是这条线之内）的各点代表了有效率的生产水平。当经济在其上的某一点，比如说 *A* 点进行 27
生产时，如果不减少一种物品的生产，就没有办法生产更多的另一种物品。*D* 点代表**无效率**的结果。由于某种原因，也许是普遍失业，经济的产量

图 2-2　生产可能性边界

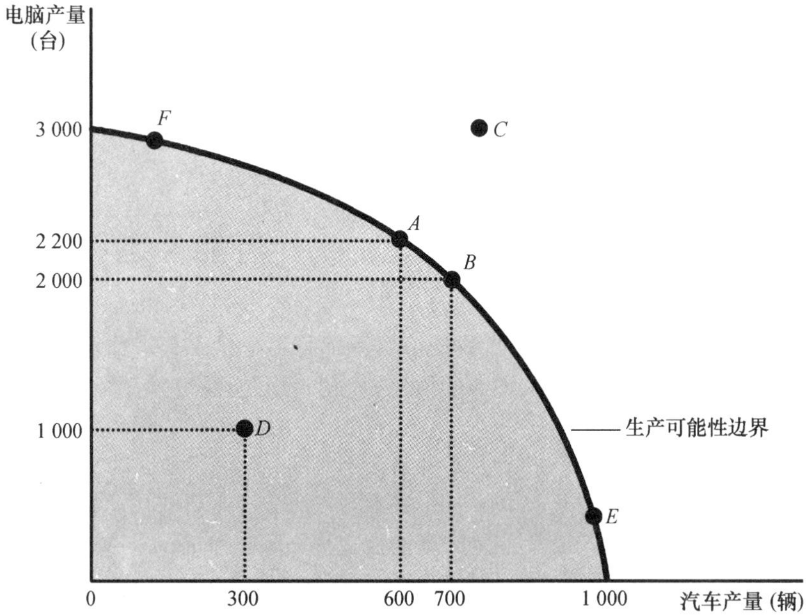

生产可能性边界表明，经济所能生产的产品——在这个例子中是汽车和电脑——的数量组合。经济可以生产该边界上或以内的任何组合。在经济的资源既定时，该边界以外的各点都是无法实现的。

小于它从可以获得的资源中所能得到的最大可能产量：它只生产了 300 辆汽车和 1 000 台电脑。如果消除了无效率的来源，经济就可以增加这两种物品的产量。例如，如果经济从 D 点移动到 A 点，汽车的产量就从 300 辆增加到 600 辆，电脑的产量从 1 000台增加到 2 200 台。

第 1 章中所讨论的经济学十大原理之一是人们面临权衡取舍。生产可能性边界表明了社会所面临的一种权衡取舍。一旦我们达到了该边界上有效率的各点，那么得到更多的一种物品的唯一方法就是减少另一种物品的生产。例如，当经济从 A 点移到 B 点时，社会多生产了 100 辆汽车，但要以少生产 200 台电脑为代价。

这种权衡取舍关系有助于我们理解经济学十大原理中的另一个原理：某种东西的成本是为了得到它所放弃的东西。这被称为机会成本。生产可能性边界表明了用另一种物品来衡量的一种物品的机会成本。当经济从 A 点移动到 B 点时，它为了得到增加的 100 辆汽车而放弃了 200 台电脑。这就是说，在 A 点时，100 辆汽车的机会成本是 200 台电脑。换言之，每辆汽车的机会成本是两台电脑。要注意的是，一辆汽车的机会成本等于生产可能性边界的斜率（如果你想不起什么是斜率，可以复习一下本章附录）。

用电脑数量来衡量的汽车的机会成本在这个经济中并不是不变的，而是取决于该经济生产多少汽车和电脑。这反映在生产可能性边界的形状上。由于图 2-2 中的生产可能性边界凹向原点，所以，当该经济生产许多汽车和少量电脑时，例如，在 E 点时，生产汽车的机会成本较高，此时生产可能性边界是陡峭的；当该经济生产少量汽车和许多电脑时，例如，在 *F* 点时，生产可能性边界是平坦的，并且生产汽车的机会成本较低。

经济学家认为，生产可能性边界通常是这种凹向原点的形状。当该经济把其大部分资源用于生产电脑时，例如，在 *F* 点时，最适于汽车生产的资源，如熟练的汽车工人，都被用于电脑行业。由于这些工人也许并不擅长生产电脑，该经济就不会因为多生产了一辆汽车而少生产了许多电脑。用电脑衡量的汽车的机会成本是较小的，而且，生产可能性边界较为平坦。与此相反，当经济把其大部分资源用于生产汽车时，例如，在 *E* 点时，最适于生产汽车的资源已经用于汽车行业。多生产一辆汽车就意味着要把一些最好的电脑技工从电脑行业中转移出来，并让他们成为汽车工人。结果，多生产一辆汽车就意味着电脑产量有相当大的减少。此时生产汽车的机会成本很高，而且，生产可能性边界是陡峭的。

生产可能性边界表明在某一特定时期内生产不同物品之间的权衡取舍，但随着时间的推移，这种权衡取舍可以改变。例如，假设电脑行业的技术进步提高了每个工人每周可以生产的电脑数量。这种进步扩大了社会的一系列机会。对于任何一种既定的汽车产量，该经济现在都可以生产比以前更多的电脑。如果该经济并没有生产任何电脑，它仍然可以生产 1 000 辆汽车，因此，生产可能性边界的一个端点仍然是相同的。但生产可能性边界的另一个端点向外移动了，如图 2－3 所示。

图 2－3 生产可能性边界的移动

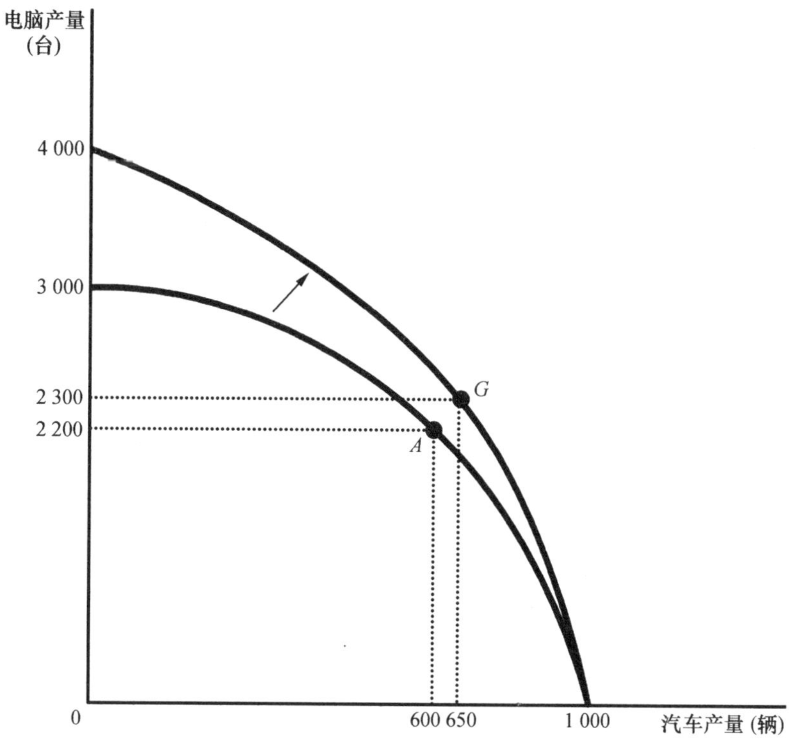

电脑行业的技术进步使经济在生产任何一个既定的汽车量的同时，都可以生产比以前更多的电脑。结果，生产可能性边界向外移动。如果该经济从 *A* 点移动到 *G* 点，那么，汽车和电脑的产量就都增加了。

28 图2－3说明了经济增长。社会可以使生产从原来的生产可能性边界上的一点移动到新的生产可能性边界上的一点。社会选择该边界上的哪一点取决于它对两种物品的偏好。在这个例子中，社会从 A 点移动到 G 点，享有了更多的电脑（2300台而不是2200台）和更多的汽车（650辆而不是600辆）。

生产可能性边界简化了复杂的经济，以便强调一些基本但极为重要的思想：稀缺性、效率、权衡取舍、机会成本和经济增长。当你学习经济学时，这些思想将以不同的形式反复出现。生产可能性边界为我们提供了一种思考这些问题的简单方法。

2.1.6 微观经济学与宏观经济学

许多学科在各种不同层次上进行研究。以生物学为例。分子生物学家研究构成生命体的化学合成物；细胞生物学家研究细胞，细胞由许多化学合成物构成，同时它本身也是构成活的生物体的基本单位；进化生物学家研究各种动物与植物，以及若干世纪以来物种如何逐步地进化。

经济学也在各种不同层次上进行研究。我们可以研究单个家庭与企业的决策。我们也可以研究某种物品与劳务市场上家庭与企业之间的相互交易。我们还可以研究整体经济的运行，整体经济只是所有这些市场上所有这些决策者活动的总和。

微观经济学： 研究家庭和企业如何做出决策，以及它们如何在市场上相互交易。

宏观经济学： 研究整体经济现象，包括通货膨胀、失业和经济增长。

传统上，经济学被划分为两个分领域。**微观经济学**（microeconomics）研究家庭和企业如何做出决策，以及它们如何在特定市场上相互交易。**宏观经济学**（macroeconomics）研究整体经济现象。一个微观经济学家可
29 以研究租金控制对纽约市住房的影响、外国竞争对美国汽车行业的影响，或者接受义务教育对工人收入的影响。一个宏观经济学家可以研究联邦政府借债的影响、经济中失业率随时间推移的变动，或者提高一国生活水平的不同政策。

微观经济学和宏观经济学是密切相关的。由于整体经济的变动产生于千百万个人的决策，所以，不考虑相关的微观经济决策而要去理解宏观经济的发展是不可能的。例如，宏观经济学家可能研究联邦个人所得税的减少对整个物品与劳务生产的影响。但是为了分析这个问题，他必须考虑所得税减少会如何影响家庭把多少钱用于购买物品与劳务的决策。

30 尽管微观经济学与宏观经济学之间存在固有的联系，但这两个领域仍然是不同的。由于它们强调不同的问题，且每个领域都有自己的一套模型，所以，通常在不同的课程中讲授。

即问即答 • 从何种意义上说，经济学像一门科学？ • 画出一个生产食物与衣服的社会的生产可能性边界。标出一个有效率点、一个无效率点和一个不可能实现的点。说明一场旱灾对此的影响。 • 定义微观经济学与宏观经济学。

参考资料
什么人在学习经济学

作为一个大学生，你会问自己：我该修多少门经济学课程？这些内容对我以后的生活有什么用？乍一看，经济学是抽象的，但从本质上说，这门学科是极为实用的，学习经济学在许多不同的职业生涯中都是有用的。这里是大学时读经济学专业的一些知名人士的例子。

麦格·威特曼(Meg Witman)	eBay 公司的董事长兼 CEO
罗纳德·里根(Ronald Reagan)	美国前总统
威廉·F. 巴克利(William F. Buckley)	记者
丹尼·格洛弗(Danny Glover)	演员
巴巴拉·鲍克瑟(Barbara Boxer)	美国参议员
约翰·埃尔韦(John Elway)	橄榄球四分卫
科菲·安南(Kofi Annan)	前联合国秘书长
泰德·特纳(Ted Turner)	CNN 的创立者和 Atlanta Braves 的所有者
莱昂内尔·里奇(Lionel Richie)	歌手
黛安娜·冯弗斯滕伯格(Diane von Furstenberg)	时装设计师
迈克尔·金斯利(Michael Kinsley)	记者
本·斯坦(Ben Stein)	政治评论家、演员、节目主持人
凯特·布兰切特(Cate Blanchett)	演员
安东尼·兹尼(Anthony Zinni)	美国海军陆战队将军(ret)
泰格尔·伍兹(Tiger Woods)	高尔夫球员
史蒂夫·鲍尔默(Steve Ballmer)	微软公司 CEO
阿诺德·施瓦辛格(Arnold Schwarzenegger)	加州州长
桑德拉·戴·奥康纳(Sandra Day-O'Connor)	前最高法院法官
斯科特·亚当斯(Scott Adams)	动漫画家
米克·贾格尔(Mick Jagger)	滚石乐队主唱

在伦敦经济学院的学习也许对米克·贾格尔的成功没有什么帮助，但在如何投资他在摇滚歌手生涯中赚到的大量金钱方面，经济学也许会给他提供一些主意。

当2005年有人问为什么滚石乐队将再次举行全球巡演时，读过经济学专业的米克·贾格尔(Mick Jagger)回答："供给和需求。"凯思·理查德(Keith Richards)补充说："只要有需求，我们就有供给。"

图片来源：© AP/ASSOCIATED PRESS.

2.2 作为政策顾问的经济学家

人们经常要求经济学家解释一些经济事件的原因。例如，为什么青少年的失业率高于年龄大一些的人？有时，也要求经济学家提出改善经济结果的政策建议。例如，政府应该为改善青少年的经济福利做些什么？当经济学家试图去解释世界时，他们是科学家；当经济学家试图去帮助改善世界时，他们是政策顾问。

2.2.1 实证分析与规范分析

为了有助于弄清楚经济学家所起的这两种作用，我们来考察语言的使用。由于科学家和政策顾问有不同的目标，所以他们也以不同的方式使用语言。

例如，假设有两个人正在讨论最低工资法。下面是你可以听到的两种表述：

> Polly：最低工资法引起了失业。
> Norma：政府应该提高最低工资。

现在不管你是否同意这两种表述，应该注意的是，Polly 和 Norma 想要做的事情是不同的。Polly 的说法像一个科学家：她做出了一种关于世界如何运行的表述。Norma 的说法像一个政策顾问：他做出了他想如何改变世界的表述。

实证表述： 试图描述世界是什么样子的观点。

规范表述： 试图描述世界应该是什么样子的观点。

一般来说，关于世界的表述有两种类型。第一种类型的表述，例如 Polly 的表述，是实证的。**实证表述**（positive statements）是描述性的。它们做出关于世界是什么样子的表述。第二种类型的表述，例如 Norma 的表述，是规范的。**规范表述**（normative statements）是规范性的。它们做出关于世界应该是什么样子的表述。

实证表述和规范表述之间的关键区别是我们如何判断它们的正确性。从原则上说，我们可以通过检验证据而确认或否定实证表述。经济学家可以通过分析某一时期内最低工资变动和失业变动的数据来评价 Polly 的表述。与此相比，对规范表述的评价则涉及价值观和事实。仅仅靠数据不能判断 Norma 的表述。确定什么是好政策或什么是坏政策不仅仅是一个科学问题，它还涉及我们对伦理、宗教和政治哲学的看法。

实证表述与规范表述基本上是不同的，但在一个人的观念中它们通常相互关联。特别是，我们关于世界如何运行的实证观点将影响我们关于什么政策合意的规范观点。如果 Polly 关于最低工资法引起失业的说法正确的话，这就会使她否定 Norma 关于政府应该提高最低工资的结论。

31

但我们的规范结论并不能仅仅根据实证分析,还要涉及价值判断。

你在学习经济学时,要记住实证表述与规范表述的区别。因为这有助于你将精力集中在手头的任务上。经济学的许多内容是实证的:它仅仅在努力解释世界如何运行。但那些运用经济学的经济学家们通常有规范的目的:他们想知道如何改善经济。当你听到经济学家做出规范表述时,你就可以知道,他们此时已经是站在政策顾问的立场上,而不是站在科学家的立场上了。

2.2.2 华盛顿的经济学家们

哈里·杜鲁门(Harry Truman)总统曾经说过,他想找一个独臂经济学家。当他请他的经济学家提出建议时,他们总是回答:"一方面……另一方面……"

杜鲁门正确地认识到经济学家的建议并不总是直截了当的。这种倾向根源于第1章中的经济学十大原理之一:人们面临权衡取舍。经济学家认识到在大多数政策决策中都涉及权衡取舍。一项能提高效率的政策可能会以损害平等为代价;一项有利于子孙后代的政策可能会损害当前一代人的利益。一个认为所有政策决策都轻而易举的经济学家是不值得信任的经济学家。

杜鲁门并不是唯一一位看重经济学家建议的总统。自从1946年以来,美国总统一直得到经济顾问委员会的指导,该委员会是由三位委员和数十位经济学家组成的一个参谋机构。该委员会的办公室就在离白宫只有几步之遥的地方,它的职责不外乎向总统提出建议,并撰写每年的《总统经济报告》,该报告讨论近期经济的发展,并提供该委员会对当前政策问题的分析。

"我们来交换一下吧!我来制定政策,你执行,而他负责解释。"

图片来源:© 2002 THE NEW YORKER COLLECTION FROM CARTOONBANK.COM. ALL RIGHT RESERVED.

总统还从许多政府行政部门的经济学家那里得到建议。财政部的经济学家帮助设计税收政策;劳工部的经济学家分析工人和求职者的数据,以帮助制定劳动市场政策;司法部的经济学家帮助制定国家的反托拉斯法。

在政府行政部门之外,经济学家也发挥着作用。为了得到对政策建议的独立评价,国会往往听取由经济学家组成的国会预算办公室的建议。美联储这个制定国家货币政策的半官方机构也雇用了数以百计的经济学家来分析美国和全世界的经济发展状况。

经济学家对政策的影响超出了他们作为顾问的作用:他们的研究和著作经常间接地影响政策。经济学家约翰·梅纳德·凯恩斯(John Maynard Keynes)提出了这种看法:

> 经济学家和政治哲学家的思想,无论是对还是错,实际上都要比一般人想象的更为有力。这个世界确实是由少数精英统治的。那些自认为能够免于受经济学家思想影响的实干家往往是那

些已经过世的经济学家的奴隶。那些当权狂人信奉的其实也不过是若干年前某些末流文人狂妄思想的零碎而已。

虽然这些文字写于 1935 年,但仍然正确。实际上,现在影响公共政策的“末流文人”往往是凯恩斯本人。

新闻摘录
橄榄球经济学

经济学家经常向决策者提建议。有时这些决策者是教练。

“教练,在底线还坚持反击进攻? 太傻了吧?”

Shankar Vedantam

昨天,开场才五分钟,华盛顿 Redskin 队就发现对手纽约 Jets 队把他们逼到了离球门很近的 23 码线,很有可能被破门。Redskin 队此时领先三分,所以他们采取了大家此时惯常会用的处理方式:保守地把球大脚悬空踢开,没有继续进攻。

而 Jets 队意欲反击得分,拖延时间进入加时赛。但在这场比赛里,华盛顿队确实是笑到了最后,以 23:20 赢得了比赛。这印证了加利福尼亚大学的经济学家 David Romer 的分析,他认为橄榄球队在面对底线防守反击时都太保守了。

即使对体育没什么兴趣,你也会发现 Romer 的分析结论挺有意思的:他认为总体上说,尽管人们总是说自己有目标并且愿意竭尽全力去实现它,但在实际行动上人们还是会南辕北辙。

Romer 在对橄榄球队的分析中特别关注了这样一个问题:球队是应该踢悬空球大脚解围,还是应该抓紧一切机会坚持跑动,投球得分。

Romer 的结论并没有就在昨天那样的比赛中应该怎么去做给出具体建议,但是一般说来,愿意冒险的球队赢的可能性更大。

大量全美橄榄球联盟(NFL)的赛事数据说明,很少依从 Romer 分析的教练好像胜绩更多。不过球迷们经常主张更激进些,尽管他们并不是基于经济学家的思路——Romer 认为球队应该积极进取,即使球赛刚开始不久,即使比分持平,即使球是在球队自己球门这一边。

Romer 的研究得到了另一些独立研究的支持。教练们没有质疑他的研究,只不过没太在意而已。

新英格兰 Patriots 队的教练 Bill Belichick 是全美最成功的教练之一,他就赞同 Romer 的理论。两周前,在对华盛顿队的比赛中,Patriots 大比分领先。Belichick 冒险玩了一把底线反击进攻,这样 Patriots 得了七分而不是三分。

记者问 Belichick 这么做的原因,他的回答是个典型的直言不讳的全力得分型答复:“你说我们该怎么办？踢一脚三分球?”

球队老板和球迷对 Romer 的看法意见迥异。Romer 自己也说在和各队教练聊天时，大家都说他还是老老实实在象牙塔做他的学问为好。

实际上，自从 Romer 几年前写了他这篇分析文章以来，全美橄榄球联盟的教练们看来是越来越保守了。

甭管学界的研究成果看起来是多有用，他们好像都不乐意听从经济学家的建议。

“过去在底线还坚持进攻是有勇气的表现。”Romer 说。但是在他的研究成果在体育业内广为人知之后，他认为，“现在底线坚持进攻是傻瓜才会去做的。你要当真正的男子汉还是傻瓜?”

Romer 的研究提出了一系列体育之外的有趣问题。为什么教练们都说要赢，但是还要坚持做那些不尽合理的事？Romer 听说有种解释说教练和大家一样，无论是基金总监还是一般的经理们，他们自己的目标实际上和他们负责的人群的目标诉求是不一样的。每个人都想赢，但是一旦输了，经理人员和一般队员的标准是不一样的，要是他们采取了非同一般的方式去争取胜局却失败的时候，这就更是个问题了。

Clemson 大学的管理学副教授 Wayne Stewart 认为他自己的研究也说明产权所有人和经理人员对风险的看法是不同的。产权所有人更具有企业家精神，对结果更关心，而经理人员更关心是不是犯了错。

Stewart 认为这也许可以解释为什么教练对冒险的处理方式会与关心比分的球队老板和球迷们大为不同。Stewart 认为，成功的经理人员明白，害怕失败往往是失败的主要原因。

资料来源： *The Washington Post*, November 5, 2007.

2.2.3 为什么人们总是并不遵从经济学家的建议？ 32

任何一个向总统或其他民选领导人提出建议的经济学家都知道，他(或者她)的建议并不总是受到重视。这会使人困扰，但很容易理解。制定经济政策的过程在许多方面与经济学教科书上假设的理想化的决策过程完全不同。

在本书中我们讨论经济政策时往往集中在一个问题上：什么是政府要追求的最好政策？我们的做法好像政策是由一个全能的国王决定的。一旦国王选定了正确的政策，将这个政策付诸实施就不会有什么困难。

在现实世界中，选定正确的政策仅仅是一个领导人工作的一部分，有时还是最容易的一部分。在总统听取了经济顾问关于什么政策最好的意见后，他还要听取其他顾问关于相关投入的意见。他的公关顾问会告诉
33 他如何最好地向公众解释所提议的政策，而且，他们会努力预料任何一种会带来更严峻挑战的误解。他的新闻顾问会告诉他新闻媒体将如何报道他的提议，以及哪些意见将最有可能出现在全国报刊的社论上。他的法律事务顾问会告诉他议会将如何评论这个提议，议会、议员将提出哪些修正，以及议会通过总统提议的某个修正案的可能性。他的政治顾问会告诉他哪些集团将组织起来支持或反对所提议的政策，这个提议将如何影响选举中他在不同集团中的形象，以及是否会影响对总统任何一种其他政策主张的支持。在听取并权衡了所有这些意见之后，总统才决定下一步如何实施。

在代议制民主政体中，制定经济政策是一件麻烦的事情——而且总统（和其他政治家）往往有充分的理由不采用经济学家建议的政策。经济学家在政策制定过程中起着重要的作用，但他们的建议仅仅是一个复杂过程中的一种要素。

34 ***即问即答*** • 举出与你的日常生活有关的一个实证表述的例子和一个规范表述的例子。• 列举出经常依靠经济学家建议的三个政府部门。

2.3 经济学家意见分歧的原因

“即使把所有经济学家首尾相接地排成一队，他们也达不成一个共识。”萧伯纳（George Bernard Shaw）对经济学家的嘲讽从这句话中可见一斑。经济学家们经常因为向决策者提供的建议相互矛盾而受到批评。罗纳德·里根（Ronald Reagan）总统曾经开玩笑说，如果小追击（Trivial Pursuit）游戏是为经济学家设计的，那么，100 个问题就会有 3 000 个答案。

为什么经济学家往往给决策者提供相互矛盾的建议呢？这里有两个基本原因：

• 经济学家可能对世界如何运行的不同实证理论的正确性看法不一致。

• 经济学家可能有不同的价值观，因此对政策应该努力实现的目标有不同的规范观点。

我们下面开始讨论这些原因。

2.3.1 科学判断的不同

几个世纪之前,天文学家为太阳系的中心是地球还是太阳而争论不休。最近,气象学家也在争论地球是否正在经历着“全球变暖”,以及如果是这样的话,原因是什么。科学是为了认识我们周围的世界所进行的研究。随着研究的深入,科学家对真理的认知会存在分歧,这不足为怪。

基于同样的原因,经济学家也经常会产生分歧。经济学是一门年轻的科学,仍然有许多问题需要探讨。经济学家有时意见不一致,是因为他们对不同理论的正确性或对衡量经济变量如何相关的重要参数的大小有不同的直觉。

例如,经济学家对于政府是应该根据家庭收入还是消费(支出)来征税的看法就不一致。支持把现行所得税改为消费税的人认为,这种变化会鼓励家庭更多地储蓄,因为它不对用于储蓄的收入征税。高储蓄使更多的资源用于资本积累,又会引起生产率和生活水平更快地增长。支持现行所得税制的人认为,家庭储蓄并不会对税法的改变做出太大反应。这两派经济学家对税制持有不同的规范观点,是因为他们关于储蓄对税收激励反应程度的实证观点不同。

2.3.2 价值观的不同

假设 Peter 和 Paula 都从镇上的水井中汲取等量的水。为了支付维修水井的费用,镇里向其所有居民征税。Peter 收入为 5 万美元,征税 5 000 美元,即他收入的 10%。Paula 收入为 1 万美元,征税 2 000 美元,即他收入的 20%。

这种政策公正吗？如果不公正的话,谁支付得太多了,而谁支付得太少了？Paula 的收入低是因为他是残疾人,还是因为他决定投身演艺生涯,这一点重要吗？Peter 的收入高是因为他有大量遗产,还是因为他愿 35
意长时间地从事枯燥的工作,这一点又重要吗？

这些是可能会引起人们争论的难题。如果镇里雇了两个专家来研究该镇为维修水井应该如何向居民征税的问题,而且这两个专家又提出了不一致的建议,我们应该不会感到奇怪。

这个简单的例子说明了,为什么经济学家有时对公共政策的看法不同。正如我们在以前关于实证分析和规范分析的讨论中所知道的,不能只从科学的角度来判断政策。经济学家有时提出了不一致的建议,是因为他们有着不同的价值观。对经济科学的不断完善并不能告诉我们 Peter 和 Paula 两人中谁支付得太多了。

2.3.3 感觉与现实

由于科学判断的差别和价值观的不同，经济学家之间有一些分歧是不可避免的，但不应该夸大这种分歧。在许多情况下，经济学家们的看法还是一致的。经济学家之间的共识程度远远超出了人们有时认为的那样。

表 2－1 包含了十个有关经济政策的主张。在对专业经济学家的调查中，这些主张得到了绝大多数被调查者的赞同。但是，其中大部分主张并没有在公众中得到类似的认同。

36 表中的第一个主张是关于租金控制的，这是一项规定房东对住房可以收取的最高房租的立法。几乎所有经济学家都认为，租金控制对住房的可得性和质量有不利影响，而且这是一种代价高昂的帮助最贫困社会成员的方法。但是，许多市政府不理会经济学家的建议，而对房东可以向其房客收取的租金规定了上限。

表 2－1　大多数经济学家一致同意的十个主张

主张（以及持赞同意见经济学家所占的百分比）
1. 租金上限降低了可得到的住房的数量和质量。（93%）
2. 关税和进口配额通常降低了总体经济福利。（93%）
3. 弹性汇率和浮动汇率提供了一种有效的国际货币协定。（90%）
4. 财政政策（例如，减税和/或增加政府支出）对低于充分就业的经济有重要的刺激效应。（90%）
5. 美国不应该限制雇主将工作外包给其他国家。（90%）
6. 美国应该取消农业补贴。（85%）
7. 地方政府和州政府应该取消对职业运动队的补贴。（85%）
8. 如果联邦预算要实现平衡，也应该是以经济周期为基础，而不是以年度为基础。（85%）
9. 如果现行的政策保持不变，在接下来的 50 年中社会保障基金与支出之间的缺口会持续扩大并超出承受能力。（85%）
10. 现金支付给领取者增加的福利远远大于相当于现金价值的实物转移支付。（84%）
11. 庞大的联邦预算赤字对经济有不利的影响。（83%）
12. 最低工资增加了年轻人和不熟练工人的失业。（79%）
13. 政府应该按"负所得税"的思路重建福利制度。（79%）
14. 排污税和可交易的污染许可证作为控制污染的方法优于实行污染上限。（78%）

资料来源：Richard M. Alston, J. R. Kearl and Michael B. Vaughn, "Is There Consensus among Economists in the 1990s?" *American Economic Review*(May 1992): 203—209. Reprinted by permission; Robert Whaples, "Do Economists Agree on Anything? Yes!" *Economists' Voice*(November 2006): 1—6.

表中的第二个主张涉及关税和进口配额，这是两种限制各国间贸易的政策。几乎所有经济学家都反对这种对自由贸易的限制，其原因我们将在本书中进行更充分的讨论。但是，这些年来总统和国会一直选择限制某些物品的进口。

既然专家一致反对，为什么租金控制和进口配额这些政策还一直持续呢？这可能是因为政治过程是一种不可消除的障碍，但也可能是因为经济学家无法使普通公众相信这些政策是不合意的。本书的目的之一就是使你理解经济学家对这些问题和其他问题的观点，也许还要说服你认为这是正确的观点。

即问即答 为什么总统经济顾问们对一个政策问题会存在意见分歧？

2.4 出发吧

本书的前两章向你介绍了经济学的观念与方法。现在我们可以正式开始学习了。下一章我们开始更详细地学习经济行为和经济政策的相关原理。

阅读本书时，你需要运用多方面的知识和技能。也许你会发现，记住伟大的经济学家约翰·梅纳德·凯恩斯的一些忠告是颇有裨益的：

> 经济学研究似乎并不需要任何极高的特殊天赋。与更高深的哲学或纯科学相比，经济学不是……一门极其容易的学科吗？它是一门容易的学科，但这个学科中很少有人能出类拔萃！这个悖论的解释也许在于杰出的经济学家应该同时具有各种罕见的天赋。在某种程度上，他应该是数学家、历史学家、政治家和哲学家。他必须了解符号并用文字将其表达出来。他必须根据一般性来深入思考特殊性，并在思绪奔放的同时触及抽象与具体。他必须根据过去、着眼未来而研究现在。他必须考虑到人性或人的制度的每一部分。他必须同时保持坚定而客观的情绪，要像艺术家一样超然而不流俗，但有时又要像政治家一样脚踏实地。

这无疑是一个高标准，但通过实践，你将会越来越习惯于像经济学家一样思考。

新闻摘录
环境经济学

一些经济学家正在帮助拯救地球。

绿色组织在经济学中看到了保护地球的有效工具

Jessica E. Vascellaro

许多经济学家梦想在华尔街,或者在有声望的研究机构和大学,或者在像美联储这样权威性的政府机构谋得一份高报酬的工作。

但是越来越多的经济学家选择不是把他们的技能用于跟踪通货膨胀或利率,而是用于拯救河流和树木。这些人是"绿色经济学家",更正式的称呼是环境经济学家,他们用经济学观点和体系劝说公司清除污染和帮助保护自然区域。

这些经济学家供职于几十家倡导环保的组织和州与联邦的无数环保机构,他们致力于为保护濒危动物、减少污染和防止气候变化的方法构建知识性框架。它们还日益成为左翼倡导者组织和公共与私人部门之间的纽带。

斯坦福大学环境与资源经济学教授 Lawrence Goulder 说:"过去许多环保倡导组织将经济学解释为如何获得利润和使收入最大化。如今,更多的经济学家认识到,经济学为资源(这里不仅仅是劳动和资本,也包括自然资源)的配置提供了一个框架。"

环境经济学家受雇于政府机构(2004 年,环境保护署有 164 名职员,比 1995 年增加了 36%)和诸如荒野协会(位于华盛顿的一个保护组织,其中有四个人从事诸如评估修建非公路用车专用道的经济影响这类研究)等团体。同样位于华盛顿的美国环保协会(Enviornmental Defense)是最早雇用经济学家的环境倡导组织之一,而且现在已雇用了 8 名经济学家,他们正进行诸如通过市场激励来解决气候变化和水短缺这类环境问题的研究。

1991 年加入荒野协会的 Caroline Alkire 是这个组织的第一位经济学家,他说:"人们通常有这种一种思想,即不应该把环境问题货币化,因为它是无价的。但是,如果我们要在国会上展开有关北极钻探计划的辩论,我们就需要能与这种金融观点相抗争。我们必须出这张牌,否则我们就输定了。"

环境经济学领域在 20 世纪 60 年代开始形成,当时学者们开始把经济学工具运用于刚刚兴起的绿色运动。到 80 年代,这个原则得到普遍承认,当时环境保护署把可交易的许可证用于淘汰含铅汽油。但是,直到 1990 年《清洁空气法修正案》通过,大多数环保主义者才开始认真地看待经济学。

该修正案对酸雨实行了一种可交易的许可制度,这是美国环保协会推动的一项计划。根据这项法律，可以更具成本—效率地降低排污量的企业可以把它们的排污许可量卖给污染重的企业。今天，这项计划已经超过了其把酸雨量减少到1980年的一半水平的目标，而且由此证明了市场可以有助于实现环保目标。

它的成功也说服了以前的批评者，当时这些批评者认为，环境管制是一个道德问题，而不是经济学问题，而且支持在所有发电企业都采用成本高昂的消除酸雨技术。

国际环保巨人"绿色和平组织"是1990年修正案的主要反对者之一。但是，绿色和平组织美国的研究负责人 Kert Davies 说：它的成功以及整个90年代初期有关气候政策的重要行动的缺乏使该组织接受了这个概念。"我们现在相信，（可交易的许可证）是减少排污和创造大量减少污染所必需的激励的最直接的制度。"

资料来源：*The Wall Street Journal*, August 23, 2005.

内容提要 38

◎ 经济学家们努力以科学家的客观态度来研究他们的学科。像所有科学家一样，他们做出了适当的假设并建立了简化的模型，以便解释我们周围的世界。两个简单的经济模型是循环流量图和生产可能性边界。

◎ 经济学可划分为两个分领域：微观经济学和宏观经济学。微观经济学家研究家庭和企业做出的决策以及家庭和企业在市场上的相互交易。宏观经济学家研究影响整体经济的力量和趋势。

◎ 实证表述是关于世界是什么的论断。规范表述是关于世界**应该**是什么的论断。当经济学家做出规范表述时，他们的行为更像是政策顾问而不是科学家。

◎ 经济学家们向决策者提出的建议之所以有时会相互矛盾，不是因为科学判断的差别，就是因为价值观的差别。在另一些时候，经济学家提供的建议是一致的，但决策者可能选择不理会这些建议。

关键概念

循环流量图
生产可能性边界
微观经济学
宏观经济学
实证表述
规范表述

复习题

1. 经济学如何像一门科学？
2. 为什么经济学家要做出假设？
3. 经济模型应该准确地描述现实吗？
4. 说出你的家庭参与要素市场的一种方

式，以及参与产品市场的一种方式。

5. 举出一种没有包括在简单的循环流量图中的经济关系。

6. 画出并解释一个生产牛奶与点心的经济的生产可能性边界。如果一场瘟疫使该经济中的一半奶牛死亡，这条生产可能性边界会发生怎样的变动？

7. 用生产可能性边界描述"效率"的思想。

8. 经济学分为哪两个分领域？解释这两个分领域各研究什么。

9. 实证表述与规范表述之间的差别是什么？各举出一个例子。

10. 为什么经济学家有时会向决策者提出相互矛盾的建议？

问题与应用

1. 画一张循环流量图。指出模型中分别对应于下列活动的物品与劳务流向和货币流向的部分。

   a. Selena 向店主支付 1 美元买了 1 夸脱牛奶。

   b. Stuart 在快餐店工作，每小时赚 4.5 美元。

39 c. Shanna 花 30 美元理发。

   d. Sally 凭借他在顶峰工业公司 10% 的股权赚到了 1 万美元。

2. 设想一个生产军用品和消费品的社会，我们把这些物品称为"大炮"和"黄油"。

   a. 画出大炮与黄油的生产可能性边界。解释为什么这条边界的形状最有可能是向外凸出。

   b. 标出这个经济不可能实现的一点。再标出可以实现但无效率的一点。

   c. 设想这个社会有两个政党，称为鹰党（想拥有强大的军事力量）和鸽党（想拥有较弱的军事力量）。在生产可能性边界上标出鹰党会选择的一点和鸽党会选择的一点。

   d. 假想一个侵略成性的邻国削减了军事力量。结果鹰党和鸽党都等量减少了自己原来希望生产的大炮数量。用黄油产量的增加来衡量，哪一个党会得到更大的"和平红利"？并解释。

3. 第 1 章讨论的第一个经济学原理是人们面临权衡取舍。用生产可能性边界说明社会在两种"物品"——清洁的环境与工业产量之间的权衡取舍。你认为什么因素决定生产可能性边界的形状和位置？如果工程师开发出了一种几乎没有污染的新的发电方法，生产可能性边界会发生什么变化？

4. 一个经济由 Larry、Moe 和 Curly 这三个工人组成。每个工人每天工作 10 小时，并可以提供两种服务：割草和洗汽车。在一小时内，Larry 可以割一块草地或洗一辆汽车，Moe 可以割一块草地或洗两辆汽车，而 Curly 可以割两块草地或洗一辆汽车。

   a. 计算在以下情况（即我们所标的 A、B、C 和 D）时，各能提供多少每种服务：

      - 三个工人把他们所有的时间都用于割草。（A）
      - 三个工人把他们所有的时间都用于洗汽车。（B）
      - 三个工人都分别把一半时间用于两种活动。（C）
      - Larry 分别把一半时间用于两种活动，而 Moe 只洗汽车，Curly 只割草。（D）

   b. 画出这个经济的生产可能性边界。用你对 a 的回答来确定图形上的 A、

B、C 和 D 点。

c. 解释为什么生产可能性边界的形状是这样的。

d. a 中有哪一种配置是无效率的吗？请解释。

5. 把下列题目分别归入微观经济学或宏观经济学：

a. 家庭把多少收入用于储蓄的决策。

b. 政府管制对汽车废气的影响。

c. 高国民储蓄对经济增长的影响。

d. 企业关于雇用多少工人的决策。

e. 通货膨胀率和货币量变动之间的关系。

6. 把下列表述分别归入实证表述或规范表述，并解释。

a. 社会面临着通货膨胀与失业之间的短期权衡取舍。

b. 降低货币增长率将降低通货膨胀率。

c. 美联储应该降低货币增长率。

d. 社会应该要求福利领取者去找工作。

e. 降低税率鼓励人们更多地工作，更多地储蓄。

7. 把表 2-2 中的表述分别划为实证的、规范的或模棱两可的，并解释。

8. 如果你是总统，你对你的经济顾问的实证观点更感兴趣，还是对他们的规范观点更感兴趣？为什么？

9. 在图书馆或网上找一份最近年度的《总统经济报告》（http://www.gpoaccess.gov/eop/index.html）。阅读和你感兴趣的问题有关的某个章节。概括出现在的经济问题，并描述委员会建议的政策。

附　录 40

绘图：简单的复习

经济学家研究的许多概念可以用数字来表示——香蕉的价格、香蕉的销售量和种植香蕉的成本等。这些经济变量通常是相互关联的。当香蕉价格上升时，人们买的香蕉少了。表述变量之间关系的一种方法是使用图形。

使用图形有两个目的：第一，当建立经济理论时，用方程式或文字可能表述得不够清楚，而图形提供了一种直观地表述思想的方法。第二，当分析经济数据时，图形提供了一种发现和解释数据的变动模式的有效方法。无论我们是构建理论还是分析数据，图形都提供了一个可以从大量树木中辨认出森林的透镜。

用图形表示数字信息有多种方法，正如用文字来表述思想也有很多方法一样。一位好的作家会选择可以使其观点清晰、描述生动，或情节具有戏剧性的文字。一个有效率的经济学家会选择最适于表述其目的的图形类型。

在本附录中，我们讨论经济学家如何用图形来研究变量之间的数学关系。我们还要讨论运用图形方法时容易出现的一些错误。

单变量的图形

图 2A-1 表示了三种常见的图形:(a)幅中的饼形图表示美国的总收入的各种来源,包括雇员薪酬、公司利润等。每一块扇形代表每种来源
41 在总收入中的份额。(b)幅中的柱形图比较了四个国家的收入。柱形的高度代表每个国家的平均收入。(c)幅的时间序列图描述了随着时间推移,美国经济部门生产率的提高。线的高度代表各年中每小时的产量。也许你已经在报纸和杂志上见过类似的图形。

两个变量的图形:坐标系

尽管图 2A-1 的三个图形在表明变量如何随时间推移或在个体之间变动上是有用的,但这种图形能告诉我们的内容毕竟有限,它们只能表示一个变量的信息。经济学家通常更关注变量之间的关系。因此,他们需要能在一个图形上表示两个变量。坐标系使这种需要成为可能。

假设你想考察学习时间和平均绩点(GPA)之间的关系。你可以对你们班每个学生记录一对数字:每周用在学习上的小时数和平均绩点。可以把这些数字作为一种有序数对(ordered pair)放在括号中,并用图形上的一点来表示。例如,用有序数对(每周 25 小时,3.5GPA)来代表 Albert E.,而他的同班同学 Alfred E. 用有序数对(每周 5 小时,2.0 GPA)来代表。

我们可以把这些有序数对画在一个二维坐标方格图上。每个有序数对的第一个数字称为 x 坐标,它告诉我们该点的横向位置;第二个数字称为 y 坐标,它告诉我们该点的纵向位置。x 坐标和 y 坐标为零的点称为原点。有序数对的两个坐标告诉我们该点相对于原点的位置:x 点在原点右边的单位,以及 y 点在原点上方的单位。

图 2A-2 标出了 Albert E.、Alfred E. 和他们同班同学的平均绩点与学习时间。这种类型的图称为离散图,因为它描述了不连续的各点。在看这个图时,我们马上会注意到,越是向右的点(表示学习时间更多),位置
42 越高(表示平均绩点越高)。由于学习时间与平均绩点一般是同方向变动的,因此我们说,这两个变量有一种正相关关系。与此相比,如果画出参加舞会的时间与学习成绩之间关系的图形,我们很可能发现,参加舞会时间多与成绩低相关。由于这些变量一般是反方向变动的,我们把这种情况称为负相关关系。在这两种情况下,坐标系都使我们可以轻而易举地看出两个变量之间的相关性。

图 2A-1 图形的类型

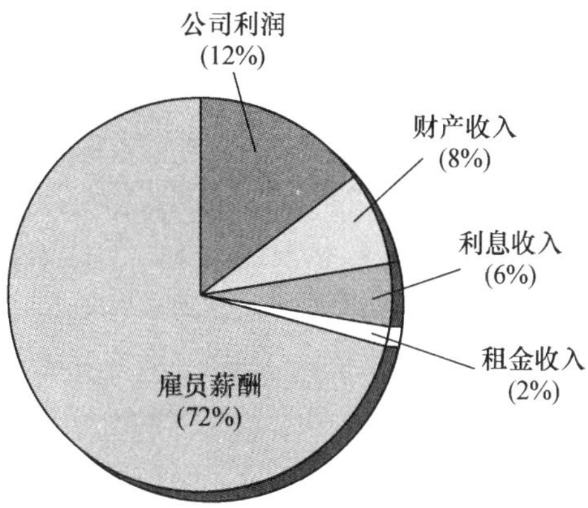

(a) 饼形图

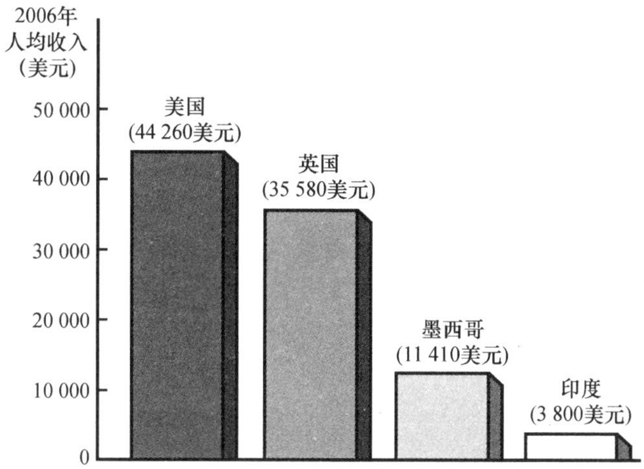

(b) 柱形图

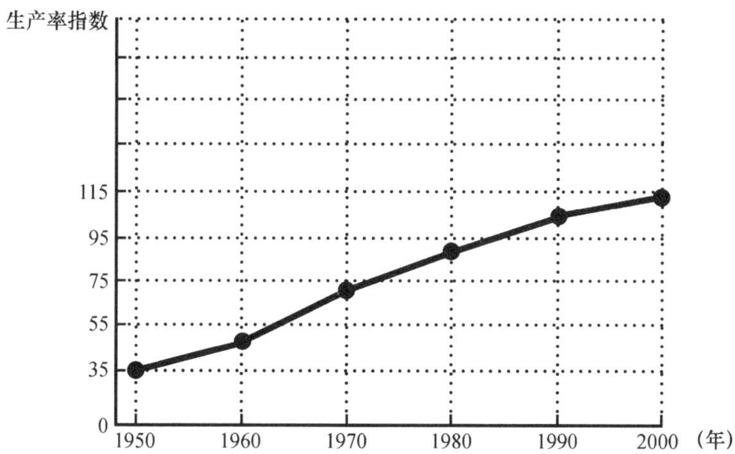

(c) 时间序列图

(a) 幅中的饼形图表示美国国民收入的各种来源。(b) 幅中的柱形图比较四个国家的平均收入。(c) 幅中的时间序列图表示 1950—2000 年美国经济部门的劳动生产率。

图 2A-2　运用坐标系

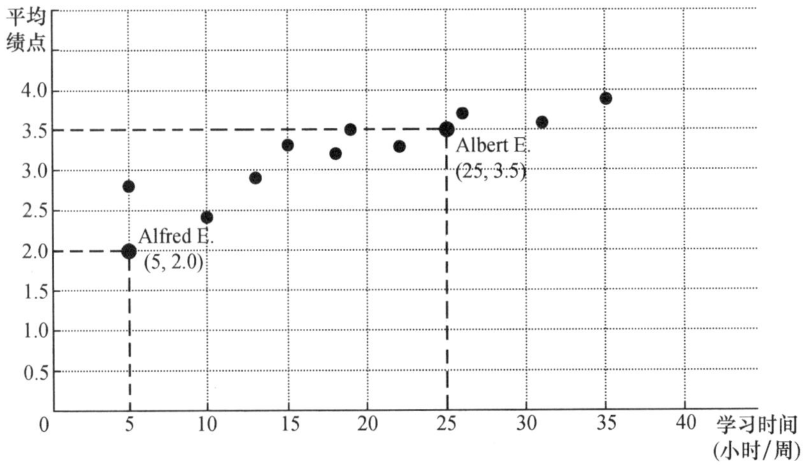

纵轴代表平均绩点，横轴代表学习时间。各点代表 Albert E.、Alfred E. 和他们的同班同学。从图中我们可以看出，学习努力的学生往往成绩更好。

坐标系中的曲线

那些学习时间多的学生往往取得好成绩，但其他因素也会影响一个学生的成绩。例如，事先准备是一个重要因素，其他因素如天赋、老师的关注程度，甚至早餐吃得好坏等都有影响。像图 2A-2 这样的离散图并不想把学习努力程度对成绩的影响与其他变量的影响分开。但是，经济学家通常更喜欢在其他条件不变的情况下，观察一个变量对另一个变量的影响。

为说明如何做到这一点，我们来看经济学中最重要的图形之一——需求曲线。需求曲线描绘出一种物品价格对消费者想购买的物品量的影响。但是，在说明需求曲线之前，先看一下表 2A-1，该表说明了 Emma 购买的小说数量取决于她的收入和小说的价格。当小说便宜时，Emma 就大量购买。随着小说的价格变得越来越昂贵，她就从图书馆借书而不是买书，或者选择去看电影而不是读小说。同样，在任何一种既定价格水平下，Emma 收入越高，买书越多。这就是说，当她的收入增加时，她把部分增加的收入用于买小说，部分用于买其他物品。

我们现在有三个变量——小说的价格、收入和购买的小说数量——大于我们能用二维空间表示的数量。为了把表 2A-1 中的信息描绘成图形，我们需要使三个变量中的一个不变，并描述其他两个变量之间的关系。由于需求曲线代表价格和需求量之间的关系，所以我们使 Emma 的收入不变，并说明她所购买的小说数量如何随小说的价格变动而变动。

表 2A-1　Emma 购买的小说数量

价格	收入		
	2 万美元	3 万美元	4 万美元
10 美元	2 本小说	5 本小说	8 本小说
9	6	9	12
8	10	13	16
7	14	17	20
6	18	21	24
5	22	25	28
	需求曲线 D_3	需求曲线 D_1	需求曲线 D_2

注：该表说明在各种收入和价格水平下 Emma 购买的小说数量。在任何一种既定收入水平下，都可以用价格与需求量的数据画出 Emma 的小说需求曲线，如图 2A-3 和 2A-4 所示。

假设 Emma 的年收入为 3 万美元。如果我们用 x 轴表示 Emma 购买 43
的小说数量，y 轴表示小说的价格，我们就可以用图形来表示表 2A-1 的中间一栏。当把代表表中各项的点——(5 本小说，10 美元)、(9 本小说，9 美元)等等——连接起来时，它们就成为一条直线。图 2A-3 中画出的这条直线被称为 Emma 的小说需求曲线；它告诉我们在任何一种既定价格下，Emma 买多少本小说。需求曲线向右下方倾斜，表示较高的价格减少了小说的需求量。由于小说的需求量与价格呈反方向变动，我们说这两个变量是负相关的（相反，当两个变量同方向变动时，把它们联系起来的曲线向右上方倾斜，我们说这两个变量是正相关的）。

图 2A-3　需求曲线

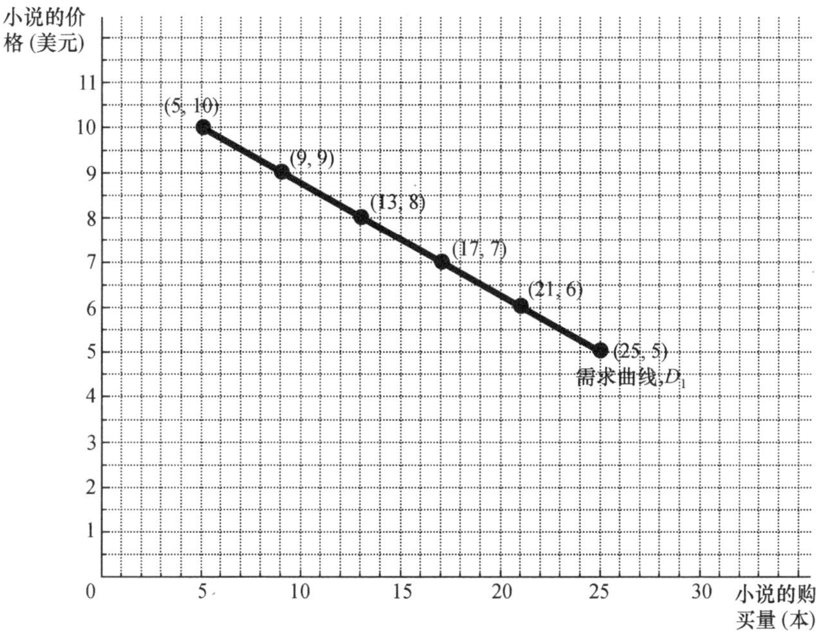

需求曲线 D_1 表明，当 Emma 的收入不变时，她购买小说的数量取决于小说的价格。由于价格与需求量是负相关的，所以，需求曲线向右下方倾斜。

现在假设 Emma 的收入增加到每年 4 万美元。在任何一种既定价格水平下，Emma 购买的小说数量比她在以前的收入水平时多了。正如我们以前用表 2A-1 中间一栏的全部数据画出了 Emma 的小说需求曲线一样，现在我们可以用该表右边一栏的全部数据画出一条新需求曲线。图 2A-4 中所画出的这条新需求曲线（D_2）与旧需求曲线（D_1）平行；新需求曲线是向右移动画出的一条类似的线。因此我们说，当 Emma 收入增加时，她的小说需求曲线向右移动。同样，如果 Emma 的收入减少为每年 2 万美元，在任何一种既定价格水平下，她购买的小说数量少了，她的需求曲线向左移动（到 D_3）。

在经济学中，区分沿着一条曲线的变动与曲线的移动是很重要的。正如我们从图 2A-3 中所能看到的，如果 Emma 的收入为每年 3 万美元，而
44
小说价格为每本 8 美元，她每年将购买 13 本小说。如果小说的价格下降到 7 美元，Emma 每年购买的小说将增加到 17 本。但需求曲线仍在同一位置上。在同一种价格下，Emma 仍购买相同数量的小说。但随着价格下降，她购买小说的数量沿着该需求曲线从左向右变动。与此相比，如果小说的价格固定在 8 美元没变，但 Emma 的收入增加到 4 万美元，她每年购买的小说就会从 13 本增加到 16 本。由于 Emma 在同一种价格下买了更多本小说，正如图 2A-4 所示，她的需求曲线向外移动。

图 2A-4　需求曲线的移动

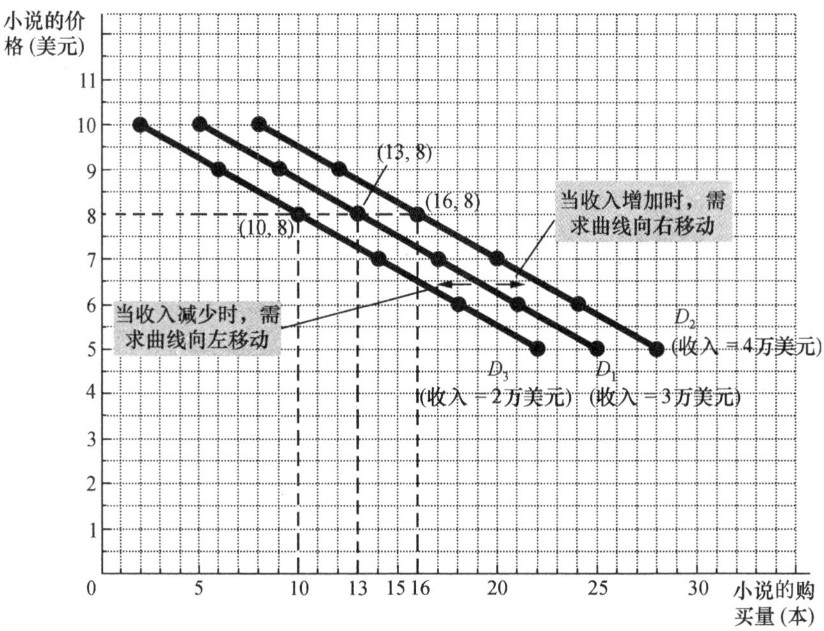

Emma 小说需求曲线的位置取决于她赚了多少钱。她赚的钱越多，在任何一种既定价格水平下买的小说就越多，她的需求曲线也就越靠右。曲线 D_1 代表 Emma 的收入为每年 3 万美元时的初始需求曲线。如果她的收入增加到每年 4 万美元，她的需求曲线就移动到 D_2。如果她的收入减少为每年 2 万美元，她的需求曲线就移动到 D_3。

可以用一种简单的方法来判断什么时候必须移动曲线。当一个**未用任何坐标轴表示的变量发生变动时，曲线就会移动**。收入既不用该图的 x 轴表示，也不用 y 轴表示，所以，当 Emma 的收入变动时，她的需求曲线必须移动。除了小说价格的变动之外，任何一种影响 Emma 购买习惯的其他变动，也同样会使她的需求曲线移动。例如，如果公共图书馆关闭了，Emma 必须购买她想阅读的所有书，那么，Emma 在每种价格时就需要更多的书，她的需求曲线将向右移动。或者，如果电影票价下降，Emma 把更多的时间用于看电影，并减少了读书时间，那么，她在每种价格时需要的小说少了，她的需求曲线将向左移动。与此相比，当图形某个坐标轴上的某个变量变动时，曲线并不移动。我们把这种变动称为沿着曲线的变动。

斜率

关于 Emma，我们想问的一个问题是，她的购买习惯对价格的反应有多大。我们来看图 2A-5 中画出的需求曲线。如果这条曲线非常陡峭，无论小说便宜还是昂贵，Emma 购买的小说的数量几乎相同。如果这条曲线相当平坦，当价格上升时，Emma 购买的小说数量要减少很多。为了回答 45

图 2A-5 **计算一条直线的斜率**

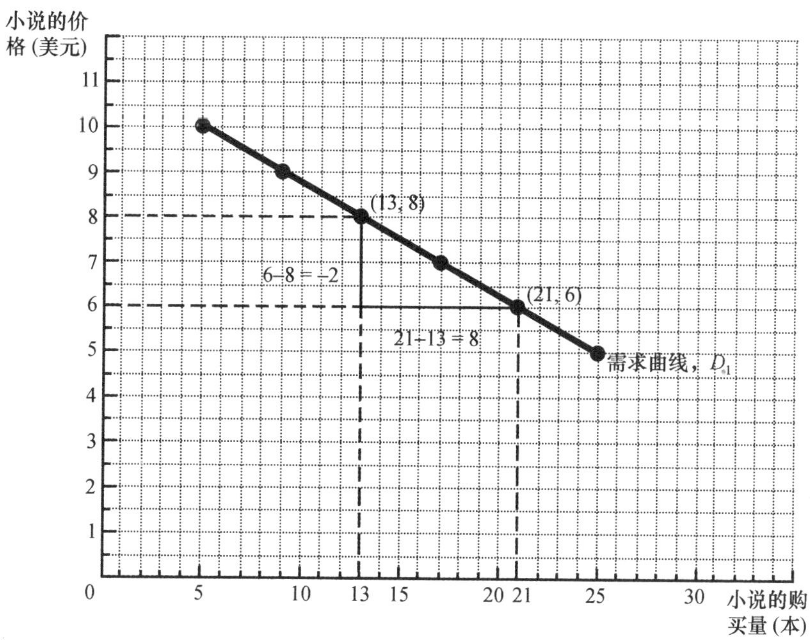

为了计算需求曲线的斜率，我们可以观察当从一点(21,6)移动到另一点(13,8)时 x 坐标和 y 坐标的变动。该直线的斜率是 y 坐标的变动量(−2)与 x 坐标的变动量(+8)的比率，即等于 −1/4。

一个变量对另一个变量变动的反应有多大这个问题，我们使用斜率的概念。

一条直线的斜率是当我们沿着这条线变动时，纵轴变动距离与横轴变动距离的比率。通常可以用数学符号把这个定义写为：

$$斜率 = \frac{\Delta y}{\Delta x}$$

在这里，希腊字母 Δ(delta)代表一个变量的变动。换句话说，一条直线的斜率等于"上升量"(y 的变动)除以"向前量"(x 的变动)。对于一条平缓地向右上方倾斜的直线，斜率将是一个小的正数；对于一条陡峭地向右上方倾斜的直线，斜率将是一个大的正数；对于一条向右下方倾斜的直线，斜率则将是一个负数。水平线的斜率为零，因为在这种情况下，y 轴的变量是固定不变的；垂直线被定义为有无限斜率，因为 y 轴的变量可以取任何值，而 x 轴的变量固定不变。

Emma 的小说需求曲线的斜率是多少？首先，由于该曲线向右下方倾斜，我们知道，斜率将是负数。为了计算斜率的数值，我们必须在这条直线上选择两个点。当 Emma 的年收入为 3 万美元时，她在价格为 6 美元时购买 21 本小说，或在价格为 8 美元时购买 13 本小说。在使用斜率的公式时，我们关心的是两点之间的变动，换句话说，我们关心的是它们之间的差别；这就使我们知道，我们必须从一组变量中减去另一组变量，如下所示：

46

$$斜率 = \frac{\Delta y}{\Delta x} = \frac{y\text{ 坐标的第一个数} - y\text{ 坐标的第二个数}}{x\text{ 坐标的第一个数} - x\text{ 坐标的第二个数}}$$

$$= \frac{6-8}{21-13} = \frac{-2}{8} = \frac{-1}{4}$$

图 2A-5 用图形表明了如何进行这种计算。试着用另外两个不同的点来计算 Emma 需求曲线的斜率。你应该得出完全相同的结果，-1/4。直线的性质之一是同一条线上任何一点的斜率都相同。这一点对于其某些部分比其他部分更陡峭的其他类型的曲线并不适用。

Emma 需求曲线的斜率告诉我们，她的购买量会对价格变动做出多大反应。斜率小(数值接近于零)意味着 Emma 的需求曲线较为平坦；在这种情况下，价格变动时，她购买的小说的数量会有大幅度调整。斜率大(数值离零较远)意味着 Emma 的需求曲线较为陡峭；在这种情况下，价格变动时，她购买的小说的数量只有很小的调整。

原因和结果

经济学家经常用图形来说明关于经济如何运行的观点。换句话说，他们用图形来说明，一组事件如何引起了另一组事件的发生。用需求曲线这样的图形,不会混淆原因与结果。由于我们变动价格而使所有其他变量不变,我们就知道,小说价格的变动引起了 Emma 需求量的变动。但是,应该记住,我们的需求曲线来自一个假设的例子。当用现实世界的数据来画图时,要确定一种变量如何影响另一种变量往往是较为困难的。

第一个问题是,在研究两种变量之间的关系时要使其他条件不变是很困难的。如果不能使其他变量保持不变,我们可能会认为图形中的一个变量引起了另一个变量变动,而实际上这一变动是由在图上没有画出的第三个被忽略的变量所引起的。即使确定了所要观察的两个正确的变量,我们仍会遇到第二个问题——反向因果关系。换句话说,我们可能确定是 A 引起 B,而事实上却是 B 引起 A。忽略的变量和反向因果关系陷阱提醒我们,在用图形得出关于原因与结果的结论时要谨慎。

忽略的变量 为了说明忽略一个变量会如何导致一个容易使人误解的图形,我们来看一个例子。假设由于公众对许多人死于癌症这一问题的关注,政府委托大兄弟统计服务公司进行一项全面的研究。大兄弟公司仔细检查了在人们房间里找到的许多东西,以查明其中的哪一种东西与患癌症的风险相关。大兄弟公司在报告中指出,在两个变量之间存在密切的关系:家庭拥有的打火机数量和家庭成员得癌症的概率。图 2A-6 表示了这种关系。

“你认为是所有这些电影剧组人员引起了全球变暖呢,还是全球变暖带来了所有电影剧组人员呢?”

图片来源: © THE WALL STREET JOURNAL.

面对这一结果,我们应该做些什么?大兄弟公司建议在政策上迅速做出反应。它建议政府通过对打火机征收销售税来限制人们持有打火机的数量。它还建议政府在打火机上加上警示性标语:“大兄弟公司已经确 47
认,打火机有害健康。”

图 2A-6 有一个忽略变量的图形

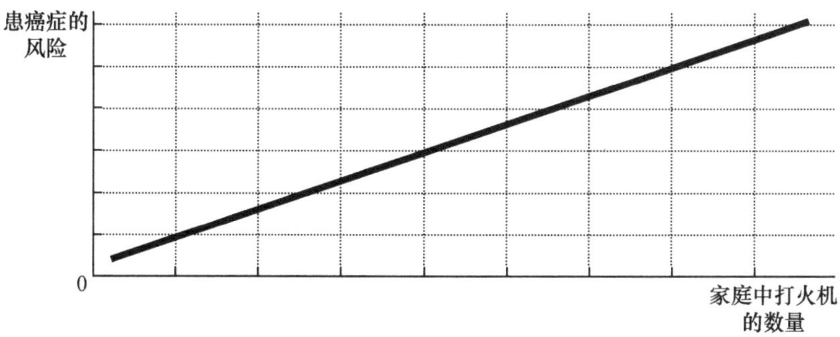

向右上方倾斜的曲线表明,家庭拥有的打火机越多,家庭成员越可能得癌症。但我们不应该得出拥有打火机引发癌症的结论,因为该图没有考虑到吸烟的数量。

在判断大兄弟公司分析的正确性时,一个首要的问题是:大兄弟公司在考虑一个变量时,是否令其他相关变量都保持不变?如果回答是否定的,这个结论就值得怀疑。对图 2A-6 的一个简单解释是,拥有打火机多的人往往吸烟也多,引发癌症的是吸烟而不是打火机。如果图 2A-6 没有使吸烟数量不变，它就没有告诉我们持有打火机的真正后果。

这个故事说明了一个重要的原理：当你看到一幅图被用于支持一种关于原因与结果的观点时，应当问一下，有没有一种被忽略的变量变动能解释你观察到的结果，这一点是很重要的。

反向因果关系　经济学家也会由于弄错了因果关系的方向而犯错误。为了说明这种可能性，假设美国无政府主义者联盟研究美国的犯罪情况，并做出图 2A-7，该图画出了大城市中每千人暴力犯罪案件数量与每千人警察人数之间的对应关系。无政府主义者注意到这条曲线向右上方倾斜，并认为，由于只见警察增加而不见城市暴力事件减少，所以，应该废除法律的实施。

图 2A-7　**表示反向因果关系的图形**

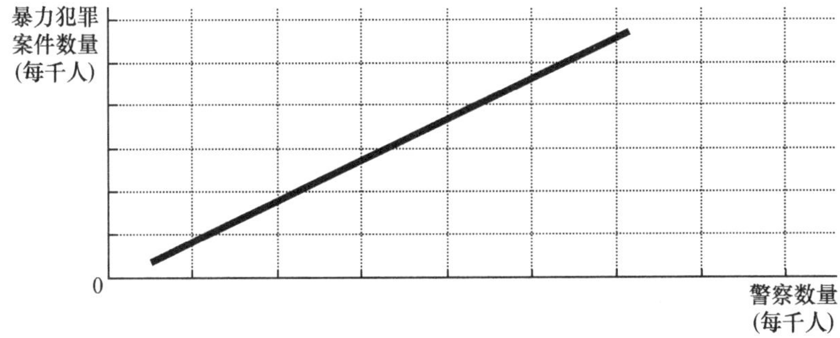

向右上方倾斜的曲线表明，警察集中程度越高的城市也就越危险。但这一图形并没有告诉我们，是警察引起了犯罪，还是犯罪猖獗的城市雇用了更多警察。

如果我们可以进行可控性试验，就可以避免反向因果关系的危险。为了进行这个试验，我们应该随机地设定不同城市的警察数量，然后考察警察和犯罪之间的相关性。但是，图 2A-7 并没有建立在这种试验的基础上。我们只看到，越是危险的城市，警察越多。对这种情况的解释可能是，越危险的城市雇用的警察越多。换句话说，不是警察引起了犯罪，而是犯罪引来了警察。这个图形本身并不能使我们确定因果关系的方向。

一种确定因果关系的简单方法看来是考察哪一个变量先变动。如果我们看到犯罪增加，然后是警力扩大，那么，我们得出一个结论；如果我们看到警力扩大，然后犯罪增加，那么，我们就得出另一个结论。但这种方法也有一个缺陷：人们通常并不是根据他们当前状况的变动来改变自己的行为，而是根据他们对未来状况预期的变动来改变自己的行为。例如，一个预期未来有一次大的犯罪高潮的城市现在就会更多地雇用警察。用儿童与旅行车的例子可以更容易地说明这个问题。夫妇通常在预期到孩子出生时购买家用旅行车。家用旅行车的购买先于小孩的出生，但我们千万不要试图得出家用旅行车销售引起人口增长的结论！

48

还没有一套全面的规则可以说明什么时候从图形中得出因果关系结论是适当的。但只要记住打火机没有引起癌症(忽略的变量)和旅行车没有引起家庭人口增加(反向因果关系),你就会避免陷入许多荒谬的经济学推论之中。

第3章
相互依存性与贸易的好处

49 想想你日常生活中的某一天。你早上起床,给自己倒了一杯用佛罗里达产的橘子榨的果汁和用巴西产的咖啡豆煮的咖啡。早餐时,你从日本产的电视机上观看纽约播放的新闻节目。你穿上用佐治亚生产的棉花做原料而在泰国工厂缝制的衣服。你开着用来自全世界十几个国家生产的部件组装的车去上学。然后你打开经济学教科书,这本书由一位住在麻省的作者所写,由俄亥俄州的一家公司出版,并印在用俄勒冈州生长的树制成的纸上。

你每天都在享用许多素不相识的人向你提供的物品与劳务,而其中绝大多数人你根本不认识。这种相互依存之所以成为可能,是因为人们相互交易。那些为你提供物品与劳务的人并不是出于仁慈而这样做的,也没有某个政府机构命令他们满足你的欲望。相反,人们向你和其他消费者提供他们生产的物品与劳务,是因为他们也得到了某种回报。

在以后的各章中,我们将考察我们的经济如何协调千百万爱好与能
50 力不同的人的活动。作为这种分析的一个出发点,这里我们将考察人们在经济上相互依存的原因。第1章所强调的**经济学十大原理**之一是贸易可以使每个人的状况都变得更好。在本章中我们要更详尽地研究这个原理。人们在相互交易的时候,究竟获得了什么好处?为什么人们选择了相互依存?

对上述问题的回答是理解现代全球经济的关键。在当今的大多数国家中,所消费的许多物品与劳务都是从国外进口的,而且所生产的许多物品与劳务也都出口给国外客户。本章的分析解释了不仅个人之间有相互依存性,而且各国之间也有相互依存性。正如你将看到的,无论你是让当地理发师理发还是购买全球某个地方工人生产的T恤衫,贸易的好处都是相同的。

3.1 一个现代经济寓言

为了说明人们为什么选择在物品与劳务上依靠其他人,以及这种选择如何改善了他们的生活,我们来看一个简单的经济。假设世界上只有两种物品——牛肉与土豆,而且世界上只有两个人——牧牛人和种土豆的农民,他们每个人都既爱吃牛肉,又爱吃土豆。

如果牧牛人只能生产牛肉,而农民只能生产土豆,那么,贸易的好处是显而易见的。在一种情况下,牧牛人和农民可能选择"老死不相往来"。但在吃了几个月烤牛肉、煮牛肉、炸牛肉和烧牛肉之后,牧牛人确信自给自足并不像想象的那样惬意。一直吃土豆泥、炸土豆、烤土豆和土豆片的农民也同意牧牛人的看法。很明显,贸易使他们能享用更多的品种:每个人都可以吃上配有烤土豆的牛排或者夹有煎牛肉饼的汉堡包。

虽然这个故事只是最简单明了地说明了每个人如何能从贸易中获益,但如果牧牛人和农民都能生产对方生产的物品,只是成本相对较高,这种好处也是相似的。例如,假定种土豆的农民也可以养牛并生产牛肉,但他并不擅长养牛。同样,假定牧牛人也能种土豆,但他的土地并不适于种土豆。在这种情况下,很容易看出,农民和牧牛人都可以通过专门从事自己最擅长的活动并从相互交易中获益。

但是,当某个人在生产每一种物品上都较为擅长时,贸易的好处就不那么明显了。例如,假定牧牛人在养牛和种土豆上都优于农民。在这种情况下,牧牛人应该选择保持自给自足吗?或者还有理由要相互交易吗?为了回答这个问题,我们需要进一步考察影响这类决策的因素。

3.1.1 生产可能性

假设农民和牧牛人每人每天工作 8 小时,并可以把这个时间用于种土豆、养牛或两者的组合上。图 3-1(a)幅的表格表明每个人生产 1 盎司每种物品所需要的时间量。农民用 15 分钟生产 1 盎司土豆,用 60 分 51
钟生产 1 盎司牛肉。牧牛人在这两种活动中的生产率都较高,可以用 10 分钟生产 1 盎司土豆,用 20 分钟生产 1 盎司牛肉。表中的后两栏表示,如果农民和牧牛人每天工作 8 小时只生产一种物品,他们能生产的牛肉或土豆数量。

图 3-1(b)幅说明农民能生产的牛肉和土豆的数量。如果农民把他的全部 8 小时时间用于生产土豆,他将生产 32 盎司土豆(用横轴表示)而没有牛肉。如果他把所有时间用于生产牛肉,他将生产 8 盎司牛肉(用纵轴表示)而没有土豆。如果农民把他的时间平均分配在两种活动上,各项活动用 4 个小时,他将生产 16 盎司土豆和 4 盎司牛肉。图 3-1(b)幅表

图 3-1　生产可能性边界

	生产 1 盎司所需要的时间(分钟)		8 个小时的产量(盎司)	
	牛肉	土豆	牛肉	土豆
农民	60	15	8	32
牧牛人	20	10	24	48

(a) 农民和牧牛人的生产机会

(a)幅表示农民和牧牛人所能得到的生产机会。(b)幅表示农民能生产的牛肉和土豆的组合。(c)幅表示牧牛人能生产的牛肉和土豆的组合。两条生产可能性边界都是通过假设农民和牧牛人每人每天工作 8 小时推导出来的。如果不存在贸易,则每个人的生产可能性边界也是他(她)的消费可能性边界。

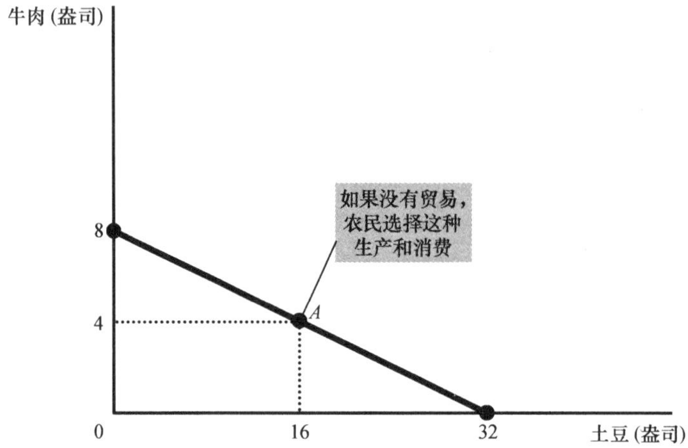

(b) 农民的生产可能性边界

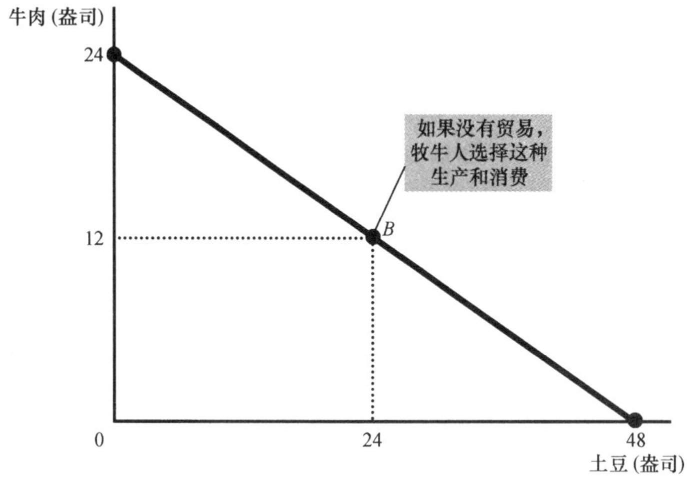

(c) 牧牛人的生产可能性边界

示这三种可能的结果以及介于这三种情况之间的所有其他结果。

图 3-1(b)幅表示农民的生产可能性边界。正如我们在第 2 章中所讨论的,生产可能性边界表示一个经济所能生产的产量的各种组合。它说明了第 1 章中的经济学十大原理之一:人们面临权衡取舍。在这里农民也面临着生产牛肉与生产土豆之间的权衡取舍。

52

你也许还记得,第 2 章中的生产可能性边界是外凸的。在这种情况下，社会可以用一种物品换取另一种物品的比率取决于它所能生产的数量。但是在这里，农民生产牛肉和土豆的技术（正如图 3－1 中所概括的）使他能以不变的比率在一种物品与另一种物品之间转换。当农民少用 1 小时生产牛肉，并多用 1 小时生产土豆时，他的牛肉产量将减少 1 盎司，土豆产量将增加 4 盎司——而且，无论他之前已经生产了多少，情况都是如此。因此，生产可能性边界是一条直线。

图 3－1(c)幅表示牧牛人的生产可能性边界。如果牧牛人把全部 8 个小时用于生产土豆，他将生产 48 盎司土豆而没有牛肉。如果他把全部 8 个小时用于生产牛肉，他将生产 24 盎司牛肉而没有土豆。如果牧牛人把他的时间平均分配，每种活动用 4 个小时，他将生产 24 盎司土豆和 12 盎司牛肉。同样，生产可能性边界表明了所有可能的结果。

如果农民和牧牛人选择自给自足，而不是相互贸易，那么，每个人消费的产品正是他所生产的。在这种情况下，生产可能性边界也是消费可能性边界。这就是说，没有贸易时，图 3－1 表示农民和牧牛人每人可以生产并消费的牛肉和土豆的各种可能组合。

这些生产可能性边界曲线有助于说明农民和牧牛人面临的权衡取舍，但并没有告诉我们，农民和牧牛人实际上将作何选择。为了确定他们的选择，我们需要知道农民和牧牛人的爱好。我们假设，他们选择了图 3－1 中 *A* 点和 *B* 点所表示的组合：农民生产并消费 16 盎司土豆和 4 盎司牛肉，而牧牛人生产并消费 24 盎司土豆和 12 盎司牛肉。

3.1.2 专业化与贸易

在吃了几年 *B* 组合的土豆和牛肉之后，牧牛人有了个主意，并去找农民商量：

牧牛人：农民啊，我的朋友，我这里有一桩好买卖！我知道如何改善我们俩的生活。我认为你应该完全停止生产牛肉，而把你所有的时间用于种土豆。根据我的计算，如果你一天用 8 个小时种土豆，你将生产 32 盎司土豆。如果你把这 32 盎司土豆中的 15 盎司给我，我给你 5 盎司牛肉作为回报。最后，你每天将能吃到 17 盎司土豆和 5 盎司牛肉，而不是现在的 16 盎司土豆和 4 盎司牛肉。如果你按我的计划去做，你将得到更多的这两种食物。[为了说明自己的观点，牧牛人向农民展示了图 3－2(a)幅。]

农民：（声音显得有些怀疑）听起来对我是桩好买卖，但我不明白为什么你会提出这个交易。如果这个交易对我这么有好处，它就不可能对你也有好处。

牧牛人：噢，可它对我是有好处的！如果我每天用 6 小时养牛，2 小时种土豆，我将生产 18 盎司牛肉和 12 盎司土豆。我给你 5 盎司牛肉来交换你的 15 盎司土豆以后，我将得到 13 盎司牛肉和 27 盎司土豆，而不是现在的 12 盎司牛肉和 24 盎司土豆。因此，我所消费的 53

图 3-2 贸易如何扩大了消费机会的集合

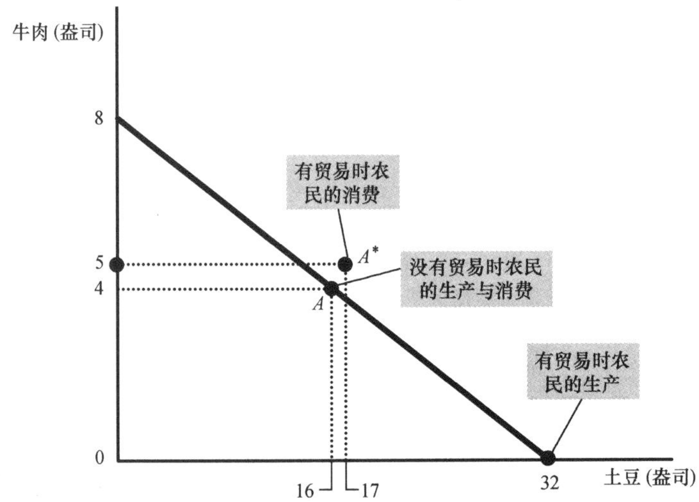

(a) 农民的生产与消费

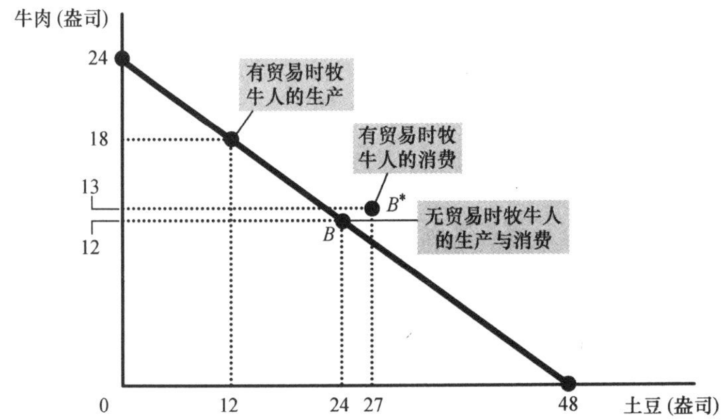

(b) 牧牛人的生产与消费

牧牛人所建议的在农民和牧牛人之间的交易，向他们每一个人提供了一种无贸易时不可能有的牛肉和土豆的组合。在(a)幅中，农民得到的消费在 A^* 点，而不是 A 点；在(b)幅中，牧牛人得到的消费在 B^* 点，而不是 B 点。贸易使每人得以消费更多的牛肉和更多的土豆。

(单位：盎司)

	农民		牧牛人	
	牛肉	土豆	牛肉	土豆
没有贸易：				
生产与消费	4	16	12	24
有贸易：				
生产	0	32	18	12
贸易	得到 5	给出 15	给出 5	得到 15
消费	5	17	13	27
贸易的利益：				
消费增加	+1	+1	+1	+3

(c) 贸易的好处：总结

这两种食物都将比现在多。[他指着图3－2(b)幅。]

农民：我不知道……这听起来太棒了，真令人难以置信。

牧牛人：实际上这并不像乍看起来那么复杂。我这儿有一个简单的表概括了我向你提的建议。（牧牛人递给农民图3－2(c)幅的复印件。）

农民：（停下来研究该表之后）这些计算看来是正确的，但我总有点弄不明白。这一交易怎么能使我们两人都过得更好呢？

牧牛人：我们两人都可以获益是因为贸易使我们每个人都可以专门从事自己最擅长的工作。你将把更多的时间用于种土豆，更少
的时间用于养牛。我将把更多的时间用于养牛，更少的时间用于种 54
土豆。由于专业化和贸易，我们每个人都可以不用增加工作时间就可以消费更多的牛肉和更多的土豆。

即问即答 画出鲁滨逊·克鲁索的生产可能性边界的例子。鲁滨逊是一个遇难船只的水手，他把他的时间用于采集椰子和捕鱼。如果他独自生活，该生产可能性边界是否限制了他对椰子和鱼的消费？如果他可以与岛上的当地人交易，他还会面临同样的限制吗？

3.2 比较优势：专业化的动力

牧牛人对从贸易中获益的解释虽然正确，但也引出了一个疑惑：如果牧牛人在养牛和种土豆方面都更精通，农民怎么能专门从事他最擅长的工作呢？农民做什么似乎都不是最擅长的。为了解开这个疑惑，我们需要考察比较优势。

作为建立这个原理的第一步，考虑下面的问题：在我们的例子中，谁能以较低的成本生产土豆？是农民还是牧牛人？有两种可能的答案，这两种答案包含着解决我们困惑的方法，它们是理解从贸易中获益的关键。

3.2.1 绝对优势

考察生产土豆的成本的一个方法是比较两个生产者所需要的投入。当比较一个人、一个企业或一个国家与另一个人、另一个企业或另一个国家的生产率时，经济学家用了**绝对优势**（absolute advantage）这个术语。如果生产者生产一种物品所需要的投入较少，就可以说该生产者在生产这种物品上有绝对优势。

绝对优势：用比另一个生产者更少的投入生产某种物品的能力。

在我们的例子中，时间是唯一的投入，因此我们可以通过考察每种类型的生产所需要的时间来确定绝对优势。牧牛人无论在生产土豆还是生

产牛肉上都有绝对优势,因为他生产1单位这两种物品需要的时间都少于农民。牧牛人生产1盎司牛肉只需要20分钟,而农民需要60分钟。同样,牧牛人生产1盎司土豆只需要10分钟,而农民需要15分钟。根据这一信息,我们可以得出结论,如果我们用投入量来衡量成本,则牧牛人生产土豆的成本较低。

3.2.2 机会成本和比较优势

机会成本:
为了得到某种东西而必须放弃的东西。

还可以用另一种方法考察生产土豆的成本。我们可以不比较所需要的投入,而比较机会成本。从第1章中我们知道,某种东西的**机会成本**(opportunity cost)是为了得到它而放弃的东西。在我们的例子中,我们假设农民和牧牛人每人每天工作8小时。因此,用于生产土豆的时间就来自可用于生产牛肉的时间。当在两种物品之间重新配置时间时,牧牛人和农民放弃了一些单位的某种物品去生产另一种物品,从而就会发生沿着生产可能性边界的变动。机会成本衡量了每个生产者所面临的两种物品之间的权衡取舍。

55 我们先考虑牧牛人的机会成本。根据表3-1中的(a)幅,他生产1盎司土豆需要工作10分钟。当牧牛人把10分钟用于生产土豆时,他用于生产牛肉的时间就要减少10分钟。由于牧牛人生产1盎司牛肉需要20分钟,所以,工作10分钟将生产1/2盎司牛肉。这样,牧牛人生产1盎司土豆的机会成本是1/2盎司牛肉。

现在来考虑农民的机会成本。他生产1盎司土豆需要15分钟。由于他生产1盎司牛肉需要60分钟,所以,工作15分钟将生产1/4盎司牛肉。这样,农民生产1盎司土豆的机会成本是1/4盎司牛肉。

表3-1表示两个生产者生产牛肉和土豆的机会成本。需要注意的是,牛肉的机会成本是土豆的机会成本的倒数。由于1盎司土豆要花牧牛人1/2盎司的牛肉,所以,1盎司牛肉要花牧牛人2盎司的土豆。同样,由于1盎司土豆要花农民1/4盎司牛肉,所以,1盎司牛肉要花农民4盎司土豆。

表3-1　牛肉和土豆的机会成本

	1盎司牛肉的机会成本	1盎司土豆的机会成本
农民	4盎司土豆	1/4盎司牛肉
牧牛人	2盎司土豆	1/2盎司牛肉

比较优势:
一个生产者以低于另一个生产者的机会成本生产一种物品的行为。

在描述两个生产者的机会成本时,经济学家用了**比较优势**(comparative advantage)这个术语。可以说,生产 *x* 物品时放弃了较少的其他物品的生产者,生产 *x* 物品的机会成本较小,在生产该物品上具有比较优势。在我们的例子中,农民生产土豆的机会成本低于牧牛人:农民生产1盎司土豆的成本只是1/4盎司牛肉,而牧牛人生产1盎司土豆的机会成本是

1/2 盎司牛肉。相反,牧牛人生产牛肉的机会成本低于农民:牧牛人生产 1 盎司牛肉的机会成本是 2 盎司土豆,而农民生产 1 盎司牛肉的机会成本是 4 盎司土豆。因此,农民在种植土豆上有比较优势,而牧牛人在生产牛肉上有比较优势。

尽管一个人有可能在两种物品的生产上都拥有绝对优势(正如这个例子中的牧牛人那样),但一个人却不可能在两种物品的生产上都拥有比较优势。因为一种物品的机会成本是另一种物品机会成本的倒数,如果一个人生产一种物品的机会成本较高,要么,他生产另一种物品的机会成本必然较低。比较优势反映了相对机会成本。除非两个人有相同的机会成本,否则一个人就会在一种物品上具有比较优势,而另一个人将在另一种物品上具有比较优势。

3.2.3 比较优势与贸易

专业化和贸易的好处不是基于绝对优势,而是基于比较优势。当每
个人专门生产自己有比较优势的物品时,经济的总产量就增加了,经济蛋 56
糕的变大可用于改善每个人的状况。

在我们的例子中,农民用更多的时间种土豆,而牧牛人用更多的时间生产牛肉。结果土豆的总产量从 40 盎司增加到 44 盎司,牛肉的总产量从 16 盎司增加到 18 盎司。农民和牧牛人都从这种增加的产量中获益。

我们也可以看一下用各方付给对方的价格衡量的贸易的好处。由于农民和牧牛人有不同的机会成本,所以他们双方可以议价。这就是说,他们各自通过以低于自己生产某种物品的机会成本的价格得到该物品而从贸易中获益。

从农民的角度考虑所提议的交易。农民用 15 盎司土豆换到了 5 盎司牛肉。换句话说,农民可以以 3 盎司土豆的价格购买 1 盎司牛肉。牛肉的这个价格低于农民生产 1 盎司牛肉的机会成本,即 4 盎司土豆。因此,农民由于以一种有利的价格买到牛肉而从这一交易中获益。

现在从牧牛人的角度来考虑这一交易。牧牛人购买 15 盎司土豆的价格是 5 盎司牛肉。这就是说,土豆的价格是 1/3 盎司牛肉。这一价格低于他生产土豆的机会成本,即 1/2 盎司牛肉。因此,牧牛人由于以一种有利的价格买到土豆而从这一交易中获益。

现在农民和牧牛人故事的寓意应该清楚了:**贸易可以使社会上每个人都获益,因为它使人们可以专门从事他们具有比较优势的活动。**

3.2.4 贸易的价格

比较优势原理确定了专业化和贸易的好处,但它又带来了两个相关

的问题：贸易的价格是由什么决定的？贸易的利益如何在贸易双方之间分配？对这些问题的准确回答超出了本章的范围，但我们可以说明一个一般规律：对从贸易中获益的双方而言，他们进行贸易的价格在两种机会成本之间。

在我们的例子中，农民和牧牛人同意按每盎司牛肉3盎司土豆的比例进行贸易。这一价格在牧牛人的机会成本（每盎司牛肉2盎司土豆）和农民的机会成本（每盎司牛肉4盎司土豆）之间。使双方均能获益的价格并不一定非得在2和4的正中间，但它一定是在2和4之间的某个地方。

为了说明价格为什么必定在这个区间内，考虑不是这样会发生什么情况。如果牛肉的价格低于2盎司土豆，农民和牧牛人都想买牛肉，因为价格低于他们的机会成本。同样，如果牛肉的价格高于4盎司土豆，他们双方都想卖出牛肉，因为价格高于他们的机会成本。但这是一个只有两个人的经济。他们不能都是牛肉的买方，也不能都是牛肉的卖方。必须有一个人充当交易的另一方。

相互有利的贸易只能在价格在2到4之间时进行。在这个价格范围内，牧牛人想卖牛肉以购买土豆，而农民想卖土豆以购买牛肉。每一方都
57 可以以低于他（或者她）的机会成本的价格购买一种物品。最后，他们双方都专门生产他（或者她）有比较优势的物品，结果，双方的状况都改善了。

即问即答 鲁宾逊·克鲁索每小时可以摘10个椰子或捕1条鱼。他的朋友“星期五”每小时可以摘30个椰子或捕两条鱼。克鲁索捕1条鱼的机会成本是多少？“星期五”的呢？谁在捕鱼方面有绝对优势？谁在捕鱼方面有比较优势？

参考资料
亚当·斯密与大卫·李嘉图的思想遗产

经济学家很早就了解比较优势原理。下面是伟大的经济学家亚当·斯密所提出的观点：

> 如果购买一件东西所付出的代价比在家里生产所付出的代价小，就永远不要在家里生产，这是每一个精明的家长都知道的格言。裁缝不想制作他自己的鞋子，而向鞋匠购买。鞋匠不想缝制他自己的衣服，而雇裁缝缝制。农民不想缝衣，也不想制鞋，而宁愿雇用那些不同的工匠去做。他们都知道，为了他们自身的利益，应当把他们的全部精力集中使用到比邻人有优势的方面，而以其部分物品或者说是以部分物品的价格，购买他们所需要的其他任何物品。

大卫·李嘉图
图片来源：© BETTMANN/CORBIS.

这段引文出自斯密1776年的著作《国民财富的性质和原因的研究》，这本书是贸易与经济上相互依存分析的里程碑。

斯密的著作激励家资百万的股票经纪人大卫·李嘉图成为了一名经

济学家。在其1817年的著作《政治经济学及赋税原理》中，李嘉图提出了我们现在所熟知的比较优势原理。他举了一个包含两种物品（葡萄酒与衣服）和两个国家（英国和葡萄牙）的例子。他说明了，两个国家都可以通过基于比较优势的贸易和专业化而获益。

李嘉图的理论是现代国际经济学的起点，但是，他对自由贸易的捍卫绝不仅限于学术层面。李嘉图将他的信仰贯彻到其作为英国议会议员的实际工作中，在议会中，他反对限制粮食进口的《谷物法》。

亚当·斯密和大卫·李嘉图关于贸易好处的结论经得起时间的考验。虽然经济学家在政策问题上通常存在分歧，但他们在支持自由贸易上是一致的。此外，自由贸易的核心论点在过去两个世纪以来并没有多少变化。从斯密和李嘉图时代以来，尽管经济学扩大了学科范围并精练了理论体系，但经济学家反对贸易限制的主要依据仍是比较优势原理。

3.3 比较优势的应用

比较优势原理解释了相互依存和贸易的好处。由于在现代世界中相互依存如此普遍，所以，比较优势原理有许多应用。这里有两个例子，一个很新奇有趣，而另一个则有着极为重要的现实意义。

3.3.1 泰格尔·伍兹应该自己修剪草坪吗 58

泰格尔·伍兹(Tiger Woods)把大量时间用于在草地上走来走去。他是当代最天才的高尔夫球手之一，他可以以大多数非职业高尔夫球手可望而不可即的方式击球并将其打入洞内。极有可能的是，他在其他活动中也出类拔萃。例如，我们可以设想，伍兹可以比其他任何一个人都更快地修剪自己的草坪。但是仅仅由于他**能**迅速地修剪草坪，就意味着他**应该**这样做吗？

为了回答这个问题，我们可以用机会成本和比较优势的概念。比如说伍兹能用2个小时修剪完草坪。在这同样的2小时中，他能为耐克鞋拍一部电视商业广告片，并赚到1万美元。与他相比，邻居的孩子Forrest Gump能用4个小时修剪完伍兹家的草坪。在这同样的4个小时中，他可以在麦当劳店工作并赚到20美元。

在这个例子中，伍兹在修剪草坪上有绝对优势，因为他可以用更少的时间投入完成这项工作。但由于伍兹修剪草坪的机会成本是1万美元，而Forrest的机会成本仅为20美元，因此Forrest在修剪草坪上有比较优势。

在这个例子中，贸易的好处是巨大的。伍兹不应该自己修剪草坪，而应该去拍商业广告片，他应该雇用 Forrest 修剪草坪。只要他支付给 Forrest 的钱多于 20 美元而少于 1 万美元，双方的状况就都会变得更好。

新闻摘录
日新月异的国际贸易

十年前，没有一个人会问，哪个国家在杀死吃人魔兽上有比较优势。但是，技术正迅速改变着国家之间交易的物品与劳务。

要杀吃人魔兽？外包给中国人！

David Barboza

中国福州——在一家旧仓库的地下室有中国最新派的工厂之一。在电脑游戏的招贴画下，一帮年轻人好像长在计算机上一样，拼命地敲键盘挣大钱。

在这个密室工作的年轻人是"黄金农夫"。每天以 12 小时轮班，这些人"玩"电脑游戏，在屏幕上杀魔兽、打赢战争，获取人工金币和其他虚拟物品作为奖励，而这些东西都可以换来真金白银。

这一切是因为全世界大量的在线游戏玩家没时间也没有耐心去一级一级地通关，所以从汉城到旧金山，都有人愿意花钱雇这些中国年轻人替他们先赢上几轮。

"我和我的同事们每周工作 7 天，每天 12 个小时玩杀魔兽，"在这间轮班工厂工作、网名为 Wandering 的 23 岁的年轻玩家说，"我每个月大约挣 250 美元，比我过去所有的工作都挣得多，而且我还可以天天打游戏。"

这位小伙子和他的同仁们从事的是中国廉价劳动力的新行当。他们所从事的是高速增长的"大规模多角色网络游戏"，这种网络游戏有角色扮演，经常是发生在中世纪王国和遥远星系中的幻想或战争题材。

不过对于这些游戏工厂的年轻人来说，这一切可不仅仅是打电游的乐趣。在这些地方工作的工人们有严格的工作量配额，并受老板的监督，老板为工人们配备了电脑、软件和互联网，让他们可以痛打巨人、小矮人和吃人魔兽。

通过玩游戏，这些人积蓄起虚拟货币，而这些虚拟货币对于世界各地的玩家来说是有价值的。游戏规定了玩家间可以相互交易，玩家也可以用这些虚拟货币换来更好的盔甲、护身符、魔咒和其他装备，因此可以通更高的关或者创造出更有魔力的人物来。

互联网上现在充斥着小公司的分类广告——很多公司是中国公司——拍卖那些在虚拟世界中的强大人物（称为"战神"），以此来换得真正的金钱。

陈宇，27 岁，在福州雇了 20 个全职玩家，他说："这个市场大得无法想象。据说在很多很流行的游戏里,40%到50%的玩家实际上都是中国农民。"

资料来源: *New York Times*, December 9, 2005.

3.3.2 美国应该与其他国家进行贸易吗

正如农民和牧牛人的例子那样,个人可以从专业化和相互贸易中获益,不同国家的人们也可以这样。美国人喜欢的许多物品是外国生产的,而美国生产的许多物品也在国外销售。在国外生产而在国内销售的物品称为**进口品**(imports)。在国内生产而在国外销售的物品称为**出口品**(exports)。

进口品:
在国外生产而在国内销售的物品。

出口品:
在国内生产而在国外销售的物品。

为了说明各国如何能从贸易中获益,假设有两个国家——美国和日本,以及两种物品——食品和汽车。假设两国在生产汽车上效率一样高:美国工人和日本工人每人每月能生产1辆汽车。与此相比,由于美国的土地更多、更好,它生产食物更有利:每个美国工人每月能生产2吨食品,而每个日本工人每月只能生产1吨食品。

比较优势原理说明,每种物品应该由生产这种物品机会成本较低的国家生产。由于美国生产1辆汽车的机会成本是2吨食品,但日本只是1吨食品,所以,日本在生产汽车上有比较优势。日本应该生产多于自己使用需要的汽车,并把一些汽车出口到美国。同样,由于日本生产1吨食品的机会成本是1辆汽车,而美国只是0.5辆汽车,所以,美国在生产食品上有比较优势。美国应该生产多于自己消费需要的食品,并把一些食品出口到日本。通过专业化和贸易,两国都可以有更多的食品和更多的汽车。

当然,在现实中各国之间贸易所涉及的问题比我们这个例子所说明的要复杂得多。其中最重要的问题是,每个国家都有许多具有不同利益的公民。即使国际贸易可以使国家作为一个整体的状况变好,但也会使一些人的状况变坏。当美国出口食品而进口汽车时,对美国农民和对美国汽车工人的影响是不同的。但是,与政治家和政治评论家有时所说的观点相反,国际贸易并不像战争,在战争中有些国家是胜利者,而其他国家是失败者。贸易使所有国家都可以实现更大的繁荣。 59

即问即答 假设一个技术高超的脑外科医生恰巧也是世界上打字最快的打字员。他(或她)应该自己打字还是雇一个秘书?解释原因。

3.4 结论 60

你现在应该更充分地理解了生活在一个相互依存的经济中的好处。

当美国人购买来自中国的袜子时，当缅因州的居民喝着来自佛罗里达州的橘子汁时，以及当房东雇用邻居的小孩来修剪草坪时，同样的经济力量在发生作用。比较优势原理表明，贸易可以使每个人的状况都变得更好。

但是，在了解了相互依存为什么合意之后，你自然会问如何使之成为可能。自由社会如何协调经济中所涉及的所有人的各种不同活动呢？怎样才能确保物品与劳务将从那些应该生产它们的人的手中流入那些应该消费它们的人的手中呢？在一个只有两个人，例如牧牛人和农民的世界中，答案是很简单的：这两个人可以直接讨价还价，并在他们之间配置资源。在有千百万人的现实世界中，答案就不是那么显而易见了。我们将在下一章中探讨这个问题，说明自由社会如何通过供给与需求的市场力量来配置资源。

内容提要

◎ 每个人都消费本国和世界各国许多其他人所生产的物品与劳务。相互依存和贸易之所以合意，是因为它可以使每个人都可以享有更多数量和品种的物品与劳务。

◎ 有两种方法可以用来比较两个人在生产一种物品时的能力。一个可以用较少投入生产该物品的人被称为在生产该物品上有**绝对优势**。生产该物品的机会成本较小的人被称为有**比较优势**。贸易的好处是基于比较优势，而不是绝对优势。

◎ 贸易可以使每个人的状况都变得更好，因为它使人们可以专门从事自己有比较优势的活动。

◎ 比较优势原理不仅适用于个人，还适用于国家。经济学家用比较优势原理支持各国间的自由贸易。

关键概念

绝对优势	比较优势	出口
机会成本	进口	

61 复习题

1. 在什么情况下，生产可能性曲线是直线，而不是外凸的？
2. 解释绝对优势和比较优势有什么不同。
3. 举例说明一个人在做某件事上有绝对优势，而另一个人有比较优势。
4. 对贸易来说，是绝对优势重要还是比较优势重要？以你对上一道题的答案为例来解释你的推理。
5. 一国倾向于出口还是进口自己有比较优势的物品？解释原因。
6. 为什么经济学家反对限制各国之间贸易的政策？

问题与应用

1. Maria 每小时可以读 20 页经济学著作，也可以每小时读 50 页社会学著作。她每天学习 5 小时。
   a. 画出 Maria 阅读经济学和社会学著作的生产可能性边界。
   b. Maria 阅读 100 页社会学著作的机会成本是多少？
2. 美国和日本工人每人每年都可以生产 4 辆汽车。一个美国工人每年可以生产 10 吨粮食，而一个日本工人每年可以生产 5 吨粮食。为了简化起见，假设每个国家有 1 亿工人。
   a. 根据这种情况，做出类似于图 3-1(a)幅的表格。
   b. 画出美国和日本经济的生产可能性边界。
   c. 对美国来说，生产一辆汽车的机会成本是多少？生产粮食呢？对日本来说，生产一辆汽车的机会成本是多少？生产粮食的呢？把这些信息填入类似于表 3-1 的表中。
   d. 哪个国家在生产汽车上具有绝对优势？在生产粮食上呢？
   e. 哪个国家在生产汽车上具有比较优势？在生产粮食上呢？
   f. 没有贸易时，每个国家有一半工人生产汽车，一半工人生产粮食。每个国家能生产多少汽车和粮食呢？
   g. 从没有贸易的状况出发，举例说明贸易可以使每个国家的状况都变得更好。
3. Pat 和 Kris 是室友。他们把大部分时间用于学习(理所当然)，但也留出一些时间做他们喜欢的事：做比萨饼和制作清凉饮料。Pat 制作 1 加仑清凉饮料需要 4 小时，做 1 块比萨饼需要 2 小时。Kris 制作 1 加仑清凉饮料需要 6 小时，做 1 块比萨饼需要 4 小时。
   a. 每个室友做 1 块比萨饼的机会成本是多少？谁在做比萨饼上有绝对优势？谁在做比萨饼上有比较优势？
   b. 如果 Pat 和 Kris 互相交换食物，谁将用比萨饼换取清凉饮料？
   c. 比萨饼的价格可以用若干加仑清凉饮料来表示。能使两个室友状况都更好的比萨饼交易的最高价格是多少？最低价格是多少？解释原因。
4. 假设加拿大有 1000 万工人，而且每个工人 1 年可生产 2 辆汽车或 30 蒲式耳小麦。
   a. 加拿大生产 1 辆汽车的机会成本是多少？加拿大生产 1 蒲式耳小麦的机会成本是多少？解释这两种物品的机会成本之间的关系。
   b. 画出加拿大的生产可能性边界。如果加拿大选择消费 1 000 万辆汽车，没有贸易时它可以消费多少小麦？在生产可能性边界上标出这一点。
   c. 现在假设美国从加拿大购买 1 000 万辆汽车，每辆汽车交换 20 蒲式耳小麦。如果加拿大继续消费 1 000 万辆汽车，这种交易使加拿大可以消费多 62
      少小麦？在你的图上标出这一点。加拿大应该接受这笔交易吗？
5. 英格兰和苏格兰都生产烤饼和毛衣。假设一个英格兰工人每小时能生产 50 个烤饼或 1 件毛衣。假设一个苏格兰工人每小时能生产 40 个烤饼或 2 件毛衣。
   a. 在每种物品的生产上，哪个国家有绝对优势？哪个国家有比较优势？
   b. 如果英格兰和苏格兰决定进行贸易，苏格兰将用哪种商品与英格兰交易？

解释原因。

c. 如果一个苏格兰工人每小时只能生产1件毛衣,苏格兰仍然能从贸易中得到好处吗?英格兰仍然能从贸易中得到好处吗?解释原因。

6. 下表描述了 Baseballia 国两个城市的生产可能性:

	一个工人每小时生产的红袜子量	一个工人每小时生产的白袜子量
波士顿	3	3
芝加哥	2	1

a. 没有贸易时,波士顿1双白袜子的价格(用红袜子表示)是多少?芝加哥1双白袜子的价格是多少?

b. 在每种颜色的袜子的生产上,哪个城市有绝对优势?哪个城市有比较优势?

c. 如果这两个城市相互交易,两个城市将分别出口哪种颜色的袜子?

d. 可以进行交易的价格范围是多少?

7. 假设一个美国工人每年能生产100件衬衣或20台电脑,而一个中国工人每年能生产100件衬衣或10台电脑。

a. 画出这两个国家的生产可能性边界。假设没有贸易,两个国家的工人各用一半时间生产两种物品。在你的图上标出这一点。

b. 如果这两个国家进行贸易,哪个国家将出口衬衣?举出一个具体的数字例子,并在你的图上标出。哪个国家将从贸易中获益?解释原因。

c. 解释两国可以交易的电脑价格(用衬衣衡量)是多少。

d. 假设中国的生产率赶上了美国,因此,一个中国工人每年可以生产100件衬衣或20台电脑。你预期这时的贸易形式会是什么样的?中国生产率的这种进步将如何影响两国居民的经济福利?

8. 一个巴西的普通工人可以用20分钟生产1盎司大豆,用60分钟生产1盎司咖啡;而一个秘鲁的普通工人可以用50分钟生产1盎司大豆,用75分钟生产1盎司咖啡。

a. 谁在生产咖啡上有绝对优势?解释之。

b. 谁在生产咖啡上有比较优势?解释之。

c. 如果两国进行专业化分工并相互贸易,谁将进口咖啡?解释之。

d. 假设两国进行贸易,而且,进口咖啡的国家用2盎司大豆交换1盎司咖啡。解释为什么两国都将从这种贸易中获益。

9. 下列表述正确还是错误?分别做出解释。

a. "即使一国在生产所有物品上都有绝对优势,两国也能从贸易中得到好处。"

b. "某些极有才能的人在做每一件事情上都有比较优势。"

c. "如果某种贸易能给某个人带来好处,那么,它就不会也给另一个人带来好处。"

d. "如果某种贸易对一个人是好事,那么它对另一个人也总是好事。"

e. "如果贸易能给某个国家带来好处,那么它也一定能给该国的每一个人带来好处。"

10. 美国向世界其他国家出口玉米和飞机,并从世界其他国家进口石油和纺织品。你认为这种贸易形式符合比较优势原理吗?为什么?

第2篇　市场如何运作

第 4 章
供给与需求的市场力量

一. 1.市场 { ①市场：商品交易的场所
② 反应商品供求关系的制度
2.竞争：不同利益集团之间为某种利益而展开的斗争
3.竞争的类型：完全竞争 不完全竞争 { 竞争中有垄断
垄断中有竞争

当寒流袭击佛罗里达时，全国超市的橘子汁价格都上升了。每年夏天，当新英格兰地区天气变暖时，加勒比地区旅店房间的价格呈直线下降。当中东爆发战争时，美国的汽油价格上升，并且二手凯迪拉克轿车的价格下降。这些事件的共同之处是什么呢？它们都表明了供给与需求的作用。 65

供给与需求是经济学家最常用的两个词——而且有充分的理由。供给与需求是使市场经济运行的力量。它们决定了每种物品的产量及其出售的价格。如果你想知道，任何一种事件或政策将如何影响经济，你就应该先考虑它将如何影响供给和需求。

本章将介绍供给与需求理论。该理论考虑买者与卖者的行为，以及他们相互之间的影响。该理论将说明市场经济中供给与需求如何决定价格，以及价格又如何配置经济中的稀缺资源。

4.1 市场与竞争 66

供给与需求这两个术语是指人们在竞争市场上相互交易时的行为。在讨论买者与卖主如何行事之前，让我们先更充分地考察一下市场和竞争这两个术语的含义。

4.1.1 什么是市场

市场：
由某种物品或劳务的买者与卖者组成的一个群体。

市场(market)是某种物品或劳务的买者与卖者组成的一个群体。买者作为一个群体决定了一种产品的需求，而卖者作为一个群体决定了一种产品的供给。

市场有很多种形式。有时市场组织健全，如众多的农产品市场。在这些市场上，买者与卖者在特定的时间与地点聚集在一起，市场上还有拍卖者帮助确定价格并安排销售。

更通常的情况是，市场并没有什么组织。例如，考虑一下某个镇上的冰淇淋市场。冰淇淋的买者并没有在任何一个时间聚集在一起；冰淇淋的卖者分散在不同的地方，并提供略有差别的产品。这种市场上也没有报出冰淇淋价格的拍卖者。各个卖者标出冰淇淋的价格，而各个买者决定在每个店买多少冰淇淋。然而，这些冰淇淋的消费者和生产者是紧密相关的。冰淇淋买者都从各个冰淇淋卖者中进行选择，来满足其需求，而冰淇淋卖者都努力吸引各个冰淇淋买者，以便经营成功。尽管这个市场没有人去组织，但由冰淇淋买者和冰淇淋卖者组成的群体形成了一个市场。

4.1.2 什么是竞争

冰淇淋市场也和经济中的大多数市场一样，是高度竞争的。每个买者都知道有一些卖者可供选择，并且每个卖者也都认识到，他（她）的产品与其他卖者提供的产品是相似的。因此，冰淇淋的价格和销售量并不是由任何一个买者或卖者决定的。确切地说，冰淇淋的价格和销售量是由所有买者和卖者通过在市场上的相互交易而共同决定的。

竞争市场： 有许多买者与卖者，以至于每个人对市场价格的影响都微乎其微的市场。

经济学家用**竞争市场**（competitive market）这个术语来描述有许多买者与卖者，以至于每一个人对市场价格的影响都微乎其微的市场。每一个冰淇淋卖者对价格的控制都是有限的，因为其他卖者也提供类似的产品。卖者没有理由以低于现行价格的价格出售产品，而如果他（她）以较高价格出售的话，买者就将到其他地方购买。同样，没有一个冰淇淋买者能影响冰淇淋的价格，因为每个买者的购买量都很少。

在本章中，我们假设市场是完全竞争的。为了达到这种竞争的最高形式，一个市场必须具备两个特征：(1) 可供销售的物品是完全相同的；(2) 买者和卖者人数众多，以至于没有任何一个买者或卖者可以影响市场价格。由于完全竞争市场上的买者与卖者必须接受市场决定的价格，所以，他们被称为价格接受者。在市场价格上，买者可以购买他们想购买的所有东西，而卖者可以出售他们想出售的所有东西。

67 在某些市场上完全竞争的假设完全适用。例如，在小麦市场上，有千百万出售小麦的农民和千百万使用小麦和小麦产品的消费者。由于没有一个买者或卖者能影响小麦价格，所以每个人都把价格视为既定的。

但是，并不是所有物品与劳务都在完全竞争市场上出售。一些市场只有一个卖者，而且这个卖者决定价格。这样的卖者被称为垄断者。例如，你们本地的有线电视公司可能就是一个垄断者，你们镇上的居民也许只能从一家有线电视公司购买有线电视服务。还有一些市场介于完全竞争和垄断这两种极端形式之间。

尽管我们在世界上看到的市场类型是多种多样的，但完全竞争假设是一种很有用的简化，因此，我们的分析也自然从这里开始。完全竞争市场是最容易分析的，因为每个市场参与者都会接受市场条件决定的价格。而且，由于大多数市场上都存在某种程度的竞争，所以，我们在研究完全竞争条件下的供给与需求时所得到的许多结论也适用于更复杂的市场。

即问即答 • 什么是市场？ • 一个完全竞争的市场具有哪些特征？

4.2 需求

我们对市场的研究从考察买者的行为开始。为了将我们的思考集中，让我们考虑一种特定的物品——冰淇淋。

4.2.1 需求曲线：价格和需求量之间的关系

一种物品的**需求量**（quantity demanded）是买者愿意并且能够购买的该种物品的数量。正如我们将看到的，任何一种物品的需求量都是由很多因素决定的，但当分析市场如何运行时，有一种因素起着中心作用——物品的价格。如果每勺冰淇淋的价格上升到 20 美元，你就会少买一些冰淇淋，而去买一些冷冻酸奶。如果每勺冰淇淋的价格下降到 0.2 美元，你就会多买一些。价格与需求量之间的这种关系对于经济中大部分物品来说都是正确的，而且，实际上这种关系非常普遍，因此经济学家称之为**需求定理**（law of demand）：在其他条件不变时，一种物品的价格上升，对该物品的需求量减少；一种物品的价格下降，对该物品的需求量增加。

需求量： 买者愿意并且能够购买的一种物品的数量。

需求定理： 认为在其他条件不变时，一种物品的价格上升，对该物品的需求量减少的观点。

图 4－1 中的表格表示在不同的价格水平下，Catherine 每个月买多少个冰淇淋蛋卷。如果是免费的，Catherine 吃 12 个冰淇淋蛋卷。当价格为 0.5 美元时，Catherine 买 10 个冰淇淋蛋卷。随着价格继续上升，她的需求量越来越少。当价格达到 3 美元时，Catherine 就一个冰淇淋蛋卷都不买了。这个表是一个**需求表**（demand schedule），它表明在影响消费者想购买的数量的其他因素都保持不变的情况下，一种物品的价格与其需求量之间的关系。

需求表： 表示一种物品的价格与需求量之间关系的表格。

图 4－1 中的图形用表中的数字说明需求定理。根据习惯，纵轴代表冰淇淋蛋卷的价格，而横轴代表对冰淇淋蛋卷的需求量。把价格与需求量联系在一起的向右下方倾斜的曲线被称为**需求曲线**（demand curve）。

68

需求曲线： 表示一种物品的价格与需求量之间关系的图形。

图 4－1 Catherine 的需求表和需求曲线

冰淇淋蛋卷的价格(美元)	冰淇淋蛋卷的需求量(个)
0.00	12
0.50	10
1.00	8
1.50	6
2.00	4
2.50	2
3.00	0

需求表是表示每种价格水平下的需求量的表。根据需求表画出的需求曲线表示一种物品的需求量如何随其价格变动而变动。由于价格下降，需求量增加，因此需求曲线向右下方倾斜。

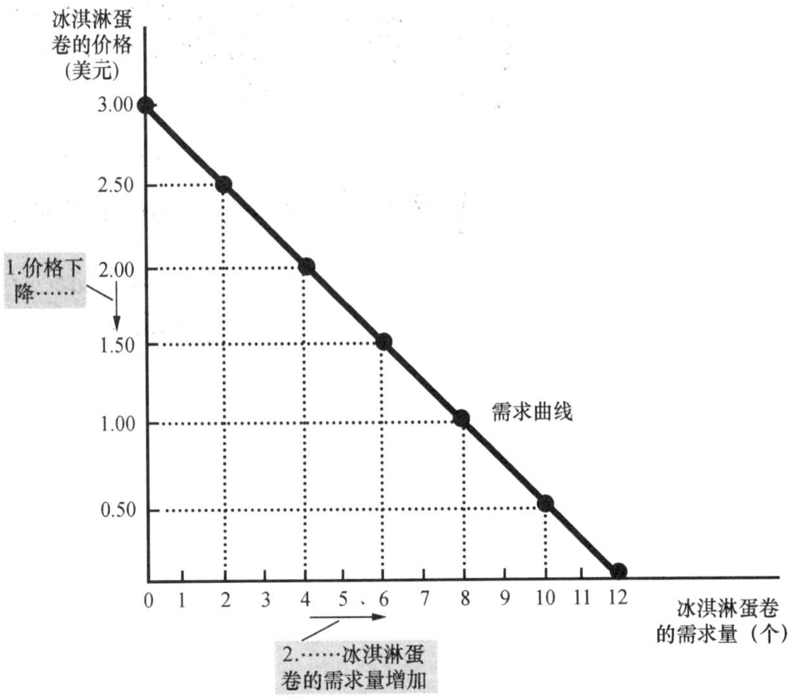

4.2.2 市场需求与个人需求

图 4－1 中的需求曲线表示某个人对某种产品的需求。为了分析市场如何运行，我们需要确定市场需求，市场需求是所有个人对某种特定物品或劳务的需求的总和。

图 4－2 中的表格是市场上的两个人——Catherine 和 Nicholas——的冰淇淋需求表。在任何一种价格水平下，Catherine 的需求表告诉我们她购买多少冰淇淋，而 Nicholas 的需求表告诉我们他购买多少冰淇淋。市场需求是在每一种价格水平下这两人的个人需求量的总和。

图 4－2 中的图形表示了对应于这些需求表的需求曲线。要注意的是，我们把个人需求曲线水平相加得出市场需求曲线。这就是说，为了得出任何一种价格水平下的总需求量，我们要把在个人需求曲线的横轴上标出的个人需求量相加。由于我们想要分析市场如何运行，所以，我们最经常使用的将是市场需求曲线。市场需求曲线表示在所有影响消费者想购买的数量的其他因素保持不变时，一种物品的总需求量如何随该物品价格的变动而变动。 69

图 4－2　市场需求是个人需求之和

冰淇淋蛋卷的价格（美元）	Catherine 的需求量（个）		Nicholas 的需求量（个）		市场需求量（个）
0.00	12	+	7	=	19
0.50	10		6		16
1.00	8		5		13
1.50	6		4		10
2.00	4		3		7
2.50	2		2		4
3.00	0		1		1

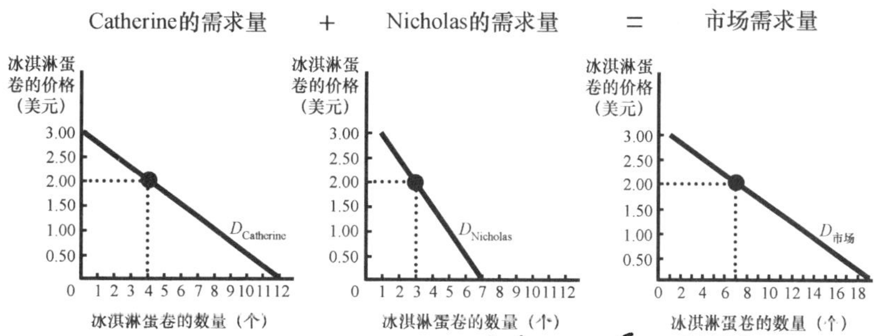

一个市场的需求量是所有买者在每一价格水平下需求量的总和。因此，可以通过把个人需求曲线水平相加而得出市场需求曲线。在价格为 2 美元时，Catherine 的需求量是 4 个冰淇淋蛋卷，而 Nicholas 的需求量是 3 个冰淇淋蛋卷。在这一价格水平下，市场的需求量是 7 个冰淇淋蛋卷。

4.2.3　需求曲线的移动

1. 情况 { ① 原D曲线上点上下移动 "商品自身价格变动"；② D曲线发生位移：向左或向右平移
2. 移动的原因：① "商品自身的价格"的变化导致"原D曲线"上点的上下移动（"假定"其它条件"不变）② 假定商品自身价格不变，其它因素变化（如"收入"增减）会导致Qd的变动，其引起的D曲线就会发生位移
结论：若Qd↑ D线向右平移；若Qd↓ D线向左平移

由于市场需求曲线假设其他条件不变，因此随着时间的推移，该曲线不一定是稳定的，如果某种因素碰巧改变了任何一种既定价格水平下的需求量，需求曲线就会移动。例如，假设美国医学协会发现，那些经常吃冰淇淋的人更长寿，也更健康。这个发现将会增加对冰淇淋的需求。在任何一种既定价格水平下，买者现在想购买更多冰淇淋，于是冰淇淋的需求曲线就会移动。

图 4－3 说明了需求曲线的移动。使每一种价格水平下的需求量增加的任何变动（例如，我们假设的美国医学协会的发现）都会使需求曲线向右移动，我们称之为**需求增加**。使每一种价格水平下的需求量减少的任何变动都会使需求曲线向左移动，我们称之为**需求减少**。

图 4－3　需求曲线的移动

使任何既定价格水平下买者想购买的数量都增加的任何一种变动都会使需求曲线向右移动。使任何既定价格水平下买者想购买的数量都减少的任何一种变动都会使需求曲线向左移动。

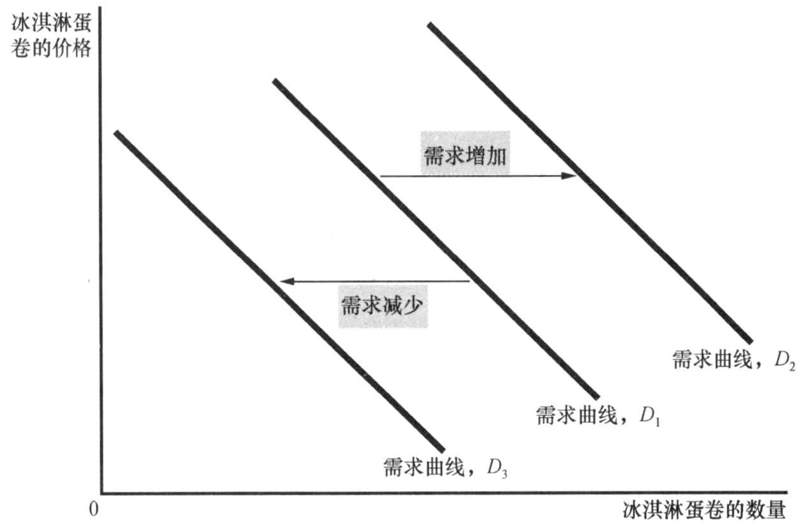

有许多变量会使需求曲线移动。以下是一些最重要的变量：

70 **收入**　如果某个夏天你失业了，你对冰淇淋的需求会发生什么变化呢？很可能的情况是，需求会减少。收入较低意味着你的总支出减少，因此你不得不在某些物品上——也许是大多数物品上——少支出一些。当收入减少时，如果一种物品的需求量减少，这种物品就被称为**正常物品**(normal good)。

正常物品： 在其他条件相同时，收入增加引起需求量增加的物品。

低档物品： 在其他条件相同时，收入增加引起需求量减少的物品。

并不是所有物品都是正常物品。当收入减少时，如果一种物品的需求量增加，这种物品就被称为**低档物品**(inferior good)。低档物品的一个例子是坐公共汽车。随着你收入的减少，你不大可能买汽车或乘出租车，而更可能去坐公共汽车。

相关物品的价格　假设冷冻酸奶的价格下降。根据需求定理，你将多买冷冻酸奶。同时，你也许会少买冰淇淋。因为冰淇淋和冷冻酸奶都是冷而甜的奶油甜食，它们能满足相似的愿望。当一种物品价格下降引起对另一种物品的需求量减少时，这两种物品被称为**替代品**(substitute)。替代品是那些经常相互替代使用的成对物品，例如热狗与汉堡包、毛衣与长袖衫、电影票和录像带租赁，等等。

替代品： 一种物品价格上升引起另一种物品需求量增加的两种物品。

现在假设奶昔价格下降。根据需求定理，你将买更多的奶昔。但在这种情况下，你也将买更多冰淇淋，因为冰淇淋和奶昔通常是一起吃的。当一种物品价格下降引起另一种物品的需求量增加时，这两种物品被称为**互补品**(complement)。互补品是那些经常同时使用的成对物品，例如汽油和汽车、电脑和软件、花生酱和果冻，等等。

互补品： 一种物品价格上升引起另一种物品需求量减少的两种物品。

嗜好　决定你需求的最明显因素是你的嗜好。如果你喜欢冰淇淋，你就会多买一些。经济学家通常并不想解释人们的嗜好，因为嗜好基于超越了经济学范围的历史与心理因素。但是,经济学家要考察当嗜好变动时会发生什么变化。

预期 你对未来的预期也会影响你现在对物品与劳务的需求。例 71
如,如果你预期下个月会赚到更多收入,你可能就会选择少储蓄,而用更多的当前收入去买冰淇淋。再举一个例子,如果你预期明天冰淇淋的价格会下降,你就会不太愿意以今天的价格去买冰淇淋。

买者的数量 除了以上影响单个买者行为的因素以外,市场需求还取决于这些买者的数量。如果 Peter 作为冰淇淋的消费者加入 Catherine 和 Nicholas 的行列,则在每种价格水平下的市场需求量都会增加,从而市场需求就增加了。

总结 需求曲线表示在其他所有影响买者的变量保持不变的情况下,一种物品的价格变动时,该物品的需求量会发生什么变动。当这些变量中的一个变动时,需求曲线会发生移动。表 4－1 列出了影响消费者购买物品数量的变量。

表 4－1　影响买者的变量

变　量	这些变量的变动将
价格	表现为沿着需求曲线的变动
收入	使需求曲线移动
相关物品的价格	使需求曲线移动
嗜好	使需求曲线移动
预期	使需求曲线移动
买者的数量	使需求曲线移动

这个表列出了可以影响市场上需求量的变量。要注意的是价格所起的特殊作用:价格变动表现为沿着需求曲线的变动,而其他任何一个变量的变动将使需求曲线移动。

如果你记住是需求曲线的移动还是沿着需求曲线的变动有困难,回想一下第 2 章附录中的结论是有帮助的:只有当除了用坐标轴表示的变量以外的其他相关变量变动时,曲线才会移动。由于价格用纵轴表示,所以,价格的变动表现为沿着需求曲线的变动。与此相反,收入、相关物品价格、嗜好、预期和买者的数量不用任何一条坐标轴表示,因此其中任何一种变量的变动都将使需求曲线移动。

案例研究
减少香烟需求量的两种方法

制止这种现象的最佳方法是什么?

图片来源:© ALEXANDER BECHER/DPA/LANDOV.

公共政策制定者经常想减少人们吸烟的数量。可以使用两种政策方法来实现这一目标。

一种方法是使香烟或其他烟草产品的需求曲线移动。公益广告、香烟盒上有害健康的警示以及禁止在电视上做香烟广告,都是旨在减少任何一种既定价格水平下香烟需求量的政策。如果奏效,这些政策就会使香烟的需求曲线向左移动,正如图4-4(a)幅所示。

72 此外,政策制定者可以试着提高香烟的价格。例如,如果政府对香烟制造商征税,烟草公司就会以提高价格的形式把这种税的大部分转嫁给消费者。较高的价格促使吸烟者减少他们的吸烟量。在这种情况下,吸

图4-4 需求曲线的移动与沿着需求曲线的变动

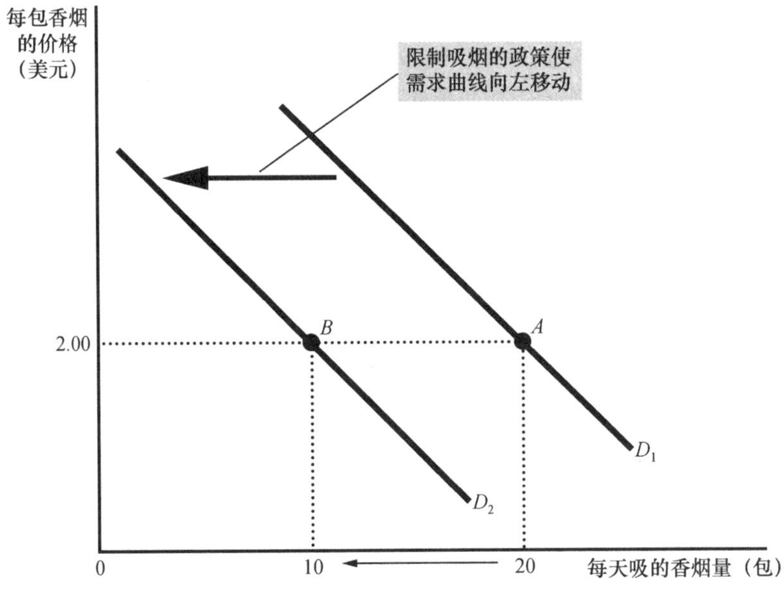

(a)需求曲线的移动

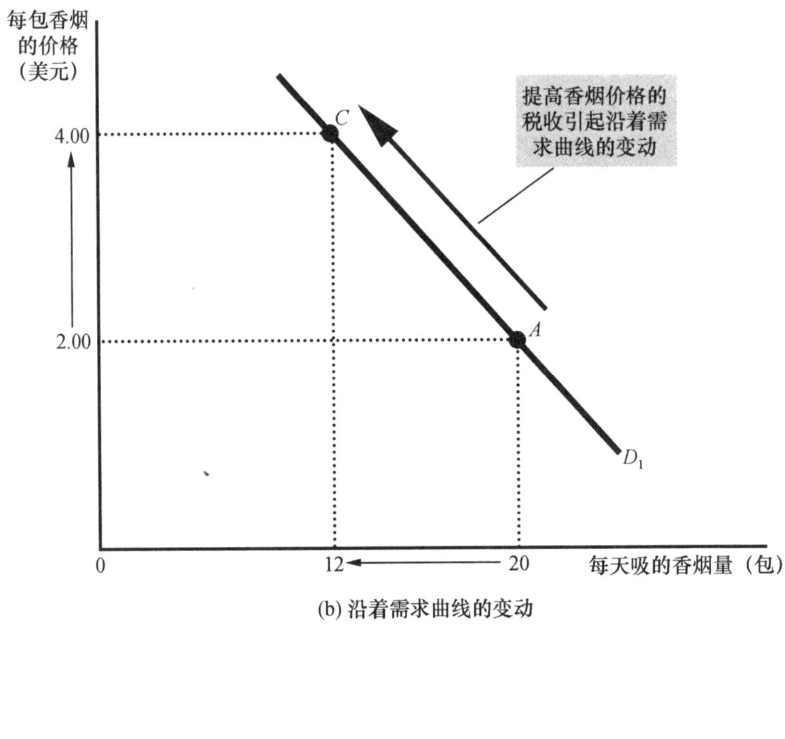

(b)沿着需求曲线的变动

如果香烟盒上的警示能说服吸烟者少吸烟,香烟的需求曲线就向左移动。在(a)幅中,需求曲线从D_1移动到D_2。在每包香烟价格为2美元时,需求量从每天20包减少到10包,如图中从A点移动到B点所示。与此相比,如果税收提高了香烟价格,需求曲线没有移动,而是变动到需求曲线上的另一个点。在(b)幅中,当价格从2美元上升到4美元时,需求量从每天20包香烟减少为12包,如图中从A点移动到C点所示。

烟量的减少就不表现为需求曲线的移动，而是表现为沿着同一条需求曲线变动到价格更高而数量较少的一点上，如图 4－4(b)幅所示。

吸烟量对香烟价格变动的反应有多大？经济学家试图通过研究当香烟税变动时吸烟量所发生的变动来回答这个问题。他们发现，价格上升 10%，会使需求量减少 4%，还发现年轻人对香烟价格特别敏感：价格上升 10% 会使青少年的吸烟量减少 12%。

一个相关的问题是，香烟的价格如何影响大麻这类非法毒品的需求。香烟税的反对者经常争论说，烟草与大麻是替代品，因此，香烟的高价格鼓励了大麻的使用。与此相反，许多毒品专家把烟草喻为"毒品之门"，它诱使青年人尝试其他有害物质。大多数数据研究的结论与后一种观点是一致的：他们发现较低的香烟价格与更多地使用大麻是相关的。换句话说，烟草和大麻似乎是互补品，而不是替代品。

即问即答 • 编出一个比萨饼月需求表的例子，并画出隐含的需求曲线。• 举出一个使这条需求曲线移动的因素的例子，并简要解释你的理由。• 比萨饼价格的变动会使这条需求曲线移动吗？

73

供给定理：1.任何商品的供给都与其价格有关 2.任何商品的供给量与其自身价格为正比例关系

4.3 供给

现在我们转向市场的另一方，考察卖者的行为。为了将我们的思考集中，我们仍然考虑冰淇淋市场。

4.3.1 供给曲线：价格与供给量之间的关系

一种物品或劳务的**供给量**(quantity supplied)是卖者愿意并且能够出售的该种物品的数量。决定供给量的因素有许多，但在我们的分析中，价格仍然起着一种特殊作用。当冰淇淋价格较高时，出售冰淇淋是有利可图的，因此，供给量也较大。这样，冰淇淋卖者工作时间更长，购买许多台冰淇淋机，并雇用许多工人。相反，当冰淇淋价格较低时，出售冰淇淋的获利较少，因此卖者将供应较少的冰淇淋。当价格很低时，一些卖者甚至会选择停止营业，其供给量减少为零。价格与供给量之间的这种关系被称为**供给定理**(law of supply)：在其他条件不变时，一种物品价格上升，该物品供给量增加；一种物品价格下降，该物品供给量也减少。

供给量：卖者愿意并且能够出售的一种物品的数量。

供给定理：认为在其他条件不变时，一种物品价格上升，该物品供给量增加的观点。

图 4－5 中的表格表明了市场上的一个冰淇淋卖者 Ben 在各种冰淇淋价格时的供给量。当价格低于 1 美元时，Ben 根本不供给冰淇淋。随

供给表：
表示一种物品的价格与供给量之间关系的表格。

着价格上升，他供给的数量越来越多。这是**供给表**(supply schedule)，它表示在影响某种物品的生产者想出售数量的其他因素都保持不变的情况下，该物品的价格和供给量之间的关系。

图 4-5　Ben 的供给表与供给曲线

冰淇淋蛋卷的价格(美元)	冰淇淋蛋卷的供给量(个)
0.00	0
0.50	0
1.00	1
1.50	2
2.00	3
2.50	4
3.00	5

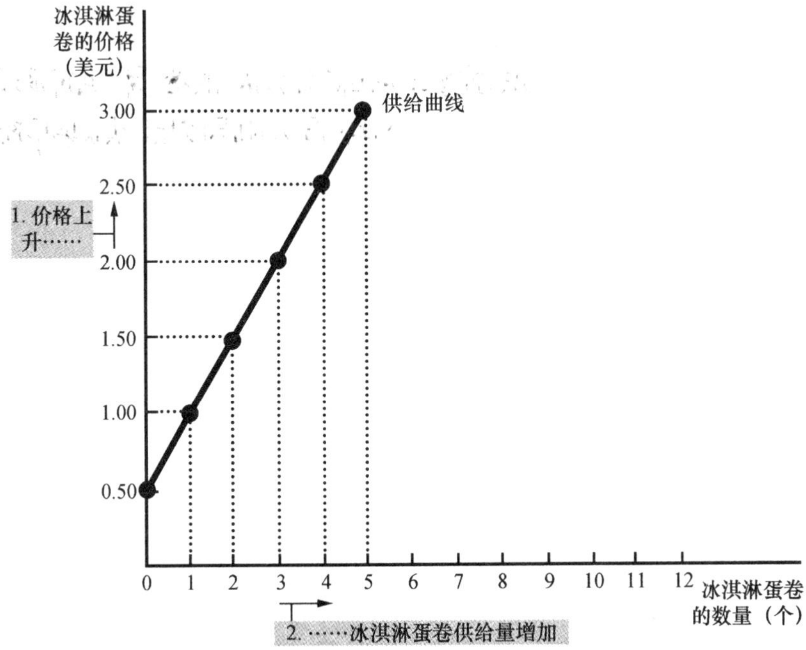

供给表是表示在每种价格水平下的供给量的表格。根据供给表画出的供给曲线表示一种物品的供给量如何随其价格的变动而变动。由于价格越高，供给量越多，所以，供给曲线向右上方倾斜。

图 4-5 中的图形用表中的数字说明了供给定理。把价格与供给量联系在一起的曲线称为**供给曲线**(supply curve)。供给曲线向右上方倾斜，是因为在其他条件相同的情况下，价格越高意味着供给量越多。

供给曲线：
表示一种物品的价格与供给量之间关系的图形。

4.3.2 市场供给与个人供给

正如市场需求是所有买者需求的总和一样，市场供给也是所有卖者供给的总和。图 4－6 中的表格是市场上的两个冰淇淋生产者——Ben 和 Jerry——的供给表。在任何一种价格水平下，Ben 的供给表告诉我们 Ben 供给多少冰淇淋，而 Jerry 的供给表告诉我们 Jerry 供给多少冰淇淋。市场供给是这两人的个人供给的总和。

图 4－6　市场供给是个人供给之和

冰淇淋蛋卷的价格（美元）	Ben（个）		Jerry（个）		市场（个）
0.00	0	+	0	=	0
0.50	0		0		0
1.00	1		0		1
1.50	2		2		4
2.00	3		4		7
2.50	4		6		10
3.00	5		8		13

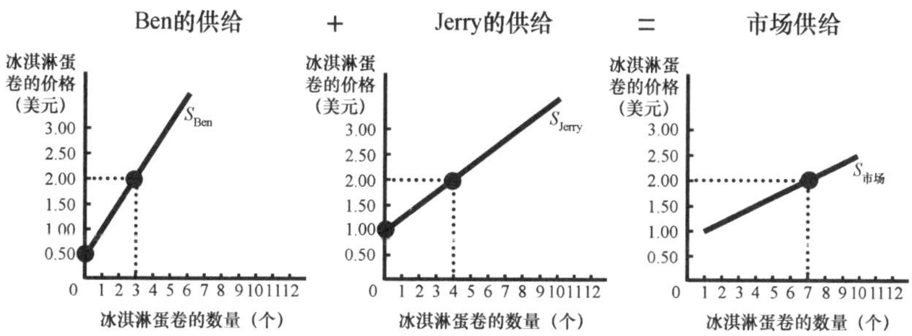

市场供给量是在每种价格水平下所有卖者的供给量之和。因此，可以通过水平地相加个人供给曲线得出市场供给曲线。在价格为 2 美元时，Ben 供给 3 个冰淇淋蛋卷，而 Jerry 供给 4 个冰淇淋蛋卷。在这一价格水平下，市场供给量是 7 个冰淇淋蛋卷。

图 4－6 中的图形表示对应于供给表的供给曲线。和需求曲线一样，我们水平地加总个人供给曲线来得出市场供给曲线。这就是说，为了得出任何一种价格水平下的总供给量，我们把个人供给曲线横轴上标出的个人供给量相加。市场供给曲线表示，在影响某种物品的生产者想出售数量的其他因素都保持不变的条件下，该物品的总供给量如何随其价格的变动而变动。

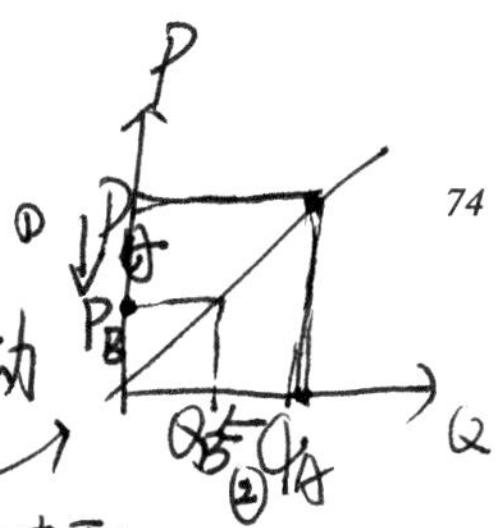

1. 原S曲线上的点的上下移动
原因：商品自身的价格
2. S曲线发生位移：向左或向右平移
原因：除"自身价格"以外的其他因素（如成本）

4.3.3 供给曲线的移动

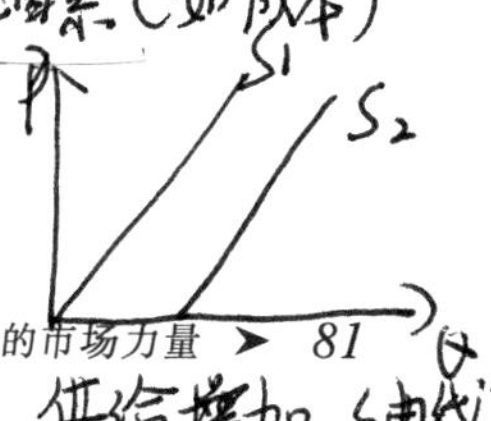

由于市场供给曲线假设其他条件不变，当这些因素中的一个因素变动时，该曲线将发生移动。例如，假设糖的价格下降了。由于糖是生产冰

供给增加 S曲线向右移

淇淋的一种投入品，所以，糖的价格下降使销售冰淇淋更有利可图。这就增加了冰淇淋的供给：在任何一种既定价格水平下，卖者现在愿意生产更多的冰淇淋。冰淇淋的供给曲线向右移动。

图 4－7 说明了供给曲线的移动。使每一种价格水平的供给量都增加的任何一种变动，例如，糖的价格下降，都会使供给曲线向右移动，我们称之为**供给增加**。同样，使每一种价格水平下的供给量都减少的任何一种变动都会使供给曲线向左移动，我们称之为**供给减少**。

图 4－7　供给曲线的移动

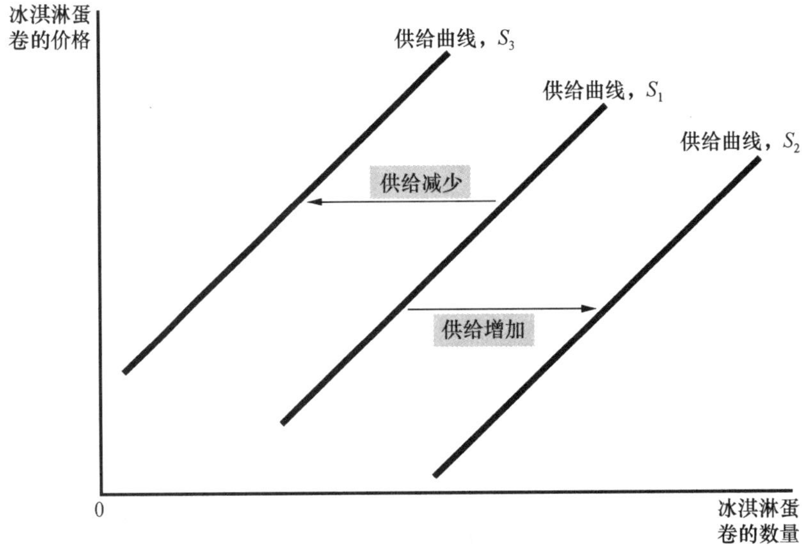

使任何既定价格水平下卖者愿意生产的数量都增加的任何一种变动，都会使供给曲线向右移动。使任何既定价格水平下卖者愿意生产的数量都减少的任何一种变动，都会使供给曲线向左移动。

有许多变量会使供给曲线移动，以下是一些最重要的变量：

投入品价格　为了生产冰淇淋，卖者使用各种投入品：奶油、糖、香料、冰淇淋机、生产冰淇淋的厂房，以及搅拌各种材料并操作机器的工人的劳动。当这些投入品中的一种或几种价格上升时，生产冰淇淋就变得不那么有利可图，企业供给的冰淇淋就会变少。如果投入品价格大幅度上升，企业可能会停止营业，根本不再供给冰淇淋。因此，一种物品的供给量与生产这种物品所用的投入品的价格负相关。

76

技术　把各种投入品变为冰淇淋的技术也是供给量的另一个决定因素。例如，机械化冰淇淋机的发明减少了生产冰淇淋所必需的劳动量。技术进步通过降低企业的生产成本增加了冰淇淋的供给量。

预期　企业现在的冰淇淋供给量还取决于对未来的预期。例如，如果预期未来冰淇淋的价格会上升，企业就会把现在生产的一些冰淇淋贮存起来，而减少当前的市场供给。

卖者的数量　除了以上影响单个卖者行为的因素以外，市场供给还取决于这些卖者的数量。如果 Ben 或 Jerry 退出冰淇淋经营市场，市场供给将减少。

总结 供给曲线表示在其他所有影响卖者的变量保持不变的情况下，一种物品的价格变动时，该物品的供给量会发生什么变动。当这些变量中的一个变动时，供给曲线就会发生移动。表 4-2 列出了影响生产者出售物品数量的变量。

表 4-2 影响卖者的变量

变 量	这些变量的变动将
价格	表现为沿着供给曲线的变动
投入品价格	使供给曲线移动
技术	使供给曲线移动
预期	使供给曲线移动
卖者的数量	使供给曲线移动

该表列出了可以影响市场上供给量的变量。要注意的是价格所起的特殊作用：价格变动表现为沿着供给曲线的变动，而其他任何一个变量的变动都将使供给曲线移动。

再重复一次，为了记住是供给曲线的移动还是沿着供给曲线的变动，要记住，只有当不用坐标轴表示的相关变量发生变动时，曲线才会移动。价格用纵轴表示，因此价格的变动表现为沿着供给曲线的变动。与此相反，由于投入品的价格、技术、预期和卖者的数量不用任何一条坐标轴表示，因此其中任何一个变量的变动都将使供给曲线移动。

即问即答 • 编出一个比萨饼月供给表的例子，并画出隐含的供给曲线。• 举出一个将使这条供给曲线移动的因素的例子，并简要解释你的理由。• 比萨饼价格的变动会使这条供给曲线移动吗？

77

4.4 供给与需求的结合

在分别分析了供给和需求之后，现在我们把它们结合起来说明，它们将如何决定市场上一种物品的销售量和价格。

4.4.1 均衡

1.含义：供给与需求者都愿意保持的供给量=需求量时的一种相对静止状态
2.表现：
3.产生原因：

图 4-8 中同时给出了市场供给曲线与市场需求曲线。要注意的是，供给曲线和需求曲线相交于一点，这一点被称为市场的**均衡**（equilibrium）。这两条曲线相交时的价格被称为**均衡价格**（equilibrium price），而相交时的数量被称为**均衡数量**（equilibrium quantity）。在这里，冰淇淋蛋卷的均衡价格为 2 美元，均衡数量是 7 个。

均衡： 市场价格达到使供给量与需求量相等的水平时的状态。

均衡价格： 使供给与需求平衡的价格。

均衡数量： 均衡价格下的供给量与需求量。

4.均衡的变动 ①原因：由于影响供求的各种因素都是不断变化的，因此市场均衡了必然发生变动
②种类：A. S不变 D变化↑↓

图 4-8　供给与需求的均衡

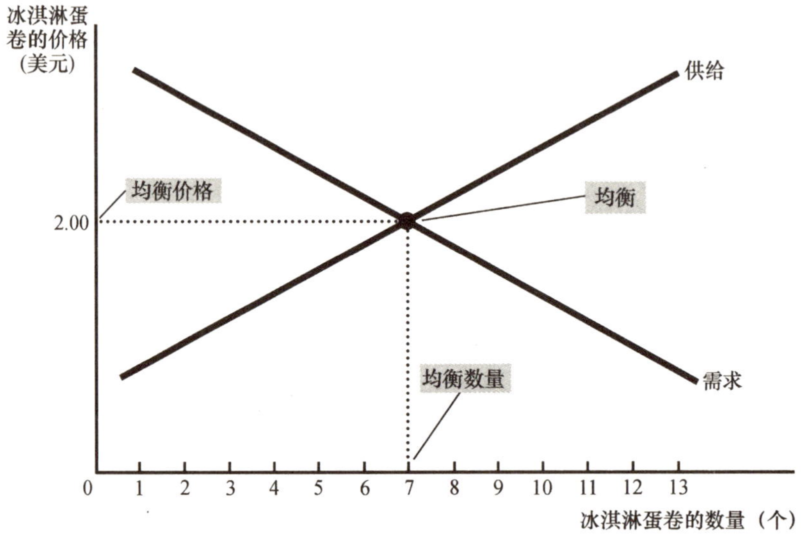

均衡出现在供给曲线与需求曲线相交的那一点。在均衡价格时，供给量等于需求量。在这里，均衡价格是2美元；在这一价格时，冰淇淋蛋卷的供给量是7个，需求量也是7个。

字典中，均衡这个词的定义是各种力量处于平衡的状态——这个定义也描述了市场均衡。在均衡价格时，买者愿意而且能够购买的物品量正好与卖者愿意而且能够出售的数量相平衡。均衡价格有时也被称为市场出清价格，因为在这一价格水平下，市场上的每一个人都得到了满足：买者买到了他想买的所有东西，而卖者卖出了他想卖的所有东西。

买者与卖者的行为自然而然地使市场向供给与需求的均衡变动。为了说明原因，我们来看一下当市场价格不等于均衡价格时会出现什么情况。

首先假设市场价格高于均衡价格，如图4-9(a)幅所示。在每个冰淇淋蛋卷的价格为2.5美元时，物品的供给量(10个冰淇淋蛋卷)超过了需求量(4个冰淇淋蛋卷)。此时存在物品的**过剩**(surplus)：在现行价格下，供给者不能卖出他们想卖的所有物品。过剩有时也被称为超额供给的状态。当在冰淇淋市场上存在过剩时，冰淇淋卖者会发现，他们的冰箱装满了越来越多的他们想卖却卖不出去的冰淇淋。他们对过剩的反应是降低其价格。反过来，价格下降增加了需求量，并减少了供给量。价格会持续下降，直到市场达到均衡时为止。

过剩：
供给量大于需求量的状态。

78

假设现在市场价格低于均衡价格，如图4-9(b)幅所示。在这种情况下，每个冰淇淋蛋卷的价格是1.5美元，物品的需求量超过了供给量。此时存在物品的**短缺**(shortage)：在现行价格下，需求者不能买到他们想买的所有物品。短缺有时也被称为超额需求的状态。当冰淇淋市场出现短缺时，买者不得不排长队等候购买现有的几个冰淇淋蛋卷。由于太多的买者抢购太少的物品，卖者可以抬高自己的价格而又不会降低销售量。随着价格上升，需求量减少，供给量增加，市场又一次向均衡变动。

短缺：
需求量大于供给量的状态。

S使D上升结论 ①. 因需求增加，导致D曲线向右平移，原均衡 P*=3 Q*=15
被打破，并形成新的均衡
②. E2位于E1的右上方

图 4－9　非均衡的市场

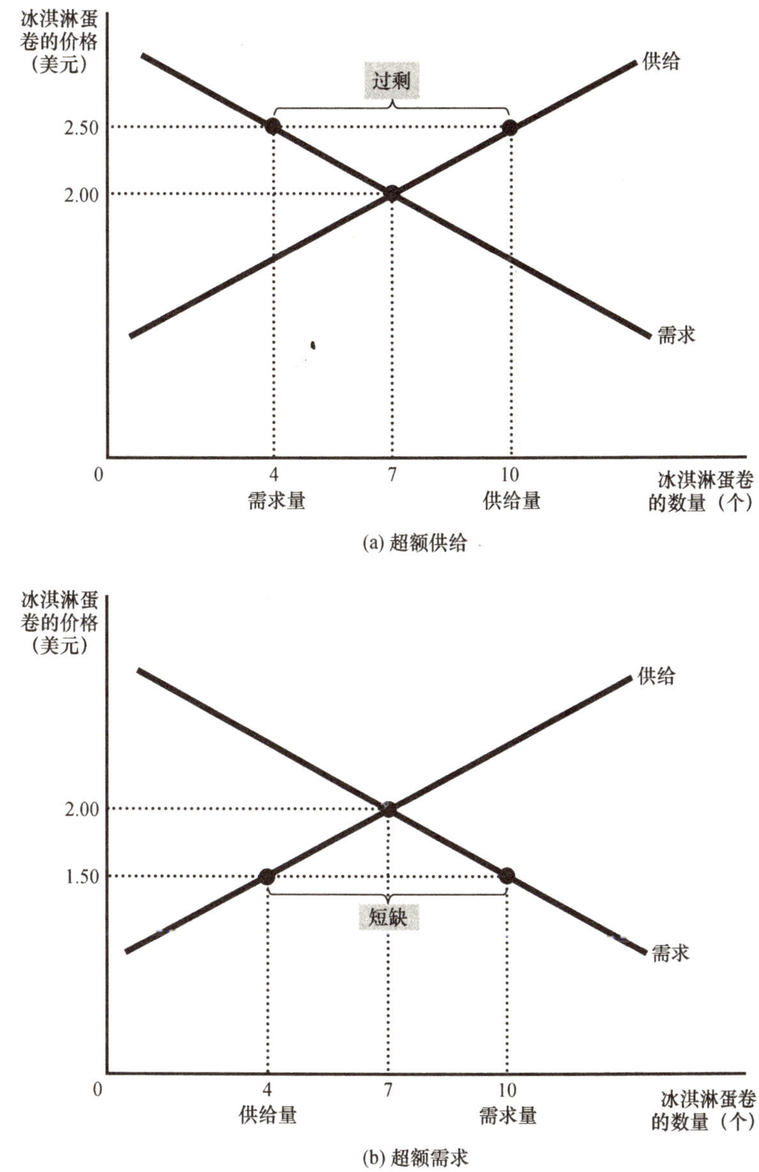

在(a)幅中，存在超额供给。由于2.5美元的市场价格高于均衡价格，供给量(10个冰淇淋蛋卷)超过了需求量(4个冰淇淋蛋卷)。供给者努力通过降低冰淇淋蛋卷的价格来增加销售量，这使价格向其均衡水平变动。在(b)幅中，存在超额需求。由于1.5美元的市场价格低于均衡价格，需求量(10个冰淇淋蛋卷)超过了供给量(4个冰淇淋蛋卷)。由于有过多的买者想买过少的物品，供给者可以利用短缺提高价格。因此，在这两种情况下，价格调整都使市场向供给与需求的均衡变动。

因此，许多买者与卖者的活动自发地使市场价格向均衡价格移动。一旦市场达到其均衡价格，所有买者和卖者都得到满足，也就不存在价格上升或下降的压力。不同市场上达到均衡的速度是不同的，这取决于价格调整的速度。在大多数自由市场上，由于价格最终要变动到其均衡水平，所以，过剩与短缺都只是暂时的。实际上，这种现象非常普遍，因此被称为**供求定理**(law of supply and demand)：任何一种物品价格的调整都会使该物品的供给与需求达到平衡。

供求定理：
任何一种物品价格的调整都会使该物品的供给与需求达到平衡。

79

4.4.2 分析均衡变动的三个步骤

到现在为止,我们已经明白了供给与需求如何共同决定市场均衡,市场均衡又决定了物品价格,以及买者所购买和卖者所生产的该物品数量。均衡价格和均衡数量取决于供给曲线和需求曲线的位置。当某些事件使其中一条曲线移动时,市场上的均衡就改变了,从而将在买者和卖者之间产生新的均衡价格和均衡数量。

当分析某个事件如何影响一个市场上的均衡时,我们按三个步骤进行:第一,我们确定该事件是使供给曲线移动还是使需求曲线移动,还是(在某些情况下)使两种曲线都移动。第二,我们确定曲线是向右移动,还是向左移动。第三,我们用供求图来比较原来的均衡与新均衡,以说明这种移动如何影响均衡价格和均衡数量。表 4-3 概括了这三个步骤。为了说明如何使用这种方法,我们考虑可能影响冰淇淋市场的各种事件。

表 4-3　分析均衡变动的三个步骤

1. 确定该事件是使供给曲线移动还是使需求曲线移动(还是使两者都移动)。
2. 确定曲线移动的方向。
3. 用供求图说明这种移动如何改变均衡价格和均衡数量。

举例:由于需求移动引起的市场均衡变动　假设某一年夏季,天气特别炎热。这种情况将如何影响冰淇淋市场呢?为了回答这个问题,我们遵循以上三个步骤进行。

(1) 天气炎热通过改变人们对冰淇淋的嗜好而影响需求曲线。这就是说,天气改变了人们在任何一种既定价格水平下想购买的冰淇淋数量。供给曲线不变,因为天气并不直接影响销售冰淇淋的企业。

(2) 由于天气炎热使人们想吃更多的冰淇淋,所以,需求曲线向右移动。图 4-10 表示随着需求曲线从 D_1 移动到 D_2,需求增加了。这种移动表明,在每种价格水平下,冰淇淋的需求量都增加了。

图 4-10　需求增加如何影响均衡

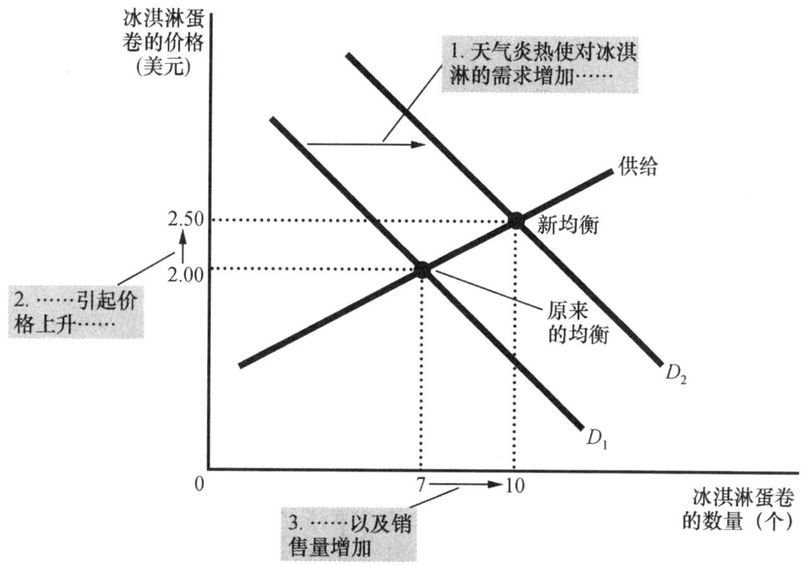

使任何一种既定价格水平下需求量增加的事件使需求曲线向右移动。均衡价格和均衡数量都上升了。在本例中，异常炎热的夏季使买者需要更多冰淇淋。需求曲线从 D_1 移动到 D_2，这就使均衡价格从 2 美元上升到 2.5 美元，而均衡数量从 7 个增加到 10 个。

（3）正如图 4-10 所示，需求增加使均衡价格由 2 美元上升到 2.5 美元，均衡数量由 7 个增加到 10 个。换句话说，天气炎热提高了冰淇淋的价格，增加了冰淇淋的销售量。

曲线移动与沿着曲线的变动　我们注意到，当天气炎热使冰淇淋的需求增加，并使其价格上升时，尽管供给曲线仍然相同，但企业供给的冰淇淋数量增加了。在这种情况下，经济学家说，“供给量”增加，但“供给”不变。

供给指供给曲线的位置，而供给量指供给者希望出售的数量。在这 80
个例子中，供给没有改变，因为天气炎热并没有改变在任何一种既定价格水平下企业的销售愿望，而是改变了在任何一种既定价格水平下消费者的购买愿望，从而使需求曲线向右移动。需求增加引起均衡价格上升。当价格上升时，供给量增加了。这种供给量的增加表现为沿着供给曲线的变动。

总之，供给曲线的移动被称为“供给变动”，而需求曲线的移动被称为“需求变动”。沿着一条固定供给曲线的变动被称为“供给量的变动”，而沿着一条固定需求曲线的变动被称为“需求量的变动”。

举例：由于供给移动引起的市场均衡变动　假设在另一个夏季，台风摧毁了部分甘蔗田，并使糖的价格上升。这一事件将如何影响冰淇淋市场呢？为了回答这个问题，我们还是遵循三个步骤进行。

（1）作为投入品之一，糖的价格上升影响了冰淇淋供给曲线。它通过增加生产成本，减少了企业在任何一种既定价格水平下生产并销售的冰淇淋数量。需求曲线没变，因为投入品成本的增加并没有直接改变家庭希望购买的冰淇淋数量。

（2）供给曲线向左移动，因为在任何一种价格水平下，企业愿意并能够出售的总量减少了。图 4－11 表明，随着供给曲线从 S_1 移动到 S_2，供给减少了。

图 4－11　供给减少如何影响均衡

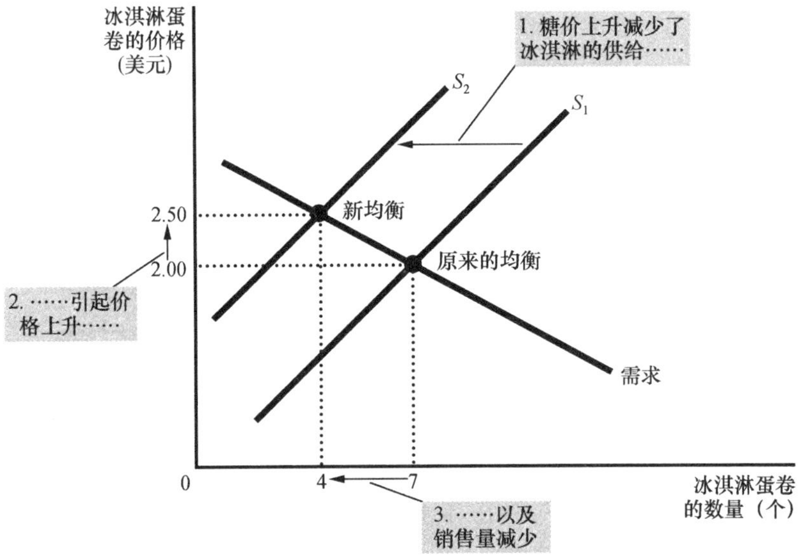

使任何一种既定价格水平下供给量减少的事件使供给曲线向左移动。均衡价格上升，而均衡数量减少。本例中，糖（投入）的价格上升使卖者供给的冰淇淋减少了。供给曲线从 S_1 移动到 S_2，从而使均衡价格从 2 美元上升到 2.5 美元，使均衡数量从 7 个减少到 4 个。

81 （3）正如图 4－11 表示，供给曲线移动使均衡价格从 2 美元上升到 2.5 美元，使均衡数量从 7 个减少为 4 个。由于糖价上升，冰淇淋的价格上升了，而销售量减少了。

举例：供给和需求都变动　现在假设天气炎热和台风发生在同一个夏季。为了分析两个事件的共同影响，我们仍遵循三个步骤进行。

（1）我们确定，两条曲线都应该移动。天气炎热影响需求曲线，因为它改变了家庭在任何一种既定价格水平下想要购买的冰淇淋的数量。同时，当台风使糖价上升时，它改变了冰淇淋的供给曲线，因为它改变了企业在任何一种既定价格水平下想要出售的冰淇淋的数量。

（2）这两条曲线移动的方向与我们以前的分析中它们的移动方向相同：需求曲线向右移动，而供给曲线向左移动，如图 4－12 所示。

（3）正如图 4－12 所示，根据需求和供给变动幅度的相对大小，可能会出现两种结果。在这两种情况下，均衡价格都上升了。在（a）幅中，需求大幅度增加，而供给减少很少，均衡数量增加了。与此相比，在（b）幅中，供给大幅度减少，而需求增加很少，均衡数量减少了。因此，这些事件肯定会提高冰淇淋的价格，但它们对冰淇淋销售量的影响是不确定的（也就是说，朝哪个方向变动都是可能的）。

图 4－12　供给和需求的移动

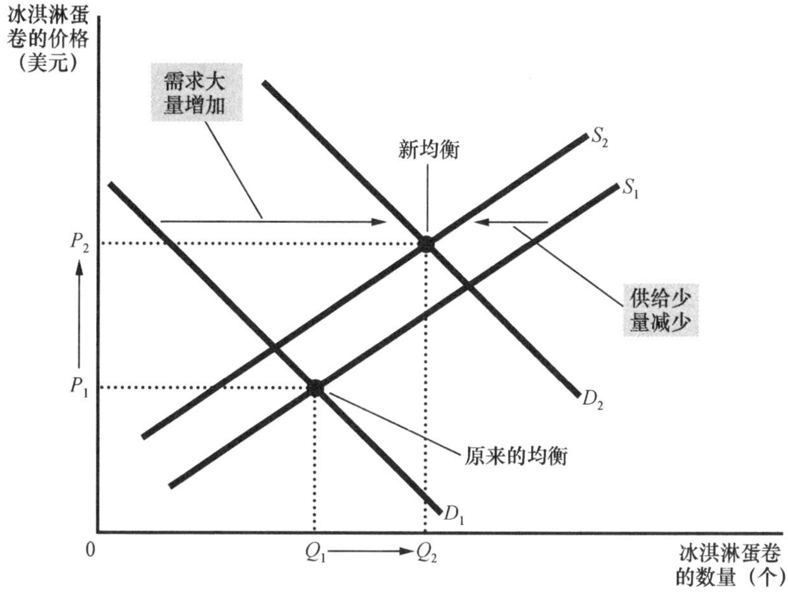

(a) 价格上升，数量增加

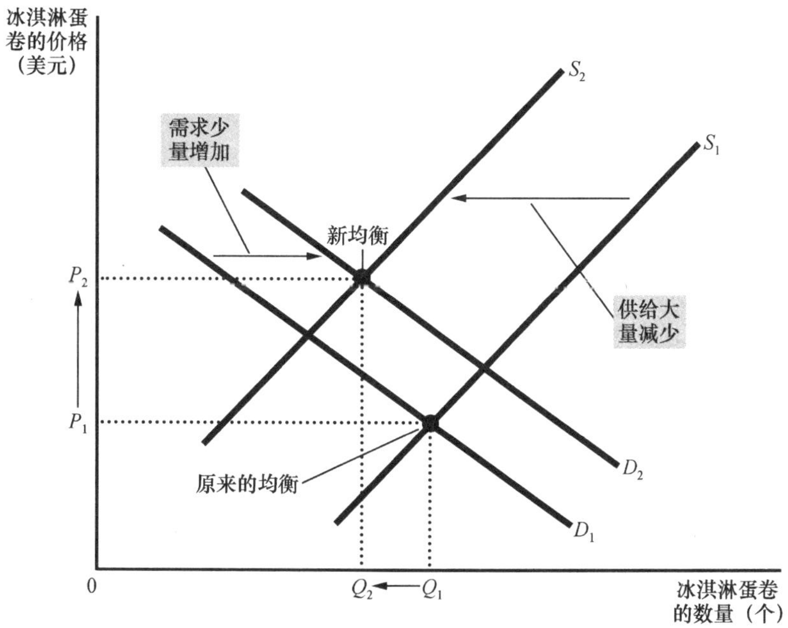

(b) 价格上升，数量减少

在这里，我们考察需求增加的同时供给减少的情况。可能有两种结果。在(a)幅中，均衡价格从 P_1 上升为 P_2，均衡数量从 Q_1 增加到 Q_2。在(b)幅中，均衡价格也是从 P_1 上升为 P_2，但均衡数量从 Q_1 下降为 Q_2。

82 **总结** 我们刚刚看到了如何用供求曲线分析均衡变动的三个例子。只要一个事件移动了供给曲线或需求曲线,或同时移动了这两条曲线,你就可以用这些工具预测这个事件将如何改变均衡时的销售量和销售价格。表4-4表示这两条曲线移动的任意一种组合的预期结果。为了确信你懂得了如何运用供求工具,在这个表中挑出几项,确信你可以解释表中给出的预期结果。

表4-4 当供给或需求变动时,价格和数量会发生什么变动

	供给未变	供给增加	供给减少
需求未变	价格相同 数量相同	价格下降 数量增加	价格上升 数量减少
需求增加	价格上升 数量增加	价格不确定 数量增加	价格上升 数量不确定
需求减少	价格下降 数量减少	价格下降 数量不确定	价格不确定 数量减少

作为一种即问即答,确信你能用供求图解释该表中的至少几种情况。

即问即答 • 用供求图分析,如果西红柿价格上升,比萨饼市场会发生什么变动。 • 用供求图分析,如果汉堡包价格下降,比萨饼市场会发生什么变动。

83

新闻摘录
氦气市场

图片来源:© LOUIE PSIHOYOS/SCIENCE FACTION/GETTY IMAGES.

下面的分析说明了供给与需求是如何相互影响的。

当需要气球时,氦气供给短缺

Ana Campoy

锡拉丘兹大学(Syracure University)的物理学家Gianfranco Vidali把他的大部分时间用于研究在外空间制造微量元素,但是两个月前,他突然放弃了他的空间研究,去解决一个地球上的问题:全球氦气短缺。

这种因使用在宴会飞行气球和Goodyear汽艇中而为人熟知的空气成分,也是某个正在发展中的科学研究领域的命根子。Vidali先生用氦气(这种气体在加压时会变成地球上最冷的液体)来创造与外太空类似的状态。没有它,他就无法工作。因此,当他的氦气供给商通知他要削减对其实验室的氦气供应时,Vidali先生说,"这把我们推到了绝境。"

浓度不同的氦气存在于世界上的天然气矿藏中,而且要用一种特殊的加工过程把它分离出来。随着石油和天然气的减少,以前很容易得到的氦气的供给也正在减少(供给曲线向左移动)。同时,在过去50年间,科学研究使用的氦气迅速成倍增加(需求曲线向右移动)。生产电脑微型集成电路、平面显示器、光纤技术和进行磁共振成像(MRI)、扫描机和焊接机等都需要氦气。

一些世界上最大的氦气生产工厂出现的小故障使去年的供给进一步紧缩(供给曲线又向左移动)。随着供给趋紧,这几个月来,价格大幅度上升。对于一个纽约的实验室而言,氦气价格从夏季末的每升接近4美元上升到8美元(均衡价格上升)。

结果是:氦气使用者——从宴会筹划者到焊接工厂——的使用量都减少了(沿着需求曲线的变动)。大型的工业制造商,采取了诸如安装氦气再循环设备等措施,从而可以更好地应对氦气短缺。受影响最严重的是国家控制资金的科研团体。

氦气价格大幅度上升的代价可能是一些独立实验室被迫关闭(其中有许多实验室这些年来取得了重大的研究成果),并放缓了一些大型研究中心的工作速度。氦气被用于一些致命性疾病治疗方法的研究,创造新的能源来源,并回答关于宇宙如何形成的问题……

专家预测,这种情况最终将使许多氦气使用者退出该市场,他们将找到替代品或修改现有的技术。部分气球企业正用含氦量少的气体来填充气球。一些焊接者正在使用氩气。工业使用者正在安装循环使用系统……

CUNY的研究人员Reem Jaafar说,如果氦气的价格保持在现有水平上,她将从事物理学另一个领域的研究。她说:"如果你的研究资金是固定的,而且你必须把它都用在氦气上,那么你就什么也剩不下了。"

资料来源: *The Wall Street Journal*, December 5, 2007.

84

新闻摘录
自然灾害之后物价上升

当飓风这种自然灾害袭击某个地区时,汽油和瓶装水这类基本商品会出现需求增加和供给减少的情况。需求曲线和供给曲线的这种移动引起物价上升,使一些人抱怨"价格欺诈"。但是,正如记者John Stossel在他的评论文章中说的,灾害袭击之后的高价格也有其好处。

赞扬价格欺诈

John Stossel

政治家和媒体对卡特里娜飓风之后的物价上涨极为愤慨。他们要求惩罚加油站和水供给商。

如果你想打倒那些卑鄙、贪婪的奸商,那么制定一系列的反"欺诈"规则就是一件好事。但是,如果你是反"价格欺诈"的法律所针对的人群之一,那么你的日子就不好过了。

我们假设这样一个场景:你口干舌燥——担心自己的孩子会脱水。你找到一家开门的商店,而且店主人认为乘人之危是不道德的,因此,他不会比上一周多收你一毛钱。但是,你无法从他这里买到水。水卖完了。

你继续当你的顾客,并最终发现了面目狰狞的价格欺诈者。他上周卖1美元的一瓶水现在是“可耻”的价格——比如说20美元。为了在灾害中活下去,你支付了这个价格。

你对这个价格欺诈者非常不满。但是如果他不要价20美元,他的水早就卖完了。正是这个价格欺诈者的“趁火打劫”救了你的孩子。

孩子之所以得救,是因为人们关注自己的利益。在你去水供给商那里时,其他人已经去过了。在1美元一瓶时,他们把水囤积起来了。在20美元一瓶时,他们更谨慎地购买。通过要价20美元,价格欺诈者确信他的水卖给了真正需要它的人。

那些被愚蠢的政治家认为是最残酷的人正在做对人们最有帮助的事。由于预期瓶装水的需求将增加,他们去购买了大量瓶装水,并计划以惊人的利润再出售。如果他们没有这样做,那些最需要水的人就得不到水。

可以由志愿者提供水吗?肯定有一些人会出于仁慈帮助其他人。但是我们不能指望仁慈之心。正如亚当·斯密所写的:“我们每天所需的食物和饮料,不是出自屠户、酿酒师或面包师的恩惠,而是出于他们利己的打算。”

从店主的角度考虑一下:如果他不想获得高利润,他为什么要开商店?留在灾区是危险的,而且意味着为了满足陌生人的需要而放弃与家人在一起的机会。他为什么要承担这种风险?

在灾难发生之后,许多服务——比如修屋顶、木匠活或移树——的需求都是巨大的。当重建新奥尔良的时刻来临时,可以大胆地预料当地木匠存在短缺:这个城市自己的木匠人数是不够的。

如果这是一个集权主义的国家,政府可以命令一群匠人到新奥尔良来。但在自由社会中,必须说服这些匠人离开他们的住所和家庭,离开他们的雇主和客户,并从其他地方(比如说威斯康星州)来新奥尔良工作。如果他们在路易斯安那州赚的钱并不比在威斯康星州多,他们为什么要来?

一些人可能会受成为英雄的愿望的激励而来到这里,但我们不能指望有足够的英雄来满足人们的需求。一周又一周,大多数来灾区工作的人的目的和大多数美国人工作的目的一样:为了赚钱。任何一个愿意到灾区的匠人都必须得到比他在家乡更高的工资,否则他就不会来。如果非要把其收入限制在暴风前新奥尔良同事的收入水平,即使是一个想要成为英雄的人也会说:“真该死!”

如果他的收费与他的冒险是相当的,他也可能受到他想帮助的那些人道德上和法律上的谴责。但是这些人并不懂基本的经济学。强迫价格下降,你就会把供给者赶走。让市场发挥作用,供给者就来了。而且,竞争会使价格下降到灾难挑战所允许的水平。即使是穷人也可以得到供给短缺的物品。

正是“价格欺诈者”们带来了水,运来了汽油,修缮了屋顶,重建了城市。“价格欺诈者”们拯救了生命。

资料来源: Townhall. com, September 7, 2005.

4.5 结论:价格如何配置资源

本章分析了单个市场上的供给与需求。尽管我们的讨论集中在冰淇淋市场上,但所得出的结论也适用于大多数其他市场。只要你到商店去买东西,你就对该物品的需求做出了贡献。只要你找工作,你就对劳动服务的供给做出了贡献。由于供给与需求是如此普遍的经济现象,所以,供求模型是一种十分有用的分析工具。在以后各章中我们会经常使用这个模型。 85

第1章中讨论的经济学十大原理之一是,市场通常是一种组织经济活动的好方法。虽然要判断市场结果是好还是坏仍然为时过早,但在本章中,我们开始了解市场是如何运行的。在任何一种经济制度中,都不得不在各种竞争性的用途之间分配稀缺的资源。市场经济利用供给与需求的力量来实现这个目标。供给与需求共同决定了经济中许多不同物品与劳务的价格,而价格又是引导资源配置的信号。

“2美元。”

“……又75美分。”

图片来源:© 2002 THE NEW YORKER COLLECTION FROM CARTOONBANK. COM. ALL RIGHTS RESERVED.

例如,考虑一下海滩土地的配置。由于这种土地的数量有限,并不是每一个人都能享受到住在海边的奢华生活。谁会得到这种资源呢?答案是任何一个愿意而且能够支付这种价格的人。海滩土地的价格会不断调整,直到这种土地的需求量与供给量达到平衡。因此,在市场经济中,价格是配置稀缺资源的机制。

同样,价格决定了谁生产哪种物品,以及生产多少。例如,考虑一下农业的情况。由于生存需要食物,所以必须要有一些人从事农业。什么因素决定谁是农民,谁不是农民呢?在一个自由的社会中,并没有一个做出这种决策并确保食物供给充足的政府计划机构。相反,把一部分人配置到农业中是基于千百万人的工作决策。这种分散的决策制度运行良好,因为这些决策是根据价格做出的。食物的价格和农业工人的工资(他们劳动的价格)会不断调整,从而确保了有足够的人选择从事农业。

如果一个人从未见过市场经济的运行，上述整个思想看起来可能是荒谬的。经济是由许多从事各种相互依存活动的人组成的群体。用什么来避免分散决策陷入混乱呢？用什么来协调千百万有不同能力与欲望的人的行动呢？用什么来保证需要完成的事情实际上也得以完成呢？用一个词来回答，那就是**价格**。如果正如亚当·斯密的著名论断所说，是由一只看不见的手引导着市场经济，那么，价格制度就是这只看不见的手用来指挥经济交响乐队的指挥棒。

内容提要

◎ 经济学家用供求模型来分析竞争市场。在竞争性市场上，有许多买者和卖者，他们每个人对市场价格影响很小，甚至没有影响。

◎ 需求曲线表示价格如何决定一种物品的需求量。根据需求定理，随着一种物品价格下降，需求量增加。因此，需求曲线向右下方倾斜。

◎ 除了价格之外，决定消费者想购买多少物品的其他因素包括收入、替代品和互补品的价格、嗜好、预期和买者的数量。如果这些因素中的一种改变了，需求曲线就会移动。

86 ◎ 供给曲线表示价格如何决定一种物品的供给量。根据供给定理，随着一种物品价格上升，供给量增加。因此，供给曲线向右上方倾斜。

◎ 除了价格之外，决定生产者想出售多少物品的其他因素包括投入品价格、技术、预期和卖者的数量。如果这些因素中的一种改变了，供给曲线就会移动。

◎ 供给曲线与需求曲线相交决定了市场均衡。当价格为均衡价格时，需求量等于供给量。

◎ 买者与卖者的行为会自然而然地使市场趋向于均衡。当市场价格高于均衡价格时，存在物品的过剩，引起市场价格下降。当市场价格低于均衡价格时，存在物品的短缺，引起市场价格上升。

◎ 为了分析某个事件如何影响一个市场，我们用供求图来考察该事件对均衡价格和均衡数量的影响。我们遵循三个步骤进行：第一，确定该事件是使供给曲线移动，还是使需求曲线移动（还是使两者都移动）。第二，确定曲线移动的方向。第三，比较新均衡与原来的均衡。

◎ 在市场经济中，价格是引导经济决策，从而配置稀缺资源的信号。对于经济中的每一种物品来说，价格确保供给与需求达到平衡。因此，均衡价格决定了买者选择购买多少这种物品，以及卖者选择生产多少这种物品。

关键概念

市场	需求表	替代品
竞争市场	需求曲线	互补品
需求量	正常物品	供给量
需求定理	低档物品	供给定理

供给表

供给曲线

均衡

均衡价格

均衡数量

过剩

短缺

供求定理

复习题

1. 什么是竞争市场？简单描述一种不是完全竞争的市场。
2. 什么因素决定买者对一种物品的需求量？
3. 什么是需求表和需求曲线？它们之间是什么关系？为什么需求曲线向右下方倾斜？
4. 消费者嗜好的变化引起沿着需求曲线的变动，还是需求曲线的移动？价格的变化引起沿着需求曲线的变动，还是需求曲线的移动？
5. Popeye 的收入减少了，结果他买了更多的菠菜。菠菜是低档物品，还是正常物品？Popeye 的菠菜需求曲线会发生什么变化？
6. 什么因素决定了卖者对一种物品的供给量？
7. 什么是供给表和供给曲线？它们之间是什么关系？为什么供给曲线向右上方倾斜？
8. 生产者技术的变动引起沿着供给曲线的 87 变动，还是供给曲线的移动？价格的变化引起沿着供给曲线的变动，还是供给曲线的移动？
9. 给市场均衡下定义。描述使市场向均衡变动的力量。
10. 啤酒与比萨饼是互补品，因为人们常常边吃比萨饼，边喝啤酒。当啤酒价格上升时，比萨饼市场的供给、需求、供给量、需求量以及价格会发生什么变动？
11. 描述市场经济中价格的作用。

问题与应用

1. 用供求图分别解释以下表述：
   a. “当寒流袭击佛罗里达时，全国超市中的橘子汁的价格上升。”
   b. “当每年夏天新英格兰地区天气变暖时，加勒比地区旅馆房间的价格直线下跌。”
   c. “当中东爆发战争时，汽油价格上升，而二手凯迪拉克车的价格下降。”
2. “练习本需求增加提高了练习本的需求量，但没有增加练习本的供给量。”这句话是对还是错？解释原因。
3. 考虑家用旅行车市场。根据下面所列的事件，分别指出哪一种需求或供给的决定因素将受到影响。同时还要指出，需求或供给是增加了，还是减少了。然后画图说明该事件对家用旅行车价格和数量的影响。
   a. 人们决定多生孩子。
   b. 钢铁工人罢工，致使钢材价格上涨。
   c. 工程师开发出用于家用旅行车生产的新的自动化机器。
   d. 运动型多功能车价格上升。
   e. 股市崩溃减少了人们的财产。
4. 找出以下分析的漏洞：“如果更多的美国

人进行低糖饮食，对面包的需求将会下降。面包的需求下降将引起面包的价格下降。然而，价格下降又将使需求增加。最后；在新的均衡，美国人所消费的面包数量可能比最初还多。”

5. 考虑 DVD、电视和电影院门票市场。

88 a. 对每一对物品，确定它们是互补品还是替代品：
   - DVD 和电视
   - DVD 和电影票
   - 电视和电影票

   b. 假设技术进步降低了制造电视机的成本。画一个图说明电视机市场会发生什么变动。

   c. 再画两个图说明电视机市场的变动如何影响 DVD 市场和电影票市场。

6. 过去 20 年间，技术进步降低了电脑芯片的成本。你认为这会对电脑市场产生怎样的影响？对电脑软件呢？对打字机呢？

7. 运用供求图，说明下列事件对运动衫市场的影响：

   a. 南卡罗来纳的飓风损害了棉花作物。

   b. 皮夹克价格下降。

   c. 所有大学都要求穿合适的服装做早操。

   d. 发明了新织布机。

8. 调查表明，年轻人吸食的毒品增加了。在随后的争论中，人们提出了两种假设：
   - 警力的削减增加了在大街上得到毒品的可能性。
   - 教育投入的削减降低了人们对吸毒危险性的认识。

   a. 用供求图分别说明这两种假设会如何引起毒品消费量的增加。

   b. 毒品价格变动的信息可以如何帮助我们辨别以上解释的对错？

9. 假定 2010 年是一个婴儿出生的短暂高峰。这种婴儿高峰对 2015 年和 2025 年的保姆服务的价格有什么影响？（提示：5 岁的孩子需要保姆，而 15 岁的人可以当保姆。）

10. 番茄酱是热狗的互补品（以及调味品）。如果热狗价格上升，番茄酱市场会发生什么变动？番茄市场呢？番茄汁市场呢？橘子汁市场呢？

11. 比萨饼市场的需求与供给表如下：

价格（美元）	需求量（个）	供给量（个）
4	135	26
5	104	53
6	81	81
7	68	98
8	53	110
9	39	121

   a. 画出需求曲线与供给曲线。该市场上的均衡价格和均衡数量是多少？

   b. 如果该市场上实际价格**高于**均衡价格，什么会使市场趋向于均衡？

   c. 如果该市场上实际价格**低于**均衡价格，什么会使市场趋向于均衡？

12. 考虑以下事件：科学家发现，多吃橘子可以降低患糖尿病的风险；同时农民用了新的肥料，提高了橘子的产量。说明并解释这些变化对橘子的均衡价格和均衡数量有什么影响。

13. 因为百吉圈与奶酪通常一起食用，所以，它们是互补品。

   a. 我们观察到奶酪的均衡价格与百吉圈的均衡数量同时上升。什么因素会引起这种变动——是面粉价格下降，还是牛奶价格下降？说明并解释你的答案。

   b. 再假设奶酪的均衡价格上升了，但百吉圈的均衡数量减少了。什么因素会引起这种变动——是面粉价格上升，还是牛奶价格上升？说明并解释你的答案。

14. 假设你们大学里篮球票的价格是由市场力量决定的。现在，需求与供给表如下：

价格(美元)	需求量(张)	供给量(张)
4	10 000	8 000
8	8 000	8 000
12	6 000	8 000
16	4 000	8 000
20	2 000	8 000

a. 画出需求曲线和供给曲线。这条供给曲线有什么不寻常之处？为什么会是这样的？

b. 篮球票的均衡价格和均衡数量是多少？

c. 明年你们大学计划共招收 5 000 名学生。新增的学生的需求表如下：

价格(美元)	需求量(张)
4	4 000
8	3 000
12	2 000
16	1 000
20	0

现在把原来的需求表与新生的需求表加在一起计算整个大学的新需求表。新的均衡价格和均衡数量是多少？

15. 市场研究得出以下有关巧克力棒市场的信息：需求表可以表示为方程式：$Q^D = 1\,600 - 300P$，这里 Q^D 是需求量，P 是价格。供给表可以表示为方程式：$Q^S = 1\,400 + 700P$，这里 Q^S 是供给量。计算巧克力棒市场的均衡价格和均衡数量。

第 5 章
弹性及其应用

一.定义：需求（或供给）对其影响因素（如：商品自身的价格、收入、成本、相关商品的价格等）变动的反应程度

89 假设某个事件使美国的汽油价格上升。这个事件可能是扰乱世界石油供给的中东战争，也可能是大大增加世界石油需求的中国经济繁荣，或者是议会通过了新的燃油税。美国消费者会对价格上升做出什么反应呢？

对这个问题的大概回答是很简单的：消费者将少买汽油。这是我们在上一章学过的简单的需求定理。但你可能想知道一个精确的回答。汽油的消费量会减少多少呢？这个问题可以用被称为弹性的概念来回答，在本章中我们将提出弹性的概念。

弹性衡量买者与卖者对市场条件变化的反应程度。当研究一些事件和政策如何影响一个市场时，我们不仅要讨论影响的方向，而且要讨论影响的大小。正如我们将在本章中看到的，弹性可以应用于很多方面。

但在继续本章内容之前，你可能会对上述汽油问题的答案感到好奇。许多研究考察了消费者对汽油价格上升的反应，而且，他们通常发现，需
90 求量在长期中的反应大于短期中。汽油价格上升 10%，使汽油消费量在一年后减少 2.5%，而在 5 年后减少 6%。汽油需求量在长期中的减少量中，一半是因为人们开车少了，而另一半是因为他们转向节油型汽车。这两种反应都反映在需求曲线及其弹性上。

5.1 需求弹性

在第 4 章介绍需求时，我们注意到，当一种物品的价格降低，或买者的收入提高，或该物品替代品的价格提高，或该物品互补品的价格降低时，买者对该物品的需求通常会增加。我们对需求的讨论是定性的，而不是定量的。这就是说，我们之前只讨论了需求量变动的方向，而不是变动

的大小。为了衡量消费者对这些变量变动的反应程度，经济学家用了**弹性**(elasticity)的概念。

弹性：
衡量需求量或供给量对其某种决定因素的反应程度的指标。

5.1.1 需求价格弹性及其决定因素

需求定理表明，一种物品的价格下降将使其需求量增加。**需求价格弹性**(price elasticity of demand)衡量需求量对价格变动的反应程度。如果一种物品的需求量对价格变动的反应很大，就说这种物品的需求是富有弹性的。如果一种物品的需求量对价格变动的反应很小，就说这种物品的需求是缺乏弹性的。

需求价格弹性：
衡量一种物品需求量对其价格变动反应程度的指标，用需求量变动百分比除以价格变动百分比来计算。

任何一种物品的需求价格弹性都衡量当其价格上升时，消费者减少购买这种物品的意愿有多强。因此，弹性反映了形成消费者偏好的许多经济、社会与心理因素。但是，根据经验，我们可以总结出某些决定需求价格弹性的一般规律。

相近替代品的可获得性　有相近替代品的物品的需求往往较富有弹性，因为消费者从这种物品转向其他物品较为容易。例如，黄油和人造黄油很容易互相替代。假设人造黄油的价格不变，黄油价格略有上升，就会使黄油销售量大幅度减少。与此相比，由于鸡蛋是一种没有相近替代品的食物，所以鸡蛋的需求弹性就小于黄油。

必需品与奢侈品　必需品的需求往往缺乏弹性，而奢侈品的需求往往富有弹性。当看病的价格上升时，尽管人们看病的次数会比平常少一些，但不会大幅度地减少。与此相比，当游艇价格上升时，游艇需求量会大幅度减少。原因是大多数人把看病作为必需品，而把游艇作为奢侈品。当然，一种物品是必需品还是奢侈品并不取决于物品本身固有的性质，而取决于购买者的偏好。对于一个热衷于航海而不太关注自身健康的水手来说，游艇可能是需求缺乏弹性的必需品，而看病则是需求富有弹性的奢侈品。

市场的定义　任何一个市场上的需求弹性都取决于我们所划定的市场范围。范围小的市场的需求弹性往往大于范围大的市场的需求弹性，因为范围小的市场上的物品更容易找到相近的替代品。例如，食物是一个广泛的范畴，它的需求相当缺乏弹性，因为没有好的食物替代品。冰淇淋是一个较狭义的范畴，它的需求较富有弹性，因为很容易用其他甜点来替代冰淇淋。香草冰淇淋是一个非常狭义的范畴，它的需求非常富有弹性，因为其他口味的冰淇淋几乎可以完全替代香草冰淇淋。 91

时间框架　物品的需求往往在长期内更富有弹性。当汽油价格上升时，在最初的几个月中，汽油的需求量只是略有减少。但随着时间的推移，人们会购买更省油的汽车，或转而乘坐公共交通工具，或搬到离工作地点近的地方。在几年之内,汽油的需求量会更大幅度地减少。

5.1.2　需求价格弹性的计算

我们已经在一般意义上讨论了需求价格弹性,现在我们更精确地讨论如何衡量它。经济学家用需求量变动百分比除以价格变动百分比来计算需求价格弹性,即

$$\text{需求价格弹性}=\frac{\text{需求量变动百分比}}{\text{价格变动百分比}}$$

例如,假定冰淇淋蛋卷的价格上升了10%,使你购买的冰淇淋量减少了20%。我们计算出你的需求价格弹性为:

$$\text{需求价格弹性}=\frac{20\%}{10\%}=2$$

在这个例子中,弹性是2,表明需求量变动的比例是价格变动比例的两倍。

由于一种物品的需求量与其价格负相关,所以,数量变动的百分比与价格变动的百分比的符号总是相反的。在这个例子中,价格变动的百分比是正的10%(表明上升),而需求量变动的百分比是负的20%(表明减少)。由于这个原因,需求价格弹性有时为负数。在本书中我们遵循一般做法,去掉负号,把所有价格弹性表示为正数(数学上称之为绝对值)。按这个惯例处理后,需求价格弹性越大,意味着需求量对价格越敏感。

5.1.3　中点法:一个计算变动百分比和弹性的更好方法

如果你想计算一条需求曲线上两点之间的需求价格弹性,你将很快
92 发现一个令人头痛的问题:从 *A* 点到 *B* 点的弹性似乎不同于从 *B* 点到 *A* 点的弹性。例如,看一下这些数字:

A 点:价格 = 4 美元,数量 = 120

B 点:价格 = 6 美元,数量 = 80

从 *A* 点到 *B* 点,价格上升了50%,数量减少了33%,表明需求的价格弹性是33/50,即0.66。与此相比,从 *B* 点到 *A* 点,价格下降了33%,而数量增加了50%,表明需求的价格弹性是50/33,即1.5。产生这种差别是因为上述变动百分比是根据不同的基础计算的。

避免这个问题的一种方法是用中点法计算弹性。计算变动百分比的标准方法是用变动量除以原来的水平。与此相似,中点法是用变动量除以原先水平与最后水平的中点值(或平均值)来计算变动百分比。例如,4

美元到 6 美元的中点值是 5 美元。因此，根据中点法，从 4 美元到 6 美元是上升了 40%，因为(6 - 4)/5 × 100% = 40%。类似地，从 6 美元变动到 4 美元是下降了 40%。

因为无论变动的方向如何，中点法给出的答案都是相同的，所以，在计算两点之间的需求价格弹性时通常用这种方法。在我们的例子中，*A* 点与 *B* 点之间的中点是：

中点：价格 = 5 美元，数量 = 100

根据中点法，从 *A* 点到 *B* 点，价格上升了 40%，而数量减少了 40%。同样，从 *B* 点到 *A* 点，价格下降了 40%，而数量增加了 40%。在这两种变动方向上，需求价格弹性都等于 1。

计算(Q_1, P_1)和(Q_2, P_2)两点间需求价格弹性的中点法可以用以下公式表示：

$$\text{需求价格弹性} = \frac{(Q_2 - Q_1)/[(Q_2 + Q_1)/2]}{(P_2 - P_1)/[(P_2 + P_1)/2]}$$

分子是用中点法计算的数量变动百分比，分母是用中点法计算的价格变动百分比。只要计算弹性，你就应该使用以上公式。

但在本书中，我们很少进行这种计算。在大多数情况下，弹性所表示的含义——需求量对价格变化的反应程度——比如何计算弹性更重要。

5.1.4 各种需求曲线

经济学家根据需求弹性对需求曲线进行分类。当弹性大于 1，意即需求量变动的比例大于价格变动的比例时，需求是**富有弹性**的；当弹性小于 1，意即需求量变动的比例小于价格变动的比例时，需求是**缺乏弹性**的；当弹 94
性正好等于 1，意即需求量与价格同比例变动时，我们说需求具有**单位弹性**。

由于需求的价格弹性衡量需求量对价格的反应程度，所以，它与需求曲线的斜率密切相关。下面的拇指规则是一个有用的指导：通过某一点的需求曲线越平坦，需求的价格弹性就越大；通过某一点的需求曲线越陡峭，需求的价格弹性就越小。

图 5 - 1 描述了五种情况。极端的情况是(a)幅所示的零弹性，需求**完全无弹性**，需求曲线是一条垂直线。在这种情况下，无论价格如何变动，需求量总是相同的。随着弹性增大，需求曲线越来越平坦，如(b)、(c)和(d)幅所示。(e)幅所示的是另一个极端，即需求**完全有弹性**。当需求的价格弹性接近无限大并且需求曲线变为水平时，就出现了这种情况，它表明价格的极小变动都会引起需求量的极大变动。

最后，如果你觉得记住陌生的术语**富有弹性**和**缺乏弹性**有困难，有一个记忆小窍门：图 5 - 1(a)幅所示的缺乏弹性(Inelastic)的曲线，看起来很像字母 I。这不是什么深刻的见解，但在下一次考试时也许会对你有所帮助。

图 5-1　需求价格弹性

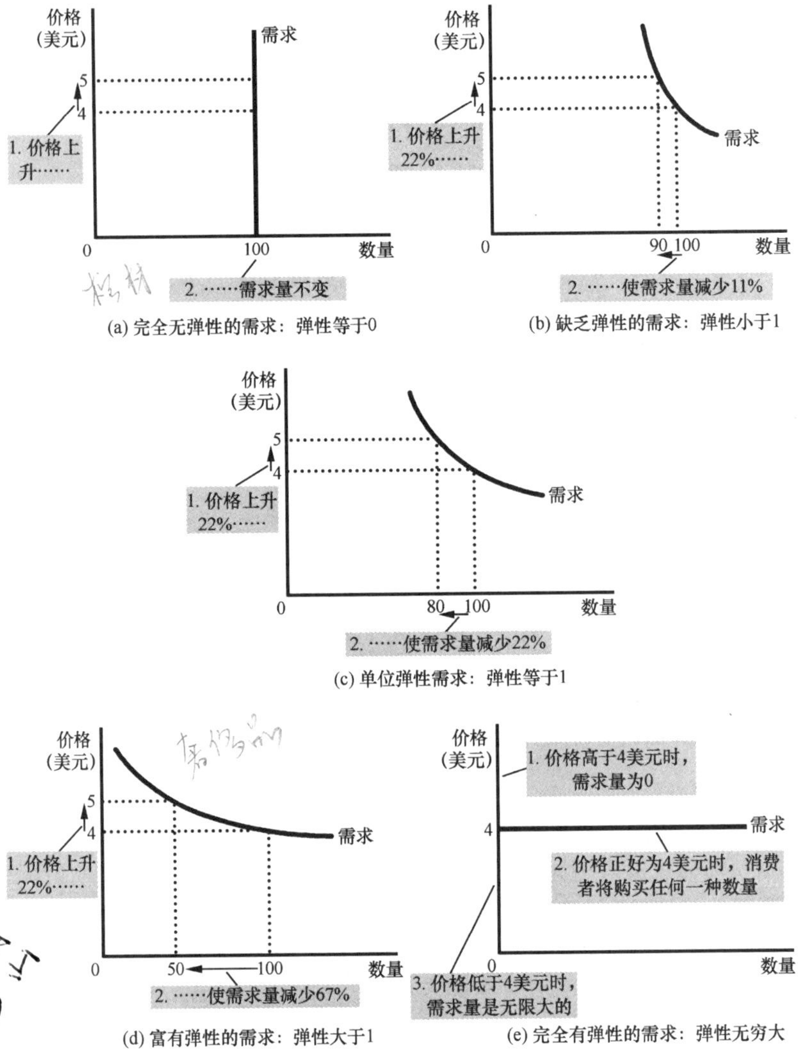

需求价格弹性决定了需求曲线是陡峭还是平坦。要注意的是，所有变动的百分比都是用中点法计算的。

5.1.5　总收益与需求价格弹性

总收益：
一种物品的买者支付从而卖者得到的量，用该物品的价格乘以销售量来计算。

当研究市场上供给或需求的变动时，我们经常想研究的一个变量是**总收益**（total revenue），即某种物品的买者支付从而卖者得到的量。在任何一个市场上，总收益是 $P \times Q$，即一种物品的价格乘以该物品的销售量。我们可以用图形来表示总收益，如图 5-2 所示。需求曲线下面方框的高是 P，宽是 Q。这个方框的面积 $P \times Q$ 等于这个市场的总收益。在图 5-2 中，$P = 4$ 美元，$Q = 100$，总收益是 4 美元 ×100，即 400 美元。

图 5－2　总收益

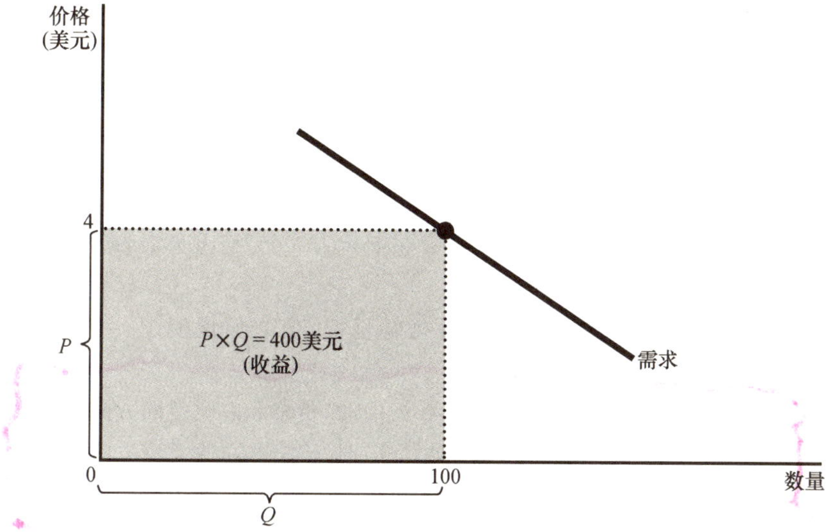

买者支付的从而卖者作为收益得到的总量等于需求曲线下面方框的面积，即 $P \times Q$。在这里，价格为 4 美元，需求量为 100，总收益是 400 美元。

总收益如何沿着需求曲线变动呢？答案取决于需求的价格弹性。如果需求是缺乏弹性的，如图 5－3(a)幅所示，那么，价格上升将引起总收

图 5－3　当价格变动时，总收益如何变动

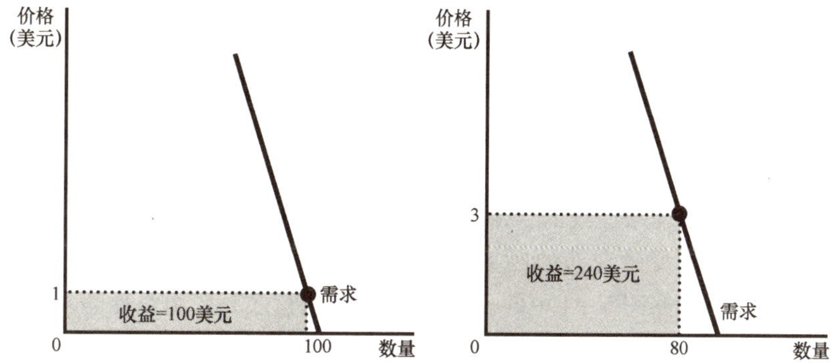

(a) 需求缺乏弹性的情况

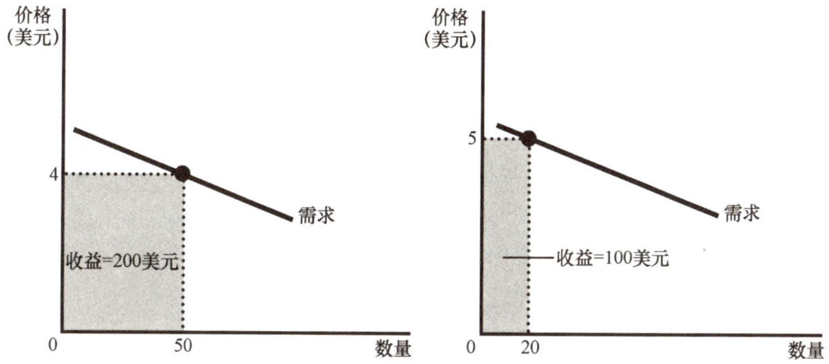

(b) 需求富有弹性的情况

价格变动对总收益（价格和数量的乘积）的影响取决于需求的价格弹性。在(a)幅中，需求曲线缺乏弹性。在这种情况下，价格上升引起的需求量减少的比例很小，因此，总收益增加。在这里，价格从 1 美元上升为 3 美元，引起需求量从 100 减少为 80，总收益从 100 美元增加到 240 美元。在(b)幅中，需求曲线富有弹性。在这种情况下，价格上升引起的需求量减少的比例很大，因此，总收益减少。在这里，价格从 4 美元上升为 5 美元，引起需求量从 50 减少为 20，总收益从 200 美元减少为 100 美元。

益增加。在这里，价格从 1 美元上升到 3 美元，但需求量只从 100 下降到 80，因此，总收益从 100 美元增加到 240 美元。价格上升引起 $P \times Q$ 增加，是因为 Q 减少的比例小于 P 上升的比例。

如果需求富有弹性，我们得出相反的结论：价格上升引起总收益减少。例如，在图 5－3(b) 幅中，当价格从 4 美元上升到 5 美元时，需求量从 50 减少为 20，因此，总收益从 200 美元减少为 100 美元。由于需求富有弹性，需求量减少如此之多，以至于需求量的减少大于它所能抵消的价格上升。这就是说，价格上升引起 $P \times Q$ 减少，是因为 Q 减少的比例大于 P 上升的比例。

虽然图 5－3 中的两个例子是极端情况，但它们说明了一些一般规律：

- 当需求缺乏弹性（价格弹性小于 1）时，价格和总收益同方向变动。
- 当需求富有弹性（价格弹性大于 1）时，价格和总收益反方向变动。
- 95 如果需求是单位弹性（价格弹性正好等于 1）的，当价格变动时，总收益不变。

5.1.6 沿着一条线性需求曲线的弹性和总收益

我们来研究沿着一条线性需求曲线的弹性的变动，如图 5－4 所示。我们知道，直线的斜率是不变的。斜率的定义是"向上量比向前量"，即价格变动（"向上量"）与数量变动（"向前量"）的比例。这种特殊需求曲线的斜率不变是因为价格每上升 1 美元都会同样使需求量减少两个单位。

尽管线性需求曲线的斜率是不变的，但弹性并不是不变的。这是因为斜率是两个变量变动的比率，而弹性是两个变量变动百分比的比率。你可以通过观察图 5－4 中的表格看出这一点，该表是图中线性需求曲线的需求表。该表用中点法计算需求价格弹性。在价格低而数量高的各点上，需求曲线是缺乏弹性的；在价格高而数量低的各点上，需求曲线是富有弹性的。

图 5－4 中的表格还列出了需求曲线上每个点的总收益。这些数字说明了总收益和弹性之间的关系。例如，当价格是 1 美元时，需求缺乏弹性，价格上升到 2 美元会使总收益增加；当价格是 5 美元时，需求富有弹性，价格上升到 6 美元会使总收益减少；价格在 3 美元与 4 美元之间时，需求正好是单位弹性，在这两个价格时，总收益相同。

线性需求曲线的例子说明，在一条需求曲线上各点的需求价格弹性不一定是相同的。固定的弹性是可能的，但不总是这样。

图 5-4 一条线性需求曲线的弹性

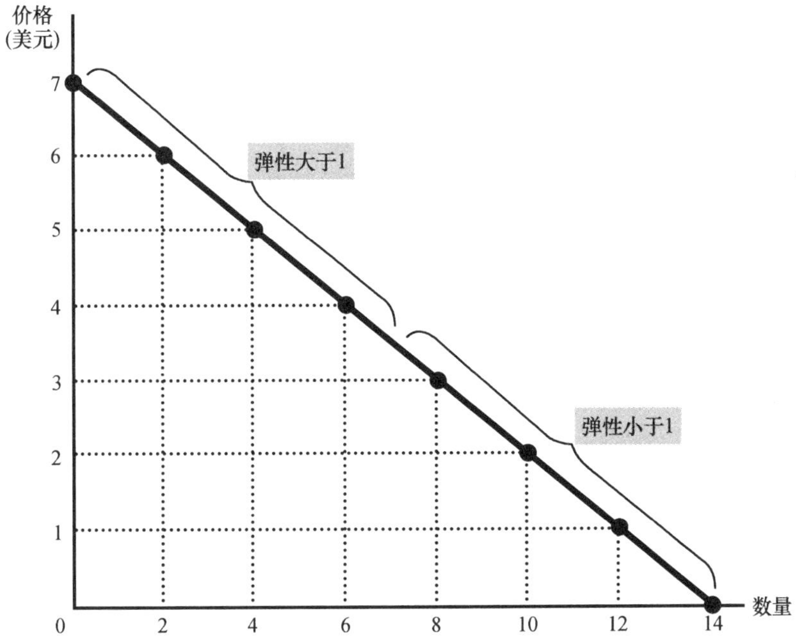

价格（美元）	数量	总收益（价格×数量）（美元）	价格变动百分比（%）	数量变动百分比（%）	弹性	弹性程度
7	0	0				
6	2	12	15	200	13.0	富有弹性
5	4	20	18	67	3.7	富有弹性
4	6	24	22	40	1.8	富有弹性
3	8	24	29	29	1.0	单位弹性
2	10	20	40	22	0.6	缺乏弹性
1	12	12	67	18	0.3	缺乏弹性
0	14	0	200	15	0.1	缺乏弹性

一条线性需求曲线的斜率是不变的，但它的弹性并不是不变的。表中的需求表是用中点法来计算需求的价格弹性。在价格低而数量多的各点上，需求曲线是缺乏弹性的；在价格高而数量少的各点上，需求曲线是富有弹性的。

98

新闻摘录
能源需求

什么使消费者减少汽油和电力的使用？

真正的能源节约者不穿羊毛衫。

他们穿吗？

Anna Bernasek

当卡特里娜飓风和丽塔飓风后石油和天然气价格上升时，布什总统要求美国人节省能源。例如，他要求人民减少非必要的旅行，或者互相搭车去工作。然后，在10月份白宫又开始了一场节省美国国内能源的运动，都是

图片来源：© DENNIS BRACK/LANDOV.

一些老生常谈，例如，随手关灯和在阁楼安装更好的绝缘材料。

一些批评者嘲笑该计划是20世纪70年代离奇古怪思想的回放——集中了过时的思想，这使人感到被剥夺和郁闷。然而，如果一种有效的能源政策从未付诸实施，这真让人深感遗憾。自从70年代以来，人们对于什么奏效、什么不奏效已经有了相当多的了解……

乐观主义基于几个原因。一个是市场力量可以有助于提供解决方法：高价格本身会使人们减少消费。消费者对价格变动的反应——经济学家称为需求弹性——会有多大，一直是许多研究的中心。今天，经济学家相信他们已经提出了一个相当完善的能源使用的拇指法则。就比较容易衡量的电力而言，他们发现，当价格上升10%时，用电量大概减少3%。就煤气而言，价格上升10%引起需求减少2%左右。（更准确地说，是价格上升引起需求量减少2%，因为这种变动表示为沿着需求曲线的变动。——作者注）

在危机中，消费者的行为可以迅速变化。斯坦福大学的经济学教授Peter C. Reiss和宾州大学沃顿商学院商业与公共政策教授Matthew W. White的一项研究提供了一些最新的证据。在研究2000年和2001年加州电力危机期间圣地亚哥的家庭时，他们发现，用电量下降得极快。在2000年夏天，当人们在60天内看到每月电费增加了60美元左右时——增加了130%——家庭平均用电量减少了12%。

这种减少要求消费者的行为发生重大的改变。该研究的作者们发现，在夏季中期，很多家庭关闭了空调，并投资于新的节约能源的设备，等等。

高成本并不是促使消费者减少能源使用的唯一力量。虽然公开要求节约能源会遭到晚间电视节目上喜剧演员的嘲笑——回想一下吉米·卡特总统的羊毛开衫——但这种努力也会有相当大的影响。

Reiss教授和White教授发现，在圣地亚哥情况的确如此。2001年2月，当电力价格上升时，加州政府发起了一场号召家庭节约用电的运动。这起到了作用。White教授说："到2001年6月左右，这种公开倡议明显产生了很大的影响。"他还说，如果这类运动对于人们可以做什么及其产生的效果给出一个清晰的解释，就可以对消费者行为产生重要的影响。

也许乐观主义最重要的原因是在促进节约能源中技术的作用。从1979年到1985年，在能源短缺后的一段时期中，美国人将其石油消费量削减了15%。一个最重要的因素是人们改变了在汽车购买方面的习惯。美国人发现，开节油型的汽车，而不是那些耗油型的汽车，并不会妨碍他们去任何想去的地方。

资料来源：*New York Times*, November 13, 2005.

97

5.1.7 其他需求弹性

除了需求价格弹性之外，经济学家还用其他弹性来描述市场上买者的行为。

需求收入弹性　需求收入弹性(income elasticity of demand)衡量消费者收入变动时需求量如何变动。需求收入弹性用需求量变动的百分比除以收入变动的百分比来计算。即

$$需求收入弹性=\frac{需求量变动百分比}{收入变动百分比}$$

正如我们在第4章中所讨论的,大多数物品是正常物品:收入提高,需求量增加。由于需求量与收入同方向变动,所以正常物品的收入弹性为正数。少数物品(例如,乘公共汽车)是低档物品:收入提高,需求量减少。由于需求量与收入呈反方向变动,所以低档物品的收入弹性为负数。

即使在正常物品中,收入弹性的大小也差别很大。像食物和衣服这类必需品往往收入弹性较小,因为即使消费者的收入很低,他们也要购买一些这类物品。像鱼子酱和钻石这类奢侈品往往收入弹性很大,因为消费者觉得,如果收入太低,他们完全可以不消费这类物品。

需求收入弹性:
衡量一种物品需求量对消费者收入变动反应程度的指标,用需求量变动百分比除以收入变动百分比来计算。

99

需求的交叉价格弹性　需求的交叉价格弹性(cross-price elasticity of demand)衡量一种物品需求量对另外一种物品价格变动的反应程度。需求的交叉价格弹性用物品1的需求量变动百分比除以物品2的价格变动百分比来计算。即

$$需求的交叉价格弹性=\frac{物品1的需求量变动百分比}{物品2的价格变动百分比}$$

交叉价格弹性是正数还是负数取决于这两种物品是替代品还是互补品。正如我们在第4章中所讨论的,替代品是指通常可以互相替代使用的物品,例如汉堡包和热狗。热狗价格上升会使人们去买汉堡包来代替。由于热狗价格和汉堡包需求量呈同方向变动,所以,其交叉价格弹性是正数。相反,互补品是指通常要一起使用的物品,例如电脑和软件。在这种情况下,交叉价格弹性是负数,表明电脑价格上升会使软件的需求量减少。

需求的交叉价格弹性:
衡量一种物品需求量对另一种物品价格变动的反应程度的指标,用第一种物品需求量变动百分比除以第二种物品价格变动百分比来计算。

即问即答　• 给出需求价格弹性的定义。• 解释总收益和需求价格弹性之间的关系。

5.2　供给弹性

当我们在第4章中讨论供给的决定因素时,我们注意到,当一种物品价格上升时,该物品的卖者会增加供给量。为了把对供给量的说明从定性转向定量,我们要再次使用弹性的概念。

5.2.1 供给价格弹性及其决定因素

供给价格弹性： 衡量一种物品供给量对其价格变动反应程度的指标，用供给量变动百分比除以价格变动百分比来计算。

100

供给定理表明，价格上升将使供给量增加。**供给价格弹性**（price elasticity of supply）衡量供给量对价格变动的反应程度。如果供给量对价格变动的反应很大，就说这种物品的供给是富有弹性的；如果供给量对价格变动的反应很小，就说这种物品的供给是缺乏弹性的。

供给价格弹性取决于卖者改变他们所生产的物品量的灵活性。例如，海滩土地供给缺乏弹性，是因为生产出更多这类土地几乎是不可能的。与此相比，诸如书、汽车和电视这类制成品的供给富有弹性，是因为当价格上升时，生产这些物品的企业可以让工厂更长时间地运转。

在大多数市场上，决定供给价格弹性的一个关键因素是所考虑的时间长短。供给在长期中的弹性通常都大于短期。在短期中，企业不能轻易地改变它们工厂的规模来增加或减少一种物品的产量。因此，在短期中供给量对价格不是很敏感。与此相反，在长期中，企业可以开设新工厂或关闭旧工厂。此外，在长期中，新企业可以进入一个市场，旧企业也可以关门。因此，在长期中，供给量可以对价格做出相当大的反应。

5.2.2 供给价格弹性的计算

既然我们对于供给价格弹性已经有了一般性的了解，现在就让我们来更准确地说明它。经济学家用供给量变动百分比除以价格变动百分比来计算供给价格弹性。即

$$\text{供给价格弹性} = \frac{\text{供给量变动百分比}}{\text{价格变动百分比}}$$

例如，假设每加仑牛奶的价格从 2.85 美元上升到 3.15 美元，牧场主每天生产的牛奶量从 9 000 加仑增加到 11 000 加仑。我们计算的价格变动百分比如下：

$$\text{价格变动百分比} = (3.15 - 2.85)/3.00 \times 100\% = 10\%$$

同样，我们计算的供给量变动百分比如下：

$$\text{供给量变动百分比} = (11\,000 - 9\,000)/10\,000 \times 100\% = 20\%$$

在这种情况下，供给价格弹性是：

$$\text{供给价格弹性} = \frac{20\%}{10\%} = 2$$

在这个例子中，弹性为 2 表明供给量变动的比例为价格变动比例的两倍。

5.2.3 各种供给曲线

由于供给价格弹性衡量供给量对价格的反应程度，所以它反映在供给曲线的形状上。图 5－5 描述了五种情况。一种极端情况为零弹性，如(a)幅所示，供给**完全无弹性**，供给曲线是一条垂直线。在这种情况下，无论价格如何变动，供给量总是相同的。随着弹性的增大，供给曲线越来越平坦。这表明供给量对价格变动的反应越来越大。在(e)幅所示的另一种极端情况下，供给**完全有弹性**。当供给价格弹性接近于无限大时就出现了这种情况。此时，供给曲线是水平的，这意味着价格极小的变动都会引起供给量极大的变动。

图 5－5　供给价格弹性 101

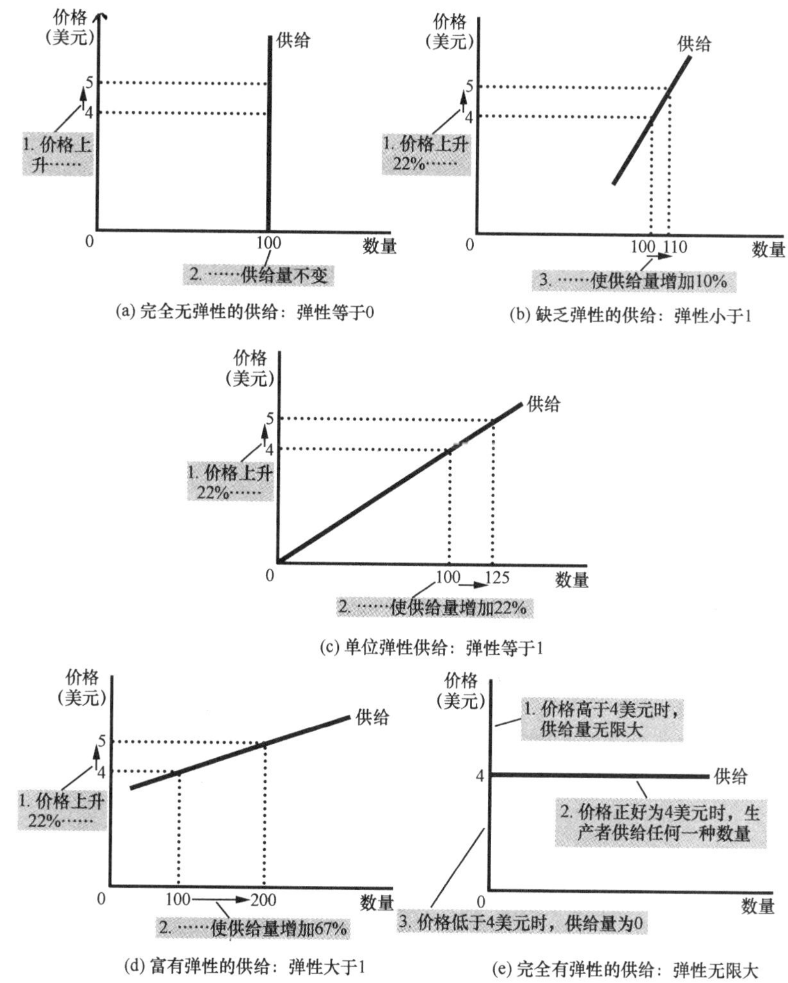

供给价格弹性决定了供给曲线是陡峭还是平坦。要注意的是，所有变动的百分比都是用中点法计算的。

在一些市场上，供给弹性并不是不变的，而是沿着供给曲线变动。图 5-6 表示一个行业的典型情况，在这个行业中，企业拥有的工厂的生产能力是有限的。在供给量水平很低时，供给价格弹性很高，表明企业能对价格变动做出相当大的反应。在这一范围内，企业存在未被利用的生产能力，例如全天或部分时间处于闲置状态的厂房和设备。价格的小幅上升使得企业利用这种闲置的生产能力是有利可图的。随着供给量的增加，企业逐渐接近其最大生产能力。一旦其生产能力完全得到利用，要想再增加产量就需要建立新工厂。要使企业能承受这种额外支出，价格就必须大幅度上升，因此，供给变得缺乏弹性。

图 5-6　供给价格弹性会如何变动

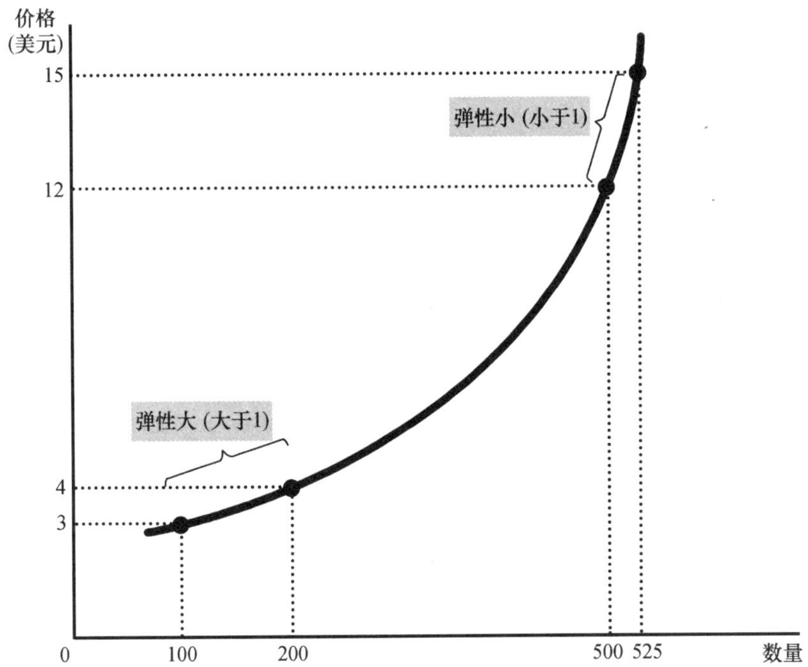

由于企业的生产能力通常有一个最大值，所以，在供给量低时，供给弹性会非常高，而在供给量高时，供给弹性又会非常低。在图 5-6 中，价格从 3 美元上升到 4 美元时，供给量从 100 增加到 200。由于供给量增加了 67%（用中点法计算），大于价格上升的比例 29%，所以，在这个范围内，供给是富有弹性的。与此相反，当价格从 12 美元上升为 15 美元时，供给量只从 500 增加到 525。由于供给量增加的比例 5% 小于价格上升的比例 22%，所以，在这个范围内，供给是缺乏弹性的。

图 5-6 给出了这种现象的一个用数字表示的例子。当价格从 3 美元上升到 4 美元时（根据中点法，上升了 29%），供给量从 100 增加到 200（增加了 67%）。由于供给量变动的比例大于价格变动的比例，供给曲线的弹性大于 1。与此相比，当价格从 12 美元上升为 15 美元时（上升了 22%），供给量从 500 增加到 525（增加了 5%）。在这种情况下，供给量变动的比例小于价格变动的比例，因此，供给曲线的弹性小于 1。

即问即答　• 说明供给价格弹性的定义。• 解释为什么在长期内的供给价格弹性与在短期内不同。

5.3 供给、需求和弹性的三种应用

农业的好消息对农民来说会是坏消息吗？为什么石油输出国组织(OPEC)不能保持石油的高价格呢？禁毒增加还是减少了与毒品相关的犯罪？乍一看，这些问题似乎没有什么共同之处。但这三个问题都与市 103
场相关，而所有市场都要服从于供给与需求的力量。在这里，我们用供给、需求和弹性这些万能的工具来回答这些看似复杂的问题。

5.3.1 农业的好消息对农民来说会是坏消息吗

设想你是堪萨斯州一个种小麦的农民。由于你所有的收入都来自出售小麦，所以你下了很大工夫，以尽可能提高你的土地的生产率。你关注天气和土壤状况，检查田地以预防病虫害，并学习最新的农业技术。你知道，你的小麦种得越多，收成之后也就卖得越多，而且，你的收入和你的生活水平也就越高。

有一天，堪萨斯州立大学宣布了一项重大发现。该大学农学系的研究人员培育出一种新的小麦杂交品种，该品种可以使每英亩的小麦产量增加 20%。你对这条新闻有什么反应呢？这一发现会使你的状况比以前变好还是变坏呢？

回想一下第 4 章，我们回答这类问题时是用了三个步骤。第一步，我们考察是供给曲线移动还是需求曲线移动。第二步，我们考虑曲线移动的方向。第三步，我们用供求图说明市场均衡如何变动。

在这个例子中，新杂交品种的培育影响了供给曲线。由于新杂交品种提高了每英亩土地上所能生产的小麦量，所以，现在农民愿意在任何一种既定的价格水平下供给更多小麦。换句话说，供给曲线向右移动。需求曲线保持不变，因为消费者在任何一种既定价格水平下购买小麦产品的愿望并不受新杂交品种的影响。图 5－7 举例说明了这种变化。当供给曲线从 S_1 移动到 S_2 时，小麦的销售量从 100 蒲式耳增加到 110 蒲式耳，而小麦的价格从 3 美元下降为 2 美元。

新品种的培育使农民的状况变好了吗？要回答这个问题，首先要看 104
农民得到的总收益发生了怎样的变动。农民的总收益是 $P \times Q$，即小麦价格乘以销售量。新品种的培育以两种相矛盾的方式影响农民。新杂交品种使农民生产了更多小麦（Q 增加了），但现在每蒲式耳小麦的售价下降了（P 下降了）。

图 5-7 小麦市场上供给增加

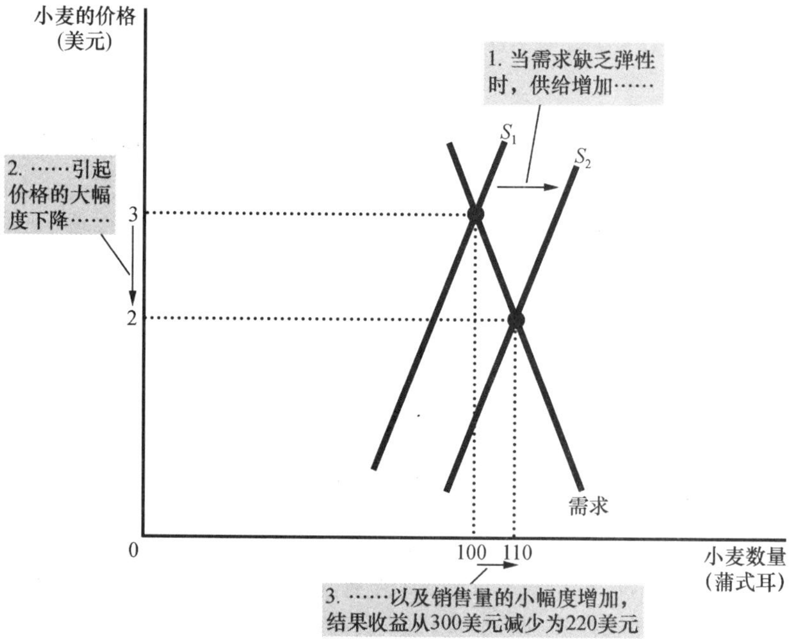

当农业技术进步使小麦供给从 S_1 增加到 S_2 时，小麦价格下降。由于小麦需求缺乏弹性，销售量从 100 蒲式耳增加到 110 蒲式耳的比例小于价格从 3 美元下降为 2 美元的比例。结果，农民的总收益从 300 美元（3 美元 × 100）减少为 220 美元（2 美元 × 110）。

总收益增加还是减少取决于需求弹性。在现实中，像小麦这种基本食品的需求一般是缺乏弹性的，因为这些东西较为便宜，而且很少有好的替代品。当需求曲线缺乏弹性，如图 5-7 所示时，价格下降引起总收益减少。从这个图中你可以看到：小麦价格大幅度下降，而小麦销售量只是略有增加。总收益从 300 美元减少为 220 美元。因此，新杂交品种的培育减少了农民从销售农作物中所能得到的总收益。

人们一定会感到奇怪，如果这种新杂交品种的培育使农民的状况变差了，为什么他们还要采用这种新品种呢？对这个问题的回答涉及了竞争市场如何运行的中心。由于每个农民都是小麦市场上微不足道的一分子，他把小麦价格视为既定的。对任何一个既定的价格来说，使用新品种以便生产并销售更多小麦会更好一些。但当所有农民都这样做时，小麦的供给增加了，价格下降了，因而农民的状况也变坏了。

尽管这个例子乍看起来只是假设的，但实际上它有助于解释过去一个世纪以来美国经济的巨大变化。两百多年前，大部分美国人住在农村，对农业生产方法的了解是相当原始的，以至于我们大多数人不得不当农民，以生产足够的食物，来养活全国的人口。但随着时间的推移，农业技术的进步增加了每个农民所能生产的食物量。由于食物的需求缺乏弹性，这种食物供给的增加引起了农业收益的减少，进而鼓励人们离开农业。

一些数字表明了这种历史变革的程度。在 1950 年，美国有 1 000 万人从事农业生产，占劳动力的 17%。如今，从事农业的人不到 300 万，只占劳动力的 2%。这种变化与农业生产率的巨大提高是一致的：尽管农民人数减少了 70%，但美国现在生产的农作物与牲畜却是 1950 年的两倍多。

这种对农产品市场的分析也有助于解释似乎自相矛盾的公共政策： 105
某些农业计划努力通过使农民不把自己的全部土地都种上农作物来帮助农民。这些计划的目的是要减少农产品的供给，从而提高价格。由于对农民产品的需求缺乏弹性，如果他们向市场供给的产品减少了，他们作为一个整体会得到更多的总收益。从自己的立场出发，没有一个农民愿意选择荒废自己的土地，因为每个农民都把市场价格视为既定的。但是，如果所有的农民都一起来这样做，他们每个人的状况就会变得更好一些。

图片来源：DOONESBURY © 1972 G. B. TRUDEAU. REPRINTED WITH PERMISSION OF UNIVERSAL PRESS SYNDICATE. ALL RIGHTS RESERVED.

当我们分析农业技术或农业政策的影响时，记住这一点很重要：对农民有利的不一定对整个社会也有利。农业技术进步对农民而言可能是坏事，因为它使农民逐渐变得不必要，但对能以低价买到食物的消费者而言肯定是好事。同样，旨在减少农产品供给的政策可以增加农民的收入，但必然会以损害消费者的利益为代价。

5.3.2 为什么石油输出国组织不能保持石油的高价格

在过去的几十年间，对世界经济最具破坏性的许多事件都源于世界石油市场。在 20 世纪 70 年代，石油输出国组织（OPEC）的成员决定提高世界石油价格，以增加它们的收入。这些国家通过共同减少它们提供的石油产量而实现了这个目标。从 1973 年至 1974 年，石油价格（根据总体通货膨胀水平进行了调整）上涨了 50% 以上。几年之后，OPEC 又一次故伎重演。从 1979 年到 1981 年，石油价格几乎翻了一番。

但 OPEC 发现要维持高价格是困难的。从 1982 年到 1985 年，石油价格一直以每年 10% 的速度稳步下降。不满与混乱很快蔓延到 OPEC 各国。1986 年，OPEC 成员国之间的合作完全破裂了，石油价格猛跌了 45%。1990 年，石油价格（根据总体通货膨胀水平进行了调整）又回到

1970 年时的水平，并在 20 世纪 90 年代的大部分时间内保持在这一水平。（在 21 世纪的前十年中，石油价格又一次上升了，但主要推动力不是 OPEC 的供给限制，而是世界需求的增加，这种需求部分来自巨大且迅速增长的中国经济。）

20 世纪 70 年代和 80 年代 OPEC 的这个事件表明，供给与需求在短期与长期中的状况是不同的。在短期中，石油的供给和需求都是较为缺乏弹性的。供给缺乏弹性是因为已知的石油贮藏量和石油开采能力不能迅速改变，需求缺乏弹性是因为购买习惯不会立即对价格变动做出反应。因此，正如图 5－8(a)幅所示，短期供给曲线和需求曲线是陡峭的。当石油供给从 S_1 移动到 S_2 时，价格从 P_1 到 P_2 的上升幅度是很大的。

长期中的情况则非常不同。在长期中，OPEC 以外的石油生产者对高价格的反应是加强石油勘探并建立新的开采能力。消费者的反应是更为节俭，例如用新型节油型汽车代替老式耗油的汽车。因此，正如图 5－8(b)幅所示，长期供给曲线和需求曲线都更富有弹性。在长期中，供给曲线从 S_1 移动到 S_2 引起的价格的变动要小得多。

106

这种分析说明了为什么 OPEC 只在短期中成功地保持了石油的高价格。当 OPEC 各国一致同意减少它们的石油产量时，它们使供给曲线向左移动。尽管各个 OPEC 成员国销售的石油少了，但短期内价格上升如此之多，以至于 OPEC 的收入增加了。与此相反，在长期中，当供给和需求较为富有弹性时，供给同样幅度的减少（用供给曲线的水平移动来衡量）只引起价格的小幅度上升。因此，OPEC 共同减少供给在长期中无利可图。这个卡特尔明白了一点：在短期中提高油价比在长期中更容易。

当石油供给减少时，市场的反应取决于时间的长短。在短期中，供给和需求较为缺乏弹性，如(a)幅所示。因此，当供给曲线由 S_1 移动到 S_2 时，价格大幅度上升。与此相反，在长期中，供给与需求较富有弹性，如(b)幅所示。在这种情况下，供给曲线同样大小的移动（从 S_1 到 S_2）只引起价格小幅度上升。

图 5－8　世界石油市场供给减少

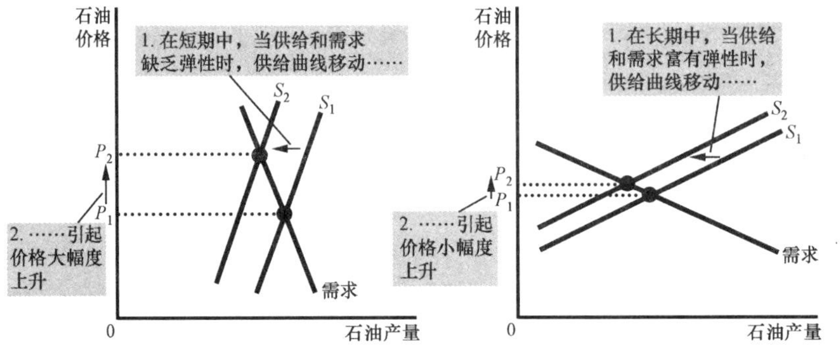

(a) 短期石油市场　　(b) 长期石油市场

5.3.3　禁毒增加还是减少了与毒品相关的犯罪

我们社会面临的一个长期问题是非法毒品的使用，比如海洛因、可卡因和大麻。这些非法毒品的使用有一些不利影响：一是毒品依赖会毁坏吸毒者及其家庭的生活；二是吸毒上瘾的人往往进行抢劫或其他暴力犯罪，以得到吸毒所需要的钱。为了限制非法毒品的使用，美国政府每年花费几十亿美元来减少毒品的流入。现在我们用供给和需求工具来考察这种禁毒政策。

假设政府增加了打击毒品的联邦工作人员数量，非法毒品市场会发 107
生什么变动呢？与通常的做法一样，我们分三个步骤回答这个问题：第一，考虑是供给曲线移动，还是需求曲线移动；第二，考虑曲线移动的方向；第三，说明这种移动如何影响均衡价格和均衡数量。

虽然禁毒的目的是减少毒品的使用，但它直接影响毒品的卖者而不是买者。当政府制止某些毒品进入国内并逮捕更多走私者时，这就增加了出售毒品的成本，从而减少了任何一种既定价格时的毒品供给量。对毒品的需求——买者在任何一种既定价格时想购买的数量——并没有变。正如图 5－9(a)幅所示，禁毒使供给曲线从 S_1 左移到 S_2，而需求曲线不变。毒品的均衡价格从 P_1 上升到 P_2，均衡数量从 Q_1 减少为 Q_2。均衡数量减少表明，禁毒减少了毒品的使用。

图 5－9　减少非法毒品使用的政策

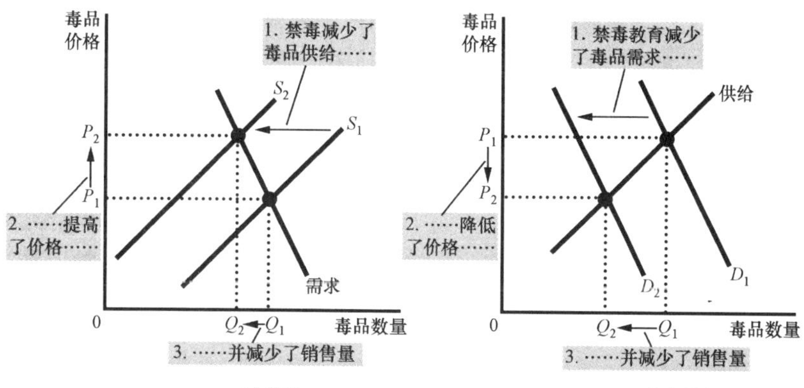

禁毒使毒品供给从 S_1 减少为 S_2，如(a)幅表示。如果毒品需求是缺乏弹性的，那么，即使在吸毒量减少时，吸毒者所支付的总货币量也增加了。与此相比，禁毒教育使毒品需求从 D_1 减少为 D_2，如(b)幅所示。由于价格和数量都减少了，吸毒者支付的总货币量也减少了。

但是，与毒品相关的犯罪情况如何呢？为了回答这个问题，考虑吸毒者为购买毒品所支付的总货币量。由于受毒品价格上升影响而根除自己吸毒习惯的瘾君子很少，所以，很可能的情况是，毒品的需求缺乏弹性，正如图 5－9 中所示。如果需求是缺乏弹性的，那么，价格上升就会使毒品 108
市场的总收益增加。这就是说，由于禁毒引起的毒品价格提高的比例大于毒品使用减少的比例，所以增加了吸毒者为毒品支出的总货币量。那些已经以行窃来维持吸毒习惯的瘾君子为了更快地得到钱，会变本加厉地犯罪。因此，禁毒会增加与毒品相关的犯罪。

由于禁毒的这种负面影响，一些分析家提出了另一些解决毒品问题的方法。通过实行禁毒教育政策，决策者可以努力减少对毒品的需求，而不是减少毒品的供给。成功禁毒教育的效应如图 5－9(b)幅所示。需求

曲线由 D_1 左移到 D_2。结果，均衡数量从 Q_1 减少到 Q_2，而均衡价格从 P_1 下降到 P_2。总收益，即价格乘以数量，也减少了。因此，与禁毒相比，禁毒教育可以减少吸毒和与毒品相关的犯罪。

禁毒的支持者也许会争辩说，这项政策的长期效应与短期效应是不同的，因为需求弹性取决于时间的长短。在短期中，毒品需求也许是缺乏弹性的，因为高价格对已有的瘾君子没有实质性影响。但在长期中，毒品需求也许是较富有弹性的，因为高价格会限制年轻人中尝试吸毒的人数，从而随着时间的推移，会减少瘾君子的数量。在这种情况下，禁毒在短期中增加了与毒品相关的犯罪，而在长期中会减少这种犯罪。

即问即答 一场摧毁了一半农作物的旱灾对农民来说是一件好事吗？如果这样的旱灾对农民是好事，为什么在未发生旱灾的年头农民不去摧毁自己的农作物？

5.4 结论

根据一句古谚的说法，只要学会说“供给与需求”，甚至连一只鹦鹉都可以成为一个经济学家。这两章就是要让你相信，这种说法还是有一定道理的。供给与需求工具使你能分析影响经济的许多最重要的事件和政策。现在你正朝着成为经济学家的方向前进（或者，至少是成为一只受过良好训练的鹦鹉）。

内容提要

◎ 需求价格弹性衡量的是需求量对价格变动的反应程度。如果某种物品可以得到相近的替代品，是奢侈品而不是必需品，市场范围狭小，或者买者有相当长的时间对价格变动做出反应，那么，这种物品就倾向于更富有弹性。

◎ 可以用需求量变动百分比除以价格变动百分比来计算需求价格弹性。如果需求量变动比例小于价格变动比例，那么弹性小于1，就可以说需求缺乏弹性。如果需求量变动比例大于价格变动比例，
109 那么弹性大于1，就可以说需求富有弹性。

◎ 总收益，即对一种物品的总支付量，等于该物品的价格乘以销售量。对于缺乏弹性的需求曲线，其总收益随着价格的上升而增加；对于富有弹性的需求曲线，其总收益随着价格的上升而减少。

◎ 需求收入弹性衡量的是需求量对消费者收入变动的反应程度。需求的交叉价格弹性衡量一种物品需求量对另一种物品价格变动的反应程度。

◎ 供给价格弹性衡量的是供给量对价格变动的反应程度。这种弹性往往取决于所考虑的时间长短。在大多数市场上，供给在长期中比在短期中更富有弹性。

◎ 可以用供给量变动百分比除以价格变动百分比来计算供给价格弹性。如果供给

量变动比例小于价格变动比例，那么弹性小于1，就可以说供给缺乏弹性。如果供给量变动比例大于价格变动比例，那么弹性大于1，就可以说供给富有弹性。

◎ 供求工具可以被运用于许多不同种类的市场。本章运用它们分析小麦市场、石油市场和非法毒品市场。

关键概念

弹性
需求价格弹性
总收益
需求收入弹性
需求的交叉价格弹性
供给价格弹性

复习题

1. 给需求价格弹性和需求收入弹性下定义。
2. 列出并解释本章中所讨论的决定需求价格弹性的四个因素。
3. 用中点法计算弹性的主要优点是什么？
4. 如果弹性大于1，需求是富有弹性还是缺乏弹性？如果弹性等于零，需求是完全有弹性还是完全无弹性？
5. 在一个供求图上标明均衡价格、均衡数量和生产者得到的总收益。
6. 如果需求是富有弹性的，价格上升会如何改变总收益？解释原因。
7. 如果一种物品的需求收入弹性小于零，我们把这种物品称为什么？
8. 如何计算供给价格弹性？供给价格弹性衡量什么？
9. 毕加索油画的供给价格弹性是多大？
10. 供给价格弹性在短期中更大，还是在长期中更大？为什么？
11. 弹性如何有助于解释为什么禁毒可以减少毒品供给量，但可能增加与毒品相关的犯罪？

问题与应用

110

1. 在下列每一对物品中，你认为哪一种物品的需求更富有弹性？为什么？
   a. 指定教科书或神秘小说。
   b. 贝多芬音乐唱片或一般古典音乐唱片。
   c. 在未来6个月内乘坐地铁或在未来5年内乘坐地铁。
   d. 生啤酒或水。
2. 假设公务乘客和度假乘客对从纽约到波士顿之间民航机票的需求如下：

价格（美元）	需求量（张）（公务乘客）	需求量（张）（度假乘客）
150	2 100	1 000
200	2 000	800
250	1 900	600
300	1 800	400

   a. 当票价从200美元上升到250美元时，公务乘客的需求价格弹性为多少？度假乘客的需求价格弹性为多少？（用中点法计算。）

b. 为什么度假乘客与公务乘客的需求价格弹性不同？

3. 假设取暖用油的需求价格弹性在短期中是 0.2，而在长期中是 0.7。

a. 如果每加仑取暖用油的价格从 1.8 美元上升到 2.2 美元，短期中取暖用油的需求量会发生什么变动？长期中呢？（用中点法计算。）

b. 为什么这种弹性取决于时间长短？

4. 价格变动引起一种物品的需求量减少了 30%，而这种物品的总收益增加了 15%。这种物品的需求曲线是富有弹性还是缺乏弹性？解释原因。

111 5. 上个月咖啡杯的均衡价格大幅度上升，但均衡数量几乎和以前一样。三个人想解释这种现象。哪一种解释是正确的？解释你的逻辑。

Billy:“需求增加了，但供给总体上缺乏弹性。”

Marian:“供给增加了，但需求也增加了。”

Valerie:“供给减少了，但需求总体上缺乏弹性。”

6. 假设你的 CD 需求表如下：

价格（美元）	需求量（收入 = 10 000 美元）	需求量（收入 = 12 000 美元）
8	40	50
10	32	45
12	24	30
14	16	20
16	8	12

a. 用中点法计算，在你的收入分别为 1 万美元和 1.2 万美元的情况下，当 CD 的价格从 8 美元上升到 10 美元时，你的需求价格弹性。

b. 分别计算在价格为 12 美元和 16 美元的情况下，当你的收入从 1 万美元增加到 1.2 万美元时，你的需求收入弹性。

7. 你有以下关于 X 物品与 Y 物品的信息：

- X 物品的需求收入弹性是 -3。
- X 物品与 Y 物品的需求交叉价格弹性是 2，收入增加和 Y 物品价格下降肯定会减少 X 物品的需求吗？为什么？

8. Maria 总是把她收入的 1/3 用于买衣服。

a. 她对衣服的需求收入弹性是多少？

b. 她对衣服的需求价格弹性是多少？

c. 如果 Maria 的嗜好变了，她决定只把收入的 1/4 用于买衣服，她的需求曲线会如何变化？她的需求收入弹性和需求价格弹性现在是多少？

9.《纽约时报》（1996 年 2 月 17 日，第 25 页）报道，在地铁票价上升之后乘客减少了：“1995 年 12 月，即价格从 25 美分上升到 1.5 美元的第一个月以后，乘客减少了近四百万人次，比上一年的 12 月减少了 4.3%。”

a. 用这些数据估算地铁乘客的需求价格弹性。

b. 根据你的估算，当票价上升时，地铁当局的收益会有什么变化？

c. 为什么你估算的弹性可能是不可靠的？

10. 两个司机——Tom 和 Jerry——分别开车到加油站。在看价格之前，Tom 说：“我想加 10 加仑汽油。”Jerry 说：“我想加 10 美元汽油。”每个司机的需求价格弹性是多少？

11. 考虑针对吸烟的公共政策。

a. 研究表明，香烟的需求价格弹性是 0.4。如果现在每盒香烟为 2 美元，政府想减少 20% 的吸烟量，价格应该提高多少？

b. 如果政府永久性地提高香烟价格，这项政策对从现在起 1 年内吸烟量的影响大，还是对从现在起 5 年内吸烟量的影响大？

c. 研究还发现，青少年的需求价格弹

性大于成年人。为什么这可能是正确的？

12. 假设你是一位博物馆馆长。博物馆经营缺乏资金，因此，你决定增加收益。你应该提高还是降低门票的价格？解释原因。

13. 药品的需求缺乏弹性，而电脑的需求富有弹性。假设技术进步使这两种物品的供给都增加了一倍（也就是说，在每种价格水平下，供给量是以前的两倍）。
   a. 两个市场上的均衡价格和均衡数量分别会发生什么变动？
   b. 哪一种产品的价格变动更大？
   c. 哪一种产品的数量变动更大？
   d. 消费者在每种产品上的总支出会发生什么变动？

14. 海滨疗养胜地的供给缺乏弹性，汽车的供给富有弹性。假设人口的增加使这两种产品的需求都增加了一倍（也就是说，在每种价格水平下，需求量是以前的两倍）。
   a. 两个市场上的均衡价格和均衡数量分别会发生什么变动？
   b. 哪一种产品的价格变动更大？
   c. 哪一种产品的数量变动更大？
   d. 消费者在每种产品上的总支出会发生什么变动？

15. 几年前，密苏里河和密西西比河的洪水冲毁了几千英亩小麦。
   a. 那些庄稼被洪水冲毁的农民的状况变坏了，但是那些庄稼没有被洪水冲毁的农民会从洪水中受益，为什么？
   b. 为了确定农民作为一个群体会从洪水灾害中受损还是受益，你还需要有关小麦市场的哪些信息？

16. 请解释下列情况为什么是正确的：全世界的干旱增加了农民通过出售粮食得到的总收益，但如果只有堪萨斯州出现干旱，堪萨斯州农民得到的总收益就会减少。

17. 假设一种物品的需求曲线是 $Q = 60/P$。分别计算价格为 1 美元、2 美元、3 美元、4 美元和 5 美元时的需求量。画出需求曲线。用中点法计算价格在 1 美元与 2 美元之间和 5 美元和 6 美元之间的需求价格弹性。这条需求曲线与线性需求曲线相比有什么不同？

第 6 章
供给、需求与政府政策

113 经济学家有两种作用。作为科学家，他们提出并检验解释我们周围世界的理论；作为政策顾问，他们用自己的理论来帮助世界变得更好。之前两章的中心是描述经济学家作为科学家提出的理论。我们已经明白了供给和需求如何决定一种物品的价格与销售量。我们还明白了各种事件如何使供给与需求移动，从而改变均衡价格和均衡数量。

我们将在本章中第一次考察政策。在这里，我们仅用供求工具来分析各种类型的政府政策。正如你将看到的，这种分析得出了一些令人惊讶的见解。政策往往会产生一些其设计者没有预见到的影响。

我们从探讨直接控制价格的政策开始。例如，租金控制法规定了房东可以向房客收取的最高租金，最低工资法规定了企业应该向工人支付的最低工资。当决策者认为一种物品或劳务的市场价格对买者或卖者不公平时，通常会实施价格控制。但正如我们将看到的，这些控制政策本身也会引起不公平。

114 在讨论价格控制以后，我们将接着考察税收的影响。决策者用税收为公共目标筹集资金并影响市场结果。虽然我们经济中税收的普遍性是显而易见的，但它们的影响却并不显而易见。例如，当政府对企业向其工人支付的工资征税时，是企业还是工人承担了税收负担？在我们运用供求这种有力的工具之前，答案是不完全明朗的。

6.1 价格控制

为了说明价格控制如何影响市场结果，我们再来看一下冰淇淋市场。正如我们在第 4 章中所说明的，如果在一个没有政府管制的竞争市场上出售冰淇淋，冰淇淋的价格将自发调整，使供求达到平衡：在均衡价格时，买者想买的冰淇淋的数量正好等于卖者想卖的冰淇淋的数量。为了使我们的分析更具体，假设均衡价格是每个冰淇淋 3 美元。

并不是每个人都对这种自由市场调整过程的结果感到满意。比如说，美国冰淇淋消费者协会抱怨，3 美元的价格太高了，无法使每个人每天享用一个冰淇淋（该协会推荐的量）。同时，全国冰淇淋制造商组织也抱怨，3 美元的价格——“割颈式竞争”的结果——太低了，从而减少了其成员的收入。每个集团都在游说政府，以便通过一项借助于直接控制冰淇淋的价格来改变市场结果的法律。

由于任何一种物品的买者总希望价格更低，而卖者总希望价格更高，所以，这两个群体的利益会产生冲突。如果冰淇淋消费者在游说中成功了，政府就对冰淇淋设置法定最高价格，由于不允许价格上升到这个水平之上，法定最高价格被称为**价格上限**（price ceiling）。与此相反，如果冰淇淋制造商在游说中成功了，政府就对冰淇淋设置法定最低价格，由于不允许价格下降到这个水平之下，法定最低价格被称为**价格下限**（price floor）。现在我们依次来考察这些政策的影响。

价格上限： 出售一种物品的法定最高价格。

价格下限： 出售一种物品的法定最低价格。

结论：①若“价格上限”>“市场均衡价”，则该措施不能改变市场结果
②若“价格上限”<“市场均衡价”，则该措施会改变市场结果：供给不足（短缺）

6.1.1 价格上限如何影响市场结果

当政府受冰淇淋消费者抱怨的推动，对冰淇淋市场实行价格上限时，可能有两种结果。在图 6－1(a) 幅中，政府实行每个冰淇淋蛋卷 4 美元的价格上限。在这种情况下，由于使供求平衡的价格（3 美元）低于上限，价格上限是非限制性的。市场力量自然而然地使经济向均衡变动，而且，价格上限对价格或销售量没有影响。

图 6－1　有价格上限的市场

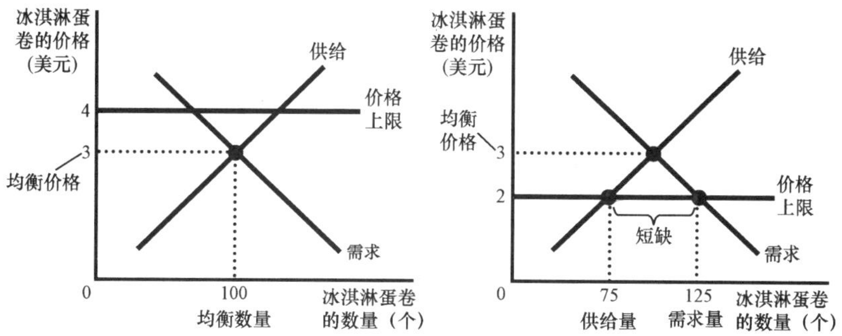

(a) 非限制性的价格上限　　(b) 限制性的价格上限

在(a)幅中，政府实行的价格上限为 4 美元。由于价格上限高于均衡价格 3 美元，所以，价格上限没有影响，市场可以达到供求均衡。在这种均衡时，供给量和需求量都是 100 个冰淇淋蛋卷。在(b)幅中，政府实行的价格上限为 2 美元。由于价格上限低于均衡价格 3 美元，市场价格等于 2 美元。在这一价格水平下，需求量是 125 个冰淇淋蛋卷，供给量只有 75 个，因此，存在 50 个冰淇淋蛋卷的短缺。

图 6－1(b) 幅表示的是另一种更为有趣的可能结果。在这种情况下，政府实行每个冰淇淋蛋卷 2 美元的价格上限。由于均衡价格 3 美元高于价格上限，所以，价格上限对市场有一种限制性约束。供求力量趋向于使价格向均衡变动，但当市场价格达到上限时，根据法律就不能再上升了。因此，市场价格等于价格上限。在这种价格时，冰淇淋蛋卷的需求量

(图中的 125 个)超过了供给量(75 个)，存在冰淇淋短缺，因此，在这种价格时，有 50 个想以现行价格购买冰淇淋的人买不到。

115 当由于这种价格上限而出现冰淇淋短缺时，一些配给冰淇淋的机制自然就会出现。这种机制可能是排长队：那些愿意提前来到并排队等候的人得到一个冰淇淋，而另一些不愿意等候的人得不到。另一种方法是，卖者可以根据他们自己的个人偏好来配给冰淇淋，只卖给朋友、亲戚或同一种族或民族的成员。要注意的是，即使设置价格上限的动机是为了帮助冰淇淋买者，也并不是所有买者都能从这种政策中受益。一些买者尽管不得不排队等候，但他们确实以较低的价格买到了冰淇淋，而另一些买者根本买不到冰淇淋。

冰淇淋市场上的这个例子说明了一个一般结论：**当政府对竞争市场实行限制性价格上限时，就产生了物品的短缺，而且，卖者必须在大量潜在买者中配给稀缺物品**。这种在价格上限政策下产生的配给机制很少是合意的。排长队是无效率的，因为这样做浪费了买者的时间。基于卖者偏好的歧视既无效率(因为该物品并不一定会卖给对它评价最高的买者)，又可能是不公平的。与此相比，一个自由竞争市场中的配给机制既有效率又是客观的。当冰淇淋市场达到均衡时，任何一个想支付市场价格的人都可以得到一个冰淇淋蛋卷。自由市场用价格来配给物品。

116

案例研究
加油站前的长队

正如我们在第 5 章中讨论的，1973 年石油输出国组织(OPEC)提高了世界石油市场的原油价格。由于原油是生产汽油的主要原料，较高的石油价格减少了汽油供给。加油站前的长队成为司空见惯的现象，而且，驾车人常常不得不为了买几加仑汽油而等待几个小时。

是什么导致了人们排队加油呢？大多数人将之归咎于 OPEC。的确，如果 OPEC 不提高原油价格，汽油的短缺就不会出现。但经济学家把它归咎于限制石油公司的汽油销售价格的政府管制。

图 6－2 描述了所出现的上述情况。正如(a)幅所示，在 OPEC 提高原油价格以前，汽油的均衡价格为 P_1，低于价格上限。因此，价格管制没有影响。但当原油价格上升时，情况变了。原油价格上升增加了生产汽油的成本，并减少了汽油的供给。正如(b)幅所示，供给曲线从 S_1 向左移动到 S_2。在一个没有管制的市场上，供给的这种移动将使汽油的均衡价格从 P_1 上升为 P_2，而且不会引起短缺。而价格上限使价格不能上升到均衡水平。在这一价格上限时，生产者愿意出售 Q_S，而消费者愿意购买 Q_D。因此，供给曲线的移动引起了管制价格水平下的严重短缺。

117 最终，对汽油实行价格管制的法律被取消了。这项法律的制定者终于明白了，他们要为美国人因排队等候买汽油而浪费的许多时间承担部分责任。现在，当原油价格变动时，汽油的价格可以自发调整，使供求达到均衡。

图 6-2　有价格上限的汽油市场

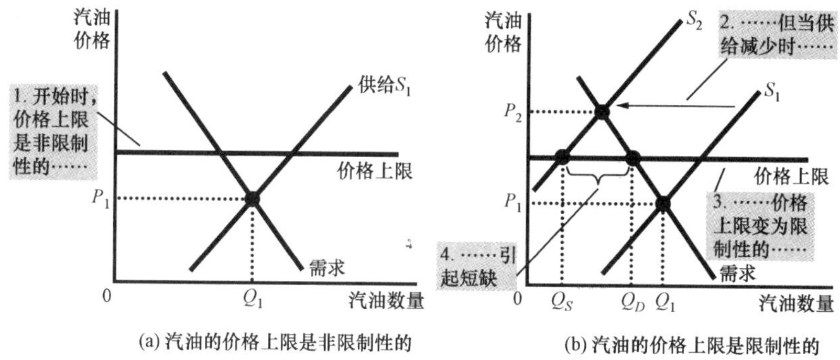

(a)幅表示价格上限没有限制作用时的汽油市场，因为均衡价格 P_1 低于价格上限。(b)幅表示，在原油（生产汽油的一种投入品）价格上升使供给曲线从 S_1 向左移动到 S_2 以后的汽油市场。在没有管制的市场上，价格将从 P_1 上升为 P_2。但是，价格上限阻止了其上升。在这一价格上限时，消费者愿意购买 Q_D，但汽油生产者只愿意出售 Q_S。需求量与供给量之间的差额 $Q_D - Q_S$，即汽油的短缺量。

案例研究
短期与长期中的租金控制

一个常见的价格上限例子是租金控制。在许多城市，地方政府都规定了房东能向房客收取的租金上限。这种政策的目的是帮助穷人更能租得起住房。经济学家经常批评租金控制，认为这是一种极无效率的帮助穷人提高生活水平的方法。一位经济学家称租金控制是"除了轰炸之外，毁灭一个城市的最好方法"。

租金控制的不利影响对一般人来说并不明显，因为这些影响要在许多年中才能显现出来。在短期中，房东出租的公寓数量是固定的，而且，他们不能随着市场状况的变动而迅速调整这个数量。此外，在短期中，在一个城市寻找住房的人的数量对租金也并不会非常敏感，因为人们调整自己的住房安排要花时间。因此，住房的短期供给与需求都较缺乏弹性。

图 6-3(a)幅表示租金控制对住房市场的短期影响。与任何一种价格上限一样，租金控制导致了短缺。但由于短期中供给与需求缺乏弹性，最初由租金控制引起的短缺并不大。短期中的主要影响是降低了租金。

长期的情况则完全不同，因为随着时间推移，租赁性住房的买者与卖者对市场状况的反应增大了。在供给一方，房东对低租金的反应是不建新公寓，也不修缮现有的公寓；在需求一方，低租金鼓励人们去找自己的公寓（而不是与父母同住，或与室友同住），而且也促使更多的人迁居到城市。因此，在长期中供给与需求都是较为富有弹性的。 118

图 6-3(b)幅说明了长期住房市场的情况。当租金控制把租金压低到均衡水平以下时，公寓的供给量大幅度减少，而公寓的需求量大幅度增加，结果使住房大量短缺。

(a)幅表示租金控制的短期影响：由于公寓的供给与需求较为缺乏弹性，租金控制法实行的价格上限只引起了住房的少量短缺。(b)幅表示租金控制的长期影响：由于公寓的供给与需求较为富有弹性，租金控制引起了住房的大量短缺。

图 6-3 短期与长期中的租金控制

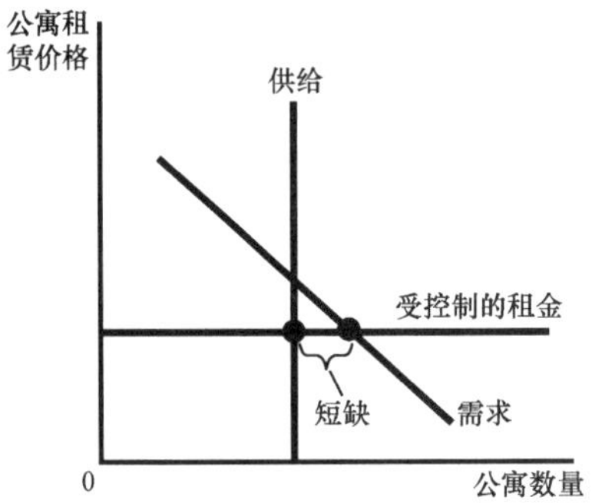

(a) 短期中的租金控制
(供给与需求缺乏弹性)

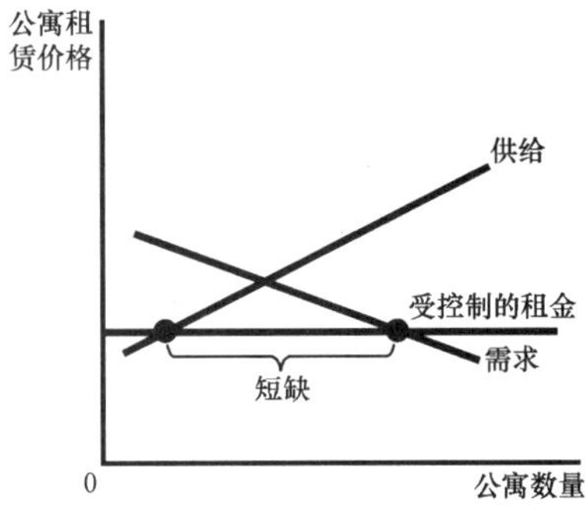

(b) 长期中的租金控制
(供给与需求富有弹性)

在那些实行租金控制的城市里，房东采用各种机制来配给住房。一些房东让租房者排长队等待，另一些房东喜欢把房子租给没有孩子的房客，还有一些房东根据房客的种族实行歧视。有时，住房分配给那些愿意暗中贿赂大楼管理者的人。实际上，这些贿赂使公寓的总价格（包括贿赂）接近于均衡价格。

为了充分了解租金控制的影响，我们必须回想一下第 1 章中的经济学十大原理之一：人们会对激励做出反应。在自由市场中，房东努力使自己的房子清洁而安全，因为令人满意的公寓可以租到较高的价格。与此相反，当租金控制引起短缺和排队等待时，没有什么激励能使房东对房客关心的问题做出反应。当人们等着住进来时，房东为什么要花钱维持和改善房屋状况呢？结果，虽然房客交的房租少了，但他们的住房质量也下降了。

决策者往往通过实施额外管制来对租金控制的后果做出反应。例如，制定相关法律，将住房中的种族歧视认定为非法，以及要求房东提供适于居住的最低条件。但是，这些法律实行起来很困难且代价高昂。与此相比，当取消租金控制，并由竞争的力量调节住房市场时，这类法律就都没有那么必要了。在一个自由市场上，住房价格会自发调整，从而消除那些引起不合意房东行为的短缺现象。

6.1.2 价格下限如何影响市场结果

为了考察另一种政府价格控制的影响，我们再次回到冰淇淋市场。现在设想政府被全国冰淇淋制造商组织的理由说服了。在这种情况下，政府将制定价格下限。价格下限和价格上限一样，也是政府为了使价格保持在与均衡价格不同的水平上而制定的。价格上限是为价格设置一个法定的最高值，而价格下限是为价格设置一个法定的最低值。

当政府对冰淇淋市场实行价格下限时,可能有两种结果。当均衡价格是 3 美元时,政府确定的价格下限是 2 美元,我们可以从图 6-4(a)幅中得出结果。在这种情况下,由于均衡价格高于价格下限,价格下限没有限制作用。市场力量自然而然地使经济向均衡变动,价格下限没有影响。

图 6-4　有价格下限的市场

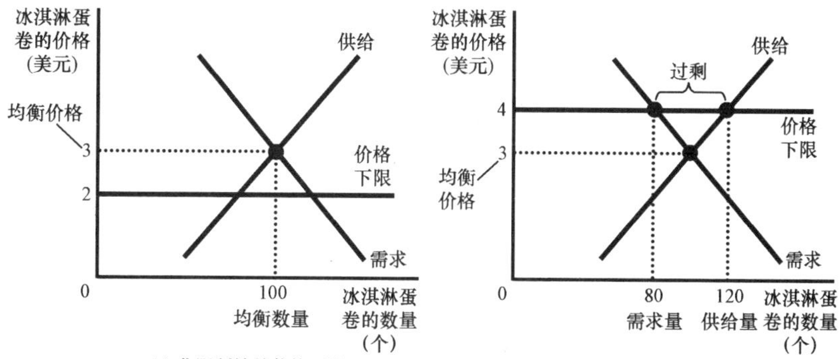

(a) 非限制性的价格下限　　(b) 限制性的价格下限

在(a)幅中,政府实施的价格下限为 2 美元。由于这种价格低于均衡价格 3 美元,价格下限没有影响。市场价格自发调整使供求达到平衡。在均衡时,冰淇淋蛋卷的供给量和需求量都为 100 个。在(b)幅中,政府实施的价格下限为 4 美元,它高于均衡价格 3 美元。因此,市场价格等于 4 美元。由于在这一价格水平下供给量为 120 个,而需求量只有 80 个,所以存在 40 个冰淇淋蛋卷的过剩。

119

图 6-4(b)幅表示当政府实行每个冰淇淋蛋卷 4 美元的价格下限时出现的情况。在这种情况下,由于均衡价格 3 美元低于价格下限,价格下限对市场有限制性约束。供求力量使价格向均衡价格变动,但当市场价格达到价格下限时,就不能再下降了,此时的市场价格等于价格下限。在这种价格下限时,冰淇淋蛋卷的供给量(120 个)超过了需求量(80 个)。一些想以现行价格销售的人卖不出他们的冰淇淋。因此,限制性价格下限引起了过剩。

正如价格上限引起的短缺会导致不合意的配给机制一样,价格下限也会导致过剩。在设置价格下限的情况下,一些卖者不能按市场价格卖出他们想卖的所有东西。那些由于买者的个人偏好(也许是种族或家族之故)而受买者青睐的卖者能比其他卖者更容易地出售自己的产品。与此相比,在一个自由市场中,价格起到配置机制的作用,卖者可以以均衡价格卖掉他们想卖的所有东西。

案例研究
最低工资

价格下限的一个重要例子是最低工资。最低工资法规定了任何一个雇主要支付的最低劳动力价格。美国国会在《1938 年公平劳动标准法案》(Fair Labor Standards Act of 1938)中第一次制定了最低工资,以保证工人最低的适当生活水平。2007 年,根据联邦法律,最低工资是每小时 5.15 美元, 120
并且到 2010 年计划增加到 7.25 美元。(某些州规定的最低工资高于联邦规定的水平。)大多数欧洲国家也有最低工资法:在一些国家,如法国和英国,最低工资还远远高于美国的水平。

为了考察最低工资的影响，我们必须考虑劳动市场。图 6－5（a）幅表明，劳动市场和所有市场一样服从于供求的力量。工人决定劳动的供给，而企业决定劳动的需求。如果政府不干预，工资将自发调整，使劳动的供求达到平衡。

(a)幅表示工资自发调整，使劳动供给与劳动需求平衡的市场。(b)幅表示限制性最低工资的影响。由于最低工资是价格下限，因此将引起过剩：劳动供给量大于需求量，结果是出现失业。

图 6－5　最低工资如何影响劳动市场

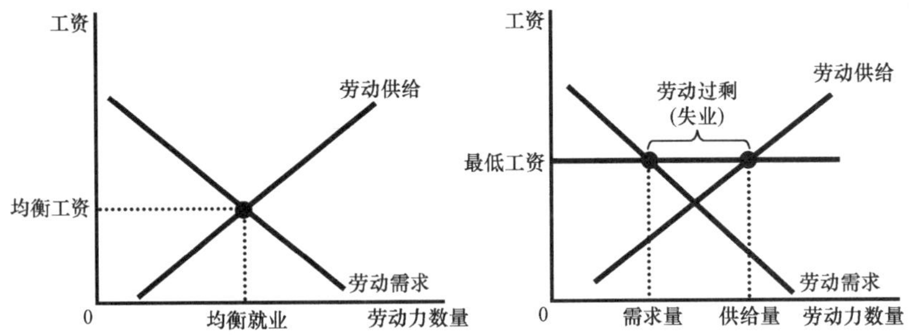

(a) 自由劳动市场　　(b) 有限制性最低工资的劳动市场

图 6－5（b）幅表示有最低工资的劳动市场。如果最低工资高于均衡水平，如图 6－5（b）中所示，劳动供给量大于需求量，结果是出现了失业。因此，最低工资增加了有工作的工人的收入，但减少了那些找不到工作的工人的收入。

为了充分理解最低工资，要记住，经济不是只包括一个劳动市场，而是包括不同类型工人参与的许多劳动市场。最低工资的影响取决于工人的技能与经验。技能高而经验丰富的工人不受影响，因为他们的均衡工资大大高于最低工资。对于这些工人来说，最低工资是非限制性的。

最低工资对青少年劳动市场的影响最大。青少年的均衡工资往往较低，因为青少年属于技能最低而且经验最少的劳动力成员。此外，青少年为了得到在职培训的机会，往往愿意接受较低的工资。（实际上，有些青
121
年人愿意以"实习"之名来工作并且不要任何报酬。但是，由于实习不支付工资，所以，最低工资不适用于实习。如果适用的话，这些实习岗位就不会存在了。）结果，最低工资对青少年的限制往往比对其他劳动力成员的限制更大。

许多经济学家研究了最低工资如何影响青少年劳动市场。这些研究者比较了多年来最低工资的变动与青少年就业的变动。虽然对于最低工资如何影响就业仍有一些争论，但有代表性的研究发现，最低工资每上升 10%，就会使青少年就业减少 1%—3%。在解释这种估算时，我们注意到，最低工资提高 10% 并没有使青少年的平均工资提高 10%。法律变动并没有直接影响那些工资已大大高于最低工资的青少年，而且，最低工资法的实施也并不彻底。因此，就业减少 1%—3% 的估算是有意义的。

除了改变劳动的需求量之外，最低工资还改变了劳动的供给量。由于最低工资增加了青少年可以赚到的工资，它也增加了找工作的青少年的人数。一些研究发现，较高的最低工资会影响哪些青少年被雇用。当最低工资提高以后，一些正在上学的青少年会选择退学并参加工作。这

些新退学的青少年代替了那些在他们之前就已退学就业的青少年，使后者成为新的失业者。

最低工资往往是一个备受争议的话题。在这一问题上，经济学家的观点可以分为势均力敌的两种。2006 年的一项对博士经济学家的调查显示，47% 的人赞同取消最低工资，14% 的人赞同维持现状，而 38% 的人赞同提高最低工资。

最低工资的支持者认为这项政策是增加贫困工人收入的一种方法。他们正确地指出，那些赚取最低工资的工人只能勉强度日。例如，在 2005 年，当最低工资是每小时 5.15 美元时，一年中每周工作 40 小时、领取最低工资的两个成年人每年的总收入只有 21 424 美元，还不到中等家庭收入的一半。许多最低工资的支持者承认，它有一些负面影响，包括失业，但他们认为这些影响并不大。综合考虑之后，他们的结论是，较高的最低工资可以使穷人的状况变好。

最低工资法的反对者认为，这并不是解决贫困问题的最好方法。他们注意到，较高的最低工资引起了失业，鼓励了青少年退学，并使一些不熟练工人无法得到他们所需要的在职培训。此外，最低工资法的反对者指出，最低工资法是一种目标欠妥的政策。并不是所有领取最低工资的工人都是竭力帮助自己家庭脱贫的家长。实际上，只有不到三分之一的最低工资领取者生活在收入位于贫困线以下的家庭中。许多最低工资领取者是中产阶级家庭的青少年，他们是为了赚点零花钱而从事兼职工作。

新闻摘录
查韦斯总统与市场

委内瑞拉总统想用自己代替市场。

价格上限折磨着委内瑞拉经济

Peter Millard　Raul Gallegos

委内瑞拉的卡拉卡斯——在牛奶业经营了 21 年之后，Ismael Cárdenas Gil 认输了。

领导一家国际食品公司的 Cárdenas 在政府实行价格管制之下不能再通过出售进口奶粉赚钱了。结果，他把他的进口削减到“几乎为零”的水平。

Cárdenas 先生说：“管制极为苛刻。进口牛奶并在这里出售，管制数量多得无法计算。”

由于查韦斯总统为了推进其民粹主义左翼纲领而出手干预经济，以管制价格出售其产品的公司只得眼看着利润消失殆尽，Cárdenas 所面临的困境在委内瑞拉正越来越普遍。尽管政府的管制使通货膨胀增长放慢，但委内瑞拉的通货膨胀率仍然是拉丁美洲最高的。管制还经常引起产品的短缺，并出现了繁荣的黑市。一些农民和零售商绕开规定，集体停止出售某些产品，而不是赔钱出售产品。

委内瑞拉企业和消费者面临的问题对拉丁美洲民粹主义推动的政府对经济施以重手的日益升级是一个警示。查韦斯正利用该国丰富的石油贮藏来为一种他称之为“21 世纪社会主义”的统治哲学提供资金。他的目标是通过综合运用价格管制、固定汇率和固定利率等手段增加社会支出和抑制通货膨胀。

但是一些因价格管制而利益受损的企业开始抵制这种管制。上一周，玉米种植者在总统府外游行，抗议政府的管制。他们说，政府的价格管制把他们的玉米需求弄没了。虽然农民获得了一个可观的价格，但加工者拒绝购买玉米，因为他们无法按一个他们认为可接受的加成价格出售产品。该国最大的食品公司 Alimentos Polar 已经警告说，由于这些原因，它可能不得不停止生产玉米面。在 12 月初，咖啡生产者也以行动对新的价格上限提出了挑战，他们停止了交货，并导致了长达几周的咖啡严重短缺。

作为世界第五大的石油出口国——其国营的石油公司供给着美国汽油进口的 15% 左右——委内瑞拉积累了现金储备，这就使它可以进口产品，并通过国营的商业连锁超市亏本地卖出去，以补贴查韦斯先生的定价政策。

当查韦斯准备参加 12 月份的连选时，价格管制的实施步伐加快了。(查韦斯已再次当选为总统，从 2007 年 1 月起任期 6 年。——作者注)

查韦斯先生说，国家占支配地位的目的是保护大多数穷人不受“贪婪的资本主义”和“投机者”的剥削。他威胁说要没收那些停止经营的人的工厂，政府军队已经没收了储备的粮食，以解决粮食短缺问题。

牛奶进口商 Cárdenas 先生对管制的反应是将雇员从 2001 年的 280 人裁至 12 人。他用他的办公室开始建立一个建筑公司，并设法生产不包括在长长的价格管制清单中的农产品。他说：“我们并没闲着……”

12 月份的咖啡业罢工是至今为止最激烈的。在政府将农民出售给炒咖啡者的绿色咖啡价格提高了 100%，而令加工过的咖啡价格保持不变之后，咖啡豆加工企业关闭了他们的工厂。在几周的抗议之后，政府同意把咖啡的零售价格提高 60%。但是住在卡拉卡斯郊区山上的退休教授 Pedro Obediente 说，他仍然在寻找他最喜爱的咖啡品牌。“我没有找到我喜欢的 El Peñón 牌咖啡”，他说。他指的是该国最大的咖啡豆加工企业之一。

企业越来越多地寻找绕开价格管制的方法，而且，有一些商店完全违反价格管制。在卡拉卡斯的超市里，上好的牛肉可以比政府规定的价格高 30% 出售。一些企业转向出售较为昂贵的进口肉，而不卖受管制的当地肉；另一些企业则努力生产不在管制范围之内的产品。例如，牛奶生产者大幅增加了不受管制的产品的产量，如酸奶和奶酪。

资料来源： *The Wall Street Journal*, February 15, 2006.

6.1.3 对价格控制的评价

第1章讨论的经济学十大原理之一是，市场通常是组织经济活动的一种好方法。这个原理解释了为什么经济学家总是反对价格上限和价格下限。在经济学家看来，价格并不是某些偶然过程的结果。他们认为，价 122
格是隐藏在供给曲线和需求曲线背后的千百万企业和消费者决策的结果。价格有平衡供求从而协调经济活动的关键作用。当决策者通过立法方式确定价格时，他们就模糊了通常情况下指引社会资源配置的信号。

经济学十大原理的另一个是政府有时可以改善市场结果。实际上，决策者进行价格控制是因为他们认为市场结果是不公平的。价格控制的目标往往是帮助穷人。例如，租金控制法的目的是使每一个人都住得起房子，而最低工资法的目的是帮助所有人摆脱贫困。

但价格控制往往损害了那些它本想要帮助的人。租金控制可以保持低租金，但它无法鼓励房东修缮住房，并使找房变得困难。最低工资法会增加一些工人的收入，但也使其他工人成为失业者。

可以用除了控制价格以外的其他方法来帮助那些需要帮助的人。例如，政府可以通过给贫困家庭部分租金补贴来使他们租得起房子。与租金控制不同，这种租金补贴并不减少住房的供给量，从而也就不会引起住房短缺。同样，工资补贴既提高了贫穷工人的生活水平，又没有刺激企业 123
少雇工人。工资补贴的一个例子是劳动收入税收减免，它是用来补贴低工资工人的一项政府计划。

虽然这些替代性政策往往比价格控制好，但也不是完美的。租金补贴和工资补贴要花费政府资金，因此要求更高的税收。正如我们在下一节要说明的，税收也有自己的成本。

即问即答 给价格上限和价格下限下定义，并各举出一个例子。什么引起了短缺？什么引起了过剩？为什么？

税类 税种 税目
所得税 企业
个人 工资收入 奖金

6.2 税收

所有政府——从华盛顿特区的联邦政府到小镇的地方政府——都用税收为公路、学校和国防这类公共项目筹资。由于税收是一种非常重要的政策工具，而且，由于税收在许多方面影响着我们的生活，所以，我们在 124
全书中经常要研究税收这个话题。在这一节，我们的研究从税收如何影响经济开始。

为了设定一个分析的范围，设想一个地方政府决定举办一个年度冰淇淋节，节日期间将有游行、烟火以及本镇官员的讲话。为了筹到这项活动的经费，该镇决定对每个冰淇淋蛋卷的销售征收 0.5 美元的税收。当这项计划公布时，我们的两个游说集团立即采取行动。全国冰淇淋消费者协会声称，冰淇淋消费者无力支付，并认为，冰淇淋的卖者应该支付此项税收。全国冰淇淋制造商组织声称，它的成员在竞争市场上为生存而挣扎，并建议，冰淇淋的买者应该支付此项税收。市长希望双方达成妥协，建议买者支付一半税收，卖者支付一半税收。

为了分析这些建议，我们需要解决一个简单而敏感的问题：当政府对一种物品征税时，谁实际上承担了税收负担？是购买此物品的人，还是出售此物品的人？或者，如果买者与卖者分摊税收负担，什么因素决定如何分配税收负担？政府能像这位市长建议的一样，简单地通过立法来分配税收负担吗？还是要由更基本的市场力量来决定税收负担的分配？**税收归宿**（tax incidence）这个术语是指税收负担如何在组成市场的不同人之间分配。正如我们将看到的，通过运用供求工具，我们可以得到一些有关税收归宿的惊人结论。

税收归宿：
税收负担在市场参与者之间进行分配的方式。

6.2.1 向卖者征税如何影响市场结果

我们首先考虑向一种物品的卖者征税。假设当地政府通过了一项法律，要求冰淇淋的卖者每卖一个冰淇淋蛋卷向政府支付 0.5 美元的税收。这项法律将如何影响冰淇淋的买者和卖者呢？为了回答这个问题，我们可以遵循第 4 章中分析供给与需求时的三个步骤：(1) 确定该法律影响供给曲线，还是需求曲线；(2) 确定曲线移动的方向；(3) 考察这种移动如何影响均衡。

第一步 在这种情况下，税收对冰淇淋的卖者产生了直接影响。由于并不向买者征税，在任何一种既定价格下，冰淇淋的需求量是相同的，所以，需求曲线不变。与此相比，对卖者征税使冰淇淋经营者在每一价格水平下的获利能力减少了，因此将使供给曲线移动。

第二步 由于对卖者征税提高了生产和销售冰淇淋的成本，因此，税收减少了每一种价格下的供给量。供给曲线向左移动（也可以说是向上移动）。

我们可以准确地知道该曲线移动的幅度。在任何一种冰淇淋的市场价格下，卖者的有效价格——他们在纳税之后得到的量——要降低 0.5 美元。例如，如果一个冰淇淋蛋卷的市场价格正好是 2 美元，卖者得到的有效价格将是 1.5 美元。无论市场价格是多少，卖者就如同在比市场价格低 0.5 美元的价格水平上来确定冰淇淋的供给量。换个说法，为了诱使卖者供给任何一种既定的数量，现在市场价格必须高 0.5 美元，以便弥补税收的影响。因此，如图 6－6 所示，供给曲线从 S_1 向上移动到 S_2，移动幅度正好是税收量（0.5 美元）。

图 6-6　向卖者征税

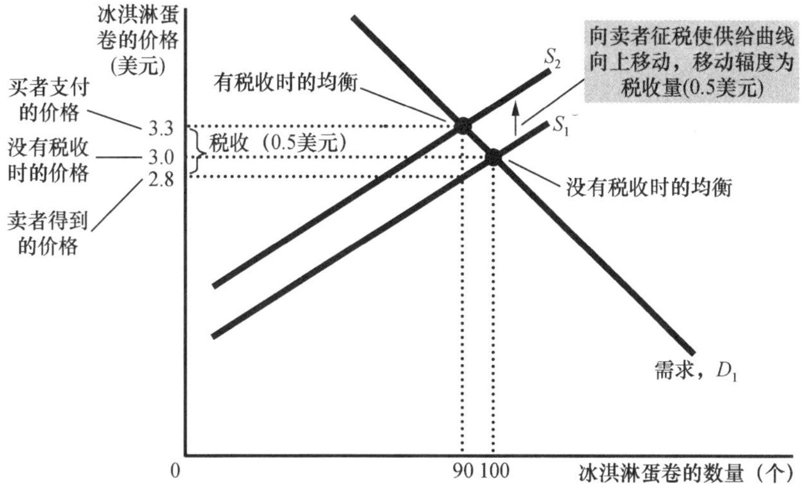

当向卖者征收 0.5 美元的税收时，供给曲线向上移动 0.5 美元，从 S_1 移动到 S_2。均衡数量从 100 个减少为 90 个。买者支付的价格从 3 美元上升为 3.3 美元。（纳税后）卖者得到的价格从 3 美元下降为 2.8 美元。即使是向卖者征税，买者与卖者也分摊了税收负担。

125

第三步　在确定了供给曲线的移动之后，我们现在可以比较原来的均衡与新均衡。图 6-6 表明，冰淇淋蛋卷的均衡价格从 3 美元上升到 3.3 美元，而均衡数量从 100 个减少为 90 个。由于在新均衡下，卖者的销售量减少了，买者的购买量也减少了，因此税收缩小了冰淇淋市场的规模。

含义　现在我们回到税收归宿问题：谁支付了税收？虽然卖者向政府支付了全部税收，但买者与卖者分摊了税收负担。由于当引进了税收时，冰淇淋蛋卷的市场价格从 3 美元上涨为 3.3 美元，买者购买一个冰淇淋蛋卷的支出比没有税收时增加了 0.3 美元。因此，税收使买者的状况变坏了。卖者从买者那里得到了一个更高的价格（3.3 美元），但交税后的有效价格从征税前的 3 美元下降为有税收时的 2.8 美元（3.3 美元 -0.5 美元 =2.8 美元）。因此，税收使卖者的状况也变坏了。

总之，这种分析得出了两个结论：

• 税收抑制了市场活动。当对一种物品征税时，该物品在新均衡时的销售量减少了。

• 买者与卖者分摊了税收负担。在新均衡时，买者为该物品支付的更多了，而卖者得到的更少了。

6.2.2　向买者征税如何影响市场结果

现在我们考虑向一种物品的买者征税。假设当地政府通过了一项法律，要求冰淇淋的买者为他们购买的每个冰淇淋蛋卷向政府支付 0.5 美元的税收。这项法律会产生什么影响呢？我们仍然用三个步骤来分析。

126 **第一步** 这项税收最初是影响冰淇淋的需求。供给曲线并不受影响，因为在任何一种既定的冰淇淋价格时，卖者向市场提供冰淇淋的激励是相同的。与此相比，买者只要购买冰淇淋就不得不向政府支付税收（以及支付给卖者的价格）。因此，税收使冰淇淋的需求曲线移动。

第二步 我们再来确定曲线移动的方向。由于对买者征税使冰淇淋的吸引力变小了，在每一种价格时买者需要的冰淇淋量也减少了。结果，如图 6－7 所示，需求曲线向左移动（也可以说是向下移动）。

图 6－7 对买者征税

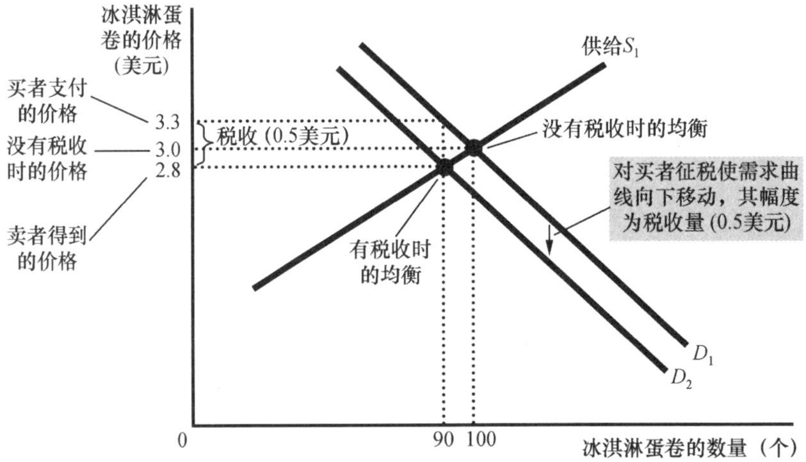

当向买者征收 0.5 美元税收时，需求曲线向下移动 0.5 美元，从 D_1 移动到 D_2。均衡数量从 100 个下降为 90 个。卖者得到的价格从 3 美元下降为 2.8 美元。买者支付的价格（包括税收）从 3 美元上升到 3.3 美元。尽管是向买者征税，但买者与卖者分摊了税收负担。

我们仍然可以准确地知道曲线移动的幅度。由于向买者征收 0.5 美元的税，所以，对买者的有效价格现在比市场价格高 0.5 美元（无论市场价格是多少）。例如，如果每个冰淇淋蛋卷的市场价格正好是 2 美元，对买者的有效价格就应该是 2.5 美元。由于买者关注的是包括税收在内的总成本，所以，他们如同是在比实际市场价格高出 0.5 美元的水平上确定对冰淇淋的需求量。换句话说，为了诱使买者需要任何一种既定的数量，市场价格现在必须降低 0.5 美元，以弥补税收的影响。因此，如图 6－7 所示，税收使需求曲线从 D_1 向下移动到 D_2，其移动幅度正好是税收量（0.5 美元）。

第三步 在确定了需求曲线如何移动之后，我们现在可以通过比较原来的均衡与新均衡，说明税收的影响。你可以在图 6－7 中看到，冰淇淋的均衡价格从 3 美元下降到 2.8 美元，而均衡数量从 100 个减少为 90 个。税收又一次缩小了冰淇淋市场的规模。而且，买者与卖者又一次分摊了税收负担。卖者出售产品的价格更低了，买者向卖者支付的市场价格也比以前更低了，但有效价格（含买者不得不支付的税收）从 3 美元上升到了 3.3 美元。

127 **含义** 如果比较图 6－6 和图 6－7，你将注意到一个令人惊讶的结论:对买者征税和对卖者征税是相同的。在这两种情况下,税收都在买者支付的价格和卖者得到的价格之间打入了一个楔子。无论税收是向买者征收还是向卖者征收,这一买者价格与卖者价格之间的楔子都是相同的。在这两种情况下,这个楔子都使供给曲线和需求曲线的相对位置移动。在新均衡时,买者和卖者分摊了税收负担。对买者征税和对卖者征税的唯一区别是谁来把钱交给政府。

如果我们设想政府在每家冰淇淋店的柜台上放一个碗来收取 0.5 美元的冰淇淋税,也许就容易理解这两种征税方式是等同的了。当政府向买者征税时,要求买者每买一个冰淇淋蛋卷往碗里放 0.5 美元;当政府向卖者征税时,要求卖者每卖出一个冰淇淋蛋卷往碗里放 0.5 美元。无论这 0.5 美元是直接从买者的口袋进入碗内,还是先从买者的口袋进入卖者手中,再间接进入碗内,都无关紧要。无论向谁征税,一旦市场达到新均衡,都是买者与卖者分摊税收负担。

案例研究
国会能分配工薪税的负担吗

如果你曾收到过一张工薪支票,也许你会注意到你赚到的钱已经扣除了税收。这些税中有一种叫 FICA,全称是联邦保险税法案(Federal Insurance Contribution Act)。联邦政府用 FICA 税的收入来支付社会保障与医疗费用、对老年人的收入津贴和医疗计划费用。FICA 是工薪税的一个例子,工薪税是向企业支付给工人的工资征收的一种税。在 2008 年,一个典型的工人总的 FICA 税占其收入的 15.3%。

你认为是谁在承受这种工薪税的负担,企业还是工人?当国会通过这项立法时,它试图规定税收负担的划分。根据这项法律,企业支付一半税收,工人支付一半税收。这就是说,一半税从企业收益中支付,而另一半税从工人工薪支票中扣除。出现在你工资单上的扣除量就是工人支付的部分。

但是,我们对税收归宿的分析表明,法律制定者并不能这样轻而易举地划分税收负担。为了说明这一点,我们可以把工薪税仅仅作为对物品征收的税来分析,在这里物品是劳动,而价格是工资。工薪税的关键特征是,它是打入企业支付的工资和工人得到的工资之间的一个楔子。图 6-8 表示了工薪税的结果。当征收工薪税时,工人得到的工资减少了,而企业支付的工资增加了。最后,工人和企业像立法所要求的那样分摊税收负担。但税收负担在工人和企业之间的这种划分与立法的划分无关:图 6-8 中税收负担的划分并不一定是一半对一半,而且,即使法律要求向工人征收全部税收或向企业征收全部税收,也会出现同样的结果。

工薪税是打入工人得到的工资和企业支付的工资之间的一个楔子。比较有税收和没有税收时的工资，你会看到，工人和企业分摊了税收负担。这种税收负担在工人与企业之间的分配并不取决于政府是向工人征税，还是向企业征税，还是在两者之间平均分配税收。

图 6-8 工薪税

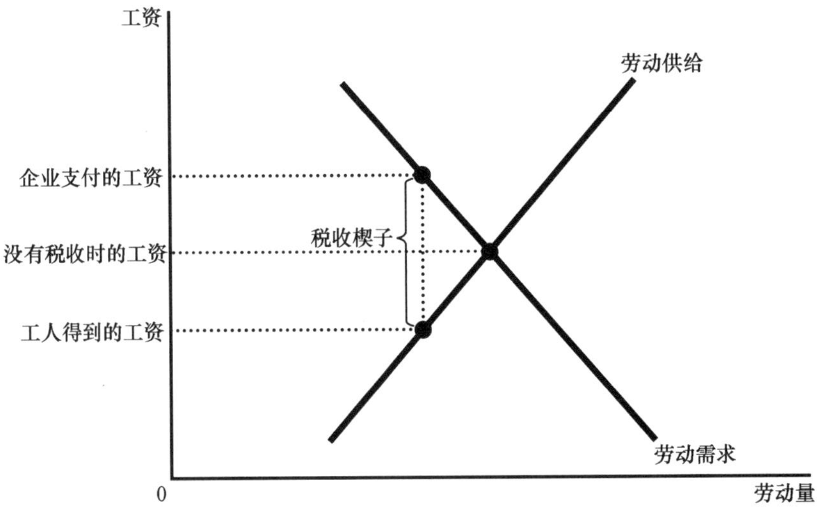

这个例子说明，公共争论中往往忽略了税收归宿这个最基本的结论。立法者可以决定税收来自买者的口袋还是来自卖者的口袋，但他们不能用立法规定税收的真正负担。确切地说，税收归宿取决于供给和需求的力量。

128

6.2.3 弹性与税收归宿

当对一种物品征税时，该物品的买者与卖者分摊税收负担。但税收负担如何确切地划分呢？只有在极少数情况下是平均分摊的。为了说明税收负担如何划分，考虑图 6-9 中两个市场的税收影响。在这两种情况下，该图表示了最初的需求曲线、最初的供给曲线和打入买者支付的量与卖者得到的量之间的楔子。（在两幅图中都没有画出新的供给曲线或需求曲线。哪一条曲线移动取决于税收向买者征收还是向卖者征收。正如我们已经说明的，这与税收归宿无关。）这两幅图的差别在于供给和需求的相对弹性。

图 6-9(a)幅表示供给非常富有弹性而需求较为缺乏弹性的市场上的税收。这就是说，卖者对某种物品价格的变动非常敏感（因此，供给曲线较为平坦），而买者不是非常敏感（因此，需求曲线较为陡峭）。当对有这种弹性的市场征税时，卖者得到的价格并没有下降多少，因此，卖者只承担了一小部分负担。与此相比，买者支付的价格大幅度上升，表示买者承担了大部分税收负担。

图 6－9　税收负担如何分摊

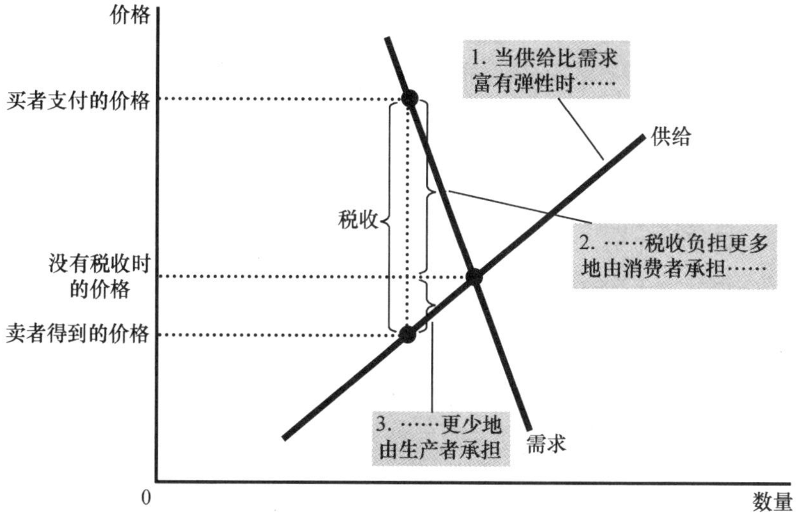

(a) 供给富有弹性，需求缺乏弹性

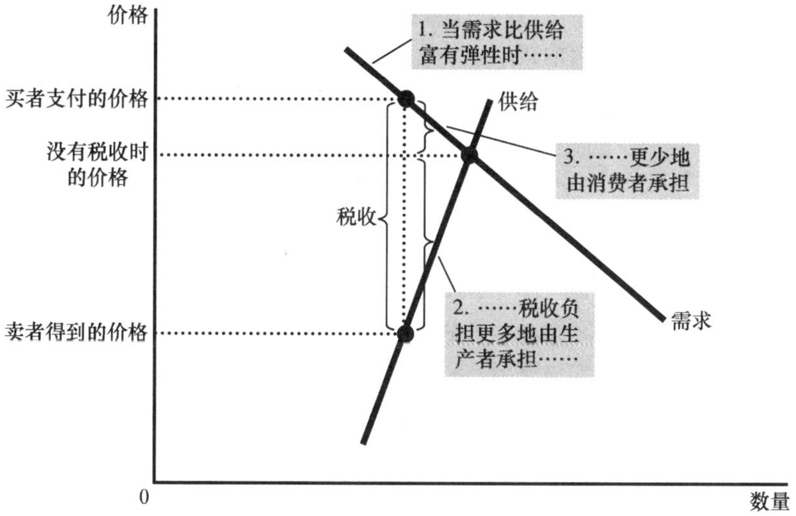

(b) 供给缺乏弹性，需求富有弹性

在(a)幅中,供给曲线富有弹性,而需求曲线缺乏弹性。在这种情况下,卖者得到的价格只有很少的下降,而买者支付的价格大幅度上升。因此,买者承担了大部分税收负担。在(b)幅中,供给曲线缺乏弹性,而需求曲线富有弹性。在这种情况下,卖者得到的价格大幅度下降,而买者支付的价格只有很少的上升。因此,卖者承担了大部分税收负担。

图 6－9(b)幅表示供给较为缺乏弹性而需求非常富有弹性的市场上的税收。在这种情况下,卖者对价格的变动不十分敏感(因此,供给曲线较为陡峭),而买者非常敏感(因此,需求曲线较为平坦)。该图表示,当对这种市场征税时,买者支付的价格并没有上升多少,而卖者得到的价格大幅度下降。因此,卖者承担了大部分税收负担。

图 6－9 的两幅图说明了一个关于税收负担划分的一般结论:税收负担更多地落在缺乏弹性的市场一方身上。为什么这是正确的呢? 在本质上,弹性衡量当条件变得不利时,买者或卖者离开市场的意愿。需求弹性小意味着买者对消费某种物品没有适当的替代品。供给弹性小意味着卖 129

者对生产某种物品没有适当的替代品。当对这种物品征税时，适当替代品较少的市场一方不太愿意离开市场，从而必须承担更多的税收负担。

我们可以把这个逻辑运用于前一个案例研究中所讨论的工薪税。大多数劳动经济学家认为，劳动的供给远比劳动的需求缺乏弹性。这就意
130 味着，是工人而不是企业承担了大部分工薪税的负担。换句话说，其税收负担的分配与立法者所期望的一半对一半相差甚远。

案例研究
谁支付奢侈品税

"如果游艇的价格再高一点，我们宁愿去打高尔夫球。"

图片来源：© TURNER FORTE/THE IMAGE BANK/GETTY IMAGES.

在 1990 年，国会通过了一项针对游艇、私人飞机、皮衣、珠宝和豪华轿车这类物品的新的奢侈品税。该税的目的是增加那些能轻而易举地承担税收负担的人的税收。由于只有富人能买得起这类奢侈品，所以，对奢侈品征税看来是向富人征税的一种合理方式。

但是，当供给与需求的力量发挥作用后，结果与国会所期望的完全不同。例如，考虑一下游艇市场。游艇的需求是极其富有弹性的。一个百万富翁很容易不买游艇，她可以用钱去买更大的房子，去欧洲度假，或者留给继承人一笔更大的遗产。与此相比，游艇的供给是较为缺乏弹性的，至少在短期中是如此。游艇工厂不能轻而易举地转向其他用途，而且，建造游艇的工人也不愿意由于市场状况改变而改行。

在这种情况下，通过我们的分析可以做出一个明确的预测。由于需求富有弹性而供给缺乏弹性，税收负担主要落在供给者身上。这就是说，对游艇征税的负担主要落在建造游艇的企业和工人身上，因为最后是他们的产品价格大幅度下降了。但是，工人并不是富人。因此，这一奢侈品税的税收负担更多地落在中产阶级身上，而不是富人身上。

在这种税付诸实施之后，关于奢侈品税归宿的错误假设很快显现出来。奢侈品供给者使他们的国会议员意识到了他们所面临的经济困境，于是，国会在 1993 年废除了大部分奢侈品税。

即问即答 用一个供求分析图说明，对汽车购买者征收每辆 1 000 美元的税将如何影响汽车销售量和汽车价格。用另一个图说明，对汽车销售者征收每辆 1 000 美元的税将如何影响汽车销售量和汽车价格。在这两个图中说明汽车买者支付的价格的变化，以及汽车卖者得到的价格的变化。

6.3 结论

经济受两种规律支配：供求规律和政府制定的法规。在本章中我们

开始说明这些规律如何相互作用。在经济中的各种市场上，价格控制和税收是常见的，而且，在媒体中、在决策者之间经常争论这些政策的影响。即使只懂得一点经济学知识的人也可以大致了解并评价这些政策。

在以后几章中，我们将更详细地分析许多政府政策。我们将更充分地考察税收的影响，并考察比这里要更广泛的政策。但本章的基本结论不会改变：当分析政府政策时，供给和需求是首要的、最有用的分析工具。

内容提要 131

◎ 价格上限是某种物品与劳务的法定最高价格。租金控制是一个例子。如果价格上限低于均衡价格，则需求量大于供给量。由于所引起的短缺，卖者必须以某种方式在买者中配给物品或劳务。

◎ 价格下限是某种物品或劳务的法定最低价格。最低工资是一个例子。如果价格下限高于均衡价格，则供给量大于需求量。由于所引起的过剩，必然要以某种方式在卖者中配给买者的物品或劳务需求。

◎ 当政府对一种物品征收税收时，该物品的均衡数量减少。也就是说，对某一市场征税缩小了该市场的规模。

◎ 对一种物品的征税是在买者支付的价格和卖者得到的价格之间打入的一个楔子。当市场向新均衡变动时，买者为该物品支付的价格高了，而卖者从该物品得到的价格低了。从这种意义上说，买者与卖者分摊了税收负担。税收归宿（也就是说，税收负担的分摊）并不取决于是向买者征税，还是向卖者征税。

◎ 税收归宿取决于供给和需求的价格弹性。税收负担更多地落在缺乏弹性的市场一方，因为市场的这一方难以通过改变购买量或销售量来对税收做出反应。

关键概念

价格上限　　价格下限　　税收归宿

复习题

1. 举出一个价格上限的例子和一个价格下限的例子。
2. 什么引起了一种物品的短缺？是价格上限还是价格下限？用图形证明你的答案。
3. 当不允许一种物品的价格使供给与需求达到平衡时，配置资源的机制是什么？
4. 解释为什么经济学家通常都反对价格控制。
5. 假设政府取消向一种物品的买者征税，而向这种物品的卖者征同样的税。税收政策的这种变动如何影响买者为这种物品向卖者支付的价格、买者所支付的包括税在内的货币量、卖者扣除税收得到的货币量以及销售量？
6. 一种物品的税收如何影响买者支付的价

格、卖者得到的价格以及销售量？

7. 什么决定了税收负担在买者和卖者之间的分配？为什么？

132

问题与应用

1. 古典音乐的爱好者说服了国会实行每张门票40美元的价格上限。这种政策使听古典音乐会的人多了还是少了？
2. 政府确信奶酪自由市场的价格太低了。
   a. 假设政府对奶酪市场实行限制性价格下限。用供求图说明，这种政策对奶酪价格和奶酪销售量的影响。是存在奶酪的短缺还是过剩？
   b. 农民抱怨价格下限减少了他们的总收益。这种情况可能吗？解释原因。
   c. 针对农民的抱怨，政府同意以价格下限购买全部过剩奶酪。与基本的价格下限政策相比，谁从这种新政策中获益？谁受损失？
3. 最近的研究发现，飞盘的需求与供给表如下：

每个飞盘的价格（美元）	需求量（百万个）	供给量（百万个）
11	1	15
10	2	12
9	4	9
8	6	6
7	8	3
6	10	1

   a. 飞盘的均衡价格和均衡数量是多少？
   b. 飞盘制造厂说服了政府，飞盘的生产增进了科学家对空气动力学的了解，因此对于国家安全是很重要的。关注此事的国会投票通过实行比均衡价格高2美元的价格下限。新的市场价格是多少？可以卖出多少个飞盘？
   c. 愤怒的大学生在华盛顿游行并要求飞盘降价。更为关注此事的国会投票通过取消了价格下限，并将以前的价格下限降低1美元作为价格上限。新的市场价格是多少？可以卖出多少个飞盘？
4. 假设联邦政府要求喝啤酒者每购买一箱啤酒支付2美元税收（实际上，联邦政府和州政府都对啤酒征收某种税）。
   a. 画出没有税收时啤酒市场的供求图。说明消费者支付的价格、生产者得到的价格以及啤酒销售量。消费者支付的价格和生产者得到的价格之间的差额是多少？
   b. 现在画出有税收时啤酒市场的供求图。说明消费者支付的价格、生产者得到的价格以及啤酒销售量。消费者支付的价格和生产者得到的价格之间的差额是多少？啤酒的销售量是增加了还是减少了？
5. 一个参议员想增加税收收入并使工人的状况变好。一个工作人员建议增加由企业支付的工薪税，并将这些额外收入中的一部分用来减少工人支付的工薪税。这能实现这个参议员的目标吗？解释原因。
6. 如果政府对豪华轿车征收500美元的税，那么消费者所支付价格的上涨幅度是大于500美元，小于500美元，还是正好为500美元？解释原因。
7. 国会和总统决定，美国应该通过减少使用汽油以减轻空气污染。他们对所销售的每加仑汽油征收0.5美元的税收。
   a. 他们应该对生产者征税，还是对消费者征税？用供求图加以详细解释。

b. 如果汽油的需求较富有弹性，这种税对减少汽油消费量更为有效，还是更为无效？用文字和图形做出解释。

c. 这种政策使汽油消费者受益还是受损？为什么？

d. 这种税使石油行业工人受益还是受损？为什么？

8. 本章中的案例研究讨论了联邦最低工资法。

a. 假设最低工资高于不熟练劳动市场上的均衡工资。在不熟练劳动市场的供求图上，标明市场工资、受雇工人的数量，以及失业工人数量。再标明对不熟练工人的总工资支付。

b. 现在假设劳工部长建议提高最低工资。这种提高对就业会有什么影响？就业变动取决于需求弹性还是供给弹性？还是同时取决于这两者？还是两者都不取决于？

c. 这种最低工资的提高对失业会有什么影响？失业的变动取决于需求弹性还是供给弹性？还是同时取决于这两者？还是两者都不取决于？

d. 如果不熟练劳动的需求是缺乏弹性的，所建议的提高最低工资会增加还是减少对不熟练工人的工资支付总量？如果不熟练劳动的需求是富有弹性的，你的答案会有什么改变？

9. 考虑以下政策，其中每项政策的目的都在于通过减少枪支的使用来减少暴力犯罪。用枪支市场的供求图来说明以下各项所建议的政策。

a. 对枪支购买者征税

b. 对枪支销售者征税

c. 对枪支设置价格下限

d. 对弹药征税

10. 2007 年，伊利诺伊州的州长 Rod Blagojevich 建议征收 3% 的工薪税，以为某些州保健计划提供资金。所提出的法案规定工薪税“不应从付给雇员的工资中提取，也不能向雇员征集，或减少付给雇员的薪酬。”你认为这句话的意图是什么？实际上这个法案可以实现这个目标吗？

11. 美国政府实施了两项影响香烟市场的计划。媒体宣传和贴警示语的目的是使公众认识到吸烟的危害。同时，农业部继续实行对烟农的价格支持计划，该计划使烟草价格高于均衡价格。

a. 这两项计划如何影响香烟的消费量？运用香烟市场的供求图来 133
回答。

b. 这两种计划对香烟价格的综合影响是什么？

c. 香烟也被征以重税。这种税对香烟的消费有什么影响？

12. 在 Fenway 公园，波士顿红袜队之家，只有 34 000 个座位。因此，发售的门票也固定在这个数量。（假设所有座位都是同质的，并以相同的价格出售。）由于看到了增加收入的黄金机会，波士顿市对每张票征收由买票者支付的 5 美元的税收。波士顿的球迷很有市民风范，每张票顺从地交纳了 5 美元。画图说明上述税收的影响。税收负担落在谁身上——球队所有者、球迷，还是两者兼而有之？为什么？

13. 补贴与税收相反。在对冰淇淋蛋卷购买者征收 0.5 美元税收时，政府对购买的每个冰淇淋蛋卷收取 0.5 美元；而对冰淇淋蛋卷购买者补贴 0.5 美元时，政府对购买的每个冰淇淋蛋卷支付 0.5 美元。

a. 说明每个冰淇淋蛋卷 0.5 美元的补贴对冰淇淋蛋卷的需求曲线、消费者支付的有效价格、卖者得到的有效价格和销售量的影响。

b. 消费者会从这种政策中受益还是受损？生产者是受益还是受损？政府是受益还是受损？

14. 在2008年春季，参议员约翰·麦凯恩和希拉里·克林顿(他们当时都在参与总统竞选)提出暂时取消联邦汽油税，只在2008年夏天有效，以帮助消费者应对高油价。

a. 这个夏天，由于假期自驾出行，汽油的需求很高，汽油提炼厂几乎是在满负荷运转。这个事实说明了供给价格弹性的哪些信息？

b. 根据你对a的回答，预测谁将从暂时的汽油税假日中获益？

第 3 篇　市场和福利

② 知介
一、消费者均衡

条件：① 消费者的目标是追求效用最大化
② 消… 偏好既定 不会发生变动
③ 消费者对货币的喜爱程度不变 即货币的边际效用不变
④ 收入不变
⑤ 价格不变

一、关于偏好的假定
1. 完备性假定（能排序：A优于B）
2. 传递性假定 A>B 且B>C ⇒ A>C
3. 非饱和假定 多多益善

二、无差异曲线：用来表示两种商品的不同数量的组合给消费者所带来的效用完全相同的一条曲线

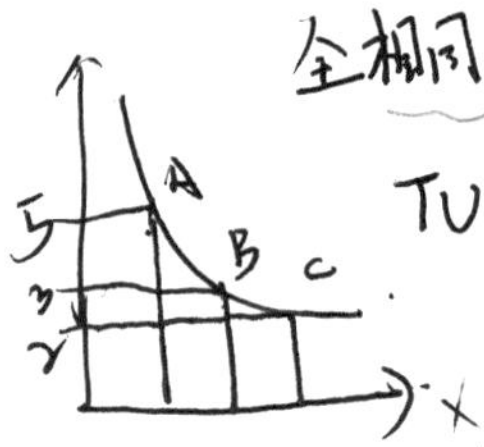

TUA = TUB = TUC

2. 特征：是一条向右下方倾斜的曲线，斜率为负
实际意义：增加一单位的x所导致的y的减少量减少（斜率绝对值减小）
(3) 在同一平面上，任意两条无差异曲线平行
(4) 同一平面上的无差异曲线 其中距离原点越近，效用越小
(5) 边际替代率 $MRS_{xy} = -\frac{\Delta Y}{\Delta X} = \frac{Y_2-Y_1}{X_2-X_1}$
增加一单位x所放弃的y量

3. 边际替代率递减规律 *

4. 特殊形状的无差异曲线之边际替代率

MRS_{xy} 为常数
完全替代品

$MRS_{xy}=0$ 或无穷大
完全互补品

第 7 章
消费者、生产者与市场效率

137

当消费者到商店购买感恩节晚餐上用的火鸡时，他们可能会对火鸡的高价格感到失望。同时，当农民把饲养的火鸡送到市场时，他们希望火鸡的价格能再高一些。这些观点并不使人感到惊讶：买者总想少付些钱，而卖者总想多卖些钱。但是，从整个社会的角度看，存在一种火鸡的“正确价格”吗？

在前面各章中，我们说明了在市场经济中，供给与需求的力量如何决定了物品与劳务的价格和销售量。但是，到现在为止，我们只是描述了市场配置稀缺资源的方式，而没有直接说明这些市场配置是不是令人满意的问题。换句话说，我们的分析是实证的（是什么），而不是规范的（应该是什么）。我们知道，火鸡的价格会自发调整，以保证火鸡的供给量等于需求量。但是，在这种均衡状态，火鸡的生产量与消费量是太少、太多，还是正好呢？

在本章中，我们要讨论**福利经济学**（welfare economics）这个主题，即研究资源配置如何影响经济福利的一门学问。我们从考察买者和卖者从参与市场中得到的利益开始。然后我们考虑社会如何可以使这种利益尽可能达到最大。这种分析得出了一个影响深远的结论：市场上的供求均衡可以使买者和卖者得到的总利益最大化。

福利经济学：
研究资源配置如何影响经济福利的一门学问。 138

也许你还记得第 1 章中经济学十大原理之一是，市场通常是组织经济活动的一种好方法。福利经济学的研究更充分地阐释了这个原理。它还将回答火鸡的正确价格这个问题：从某种意义上说，使火鸡供求平衡的价格是最好的价格，因为它使火鸡消费者和火鸡生产者的总福利最大化。没有任何火鸡的消费者或生产者的行动是为了实现这个目标，但他们在市场价格指导之下的共同行动使其达成了福利最大化的结果，就像有一只看不见的手指引一样。

7.1 消费者剩余

我们从观察参与市场的买者得到的利益开始我们的福利经济学研究。

7.1.1 支付意愿

假设你有一张崭新的猫王的首张专辑。因为你不是一个猫王迷，你决定把这张专辑卖出。卖出的一种方法是举行一场拍卖会。

四个猫王迷出现在你的拍卖会上：John、Paul、George 和 Ringo。他们每个人都想拥有这张专辑，但每个人愿意为此支付的价格都有限。表 7-1 列出了这四个可能的买者中每个人愿意支付的最高价格。每一个买者愿意支付的最高价格称为**支付意愿**（willingness to pay），它衡量买者对物品的评价。每个买者都希望以低于自己支付意愿的价格买到这张专辑，并拒绝以高于其支付意愿的价格买这张专辑，而且，对以正好等于自己支付意愿的价格买这张专辑持无所谓的态度：如果价格正好等于他对这张专辑的评价，他无论买这张专辑还是把钱留下都同样满意。

支付意愿： 买者愿意为某种物品支付的最高量。

表 7-1　四个可能买者的支付意愿

买者	支付意愿(美元)
John	100
Paul	80
George	70
Ringo	50

为了卖出你的专辑，你从一个低价格，比如 10 美元，开始叫价。由于四个买者愿意支付的价格要比这高得多，价格上升得很快。当 John 报出 80 美元（或略高一点）的出价时，叫价停止了。在这一点上，Paul、George 和 Ringo 退出了叫价，因为他们不愿意叫出任何比 80 美元高的价格。John 付给你 80 美元，并得到了这张专辑。要注意的是，这张专辑属于了对该专辑评价最高的买者。

John从购买猫王的这张专辑中得到了什么利益呢？在某种意义上说，John做了一笔划算的交易：他愿意为这张专辑支付100美元，但实际只为此支付了80美元。我们说，John得到了20美元的**消费者剩余**。**消费者剩余**(consumer surplus)是买者愿意为一种物品支付的量减去其为此实际支付的量。

消费者剩余：买者愿意为一种物品支付的量减去其为此实际支付的量。

消费者剩余衡量买者从参与市场中得到的利益。在这个例子中，John从参与拍卖中得到了20美元的利益，因为他为一件他评价为100美元的物品只支付了80美元。Paul、George和Ringo没有从参与拍卖中得到消费者剩余，因为他们没有得到专辑，也没有花一分钱。

现在考虑一个略有点不同的例子。假设你有两张相同的猫王专辑要卖。你又向这四个可能的买者拍卖它们。为了简单起见，我们假设，这两张专辑都以相同的价格卖出，而且，没有一个买者想买一张以上的专辑。因此，价格上升到两个买者放弃为止。

在这种情况下，当John和Paul报出70美元(或略高一点)的出价时，叫价停止了。在这种价格时，John和Paul愿意各买一张专辑，而George和Ringo不愿意出更高的价格。John和Paul各自得到的消费者剩余等于各自的支付意愿减支付价格。John的消费者剩余是30美元，而Paul是10美元。现在John的消费者剩余比在前一种情况下要高，因为他得到了同样的专辑，但为此付的钱少了。市场上的总消费者剩余是40美元。

7.1.2 用需求曲线衡量消费者剩余

消费者剩余与一种物品的需求曲线密切相关。为了说明它们如何相关，我们继续用上面的例子，并考察这张稀有的猫王专辑的需求曲线。

我们首先根据四个可能买者的支付意愿做出这张专辑的需求表。图7-1中的表格是与表7-1相对应的需求表。如果价格在100美元以上，市场需求量是0，因为没有一个买者愿意出这么多的钱。如果价格在80—100美元之间，需求量是1，因为只有John愿意出这么高的价格。如果价格在70—80美元之间，需求量是2，因为John和Paul都愿意出这个价格。我们还可以继续这样分析其他价格。用这种方法，就可以根据四个可能买者的支付意愿推导出需求表。

图7-1中的图形表示与这个需求表相对应的需求曲线。要注意需求曲线的高度与买者支付意愿之间的关系。在任何一种数量时，需求曲

图 7-1　需求表和需求曲线

价格	买者	需求量
100 美元以上	无	0
80—100 美元	John	1
70—80 美元	John，Paul	2
50—70 美元	John，Paul，George	3
50 美元或以下	John，Paul，George，Ringo	4

图中的表格表示表 7-1 中买者的需求表，图形表示相对应的需求曲线。要注意的是，需求曲线的高度反映了买者的支付意愿。

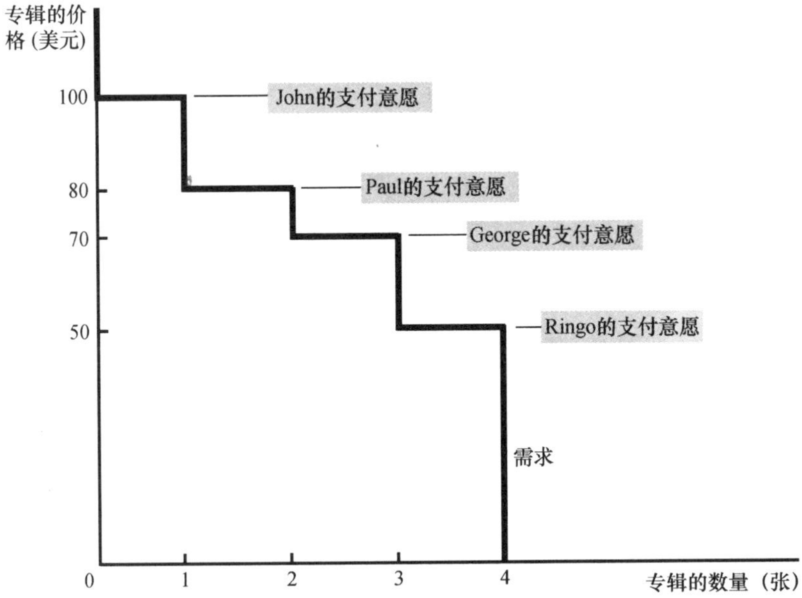

线给出的价格表示边际买者的支付意愿。边际买者是指如果价格再提高一点就首先离开市场的买者。例如，在 4 张专辑这一数量时，需求曲线上对应的高度为 50 美元，这是 Ringo（边际买者）愿意为一张专辑支付的价格。在 3 张专辑这一数量时，需求曲线上对应的高度是 70 美元，这是 George（现在的边际买者）愿意支付的价格。

由于需求曲线反映了买者的支付意愿，我们还可以用它衡量消费者剩余。图 7-2 用需求曲线计算我们两个例子中的消费者剩余。在(a)幅中，价格是 80 美元（或略高一点），而需求量是 1。注意 80 美元的价格以上和需求曲线以下的面积等于 20 美元。这个量正好是我们计算的当只卖出一张专辑时的消费者剩余。

140

部分③ 因预算线及预算区间 | 预算线表示同一收入水平下，能购买AB两种商品数量组合

(1) $P_X Q_X + P_Y Q_Y = I$

(2) 收入水平一定，商品价格变化，预算线旋转

A→B Y降价　A→B X降价

五 消[illegible]者均衡

条件：用既定的I去消费两种商品的某种组合所带来的TU的最大状态

图 7－2　用需求曲线衡量消费者剩余

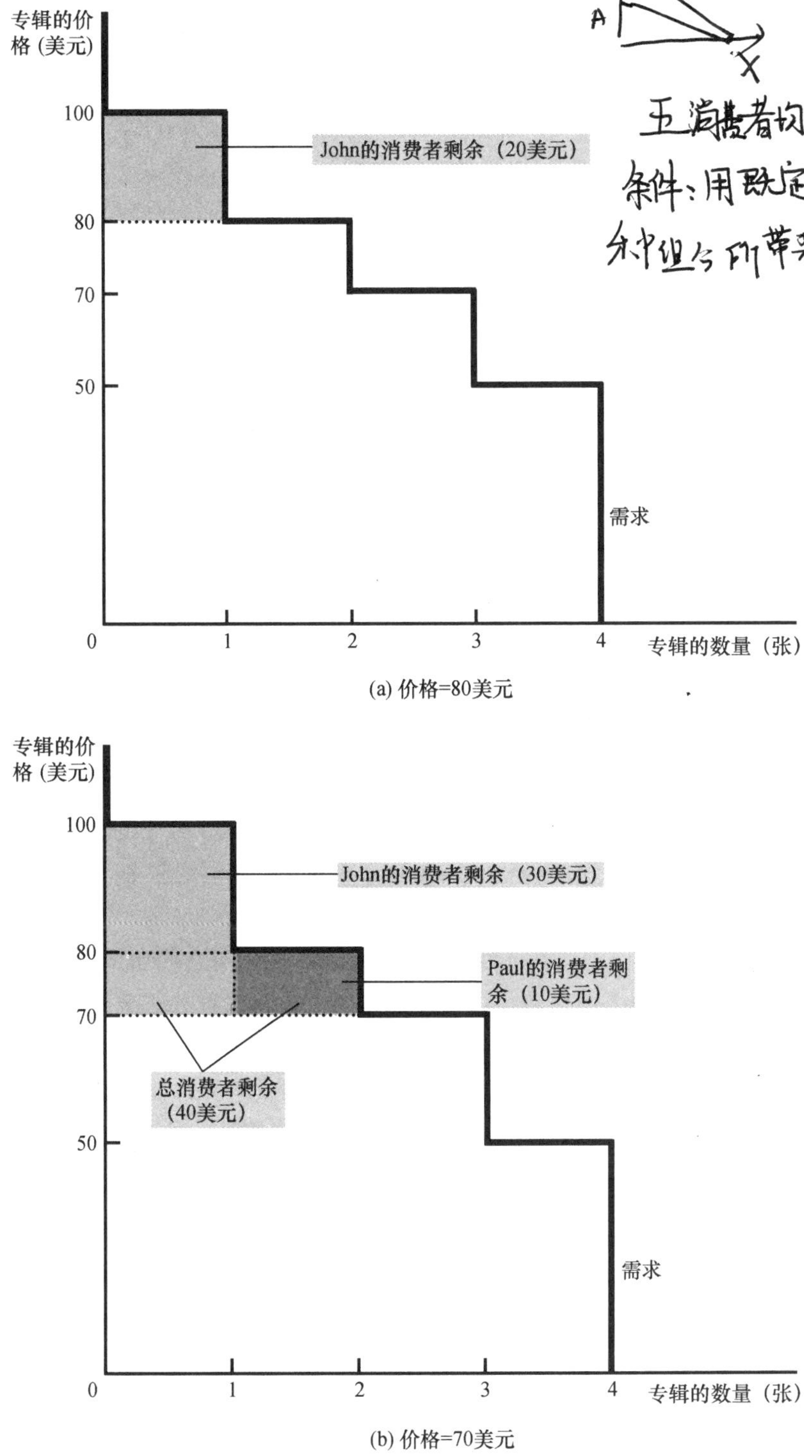

在(a)幅中，物品价格是80美元，消费者剩余是20美元。在(b)幅中，物品价格是70美元，消费者剩余是40美元。

图 7－2(b)幅表示当价格是 70 美元(或略高一点)时的消费者剩余。在这种情况下,价格以上和需求曲线以下的面积等于两个矩形的总面积:在这一价格时,John 的消费者剩余为 30 美元,Paul 的为 10 美元。总面积等于 40 美元。这个量又是我们之前计算的消费者剩余。

从这个例子得出的结论对所有需求曲线都是成立的:需求曲线以下和价格以上的面积衡量一个市场上的消费者剩余。这之所以正确是因为需求曲线的高度用买者对此物品的支付意愿来衡量他们对物品的评价。这种支付意愿与市场价格之间的差额是每个买者的消费者剩余。因此,需求曲线以下和价格以上的总面积是一种物品或劳务市场上所有买者的消费者剩余的总和。

7.1.3 价格降低如何增加消费者剩余

由于买者总想为他们买的物品少支付一些,因此价格降低使一种物品买者的状况变好。但买者的福利会由于价格降低而增加多少呢?我们用消费者剩余的概念来准确地回答这个问题。

141 图 7－3 表示一条典型的需求曲线。你也许注意到了,这条曲线逐渐地向右下方倾斜而不是像前两个图中那样是阶梯式的。在一个有许多买者的市场上,每个买者退出引起的阶梯如此之小,以至于它们实际上形成了一条平滑的曲线。尽管这条线与上节所描述的需求曲线的形状不同,但我们刚刚提出的思想仍是适用的:消费者剩余是价格以上和需求曲线以下的面积。(a)幅中,在价格为 P_1 时,消费者剩余是三角形 *ABC* 的面积。

现在假设如图 7－3(b)幅所示,价格从 P_1 下降到 P_2,消费者剩余现在等于三角形 *ADF* 的面积。由于价格降低引起的消费者剩余的增加是 *BCFD* 的面积。

消费者剩余的这种增加由两部分组成。第一,那些原来以较高价格 P_1 购买 Q_1 量物品的买者由于现在支付得少了而状况变好。原有买者的消费者剩余增量是他们减少的支付量,它等于矩形 *BCED* 的面积。第二,一些新的买者进入市场,因为他们愿意以降低后的价格购买该物品。结果,市场需求量从 Q_1 增加到 Q_2。这些新进入者的消费者剩余是三角形 *CEF* 的面积。

图 7－3　价格如何影响消费者剩余

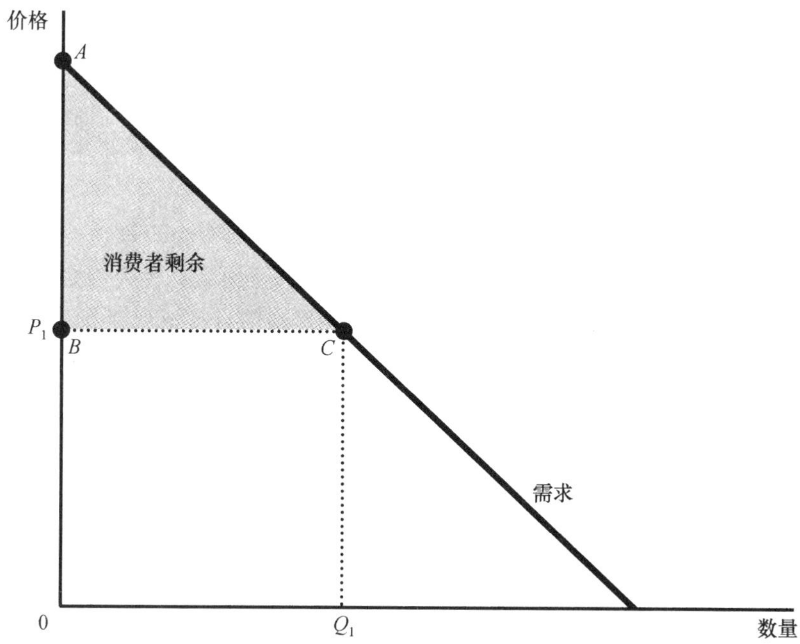

(a) 价格为P_1时的消费者剩余

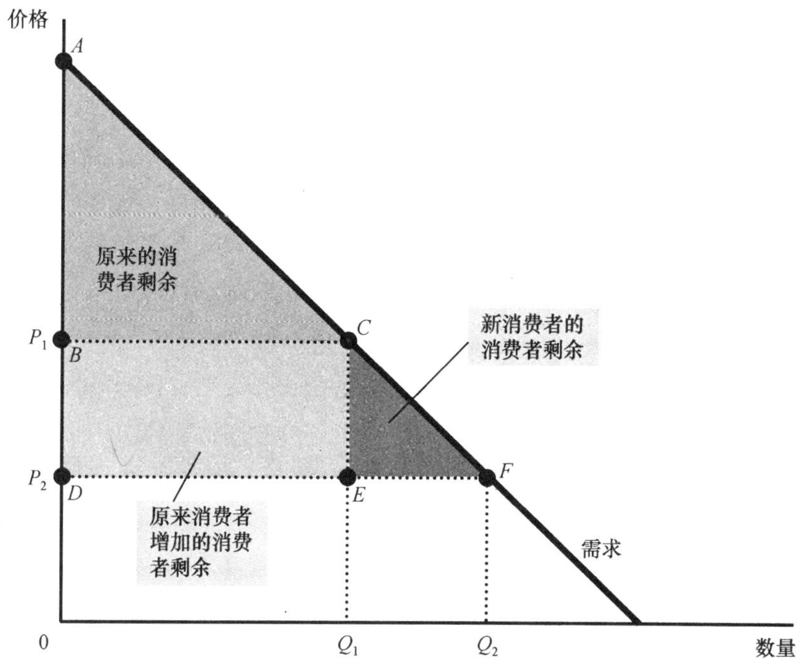

(b) 价格为P_2时的消费者剩余

在(a)幅中，价格为 P_1，需求量为 Q_1，消费者剩余等于三角形 *ABC* 的面积。当价格从 P_1 下降到 P_2 时，正如(b)幅所示，需求量从 Q_1 增加到 Q_2，消费者剩余增加到三角形 *ADF* 的面积。消费者剩余的增加(*BCFD* 的面积)部分是因为原来的消费者现在支付得少了(*BCED* 的面积)，部分是因为价格降低时新消费者进入了市场(*CEF* 的面积)。

7.1.4 消费者剩余衡量什么

我们提出消费者剩余概念的目的是对市场结果的合意性做出规范性判断。既然你已经知道了什么是消费者剩余，接下来我们再来看看，它是不是经济福利的一个好的衡量指标。

142 设想你是一个决策者，正努力设计一种好的经济制度。你会关心消费者剩余的量吗？消费者剩余，即买者愿意为一种物品支付的量减去他们实际支付的量，衡量了买者从一种物品中得到的自己感觉到的利益。因此，如果决策者想尊重买者的偏好，那么消费者剩余不失为经济福利的一种好的衡量标准。

在某些情况下，决策者可能选择不关心消费者剩余，因为他们不尊重驱动买者行为的偏好。例如，吸毒者愿意支付高价格获得海洛因。但我们并不认为，吸毒者可以从低价购买海洛因中得到巨大利益（尽管吸毒者可能会这样认为）。从社会的角度看，这种情况下的支付意愿并不是买者利益的好的衡量指标，消费者剩余也不是经济福利的好的衡量指标，因为吸毒者并不关心自己的最佳利益。

但是，在大多数市场上，消费者剩余确实反映了经济福利。经济学家通常假设，买者做决策时是理性的。在机会既定的情况下，理性人会尽最大努力实现其目标。经济学家通常还假设，人们的偏好应该得到尊重。在这种情况下，消费者是他们从自己购买的物品中得到了多少利益的最佳裁判。

即问即答 画出火鸡的需求曲线。在你画的图中，标出一种火鸡的价格并说明该价格下的消费者剩余。用文字解释这种消费者剩余衡量的内容。

143

7.2 生产者剩余

现在我们转向市场的另一方，来看看卖者从参与市场中得到的利益。正如你将看到的，我们对卖者福利的分析与我们对买者福利的分析是相似的。

7.2.1 成本与销售意愿

现在设想你是一个房屋所有者，想给你的房子刷漆。你找到了四个油漆劳务的卖者：Mary、Frida、Georgia 和 Grandma。如果价格合适，每个油漆工都愿意为你工作。你决定让这四个油漆工竞价，并把这项工作拍卖给愿意以最低价格做这项工作的油漆工。

如果得到的价格超过了从事这项工作的成本，那么每个油漆工都愿意接受这项工作。在这里，**成本**(cost)这个术语应该解释为油漆工的机会成本：它包括油漆工的直接支出(油漆、刷子等)和油漆工对她们自己时间的评价。表 7-2 表示每个油漆工的成本。由于一个油漆工的成本是她愿意接受这份工作的最低价格，所以成本衡量她出售其劳务的意愿，每个油漆工都渴望以高于其成本的价格出售其劳务，拒绝以低于其成本的价格出售其劳务，而对在价格正好等于其成本时出售其劳务持无所谓的态度：无论是得到这份工作还是把她的时间和精力用于另一个目的，她都同样满意。

成本：
卖者为了生产一种物品而必须放弃的每种东西的价值。

表 7-2　四个可能的卖者的成本

卖者	成本(美元)
Mary	900
Frida	800
Georgia	600
Grandma	500

在竞价过程中，价格开始时可能很高，但由于油漆工的竞争，价格会很快下降。一旦 Grandma 报出了 600 美元的价格(或者略低一点)，她就是唯一留下来的竞价者。Grandma 很高兴在这种价位从事这项工作，因为她的成本仅仅是 500 美元。Mary、Frida 和 Georgia 不愿意以低于 600 美元的价格从事这项工作。要注意的是，工作给予了能以最低成本从事这项工作的油漆工。

Grandma 从这项工作中得到了什么利益呢？由于她愿意以 500 美元从事这项工作，但得到了 600 美元的价格，我们说她得到了 100 美元的生产者剩余。**生产者剩余**(producer surplus)是卖者得到的量减去其生产成本。生产者剩余衡量卖者从参与市场中得到的利益。

生产者剩余：
卖者出售一种物品得到的量减去其生产成本。

现在我们考虑一个略有点不同的例子。假设你有两间房子需要油漆。你又向四个油漆工拍卖这份工作。为了简化起见，我们假设没有一个油漆工能油漆两间房子，而且你将对油漆每间房子支付同样的价格。因此，价格要一直下降到两个油漆工离开为止。

在这种情况下，当 Georgia 和 Grandma 都愿意以 800 美元(或略低一 144
点)的价格从事这项工作时，竞价就停止了。在这一价格时，Georgia 和 Grandma 愿意从事这项工作，而 Mary 和 Frida 不愿报出更低的价格。在价格为 800 美元时，Grandma 得到了 300 美元的生产者剩余，而 Georgia 得到了 200 美元的生产者剩余。市场上的总生产者剩余是 500 美元。

7.2.2 用供给曲线衡量生产者剩余

正如消费者剩余与需求曲线密切相关一样，生产者剩余也与供给曲线密切相关。为了说明它们如何密切相关，我们继续沿用前面的例子。

我们首先根据四个油漆工的成本做出油漆服务的供给表。图 7－4 中的表格是与表 7－2 中的成本相对应的供给表。如果价格低于 500 美元，四个油漆工中没有一个愿意从事这项工作，因此，供给量是 0；如果价格在 500—600 美元之间，只有 Grandma 愿意从事这项工作，因此供给量是 1；如果价格在 600—800 美元之间，Grandma 和 Georgia 愿意从事这项工作，因此供给量是 2；以此类推。因此，可以根据四个油漆工的成本推导出供给表。

图 7－4　供给表和供给曲线

价格	卖者	供给量
900 美元或以上	Mary，Frida，Georgia，Grandma	4
800—900 美元	Frida，Georgia，Grandma	3
600—800 美元	Georgia，Grandma	2
500—600 美元	Grandma	1
500 美元以下	无	0

图中的表格表示表 7－2 中卖者的供给表，图形表示相对应的供给曲线。要注意的是，供给曲线的高度反映了卖者的成本。

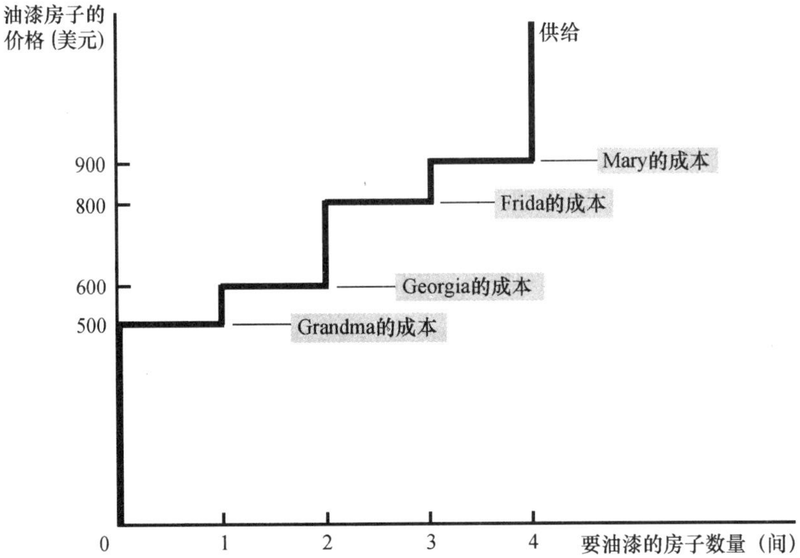

图 7－4 中的图形表示对应于这个供给表的供给曲线。要注意的是，供给曲线的高度与卖者的成本相关。在任何一种数量时，供给曲线给出的价格表示边际卖者的成本，边际卖者是如果价格再降低一点就首先离

开市场的卖者。例如，在房子数量为 4 时，供给曲线的高度是 900 美元，即 Mary（边际卖者）提供其油漆服务的成本。在房子数量为 3 时，供给曲线的高度是 800 美元，即 Frida（现在的边际卖者）提供其油漆服务的成本。 145

由于供给曲线反映了卖者的成本，我们可以用它来衡量生产者剩余。图 7－5 用供给曲线来计算上述两个例子中的生产者剩余。在（a）幅中，

图 7－5　用供给曲线衡量生产者剩余

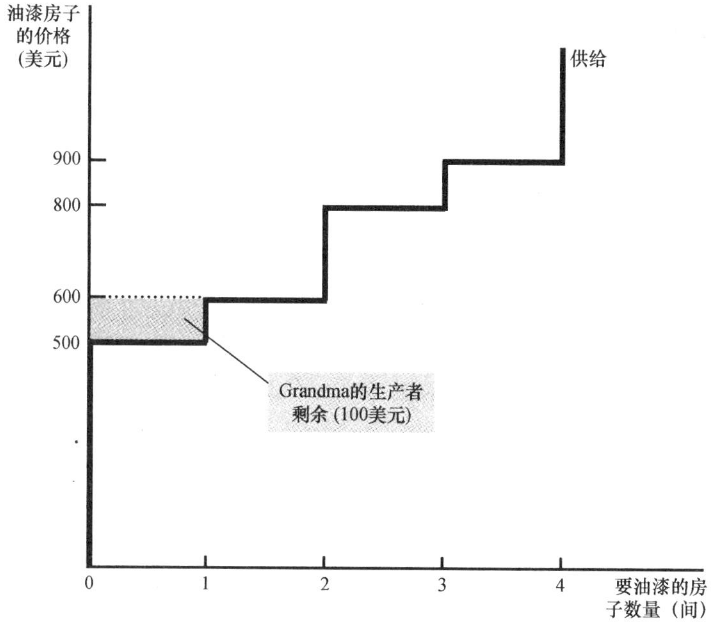

(a) 价格 = 600 美元

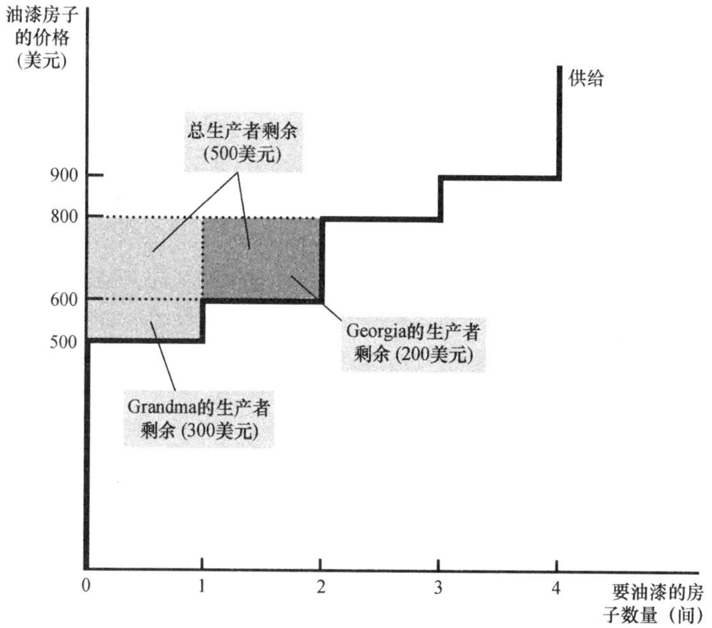

(b) 价格 = 800 美元

在（a）幅中，物品的价格是 600 美元，生产者剩余是 100 美元。在（b）幅中，物品的价格是 800 美元，生产者剩余是 500 美元。

我们假设价格是600美元。在这种情况下，供给量是1。要注意的是，价格以下和供给曲线以上的面积等于100美元。这个数量正好是我们之前计算的Grandma的生产者剩余。

图7-5(b)幅表示价格为800美元时的生产者剩余。在这种情况下，价格以下和供给曲线以上的面积等于两个矩形的总面积。这个面积等于500美元，即我们前面计算的当有两间房子需要油漆时，Georgia和Grandma的生产者剩余。

从这个例子中得到的结论适用于所有供给曲线：价格之下和供给曲线以上的面积衡量一个市场上的生产者剩余。这里的逻辑是很明确的：供给曲线的高度衡量卖者的成本，而价格和生产成本之间的差额是每个卖者的生产者剩余。因此，总面积是所有卖者的生产者剩余的总和。

7.2.3 价格上升如何增加生产者剩余

当听到卖者总想使他们的物品卖个好价钱时，你不会感到奇怪。但
146 是价格上升会使卖者的福利增加多少呢？生产者剩余的概念为这个问题提供了一个准确的答案。

图7-6表示一条在有许多卖者的市场上出现的典型的向右上方倾斜的供给曲线。尽管这条供给曲线在形状上与前面图中的梯形供给曲线不同，但我们可以用同样的方法衡量生产者剩余：生产者剩余是价格以下和供给曲线以上的面积。在(a)幅中，价格是P_1，生产者剩余是三角形ABC的面积。

(b)幅表示当价格从P_1上升为P_2时出现的变动。现在的生产者剩余等于三角形ADF的面积。生产者剩余的增加包括两部分：第一，在较低价格P_1时就已经出售Q_1单位某物品的卖者，由于现在卖到了更高的价格而状况变好。原有卖者的生产者剩余的增加等于矩形$BCED$的面积。第二，一些新卖者进入市场，因为他们愿意以较高价格生产物品，这就使供给量从Q_1增加到Q_2。这些新进入者的生产者剩余是三角形CEF的面积。

正如这种分析所表明的，我们可以用与之前用消费者剩余衡量买者福利大体相同的方法，用生产者剩余来衡量卖者的福利。由于这两种经济福利的衡量如此相似，所以，同时使用它们是很自然的。而且，实际上这也正是我们在下一节要做的事。

即问即答 画出火鸡的供给曲线。在你的图中标出一种火鸡的价格并说明该价格下的生产者剩余。用文字解释这种生产者剩余衡量的内容。

图 7－6　价格如何影响生产者剩余

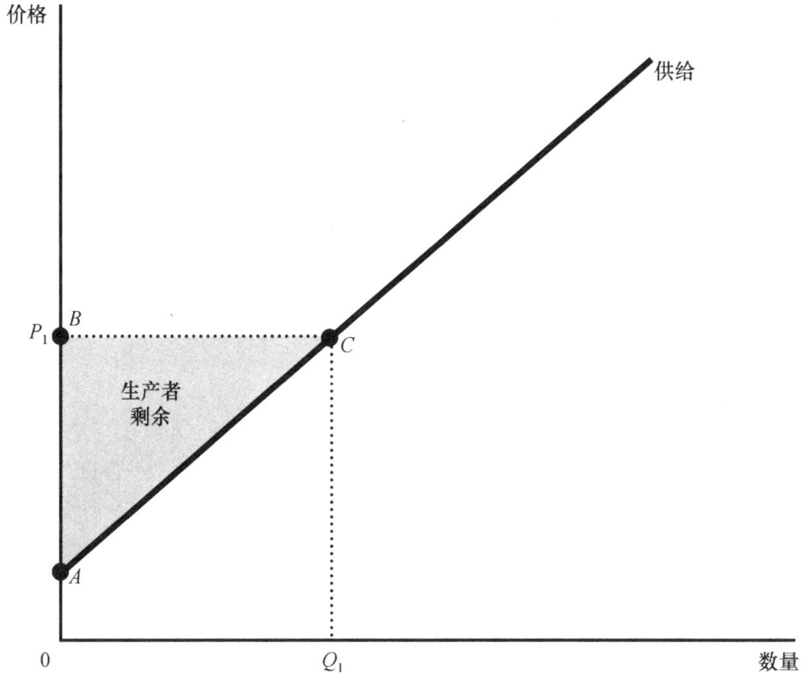

(a) 价格为P_1时的生产者剩余

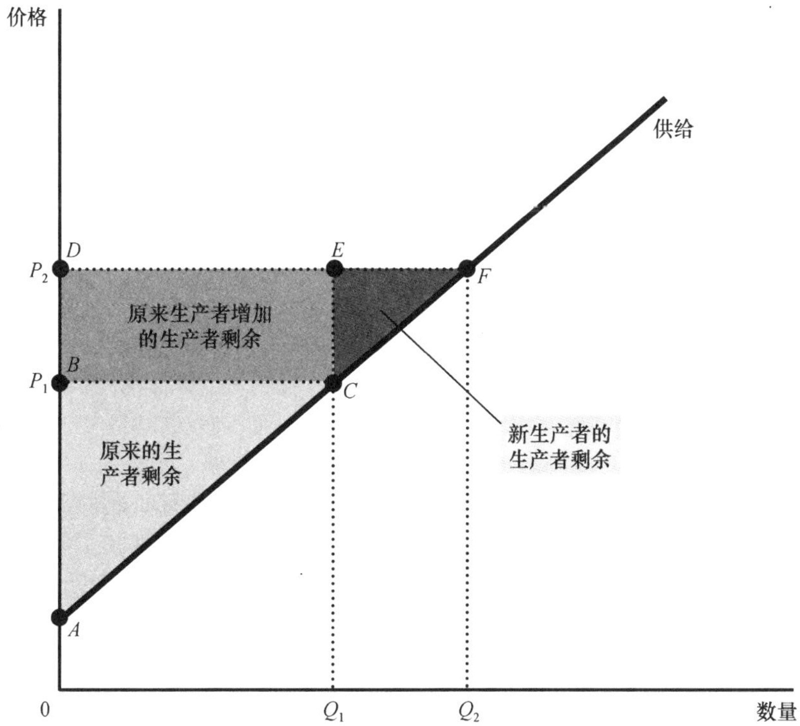

(b) 价格为P_2时的生产者剩余

在(a)幅中，价格是 P_1，供给量是 Q_1，生产者剩余等于三角形 *ABC* 的面积。当价格从 P_1 上升为 P_2 时，如(b)幅所示，供给量从 Q_1 增加到 Q_2，生产者剩余增加到三角形 *ADF* 的面积。生产者剩余的增加（*BCFD* 的面积）部分是因为原来的生产者现在得到的生产者剩余多了(*BCED* 的面积)，部分是因为在价格较高时新生产者进入了市场(*CEF* 的面积)。

147 7.3 市场效率

消费者剩余和生产者剩余是经济学家用来研究市场中买者与卖者福利的基本工具。这些工具有助于我们解决一个基本的经济问题：由自由市场决定的资源配置是合意的吗？

7.3.1 仁慈的社会计划者

为了评价市场结果，我们在分析中引入一个假设的新角色，称为仁慈的社会计划者。仁慈的社会计划者是无所不知、无所不能、意愿良好的独裁者。这个计划者想使社会上每个人的经济福利最大化。这个计划者应该怎么做呢？他是应该放任买者与卖者自然而然地根据自己的利益达到均衡呢，还是应该通过以某种方式改变市场结果来增加经济福利呢？

为了回答这个问题，计划者首先必须决定如何衡量社会的经济福利。一种可能的衡量指标是消费者剩余和生产者剩余的总和，我们称之为总剩余。消费者剩余是买者从参与市场活动中得到的利益，而生产者剩余是卖者从参与市场活动中得到的利益。因此，把总剩余作为社会经济福利的衡量指标是自然而然的。

为了更好地理解经济福利的这一衡量指标，我们回忆一下如何衡量消费者剩余与生产者剩余。我们把消费者剩余定义为：

消费者剩余 = 买者的评价 - 买者支付的量

同样，我们把生产者剩余定义为：

生产者剩余 = 卖者得到的量 - 卖者的成本

当我们把消费者剩余和生产者剩余相加时，得出：

总剩余 = 买者的评价 - 买者支付的量 + 卖者得到的量 - 卖者的成本

买者支付的量等于卖者得到的量，因此，这个公式中中间的两项相互抵消。因此，我们可以把总剩余写为：

总剩余 = 买者的评价 - 卖者的成本

市场的总剩余是用买者支付意愿衡量的买者对物品的总评价减去卖者提供这些物品的总成本。

效率：
资源配置使社会所有成员得到的总剩余最大化的性质。

如果资源配置使总剩余最大化，我们可以说，这种配置表现出**效率**（efficiency）。如果一种配置是无效率的，那么，买者和卖者之间交易的一些潜在的利益就还没有实现。例如，如果一种物品不是由成本最低的卖者生产的，配置就是无效率的。在这种情况下，将生产从高成本生产者转
148 给低成本生产者就会降低卖者的总成本并增加总剩余。同样，如果一种物品不是由对这种物品评价最高的买者消费，配置也是无效率的。在这

种情况下，将该物品的消费从评价低的买者转给评价高的买者就会增加总剩余。

除了效率之外，社会计划者还应该关心**平等**(equality)——即市场上的各个买者与卖者是否有相似的经济福利水平。在本质上，市场上贸易的利益就像在市场参与者间分配的蛋糕。效率问题涉及的是蛋糕是否尽可能地做大了。平等问题涉及的是如何把这块蛋糕切成小块，以及如何在社会成员中进行分配。在本章中，我们的分析集中在作为社会计划者目标之一的效率上。但要记住，真正的决策者往往也关心平等。

平等：
在社会成员中平均地分配经济成果的特性。

7.3.2 市场均衡的评价

图 7-7 表示当市场供求达到均衡时的消费者剩余与生产者剩余。回想一下，消费者剩余等于价格以上和需求曲线以下的面积，而生产者剩余等于价格以下和供给曲线以上的面积。因此，供给曲线和需求曲线到均衡点之间的总面积代表该市场的总剩余。

图 7-7 市场均衡时的消费者剩余与生产者剩余

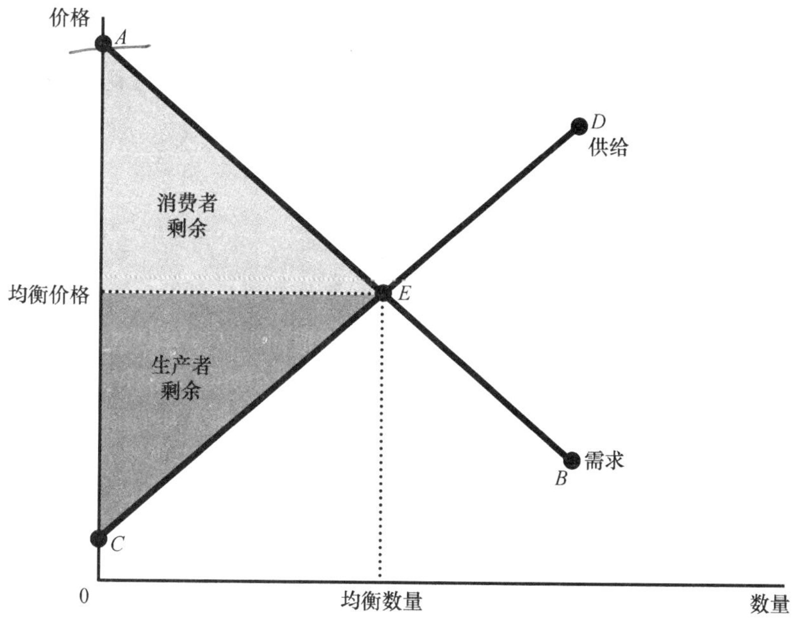

总剩余——消费者剩余和生产者剩余的总和——是供给曲线和需求曲线到均衡数量之间的面积。

这种均衡的资源配置是否有效率？也就是说，它是否使总剩余实现了最大化？为了回答这些问题，我们回想一下，当市场均衡时，决定价格的是参与市场的买者与卖者。那些对物品的评价高于价格(由需求曲线上的 *AE* 段表示)的买者选择购买物品；那些对物品的评价低于价格(由需求曲线上的 *EB* 段表示)的买者选择不购买物品。同样，那些成本低于 149

价格（由供给曲线上的 *CE* 段表示）的卖者选择生产并销售物品；那些成本高于价格（由供给曲线上的 *ED* 段表示）的卖者选择不生产和销售物品。

这些观察可以得出以下两个关于市场结果的观点：

(1) 自由市场把物品的供给分配给对这些物品评价最高的买者，这种评价用买者的支付意愿来衡量。

(2) 自由市场将物品的需求分配给能够以最低成本生产这些物品的卖者。

因此，在生产量与销售量达到市场均衡时，社会计划者不能通过改善买者之间的消费配置或卖者之间的生产配置来增加社会福利。

但是，社会计划者可以通过增加或减少物品量来增加总的经济福利吗？回答是否定的，正如关于市场结果的第三种观点所述：

(3) 自由市场生产出使消费者剩余和生产者剩余的总和最大化的物品量。

图 7－8 说明了为什么这是正确的。为了解释这个图，要记住，需求曲线反映了买者的评价，而供给曲线反映了卖者的成本。在低于均衡水平的任何一种产量，例如在 Q_1，边际买者的评价大于边际卖者的成本。

图 7－8　均衡数量的效率

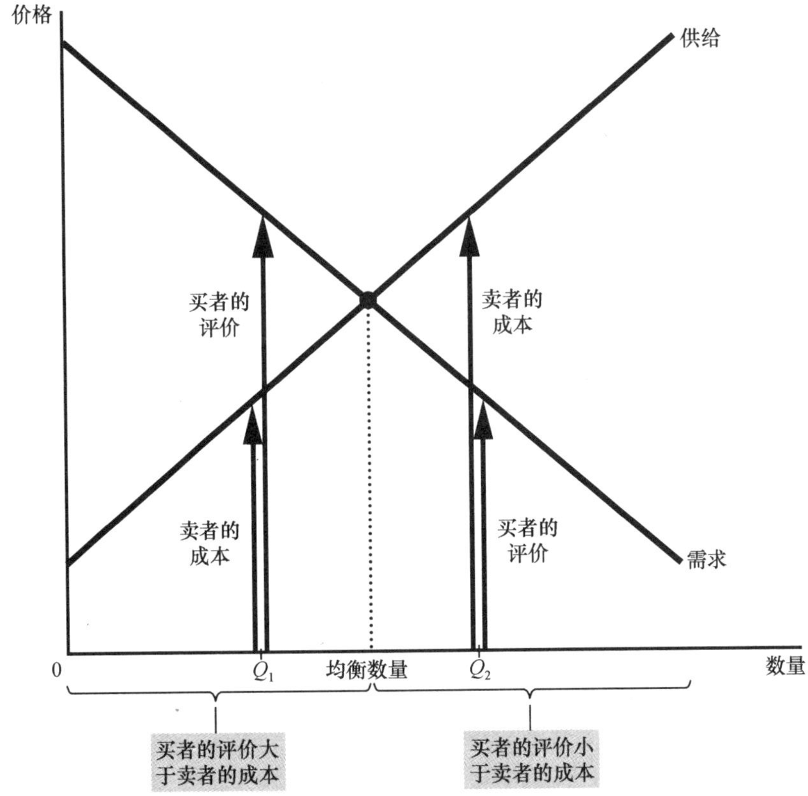

在产量小于均衡数量时，买者的评价大于卖者的成本。在产量大于均衡数量时，卖者的成本大于买者的评价。因此，市场均衡使生产者剩余和消费者剩余之和最大化。

因此,增加产量和消费量会增加总剩余。这种情况要一直持续到产量达到均衡水平时为止。同样,在高于均衡水平的任何一种产量,例如在 Q_2,边际买者的评价小于边际卖者的成本。在这种情况下,减少产量会增加总剩余,而且,这种情况要一直持续到产量下降到均衡水平时为止。为了使总剩余最大化,社会计划者应该选择供给曲线与需求曲线相交时的产量。 150

总之,这三个关于市场结果的观点告诉我们,市场结果使消费者剩余与生产者剩余之和达到了最大化。换句话说,均衡的结果是资源的有效配置。因此,仁慈的社会计划者可以让市场自己得出他想要的结果。这种完全放任的政策可以用法语“laissez-faire”来表述,这句话的字面含义是“让他们自由行事吧”。

计划者不必加以干预,社会就是幸运的。尽管想象有一个无所不知、无所不能、意愿良好的独裁者怎样去做是一个有用的做法,但我们面临的问题是:这些特征很难具备。很少有独裁者能那样仁慈。而且,即使找到了某个具备这种品德的人,他也会缺乏关键的信息。

假设我们的社会计划者努力靠自己而不是依靠市场力量去选择有效的资源配置。为了这样做,他需要知道市场上每个特定物品对每个潜在消费者的价值和每个潜在生产者的成本。而且,他不仅需要有关这个市场的这种信息,而且还需要经济中成千上万个市场中每一个市场的这种信息。这个任务实际上是不可能完成的,这就解释了为什么中央计划经济不能良好地运行。

但是,一旦计划者有了一个伙伴——亚当·斯密所说的市场上看不见的手,事情就变得轻而易举了。这只看不见的手考虑到了有关买者与卖者的所有信息,引导市场上每一个人达到按经济效率标准判断的最好结果。这的确是一种非凡的能力。这就是为什么经济学家通常宣称自由市场是组织经济活动的最好方法。

案例研究
人体器官市场是否应该存在

2001 年 4 月 12 日,《波士顿环球报》的头版刊登了一篇文章:《一位母亲的爱帮助挽救了两条生命》。这家报纸讲述了关于 Susan Stephens 的故事,这位妇女的儿子需要进行肾移植手术。当医生得知这位母亲的肾并不适合时,他提出了一个新奇的解决方法:如果 Stephens 把她的肾捐给一位陌生人,她的儿子就可以排到等待肾的队伍的最前面。母亲接受了这个交易。很快,两位患者都换上了他们所需要的肾。

医生建议的别出心裁和母亲行为的高尚是毫无疑义的。但是,这个故事引出了许多有趣的问题。如果母亲可以用一个肾换另一个肾,那么,医院是否应该允许她用一个肾去换取她在其他情况下无法承受的、昂贵的、试验性的癌症治疗呢?是否应该允许她用自己的肾换取她儿子免费上医学院的机会呢？她能否出卖自己的肾，以便用现金把她的旧雪佛兰车换成一辆新凌志车呢？

就公共政策而言，我们的社会认为人们出卖自己的器官是非法的。从本质上说，在人体器官市场上，政府实行零价格上限。正如任何一种限制性价格上限一样，结果是该物品短缺。该案例中的交易并不在其禁止范围之内，因为没有现金转手。 152

许多经济学家相信，允许人体器官自由市场的存在会产生巨大的利益。人生来就有两个肾，但他们通常只需要一个。与此同时，少数人由于连一个功能正常的肾都没有而饱受疾病折磨。尽管这桩贸易有明显的好处，但现在的状况是悲惨的：病人换一个肾通常要等好几年，而且，每年有成千上万人由于找不到肾源而死去。如果允许这些需要肾的人向那些有两个健康肾的人买一个，价格就会使供求达到平衡。卖者口袋里的钱多了，生活状况可以变好。买者有了挽救自己生命所需要的器官，状况也会变好。肾的短缺就会消失。

这种市场将带来资源的有效配置，但这种计划的批评者担心公平问题。他们认为，人体器官市场将以损害穷人利益为代价而使富人受益，因为器官会配置给那些最愿意购买而又买得起的人。然而，现行制度的公平性也是值得质疑的。现在，我们中的大多数人带着一个我们并不真正需要的多余器官走来走去，而我们的一些同胞却因为得不到需要的器官而生命垂危。这又公平吗？

151

新闻摘录
倒卖门票

为了有效地配置资源，一个经济必须把物品——包括红袜队的门票——给予那些对这些物品评价最高的消费者。

无论你喜不喜欢，倒卖门票是自由市场的一种力量

Charles Stein

Chip Case 每年都有一堂关于转售体育比赛门票的课。他的经济学教科书中有一节是同样的主题。

但是对威尔斯利学院的经济学教授 Case 来说，销售和倒卖门票不仅仅是一种有趣的理论探索。和 Margaret Mead 一样，他对这种复杂的事情做了许多第一手的研究，而且他有亲身经历为证。

1984 年，为了买每张 11 美元的凯尔特人一湖人队经典系列比赛的门票，Case 在 Causeway 大街排了两个晚上的队。在那个赛季第七场比赛前的一天夜里，他正在洗澡时，他女儿叫他："爸爸，有人打电话来，想买你的凯尔特人比赛的票。"Case 说他不想卖。"但是，爸爸，"她女儿又说，"他愿意一张票最少出 1 000 美元。"

Case 想卖了。一小时后，一辆豪华轿车开到他家取走了两张票——一张是 Case 的，一张是他的朋友的。司机走时留下了 3 000 美元。

对 Case 和其他经济学家来说，门票是现实中自由市场的教科书案例。当供给有限而需求无限时，价格上升，那些愿意出更高价格的人将最终得到门票。Case 说："只要人们可以交往，就会有贸易。"

在互联网时代，买者与卖者可以通过 eBay 或专门销售门票的网站进行联系。但是，即使在互联网时代之前，这个过程已经在起作用，尽管慢一点。1984 年，买了 Case 门票的是纽约的一个有钱人，他的儿子在波士顿一家私立学校上学。这个人给这所学校的一个朋友打电话，这个朋友又给另一个人打电话，这个人最终找到了 Case。有志者事竟成。

无论球队阻止转售门票的力度有多大，这类交易总会发生。全国橄榄球联盟给各队一些超级碗比赛门票，并禁止他们转售。但其中许多同样的票最终又回到了二级市场上。上个赛季，联盟抓住了明尼苏达海盗队的主教练 Mike Tice，他把自己的票卖给了加州的一家票务公司。Tice 事后接受《体育画报》(*Sports Illustrated*)采访时说："我很遗憾。"或者至少他遗憾被抓住了。

与任何一个良好的市场一样，门票市场对信息也十分敏感。Case 也有一个与此相关的故事。在去年扬基队和红袜队之间决赛系列的第四场比赛之前，他在 Kenmore 广场。红袜队已经输了前三场，在 Mudville 已经没有欢乐。票贩子正以略高于面值的价格出手第四场的门票。可能的第五场比赛门票的价格会更低。

但是，红袜队在加时赛中反败为胜，赢了第四场比赛。Case 说，到第二天凌晨 2 点，最好的第五场比赛门票已经在网上卖到了 1 000 多美元。熊市已经迅速转变为牛市。

作为自由市场的捍卫者，经济学家通常并不认为倒票有什么问题。哈佛大学经济学教授、刚刚卸任的布什总统经济顾问委员会主席曼昆说："当他们认为交易使双方获利时，应该允许成年人进行经济交易。"曼昆在其教科书的一节中讨论了倒票问题。

球队可以通过对热门门票进行网上拍卖来完全消除倒票。Case 并不指望会发生这种事。他说："如果红袜队每张门票收取 2 000 美元，人们就会把 Fenway 公园烧了。"球队会因价格欺诈而受到谴责。但如果你上周上网了，你就会发现，7 月 15 日对扬基队比赛的前排座位的门票价格超过了 2 000 美元，并且这个数字还在上升。

Case 本周五将会去 Fenway 公园。他要带他的岳父去看比赛。他花了一笔钱在网上买了票。但他并不抱怨。这就是自由市场在起作用。

资料来源： *Boston Globe*, May 1, 2005.

即问即答 画出火鸡的供给曲线和需求曲线。标出均衡状态下的生产者剩余和消费者剩余。解释为什么生产的火鸡越多，总剩余反而越少。

新闻摘录
市场的奇迹

一位评论版专栏作家提出，下一次你坐下来吃感恩节晚餐时，你不仅应该感谢你盘子中的火鸡，而且还应该感谢你生活在其中的经济制度。

感谢“看不见的手”

Jeff Jacoby

感谢全能的上帝是感恩节的主题，而且，自从普利茅斯的清教徒有了第一次好收成以来就一直如此……今天，全国数以百万计的家庭为许多恩赐而感谢上帝：为餐桌上的美食和所爱的人的相伴，为即将到来的一年的健康和好运气，为战争时期的家园和平，为生为美国人——或者成为美国人——的无数特权。

但是，也许不会有很多人感谢本地超市本周有大量火鸡出售这样的事情。即使最虔诚的人也不会为航空公司的航班使我们中的一些人可以在感恩节时飞回家而感谢上帝，或者为节日周末本地电影院准时上演《怒海争锋》而感谢上帝，或者为报纸食品版刊登的一流的小红莓—苹果派菜谱而感谢上帝。

我们或多或少地认为这些事情是理所当然的。很少有人把这些事作为奇迹来解释：为什么感恩节前食品杂货店堆满了火鸡，或者为什么好莱坞在重大节日时发行大片。这正是他们应该做的。这些事情有什么神奇的？

然而，是大量陌生人的技能和劳动使你的感恩节周末成为可能，这是否有一些不可思议——有些几乎无法解释——的神奇之处呢？

例如，为了把火鸡送上餐桌，需要成百上千人的努力——当然，有那些养鸡的鸡农，可是还有那些提供饲料的供应商，以及把它们运送到农场的卡车司机，更不用说设计孵化器的设计师、制造它的工人，以及使之运行的技工。鸡必须屠宰、清洗、检疫、运输、装卸、包装、定价和上架。完成这些工作的人又得到从事其他工作的人的支持——从提炼作为卡车燃料的汽油到制造包装鸡肉的塑料袋。

在长达数月的过程中，无数互不相识的人的活动必须精密筹划并严格控制时间，以便当你来买新鲜的感恩节火鸡时，已经有一只——或者更可能的是，有几十只——在待售。完成这些事所要求的协调水平是令人吃惊的，但更令人吃惊的是：没有一个人在协调这件事。

没有一个火鸡商在某处指挥、控制计划并发号施令。在所有这些人中没有一个人高高在上，强迫他们为你的利益合作。但他们确实在合作。当你来到超市时，已经有你要的火鸡了。你不用做任何事，只要去买就可以了。如果这不是奇迹，那又是什么呢？

亚当·斯密称它为“看不见的手”——引导千百万为自己利益工作的人促成有利于许多人的结果的神秘力量。在看似混乱的千百万未经协调的私人交易中产生了自发的市场命令。自由的人自由交易，结果是物品和劳务之丰富超出了人们的想象。没有独裁者，没有官员，没有超级计算机提前做出计划。的确，有时一个经济中的计划越多，它就越受短缺、混乱和失败的困扰。

自由的社会秩序，和它所带来的财富与进步一样，都是一种上天的极大恩赐。在这个感恩节以及生活中的每一天，我们都要心存感激。

资料来源： *The Boston Globe*, November 27, 2003.

7.4 结论：市场效率与市场失灵

本章介绍了福利经济学的基本工具——消费者剩余与生产者剩余——并用这些工具来评价自由市场的效率。我们说明了，供求的力量可以有效地配置资源。这就是说，即使市场的每个买者与卖者只关心他自己的福利，他们也会共同在一只看不见的手指引下，达到使买者与卖者总利益最大化的均衡。

现在是提出一些警告的时候了。为了得出市场有效率的结论，我们做出了一些关于市场如何运行的假设。当这些假设不成立时，关于市场均衡有效率的结论可能就不再正确了。在结束本章时，我们简单地考虑这些假设中最重要的两个假设。

第一，我们的分析假设，市场是完全竞争的。但在现实世界中，竞争有时远非完全竞争。在一些市场上，只有一个买者或卖者（或一小群买者或卖者）可以控制市场价格。这种影响价格的能力被称为**市场势力**。市场势力可以使市场无效率，因为它会使价格和数量背离供求均衡。

第二，我们的分析假设，市场结果只影响买者和卖者。但在现实世界中，买者和卖者的决策有时会影响那些根本不参与市场的人。污染是市场结果影响市场参与者以外的人的一个典型例子。例如，农药的使用不仅影响生产农药的制造商和使用农药的农民，而且还影响呼吸被农药污染的空气或喝被农药污染的水的许多其他人。这种负作用被称为**外部性**，它使市场福利不仅仅取决于买者的评价和卖者的成本。由于买者与 154
卖者在决定消费量和生产量时并没有考虑这种负面影响，所以，从整个社会的角度看，市场均衡可能是无效率的。

市场势力和外部性是一种被称为**市场失灵**的普遍现象的例子，市场失灵是指一些不受管制的市场不能有效地配置资源。当市场失灵时，公共政策有可能纠正这些问题并提高经济效率。微观经济学家花费许多精力去研究什么时候会发生市场失灵，以及哪种政策能最有效地纠正市场失灵。在继续学习经济学的过程中，你将会看到，这里所提出的福利经济学的工具也很容易适用于那类研究。

尽管存在市场失灵的可能性，市场中看不见的手仍然是极其重要的。我们在本章中做出的假设在许多市场中是成立的，从而市场有效率的结论是直接适用的。此外，我们可以运用我们关于福利经济学和市场效率的分析来说明各种政府政策的影响。在接下来的两章中，我们将运用刚刚提出的工具来研究两个重要的政策问题——赋税和国际贸易的福利效应。

内容提要

◎ 消费者剩余等于买者对一种物品的支付意愿减去其实际为此所支付的量，它衡量买者从参与市场中得到的利益。可以通过找出需求曲线以下和价格以上的面积，来计算消费者剩余。

◎ 生产者剩余等于卖者出售其物品得到的量减去其生产成本，它衡量卖者从参与市场中得到的利益。可以通过找出价格以下和供给曲线以上的面积，来计算生产者剩余。

◎ 使消费者剩余和生产者剩余的总和最大化的资源配置被称为是有效率的。决策者通常关心经济结果的效率以及平等。

◎ 供给与需求的均衡使消费者剩余与生产者剩余的总和最大化。这就是说，市场中看不见的手指引着买者与卖者有效地配置资源。

◎ 在存在市场势力或外部性等市场失灵的情况下，市场不能有效地配置资源。

155 关键概念

福利经济学

支付意愿

消费者剩余

成本

生产者剩余

效率

平等

复习题

1. 解释买者的支付意愿、消费者剩余和需求曲线如何相关。
2. 解释卖者的成本、生产者剩余和供给曲线如何相关。
3. 在供求图中，标出市场均衡时的生产者剩余和消费者剩余。
4. 什么是效率？它是经济决策者的唯一目标吗？
5. 看不见的手有什么作用？
6. 说出两种市场失灵的名称。解释为什么每一种都可能使市场结果无效率。

问题与应用

1. Melissa 用 120 美元购买了一个 iPod，并得到了 80 美元的消费者剩余。

   a. 她的支付意愿是多少？

   b. 如果她在降价销售时买了售价为 90 美元的 iPod，她的消费者剩余会是多少？

c. 如果 iPod 的价格是 250 美元，她的消费者剩余会是多少？

2. 加利福尼亚早来的寒流使柠檬变酸。柠檬市场上的消费者剩余会有什么变动？柠檬水市场上的消费者剩余会有什么变动？用图形说明你的答案。

3. 假设对法国面包的需求增加。在法国面包市场上，生产者剩余会发生什么变动？在面粉市场上，生产者剩余会发生什么变动？用图形说明你的答案。

4. 这是一个大热天，Bert 口干舌燥。下面是他对一瓶水的评价：

对第一瓶水的评价	7 美元
对第二瓶水的评价	5 美元
对第三瓶水的评价	3 美元
对第四瓶水的评价	1 美元

a. 根据以上信息推导出 Bert 的需求表。画出他对瓶装水的需求曲线。

b. 如果一瓶水的价格是 4 美元，Bert 会买多少瓶水？Bert 从他的购买中得到了多少消费者剩余？在你的图形中标出 Bert 的消费者剩余。

c. 如果价格下降到 2 美元，需求量会有何变化？Bert 的消费者剩余会有何变化？用你的图形说明这些变化。

5. Ernie 有一台抽水机。由于抽大量的水比抽少量的水困难，随着抽的水越来越多，生产一瓶水的成本增加。下面是他生产每瓶水的成本：

第一瓶水的成本	1 美元
第二瓶水的成本	3 美元
第三瓶水的成本	5 美元
第四瓶水的成本	7 美元

a. 根据以上信息推导出 Ernie 的供给表。画出他的瓶装水的供给曲线。

b. 如果一瓶水的价格是 4 美元，Ernie 会生产并销售多少瓶水？Ernie 从这种销售中得到了多少生产者剩余？在你的图形中标出 Ernie 的生产者剩余。

c. 如果价格上升为 6 美元，供给量会有何变化？Ernie 的生产者剩余会有何变化？在你的图形中标出这些变化。

6. 考虑一个由问题 4 中的 Bert 作为买者、问题 5 中的 Ernie 作为卖者组成的市场。

a. 用 Ernie 的供给表和 Bert 的需求表找出价格为 2 美元、4 美元和 6 美元时的供给量和需求量。这些价格中哪一种能使供求达到均衡？

b. 在这种均衡时，消费者剩余、生产者剩余和总剩余是多少？

c. 如果 Ernie 少生产并且 Bert 少消费一瓶水，总剩余会发生什么变动？

d. 如果 Ernie 多生产并且 Bert 多消费一瓶水，总剩余会发生什么变动？

7. 在过去几十年间，生产平面电视的成本降低了。我们考虑这一事实的某些含义。

a. 用供求图说明生产成本下降对平面电视的价格和销售量的影响。 156

b. 用你的图形说明消费者剩余和生产者剩余发生了什么变化。

c. 假定平面电视的供给是非常富有弹性的。谁从生产成本下降中获益最大？是平面电视的消费者还是生产者？

8. 有四位消费者愿意为理发支付下列价格：

Terry：7 美元

Oprah：2 美元

Ellen：8 美元

Phil：5 美元

有四家理发店，其成本如下：

A 企业：3 美元

B 企业：6 美元

C 企业：4 美元

D 企业：2 美元

每家店只能为一个人理发。从效率来看，应该有多少次理发？哪些店应该理发？哪些消费者应该理发？最大可能的总剩余是多少？

9. 假设技术进步使生产电脑的成本降低了。

a. 用供求图说明电脑市场上价格、数量、消费者剩余和生产者剩余会发生什么变动。

b. 电脑和加法机是替代品。用供求图说明加法机市场上的价格、数量、消费者剩余和生产者剩余会发生什么变动。电脑技术进步对加法机生产者而言是好事还是坏事？

c. 电脑和软件是互补品。用供求图说明软件市场上的价格、数量、消费者剩余和生产者剩余会发生什么变动。电脑技术进步对软件生产者而言是好事还是坏事？

d. 上述分析有助于解释为什么软件生产者比尔·盖茨是世界上最富有的人之一吗？

10. 考虑医疗保险如何影响所进行的医疗服务量。假设一般的就医治疗成本为100美元，但一个有医疗保险的人只需自付20美元，他的保险公司支付剩下的80美元。（保险公司将通过保险费
157 来收回这80美元，但一个人所支付的保险费不取决于他接受了多少治疗。）

a. 画出医疗市场上的需求曲线（在你的图形中，横轴应该代表治疗的次数）。标出如果治疗价格为100美元，治疗的需求量。

b. 在你的图上标出如果消费者每次治疗只支付20美元，治疗的需求量。如果每次治疗的社会成本的确是100美元，而且，如果个人有如上所述的医疗保险，这一治疗数量能使总剩余最大化吗？解释原因。

c. 经济学家经常指责医疗保险制度导致人们滥用医疗。根据你的分析，说明为什么医疗保健的使用被认为“滥用”。

d. 哪种政策可以防止这种滥用？

11. 花椰菜的供求如下式所述：

供给：$Q^S = 4P - 80$

需求：$Q^D = 100 - 2P$

Q 的单位是蒲式耳，P 的单位是美元/蒲式耳。

a. 画出供给曲线和需求曲线。均衡价格和均衡数量是多少？

b. 计算均衡时的消费者剩余、生产者剩余和总剩余。

c. 如果一个不喜欢花椰菜的独裁者要禁止销售这种蔬菜，谁将承担更大的负担——花椰菜的买者还是卖者？

第 8 章
应用:赋税的代价

税收往往是激烈的政治争论的起源。1776 年,美国殖民地人们对英国税收的愤怒引发了美国独立战争。二百多年以后,美国各政党仍在争论着税制的适当规模与形式。但没有一个人否认,一定程度的赋税是必要的。正如小奥立弗·温德尔·霍姆斯(Oliver Wendell Holmes Jr.)曾经说过的:“税收是我们为文明社会所付出的代价。” 159

由于赋税对现代经济有重大影响,随着我们掌握的工具的增多,我们在全书中会多次回到这个主题。我们在第 6 章中开始研究税收。在那一章,我们说明了一种物品的税收如何影响它的价格和销售量,以及供给和需求的力量如何在买者与卖者之间分摊税收负担。在本章中,我们要扩展这种分析,并考察税收如何影响福利,即如何影响市场参与者的经济福利。换言之,我们要弄清楚文明社会的代价有多高。

乍看起来,税收对福利的影响似乎是显而易见的。政府征税是为了筹集收入,而这种收入必然出自某人的口袋。正如我们在第 6 章中所说明的,当对一种物品征税时,买者和卖者的状况都会变坏:税收提高了买者支付的价格,并降低了卖者得到的价格。但为了更充分地理解税收如何影响经济福利,我们必须比较买者和卖者减少的福利和政府所增加的收入量。消费者剩余和生产者剩余工具使我们可以进行这种比较。后面的分析将表明,税收给买者和卖者带来的成本超过了政府所筹集到的收入。 160

8.1 赋税的无谓损失

我们从回忆第 6 章中的一个惊人的结论开始:一种物品的税收无论是向买者征收还是向卖者征收,其结果都是相同的。当向买者征税时,需求曲线向下移动，移动量为税收的大小；当向卖者征税时，供给曲线向上移动，移动量为税收的大小。在这两种情况下，当征收税收时，买者支付的价格都上升，而卖者得到的价格都下降。最终，供求弹性决定了税收负担如何在生产者和消费者之间分配。无论向谁征税，这种分配都是相同的。

图 8－1 表示以上这些影响。为了简化我们的讨论，尽管供给曲线和需求曲线中必然有一条曲线移动，但图上并没有表示出任何一条曲线的移动。哪一条曲线移动取决于是向卖者征税（供给曲线移动），还是向买者征税（需求曲线移动）。在本章中，我们可以通过不纠缠于说明移动而使图形一般化和简化。就我们的目的而言，关键的结论是，税收在买者支付的价格和卖者得到的价格之间打入了一个楔子。由于这种税收楔子，销售量低于没有税收时应该达到的水平。换句话说，对一种物品征税使这种物品的市场规模缩小。这些结论与第 6 章的结论相似。

图 8－1　税收效应

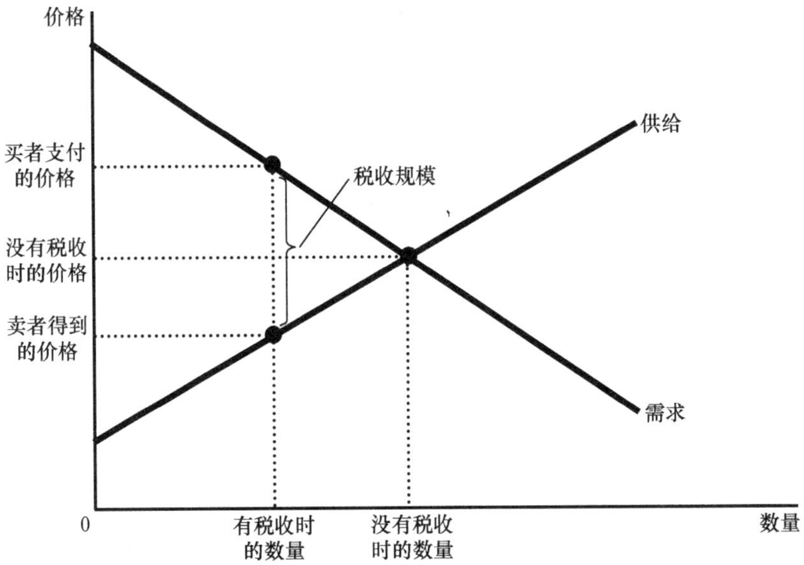

对一种物品征税是在买者支付的价格和卖者得到的价格之间打入了一个楔子。该物品的销售量下降。

161 “你知道吗？根据一州选民的人数来决定赋税的主意，在我看来也不怎么样。”

图片来源：© 2002 THE NEW YORKER COLLECTION FROM CARTOONBANK.COM. ALL RIGHTS RESERVED.

8.1.1　税收如何影响市场参与者

我们用福利经济学的工具来衡量对一种物品征税的得与失。为此，我们必须考虑税收如何影响买者、卖者和政府。市场上买者得到的利益用消费者剩余——买者愿意为某物品支付的量减去他们实际支付的量——来衡量。市场上卖者得到的利益用生产者剩余——卖者从某种物品得到的量减去其成本——来衡量。这些正是我们在第 7 章中所用的经济福利的衡量指标。

那么，税收又如何影响利益第三方——政府呢？如果 T 是税收规模，Q 是物品销售量，那么，政府得到的总税收收入就是 $T \times Q$。政府可以用这一税收收入提供服务，例如道路、警察和公共教育，或用于帮助需要帮助的人。因此，为了分析税收如何影响经济福利，我们用政府税收收入来衡量从税收中得到的公共利益。但是，应该记住，这种利益实际上并不归政府所有，而是归那些得到这种收入的人所有。

图 8－2 描述了用供给曲线和需求曲线之间矩形的面积表示的政府税收收入。这个矩形的高是税收规模 T，而矩形的宽是销售的物品数量 Q。由于矩形的面积是高乘以宽，所以，这个矩形的面积是 $T \times Q$，它等于税收收入。

图 8－2　税收收入

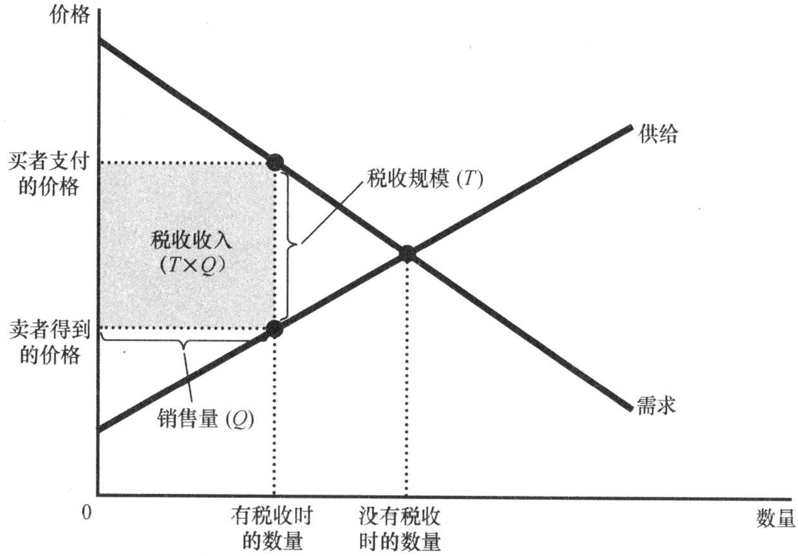

政府得到的税收收入等于 $T \times Q$，即税收规模 T 乘以销售量 Q。因此，税收收入等于供给曲线和需求曲线之间矩形的面积。

没有税收时的福利　为了说明税收如何影响福利，我们从考虑政府征税之前的福利开始。图 8－3 表示供求图，并用字母 A—F 标出了关键的面积。

没有税收时，可以在供给曲线和需求曲线相交处找出均衡价格和均衡数量。价格是 P_1，销售量是 Q_1。由于需求曲线反映了买者的支付意愿，所以，消费者剩余是需求曲线和价格之间的面积，即 $A + B + C$。同样，由于供给曲线反映了卖者的成本，所以，生产者剩余是供给曲线和价格之间的面积，即 $D + E + F$。在这种情况下，由于没有税收，税收收入等于零。 162

总剩余，即消费者剩余和生产者剩余之和，等于面积 $A + B + C + D + E + F$。换句话说，正如我们在第 7 章中所说明的，总剩余是供给曲线与需求曲线到均衡数量之间的面积。图 8－3 中表格的第一栏概括了这些结论。

图 8-3　税收如何影响福利

	没有税收时	有税收时	变动
消费者剩余	$A+B+C$	A	$-(B+C)$
生产者剩余	$D+E+F$	F	$-(D+E)$
税收收入	无	$B+D$	$+(B+D)$
总剩余	$A+B+C+D+E+F$	$A+B+D+F$	$-(C+E)$

面积 $C+E$ 表示总剩余的减少，并代表税收的无谓损失。

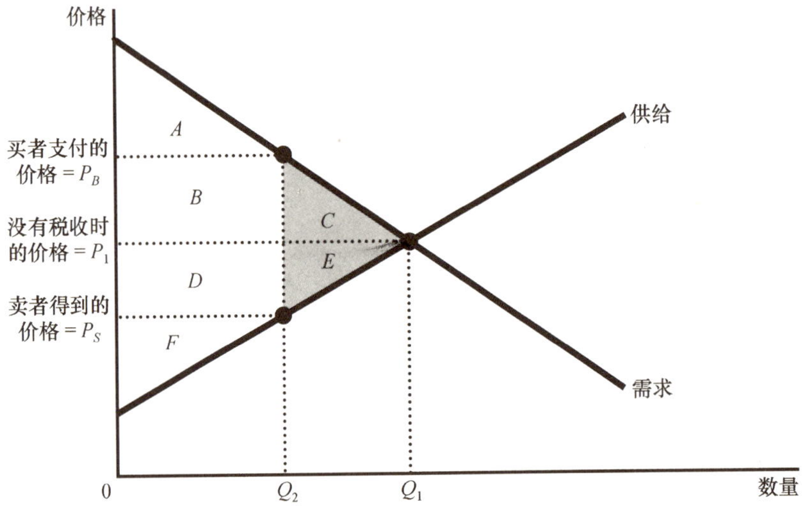

对一种物品征税减少了消费者剩余（面积 $B+C$）和生产者剩余（面积 $D+E$）。由于生产者剩余和消费者剩余的减少大于税收收入（面积 $B+D$），所以，税收引起了无谓损失（面积 $C+E$）。

有税收时的福利　现在考虑征税之后的福利。买者支付的价格从 P_1 上升到 P_B，因此，消费者剩余现在只等于面积 A（需求曲线以下和买者价格以上的面积）。卖者得到的价格从 P_1 下降到 P_S，因此，生产者剩余现在只等于面积 F（供给曲线以上和卖者价格以下的面积）。销售量从 Q_1 减少为 Q_2，而政府得到的税收收入等于面积 $B+D$。

163

为了计算有税收时的总剩余，我们把消费者剩余、生产者剩余和税收收入相加。因此，我们得到总剩余是面积 $A+B+D+F$。图 8-3 中表格的第二栏概括了这些结论。

福利的变动　现在我们可以通过比较征税前后的福利来说明税收的影响。图 8-3 中表格的第三栏表明了这些变化。税收使消费者剩余减少了面积 $B+C$，使生产者剩余减少了面积 $D+E$。税收收入增加了面积 $B+D$。毫不奇怪，税收使买者和卖者的状况变坏了，而使政府的状况变好了。

总福利的变动包括消费者剩余的变动（是负的）、生产者剩余的变动（也是负的）和税收收入的变动（是正的）。当我们把这三块相加后会发现，市场总剩余减少了面积 $C+E$。因此，买者和卖者因税收遭受的损失大于政府筹集到的收入。当税收（或某种其他政策）扭曲了市场结果时所引起的总剩余减少被称为**无谓损失**(deadweight loss)。无谓损失的大小用面积 $C+E$ 来衡量。

无谓损失:
市场扭曲(例如税收)引起的总剩余减少。

为了理解税收引起无谓损失的原因,回忆一下第 1 章中的经济学十大原理之一:人们会对激励做出反应。在第 7 章中我们说明了,市场通常可以有效地配置稀缺资源。这就是说,供求均衡使市场上买者和卖者的总剩余最大化。但是,当税收提高了买者的价格而降低了卖者的价格时,它对买者的激励是比没有税收时少消费,而对卖者的激励是比没有税收时少生产。当买者和卖者对这些激励做出反应时,市场规模缩小到其最适水平之下(如图所示,从 Q_1 移动到 Q_2)。因此,由于税收扭曲了激励,就引起了市场配置资源时的无效率。

8.1.2 无谓损失与贸易的好处

为了对税收引起无谓损失的原因有一些直观认识,考虑一个例子。设想 Joe 为 Jane 打扫房间每周得到 100 美元。Joe 的时间的机会成本是 80 美元,Jane 对打扫房间的评价是 120 美元。因此,Joe 和 Jane 两人从他们的交易中各得到了 20 美元的利益。总剩余 40 美元衡量这一特定交易带来的好处。

现在假设政府对打扫房间服务的提供者征收 50 美元的税。现在没有一种价格能使他们两人在纳税之后状况变得更好。Jane 愿意支付的最高价格是 120 美元,但这时 Joe 在纳税之后只剩下 70 美元,小于他 80 美元的机会成本。相反,如果 Joe 得到他的机会成本 80 美元,Jane 就必须支付 130 美元,这大于她对打扫房间的评价 120 美元。结果,Jane 和 Joe 取消了他们的安排。Joe 没有收入了,而 Jane 生活在肮脏的房间里。

税收使 Joe 和 Jane 的状况一共变坏了 40 美元,因为他们每人失去了 20 美元的剩余量。但注意,政府也没有从 Joe 和 Jane 那里得到税收收入,因为他们决定取消他们的安排。40 美元是纯粹的无谓损失:未被政府收入的增加所抵消的市场上买者和卖者的损失。在这个例子中,我们可以看出无谓损失的最终来源:税收引起无谓损失是因为它使买者和卖者不能实现某些贸易的好处。

164

供给曲线和需求曲线之间的三角形面积(图 8-3 中的面积 $C+E$)衡量了这种无谓损失的大小。通过回忆需求曲线反映消费者对物品的评价和供给曲线反映生产者的成本,可以用图 8-4 更容易地说明这一结论。当税收使买者价格上升到 P_B,卖者价格下降到 P_S 时,边际买者和边际卖者离开市场,因此,销售量从 Q_1 减少到 Q_2。但正如图 8-4 所示,这些买者对物品的评价仍大于卖者的成本。在 Q_1 和 Q_2 之间任何一种数量时,情况都和我们所举的 Joe 和 Jane 的例子相同。贸易的好处——买者评价与卖者成本之间的差额——小于税收。因此,一旦征税,这些贸易就无法进行。无谓损失就是由于税收阻止了这些互利的贸易而引起的剩余损失。

图 8-4 无谓损失

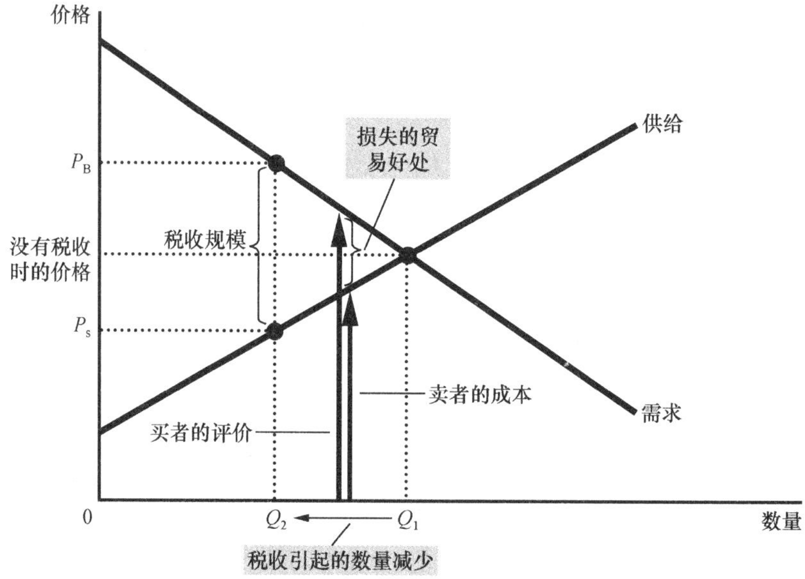

当政府对一种物品征税时，销售量从 Q_1 减少为 Q_2。在 Q_1 和 Q_2 之间的每一销售量上，买者和卖者之间一些潜在的贸易好处都没有得到实现。这些贸易好处的损失就引起了无谓损失。

即问即答 画出甜点的供给曲线与需求曲线。如果政府对甜点征税，说明买者支付的价格、卖者得到的价格以及销售量的变动。用你的图说明税收的无谓损失，并解释无谓损失的含义。

8.2 决定无谓损失的因素

什么因素决定税收的无谓损失的大小？答案是供给和需求的价格弹性，价格弹性衡量供给量和需求量对价格变动的反应。

我们先来考虑供给弹性如何影响无谓损失的大小。在图 8-5 上面的两幅图中，需求曲线和税收规模是相同的。这两幅图唯一的差别是供
165 给曲线的弹性。在(a)幅中，供给曲线比较缺乏弹性：供给量对价格变动只有很小的反应。在(b)幅中，供给曲线比较富有弹性：供给量对价格变动的反应很大。要注意的是无谓损失，即供给曲线和需求曲线之间的三角形面积，在供给曲线比较富有弹性时较大。

同样，图 8-5 下面的两幅图表示需求弹性如何影响无谓损失的大
166 小。在这里，供给曲线和税收规模保持不变。在(c)幅中，需求曲线比较缺乏弹性，税收的无谓损失较小。在(d)幅中，需求曲线比较富有弹性，税收的无谓损失较大。

从这个图中所得出的结论很容易解释。税收造成无谓损失，是因为它使买者和卖者改变了自己的行为。税收提高了买者支付的价格，因此他们的消费减少了；同时，税收降低了卖者得到的价格，因此他们的生产

图 8-5 税收扭曲与弹性

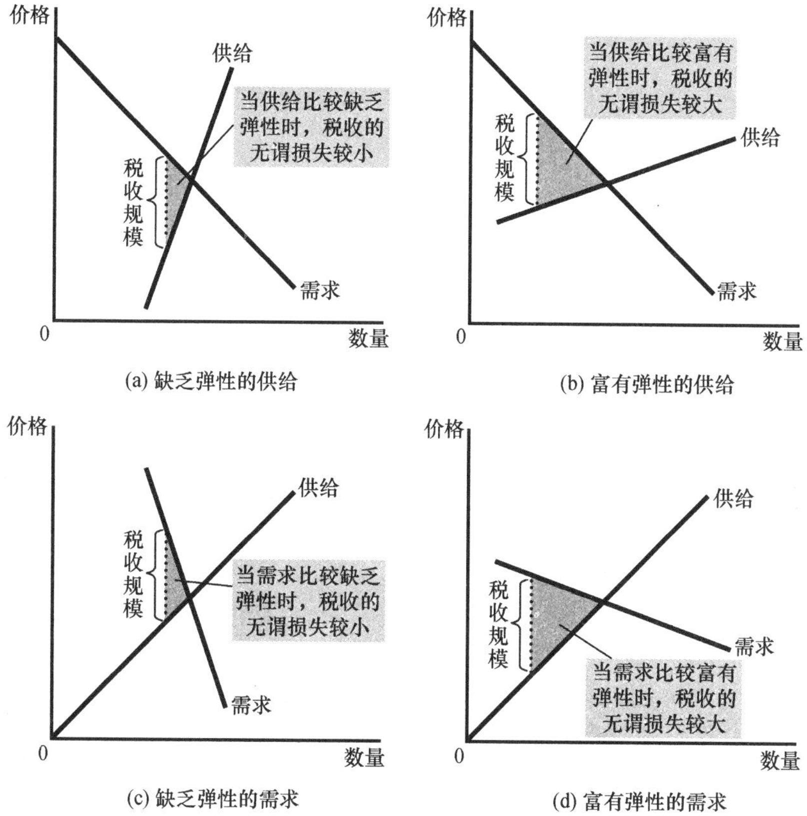

在(a)幅和(b)幅中，需求曲线和税收规模相同，但供给的价格弹性不同。要注意的是，供给曲线越富有弹性，税收的无谓损失越大。在(c)幅和(d)幅中，供给曲线和税收规模相同，但需求的价格弹性不同。要注意的是，需求曲线越富有弹性，税收的无谓损失越大。

减少了。由于行为的这些变动，市场规模缩小到最适水平之下。供给和需求的弹性衡量买者和卖者对价格变动的反应程度，从而决定了税收在多大程度上扭曲了市场结果。因此，供给和需求的弹性越大，税收的无谓损失也就越大。

案例研究
无谓损失的争论

供给、需求、弹性和无谓损失等所有这些经济学理论足以使你头昏脑涨。但是，信不信由你，这些思想触及了深层次政治问题的中心：政府应该有多大？争论这些概念的原因是，税收的无谓损失越大，政府实施一项计划的成本就越高。如果赋税引起极大的无谓损失，那么，这些损失就强烈支持低税无为的小政府。与此相反，如果税收只带来微不足道的无谓损失，那么，政府计划的成本就比其他情况下要小。

"你对劳动供给弹性的看法是怎样的?"

图片来源：© AP IMAGES.

赋税的无谓损失究竟有多大？经济学家对这个问题的回答并不一致。为了说明这种分歧的本质，考虑美国经济中最重要的税收——劳动税。社会保障税、医疗保障税以及(在很大程度上来讲)联邦所得税,都是劳动税。许多州政府也对劳动收入征税。劳动税是打入企业支付的工资和工人得到的工资之间的一个楔子。对于一个普通工人来说,如果把各种形式的劳动税加在一起,劳动收入的边际税率——对最后1美元收入所征收的税收——约为40%。

尽管劳动税的规模容易确定,但这种税的无谓损失并不是显而易见的。对于这40%的劳动税的无谓损失是大还是小,经济学家们的看法并不一致。产生这种分歧的原因在于他们对劳动供给弹性的看法不同。

那些认为劳动税并没有严重扭曲市场结果的经济学家认为,劳动供给是相当缺乏弹性的。他们说,无论工资如何,大多数人都会从事全职工作。如果是这样的话,劳动供给曲线几乎是垂直的,劳动税引起的无谓损失很小。

那些认为劳动税引起严重扭曲的经济学家认为,劳动供给是较为富有弹性的。在承认某些工人群体的劳动可能缺乏弹性的同时,他们认为许多其他群体对激励反应较大。下面是一些例子:

- 许多工人可以调整他们工作的时间,例如加班工作。工资越高,他们选择工作的时间越长。
- 一些家庭有第二个赚钱人——往往是有孩子的已婚妇女——他们要根据情况决定是在家里从事不拿报酬的家务劳动,还是在市场上从事有报酬的劳动。当决定是否参加工作时,这些第二个赚钱人要比较在家里的利益(包括节省下来的孩子的看护费用)和他们能赚到的工资。
- 许多老年人可以选择什么时候退休,而且,他们的决策也部分地取决于工资。一旦他们退休了,工资将决定他们从事业余工作的激励。
- 一些人考虑从事非法经济活动,例如毒品贸易,或从事可以逃税的暗中支付工资的工作。经济学家把这种情况称为**地下经济**。当决定在地下经济中工作还是合法地工作时,这些潜在的违法者要比较他们违法赚到的收入和合法所赚到的工资。

在上述每一种情况下,劳动供给量都对工资(劳动价格)做出了反应。因此,当劳动收入要纳税时,这些工人的决策就被扭曲了。劳动税鼓励工人减少工作时间、第二个赚钱人留在家里、老年人早退休以及一些无耻之徒从事地下经济活动。

关于劳动税的这两种观点今天仍然存在。实际上,当你看到两个政党候选人争论政府应该提供更多的服务还是减少税收负担时,要记住这种分歧部分是源于他们在劳动供给弹性和赋税无谓损失上的不同观点。

167

即问即答 啤酒的需求比牛奶的需求更富有弹性。啤酒税的无谓损失大,还是牛奶税的无谓损失大?为什么?

8.3 税收变动时的无谓损失和税收收入

税收很少长期保持不变。地方、州和联邦政府的决策者总是在考虑提高一种税或降低另一种税。这里,我们要考虑当税收规模变动时,无谓损失和税收收入会发生什么变动。

图 8 - 6 表示在市场供给曲线和需求曲线保持不变的情况下,小额税、中额税和大额税的影响。无谓损失——当税收使市场规模缩小到最适水平以下时引起的总剩余减少——等于供给曲线和需求曲线之间的三角形面积。在(a)幅中的小额税时,无谓损失(即三角形的面积)相当小。但在(b)幅和(c)幅中,随着税收规模的增大,无谓损失变得越来越大。

实际上,税收的无谓损失的增加要快于税收规模的扩大。这是因为无谓损失是一个三角形的面积,而三角形的面积取决于三角形底和高的乘积。例如,如果税收规模翻一番,三角形的底和高各翻一番,这样,无谓损失就增加为原来的 4 倍。如果我们使税收增加为原来的 3 倍,三角形的底和高也增加为原来的 3 倍,这样,无谓损失就增加为原来的 9 倍。

政府税收收入是税收规模乘以物品销售量。正如图 8 - 6 的前三幅
所示,税收收入等于供给曲线和需求曲线之间的矩形面积。在(a)幅中的 168
小额税时,税收收入很少。当税收规模从(a)幅所示增大到(b)幅所示时,税收收入增加了。但当税收规模再从(b)幅所示增大到(c)幅所示时,税收收入又减少了,这是因为税收的大幅度提高缩小了市场规模。当税收极高时,税收收入将缩减为零,因为人们会完全停止买卖物品。

图 8 - 6 中的最后两幅总结了这些结论。在(d)幅中,我们看到,随着
税收规模的扩大,无谓损失迅速增加。与此相比,(e)幅表示随着税收规 169
模的扩大,税收收入先是增加,但随着税收规模越来越大,市场收缩也非常大,以至于税收收入开始减少。

图 8－6　无谓损失和税收收入如何随税收规模而变动

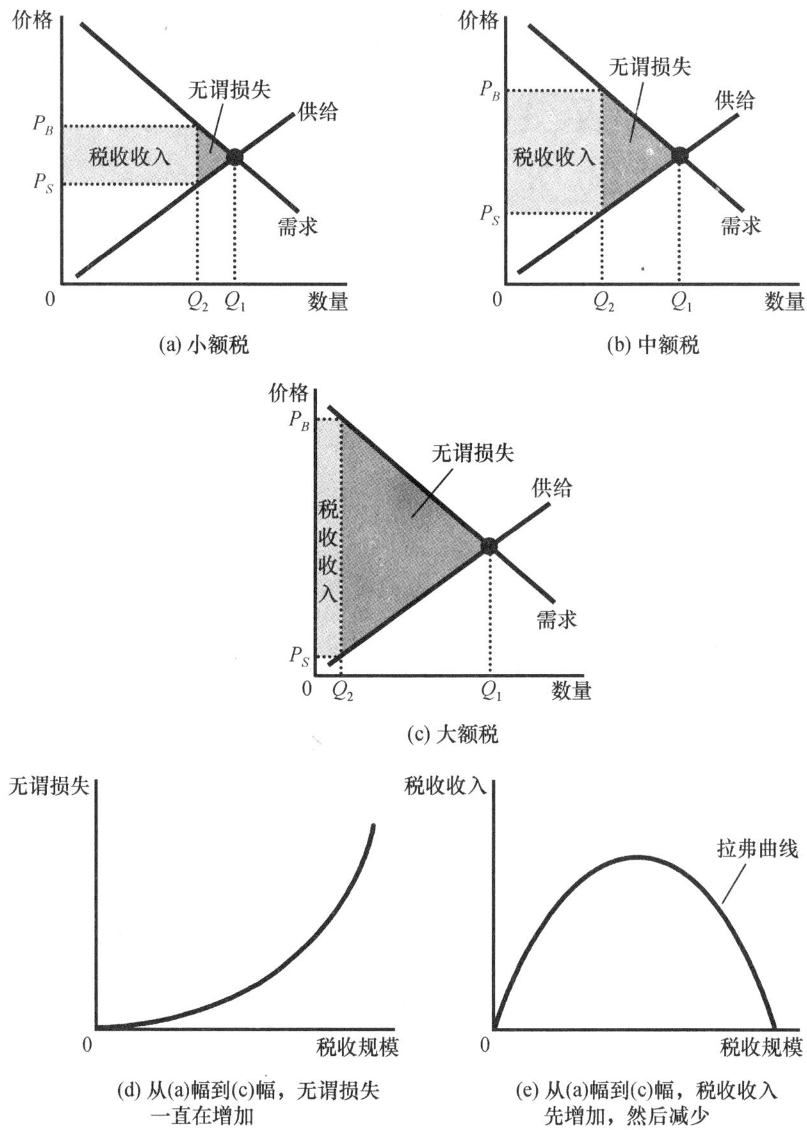

无谓损失是税收引起的总剩余减少。税收收入是税收与物品销售量的乘积。在(a)幅中，小额税有少量无谓损失，并增加了少量收入。在(b)幅中，中额税有较大无谓损失，并增加了较多收入。在(c)幅中，大额税有非常大的无谓损失，由于它大大缩减了市场规模，所以，只增加了少量收入。(d)幅和(e)幅总结了这些结论。(d)幅表示，税收规模越大，无谓损失越大。(e)幅表示，税收收入先增加，然后减少。这种关系有时被称为拉弗曲线。

亨利·乔治

图片来源：© CORBIS.

参考资料
亨利·乔治和土地税

存在一种理想的税吗？19 世纪的美国经济学家和社会哲学家亨利·乔治(Henry George)认为有。在 1879 年出版的《进步与贫困》一书中，乔治认为，政府的所有收入都应该来自土地税。他声称，这种“单一税”既公平又有效率。乔治的思想为他赢得了相当多的政治追随者，但是 1886 年他却在竞选纽约市市长的最后一轮中失败了(尽管他的票数最后遥遥领先于共和党候选人西奥多·罗斯福)。

乔治的对土地征税的建议主要出于对经济福利分配的关注。他对"巨额财富和食不果腹之间的强烈反差"感到愤慨,并认为,土地所有者从整个经济的迅速增长中得到的利益大于他们应该得到的。

可以用现代经济学的工具来解释乔治支持土地税的论点。首先让我们来看看土地出租市场的供给和需求。由于移民导致人口增长和技术进步,引起收入增加,土地的需求一直在增加。但由于土地量是固定的,供给完全无弹性。需求的迅速增加与供给的无弹性共同引起土地均衡租金的大幅度上升,因此经济增长使富有的土地所有者变得更加富有。

现在考虑土地税的影响。正如我们在第 6 章中首先说明的,税收负担更多地落在了缺乏弹性的市场一方身上。土地税使这一原则发挥到了极致。因为供给弹性是零,所以土地所有者承担了全部税收负担。

下面考虑效率问题。正如我们刚才讨论的,税收的无谓损失取决于供给弹性和需求弹性。如前所述,土地税是一种极端情况。由于供给完全无弹性,土地税没有改变市场配置。因此,没有无谓损失,政府的税收收入正好等于土地所有者的损失。

虽然对土地征税从理论上看很有吸引力,但在实践中并不像看起来那样简单易行。为了使土地税不至于扭曲经济激励,就必须只针对处女地征税。土地的价值往往来自于改良土地的活动,例如清理树木、提供排灌设施以及修建道路等。与处女地的供给不同,改良活动的供给弹性是大于零的。如果对改良活动征税,就会扭曲激励,因为这时土地所有者的反应是把更少的资源用于改良土地。

现在,很少有经济学家支持乔治关于单一土地税的建议。不仅仅是因为对改良土地征税引起的潜在问题,而且这种税也无法使政府筹集到足够的收入,以维持今天规模庞大的政府的运转。但乔治的许多观点仍然是正确的。在乔治的这本著作出版一百年以后,著名经济学家米尔顿·弗里德曼(Milton Friedman)的评价是:"在我看来,危害最小的税是亨利·乔治在许多年前主张的按原始土地价值征收的财产税。"

案例研究
拉弗曲线和供给学派经济学

1974 年的一天,经济学家阿瑟·拉弗(Arthur Laffer)和一些著名记者与政治家在华盛顿的一家餐馆用餐。他拿来一块餐巾并在上面画了一个图来说明税率如何影响税收收入。这个图看起来很像图 8-6 中的(e)幅,接着拉弗提出,美国已处于这条曲线向下倾斜的一边上。他认为,税率如此之高,以至于降低税率实际上反而会增加税收收入。 170

大多数经济学家怀疑拉弗的建议。就经济理论而言,降低税率可以增加税收收入的思想可能是正确的,但值得怀疑的是在实践中是否真的

171 如此。还没有什么证据可以证明拉弗的观点，即美国的税率实际上已经达到了这种极端的水平。

但是，这条曲线(即著名的**拉弗曲线**)激发了罗纳德·里根的想象力。里根政府的第一任预算局长 David Stockman 讲了这样一个故事：

> (里根)曾亲自经历过拉弗曲线所描述的情况。他总是说："第二次世界大战期间我拍电影赚过大钱。"在那时，战时附加所得税高达90%。"你只能拍四部电影就达到最高税率那一档了。"他继续说，"因此，我们都拍完四部电影就停止工作，并到乡下度假。"高税率使人们更少地工作。低税率使人们更多地工作。他的经历证明了拉弗曲线。

当里根1980年竞选总统时，他把减税作为其施政纲领的一部分。里根认为，税收如此之高，以至于不鼓励人们努力工作。他认为，减税将给人们适当的工作激励，这种激励又会提高经济福利，或许甚至可以增加税收收入。由于降低税率是要鼓励人们增加他们供给的劳动数量，所以，拉弗和里根的观点就以**供给学派经济学**而闻名。

经济学家一直在争论拉弗的观点。许多经济学家认为，之后的历史否定了拉弗关于低税率可以增加税收收入的预言。但是，由于历史可以有不同的解释，另一些经济学家认为，20世纪80年代的事件更有利于供给学派。为了准确地评价拉弗的假说，我们需要在里根没有减税的前提下重演一遍历史，来看一下税收收入高了还是低了。不幸的是，这个试验是不可能的。

在这个问题上，一些经济学家采取了中间立场。他们认为，虽然税率的全面降低通常会减少税收收入，但一些纳税人有时可能发现自己处于拉弗曲线不利的一边。在其他条件不变时，如果对面临最高税率的纳税人实施减税，减税可能增加税收收入。此外，当考虑税率比美国高得多的国家时，拉弗的观点也许更有说服力。例如，20世纪80年代初，瑞典一般工人面临的边际税率约为80%。这样高的税率确实严重不利于工作激励。研究表明，瑞典如果降低其税率，的确可以增加税收收入。

经济学家对这些问题看法不一致，部分是因为他们对相关弹性大小的看法不一致。在任何一个市场上，供给和需求越富有弹性，该市场上税收对人们行为的扭曲就越大，而且，更可能的情况是，减税将增加税收收入。但是，经济学家对以下一般性结论是没有争议的：仅仅盯住税率并不能计算出税收变动会使政府收入增加或减少多少，后者还取决于税收变动如何影响人们的行为。

即问即答 如果政府将汽油税翻番，你能肯定汽油税的收入将增加吗？你能肯定汽油税的无谓损失将增加吗？解释原因。

新闻摘录
通向法国之路

税率影响工作努力程度。这种观点有助于解释为什么美国经济不同于世界上许多其他经济。

美国有可能走上欧盟的高税收之路

美国人在经济上比欧洲人更强，部分原因在于他们工作得更多，这种差异往往被归因于文化差异：美国人想消费更多，而欧洲人想享受更多闲暇。

但是在20世纪70年代，法国人的工作时间实际上要比美国人长，他们现在的工作时间减少了三分之一，原因不是向往美好的生活，而是为了逃避欧洲的税收，包括工薪税。但美国人不能沾沾自喜：如果不能解决社会保障和医疗保险制度方面隐现的危机，他们也会走上同样的高税收之路……

明尼苏达大学的 Edward Prescott 教授说，欧洲的高税收使得雇用劳动力代价高昂，尽管扣除税收后的净收入也许并没有增加多少。税收负担越重，雇主就越难用薪金吸引人参加工作，人们就更愿意领取政府津贴、读书或提早退休。他说，从20世纪70年代初期到90年代中期，法国的税率从49%上升到59%，而美国的税率则保持在40%。

结果是，20世纪70年代初处于工作年龄的法国人平均每周的工作时间是24.4小时，比美国人多1小时。到20世纪90年代中期，法国人平均每周的工作时间减少为17.5小时，而美国人平均每周的工作时间增加到25.9小时。

谁工作最努力

在税率较高的国家，人们往往工作较少

国　别	税率(%)	每周工作时间(小时)
意大利	64	16.5
法国	59	17.5
德国	59	19.3
加拿大	52	22.8
英国	44	22.9
美国	40	25.9
日本	37	27.0

几个主要工业化国家的工作时间与税率之间的关系是相似的。在税率甚至比美国还低的日本，工作时间更多，而在税率最高的意大利，工作时间最少。20世纪70年代，当税率差别缩小时，工作时间的差别也缩小了。

对美国来说，可从欧洲吸取的更为重要的教训可能是因没有为婴儿潮时的出生者准备退休时的支出而付出的代价。白宫预算办公室说，在未来几十年中承诺的社会保障和医疗保障方面的支付要比收入多18万亿美元，要在不削减任何福利的情况下弥补这一差额，就要求社会保障税和医疗工薪税的总额增加7.1个百分点，而现在已是15.3%了……

"人们将不再工作"，明尼阿波利斯联邦储备银行研究主任 Arthur Rolnick 这样说。随着劳动力的减少，税收会越来越多地加在留下来的工人的身上……

加州大学伯克利分校的 Alan Auerbach 说，必须抑制这种制度的慷慨性，而且"越快越好"。否则，美国人的工作习惯也会像法国人一样。

资料来源： *The Wall Street Journal*, October 20, 2003.

172

8.4 结论

在本章中，我们运用前一章提出的工具来加深对税收的理解。第 1 章中讨论的**经济学十大原理**之一是，市场通常是组织经济活动的一种好方法。在第 7 章中，我们运用生产者剩余和消费者剩余的概念更为精确地阐释了该原理。这里我们说明了，当政府对一种物品的买者或卖者征税时，社会就损失了某些市场效率的好处。税收给市场参与者带来损失，不仅是因为税收将资源从市场参与者手中转到政府手中，还因为税收改变了激励，并扭曲了市场结果。

这里和第 6 章提供的分析会为你理解税收的经济影响打下一个良好的基础，但事情并未到此结束。微观经济学家研究如何最好地设计税制，包括如何达到平等与效率之间的适当平衡。宏观经济学家研究税收如何影响整个经济，以及决策者可以如何运用税制来稳定经济活动，并实现更快的经济增长。因此，毫不奇怪，随着你继续学习经济学，税收这个主题还会反复出现。

内容提要

◎ 一种物品的税收使该物品买者与卖者的福利减少了，而且，消费者剩余和生产者剩余的减少常常超过了政府筹集到的收入。总剩余——消费者剩余、生产者剩余和税收收入之和——的减少被称为税收的无谓损失。

◎ 税收带来无谓损失是因为它使买者少消费，使卖者少生产，而且，这种行为变动使市场规模缩小到使总剩余最大化的水平之下。由于供给弹性和需求弹性衡量市场参与者对市场状况变动的反应程度，所以，弹性越大意味着无谓损失越大。

◎ 税收增加越多，它对激励的扭曲越大，无谓损失也就越大。但由于税收减少了市场规模，税收收入不会一直增加。税收收入起初随着税收规模的扩大而增加，但如果税收规模达到足够大时，税收收入就会开始下降。

关键概念 173

无谓损失

复习题

1. 当对一种物品征税时，消费者剩余和生产者剩余会发生什么变动？与税收收入相比较，消费者剩余和生产者剩余如何变动？解释原因。
2. 画出对某种物品征收销售税的供求图。说明无谓损失。说明税收收入。
3. 供给弹性与需求弹性如何影响税收的无谓损失？为什么会有这种影响？
4. 为什么专家对劳动税无谓损失大小的看法不一致？
5. 当税收增加时，无谓损失和税收收入会发生什么变动？

问题与应用

1. 比萨饼市场的特征是需求曲线向右下方倾斜，供给曲线向右上方倾斜。
   a. 画出竞争市场的均衡图。标出价格、数量、消费者剩余和生产者剩余。存在无谓损失吗？解释原因。
   b. 假设政府令每个比萨饼店每卖出一个比萨饼缴纳 1 美元税。说明这种比萨饼税的影响，确定并标出消费者剩余、生产者剩余、政府收入以及无谓损失。每块面积与税前相比有何变动？
   c. 如果取消税收，比萨饼的买者和卖者的状况会变好，但政府会失去税收收入。假设消费者和生产者自愿把他们的部分收入交给政府。各方（包括政府）的状况能比有税收时更好吗？用你的图上所标出的面积做出解释。
2. 评价以下两句话。你同意吗？为什么？
   a. “一种没有无谓损失的税收不能增加任何政府收入。”
   b. “不能为政府筹集收入的税收也不会有任何无谓损失。”
3. 考虑橡皮筋市场。
   a. 如果这个市场供给非常富有弹性，而需求非常缺乏弹性，橡皮筋的税收负担将如何在消费者和生产者之间分摊？运用消费者剩余和生产者剩余工具来回答。
   b. 如果这个市场供给非常缺乏弹性，而需求非常富有弹性，橡皮筋的税收负担将如何在消费者和生产者之间分摊？把你的答案和 a 的答案进行对比。
4. 19 世纪的经济学家亨利·乔治认为，政府应该对土地征收高税收，他把土地的供给视为完全无弹性的。
   a. 乔治认为，经济增长增加了对土地的需求，并使富有的地主以损害组成市场需求一方的佃农的利益为代价越来越富。画图说明这个观点。
   b. 谁承担了土地税的负担——土地所有者还是佃农？解释原因。
   c. 这种税的无谓损失是大还是小？解 174
   释原因。
   d. 今天许多城镇都按房地产的价值征

税。为什么以上有关乔治的土地税的分析并不适用于这种现代税收？

5. 假设政府征收燃油税。
   a. 这种税的无谓损失是在征税后第一年大，还是第五年大？解释原因。
   b. 从这种税中得到的收入是在征税后第一年多，还是第五年多？解释原因。

6. 有一天上完经济学课以后，你的朋友说：对食物征税是筹集收入的一个好方法，因为食物的需求是完全无弹性的。从什么意义上说，对食物征税是筹集税收收入的“好”方法？从什么意义上说，它并不是筹集税收收入的“好”方法？

7. 前纽约州参议员 Daniel Patrick Moynihan 曾经提出一个法案，该法案要对某种空心弹征收 10 000% 的税。
   a. 你认为这种税能筹集到大量税收收入吗？为什么？
   b. 如果说这种税不能筹集到税收收入，Moynihan 议员为什么还要提议征收这种税呢？

8. 政府对购买袜子征税。
   a. 说明这种税对袜子市场的均衡价格和均衡数量的影响。确定在征税前后的以下面积：消费者总支出、生产者总收益和政府税收收入。
   b. 生产者得到的价格上升了还是下降了？你能判断出生产者的总收益是增加了还是减少了吗？解释原因。
   c. 消费者支付的价格上升了还是下降了？你能判断出消费者的总支出增加了还是减少了吗？详细解释。（提示：考虑弹性。）如果消费者总支出减少
175 了，消费者剩余增加了吗？解释原因。

9. 假设政府现在通过对每件小器具征收 0.01 美元的税而筹集了 1 亿美元的税收收入，又通过对每件小配件征收 0.1 美元的税筹集了另外 1 亿美元的税收收入。如果政府对小器具的税率翻一番，而取消对小配件的征税，政府的税收收入比现在多了、少了，还是相同呢？解释原因。

10. 本章分析了对物品征税的福利影响。现在考虑相反的政策。假定政府补贴一种物品：每销售一单位该物品，政府向买者支付 2 美元。该补贴如何影响消费者剩余、生产者剩余、税收收入和总剩余？补贴会引起无谓损失吗？解释原因。

11. 小镇的旅馆房间价格为每天每间 100 美元，一般每天租出去 1 000 个房间。
   a. 为了增加收入，市长决定对旅馆每个租出去的房间收取 10 美元的税。在征税之后，旅馆房间的价格上升到 108 美元，租出去的房间减少为 900 间。计算这种税为小镇筹集到多少收入，以及税收的无谓损失。（提示：三角形面积是 1/2 × 底 × 高。）
   b. 市长现在把税收翻一番，即增加到 20 美元。价格上升到 116 美元，租出去的房间减少为 800 间。计算税收增加后的税收收入和无谓损失。税收收入和无谓损失是原来的两倍、大于两倍，还是小于两倍？解释原因。

12. 假设以下供给和需求方程描述了一个市场：

$$Q^S = 2P$$

$$Q^D = 300 - P$$

   a. 求解均衡价格和均衡数量。
   b. 假设对买者征收税收 T，因此，新的需求方程式是：

$$Q^D = 300 - (P + T)$$

   求解新的均衡。卖者得到的价格、买者支付的价格和销售量会发生什么变动？
   c. 税收收入是 $T \times Q$。用你对问题 b 的答案求解作为 T 的函数的税收收入。画出 T 在 0—300 之间时这种关系的图形。
   d. 税收的无谓损失是供给曲线和需求曲线之间三角形的面积。你还记

得，三角形面积是 1/2 × 底 × 高，以此求解作为 T 的函数的无谓损失。画出 T 为 0—300 时这种关系的图形。（提示：从各个边看，无谓损失三角形的底是 T，高是有税收时的销售量与无税收时的销售量之差。）

e. 现在政府对每单位该物品征收 200 美元的税。这是一种好政策吗？为什么？你能提出更好的政策吗？

第9章

应用:国际贸易

177 如果你查看你身上穿的衣服的标签,你也许会发现,你的一些衣服是别的国家生产的。一个世纪前,纺织业和服装业是美国经济的主要部门,但现在情况已经改变了。美国的许多企业发现,面临着可以以低成本生产高质量物品的外国竞争者,要通过生产并销售纺织品和服装来获得利润越来越困难了。因此,它们解雇了工人,并关闭了工厂。今天,美国人消费的许多纺织品和服装都是从国外进口的。

纺织业的故事提出了一个有关经济政策的重要问题:国际贸易如何影响经济福利?在各国间的自由贸易中谁受益?谁受损?如何比较利益和损失?

第3章运用比较优势原理介绍了关于国际贸易的研究。根据这一原理,各国都可以从相互贸易中获益,因为贸易使每个国家都可以专门从事

178 自己最擅长的活动。但第3章的分析是不完全的,它没有解释在国际市场上如何实现这种贸易的好处,或者这些好处如何在各个经济参与者之间进行分配。

现在我们转向对国际贸易的研究并解决这些问题。在前几章中,我们提出了许多分析市场如何运行的工具:供给、需求、均衡、消费者剩余和生产者剩余等等。我们可以用这些工具来更多地了解国际贸易对经济福利的影响。

9.1 决定贸易的因素

我们来看纺织品市场。纺织品市场很适于用来考察国际贸易的得失:世界上许多国家都生产纺织品,而且,纺织品的国际贸易量也很大。此外,纺织品市场是决策者经常考虑(而且有时实施)贸易限制,以便保护国内生产者免受外国竞争的一个市场。我们这里考察一个假想的 Isoland 国的纺织品市场。

9.1.1 没有贸易时的均衡

我们首先假设,Isoland 国的纺织品市场是与世界其他地方相隔离的。根据政府法令,Isoland 国不允许任何一个人进口或出口纺织品,而且,违背该法令的惩罚非常严厉,以至于没有一个人敢违法去这样做。

因为没有国际贸易,所以 Isoland 国的纺织品市场由 Isoland 国的买者和卖者组成。如图 9-1 所示,国内价格调整使国内卖者的供给量与国内买者的需求量达到平衡。该图表示在没有国际贸易的均衡时的消费者剩余和生产者剩余。我们可以用消费者剩余和生产者剩余之和来衡量买者和卖者从参与纺织品市场中得到的总利益。

图 9-1　没有国际贸易时的均衡

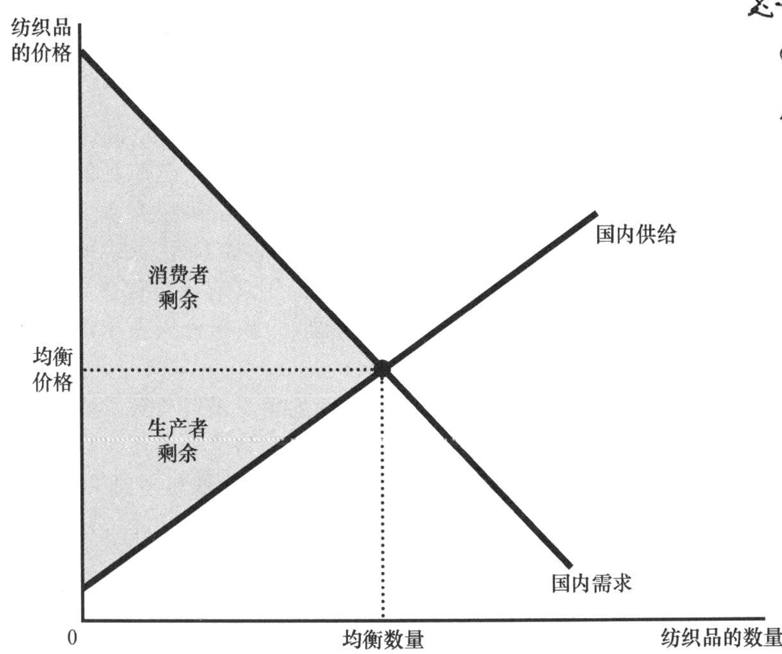

当一个经济不能在世界市场上进行贸易时,价格会自发调整,使国内供给与需求达到平衡。这个图表示在假想的 Isoland 国纺织品市场上,在没有国际贸易的均衡时的消费者剩余和生产者剩余。

现在假设在一次选举中,Isoland 国选出了一位新总统。新总统在参选时以"变革"为竞选纲领,并向选民承诺会大胆提出新思想。她的第一个行动是组织了一个经济学家小组来评价 Isoland 国的贸易政策,并要求这些经济学家就以下三个问题呈出报告:

- 如果政府允许 Isoland 国进口和出口纺织品,国内纺织品市场的纺织品价格和纺织品销售量会发生什么变动?
- 谁将从纺织品的自由贸易中获益?谁将遭受损失?好处会大于损失吗?
- 应该把关税(对纺织品进口征税)作为新贸易政策的一部分吗?

在复习了他们最喜爱的教科书(当然,这也是其中一本)上的供给与需求的相关知识之后,Isoland 国的经济学家小组开始进行分析。

9.1.2 世界价格和比较优势

经济学家要解决的第一个问题是 Isoland 国会成为一个纺织品进口国还是纺织品出口国。换句话说,如果允许自由贸易,Isoland 国最后会在世界市场上买纺织品还是卖纺织品?

为了回答这个问题,经济学家对现在 Isoland 国的纺织品价格和其他国家的纺织品价格进行了比较。我们把世界市场上通行的价格称为**世界价格**(world price)。如果纺织品的世界价格高于国内价格,那么,一旦允许贸易,Isoland 国就会成为一个纺织品出口国。Isoland 国的纺织品生产者渴望得到国外可以得到的高价格,并开始向其他国家的买者出售它们的纺织品。相反,如果纺织品的世界价格低于国内价格,那么,Isoland 国就将成为一个纺织品进口国。由于外国卖者提供了更好的价格,Isoland 国的纺织品消费者将很快开始购买其他国家的纺织品。

世界价格:
一种物品在世界市场上所通行的价格。

从本质上说,比较贸易之前的世界价格和国内价格可以说明,Isoland 国在生产纺织品方面有没有比较优势。国内价格反映纺织品的机会成本:它告诉我们,Isoland 国为了得到一单位纺织品必须放弃多少其他东西。如果国内价格低,即 Isoland 国生产纺织品的成本低,这表明相对于世界上其他国家而言,Isoland 国在生产纺织品上具有比较优势。如果国内价格高,即 Isoland 国生产纺织品的成本高,这表明外国在生产纺织品上具有比较优势。

正如我们在第 3 章中说明的,各国之间的贸易最终要建立在比较优势的基础之上。这就是说,贸易之所以互惠是因为它使各国可以专门从事自己最擅长的活动。通过比较贸易之前的世界价格和国内价格,我们可以确定 Isoland 国生产纺织品比世界其他国家更好还是更糟。

即问即答 Autarka 国不允许国际贸易。在 Autarka 国,你可以用 3 盎司黄金买一件羊毛衫。同时,你在邻国可以用 2 盎司黄金买一件同样的羊毛衫。如果 Autarka 国打算允许自由贸易,它将进口还是出口羊毛衫?为什么?

180

9.2 贸易的赢家和输家

为了分析自由贸易的福利影响,Isoland 国的经济学家假设,与世界其他国家相比,Isoland 国是一个小型经济。这一小型经济假设意味着 Isoland 国的行为对世界市场的影响微不足道。具体来说就是,Isoland 国贸易政策的任何变化都不会影响纺织品的世界价格。可以说 Isoland 人是世界经济的价格接受者。这就是说,他们把纺织品的世界价格作为既定的。Isoland 可以成为在这种价格时出售纺织品的出口国,也可以成为在这种价格时购买纺织品的进口国。

小型经济假设并不是分析从世界贸易中受益或受损时所必需的。但 Isoland 国的经济学家从经验(以及阅读本书第 2 章)中知道,做出简单化假设是构建一个有用的经济模型的关键部分。Isoland 国是小型经济的假设大大简化了分析,而且,在更为复杂的大型经济的情况下,其基本结论并不会改变。

9.2.1 出口国的得失

图 9－2 表示当贸易前国内均衡价格低于世界价格时 Isoland 国的纺

图 9－2 一个出口国的国际贸易

	贸易前	贸易后	变动
消费者剩余	$A+B$	A	$-B$
生产者剩余	C	$B+C+D$	$+(B+D)$
总剩余	$A+B+C$	$A+B+C+D$	$+D$

面积 D 表示总剩余的增加,并代表贸易的利益。

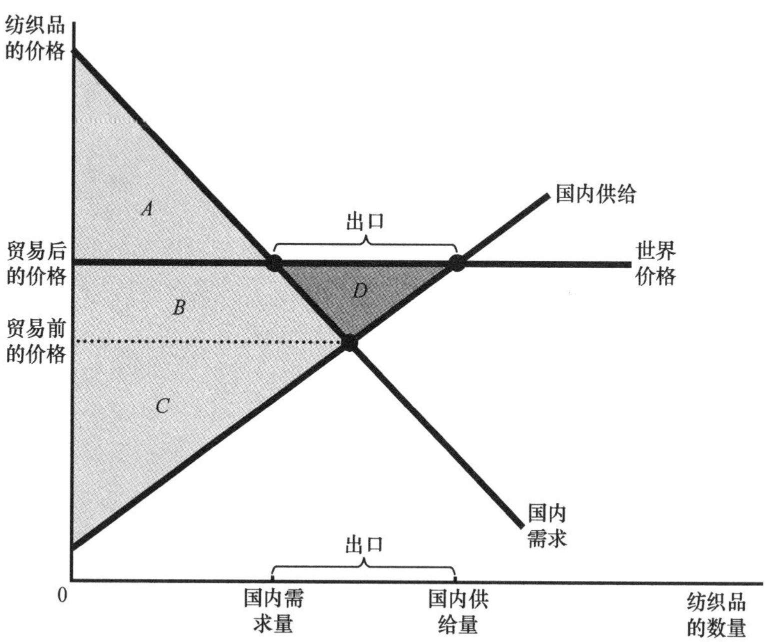

一旦允许贸易,国内价格上升到等于世界价格的水平。供给曲线表示国内生产的纺织品量,需求曲线表示国内消费的纺织品量。Isoland 国的出口等于世界价格时国内供给量与国内需求量之间的差额。卖者的状况变好了(生产者剩余从 C 增加到 $B+C+D$),而买者的状况变坏了(消费者剩余从 $A+B$ 减少为 A)。总剩余的增加量等于面积 D,表明贸易增加了整个国家的经济福利。

织品市场。一旦允许自由贸易，国内价格上升到等于世界价格。没有一个纺织品卖者会接受低于世界价格的价格，没有一个买者会支付高于世界价格的价格。

181 在国内价格上升到等于世界价格之后，国内的供给量就不等于国内的需求量了。供给曲线表示 Isoland 国的卖者供给的纺织品量。需求曲线表示 Isoland 国的买者需要的纺织品量。由于国内供给量大于国内需求量，Isoland 国向其他国家出售纺织品。这样，Isoland 国就成为一个纺织品出口国。

虽然国内供给量与国内需求量不同，但纺织品市场仍然是均衡的，因为现在有其他的市场参与者——世界其他国家。可以认为世界价格时的水平线代表世界其他国家的纺织品需求。这条需求曲线是完全富有弹性的，因为 Isoland 国作为一个小型经济，可以以世界价格销售它想销售的任何数量的纺织品。

现在考虑开放贸易的得失。显而易见，并不是每一个人都受益。贸易迫使国内价格上升到世界价格。国内纺织品生产者的状况变好了，因为他们现在可以以更高的价格出售纺织品，但国内纺织品消费者的状况变糟了，因为他们现在不得不以较高的价格购买纺织品。

为了衡量这种得失，我们来看一下消费者剩余和生产者剩余的变动。在允许贸易前，纺织品价格自发调整，使国内供给与国内需求达到平衡。消费者剩余，即需求曲线和贸易前价格之间的面积是 $A+B$。生产者剩余为面积 C（供给曲线和贸易前价格之间的面积）。贸易前总剩余，即消费者剩余与生产者剩余之和，是面积 $A+B+C$。

在允许贸易以后，国内价格上升到世界价格。消费者剩余减少为面积 A（需求曲线和世界价格之间的面积），生产者剩余增加为面积 $B+C+D$（供给曲线与世界价格之间的面积），因此，有贸易时的总剩余是面积 $A+B+C+D$。

以上福利计算说明了在一个出口国中，谁从贸易中受益，谁从贸易中受损。卖者受益，因为生产者剩余增加了面积 $B+D$；买者受损，因为消费者剩余减少了面积 B。因为卖者的收益大于买者的损失，差额是面积 D，所以，Isoland 国的总剩余增加了。

这种对出口国的分析得出了以下两个结论：

- 当一国允许贸易并成为一种物品的出口者时，国内该物品生产者的状况变好，而国内该物品消费者的状况变坏。
- 从赢家收益超过了输家损失的意义上说，贸易使一国的经济福利增加了。

9.2.2 进口国的得失

现在假设贸易前国内价格高于世界价格。同样，一旦允许贸易，国内价格就必然等于世界价格。如图 9 - 3 所示,国内供给量小于国内需求量。国内需求量与国内供给量之间的差额要通过向其他国家购买来填补,从而 Isoland 国成为一个纺织品进口者。

图 9 - 3　一个进口国的国际贸易

	贸易前	贸易后	变动
消费者剩余	A	$A+B+D$	$+(B+D)$
生产者剩余	$B+C$	C	$-B$
总剩余	$A+B+C$	$A+B+C+D$	$+D$

面积 D 表示总剩余增加,并代表贸易的利益。

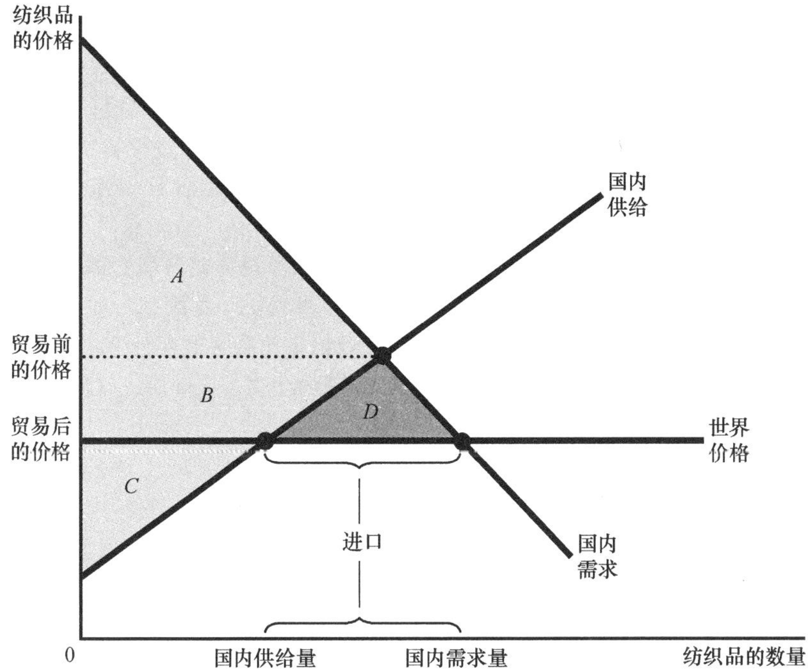

一旦允许贸易,国内价格下降到等于世界价格。供给曲线表示国内产量,而需求曲线表示国内消费量。进口等于世界价格时国内需求量与国内供给量的差额。买者的状况变好(消费者剩余从 A 增加到 $A+B+D$),而卖者的状况变坏(生产者剩余从 $B+C$ 减少到 C)。总剩余增加了面积 D,表明贸易提高了该国家作为一个整体的经济福利。

在这种情况下,世界价格时的水平线代表世界其他国家的供给。这条供给曲线完全有弹性,因为 Isoland 国是一个小型经济,因此,可以以世界价格买到它想买的任何数量的纺织品。

现在考虑贸易的得失。同样,并非每一个人都受益。当贸易迫使国 182
内价格下降时,国内消费者的状况变好(他们现在能以较低的价格买到纺织品),而国内生产者的状况变坏(他们现在不得不以较低的价格出售纺织品)。消费者剩余和生产者剩余的变动衡量得失的大小。贸易前,消费者剩余是面积 A,生产者剩余是面积 $B+C$,而总剩余是面积 $A+B+C$;允许贸易以后，消费者剩余是面积 $A+B+D$，生产者剩余是面积 C，而总剩余是面积 $A+B+C+D$。

以上福利计算说明了在一个进口国中，谁从贸易中受益，谁从贸易中受损。买者受益是因为消费者剩余增加了面积 $B+D$。卖者受损是因为生产者剩余减少了面积 B。买者的收益超过了卖者的损失，总剩余增加了面积 D。

这种对进口国的分析得出了两个与出口国情况相类似的结论：

- 当一国允许贸易并成为一种物品的进口者时，国内该物品消费者的状况变好，而国内该物品生产者的状况变坏。
- 从赢家收益超过了输家损失的意义上说，贸易使一国经济福利增加了。

183

在完成了对贸易的分析之后，我们可以更好地理解第 1 章中的经济学十大原理之一：贸易可以使每个人的状况都变得更好。如果 Isoland 国允许它的纺织品市场参与到国际贸易中，无论最后 Isoland 国是出口还是进口纺织品，这种变动都会产生赢家和输家。但是，在这两种情况下，赢家的收益都大于输家的损失，因此，赢家可以对输家进行补偿，补偿之后赢家的状况仍然是比以前更好。从这种意义上说，贸易可以使每个人的状况都变得更好。但贸易将使每个人的状况都变得更好吗？也许并不一定。在现实中，对国际贸易中输家的补偿是很少的。没有这种补偿，一个经济向世界开放就是一种扩大经济蛋糕规模的政策，但也许会使一些经济参与者得到的蛋糕变小了。

现在我们可以知道，为什么关于贸易政策的争论如此激烈。每当一种政策创造了赢家和输家时，政治斗争就登上了舞台。一些国家有时不能享受到贸易的好处，是因为自由贸易的输家在政治上比赢家更有组织。输家可能在政治斗争中团结起来，为实行关税或进口配额等贸易限制而进行游说。

9.2.3 关税的影响

关税：
对在国外生产而在国内销售的物品征收的税。

Isoland 国的经济学家接下来考虑**关税**（tariff）——对进口物品征收的税——的影响。经济学家很快认识到，如果 Isoland 国成为一个纺织品出口者，对纺织品征收关税没有影响。如果 Isoland 国没有人对进口纺织品感兴趣，对纺织品进口征收关税也无关紧要。只有在 Isoland 国成为一个纺织品进口者时，关税才是重要的。经济学家把注意力集中在这种情况上，比较了有关税时和没有关税时的福利。

图 9－4 表示 Isoland 国的纺织品市场。在自由贸易下，国内价格等于世界价格。关税使进口纺织品的价格提高到世界价格之上，其增加量等于关税。那些与进口纺织品供给者竞争的国内纺织品供给者现在能以世界价格加关税量出售他们的纺织品。因此，纺织品——进口纺织品和国内纺织品——的价格上升了，上升幅度等于关税量，从而更接近于没有贸易时的均衡价格。

图 9-4　关税的影响

	关税前	关税后	变动
消费者剩余	$A+B+C+D+E+F$	$A+B$	$-(C+D+E+F)$
生产者剩余	G	$C+G$	$+C$
政府收入	无	E	$+E$
总剩余	$A+B+C+D+E+F+G$	$A+B+C+E+G$	$-(D+F)$

面积 $D+F$ 表示总剩余的减少，并代表关税的无谓损失。

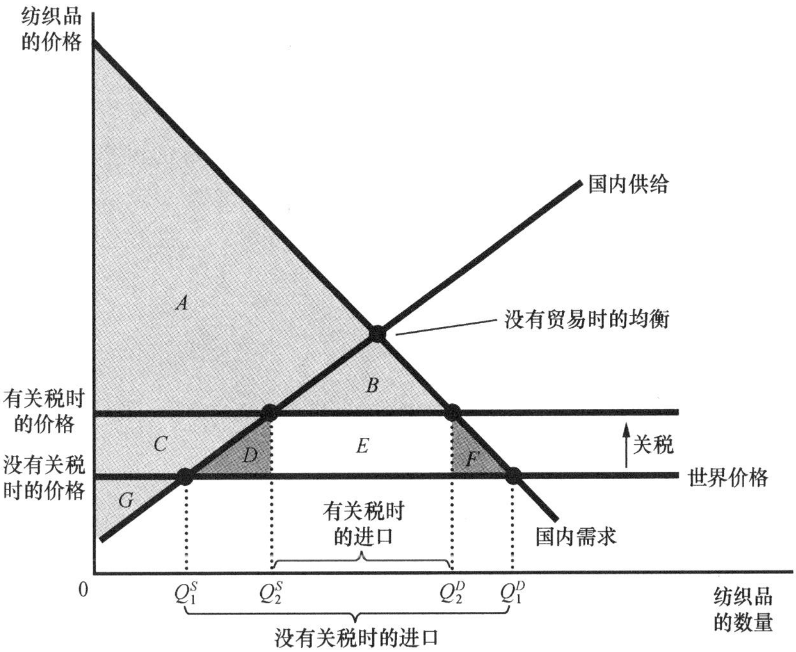

关税减少了进口量，并使市场向没有贸易时的均衡移动。总剩余的减少量等于面积 $D+F$。这两个三角形代表关税的无谓损失。

国内买者与卖者的行为受到价格变动的影响。由于关税提高了纺织品价格，它使国内需求量从 Q_1^D 减少为 Q_2^D，使国内供给量从 Q_1^S 增加到 Q_2^S。因此，关税减少了进口量，并使国内市场向没有贸易时的均衡移动。

现在考虑关税的得失。由于关税提高了国内价格，国内卖者的状况变好了，而国内买者的状况变坏了。此外，政府增加了收入。为了衡量这些得失，我们观察消费者剩余、生产者剩余和政府收入的变动。图 9-4 中的表格总结了这些变动。

在征收关税之前，国内价格等于世界价格。消费者剩余，即需求曲线与世界价格之间的面积，即面积 $A+B+C+D+E+F$。生产者剩余，即供给曲线与世界价格之间的面积，即面积 G。政府收入等于零。总剩余，即消费者剩余、生产者剩余和政府收入之和，是面积 $A+B+C+D+E+F+G$。

一旦政府征收关税，国内价格上升到世界价格之上，其高出量就是关
184 税。现在消费者剩余是面积 $A+B$。生产者剩余是面积 $C+G$。政府收入等于有关税后的进口量乘以关税规模，是面积 E。因此，有关税时的总剩余是面积 $A+B+C+E+G$。

为了确定关税的总福利影响，我们把消费者剩余的变动（为负）、生产者剩余的变动（为正）和政府收入变动（为正）相加。我们发现市场总剩余减少了面积 $D+F$。这种总剩余的减少称为关税的**无谓损失**。

关税会引起无谓损失，仅仅是因为关税是一种税。与大部分税收一
185 样，它扭曲了激励，并使稀缺资源配置背离了最适水平。在这种情况下，我们可以确定两种效应：首先，当关税使国内纺织品价格高于世界价格时，它就鼓励国内生产者把产量从 Q_1^S 增加到 Q_2^S。尽管生产这些增加的纺织品的成本大于按世界价格购买这些纺织品的成本，但关税使得国内生产者生产这些纺织品还是有利可图的。其次，当关税提高了国内纺织品消费者不得不支付的价格时，它就鼓励这些消费者把纺织品的消费量从 Q_1^D 减少到 Q_2^D。尽管国内消费者对这些增加的纺织品的评价高于世界价格，但关税也导致了他们减少购买。面积 D 代表纺织品过度生产的无谓损失，而面积 F 代表纺织品消费不足的无谓损失。关税的总无谓损失是这两个三角形的面积之和。

参考资料
进口配额：另一种限制贸易的方法

除了关税之外，有时各国限制国际贸易的另一种方法是对进口某种物品的数量实行限制。在本书中，我们将不分析这种政策，仅仅是给出结论：进口配额和关税很相似。无论关税还是进口配额都减少了进口品的数量，提高了该物品的国内价格，减少了国内消费者的福利，增加了国内生产者的福利，并引起无谓损失。

这两种类型的贸易限制之间的唯一差别是：关税增加了政府的收入，而进口配额为那些得到进口许可证的人创造了剩余。进口许可证持有者的利润是国内价格（他出售进口物品的价格）和世界价格（他购买这些物品的价格）之间的差额。

如果政府对进口许可证收费，关税和进口配额就更相似了。假定政府确定的许可证费等于国内价格与世界价格之间的差额。在这种情况下，许可证持有者的所有利润都要以许可证费的形式交给政府，进口配额的作用与关税完全相同。在这两种政策下的消费者剩余、生产者剩余以及政府收入完全相等。

但是，实际上，用进口配额限制贸易的国家很少通过出售进口许可证来这样做。例如，美国政府有时施加压力让日本“自愿”限制日本汽车在美国的销售。在这种情况下，日本政府把进口许可证分配给日本企业，而

且这些许可证所带来的剩余就归这些企业所有。从美国福利的角度说，这种进口配额比对进口汽车征收关税更糟。关税和进口配额都提高了价格，限制了贸易，并引起无谓损失，但关税至少能给美国政府带来收入，而不是给外国生产者带来利润。

9.2.4 贸易政策的结论

Isoland 国经济学家小组现在可以给新总统写一封信：

亲爱的总统阁下：

您向我们提出了有关开放贸易的三个问题。在经过大量艰苦的研究工作后，我们得出了答案。

问题：如果政府允许本国进口和出口纺织品，国内纺织品市场的纺织 186
品价格和纺织品销售量会发生什么变动？

回答：一旦允许贸易，Isoland 国的纺织品价格将被推动到等于全世界通行价格的水平。

如果现在世界价格高于 Isoland 国的价格，我们的价格将上升。较高的价格会减少 Isoland 人的纺织品消费量，并增加 Isoland 人的纺织品生产量。因此，Isoland 国将成为一个纺织品出口者。之所以会出现这种情况，是因为此时的 Isoland 国在生产纺织品上有比较优势。

相反，如果现在世界价格低于 Isoland 国的价格，我们的价格将下降。较低的价格会增加 Isoland 人的纺织品消费量，并减少 Isoland 人的纺织品生产量。因此，Isoland 国将成为一个纺织品进口者。之所以会出现这种情况，是因为此时的其他国家在生产纺织品上有比较优势。

问题：谁将从纺织品的自由贸易中获益？谁将受损？好处会大于损失吗？

回答：答案取决于允许贸易后价格是上升还是下降。如果价格上升，则纺织品生产者受益，纺织品消费者受损；如果价格下降，则纺织品消费者受益，纺织品生产者受损。在这两种情况下，好处都超过了损失，因此自由贸易会增加 Isoland 人的总福利。

问题：应该把关税作为新贸易政策的一部分吗？

回答：只要 Isoland 变为纺织进口国，关税就有影响。在这种情况下，关税使经济接近于没有贸易时的均衡，而且，它与大多数税收一样，也会产生无谓损失。虽然关税改善了国内生产者的福利，并增加了政府收入，但这些好处不足以弥补消费者的福利损失。从经济效率的角度看，最好的政策是允许无关税的贸易。

我们希望以上答案对您制定新政策会有所帮助。

您忠实的仆人

Isoland 国经济学家小组

9.2.5 国际贸易的其他利益

Isoland 国经济学家小组的结论是基于标准的国际贸易分析。他们的分析使用了经济学教科书中最基本的工具：供给、需求、生产者剩余和消费者剩余。它表明，当一国开放贸易时，有赢家也有输家，但赢家的好处大于输家的损失。

但是，支持自由贸易的理由还不止这些，因为除了标准分析所强调的利益之外，贸易还会带来其他一些经济利益。这里简要地列出其中一些其他利益：

- **增加了物品的多样性**：不同国家生产的物品并不完全相同。例如，德国的啤酒与美国的啤酒并不完全相同。自由贸易使所有国家的消费者都拥有了更多的选择。
188 - **通过规模经济降低了成本**：一些物品只有大量生产时，才能以低成本生产，这种现象被称为**规模经济**。如果一个小国的企业只在很小的国内市场上销售产品，它就不能充分利用规模经济。自由贸易使企业可以进入更大的世界市场，并使企业可以更充分地实现规模经济。
- **增加了竞争**：一个避开了外国竞争者的公司更可能拥有市场势力，这又使其能把价格提高到竞争性水平之上。这是一种市场失灵。开放贸易促进了竞争，并使看不见的手有了施展其魔力的更好机会。
- **加强了思想交流**：技术进步在世界范围内的转移通常被认为是与含有这些技术进步的物品的国际贸易相关的。例如，对一个贫穷的农业国家来说，了解电脑革命的最好方法是从国外购买一些电脑，而不是努力在国内生产电脑。

因此，自由的国际贸易增加了可供消费者消费的物品的多样性，使企业可以利用规模经济，使市场更具竞争性，并有助于技术扩散。如果 Isoland 国的经济学家把这些影响也考虑进去，那么他们给总统的建议就会更有力。

即问即答 画出 Autarka 国羊毛衫的供给曲线与需求曲线。当允许贸易时，一件羊毛衫的价格从 3 盎司黄金下降为 2 盎司黄金。在你画的图中，标明消费者剩余的变动、生产者剩余的变动和总剩余的变动。羊毛衫进口关税将如何改变上述结果？

新闻摘录
自由贸易的赢家应该补偿输家吗

政治候选人经常说，政府应该帮助那些由于国际贸易而状况变坏的人。在这篇评论文章中，一位经济学家做出了相反的判断。

当你进行自由贸易时，你期望什么？

Steven E. Landsburg

在周二共和党总统候选人在密歇根初选的前些日子，米特·罗姆尼和约翰·麦凯恩就政府应对那些由于自由贸易放开了国外竞争而失业的工人承担怎样的责任，展开了论战。他们的口号不同——罗姆尼先生说，他将“为每一份工作而战斗”，而麦凯恩先生说，一些工作“再也回不来了”——但他们提出的政策是非常相似的：为了使工人们适应新工作而对其进行教育和再培训。

所有经济学家都知道，当美国人的一些工作岗位被外包到海外时，美国人作为一个集团是净赢家。我们得到低价格物品的利益足以补偿我们因工资降低而失去的利益。换言之，赢家完全可以承担得起对输家的补偿。这就意味着他们应该这样做吗？这就会引起在道义上命令由纳税人补贴麦凯恩先生和罗姆尼先生所提出的再培训计划吗？

嗯……不。即便你刚刚失去工作，因此对这一现象有些粗鲁的谴责，但正是这种现象使你从出生以来就处于维持生存水平之上。如果这个世界由于让你忍受贸易的负面影响而对你有所亏欠，那么你是否也因享受了贸易的正面影响而亏欠了这个世界呢？

我怀疑地球上还有什么人没有从与邻居自由贸易的机会中获益。设想一下，如果你必须自己种粮食，自己做衣服，而且要依靠你祖母的偏方来治病，你的生活会变成什么样子。接近一个经过训练的医师可能会减少你对祖母的偏方的需求，但是——特别是在她年老时——有一个正规的医生对她来说还是要好一些。

但是，有些人认为，把一个新的贸易机会或自由贸易协定的道德影响区分出来是有意义的。的确，我们有不少公民的利益因这些协定而受损，但除了这种情况，至少在有限的意义上，在一个贸易繁荣的世界上，他们的状况已经变好了。我们欠这些公民什么呢？

思考这个问题的一种方法是问问在类似的情况下你道义上的直觉是什么。假设你在当地药房买了许多年洗发水之后，发现可以在网上以更少的钱订购同样的洗发水。你有责任补偿你的药房老板吗？如果你搬到了更便宜的公寓，你应该补偿你的房东吗？当你在麦当劳吃饭时，你应该补偿旁边一家午餐店的老板吗？公共政策的设计不应提倡那些我们在日常生活中会拒绝的道德直觉。

那么按道德上适用的方式，被取代的工人与被取代的药店老板或被取代的房东有什么不同呢？你可能会争辩说，药店老板和房东一直以来就面临激烈的竞争，因此对未来的状况有所了解，而几十年的关税和配额使制造业工人预期会受到一点保护。这种预期促使他们去培养某种技能，而现在把他们从保护伞之下拉出来是不公正的。

这种观点与我们的日常直觉并不一致。几十年来，校园恶霸一直是个有利可图的行当。在全美国，这些恶霸也形成了他们自己的技能，以便更好地获利。如果我们强化了校园规则，使得恶霸无利可图，难道我们应该补偿这些恶霸吗?

恶霸和保护主义有许多共同之处。他们都用暴力(直接地或借助于法律的力量)使某人以你非自愿的损失为代价而致富。如果你被迫向美国人支付每小时20美元来购买本可以以每小时5美元从墨西哥人那里买来的物品，那么你就被敲诈了。当最终一项自由贸易协定允许你购买墨西哥人的东西时，你会为你的自由而感到高兴——即使麦凯恩先生、罗姆尼先生和其他总统候选人不想让你这样。

资料来源： *New York Times*, January 16, 2008.

9.3 各种限制贸易的观点

经济学家小组的信开始劝说Isoland国的新总统考虑允许纺织品贸易。她注意到，国内价格现在比世界价格高。因此，自由贸易将引起纺织品价格下降，并损害国内纺织品生产者的利益。在实施新政策之前，她请Isoland国的纺织品公司评论经济学家的建议。

毫不奇怪，纺织品公司反对纺织品自由贸易。他们认为，政府应该保护国内纺织品行业免受国外竞争。我们看一下他们可能用来支持自己立场的一些观点，并考虑经济学家小组会对此做出什么反应。

9.3.1 工作岗位论

自由贸易的反对者经常争辩说，与其他国家进行贸易消灭了国内的一些工作岗位。在我们的例子中，纺织品的自由贸易将引起纺织品价格下降，这就使Isoland国的纺织品产量减少，从而减少了Isoland国纺织品行业的就业。一些Isoland国的纺织品工人将会失业。

但自由贸易在消灭了一些工作岗位的同时，也创造了一些工作岗位。当Isoland人从其他国家购买纺织品时，这些国家得到了可以用来购买Isoland国其他物品的资源。Isoland国的工人可以从纺织品行业流动到Isoland国有比较优势的行业。虽然这种转变在短期中可能会给一些工人带来困难，但它使Isoland国的人们作为一个整体可以享有更高的生活水平。

贸易的反对者通常对贸易创造了工作岗位持怀疑态度。他们会反驳

Berry's World

“作为一个‘工作者’，你喜欢贸易保护主义。作为一个‘消费者’，你会喜欢
190 贸易保护主义吗?”

图片来源：BERRY'S WORLD REPRINTED BY PERMISSION OF UNITED FEATURE SYNDICATE, INC.

说，每一件东西都可以在国外更便宜地进行生产。他们会争辩说，在自由贸易之下，Isoland 人在任何一个行业中就业都将是不利的。但正如第 3 章所解释的，贸易的好处是基于比较优势，而不是绝对优势。即使一国在生产每一种物品上都比另一国有优势，两个国家也仍然能从相互贸易中获益。每个国家的工人最终都会在该国有比较优势的行业中找到工作岗位。

189

新闻摘录
离岸外包

如果你买了一台电脑，并打电话到公司要求技术支持，结果是印度班加罗尔的某个人为你解答，你不必大惊小怪。在 2004 年，时任布什总统顾问的本书作者被问及对这类工作岗位向海外转移趋势的看法。我的答复是这种趋势"在长期中对经济也许是一件好事"。大多数经济学家同意，但一些民选官员做出了不同反应。

进步的经济学

George F. Will

很难说某件事是彻头彻尾错误的。但白宫发言人 Dennis Hastert 在出席一个两党联合反对总统经济顾问的会议时这样做了，这位顾问轻率地提及了一个敏感话题。

John Kerry 和 John Edwards 并没有在发言时起誓，而且他们知道，经济学素养的缺乏从来不算是高官的不合格。他们挑起了对总统经济顾问委员会主席 N. 格里高利 · 曼昆的混战，曼昆说自由贸易观点不仅适用于制成品贸易，也适用于服务贸易。但最佳胡话奖应该授予 Hastert，他说："当工作岗位消失时，经济就会遭殃。"

当汽车引起绝大多数铁匠、马车制造者和出租马车经营者等人失去工作岗位时，经济遭殃了吗？1999 年当 3 300 万个工作岗位消失时，经济似乎并没有遭殃——因为经济变动又创造了 3 570 万个工作岗位。IBM 公司今年计划新增的 4 500 个美国职位中，又有多少是通过 IBM 向海外转移的 3 000 个职位实现的？

Hastert 理想的工作岗位从不消失的经济几乎在整个人类历史上对任何人、在任何地方都存在过。比如在 12 世纪的法国，牛耕的方式改变了，不然的话，农夫还会在做祖祖辈辈曾经做过的事和其后代将要做的事。在经济增长之前，这些是美好的旧时光……

对于这个富有国家适应性极强的劳动力来说，失去工作岗位并不是零和博弈：它使社会从中受益。南卡来罗纳州是历史上曾经失去纺织工作岗位的地方，但最近总统候选人确实注意到这里生产了大量宝马车，这是德国工作岗位的"离岸"，因为德国非理性的劳动法以及其他因素赋予了美国比较优势。这种经济计算解释了梅塞德斯-奔驰在阿拉巴马州、本田在俄亥俄州以及丰田在加州的大量制造现象。

只要离岸的美国工作是蓝领工作，政治问题就不会成为热点，而现在白领工作岗位的丧失使一个更为能言善辩也过于自信的社会阶层感到了恐慌……

Kerry 说，离岸工作是由那些"卖国的 CEO"所做的。但是，如果他想改善美国民航业的状况，并确保大多数民航雇员有工作岗位和养老金，难道他不应该称赞 Delta 航空公司通过把一些订座服务转移到印度而每年节省了 2 500 万美元吗？

Kerry 真的想抑制医疗成本的增加吗？他反对让 X 光分析在成本远远低于美国的印度进行吗？

11 月，印第安纳州州长 Joseph Kernan 取消了与一家印度企业的 1 500 万美元的合同，以应对该州所宣称的失业。这个合同转给了一家收费为 2 300 万美元的美国公司。由于价格上升了 53%，州政府对学校、医院、执法机构等单位的支出将减少 800 万美元。这又给印第安纳州带来了什么好处呢？

当 Kernan 做出这种表态时，也许他穿的衣服全部或者部分是进口的，而在有离岸工作之前，可能完全是本地制造的。这种潜在的尴尬是在经济政策中卖弄道义的危险之一。

资料来源： *The Washington Post*, Friday, February 20, 2004. p. A25. Copyright © 2004, The Washington Post Writers Group. Reprinted with permission.

9.3.2 国家安全论

当一个行业受到来自其他国家的竞争威胁时，自由贸易的反对者往往会争辩说，该行业对国家安全是至关重要的。例如，如果 Isoland 国正在考虑实行钢铁的自由贸易，国内钢铁公司就会指出，钢铁是用于生产枪炮和坦克的。自由贸易将使 Isoland 国变得依靠外国来供给钢铁。如果以后爆发了战争，外国的供给中断了，Isoland 国可能就无法生产足够的钢铁和武器来保卫自己。

经济学家承认，出于对国家安全的合理考虑，保护关键行业可能是合理的。但他们担心，这种观点会很快被那些渴望以损害消费者利益为代价而牟利的生产者所利用。

当国家安全论的观点是由行业代表而不是国防机构提出时，就应该谨慎看待。为了得到免受外国竞争的保护，公司有夸大自己在国防中作用的激励。一国将军的观点可能就会极为不同。实际上，当军事部门是一个行业产品的消费者时，它就可以从进口中获益。例如，更为便宜的钢铁可以使 Isoland 国以低成本增加武器储备。

9.3.3 幼稚产业论

新兴产业有时认为,应实行暂时性贸易限制,以有助于该产业的成长。这种观点认为,在经过一段时间的保护期以后,这些产业成熟了,也就能与外国企业竞争了。

同样,老产业有时也认为,它们需要暂时性保护,以有助于它们对新情况做出调整。例如,2002 年,布什总统对进口钢铁征收暂时性关税。他说:"我确定,进口严重影响了我们的产业——一个重要产业。"持续了 20 个月的关税的目的是提供"暂时补贴,以便该产业可以自我复兴"。

经济学家经常对这些要求持怀疑态度,主要是因为幼稚产业论在实践中难以实施。为了成功地实施保护,政府要确定哪个产业实施这种保 191
护后最终是有利可图的,并确定建立这些产业的利益是否大于实施保护给消费者带来的成本。但"挑选赢家"是极为困难的。要通过政治程序来挑选就更为困难,这种做法往往是保护了那些在政治上强有力的产业。而且,一旦一个政治上强有力的产业得到免除外国竞争的保护,这种"暂时性"政策就很难取消。

此外,许多经济学家从原则上怀疑幼稚产业论。例如,假设一个产业是新兴的,不能在与外国竞争对手的竞争中获利,但有理由相信,该产业在长期中是有利可图的。在这种情况下,这些企业的所有者应该愿意为了实现最终的利润而承受暂时的亏损。保护并不是一个幼稚产业成长所必需的。历史表明,即使没有避免竞争的保护,初创的企业虽然往往会经历暂时的亏损,但在长期中会取得成功。

9.3.4 不公平竞争论

一种常见的观点是,只有各国都按同样的规则行事,自由贸易才是合意的。如果不同国家的企业服从于不同的法律和管制,那么,(该观点认为)让企业在国际市场上进行竞争就是不公平的。例如,假设 Neighborland 国政府通过给予纺织品公司大幅度减税来补贴其纺织品行业。Isoland 国的纺织品行业就会认为,自己应该得到免受这种外国竞争的保护,因为 Neighborland 国不是在进行公平竞争。

实际上,从另一个国家以有补贴的价格购买纺织品会损害 Isoland 国吗?的确,Isoland 国的纺织品生产者要蒙受损失,但 Isoland 国的纺织品消费者能从这种低价格中获益。在这种情况下的自由贸易并没有什么不同:消费者从低价购买中得到的好处会大于生产者的损失。Neighborland 国对其纺织品业的补贴可能是一个不好的政策,但承担税负的是 Neighborland 国的纳税人。Isoland 国可以从以受补贴的价格购买纺织品的机会中获益。

9.3.5 作为讨价还价筹码的保护论

另一种支持贸易限制的观点涉及讨价还价的策略。许多决策者声称支持自由贸易,但同时认为,当与自己的贸易伙伴讨价还价时,贸易限制可能还是有用的。他们声称,贸易限制威胁有助于消除外国政府业已实施的贸易限制。例如,Isoland 国可以威胁说,除非 Neighborland 国取消它的小麦关税,否则就要对纺织品征收关税。如果 Neighborland 国对这种威胁的反应是取消了其关税,其结果可能是更为自由的贸易。

这种讨价还价策略的问题是,威胁可能不起作用。如果威胁没起作用,该国就会面临在两种坏的可能性之间的选择。它可以实施其威胁并实行贸易限制,这就会减少它自己的经济福利。或者它也可以收回自己的威胁,这又会使它在国际事务中失去威信。面对这种选择,该国也许会希望,要是一开始就不做出这种威胁就好了。

192

新闻摘录
关于自由贸易的第二种思想

一些经济学家担心贸易对收入分配的影响。即使自由贸易提高了效率,它也可能会降低平等。

贸易的麻烦

Paul Krugman

美国长期以来从第三世界进口石油和其他原材料,而通常主要从加拿大、欧洲各国和日本这些富国进口制成品。

但是,最近我们跨过了这条重要的分界线:现在我们从第三世界进口的制成品量大于从其他发达国家所进口的。这就是说,我们现在大部分工业品贸易都是与比我们穷得多的国家进行的,这些国家工人的工资也低得多。

对于世界经济的整体——特别是穷国——而言,高工资国家与低工资国家日益增长的贸易是一件极好的事情。特别是它给了落后国家提升收入水平的最大希望。

但是对美国工人来说,事情就远远不是正面的了。实际上,很难避开这样一个结论:美国与第三世界国家日益增长的贸易降低了美国许多工人,而且也许是大多数工人的工资。并且,现实使贸易在政治上遇到了极大的困难。

我们先来谈谈经济学。

高工资国家之间的贸易使所有相关国家,或者说几乎所有相关国家都是赢家。20 世纪 60 年代的一项自由贸易合约使美国和加拿大汽车工业的一体化成为可能,每个国家的汽车行业都集中大规模生产较小范围的产品。

结果是大家都广泛地分享了生产率和工资提高的好处。

与此相反，经济发展水平极为不同的国家之间的贸易却会产生大量输家和赢家。

尽管一些高技术工作外包到印度已成为头条新闻，但反过来，美国受教育程度高的工人也从更高的工资和贸易带来的更多工作机会中受益。例如，ThinkPad 笔记本电脑现在是由一家中国公司——联想生产的，但联想的大量研发工作都是在北卡罗来纳进行的。

但是没有受过什么正规教育的工人会发现，随着大量素质相近的其他工人涌入他们的行业并寻找替代其因外国竞争而失去的工作岗位时，他们就会眼看着其工作岗位被转移到海外或由于连带效应而工资下降。沃尔玛的低价格并不足以补偿他们的损失。

所有这些都是教科书中的国际经济学：与人们有时认为的不同，经济理论说明自由贸易通常能使一国更富，但它并没有说明自由贸易通常对每一个人都是好的。当第三世界出口对美国工资的影响在 20 世纪 90 年代首次成为一个问题时，许多经济学家——包括我自己在内——都对相关数据进行了研究，并得出结论：它对美国工资的任何负面效应都不大。

现在的麻烦是，这些负效应不再像过去那样温和，因为来自第三世界的制成品进口增长极为迅速——从 1990 年仅仅占 GDP 的 2.5% 上升到 2006 年的 6%。

而且，最大的进口增长来自那些工资极低的国家。原来出口制成品的"新兴工业化经济"——韩国、中国台湾、中国香港和新加坡——支付的工资是美国 1990 年水平的 25% 左右。但是，从那以后，我们进口的来源转向了工资仅仅是美国 11% 的墨西哥，以及工资只有美国 3% 或 4% 的中国。

这里有一些要说明的。例如，中国制造的许多物品中包含了在日本和其他高工资国家生产的部件。但是，毫无疑问的是，全球化给美国工资带来的压力上升了。

我是在为贸易保护主义辩护吗？不。那些认为全球化处处时时都是坏事的人是错误的。相反，使世界市场保持相对开放的状态对给亿万人民以希望是至关重要的。

但是，我支持结束左右摇摆，谴责对经济学的无知和对特殊利益集团的献媚，这就是社会对那些怀疑自由贸易协定利益的政治家的反应。

经常有人说，贸易的利益只限于少数人，而受损的是绝大多数人。对糖实行进口配额这类措施仍然是正确的。但是，当涉及制成品时，相反的情况是不是正确至少是有争论的。能从与第三世界经济日益增长中获益的受教育程度高的工人是少数人，远远少于那些可能受损的人。

我说了，我不是一个贸易保护主义者。出于世界整体利益的考虑，我希望在面对贸易带来的问题时，我们的反应不是停止贸易，而是做一些强化社会安全网等诸如此类的事情。但是那些担忧贸易的人们也有他们的道理，在某种程度上值得我们尊重。

资料来源：*New York Times*, December 28, 2007.

案例研究
贸易协定和世界贸易组织

一国可以用两种方法来实现自由贸易。它可以用单边的方法取消自己的贸易限制，这是英国在19世纪采取的方法，也是近年来智利和韩国所采取的方法。此外，一国也可以采取多边的方法，在其他国家减少贸易限制时自己也这样做。换句话说，它可以与自己的各个贸易伙伴谈判，以便在全世界减少贸易限制。

多边方法的一个重要例子是北美自由贸易协定（NAFTA），1993年签署的这一协定降低了美国、墨西哥和加拿大之间的贸易壁垒。另一个例子是关贸总协定（GATT），GATT是世界上许多国家为了促进自由贸易而
193 进行的一系列连续的谈判。第二次世界大战后，为了应对20世纪二三十年代大萧条期间实施的高关税，美国协助建立了GATT。许多经济学家相信，这些高关税加剧了那一时期全世界范围内的经济困难。GATT成功地把成员国之间的平均关税从第二次世界大战后的40%左右降低到现在的5%左右。

由GATT确立的规则现在由一个叫做世界贸易组织（WTO）的国际机构加以实施。WTO于1995年成立，总部设在瑞士日内瓦。到2007年7月，已有151个国家加入了该组织，占到世界贸易的97%以上。WTO的职能是制定贸易协定，提供谈判场所，并处理成员国之间的争端。

自由贸易的多边方法有什么优缺点呢？一个优点是，多边方法可能会比单边方法带来更自由的贸易，因为它不仅可以减少本国的贸易限制，还可以减少国外的贸易限制。但是，如果国际谈判失败了，结果也会比采用单边方法时更多地限制贸易。

194 此外，多边方法可能有一种政治优势。在大多数市场中，生产者比消费者人数少但组织更严密，因此，也具有更大的政治影响力。例如，Isoland国降低纺织品关税，如果就其本身来考虑，可能在政治上有困难。钢铁公司会反对自由贸易，而那些受益的纺织品使用者人数如此之多，以至于要将他们组织起来支持自由贸易是相当困难的。但假设Neighborland国承诺，在Isoland国降低纺织品关税的同时，将降低本国的小麦关税。在这种情况下，Isoland国那些同样在政治上有影响力的种植小麦的农民就会支持该协议。因此，在单边降低关税不可能时，自由贸易的多边方法有时可以赢得政治上的支持。

即问即答 Autarka国的纺织行业主张禁止羊毛衫进口。描述它的游说者可能提出的五种观点。对其中每一种观点做出反应。

9.4 结论

经济学家和公众对自由贸易的看法往往不一致。例如，2007 年 12 月，《洛杉矶时报》向美国公众提问："一般而言，你认为自由国际贸易对经济是有利还是有害，还是它并没有以某种方式对经济产生影响？"只有 27% 的人认为自由国际贸易有利，而 44% 的人认为有害（其他人认为没有什么差别或者不确定）。与此相反，大多数经济学家支持自由的国际贸易。他们认为自由贸易是一种有效配置生产的方法，并提高了两国的生活水平。

经济学家认为，美国以往的经验证明了自由贸易的好处。美国在历史上一直允许各州之间进行无限制的贸易，国家作为一个整体也从贸易所带来的专业化中受益。佛罗里达种橘子，得克萨斯产石油，加利福尼亚生产红酒，等等。如果美国人只能消费本州生产的物品与劳务，他们就不会享受到今天的高生活水平。世界也同样能从各国之间的自由贸易中受益。

为了更好地理解经济学家关于贸易的观点，让我们继续我们的故事。假设 Isoland 国的总统在知道了最后的投票结果以后，忽视了经济学家小组的建议，并决定不允许纺织品的自由贸易。该国仍处于没有国际贸易时的均衡。

有一天，某位 Isoland 国发明家发现了一种以极低成本生产纺织品的新方法。但是，生产过程是神秘的，而且发明家坚持保密。奇怪的是，发明家并不需要棉花或羊毛这类传统的投入品。他所需要的唯一实物投入是小麦。而且更奇怪的是，用小麦生产纺织品根本不需要任何劳动投入。

发明家被誉为天才。因为每个人都要购买衣服，纺织品成本的降低使所有 Isoland 人享受到更高的生活水平。工厂关门后，那些原先的纺织
业工人有些度日艰难，但最终他们在其他行业找到了工作。一些人成为 195
农民，去种植发明家用来变成纺织品的小麦。另一些人进入由于 Isoland 人生活水平提高而出现的一些新行业。每一个人都理解，过时行业中工人的向外转移是技术进步和经济增长中不可避免的一部分。

几年以后，一位报纸记者决定调查这个神秘的新的纺织品生产过程。她偷偷地潜入发明家的工厂，终于了解到这位发明家是一个骗子，他根本没有生产纺织品，只是把小麦走私到国外并从其他国家进口纺织品。发明家所发现的唯一事情是国际贸易所带来的好处。

当真相最终被披露时，政府停止了发明家的经营行为。纺织品价格上升了，工人回到了纺织品厂的工作岗位。Isoland 国的生活水平退回到以前的水平。发明家被投入狱中并遭到大家嘲笑。毕竟，他不是发明家，他只是一位经济学家。

内容提要

◎ 通过比较没有国际贸易时的国内价格和世界价格，可以确定自由贸易的影响。国内价格低表明，该国在生产这种物品上有比较优势，而且将成为出口者。国内价格高表明，世界其他国家在生产这种物品上有比较优势，而且该国将成为进口者。

◎ 当一国允许贸易并成为一种物品的出口者时，该物品生产者的状况变好，而该物品消费者的状况变坏。当一国允许贸易并成为一种物品的进口者时，该物品消费者的状况变好，而该物品生产者的状况变坏。在这两种情况下，贸易的好处都大于损失。

◎ 关税——对进口物品征收的税——使市场向没有贸易时的均衡移动，因此，减少了贸易的好处。虽然国内生产者的状况变好了，而且政府增加了收入，但消费者的损失大于这些好处。

◎ 有各种限制贸易的观点：保护工作岗位、保卫国家安全、帮助幼稚产业、防止不公平竞争以及对外国的贸易限制做出反应。尽管这些观点在某些情况下有些道理，但经济学家相信，自由贸易通常是一种更好的政策。

196
关键概念

世界价格　　关税

复习题

1. 对于一国的比较优势，没有国际贸易时存在的国内价格告诉了我们些什么？
2. 一国什么时候成为一种物品的出口者？什么时候成为进口者？
3. 画出一个进口国的供求图。在允许贸易之前，消费者剩余和生产者剩余是多少？有自由贸易时，消费者剩余和生产者剩余是多少？总剩余有什么变化？
4. 叙述什么是关税以及关税的经济影响。
5. 列出经常用来支持贸易限制的五种观点。经济学家如何对这些观点做出反应？
6. 实现自由贸易的单边方法和多边方法之间的差别是什么？各举一个例子。

问题与应用

1. 墨西哥橘子市场只是世界橘子市场的一小部分。
   a. 画出表示没有国际贸易时墨西哥橘子市场均衡的图形。确定均衡价格、均衡数量、消费者剩余和生产者剩余。

b. 假设在贸易之前世界橘子价格低于墨西哥橘子价格，而且，现在墨西哥橘子市场开放贸易。确定新的均衡价格、消费量、国内生产量以及进口量，说明国内消费者剩余和生产者剩余的变化。国内总剩余增加了还是减少了？

2. 没有贸易时，世界红酒的价格低于加拿大的现行价格。
   a. 假设加拿大的红酒进口只是世界红酒总产量的一小部分，画出自由贸易下加拿大红酒市场的图形。在一个适当的表中，列出消费者剩余、生产者剩余和总剩余。
   b. 现在假设墨西哥湾流的异常移动使欧洲的夏天气候异常冷，破坏了葡萄收成。这种冲击对世界红酒价格有什么影响？用你在问题 a 中的图和表说明对加拿大的消费者剩余、生产者剩余和总剩余的影响。谁是赢家？谁是输家？加拿大作为一个整体，状况变好了还是变坏了？

3. 假设国会对进口汽车征收关税，以保护美国汽车工业免受外国竞争。假设美国在世界汽车市场上是一个价格接受者，用图形说明：进口量的变化、美国消费者的损失、美国制造商的收益、政府收入以及关税带来的无谓损失。消费者的损失可以分为三部分：转移给国内生产者的部分、转移给政府的部分以及无谓损失。用你的图确定这三个部分。

4. 当中国的纺织业扩张时，世界供给的增加降低了纺织品的世界价格。
   a. 画出一个适当的图来分析这种价格变动如何影响一个像美国这样的纺织品进口国的消费者剩余、生产者剩余和总剩余。
   b. 现在画出一个适当的图来说明这种价格变动如何影响像多米尼加共和国这样的纺织品出口国的消费者剩余、生产者剩余和总剩余。
   c. 比较你对 a 和 b 的答案。相同之处是什么？不同之处是什么？哪一个国家将担心中国纺织品行业的扩张？哪一个国家将欢迎这种情况？解释原因。

5. 设想华盛顿州红酒生产者敦促州政府对从加利福尼亚进口的红酒征税。他们认为，这种税既能筹集州政府的收入，又能增加华盛顿州红酒行业的就业。你同意这种说法吗？这是一种好政策吗？

6. 考虑本章中支持限制贸易的观点。
   a. 假设你是一个木材业的游说者，该行业因低价格的国外竞争而受损。你认为五种限制贸易的观点中，哪两个或三个能最有效地说服普通议员，让他（或她）支持贸易限制？解释你的理由。
   b. 现在假设你是一个聪敏的经济学专业学生（希望这不是一个难以实现的假设）。虽然所有支持限制贸易的观点都有缺点，但请选择两个或三个看来对你最具经济学意义的观点。对于其中每种支持限制贸易的观点，给出支持它或反对它的经济学原理。 197

7. 参议员 Ernest Hollings 曾经写道：“消费者并没有从低价格进口品中受益。看一看一些邮购目录你就会发现，无论是美国产的衣服还是进口的衣服，消费者都要支付同样的价格。”评论这段话。

8. Textilia 国不允许服装进口。在没有贸易的均衡时，一件 T 恤衫的价格为 20 美元，均衡数量为 300 万件。有一天该国总统在度假时读了亚当·斯密的《国富论》，他决定向世界开放 Textilia 国的市场。T 恤衫的市场价格下降到世界价格 16 美元。Textilia 国消费 T 恤衫的人数增加到 400 万人，而生产 T 恤衫的人数减少到 100 万人。

a. 用一个图描述以上情况。你的图上应该标明所有数字。

b. 计算开放贸易引起的消费者剩余、生产者剩余和总剩余的变动。(提示:三角形的面积是 1/2 × 底 × 高。)

198 9. 中国是一个小麦、玉米和大米这类粮食的生产大国。在 2008 年,中国政府由于担心粮食出口提高了国内消费者的食品价格,所以对粮食出口征税。

a. 画出说明一个出口国的粮食市场的图形。把这个图作为回答以下问题的出发点。

b. 出口税对国内粮食价格有什么影响?

c. 它如何影响国内消费者的福利、国内生产者的福利以及政府收入?

d. 用消费者剩余、生产者剩余和税收收入的总和来衡量,中国的总福利会发生什么变化?

10. 考虑一个从外国进口某种物品的国家。说出以下各种说法是对还是错。解释你的答案。

a. “需求弹性越大,从贸易中获益越多。”

b. “如果需求完全无弹性,就不能从贸易中获益。”

c. “如果需求完全无弹性,消费者就不能从贸易中获益。”

11. Kawmin 是一个生产并消费软糖的小国。软糖的世界价格是每袋 1 美元,Kawmin 国内软糖的供给与需求是由以下方程式决定的:

$$需求:Q^D = 8 - P$$

$$供给:Q^S = P$$

其中,P 是每袋软糖的美元价格,Q 是软糖的袋数。

199 a. 画出一个当 Kawimin 国不允许贸易时表示该国状况的图形(并标注清楚)。计算以下项目(记住三角形的面积是 1/2 × 底 × 高):均衡价格与均衡数量、消费者剩余、生产者剩余和总剩余。

b. 然后 Kawmin 国开放贸易市场。画出另一个表示软糖市场新状况的图形。计算均衡价格、消费量和生产量、进口量、消费者剩余、生产者剩余和总剩余。

c. 此后,Kawmin 国统治者对软糖生产者的抗议作出回应,对进口软糖征收每袋 1 美元的关税。用图形表示这种关税的影响。计算均衡价格、消费量和生产量、进口量、消费者剩余、生产者剩余、政府收入和总剩余。

d. 开放贸易的好处是什么?用关税限制贸易的无谓损失是什么?给出数字答案。

12. 假设美国是一个电视进口国,而且没有贸易限制。美国消费者一年购买 100 万台电视,其中 40 万台是国内生产的,60 万台是进口的。

a. 假设日本电视制造商的技术进步使世界电视价格下降了 100 美元。画图说明这种变化如何影响美国消费者和美国生产者的福利,以及如何影响美国的总剩余。

b. 价格下降后,消费者购买 120 万台电视,其中 20 万台是国内生产的,而 100 万台是进口的。计算价格下降引起的消费者剩余、生产者剩余和总剩余的变动。

c. 如果政府的反应是对进口电视征收 100 美元关税,这会产生什么影响?计算增加的收入和无谓损失。从美国福利的角度看,这是一个好政策吗?谁可能会支持这项政策?

d. 假设价格下降并不是由于技术进步,而是由于日本政府向该行业进行了每台电视 100 美元的补贴。这会影响你的分析吗?

13. 考虑一个出口钢铁的小国。假设该国

“支持贸易”的政府决定通过对每吨销往国外的钢铁支付一定量货币来补贴钢铁出口。这种出口补贴如何影响国内钢铁价格、钢铁产量、钢铁消费量以及钢铁出口量？它如何影响消费者剩余、生产者剩余、政府收入和总剩余？从经济效率的角度看，这是一项好政策吗？（提示：对出口补贴的分析类似于对关税的分析。）

第 4 篇　公共部门经济学

第 10 章 外部性

制造并销售纸张的企业也产生了作为制造过程副产品的化学物质——二恶英(dioxin)。科学家相信,一旦二恶英进入环境,就会增加人们患癌症、生出畸形儿以及出现其他健康问题的危险。 203

生产并排放二恶英对社会是不是一个问题呢?在第 4 章到第 9 章中,我们考察了市场如何用供求的力量配置稀缺资源,并说明了供求均衡一般是一种有效率的资源配置。用亚当·斯密的著名比喻,就是市场中“看不见的手”引导着市场上利己的买者和卖者,使社会从市场上得到的总利益最大化。这种见解是第 1 章中的经济学十大原理之一——市场通常是一种组织经济活动的好方法的基础。我们是否可以由此得出结论:看不见的手可以阻止造纸企业排放过多二恶英呢?

市场的确做了许多好事,但并不能做好每一件事。在本章中,我们开始研究经济学十大原理的另一个原理:政府行为有时可以改善市场结果。我们考察为什么市场有时不能有效地配置资源,政府政策如何潜在地改善市场配置,以及哪种政策有可能最好地发挥作用。

本章中所考察的市场失灵属于被称为外部性的一般范畴之内。当一个人从事一种影响旁观者福利,而对这种影响既不付报酬又得不到报酬的活动时,就产生了**外部性**(externality)。如果对旁观者的影响是不利的,就称为负外部性;如果这种影响是有利的,就称为正外部性。在存在外部性时,社会对市场结果的关注扩大到参与市场的买者与卖者的福利之外,以包括那些间接受影响的旁观者的福利。由于买者与卖者在决定其需求量或供给量时忽略了他们行为的外部效应,因此在存在外部性时,市场均衡并不是有效的。这就是说,均衡并没有实现整个社会总利益的最大化。例如,把二恶英排放到周边就是一种负外部性。利己的造纸企业不会考虑他们在生产过程中引起的全部污染成本,而纸张的消费者也不会考虑他们的购买决策所引起的全部污染成本。因此,除非政府进行阻止或限制,否则企业就会大量排放污染物。 204

外部性:
一个人的行为对旁观者福利的无补偿的影响。

正如试图解决市场失灵的政策有很多种一样,外部性也多种多样。下面是一些例子:

• 汽车废气有负外部性，因为它产生了其他人不得不呼吸的烟雾。由于这种外部性，司机往往造成过多污染。联邦政府努力通过规定汽车的废气排放标准来解决这个问题。联邦政府还对汽油征税，以减少人们开车的次数。

• 修复历史建筑物具有正外部性，因为那些在这种建筑物附近散步或骑车的人可以欣赏到这些建筑物的美丽，并感受到这些建筑物带来的历史沧桑感。建筑物的所有者得不到修复这些建筑物的全部利益，因此，他们往往很快就遗弃了这些古老的建筑物。许多地方政府对这个问题的反应是对拆毁历史建筑物实行管制，并向修复这些建筑物的所有者提供税收减免。

• 狂吠的狗引起负外部性，因为邻居会受到噪音干扰。狗的主人并不承担噪音的全部成本，因此很少采取防止自己的狗狂吠的预防措施。地方政府通过宣布“干扰平静”为非法来解决这个问题。

• 新技术研究带来正外部性，因为它创造了其他人可以运用的知识。由于发明者并不能占有其发明的全部利益，所以往往倾向于用很少的资源来从事研究。联邦政府通过专利制度部分地解决了这个问题，专利制度赋予发明者在一定时期内对其发明的专有使用权。

在以上每种情况中，一些决策者没有考虑到自己行为的外部效应。政府的反应是努力影响这种行为，以保护旁观者的利益。

10.1 外部性和市场无效率

在这一节，我们用第 7 章中提出的福利经济学工具来考察外部性如何影响经济福利。这种分析正是要说明，为什么外部性引起市场资源配
205 置的无效率。在本章的后面，我们还要考察私人和公共政策制定者用来解决这种市场失灵的各种方法。

10.1.1 福利经济学：回顾

我们从复习第 7 章中福利经济学的一些关键结论开始。为了使分析更具体，我们考虑一个特定的市场——铝市场。图 10－1 表示铝市场的供给曲线与需求曲线。

正如你在第 7 章中所了解的，供给曲线与需求曲线包含了有关成本与利益的重要信息。铝的需求曲线反映了消费者对铝的评价，这种评价用他们愿意支付的价格来衡量。在任何一种既定数量时，需求曲线的高度表示边际买者的支付意愿。换句话说，它表示购买最后一单位铝对消费者的价值。同样，供给曲线反映了生产铝的成本。在任何一种既定数

图 10－1 铝市场

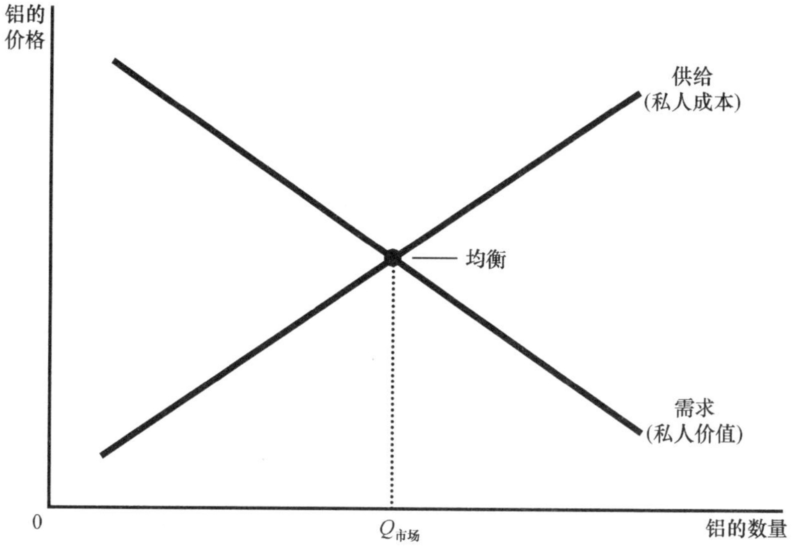

需求曲线反映买者的评价，而供给曲线反映卖者的成本。均衡数量，即市场量，使买者总价值减卖者总成本最大化。因此，在没有外部性时，市场均衡是有效率的。

量时，供给曲线的高度表示边际卖者的成本。换句话说，它表示出售最后一单位铝对生产者的成本。

在没有政府干预时，铝的价格会自发调整，使铝的供求达到平衡。如图 10－1 的 $Q_{市场}$ 所示的市场均衡时的生产量和消费量，在使生产者剩余和消费者剩余之和最大化的意义上说是有效率的。这就是说，市场以一种使购买和使用铝的消费者的总价值减生产并销售铝的生产者的总成本最大化的方式来配置资源。

10.1.2　负的外部性

现在我们假设铝工厂排放污染物：每生产一吨铝就有一定量烟尘进
入大气。由于这种烟尘可能损害那些呼吸空气的人的健康，因此它产生 206
了负外部性。这种外部性如何影响市场结果的效率呢？

"我只能这样讲，如果制造业的龙头老大必然也是污染空气的龙头老大的话，那就坦然接受这个事实吧！"

图片来源：© 2002 THE NEW YORKER COLLECTION FROM CARTOONBANK. COM. ALL RIGHTS RESERVED.

由于这种外部性，生产铝对于**社会**的成本大于铝生产者的成本。每生产一单位铝，**社会成本**都包括铝生产者的私人成本加上受到污染的不利影响的旁观者的成本。图 10－2 表示生产铝的社会成本。社会成本曲线在供给曲线之上，因为它考虑到了铝生产者给社会所带来的外部成本。这两条曲线的差别反映了排放污染物的成本。

应该生产多少铝呢？为了回答这个问题，我们又要来考虑一个仁慈的社会计划者将会做什么。该计划者力图使该市场产生的总剩余——铝对消费者的价值减去生产铝的成本——最大化。但该计划者知道，生产铝的成本还包括污染的外部成本。

图 10－2　污染与社会最适

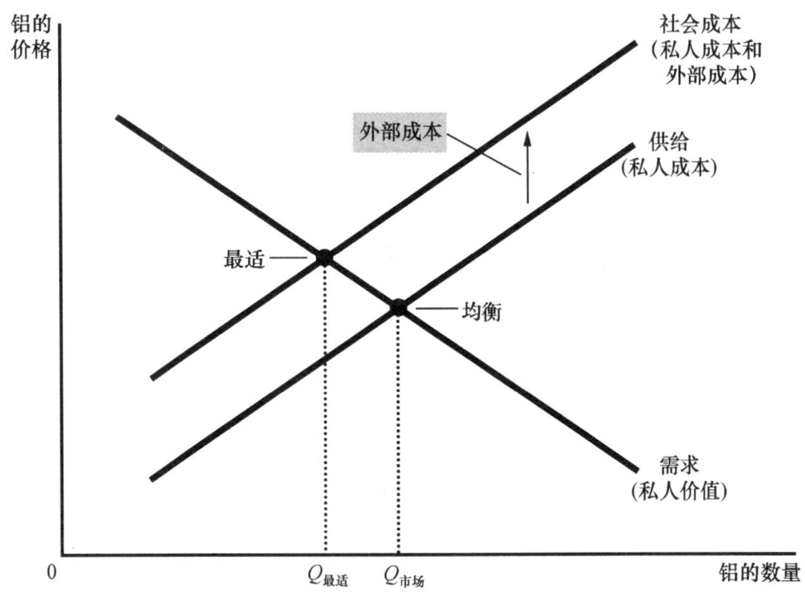

在存在负外部性的情况下，例如污染时，物品的社会成本大于私人成本。因此，最适数量 $Q_{最适}$，小于均衡数量 $Q_{市场}$。

该计划者将选择需求曲线与社会成本曲线相交时的铝的生产水平。从整个社会的角度来看，这个交点决定了铝的最适数量。低于这一水平时，铝的消费者的评价（用需求曲线的高来衡量）大于生产它的社会成本（用社会成本曲线的高来衡量）。计划者也不使产量高于这一水平，因为生产额外铝的社会成本大于消费者的评价。

注意，铝的均衡数量（即 $Q_{市场}$）大于社会的最适量（即 $Q_{最适}$）。出现这
207 种无效率是因为市场均衡仅仅反映了生产的私人成本。在市场均衡时，边际消费者对铝的评价小于生产它的社会成本。这就是说，在 $Q_{市场}$ 时，需求曲线位于社会成本曲线之下。因此，若将铝的生产量和消费量降低到均衡水平之下，就会增加社会的总经济福利。

该社会计划者如何达到这种最适结果呢？一种方法是对铝生产者销售的每吨铝征税。税收使铝的供给曲线向上移动，移动量为税收规模。如果税收准确地反映了排入大气的烟尘的外部成本，新的供给曲线就与社会成本曲线相重合。在达到新的市场均衡时，铝生产者将生产社会最适量的铝。

外部性内在化： 改变激励，以使人们考虑到自己行为的外部效应。

这种税的运用被称为**外部性内在化**（internalizing the externality），因为它给市场买者与卖者以考虑其行为的外部影响的激励。实际上，铝生产者在决定供给多少铝时会考虑到污染的成本，因为现在税收使其要支付这些外部成本。而且，由于市场价格反映了对生产者征收的税收，铝的消费者也有少消费铝的激励。这项政策根据的是经济学十大原理之一：人们会对激励做出反应。在本章的后面，我们将更详细地考虑决策者解决外部性的其他方法。

10.1.3 正的外部性

虽然一些活动给第三方带来了成本,但也有一些活动给第三方带来了利益。例如,考虑教育的情况。在相当大程度上,教育的利益是私人的:教育的消费者成为生产率高的工人,从而以高工资的形式获得大部分利益。但是,在这些私人利益之外,教育也产生了正外部性。一种外部性是,受教育更多的人成为更理智的选民,这对每个人来说就意味着更好的政府;第二种外部性是,受教育更多的人意味着更低的犯罪率;第三种外部性是,受教育更多的人可以促进技术进步的开发与扩散,这给每个人带来更高的生产率和更高的工资。由于这三种正外部性,人们可能更喜欢受过良好教育的同胞。

对正外部性的分析类似于对负外部性的分析。如图 10－3 所示,需求曲线并不反映一种物品的社会价值。由于社会价值大于私人价值,因此社会价值曲线在需求曲线之上。在社会价值曲线和供给曲线(代表成本)相交之处得出了最适量。因此,社会最适量大于私人市场决定的数量。

图 10－3　教育与社会最适

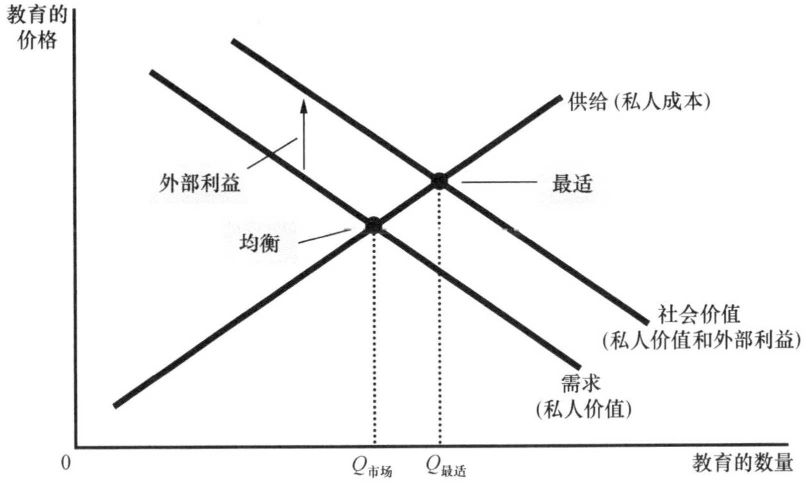

在存在正外部性时,物品的社会价值大于私人价值。因此,最适量 $Q_{最适}$ 大于均衡数量 $Q_{市场}$。

政府也可以通过使市场参与者把外部性内在化来纠正市场失灵。在存在正外部性的情况下,政府的适当反应正好与负外部性的情况相反。为了使市场均衡向社会最适移动,需要对正外部性进行补贴。实际上,这正是政府所遵循的政策:通过公立学校和政府助学金来大量补贴教育。

总之,负外部性使市场生产的数量大于社会合意的数量,正外部性使市场生产的数量小于社会合意的数量。为了解决这个问题,政府可以通过对有负外部性的物品征税并给予有正外部性的物品补贴来使外部性内在化。 208

案例研究
技术溢出、产业政策与专利保护

正外部性的一种潜在、重要的类型是技术溢出——一个企业的研究和生产努力对其他企业接触技术进步的影响。例如，考虑工业机器人市场。机器人处于迅速变革的技术前沿。只要一个企业制造了机器人，就有可能发现新的、更好的设计。这种新的设计不仅有利于这个企业，而且有利于整个社会，因为这种设计将进入社会的技术知识宝库。这就是说，新的设计对经济中其他生产者有正的外部性。

在这种情况下，政府可以通过补贴机器人生产把外部性内在化。如果政府对所生产的每一个机器人向企业支付补贴，供给曲线将向下移动，移动量就是补贴量。而且，这种移动将使机器人的均衡数量增加。为了确保市场均衡量等于社会最适量，这种补贴应该等于技术溢出效应的价值。

技术溢出效应有多大？技术溢出效应对公共政策意味着什么呢？这是一个重要的问题，因为技术进步是生活水平不断提高的关键所在。但这也是经济学家经常争论的一个难题。

209 一些经济学家认为，技术溢出效应是普遍存在的，政府应该鼓励那些产生最大溢出效应的行业。例如，这些经济学家认为，如果生产计算机芯片比生产土豆片有更大的溢出效应，那么，相对于土豆片的生产而言，政府应该更鼓励计算机芯片的生产。美国税法通过对研发支出提供特别税收减免，进行有限的鼓励。另一些国家则通过对具有巨大技术溢出效应的特殊行业提供补贴，进行更多的鼓励。政府旨在促进技术进步行业的经济干预有时称为产业政策。

另一些经济学家则对产业政策持怀疑态度。即使技术溢出效应是普遍的，产业政策的成功也要求政府能衡量不同市场溢出效应的大小。而这种衡量是极困难的。此外，如果不能准确地衡量，政治制度的结果可能最终是那些最有政治影响力的行业，而不是那些产生了最大正外部性的行业得到了补贴。

对待技术溢出的另一种方法是专利保护。专利法通过赋予发明者在一定时期内对其发明的专有使用权而保护了发明者的权利。当一个企业实现了技术突破时，它可以为这种技术申请专利，并自己占有大部分经济利益。专利通过赋予企业对其发明的产权来使外部性内在化。如果其他企业想使用这种新技术，它必须得到发明企业的允许并向该企业支付专利使用费。因此，专利制度对于企业从事推动技术进步的研究和其他活动提供了更多的激励。

即问即答 • 举出一个负外部性和一个正外部性的例子。• 解释为什么在存在这些外部性时市场结果是无效率的。

10.2 针对外部性的公共政策

前面我们讨论了为什么外部性导致了资源配置的无效率,但对于如何解决这种无效率只是简要提及。实际上,无论公共决策者还是私人都可以以各种方法对外部性做出反应。所有这些方法的目的都是为了使资源配置更接近于社会最优状态。

这一节考虑政府的解决方法。通常情况下,政府可以通过两种方式做出反应:命令与控制政策直接对行为进行管制;以市场为基础的政策提供激励,以促使私人决策者自己来解决问题。

10.2.1 命令与控制政策:管制

政府可以通过规定或禁止某些行为来解决外部性。例如,把有毒的化学物质倒入供水系统是一种犯罪行为。在这种情况下,社会的外部成本远远大于排污者的利益。因此,政府制定了完全禁止这种行为的命令与控制政策。

但是,在污染的大多数情况下,事情并不是这么简单。尽管一些环境保护主义者确定了目标,但要禁止所有有污染的活动是不可能的。例如,实际上各种形式的运输工具,甚至马,都会带来一些不合意的污染副产品。然而,要让政府禁止使用所有运输工具肯定是不明智的。因此,社会不是要完全消除污染,而是要权衡成本与利益,以便决定允许哪种污染以及允许多少污染。在美国,环境保护署(EPA)就是一个提出并实施旨在保护环境的管制的政府机构。 210

环境管制可以采取多种形式。有时 EPA 规定工厂可以排放的最高污染水平,有时 EPA 要求企业采用某项减少排污量的技术。在所有情况下,为了制定出良好的规则,政府管制者需要了解有关某些特定行业以及这些行业可以采用的各种技术的详细信息,但政府管制者要得到这些信息往往是困难的。

10.2.2 以市场为基础的政策 1:矫正性税收与补贴

对于外部性,政府也可以不采取管制行为,而通过以市场为基础的政策向私人提供符合社会效率的激励。例如,正如我们前面知道的,政府可以通过对有负外部性的活动征税以及对有正外部性的活动提供补贴来使

矫正税：
旨在引导私人决策者考虑负外部性引起的社会成本的税收。

外部性内在化。用于纠正负外部性影响的税收被称为**矫正税**（corrective taxes）。这种税也被称为庇古税（Pigovian taxes），它是以最早主张采用这种税收的经济学家阿瑟·庇古（Arthur Pigou，1877—1959）的名字命名的。一种理想的矫正税应该等于有负外部性的活动引起的外部成本，而理想的矫正补贴应该等于有正外部性的活动引起的外部利益。

作为解决污染的方法，经济学家对矫正税的偏爱通常大于管制，因为税收可以以较低的社会成本减少污染。为了说明其原因，让我们考虑一个例子。

假设有造纸厂和钢铁厂这两家工厂，每年各自向河中倾倒500吨黏稠状的废物。EPA决定减少污染量，它考虑了两种解决方法：

- 管制：EPA可以让每个工厂把年排污量减少为300吨。
- 矫正税：EPA可以对每个工厂排出的每吨废物征收5万美元的税收。

管制规定了污染水平，税收则给工厂所有者一种减少污染的经济激励。你认为哪一种解决方法更好呢？

大多数经济学家倾向于税收。为了解释这种偏好，他们首先会指出，在减少污染总水平上，税收和管制同样有效。EPA可以通过把税收确定在适当的水平上，来达到它想达到的任何污染水平。税收越高，减少的污染也越多。如果税收足够高，工厂将全部关门，污染减少为零。

虽然管制和矫正税都可以减少污染，但税收在实现这个目标上更有效率。管制要求每个工厂都等量减少污染。但是，等量减少并不一定是
211 净化河水的成本最低的方法。可能的情况是，造纸厂减少污染的成本比钢铁厂低。如果是这样的话，造纸厂对税收的反应将是大幅度减少污染，以便少交税，而钢铁厂的反应则是小幅减少污染，多交税。

实际上，矫正税规定了污染权的价格。正如市场把物品分配给那些对物品评价最高的买者一样，矫正税把污染权分配给那些减少污染成本最高的工厂。无论EPA选择的污染水平是多少，它都可以通过税收以最低的总成本达到这个目标。

经济学家还认为，矫正税对环境更有利。在命令与控制的管制政策下，一旦工厂的排污量减少到了300吨，就没有理由再减少排污。与此相反，税收激励工厂去开发更环保的技术，因为更环保的技术可以减少工厂不得不支付的税收量。

矫正税与大多数其他税不同。正如我们在第8章中讨论的，大多数税扭曲了激励，并使资源配置背离社会最适水平。经济福利的减少——即消费者剩余和生产者剩余的减少——大于政府收入的增加，引起了无谓损失。与此相反，当存在外部性问题时，社会也关注那些受到影响的旁观者的福利。矫正税改变了激励，使其考虑到外部性的存在，从而使资源配置向社会最适水平移动。因此，矫正税既增加了政府的收入，又提高了经济效率。

案例研究
为什么对汽油征收的税如此之重

在许多国家，汽油是经济中税负最重的物品。汽油税被作为一种旨在消除与开车相关的三种负外部性的矫正税。

- 拥挤：如果你滞留在一辆汽车接一辆汽车的公路上，你也许希望路上的车少一些。汽油税通过鼓励人们乘坐公共交通工具，更经常地共乘一辆车，并住得离工作地点近一些来减少拥挤。

- 车祸：一旦一个人买了一辆大型车或跑车，他也许使自己较为安全了，但却使周围的人处于危险中。根据美国高速公路交通安全管理局的说法，一个开普通车的人如果被一辆跑车撞了，死亡的可能性是被一辆普通车撞的五倍。汽油税是在人们的大型耗油型车给其他人带来危险时使驾驶这种车的人进行支付的一种间接方式，从而使他们在选择购买什么汽车时考虑到这种危险。

- 污染：汽油之类的矿物燃料的燃烧普遍被认为会引起全球变暖。对于其危险性有多大，专家们的看法并不一致，但毫无疑问，汽油税通过减少汽油的使用而降低了这种危险。

因此，汽油税并不像大多数税收那样引起无谓损失，而是实际上使经济运行得更好。汽油税意味着更少的交通拥挤、更安全的道路和更清洁的环境。

图片来源：© 2005 JOHN TREVER, ALBUQUERQUE JOURNAL. REPRINTED BY PERMISSION.

汽油税应该为多高呢？许多欧洲国家征收的汽油税比美国高得多。许多评论家也认为，美国应该对汽油征收更重的税。《经济文献杂志》（*Journal of Economic Literature*）发表的一项 2007 年的研究总结了有关各种与开车相关的外部性大小的研究。它得出的结论是，汽油最优

212

矫正税是每加仑 2.1 美元，而实际上美国的汽油税只有每加仑 40 美分。

这种税收收入可以用于降低那些扭曲激励并引起无谓损失的税收。此外，一些要求汽车制造商生产节油型汽车的繁杂的政府管制也将是不必要的。但是，这种思想从来没有在政治上受到过欢迎。

10.2.3 以市场为基础的政策 2：可交易的污染许可证

回到我们造纸厂和钢铁厂的例子。我们假设，尽管经济学家提出了建议，EPA 仍决定实行管制，并要求每个工厂把排污量减少到每年 300 吨。在管制实施而且两个工厂都予以遵守之后的某一天，两个企业来到 EPA 提出了一个建议：钢铁厂想增加 100 吨排污量；而如果钢铁厂付给造纸厂 500 万美元，造纸厂就同意减少等量的排污量。EPA 应该允许两个工厂进行这一交易吗？

从经济效率的观点看，允许这一交易是一种好政策。这一交易必然
213 会使这两个工厂所有者的状况都变好，因为他们是自愿达成交易的。而且，这种交易没有任何外部影响，因为污染总量仍然是相同的。因此，通过允许造纸厂把自己的排污权出售给钢铁厂可以提高社会福利。

同样的逻辑也适用于任何一种排污权从一个企业到另一个企业的自愿转移。如果 EPA 允许进行这些交易，实际上它就创造了一种新的稀缺资源：污染许可证。交易这种许可证的市场将最终形成，而且，这种市场将为供求力量所支配。看不见的手将保证这种新市场有效地配置排污权。这就是说，许可证最终会在那些根据其支付意愿判断对它评价最高的企业手中。反过来，企业的支付意愿又取决于它减少污染的成本：一个企业减少污染的成本越高，对许可证的支付意愿就越高。

允许污染许可证市场的一个优点是，从经济效率的角度看，污染许可证在企业之间的初始配置是无关紧要的。那些能以低成本减少污染的企业将出售它们得到的所有许可证，而那些只能以高成本减少污染的企业将购买它们需要的所有许可证。只要存在一个污染权的自由市场，无论最初的配置如何，最后的配置都将是有效率的。

虽然用污染许可证减少污染看起来可能与用矫正税十分不同，但这两种政策有许多共同之处。在这两种情况下，企业都要为污染付费。在使用矫正税时，排污企业必须向政府交税；在使用污染许可证时，排污企业必须为购买许可证进行支付。（即使自己拥有许可证的企业也必须为排污进行支付：排污的机会成本是它们在公开市场上出卖其许可证所能

得到的收入。)矫正税和污染许可证都是通过使企业产生排污成本而把污染的外部性内在化。

可以通过考虑污染市场的情形来说明这两种政策的相似性。图 10－4 的两幅图表示污染权的需求曲线。需求曲线表明,污染的价格越低,企业将选择排污越多。在(a)幅中,EPA 通过矫正税确定污染的价格。在这种情况下,污染权的供给曲线完全有弹性(因为企业纳税后想污染多少就污染多少),而需求曲线的位置决定了污染量。在(b)幅中,EPA 通过发放污染许可证确定排污量。在这种情况下,污染权的供给曲线是完全无弹性的(因为排污量是由许可证数量固定的),而需求曲线的位置决定了污染的价格。因此,EPA 既可以通过用矫正税确定价格来达到既定需求曲线上的任意一点,也可以通过用污染许可证确定数量来达到既定需求曲线上的任意一点。

图 10－4　矫正税和污染许可证的相等性

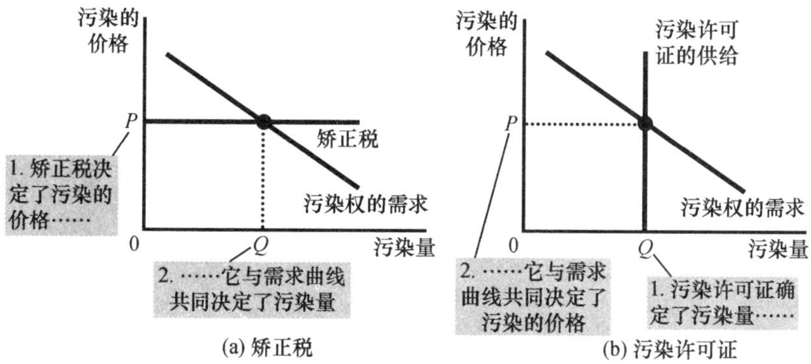

在(a)幅中,EPA 通过征收矫正税确定了污染的价格,而需求曲线决定污染量。在(b)幅中,EPA 通过限制污染许可证的数量限制了排污量,而需求曲线决定污染的价格。在这两种情况下,污染的价格和数量都是相同的。

但是在某些情况下,出售污染许可证可能比实行矫正税更好。假设 EPA 想使倒入河流的废物不超过 600 吨。但由于 EPA 并不知道污染的需求曲线,它无法确定征收多少税才能达到这个目标。在这种情况下,它只需拍卖排放 600 吨废物的污染许可证。根据拍卖价格就可以得出矫正税的适当规模。

政府拍卖污染权的主意乍一看似乎是一些经济学家想象出来的。实际上,开始时情况确实是这样的。但 EPA 已日益把这种制度作为控制污染的一种方法。其中一个著名的成功案例是与二氧化硫(SO_2)——一种 214
引起酸雨的最主要的物质——有关的。1990 年,《清洁空气法案》修正案要求发电站大幅度减少二氧化硫的排放量。同时,该修正案建立了允许工厂交易其二氧化硫许可证的制度。尽管开始时行业代表和环保主义者都对这一方案持怀疑态度,但随着时间的推移,这种制度被证明了可以以最小的代价减少污染。污染许可证和矫正税一样,现在被普遍认为是一种低成本高效率的保护环境的方法。

新闻摘录
支持对碳征税

一位不知名的经济学家提出了一种应对全球气候变暖的方法。

全球变暖的一种解决办法:一种新税

N. Gregory Mankiw

在关于全球气候变化的争论中,有一个需要逾越的巨大鸿沟。这个鸿沟不是在环保主义者和产业主义者之间,也不是在民主党和共和党之间,而是在政策摇摆者与政治顾问之间。

在像我这样的政策摇摆者中间,存在着广泛共识。科学家告诉我们,全世界的温度正在上升,因为人们把碳排入了空气中。基础经济学告诉我们,当你为某种东西交税时,你通常就会减少它的使用。因此,如果我们想减少全球碳的排放,我们就需要一种全球性的碳税。证明完毕。

用税收来解决问题,而不仅仅是为政府筹资的思想由来已久。英国经济学家阿瑟·庇古(Arthur Pigou)就提出用矫正税来应对20世纪初期的污染。为了表示对他的尊敬,经济学教科书中现在称这种税为"庇古税"。

用庇古税来解决全球变暖也不是新思想。早在1992年,马丁·费尔德斯坦(Martin Feldstein)在《华尔街日报》的社论中就提出了这一观点。罗纳德·里根时代的首席经济学家费尔德斯坦先生用其职业生涯中的许多时间研究高税率如何扭曲了激励,并阻滞了经济增长。但是,和其他大多数政策摇摆者一样,他赞扬了一些税可以使私人激励与社会成本一致,并把我们引向更好的结果。

但是,那些参与竞选的官员却不愿把它提上议事日程。他们的政治顾问并不推崇税收,无论是庇古税还是其他税。共和党的顾问建议在用"税"这个词时后面紧跟着的词只能是"削减"。民主党的顾问建议"税"这个词后面要跟着"对富人"。

但是,如果由碳税筹集的收入被用于减少其他税,那么对碳税的这种天然厌恶就可以被克服。就其自身而言,碳税会增加所有开车的人或使用化石燃料生产的电力的人的税收负担,这意味着它会影响到每一个人。一些人会担心这会使穷人和中产阶级的处境尤其艰难。

然而,塔夫茨(Tafts)大学经济学教授 Gilbert Metcalf 说明了可以如何用碳税筹集的收入减少工薪税,而使总税收负担分摊大致保持不变。他建议对每立方吨二氧化碳征收15美元的税,同时对每个工人收入中3 660美元以下的部分免征工薪税。

在研究了表中的其他选择之后,对碳税的支持更有力了。两党的法律制定者想要求汽车制造商提高所出售汽车的燃油效率。这种将矛头指向汽车公司的做法获得了众多公众的支持。

但是,提高燃油的效率并不是免费的。和税收一样,更严格的管制的遵从成本将以更高汽车价格的形式转嫁给消费者。然而,政府无法筹集到任何收入，可用来减少其他税从而对高价格进行补偿。（而且，不能指望汽油的节省会以一种有意义的方式补偿消费者：任何真正有成本效益的燃油效率的提高都已经实现了。）

更重要的是，提高燃油效率本身并不是减少能源消费的最好方法。燃油的使用不仅取决于汽车的效率，而且还取决于人们日常生活中所作出的决策——选择住在离工作单位多远的地方，以及是自己开车还是乘坐公共交通工具。

碳税会以很多方式激励人们少用汽油。与此相反，仅仅有效率更高的车则会鼓励人们多开车。开车增加不仅会产生更多的碳，而且还会引起其他问题，如交通事故和道路拥堵。

另一个广为人知的限制碳排放量的建议是限制和贸易制度（cap-and-trade system），在这种制度下，碳的排放量是有限的，而且可以在市场上买卖许可证。这种制度的效果取决于如何分配碳许可证。如果政府把这些许可证在市场上拍卖，那么碳许可证的价格实际上就是碳税。

但是，限制和贸易制度的历史表明，碳许可证可能会分发给能源公司和其他碳排放企业，这些企业可以免费使用并以市场价格出售。在这种情况下，能源价格就会上升（和实行碳税的情况一样），但政府将无法筹集到任何收入，以减少其他税和对消费者进行补偿。

这个问题的国际性也表明，碳税优于限制和贸易制度。任何解决全球气候变化的长期方法都必须应对中国和印度这种增长迅速的经济。根据一些报告，中国现在是世界上主要的碳排放者，这在很大程度上仅仅是因为它有那么多人口。《京都议定书》没有把这些经济体包括在内是1997年美国国会以95比0通过否决京都解决方式决议的原因之一。

但是，很难设想去达成一项真正全球化的限制与贸易制度的协议。我们不可能说服中国接受比美国更少的人均碳排放量。如果按历史基线来分配许可量（正如人们通常提议的那样），就相当于奖励最先引起这一问题的美国。

但如果只按人口分配许可量，又会带来一种有着更高生活水平的美国将向中国购买许可量的制度。美国选民不会拥护这种制度，因为这种制度会带来更高的能源价格，以及大量的国民收入转移给中国人。这就相当于对世界上增长最快的国家之一提供大规模国际援助。

全球性的碳税更容易谈判。所有政府都需要用于公共目的的收入。各国政府可以达成一个协议，把碳税作为一种筹集上述收入的工具。钱无须在各国之间转手。每个政府可以留下其税收收入并用来为支出或者它认为是最佳形式的减税融资。

然而，用碳税的优点来说服中国会是比较容易的一步。而首要的也是最困难的一步，是要说服美国选民和政治顾问们，“税”并不是一个坏东西。

资料来源：*New York Times*, September 16, 2007.

10.2.4 对关于污染的经济分析的批评

“我们不能给任何人付费污染的选择权。”前参议员 Edmund Muskie 的这句评论反映了一些环保主义者的观点。他们认为，享有清新的空气和清洁的水是基本人权，不应该从经济方面考虑，否则就是对它们的贬低。你怎么能给清新的空气和清洁的水确定价格呢？他们声称，环境如此之重要，以至于无论代价多大，我们都应该尽可能地保护它。

经济学家很少赞同这种观点。在经济学家看来，好的环境政策要从承认第 1 章的经济学十大原理的第一个原理开始：人们面临权衡取舍。清新的空气和清洁的水肯定是有价值的。但是，必须把它们的价值与其机会成本进行权衡取舍，也就是说，与为了得到它们而必须放弃的东西相比较。消除所有污染是不可能的。想要消除所有污染，就要把许多使我
215 们享有高生活水平的技术进步倒退回去。很少有人愿意为了使环境尽可能清洁而接受营养不良、医疗缺乏或拥挤的住房。

经济学家认为，一些环保积极分子由于没有根据经济学思考问题而损害了自己的目标。清洁的环境和其他物品相类似的物品。与所有正常物品一样，它有正的收入弹性：富国在经济上比穷国更有能力维持更清洁的环境，因此通常也有更严格的环境保护政策。此外，像大多数其他物品一样，清新的空气和清洁的水也服从需求定理：环境保护的价格越低，公众就越想要保护环境。污染许可证和矫正税的经济手段降低了环境保护的成本，因此，它增加了公众对清洁环境的需求。

即问即答 一个胶水厂和一个钢铁厂排放烟雾，这种烟雾中含有一种大量吸入会有害健康的化学物质。描述镇政府可以对这种外部性做出反应的三种方法。每一种解决方法的优缺点各是什么？

10.3 外部性的私人解决方法

虽然外部性往往会引起市场的无效率，但解决这个问题并不总是需要政府行为。在一些情况下，人们可以采取私人解决方法。

10.3.1 私人解决方法的类型

有时外部性问题可以用道德规范和社会约束来解决。例如，想一想，为什么大多数人不乱扔垃圾？尽管有禁止乱扔垃圾的法律，但这些法律

并没有严格实行过。大多数人不乱扔垃圾只是因为这样做是错误的。一条教导大多数孩子的金科玉律说："己所不欲，勿施于人。"这个道德规范告诉我们，要考虑到自己的行为会对别人造成何种影响。用经济学术语讲，这就告诉我们要将外部性内在化。

另一种私人解决外部性的方法是慈善行为，许多慈善行为的产生是为了解决外部性问题。例如，西拉俱乐部(Sierra Club)是一个通过私人捐款筹资的非营利组织，其目的在于保护环境。另一个例子是学院和大学接受校友、公司和基金会的捐赠，部分是因为教育对社会有正外部性。政府通过允许计算所得税时扣除慈善捐赠的税制来鼓励这种外部性的私人解决方法。

私人市场往往可以通过依靠有关各方的利己来解决外部性问题。有时这种解决方法采取了把不同类型的经营整合在一起的形式。例如，考虑位置相邻的一个苹果园主和一个养蜂人。每个人的经营都给对方带来了正外部性：蜜蜂在苹果树上采花粉，有助于果树结果实。同时，蜜蜂也用从苹果树上采集的花粉来酿造蜂蜜。但是，当苹果园主决定种多少苹果树和养蜂人决定养多少蜜蜂时，他们都没考虑到正外部性。结果，苹果园主种的苹果树太少，而养蜂人养的蜜蜂也太少。如果养蜂人购买苹果树，或苹果园主购买蜜蜂，这些外部性就内在化了：可以在同一个企业内 216
进行这两种活动，而且这个企业可以选择最适的苹果树数量和蜜蜂数量。外部性内在化是某些企业进行多种类型经营的一个原因。

另一种解决外部效应的私人市场方法是利益各方签订合约。在上面的例子中，苹果园主和养蜂人之间的合约也可以解决树太少和蜜蜂太少的问题。可以在合约中规定树和蜜蜂的数量，也许还可以规定一方对另一方的支付。通过确定树和蜜蜂的适当数量，这个合约就可以解决这种外部性通常产生的无效率问题，并使双方的状况都变得更好。

10.3.2 科斯定理 217

私人市场在解决这些外部性方面的有效性如何？一个著名的结论提出，在某些情况下，这种方法是极为有效的，这个结论被称为**科斯定理**(Coase theorem)。该定理是以经济学家罗纳德·科斯(Ronald Coase)的名字命名的。根据科斯定理，如果私人各方可以无成本地就资源配置进行协商，那么，私人市场就总能解决外部性问题，并有效地配置资源。

科斯定理：
认为如果私人各方可以无成本地就资源配置进行协商，那么，他们就可以自己解决外部性问题的一个命题。 218

为了说明科斯定理如何发挥作用，考虑一个例子。假定 Dick 有一条名为 Spot 的狗。Spot 的狂吠干扰了 Dick 的邻居 Jane。Dick 从拥有一条狗中得到了利益，但这条狗给 Jane 带来了负外部性。是应该强迫 Dick 把狗送到动物收容所，还是应该让 Jane 忍受由于狗狂吠而夜不能寐的痛苦呢？

先来考虑什么结果对社会是有效率的。一个正在考虑如何从上述两种方案中做出选择的社会计划者，要比较 Dick 从养狗中得到的利益与 Jane 承受狂吠声的成本。如果利益超过成本，有效率的做法就是让 Dick 继续养狗而让 Jane 生活在狂吠声中；但如果成本超过利益，Dick 就应该放弃养狗。

根据科斯定理，私人市场可以自己达到有效率的结果。如何达到呢？Jane 只需付给 Dick 一些钱让他放弃养狗。如果 Jane 给的金额大于养狗的利益，Dick 将接受这笔交易。

通过对价格的协商，Dick 和 Jane 总可以达到有效率的结果。例如，假设 Dick 从养狗中得到的利益为 500 美元，而 Jane 由于狗的狂吠承受了 800 美元的成本。在这种情况下，Jane 可以给 Dick 600 美元，让他放弃养狗，而 Dick 也会很乐意地接受。双方的状况都比以前变好了，也达到了有效率的结果。

当然，Jane 不愿意提供任何 Dick 愿意接受的价格也是可能的。例如，假设 Dick 从养狗中得到的利益是 1 000 美元，而 Jane 由于狗的狂吠承受了 800 美元的成本。在这种情况下，Dick 不会接受任何在 1 000 美元以下的出价，而 Jane 又不愿意提供任何在 800 美元以上的价格。因此，Dick 最终还会继续养狗。但在这种成本与利益既定的情况下，这种结果是有效率的。

到现在为止，我们一直假设 Dick 在法律上有权养一条爱叫的狗。换句话说，我们假设，除非 Jane 给 Dick 足够的钱让 Dick 自愿放弃养狗，否则 Dick 就可以养狗。但是，如果 Jane 在法律上有权要求平静与安宁，结果会有什么不同呢？

根据科斯定理，最初的权利分配对市场达到有效率结果的能力无关紧要。例如，假设 Jane 可以通过法律强迫 Dick 放弃养狗。虽然有这种权利对 Jane 有利，但结果也许并不会改变。在这种情况下，Dick 可以向 Jane 付钱，让 Jane 同意他养狗。如果养狗对 Dick 的利益大于狗狂吠对 Jane 的成本，那么 Dick 和 Jane 将就 Dick 养狗问题进行讨价还价。

虽然无论最初的权利怎样分配，Dick 和 Jane 都可以达到有效率的结果，但权利分配并不是毫不相关的：它决定了经济福利的分配。是 Dick 有权养一条爱叫的狗，还是 Jane 有权得到平静与安宁，决定了在最后的协商中谁该向谁付钱。但是，在这两种情况下，双方都可以互相协商并解决外部性问题。只有养狗的利益超过成本，Dick 最后才会养狗。

总结一下：科斯定理说明，私人经济主体可以解决他们之间的外部性问题。无论最初的权利如何分配，有关各方总可以达成一种协议，在这种协议中，每个人的状况都可以变好，而且，结果是有效率的。

10.3.3 为什么私人解决方法并不总是有效

尽管科斯定理的逻辑很吸引人，但私人主体往往不能自己解决外部性所引起的问题。只有当利益各方可以顺利达成和实施协议时,科斯定理才适用。但是,在现实世界中,即使在有可能达成互利协议的情况下,协商的方式也并不总是奏效。

有时利益各方不能解决外部性问题是因为**交易成本**(transaction cost)的存在,交易成本是各方在达成协议及遵守协议过程中所发生的成本。在我们的例子中,设想 Dick 和 Jane 讲不同的语言,以至于为了达成协议他们需要请一个翻译。如果解决狗狂吠问题的利益小于翻译的成本,Dick 和 Jane 就会选择不解决这个问题。在较为现实的例子中,交易成本不是翻译的支出,而是起草和执行合约所需要的律师的费用。

交易成本: 各方在达成协议与遵守协议过程中所发生的成本。

还有的时候,谈判很容易破裂。战争和罢工的经常出现表明达成协议可能是困难的,而达不成协议又可能是代价高昂的。问题通常在于各方都竭力要达成对自己更好的交易。例如,假设 Dick 从养狗中得到 500 美元的利益,而 Jane 由于狗吠要承受 800 美元的成本。虽然 Jane 为 Dick 放弃狗而进行支付是有效率的,但是存在多种可以带来这种结果的价格。Dick 想要 750 美元,而 Jane 只愿意支付 550 美元。当他们就价格争执时,Dick 养狗这个无效率的结果仍然存在。

当利益各方人数众多时,达成有效率的协议就尤其困难,因为协调每个人的代价过于高昂。例如,考虑一个污染了附近湖水的工厂。污染给当地渔民带来了负外部性。根据科斯定理,如果污染是无效率的,那么,工厂和渔民可以达成一个协议。根据协议,渔民要为工厂不排污而对其进行支付。但是如果有许多渔民,要协调所有的人来与工厂协商就几乎是不可能的。

当私人协商无效时,政府有时可以发挥作用。政府是为集体行为而设立的一种机构。在这个例子中,即使在渔民代表自己的利益行事不现实时,政府也可以代表渔民的利益行事。

即问即答 • 举出一个用私人方法解决外部性问题的例子。• 什么是科斯定理? • 为什么私人经济主体有时不能解决外部性引起的问题?

10.4 结论

看不见的手是有力的,但不是万能的。市场均衡使生产者剩余和消费者剩余之和最大化。当市场上买者和卖者是仅有的利益方时,从整个社会的角度看,这种结果是有效率的。但是,当存在诸如污染等外部效应时,评价市场结果还要考虑第三方的福利。在这种情况下,市场中看不见的手也许不能有效地配置资源。

在某些情况下,人们可以自己解决外部性问题。科斯定理表明,利益各方可以相互谈判,并达成一个有效率的解决方案。但是,有时无法通过谈判达成一个有效率的结果，这也许是因为利益各方人数太多而使谈判变得困难。

220 当人们不能用私人方式解决外部性问题时，政府往往就会介入。但即使有了政府干预，社会也不应该完全放弃市场的力量。政府可以通过要求决策者承担他们行为的全部成本来解决外部性问题。例如，排污的矫正税和污染许可证就是为了使污染的外部性内在化。这些做法日益成为那些关心环境保护的人的政策选择。只要得到适当的调整，市场力量往往是解决市场失灵的最好办法。

内容提要

◎ 当买者和卖者之间的交易间接影响第三方时，这种影响称为外部性。如果一项活动产生了负外部性，例如污染，市场的社会最适量将小于均衡量。如果一项活动产生了正外部性，例如技术溢出效应，社会最适量将大于均衡量。

◎ 政府用各种政策来解决外部性引起的无效率。有时政府通过管制来防止从社会来看无效率的活动。还有的时候，政府通过矫正税来使外部性内部化。还有一种公共政策是发放许可证。例如，政府可以通过发放数量有限的污染许可量来保护环境。这种政策的结果与对污染者征收矫正税的结果大致相同。

◎ 受外部性影响的人有时可以用私人方法解决问题。例如，当一个企业给另一个企业带来了外部性时，两个企业可以通过合并把外部性内在化。此外，利益各方也可通过签订合约来解决问题。根据科斯定理，如果人们能够无成本地谈判，那么，他们总可以达成一个资源有效配置的协议。但在许多情况下，在许多利益各方间达成协议是很困难的，从而科斯定理并不适用。

关键概念

外部性

外部性内在化

矫正税

科斯定理

交易成本

复习题

1. 举出一个负外部性的例子和一个正外部性的例子。
2. 用供求图解释企业生产过程中发生的负外部性的影响。
3. 专利制度怎样帮助社会解决外部性问题？
4. 什么是矫正税？为什么就保护环境免受污染的方法而言，经济学家对矫正税的偏好大于管制？
5. 列出不用政府干预也可以解决外部性引起的问题的一些方法。
6. 设想你是一个与吸烟者同住一间房的不

吸烟者。根据科斯定理,什么因素决定了你的室友是否在房间里吸烟?这个结果有效率吗?你和你的室友如何达成这种解决方法?

问题与应用 221

1. 有两种方法保护你的汽车不被偷窃:防盗杆使偷车者难以偷走你的汽车;报警器使得在你的车被偷以后,警察可以轻而易举地抓住小偷。以上哪一种类型的保护会给其他车主带来负外部性呢?哪一种会带来正外部性?你认为你的分析有什么政策含义吗?
2. 你同意下列说法吗?为什么?
   a. "必须根据矫正税引起的无谓损失来衡量矫正税作为减少污染方法所带来的利益。"
   b. "当决定是否向消费者或生产者征收矫正税时,政府应该把税加在引起外部性的市场一方身上。"
3. 考虑灭火器市场。
   a. 为什么灭火器会表现出正外部性?
   b. 画出灭火器市场图,标出需求曲线、社会价值曲线、供给曲线和社会成本曲线。
   c. 指出市场均衡产量水平和有效率的产量水平。直观地解释为什么这两种产量不同。
   d. 如果每个灭火器的外部利益是 10 美元,说明能带来有效率结果的政府政策。
4. 据传闻,瑞士政府对养牛业进行补贴,而且,越是能吸引旅游者的地区,补贴越多。你认为这种政策会有效率的一个理由是什么?
5. 旧金山的一家本地戏剧公司提出建立一家邻近的新剧院。在得到批准之前,市政规划者全面研究了该剧院对周围社区的影响。
   a. 一个研究结果是,剧院引起交通拥堵,这对社区有不利影响。市政规划者估算,额外交通拥堵给社区带来的成本是每张票 5 美元。这是哪一种外部性?为什么?
   b. 画出剧院门票市场的图形,标明需求曲线、社会价值曲线、供给曲线、社会成本曲线、市场均衡的产出水平,以及有效率的产出水平。再说明每单位的外部性数量。
   c. 通过进一步研究,市政规划者发现了第二种外部性。排练话剧往往持续到深夜,演员、舞台工作人员和其他剧院成员不时来来往往。规划者发现,步行人数的增加改善了周围街道的安全状况,据估算,给社区带来的利益是每张票 2 美元。这是哪一种外部性?为什么?
   d. 在一个新图形上,说明在存在这两种 222
   外部性情况下的剧院门票市场。再标明需求曲线、社会价值曲线、供给曲线、社会成本曲线、市场均衡的产出水平、有效率的产出水平,以及每单位这两种外部性的数量。
   e. 描述可以带来有效率结果的政府政策。
6. 酒的消费越多,引发的汽车事故就越多,因此,就给那些既不喝酒又不开车的人带来了成本。
   a. 画图说明酒的市场,标出需求曲线、社会价值曲线、供给曲线、社会成本曲线、市场均衡的产量水平和有效率的产量水平。
   b. 在你画的图上,用阴影标出与市场均衡的无谓损失相对应的面积。(提示：由于消费某种数量的酒的社会成本大于社会价值，从而产生了无谓损失。）解释原因。

7. 许多观察者认为，我们的社会中污染程度是极高的。
   a. 如果社会希望把总污染减少一定量，为什么让不同企业减少不同量是有效率的？
   b. 命令和控制方法通常依靠各个企业等量地减少污染。为什么这种方法一般不能引导那些应该减少更多污染的企业？
   c. 经济学家认为，适当的矫正税或可交易的污染权可以有效地减少污染。这些方法是怎样引导那些应该减少更多污染的企业的？
8. Ringo 喜爱以高音量演奏摇滚乐。Luciano 喜爱歌剧，并讨厌摇滚乐。不幸的是，他们在一座墙薄如纸的公寓楼中是邻居。
   a. 这个例子中的外部性是什么？
   b. 房东可以实行什么命令和控制政策？这种政策会引起无效率的结果吗？
   c. 假设房东允许房客做自己想做的事。
223 根据科斯定理，Ringo 和 Luciano 可以怎样自己实现有效率的结果？什么可能妨碍他们实现有效率的结果？
9. 普雷斯汀河岸有两家排污工厂。Acme 工业公司和 Creative 化学公司每年分别向河中倾倒 100 吨黏稠状废物。Acme 公司减少倾倒 1 吨废物的成本是 10 美元，而 Creative 公司是 100 美元。当地政府想把总污染从 200 吨减少到 50 吨。
   a. 如果政府知道每家企业减少污染的成本，为了达到总目标应该让每家企业减少多少污染？每家企业的成本是多少？两家企业的总成本是多少？
   b. 在一种更常见的情况下，政府并不知道每家企业减少污染的成本。如果政府决定通过让企业减少相同的污染量来达到总目标，计算每家企业的减少量、每家企业的成本以及两家企业的总成本。
   c. 比较 a 和 b 中减少污染的总成本。如果政府并不知道每家企业减少污染的成本，还有什么方法能以你在 a 中计算出的总成本使污染减少到 50 吨呢？解释原因。
10. 图 10－4 表示污染权的需求曲线既定时，政府可以通过用矫正税确定价格或用污染许可证确定数量来达到同样的结果。现在假设控制污染的技术有了显著进步。
   a. 用类似于图 10－4 的图形说明这种技术进步对污染权需求的影响。
   b. 在每种管制制度下，这对污染的价格和数量有什么影响？解释原因。
11. 假设政府决定发行某种形式污染的可交易许可证。
   a. 政府是分配还是拍卖许可证对经济效率有影响吗？
   b. 如果政府选择分配许可证，许可证在各企业中的分配方式对效率有影响吗？
12. 在快乐山谷有三家工业企业。政府想把污染减少为 120 单位，所以它给每个企业 40 单位的可交易的污染许可证。

企业	最初的污染水平（单位）	减少一单位污染的成本（美元）
A	70	20
B	80	25
C	50	10

   a. 谁出售许可证？出售多少？谁购买许可证？购买多少？简单解释为什么卖者与买者愿意这样做。在这种情况下减少污染的总成本是多少？
   b. 如果许可证不能交易，减少污染的成本会高多少？

13. 下列方程式表示某种称为 Negext 的化工产品的市场：

需求是：

$$Q^D = 100 - 5P$$

供给是：

$$Q^S = 5P$$

这里 Q 表示 Negext 的单位数，P 表示每单位的美元价格。

a. 算出均衡价格和均衡数量。计算市场均衡时的消费者剩余、生产者剩余和总剩余。

b. 每生产 1 单位 Negext，将排出 4 单位污染物，而且每单位污染物给社会带来的成本是 1 美元。计算当 Negext 市场处于均衡状态时的总污染成本。考虑到污染的成本之后，这个市场上的总剩余是多少？

c. 禁止生产 Negext 会增加还是减少福利？为什么？

d. 假设政府把排污量限定为 100 单位。画出有这个限制条件时的 Negext 市场。找出新的均衡价格和均衡数量，并在图中标明。计算这个政策会如何影响消费者剩余、生产者剩余和污染的成本。你会推荐这个政策吗？为什么？

e. 假设政府不是对污染进行限制，而是对生产者征收每单位化工品 4 美元的税收。计算新的均衡价格和均衡数量，以及消费者剩余、生产者剩余、税收收入和污染的成本。现在总剩余是多少？你会推荐这个政策吗？为什么？

f. 新的研究发现，污染的社会成本实际上高于 1 美元。这一发现会如何改变政府的最优政策？存在某种使禁止生产 Negext 成为明智之举的污染成本吗？如果有的话，它是什么？

第 11 章 公共物品和公共资源

225 一首老歌吟唱着这样一个事实:“生活中最美好的东西都是免费的。”稍微思考一下就可以列出一长串这首歌中所说的这类物品的清单。其中有些东西是大自然提供的,比如河流、山川、海岸、湖泊和海洋。另一些物品是政府提供的,比如游览胜地、公园和节庆游行。在这些情况下,当人们选择享用这些物品的好处时,并不需要花钱。

没有价格的物品向经济分析提出了特殊的挑战。在我们的经济中,大部分物品是在市场中配置的,买者为了得到这些东西而付出钱,卖者因提供这些东西而得到钱。对这些物品来说,价格是引导买者与卖者决策的信号,而且,这些决策会带来有效的资源配置。但是,当一些物品可以免费得到时,在正常情况下配置经济中资源的市场力量就不存在了。

在本章中,我们考察当存在没有市场价格的物品时,所产生的资源配置问题。我们的分析将要说明第 1 章中的**经济学十大原理**之一:政府有时可以改善市场结果。当一种物品没有价格时,私人市场不能保证该物品生产和消费的数量是适当的。在这种情况下,政府政策可以潜在地解决市场失灵问题,并增进经济福利。

226

11.1 不同类型的物品

在提供人们需要的物品方面,市场能做到多好呢?对这个问题的回答取决于所涉及的物品。正如我们在第 7 章中所讨论的,市场可以提供有效率的冰淇淋蛋卷数量:冰淇淋蛋卷的价格会自发调节,使供求达到平衡,而且,这种均衡使生产者剩余和消费者剩余之和最大化。但是,正如我们在第 10 章所讨论的,市场不能阻止铝产品制造者污染我们呼吸的空气:一般情况下,市场上的买者与卖者不考虑他们决策的外部效应。因此,当物品是冰淇淋时,市场能很好地发挥作用;而当物品是清新的空气时，市场将很难发挥作用。

在考虑经济中的各种物品时，根据两个特点来对其进行分类是有用的：

- 该物品有**排他性**(excludability)吗？这就是说，可以阻止人们使用这些物品吗？
- 该物品有**消费中的竞争性**(rivalry in consumption)吗？这就是说，一个人使用某种物品会减少其他人对该物品的使用吗？

排他性：
一种物品具有的可以阻止一个人使用该物品的特性。

消费中的竞争性：
一个人使用一种物品将减少其他人对该物品的使用的特性。

根据这两个特点，图 11－1 把物品分成了四种类型：

图 11－1　四种类型的物品

	消费中的竞争性？	
排他性？	是	否
是	私人物品 • 冰淇淋蛋卷 • 衣服 • 拥挤的收费道路	自然垄断 • 消防 • 有线电视 • 不拥挤的收费道路
否	公有资源 • 海洋中的鱼 • 环境 • 拥挤的不收费道路	公共物品 • 龙卷风警报器 • 国防 • 不拥挤的不收费道路

可以根据以下两个特征把物品分为四种类型：(1) 如果可以阻止人们使用一种物品，则该物品就是排他的。(2) 如果一个人使用某种物品会减少其他人对该物品的使用，则该物品在消费中就是竞争的。这个图表给出了每种类型物品的例子。

(1) **私人物品**(private goods)在消费中既有排他性又有竞争性。例如，考虑一个冰淇淋蛋卷。一个冰淇淋蛋卷之所以有排他性，是因为可以阻止某个人吃冰淇淋蛋卷——你只要不把冰淇淋蛋卷给他就行了。一个冰淇淋蛋卷具有消费中的竞争性，是因为如果一个人吃了一个冰淇淋蛋卷，另一个人就不能吃同一个冰淇淋蛋卷。经济中大多数物品都是像冰淇淋蛋卷这样的私人物品：除非你花钱，否则就得不到东西，而且，一旦你得到了它，你就是唯一获益的人。在第 4—6 章分析供给与需求，以及在第 7—9 章分析市场效率时，我们隐含地假设物品既有排他性又有竞争性。

私人物品：
既有排他性又有竞争性的物品。

(2) **公共物品**(public goods)在消费中既无排他性又无竞争性。这就是说，不能阻止人们使用一种公共物品，而且，一个人享用一种公共物品并不减少另一个人对它的使用。例如，一个小镇上的龙卷风警报器是一种公共物品。一旦警报器响起来，要阻止任何一个人听到它都是不可能的(所以它不具有排他性)。而且，当一个人得到警报的利益时，并不减少其他任何一个人的利益(所以它不具有消费中的竞争性)。

公共物品：
既无排他性又无竞争性的物品。 227

(3) **公共资源**(common resources)在消费中有竞争性但没有排他性。例如，海洋中的鱼具有消费中的竞争性：当一个人捕到鱼时，留给其他人捕的鱼就少了。但这些鱼并不是排他性物品，因为在海洋浩瀚无边的情况下，阻止渔民在海中捕鱼是很困难的。

公共资源：
有竞争性但无排他性的物品。

(4) 当一种物品在消费中有排他性但没有竞争性时，这就是自然垄断的物品的例子。例如，考虑一个小镇中的消防。要排除某人享用这种物品是很容易的:消防部门只要袖手旁观,让房子烧为平地就行了。但消防并不具有消费中的竞争性:一旦该镇为消防部门付了钱,多保护一所房子的额外成本就是微不足道的。(在第 15 章中,我们将给出自然垄断更完整的定义,并详细地研究自然垄断。)

尽管图 11 - 1 将物品清晰地划分为四种类型,但各种类型间的界线有时是模糊的。物品在消费中有没有排他性或竞争性往往是一个程度问题。由于监督捕鱼非常困难,所以海洋中的鱼可能没有排他性,但足够多的海岸卫队就可以使鱼至少有部分排他性。同样,虽然鱼通常具有消费中的竞争性,但如果与鱼的数量相比渔民的数量很少,竞争性就很小了(想一下在欧洲居民来到之前,北美洲可以捕鱼的水域)。但是,就我们分析的目的而言,把物品划分为四种类型是有帮助的。

在本章中,我们考察没有排他性的物品:公共物品和公共资源。由于无法阻止人们使用这些物品,任何人都可以免费得到它。对公共物品和公共资源的研究与对外部性的研究密切相关。对于这两种类型的物品而言,产生外部性是因为这些有价值的东西并没有价格。如果一个人提供了一种公共物品,例如龙卷风警报器,其他人的状况也会变好。他们不用为此花钱而得到了好处——正外部性。同样,当一个人使用海洋中的鱼这样的公共资源时,其他人的状况会变坏,因为可以捕的鱼减少了。他们蒙受损失但并没有为此得到补偿——负外部性。由于这些外部效应,关于消费和生产的私人决策会引起无效率的资源配置,而政府干预可以潜在地增进经济福利。

即问即答 叙述公共物品和公共资源的定义,并各举出一个例子。

11.2 公共物品

为了说明公共物品与其他物品有什么不同,并说明公共物品给社会带来了什么问题,我们考虑一个例子:烟火表演。这种物品不具有排他性,因为要阻止某人看烟火是不可能的,而且它也不具有消费中的竞争性,因为一个人欣赏烟火并不会减少其他任何一个人欣赏烟火的乐趣。

228

11.2.1 搭便车者问题

美国一个小镇的居民喜欢在 7 月 4 日这天观看烟火。全镇 500 个居民中的每个人对观看烟火的评价都是 10 美元,总利益为 5 000 美元。放烟火的成本为 1 000 美元。由于 5 000 美元的利益大于 1 000 美元的成本,小镇居民在 7 月 4 日观看烟火是有效率的。

私人市场能提供这种有效率的结果吗?也许不能。设想这个小镇的企业家 Ellen 决定举行一场烟火表演。Ellen 肯定会在卖这场表演的门票时遇到麻烦，因为她的潜在顾客很快就会想到，他们即使不买票也能看见烟火。由于烟火没有排他性，因此，人们有成为搭便车者的激励。**搭便车者**(free rider)是得到一种物品的利益但避开为此付费的人。由于人们有成为搭便车者而不是成为买票者的激励，市场就不能提供有效率的结果。

搭便车者： 得到一种物品的利益但避开为此付费的人。

说明这种市场失灵的一种方法是，它的产生是由于外部性的存在。如果 Ellen 举行烟火表演，她就给那些不交钱看表演的人提供了一种外部利益。然而，当 Ellen 决定是否举行烟火表演时，她并不会将这种外部利益考虑在内。尽管从社会来看举行烟火表演是合意的，但这却是无利可图的。结果，Ellen 做出了不举行烟火表演这种从私人来看理性，但从社会来看无效率的决策。

尽管私人市场不能提供小镇居民需要的烟火表演，但解决这个问题的方法是显而易见的：当地政府可以赞助 7 月 4 日的庆祝活动。镇委员会可以向每个人征收 2 美元的税收，并用这些收入雇用 Ellen 提供烟火表演。小镇上每个人的福利都增加了 8 美元——对烟火的评价 10 美元减去税收 2 美元。尽管 Ellen 作为一个私人企业家不能做这件事，但作为政府雇员，她可以帮助小镇达到有效率的结果。

小镇的这个故事是简化的，但却是现实的。实际上，美国许多地方政府都在 7 月 4 日放烟火。而且，这个故事说明了公共物品的一个一般性结论：由于公共物品没有排他性，搭便车者问题的存在就使私人市场无法提供公共物品。但是，政府可以潜在地解决这个问题。如果政府确信一种公共物品的总利益大于成本，它就可以提供该公共物品，并用税收收入对其进行支付，从而可以使每个人的状况变好。

11.2.2 一些重要的公共物品

公共物品的例子有很多，这里我们考虑三种最重要的公共物品。

国防 保卫国家免受外国入侵是公共物品的典型例子。一旦国家有了国防，要阻止任何一个人享受这种国防的利益都是不可能的。而且，当一个人享受国防的利益时，他并没有减少其他任何一个人的利益。因此，国防既无排他性，也无竞争性。

国防也是最贵的公共物品之一。在 2007 年，美国联邦政府用于国防的支出总计为 5 530 亿美元，人均支出在 1 800 美元以上。人们对于这种支出量是太少还是太多的看法并不一致，但几乎没有人怀疑政府用于国防的某些支出是必要的。甚至那些主张小政府的经济学家也同意，国防是政府应该提供的一种公共物品。 229

基础研究 可以通过研究创造出知识。在评价有关知识创造的适当政策时，区分一般性知识与特定的技术知识是很重要的。特定的技术知识，例如一种高效电池、一种更小的芯片或者一种更好的数码音乐播放器的发明，是可以申请专利的。专利赋予发明者在一定时期内对自己创造的知识的排他性权利。其他任何一个想使用这种专利知识的人都必须为这种权利向发明者支付报酬。换言之，专利使发明者创造的知识具有了排他性。

与此相反，一般性知识是公共物品。例如，一个数学家不能为一项定理申请专利。一旦某个定理得到证明，该知识就没有排他性了：这个定理进入了任何人都可以免费使用的社会一般性知识库。这种定理在消费中也没有竞争性：一个人使用这个定理并不妨碍其他任何一个人使用这个定理。

追求利润的企业将大量支出用于开发新产品的研究，以便获得专利并出售，但它们用于基础研究的支出并不多。他们的激励是搭其他人创造的一般知识的便车。结果，在没有任何公共政策的情况下，社会在创造新知识上投入的资源就会太少。

"如果没有新税收的话，我会喜欢这个主意的。"

图片来源：© 2002 THE NEW YORKER COLLECTION FROM CARTOONBANK.COM. ALL RIGHTS RESERVED.

政府努力以各种方式提供一般性知识这种公共物品。政府机构，例如国立卫生研究院（National Institutes of Health）和国家科学基金会（National Science Foundation），对医学、数学、物理学、化学、生物学，甚至经济学中的基础研究进行补贴。一些人以太空计划丰富了社会知识库来证明政府为太空计划提供资金的正确性（虽然许多科学家怀疑载人太空旅行的科学价值）。确定政府支持这些努力的合适水平是很困难的，因为其利益很难衡量。此外，那些分配研究资金的国会议员们很少是科学专家，因此，不能最准确地判断哪些研究将产生最大的利益。因此，尽管基础研究的确是一种公共物品，但如果公共部门没有为适当数量与种类的基础研究提供资金，我们也不必大惊小怪。

反贫困　许多政府计划的目的是帮助穷人。福利制度（官方称为“对需要帮助家庭的暂时援助”）为一些贫困家庭提供了少量收入。同样，食品券计划为低收入家庭提供食物购买补贴，而政府的各种住房计划使人们更能住得起房子。这些反贫困计划通过向那些经济上较为富裕的家庭征税来提供资金。

对于政府在反贫困问题上应该起什么作用，经济学家的看法并不一致。尽管我们将在第20章中更充分地讨论这种争论，但在这里我们要注意一种重要观点：反贫困计划的支持者声称，反贫困是一种公共物品。即使每个人都喜欢生活在一个没有贫困的社会中，反贫困也不是私人行为可以充分提供的一种"物品"。

为了说明原因，假设某个人试图组织一个富人集团来努力消除贫困。他们将提供一种公共物品。这种物品并不具有消费中的竞争性：一个人享受在没有贫困的社会中的生活并不会减少其他任何一个人对这种生活的享受。这种物品也没有排他性：一旦消除了贫困，就无法阻止任何人从这个事实中享受愉快感。结果，人们会有一种搭其他人慈善事业便车的倾向，不做出贡献而享受消除贫困带来的利益。 230

由于搭便车者问题，通过私人慈善活动来消除贫困也许无法实现。但政府的行为可以解决这个问题。通过向富人征税来提高穷人的生活水平可以使每个人的状况变好。穷人状况变好，是因为他们现在享有更高的生活水平，而那些纳税人的状况变好，是因为他们现在生活在一个贫困较少的社会中。

案例研究
灯塔是公共物品吗

根据情况的不同，一些物品可以在公共物品与私人物品之间转换。例如，如果在一个有许多居民的镇上放烟火，烟火表演就是一种公共物品。但如果是在一个私人经营的游乐场，例如迪斯尼世界放烟火，烟火表演就更像是私人物品，因为游人要付钱才能进入公园。

另一个例子是灯塔。经济学家早就把灯塔作为公共物品的例子。灯塔用来标出特殊的地点，以便过往船只可以避开有暗礁的水域。灯塔为船长提供的利益既无排他性又无竞争性，因此，每个船长都有搭便车的激励，即利用灯塔航行而又不为这种服务付费。由于这个搭便车者问题，私人市场通常不能提供船长所需要的灯塔。因此，现在的大多数灯塔是由政府经营的。

这是哪一类物品呢？

图片来源：© WEHRLE/PREMIUM STOCK/JUPITERIMAGES.

但是，在一些情况下，灯塔也可以接近于私人物品。例如，19世纪英国海岸上有一些灯塔是由私人拥有并经营的。但是，当地灯塔的所有者并不向享用这种服务的船长收费，而是向附近港口的所有者收费。如果港口所有者不付费，灯塔所有者就关掉灯，而船只就会避开这个港口。

在确定一种物品是不是公共物品时，必须确定受益者的人数以及能否把这些受益者排除在使用这种物品之外。当受益者人数多，而且要排除任何一个受益者都不可能时，搭便车者问题就出现了。如果一个灯塔使许多船长受益，它就是一种公共物品；但如果主要受益者是一个港口所有者，它就更像一种私人物品。

11.2.3 成本—收益分析的难题

到现在为止,我们说明了政府提供公共物品是因为私人市场本身不能生产有效率的数量。但确定政府应该起作用只是第一步。政府还必须决定提供哪些公共物品以及提供多少。

231 假定政府正在考虑一个公共项目,例如修一条新的高速公路。为了确定要不要修这条高速公路,政府必须比较所有使用这条高速公路的人的总利益和建设与维修这条高速公路的成本。为了做出这个决策,政府会雇用一个经济学家与工程师小组来进行研究,这种研究称为**成本—收益分析**(cost-benefit analysis),它的目标是估算该项目对于作为一个整体而言的社会的总成本和总收益。

成本—收益分析: 比较提供一种公共物品的社会成本与社会收益的研究。

成本—收益分析是一项艰难的工作。因为所有的人都可以免费使用高速公路,没有用来判断高速公路价值的价格。简单地问人们他们对高速公路的评价是很不可靠的:用问卷调查的结果来对收益进行定量分析是很困难的,而且回答问卷的人没有如实回答的激励。那些要使用高速公路的人为了修这条路有夸大他们所得到收益的激励,那些受高速公路损害的人为了阻止修这条路有夸大其成本的激励。

因此,有效率地提供公共物品在本质上比有效率地提供私人物品更困难。当私人物品的买者进入市场时,他们通过自己愿意支付的价格来显示自己对这种物品的评价。同时,卖者也通过自己愿意接受的价格来显示自己的成本。均衡是一种有效的资源配置,因为它反映了所有这些信息。与此相反,当评价政府是否应该提供一种公共物品以及提供多少时,成本—收益分析并没有提供任何价格信号。因此,所得出的关于公共项目成本和收益的结论充其量只是近似而已。

案例研究
一条生命值多少钱

设想你被选为你们当地小镇委员会的委员。本镇工程师带着一份建议书到你这里来了:本镇可以花 1 万美元在现在只有禁行标志的十字路口安装并使用一个红绿灯。红绿灯的收益是提高了安全性。工程师根据类似十字路口的数据估算,红绿灯在整个使用期间可以使致命性交通事故的危险从 1.6% 降低到 1.1% 。你应该花钱安装这个新红绿灯吗?

为了回答这个问题,又要回到成本—收益分析。但你马上就遇到一个障碍:如果你要使成本与收益的比较有意义,就必须用同一种单位来衡量。成本可以用美元衡量,但收益——拯救一个人生命的可能性——不能直接用货币来衡量。但为了做出决策,你不得不用美元来评价人的生命。

起初，你可能得出结论，人的生命是无价的。毕竟，无论给你多少钱，你也不会自愿放弃你的生命或你所爱的人的生命。这表明，人的生命有无限的价值。

但是，对于成本—收益分析而言，这个回答只能导致毫无意义的结果。如果我们真的认为人的生命是无价的，我们就应该在每一个路口都安装上红绿灯。同样，我们应该都去驾驶有全套最新安全设备的大型车。但并不是每个路口都有红绿灯，而且，人们有时选择购买没有防撞气囊或防抱死刹车的小型汽车。无论在公共决策还是私人决策中，我们有时为了节约一些钱愿意用自己的生命来冒险。

一旦我们接受了一个人的生命有其隐含的价值的观点后，我们该如何确定这种价值是多少呢？一种方法是考察一个人如果活着能赚到的总钱数，法院在判决过失致死赔偿案时有时会用到这种方法。经济学家经常批评这种方法，因为它忽略了失去一个人生命的其他机会成本。因此，这种方法有一个荒诞的含义，即退休者和残疾人的生命没有价值。 232

评价人生命的价值的一种较好方法是，观察人们自愿冒的危险以及要给一个人多少钱他才愿意冒这种危险。例如，不同职业的死亡风险是不同的。高楼大厦上的建筑工人所面临的死亡危险就大于办公室的工作人员。在受教育程度、经验以及其他决定工资的因素不变的情况下，通过比较高风险职业和低风险职业的工资，经济学家就可以在一定程度上得出人们对自己生命的评价。用这种方法研究得出的结论是，一个人生命的价值约为 1 000 万美元。

现在我们可以回到原来的例子，并对小镇工程师做出答复。红绿灯使车祸死亡的危险降低了 0.5%。因此，安装红绿灯的预期收益是 0.005 × 1 000 万美元，即 5 万美元。这种收益估算大于成本 1 万美元，所以，你应该批准该项目。

即问即答 • 什么是搭便车者问题？为什么搭便车者问题使政府提供公共物品？ • 政府应该如何决定是否提供一种公共物品？

11.3 公共资源

公共资源与公共物品一样，也没有排他性：想使用公共资源的任何一个人都可以免费使用。但是，公共资源在消费中有竞争性：一个人使用公共资源就减少了其他人对它的享用。因此，公共资源产生了一个新问题：一旦提供了一种物品，决策者就需要关注它被使用了多少。用一个经典寓言最有助于我们理解这个问题，这个寓言称为**公地悲剧**（Tragedy of the Commons）。

公地悲剧：
一个寓言，说明从整个社会的角度看，为什么公共资源的使用大于合意的水平。

11.3.1 公地悲剧

设想一个中世纪小镇的生活。该镇的人从事许多经济活动,其中最重要的一种活动是养羊。镇上的许多家庭都有自己的羊群,并出售用来做衣服的羊毛来养家。

当我们的故事开始时,大部分时间里,羊在镇周围的草地上吃草,这块地被称为镇公地。这块草地不归任何一个家庭所有,而是归镇上的居民集体所有,允许所有的居民在上面放羊。集体所有权很好地发挥作用,因为土地很广阔。只要每个人都可以得到他们想要的优质草地,镇公地就不是一种竞争性物品,而且,允许居民在草地上免费放羊也没有引起问题。镇上的每一个人都是幸福的。

233 随着时光流逝,镇上的人口在增加,镇公地上的羊也在增加。由于羊的数量日益增加,而土地的数量是固定的,土地开始失去自我养护的能力。最后,土地上放牧的羊如此之多,以至于土地变得寸草不生。由于公地上没有草,养羊不可能了,而且,该镇曾经繁荣的羊毛业也消失了。许多家庭失去了生活的来源。

什么原因引起了这种悲剧?为什么牧羊人让羊繁殖得如此之多,以至于毁坏了镇公有地呢?原因是社会激励与私人激励不同。避免草地破坏依靠牧羊人的集体行动。如果牧羊人共同行动,他们就可以使羊群数量减少到公有地可以承受的规模。但没有一个家庭有减少自己羊群规模的激励,因为每家的羊群只是问题产生的一小部分原因。

实际上,公地悲剧的产生是因为外部性。当一个家庭的羊群在公地上吃草时,它降低了其他家庭可以得到的土地质量。由于人们在决定自己养多少羊时并不考虑这种负外部性,结果使羊的数量过多。

如果预见到了这种悲剧,镇里可以用各种方法解决这个问题。它可以管制每个家庭中羊群的数量,通过对羊征税把外部性内在化,或者拍卖数量有限的牧羊许可证。就是说,这个中世纪小镇可以用现代社会解决污染问题的方法来解决放牧过度的问题。

但是,土地的这个例子还有一种较简单的解决方法。该镇可以把土地分给各个家庭。每个家庭都可以把自己的一块地用栅栏圈起来,并避免过度放牧。用这种方法,土地就成为私人物品而不是公共资源。实际上,在17世纪英国圈地运动时期就出现了这种结果。

公地悲剧得出了一个一般性的结论:当一个人使用公共资源时,他(她)就减少了其他人对这种资源的享用。由于这种负外部性,公共资源往往被过度使用。政府可以通过用管制或税收减少公共资源的消耗来解决这个问题。此外,政府有时也可以把公共资源变为私人物品。

数千年前人们就知道这个结论。古希腊哲学家亚里士多德(Aristotle)就指出了公共资源的问题:“许多人公有的东西总是被关心得最少,因为所有人对自己东西的关心都大于对与其他人共同拥有的东西的关心。”

11.3.2 一些重要的公共资源

有许多公共资源的例子。在几乎所有的例子中,都产生了与公地悲剧一样的问题:私人决策者过分地使用公共资源。政府通常对私人行为实行管制或者收费,以减轻过度使用的问题。

清洁的空气和水 正如我们在第10章中所讨论的,市场并没有充分地保护环境。污染是可以用管制或对污染性活动征收矫正税来解决的负外部性。可以把这种市场失灵看做公共资源问题的一个例子。清新的空气和洁净的水与开放的草地一样是公共资源,而且,过度污染也与过度放 234
牧一样。环境恶化是现代的“公地悲剧”。

拥挤的道路 道路既可以是公共物品,也可以是公共资源。如果道路不拥挤,那么,一个人使用道路就不影响其他任何一个人使用。在这种情况下,道路的使用没有竞争性,道路是公共物品。但如果道路是拥挤的,那么道路的使用就会引起负外部性。当一个人在路上开车时,道路就变得更为拥挤,其他人必然开得更慢。在这种情况下,道路是公共资源。

政府解决道路拥挤问题的一个方法是对司机收取通行费。本质 235
上,道路通行费就是拥挤外部性的矫正税。正如地方道路的情况那样,有时道路通行费并不是一种切合实际的解决方法,因为收费的成本太高了。但是,伦敦市发现,提高收费是减少拥堵的一种极为有效的方法。而且,正如接下来的新闻摘录中讨论的,纽约市正在考虑实行类似的方案。

有时拥挤只是在一天中某些时段存在的问题。例如,如果一座桥只是在上下班高峰期过往车辆多,那么,这些时段的拥挤外部性是最大的。解决这些外部性的有效方法是,在上下班高峰时收费更高。这种 236
收费就会激励驾车人改变时间表,从而会减少拥堵最严重时的交通量。

对道路拥挤问题做出反应的另一种政策是在第10章案例研究中讨论过的汽油税。汽油是开车的互补品:汽油价格上升往往会降低开车的需求量。因此,汽油税减少了道路拥挤。但是,汽油税也是一个不完美的解决方法,因为汽油税还影响除了在拥挤的道路上开车量之外的其他决策。例如,汽油税也使人们不愿在不拥挤的道路上开车,即使这些道路上不存在拥挤所产生的外部性。

鱼、鲸和其他野生动物 许多动物物种都是公共资源。例如,鱼和鲸有商业价值,而且,任何人都可以到海里捕捉所能捕捉到的任何数量。人们很少有为下一年保留物种的激励。正如过分放牧可以毁坏镇的公地一样,过分捕鱼和捕鲸也会摧毁有商业价值的海洋生物。

海洋仍然是受管制最少的公共资源之一。有两个问题使之不易解决。第一,许多国家濒临海洋,因此,任何一种解决方法都要求在拥有不同价值观的各国之间进行国际合作。第二,由于海洋如此浩瀚,实施任何协议都是很困难的。因此,捕鱼权经常成为引起友好国家之间的国际紧张局势的缘由。

在美国国内,有各种旨在保护鱼类和其他野生动物的法律。例如,政府对捕鱼和打猎的许可证收费,并规定捕鱼和打猎季节的期限。通常要求渔民把小鱼放回水中,而且,猎人只能捕杀有限量的动物。所有这些法律都减少了公共资源的使用,并有助于维持动物种群。

新闻摘录
布隆伯格的计划

许多经济学家都建议把道路定价作为一种控制交通拥堵的机制。最近,他们说服了纽约市市长。

他说,不要开车

Elizabeth Kolbert

Bloomberg 市长

图片来源:© AP IMAGES.

迈克尔·布隆伯格(Michael Bloomberg)总是支持重大的计划。上周,在地球日时,这位市长站在美国自然历史博物馆的海洋生活厅,发表了他对该市未来的展望。在其长篇的演讲中,布隆伯格描述了到 2030 年时,纽约会"更大"和"更绿",这个城市将有 100 多万居民,以及清洁的水、新的开放空间和充满活力的交通。这个更大、更好的大都市将在应对全球变暖问题上成为领导者;尽管人口增加了,但未来的纽约所产生的二氧化碳将减少 30%,因此,正如市长指出的,"将实现美国任何城市曾达到的规模最大的温室气体减排"。

布隆伯格计划的印刷本有 150 个全彩页,并包含了 127 项新创意。这些创意中只有一项——拥堵定价——引起了几乎所有人的注意,而且引起注意的主要是它的负面影响。市长预期这一项——他指的是拥堵定价的建议——以及他无论如何要把该项建议纳入计划的决定也许是要认真看待这个计划的最好理由。

拥堵定价背后的基本思想是很简单的:让开车的人为使用繁忙的道路付费。根据市长的建议,将从 86 街以南到巴特里(Battery)环绕曼哈顿画一条看不见的线。在除周末外每天上午 6 时到下午 6 时之间对跨过这条线的汽车收费——小汽车 8 美元,大卡车 21 美元。(那些只在拥堵地区内部行驶的车辆只付一半价格,出租车除外。)收费用电子计量,而且可以在收费站交费,也可以通过电话或网上交费。

开车穿过城市去吃午饭是一个很容易的但却令人恼火的评价这个计划的逻辑的方式。印象中是一个人可以步行或至少小跑——就可以达到下面数字中所说的速度:根据纽约市政交通委员会收集的数据和 Brooklyn-based 的顾问 Bruce Schaller 所作的分析,在上午 10 时到下午 4 时,沿着第 42 大街一辆汽车能达到的行驶速度平均为每小时 4.7 英里。在接近皇后中城隧道入口处的第 34 大街,平均速度下降到每小时 2.5 英里。

有几个城市试用了拥堵定价,最著名的是斯德哥尔摩和伦敦,而且在大多数情况下都取得了成功。斯德哥尔摩去年试行了拥堵定价；该计划运作得非常成功，以至于选民支持再制定这个计划。伦敦的计划自从2003年实施以来，该市中心商业区的机动车行驶速度提高了37%，而汽车和卡车的二氧化碳排放量下降了15%。这个起初被报纸嘲笑为"Kengestion"——据他的主要支持者伦敦市市长肯·利文斯通（Ken Livingstone）命名——的计划的公众支持度提高了，在2004年，利文斯通又轻松当选，而且，现在有将近三分之二的伦敦人都声称支持该计划。就在三个月前，拥堵区又向西扩大，将Kensington、Chelsea和Westminster三个区的大部分区域包括在内。

对拥堵定价的反对通常是基于"平等"这个词。Westchester县的州议员Richard Brodsky在听了市长的演讲后宣称："中产阶级和穷人付不起这些费，而富人能付得起。"事实上，一般来讲，穷人也不开车进出曼哈顿；比较一下买车、上保险和停车的成本与每月76美元的无限制搭乘的地铁票的费用。对那些用汽车作交通工具的人来说，每天8美元的收费，很快就会产生效果。而这正是问题的关键所在。拥堵定价的作用仅在于它使其他选择——改变每天开车的时间，或者更好一些，利用公共交通——更有吸引力。市长建议中的一点是用拥堵定价筹集的资金——据估计每年为4亿美元——来改善地铁和公共汽车服务。

同时，假设拥堵本身无代价也是天真的。堵在路上，管道工不能修管道，投递员也不能送东西。在这座城市里，由于拥堵延误而损失的时间价值每年达到50亿美元。如果加上浪费的汽油、损失的收入，以及增加的做生意的成本，这个数字就上升到130亿美元。布隆伯格注意到，问题"不是我们想不想付费，而是我们想如何付费"。

市长计划中的许多内容，包括拥堵定价，要得到州立法机构的批准，但是这是很糟糕的一件事，因为正如最近的《时代》周刊中的社论所指出的，通常好的政策在奥尔巴尼（纽约州首府）都会"胎死腹中"。就连在做州司法部长时曾起诉过全国最大的碳排放者的州长Eliot Spitzer，提出的意见也只能看做有限地支持市长的建议，他说："我们期待着对这个计划进行审查。"

就城市规划而言，拥堵定价也是迫不得已的想法；在气候变化的大背景下，它变得更迫切了。旨在解决该问题的任何有意义的努力都要包括对低碳排放活动（步行、骑自行车、乘地铁）的激励，以及使高碳排放活动（乘飞机、开车、在家里开启空调）的成本更加高昂。这些成本将给一些人——也许是大多数人——带来不便，而且其负担并不总是能极为公平地分摊。但是，正如市长所指出的，纽约作为一个易受洪水侵袭的海滨城市，容易受到全球变暖的最具破坏性也最具确定性的后果之一——海平面上升——的影响。如果纽约市民都不愿改变他们的行为，那么就更无法说明，该国家或世界上其他地方的人们为什么要这样做。在这种情况下，必须找到拥堵问题的另外一种解决方式。毕竟，谁想开车进入一座被洪水淹没的城市呢？

资料来源：*New Yorker*, May 7, 2007.

案例研究
为什么黄牛没有绝种

在整个历史上，许多动物的物种都遭受过灭绝的威胁。当欧洲人第一次到达北美洲时，这个大陆上野牛的数量超过 6 000 万头。但在 19 世纪期间猎杀野牛如此盛行，以至于到 1900 年，在政府开始保护这种动物之前，只剩下 400 头左右了。在现在的一些非洲国家，由于偷猎者为取得象牙而捕杀大象，大象也面临着类似的困境。

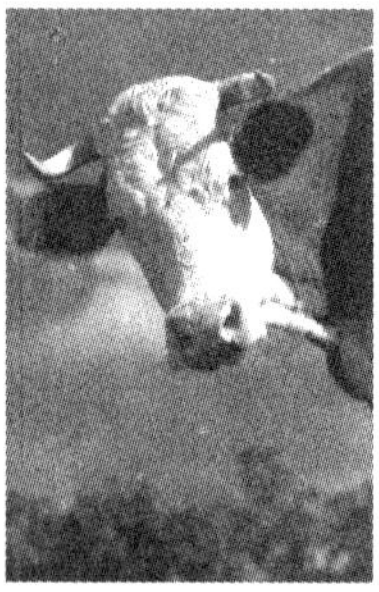
“市场会保护我吗?”

图片来源：© IAN SANDERSON/PHOTOGRAPHER'S CHOICE/GETTY IMAGES.

但并不是所有具有商业价值的动物都面临着这种威胁。例如，黄牛是一种有价值的食物来源，但没有一个人担心黄牛会很快绝种。实际上，对牛肉的大量需求看来保证了这种动物会继续繁衍。

为什么象牙的商业价值是对大象的威胁，而牛肉的商业价值却是黄牛的护身符呢？原因是大象是公共资源，而黄牛是私人物品。大象可以
237 自由自在地漫步而不属于任何人。每个偷猎者都有尽可能多地猎杀他们所能找到的大象的强烈激励。由于偷猎者人数众多，每个偷猎者很少有保留大象种群的激励。与此相反，黄牛生活在私人所有的牧场上。每个牧场主都尽极大的努力来维持自己牧场上的牛群，因为他能从这种努力中得到利益。

政府试图用两种方法解决大象的问题。一些国家，例如肯尼亚、坦桑尼亚和乌干达，已经把猎杀大象并出售象牙作为违法行为。但这些法律一直很难得到实施，而且大象种群在继续减少。与此相反，另一些国家，例如博茨瓦纳、马拉维、纳米比亚和津巴布韦，允许人们捕杀大象，但只能捕杀自己所有的大象，从而使大象成为一种私人物品。土地所有者现在有保护自己土地上大象的激励，结果是大象的数量开始增加了。在私有制和利润动机的作用下，也许某一天非洲大象也会像黄牛一样，摆脱灭绝的威胁。

即问即答 为什么政府努力限制公共资源的使用？

11.4 结论：产权的重要性

在本章和上一章中，我们说明了存在一些市场不能充分提供的“物品”。市场不能确保我们呼吸的空气是清洁的，也不能确保我们的国家不受外国侵略。相反，社会依靠政府来保护环境并提供国防。

虽然我们在这两章考虑的问题产生于许多不同的市场上，但它们有一个共同的主题。在所有的情况下，市场没有有效地配置资源，是因为没有很好地建立产权。这就是说，某些有价值的东西并没有在法律上有权控制它的所有者。例如，虽然没有人怀疑清洁的空气或国防等“物品”是

有价值的，但没有一个人有权给它定一个价格，并从它的使用中得到利润。工厂污染太严重，是因为没有一个人能因为工厂排出污染而向它们收费；市场没有提供国防，是因为没有一个人能因为受到保卫的人获益而向他们收费。

当产权缺失引起市场失灵时，政府可以潜在地解决这个问题。有些时候，例如在出售污染许可证的情况下，解决方法是政府帮助界定产权，从而释放市场的力量。另一些时候，例如在限制捕猎季节的情况下，解决方法是政府对私人行为进行管制。还有一些时候，例如在提供国防的情况下，解决方法是由政府提供市场不能提供的物品。在所有的情况下，如果能很好地计划并实施政策，就可以使资源配置更有效率，从而增进经济福利。

内容提要 238

◎ 物品在是否具有排他性和竞争性上存在差别。如果阻止某个人使用某种物品是可能的，这种物品就具有排他性。如果一个人对某种物品的使用减少了其他人对同一物品的使用，这种物品就具有竞争性。市场运行最适用于既有排他性又有竞争性的私人物品。市场运行不适用于其他类型的物品。

◎ 公共物品既无竞争性又无排他性。公共物品的例子包括烟火表演、国防和基础知识的创造。由于不能对使用公共物品的人收费，所以在私人提供这种物品时，人们存在搭便车的激励。因此，政府提供公共物品，并以成本—收益分析为基础做出关于每种物品供给量的决策。

◎ 公共资源在消费中有竞争性但无排他性。例子包括公有的草地、清洁的空气和拥挤的道路。由于不能向使用公共资源的人收费，他们往往会过度地使用公共资源。因此，政府努力用各种方法限制公共资源的使用。

关键概念

排他性
消费中的竞争性
私人物品
公共物品
公共资源
搭便车者
成本—收益分析
公地悲剧

复习题

1. 解释一种物品有“排他性”的含义。解释一种物品有“消费中的竞争性”的含义。一块比萨饼是否有排他性？是否有消费中的竞争性？
2. 给公共物品下定义并举出一个例子。私人市场本身能提供这种物品吗？解释原因。

3. 什么是公共物品的成本—收益分析？为什么它很重要？为什么进行这种分析很困难？

4. 给公共资源下定义并举出一个例子。如果没有政府干预，人们对这种物品的使用会太多还是太少？为什么？

问题与应用

1. 考虑你们当地政府提供的物品与劳务。
   a. 用图 11－1 中的分类解释下列每种物品属于哪类：
      - 警察保护
      - 铲雪
      - 教育
      - 乡间道路
      - 城市街道
   b. 你认为政府为什么要提供不是公共物品的东西？
2. 公共物品和公共资源都涉及外部性。
   239 a. 与公共物品相关的外部性通常是正的还是负的？举例回答。自由市场上的公共物品数量通常大于还是小于有效率的数量？
   b. 与公共资源相关的外部性通常是正的还是负的？举例回答。自由市场上公共资源的使用量通常大于还是小于有效率的使用量？
3. Charlie 喜欢看本地公共电视台的“Teletubbies”节目，但在电视台筹集运营资金时，他从不出钱支持电视台。
   a. 经济学家给 Charlie 起了个什么名字？
   b. 政府如何能解决像 Charlie 这样的人引起的问题？
   c. 你能想出私人市场解决这个问题的方法吗？有线电视台的存在如何改变这种状况？
4. 四位室友计划在宿舍中看老电影来共度周末，而且，他们争论要看几部。下面是他们对每部电影的支付愿望：
   a. 在宿舍内播放电影是一种公共物品吗？为什么？

（单位：美元）

	Orson	Alfred	Woody	Ingmar
第一部电影	7	5	3	2
第二部电影	6	4	2	1
第三部电影	5	3	1	0
第四部电影	4	2	0	0
第五部电影	3	1	0	0

   b. 如果租一部电影为 8 美元，为使室友的总剩余最大化，应该租几部电影？
   c. 如果他们从 b 中得出了所选择的最适数量，并平等地分摊租电影的费用，每个人从看电影中得到了多少剩余？
   d. 有一种分摊成本的方法能保证每个人都获益吗？这种解决方法引起了什么实际问题？
   e. 假设他们事前一致同意选择有效数量并平均分摊电影的成本。当问到 Orson 的支付意愿时，他有说实话的激励吗？如果有的话，为什么？如果没有的话，他最可能说什么？
   f. 关于公共物品的最适供给量这个例子告诉了我们什么？
5. 一些经济学家认为私人企业从事的基础科学研究不会达到有效率的数量。
   a. 解释为什么可能会这样。在你的回答中，把基础研究划入图 11－1 所示的类型中的某一类。

b. 为了应对这个问题,美国政府采取了哪类政策?

c. 人们往往认为,这种政策提高了美国生产者相对于外国企业的技术能力。这种观点与你在 a 中对基础研究的分类一致吗?(提示:排他性能否只适用于一种公共物品的某些潜在受益者,而不适用于其他人?)

6. 大多数高速公路边都有垃圾,而人们的院子里却很少有垃圾。对这一事实给出一个经济学的解释。

7. Ectenia 村有十个村民。村民们可以通过编篮子或者钓鱼来获得收入。由于湖里的鱼是有限的,钓鱼的村民越多,每个人钓到的鱼就越少。具体而言,如果 n 个家庭在湖里钓鱼,那么每个家庭钓到的鱼的数量是:

$$I_f = 12 - 2n$$

其中,I_f 是每天用美元表示的收入。一个家庭通过编篮子得到的收入是每天 2 美元。

a. 假设每个家庭都独立做出是在湖里钓鱼还是编篮子的决策。你预计每天有多少家庭会钓鱼?你预计有多少家庭会编篮子?(提示:考虑机会成本。)计算在这种均衡时全村的总收入。

b. 说明当三户居民在湖里钓鱼时,全村的总收入大于你在 a 中所算出的总收入。当他们独立行事时,什么阻止了这种可带来更高收入的资源配置的实现?

c. 如果村民都决定实现 b 中的资源配置,他们需要制定哪一种规则?如果他们每个人都想在新制度下利益均 240
等,他们需要哪一种税收和转移制度?

d. 钓鱼属于哪一类物品?什么特征使它成为这一类物品?

8. 华盛顿特区的地铁系统在上下班高峰期的收费高于一天中的其他时间。为什么可以这样做?

9. 美国的木材公司在公共拥有的土地上砍伐了许多树,在私人拥有的土地上也砍伐了许多树。讨论在没有政府管制的情况下,每种类型土地上伐木的效率如何。你认为政府应该如何管制公有土地上的伐木?类似的管制应该运用于私人拥有的土地吗?

10. 联邦政府检验汽车模型的安全性,并免费向公众提供检验结果。你认为这种信息可以作为一种公共物品吗?为什么?

11. 高收入的人为了避免死亡的危险愿意比低收入的人花更多钱。例如,他们更愿意为汽车的安全性花钱。你认为当评价公共项目时成本—收益分析应该考虑这一事实吗?例如,考虑有一个富人镇和一个穷人镇,它们都正在考虑安装红绿灯。在做出这项决策时,富人镇对人的生命的货币评价会更高吗?为什么?

第 12 章
税制的设计

241 20 世纪 20 年代臭名昭著的匪徒和犯罪团伙头子，“疤面人”阿尔·卡彭(Al Capone)从来没有因为他的许多暴力犯罪行为而入狱，但最终他还是被关在监牢里——因为逃税。他忽视了本·富兰克林(Ben Franklin)的劝告：“在这个世界上除了死亡和税收以外，没有什么事情是确定无疑的。”

当富兰克林在 1789 年说这句话的时候，一般美国人缴纳的税不到其收入的 5%，而且在以后的 100 年中情况仍然如此。但是，在 20 世纪期间，税收在普通美国人的生活中变得越来越重要。现在，把所有的税收加在一起——包括个人所得税、公司所得税、工薪税、销售税和财产税——总计达到一个普通美国人收入的三分之一左右。在许多欧洲国家，税收甚至比这还要高。

税收是不可避免的，因为我们作为公民期望政府向我们提供各种物品和劳务。前两章说明了第 1 章的**经济学十大原理**之一：政府有时能改善市场结果。当政府解决一种外部性(例如空气污染)，提供一种公共物品(例如国防)，或管制一种公共资源的使用(例如在公共湖泊中捕鱼)时，它就可以增进经济福利。但这些活动是有代价的。政府为了行使这些以及其他许多职能，需要通过税收来筹集收入。

242 在前几章中我们已经开始了对税收的研究，在那里我们说明了对一种物品征税如何影响该物品的供给与需求。在第 6 章中，我们说明了税收减少了市场上的销售量，还考察了税收负担如何由买者与卖者分摊，这取决于供给弹性和需求弹性。在第 8 章中，我们考察了税收如何影响经济福利。我们知道，税收引起了**无谓损失**：税收引起的消费者剩余和生产者剩余的减少大于政府增加的收入。

在本章中，我们以这些结论为基础来讨论税制的设计。我们从美国政府的财政概况开始。当考虑税制时，了解关于美国政府如何筹资和支出的一些基本事实是有用的。然后我们再考虑赋税的基本原则。大多数人都赞同税收给社会带来的成本应尽可能地低，而且，税收负担应该公平地分配。这就是说,税制应该既有效率又平等。但是,正如我们将看到的,这些目标宣称起来容易实现起来难。

12.1 美国政府的财政概况

政府的税收占国民收入的多少?图 12-1 表示美国经济中包括联邦、州和地方政府在内的政府收入在总收入中的百分比。它表明,在过去一个世纪中,政府的作用大大加强了。在 1902 年,政府收入占总收入的 243
7%;而在近些年中,政府的收入约占到总收入的 30%。换句话说,随着经济中收入的增长,政府从税收中得到的收入增长得更快。

图 12-1　政府收入占 GDP 的百分比

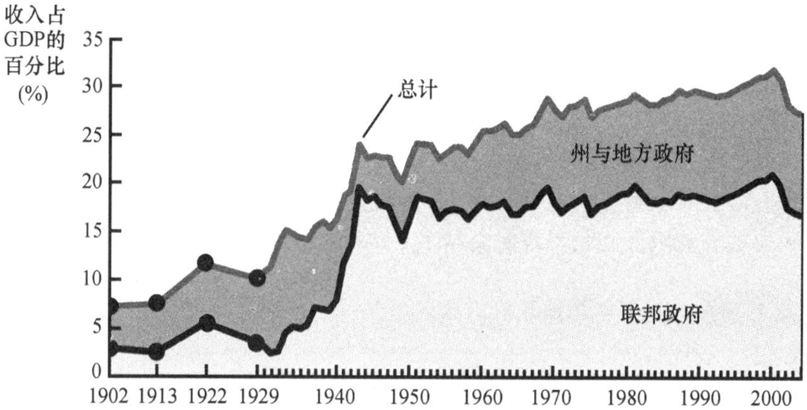

这个图表示联邦政府和州与地方政府收入占国内生产总值(GDP)的百分比,GDP 衡量经济中的总收入。该图表示,政府在美国经济中起着重要作用,而且其作用在不断加强。

资料来源:*Historical Statistics of the United States*; Bureau of Economic Analysis; 作者的计算。

表 12-1 用政府税收收入占国民总收入的百分比这个指标比较了几个主要国家的税收负担。美国在这些国家中处于中间水平。与许多欧洲国家相比,美国的税收负担较轻;但与世界一些其他国家相比,美国的税收负担较重。像印度和巴基斯坦这些经济上欠发达的国家,通常税收负担较轻。这个事实与图 12-1 中随着时间推移税收负担增长的证据是一致的:随着一个国家变得越来越富有,一般而言,政府以税收形式拿走的收入份额也越来越大。

政府的总体规模只是情况的一个方面。在总量背后是成千上万关于税收和支出的个别决策。为了更全面地了解政府财政状况,我们把总量分解为几个大类。

表 12-1　政府税收收入在 GDP 中的百分比(%)

瑞典	50	美国	28
法国	45	日本	27
英国	37	墨西哥	20
德国	36	智利	19
加拿大	36	中国	15
巴西	30	印度	14
俄罗斯	32		

资料来源：OECD, United Nations. 最近一年的数据。

12.1.1　联邦政府

美国联邦政府收取了我们经济中约三分之二的税收。它以许多方式筹集这种收入,并以更多的方式来支出这种收入。

收入　表 12-2 表示联邦政府 2007 年的收入。这一年的总收入是
244 25 680 亿美元,数额大得令人费解。为了使这个天文数字回到现实中来,我们用它除以美国的人口,2007 年美国人口为 3.02 亿。这样,我们发现,平均每个美国人向联邦政府交纳了 8 503 美元的税收。

表 12-2　2007 年联邦政府的收入

税收	数量(10 亿美元)	人均数量(美元)	占收入的百分比(%)
个人所得税	1 163	3 851	45
社会保障税	870	2 881	34
公司所得税	370	1 225	14
其他	165	546	7
总计	2 568	8 503	100

资料来源：*Economic Report of the President*, 2008, Table B-81.

联邦政府最大的收入来源是个人所得税。在每年临近 4 月 15 日时,几乎每个美国家庭都要填写纳税表,以确定应向政府交多少所得税。要求每个家庭报告它所有来源的收入:工作的工资、储蓄的利息、在拥有股份的公司中的股息和经营的任何一种小生意的利润等等。家庭的**税收负担**(应交多少)依据于其总收入。

一个家庭的所得税负担并不是简单地与其收入成比例。相反,法律规定了较为复杂的计算方法。计算应纳税收入时,要从总收入中减去以抚养人口(主要是孩子)数量为基础计算出来的数额,再减去决策者认定为“可扣除”的某些支出(例如,住房抵押贷款的利息支付、联邦和地方的

税收支付和慈善捐赠)。然后用表 12-3 所示的税率根据应纳税收入来计算纳税义务。

表 12-3　2007 年联邦所得税税率

应纳税收入	税率
7 825 美元以下	10%
7 825—31 850 美元	15%
31 850—77 100 美元	25%
77 100—160 850 美元	28%
160 850—349 700 美元	33%
349 700 美元以上	35%

这个表表示一个未婚纳税人的边际税率。纳税人的纳税义务取决于他(或她)的收入水平以下的所有边际税率。例如,收入为 2.5 万美元的纳税人对第一个 7 825 美元的收入按 10% 的税率纳税,然后再对其余收入按 15% 的税率纳税。

表 12-3 表示边际税率——收入每增加 1 美元所适用的税率。由于边际税率随着收入增加而提高,高收入家庭收入中税收占收入的百分比较高。要注意的是,表中的每种税率只适用于对应范围内的收入,而不适用于一个人的全部收入。例如,一个有 100 万美元收入的人,第一个 7 825 美元仍然只缴纳 10% 的税。(我们在本章后面将更充分地讨论边际税率的概念。)

对联邦政府来说,几乎与个人所得税同样重要的是工薪税。工薪税是对企业付给工人的工资征的税收。表 12-2 把这种收入称为社会保障税,因为这些税的收入被专门用来支付社会保障和医疗保障。社会保障是一项收入支持计划,主要目的是维持老年人的生活水平。医疗保障是政府对老年人的保健计划。表 12-2 表示 2007 年平均每个美国人支付了 2 881 美元的社会保障税。

在重要性上仅次于个人所得税和社会保障税,但在数量上远远小于两者的是公司所得税。公司是作为一个独立法人建立的企业。政府根据每个公司的利润——该公司出售物品与劳务的收入减去生产这些物品与劳务的成本——对其征税。要注意的是,公司利润实际上要交两次税。当企业赚到利润时,要缴纳公司所得税;当公司用其利润向公司股东支付股息时,还要再缴纳个人所得税。在 2003 年,股息收入的税率降至 15%,以部分地消除这种双重征税。 245

表 12-2 中的最后一类,即标为"其他"的,占税收收入的 8%。这个类别包括销售税,即对某些特殊物品,如汽油、香烟和酒精饮料征收的税。"其他"类还包括各种小税种,如不动产税和关税。

支出　表 12-4 表示联邦政府 2007 年的支出。总支出是 27 300 亿美元,人均支出是 9 040 美元。这个表还表示了联邦政府支出在一些主要项目上的分布。

表 12-4 中最大的一类支出是社会保障,它主要是给老年人的转移支付。转移支付是指政府未用于交换物品和劳务而进行的支付。2007 年,这类支出占联邦政府支出的 21%。

表 12-4　2007 年联邦政府的支出

类别	数量(10 亿美元)	人均数量(美元)	占支出的百分比(%)
社会保障	586	1 940	21
国防	553	1 831	20
医疗保障	375	1 242	14
收入保障	366	1 212	13
保健	266	881	10
净利息	237	785	9
其他	347	1 149	13
总计	2 730	9 040	100

资料来源：*Economic Report of the President*, 2008, Table B-81.

第二大类的支出是国防。这一类包括军事人员工薪和购买枪支、战斗机和战舰等军事装备的支出。国防支出会随着国际局势的紧张程度和政治气候的变动而波动。毫不奇怪，在战争期间国防支出会大幅度增加。国防支出占总支出的比重从 2001 年的 17% 上升到 2007 年的 20%，部分就是由于在伊拉克的战争。

在联邦预算中，医疗支出占很大的比重。表 12-4 中第三项的医疗保障是政府对老年人的保健计划。表中的第五项是其他保健支出，包括医疗援助，即联邦政府对穷人的保健计划，以及医学研究支出，例如国立卫生研究院的支出。总的保健支出占联邦预算的四分之一左右。

表 12-4 中列示的第四类支出是收入保障，它包括对贫困家庭的转移支付。一项计划是对需要帮助家庭的暂时性补贴(TANF)，通常简称为
246 “福利”。另一项是食品券计划，它是给贫困家庭用来购买食品的票证。联邦政府把其中一部分资金拨给州与地方政府，州与地方政府在联邦政府的指导下对上述计划进行管理。

表中的第六类是净利息。当一个人从银行借款时，银行要求债务人支付贷款利息。当政府向公众借款时也同样如此。政府负债越多，它在利息支付方面的支出也越大。

表 12-4 中的“其他”类包括许多支出较少的政府职能。例如，它包括联邦法院系统、太空计划、农业支持计划以及国会议员和总统的薪水。

预算赤字：政府支出大于政府收入。

预算盈余：政府收入大于政府支出。

你可能已经注意到，表 12-2 中的联邦政府的总收入比表 12-4 中的总支出少 162 亿美元。这种情况称为政府有**预算赤字**(budget deficit)。当收入大于支出时可以说政府有**预算盈余**(budget surplus)。政府通过向公众借款来为预算赤字筹资。这就是说，它把政府债券卖给私人部门，包括美国和国外的投资者。当政府有预算盈余时，它可以用剩余的收入来减少其未清偿债务。

案例研究
未来的财政挑战

在 2007 年,联邦政府的财政赤字为 1 620 亿美元。这种政府支出超过政府收入的情况只是冰山一角:政府预算的长期规划表明,在现行法律之下,在未来几十年中,政府支出将大大超过它以税收形式得到的收入。计划的税收收入占 GDP(经济中的总收入)的百分比是大致不变的。但是,在未来几十年中计划的政府支出占 GDP 的百分比会逐渐而大幅度地提高。

政府支出增加的一个原因是社会保障和医疗保障向老年人提供了大量利益,而老年人在整个人口中所占的百分比越来越大。在过去的半个世纪中,医疗进步和生活方式的改善极大地延长了预期寿命。在 1950 年,一个 65 岁的男人预期还能再活 13 年,而现在预期他还可以再活 17 年。一个 65 岁的妇女的预期寿命从 1950 年的 16 年增加到今天的 20 年。同时,人们要的孩子少了。1950 年,一个妇女一般有三个孩子,而现在大约为两个。由于家庭规模小了,现在劳动力的增长比过去慢了。

图 12-2(a)幅表明预期寿命延长和出生率降低的共同作用引起的人口变动。在 1950 年,老年人口约为工作年龄人口的 14%。现在老年人口约为工作年龄人口的 21%,而且在今后 50 年中,这个数字将会上升到 40% 左右。这意味着,用来支撑每个老年人得到的政府福利的纳税工人的数量将会减少。

图 12-2 人口与财政挑战

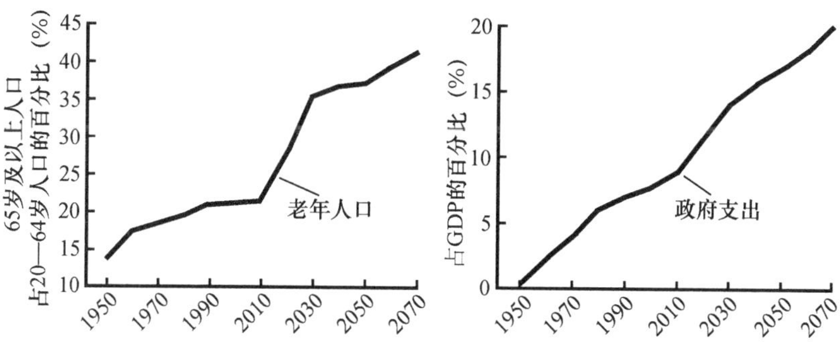

(a) 不断增长的老年人口

(b) 政府对社会保障、医疗保障和医疗援助的支出

(a)幅表示美国 65 岁及以上人口占 20—64 岁人口的百分比。老年人口的增加给政府预算带来越来越大的压力。(b)幅表示政府对社会保障、医疗保障和医疗援助的支出占 GDP 的百分比。对未来的预期假设现行的法律没有变动。除非通过立法改变福利标准,否则政府对这些类别的支出就会大幅度增加,并要求有大幅度的税收增加来支撑。

在今后几十年中将影响政府支出的另一个相关趋势是医疗费用的增加。政府通过医疗保障体系向老年人提供医疗,并通过医疗援助向穷人提供医疗。随着医疗费用的增加,政府在这些类别上的支出也将增加。

247

政策制定者提出了各种抑制医疗费用上升的方法,例如,减少医疗体系的诉讼负担,鼓励医疗提供者之间更多地竞争,以及促进信息技术的更多使用。但是大多数医疗经济学家认为,这些方法的影响是有限的。医疗费用上升的主要原因是医学的进步,这为延长和改善我们的生命提供了新的、更好的，但往往也是更昂贵的方法。

图 12－2(b)幅表示美国政府的社会保障、医疗保障和医疗援助支出占 GDP 的百分比。对这些计划的支出从 1950 年的不到 1% 增长到今天的 8% 左右。老年人口增加和医疗费用上升并存的状态预期会持续下去，甚至还有加快的趋势。

一些经济学家认为，为了对这些义务进行支付，我们需要大幅度提高税收在 GDP 中的百分比。如果是这样的话，我们在图 12－1 中看到的长期趋势将继续下去。社会保障、医疗保障和医疗援助方面的支出占 GDP 的比重预期会增加 10 个百分点。由于现在的税收占 GDP 的 30%，因此对这些利益的支付要求所有税再增加约三分之一。

248 另一些经济学家认为，这种高税率给年轻工作者带来的代价太大了。他们认为，政策制定者应该减少现在对未来老年人做出的承诺，同时鼓励人们在老年时更多地自己照顾自己。这包括提高正常退休年龄，同时给人们更多的在其工作年份进行储蓄的激励，以为自己退休和医疗费用做好准备。

很可能的情况是，最后的解决办法将是很多措施的综合。没人否认，解决这种争论是未来面临的最大挑战之一。

12.1.2 州与地方政府

州与地方政府筹集的税收占全部税收的 40% 左右。我们来看看它们如何筹集税收收入以及如何支出。

收入 表 12－5 表示 2005 年美国州与地方政府的收入。2005 年的总收入是 20 210 亿美元，或者说人均收入为 6 827 美元。该表还表示这种总收入在不同税种中的分布。

表 12－5 2005 年州与地方政府的收入

类 别	数量（10 亿美元）	人均数量（美元）	占收入的百分比（%）
销售税	383	1 294	19
财产税	336	1 135	17
个人所得税	241	814	12
公司所得税	43	145	2
联邦政府转移支付	438	1 480	22
其他	580	1 959	28
总计	2 021	6 827	100

资料来源： *Economic Report of the President*, 2008, Table B-86.

州与地方政府最重要的两类税是销售税和财产税。销售税按消费者用于零售商店的总支出的一定百分比征收。顾客每次买东西时，就要向店主支付一个额外量，店主把它交给政府。（有些州不对某些必需品，例如食物和衣服征收销售税。）财产税按土地和建筑物估算价值的一定百分比征收，由财产所有者支付。这两项税加在一起占州与地方政府全部收入的三分之一以上。

州与地方政府还征收个人所得税和公司所得税。在许多情况下，州与地方政府的所得税与联邦所得税类似。在另一些情况下，它们又非常不同。例如，一些州对工资收入的征税大大低于对以利息和红利形式赚到的收入的征税，而还有一些州对收入根本不征税。

州与地方政府还从联邦政府那里得到大量资金。在某种程度上，联
邦政府与州政府分享其收入的政策是资金从高收入州（支付更多税收）向 *249*
低收入州（得到更多收益）的再分配。这些资金往往被指定用于联邦政府想补贴的特殊计划。

最后，州与地方政府从表 12－5 中"其他"类包括的各种来源中得到了相当多的收入，包括捕鱼与打猎许可证收费、道路与桥梁收费以及公共汽车和地铁收费，等等。

支出　表 12－6 表示州与地方政府 2005 年的总支出，以及它在主要类别中的分配。

表 12－6　2005 年州与地方政府的支出

类别	数量（10 亿美元）	人均数量（美元）	占支出的百分比（%）
教育	689	2 328	34
公共福利	367	1 240	18
高速公路	124	419	6
其他	834	2 817	42
总计	2 014	6 804	100

资料来源：*Economic Report of the President*, 2008, Table B-86.

到目前为止，州与地方政府最大的一项支出是教育。地方政府为公立学校提供经费，这些学校为大多数学生提供从幼儿园到高中的教育。州政府拨款支持公立大学。在 2005 年，教育约占州与地方政府支出的三分之一。

第二大类支出是公共福利，它包括对穷人的转移支付。这一类支出包括一些由州与地方政府管理的联邦政府计划。接下来一类是高速公路，它包括修建新公路和维修已有公路。表 12－6 中的"其他"类包括州与地方政府提供的许多其他服务，例如图书馆、警察、垃圾清理、消防、公园维修和扫雪。

即问即答　● 联邦政府最重要的两类税收来源是什么？● 州与地方政府最重要的两类税收来源是什么？

12.2 税收和效率

我们已经说明了美国各级政府如何筹资和支出，现在我们再来考虑如何评价其税收政策并设计税制。显而易见，税收制度的主要目标是筹集政府收入。但是，有许多方法可以筹集任何一种既定量的收入。当在许多不同的税制方案中选择时，决策者有两个目标：效率和平等。

250 如果一种税制能以对纳税人来说较低的成本筹集到等量收入，这种税制就比另一种更有效率。纳税人的税收成本是什么呢？最明显的成本是支付的税收本身。这种货币从纳税人向政府的转移是任何一种税制的必然特点。但税收还会引起两种其他成本，设计良好的税收政策正是要避免这两种成本或至少使其最小化。

- 当税收扭曲了人们做出的决策时引起的无谓损失。
- 纳税人在遵照税法纳税时承担的管理负担。

一种有效率的税制是所引起的无谓损失和管理负担很小的税制。

12.2.1 无谓损失

经济学十大原理之一是人们会对激励做出反应，这包括税制提供的激励。如果政府对冰淇淋征税，人们就会少吃冰淇淋而多吃冷冻酸奶；如果政府对住房征税，人们就会住较小的房子并把更多收入用于其他事情；如果政府对劳动收入征税，人们就会少工作而多享受闲暇。

“我本来打算把这个地方修理一下。但是如果我这么做，市政府会把我的税提高！”

图片来源：BERRY'S WORLD REPRINTED BY PERMISSION OF UNITED FEATURE SYNDICATE, INC.

由于税收扭曲了激励，所以引起无谓损失。正如我们在第 8 章中第一次讨论的，税收的无谓损失是纳税人经济福利的减少超过了政府筹集到的收入的部分。无谓损失是当人们根据税收激励，而不是根据他们买卖的物品与劳务的真实成本与利益配置资源时，税收引起的无效率。

为了回忆起税收如何引起无谓损失，我们来看一个例子。假设 Joe 对一个比萨饼的评价是 8 美元，而 Jane 对它的评价是 6 美元。如果没有比萨饼税，比萨饼的价格将反映制作它的成本。让我们假设，比萨饼的价格是 5 美元，因此，Joe 和 Jane 都选择购买 1 块。这两个消费者都得到了超过支付量的价值的剩余。Joe 得到 3 美元的消费者剩余，而 Jane 得到了 1 美元的消费者剩余。总剩余是 4 美元。

现在假设政府对比萨饼征收 2 美元的税，比萨饼的价格上升到 7 美元。Joe 仍买 1 块比萨饼，但现在他的消费者剩余只有 1 美元。Jane 现在决定不买比萨饼，因为比萨饼的价格高于她对比萨饼的评价。政府从 Joe 的比萨饼上得到 2 美元的税收收入。消费者总剩余减少了 3 美元（从 4 美元减少为 1 美元）。由于总剩余的减少大于税收收入，所以税收有无谓损失。在这个例子中,无谓损失是 1 美元。

要注意的是,无谓损失并不是来自 Joe,即纳税的人,而是来自 Jane,即没有纳税的人。Joe 的剩余减少 2 美元正好抵消了政府得到的收入量。无谓损失的产生是由于税收使 Jane 改变了她的行为。当税收提高了比萨饼的价格时,Jane 的状况变坏了,但并没有可用于抵消的政府收入。Jane 福利的这种减少是税收的无谓损失。

案例研究 251
应该对收入征税,还是应该对消费征税

当税收引起人们改变自己的行为——例如引起 Jane 少买比萨饼——时,税收就引起了无谓损失,并使资源配置效率降低。正如我们已经说明的,政府的很多收入来自个人所得税。在第 8 章的案例研究中,我们讨论了这种税如何不鼓励人们像没有税收时那样勤奋工作。这种税引起的另一种无效率是它不鼓励人们储蓄。

考虑一个 25 岁的人正打算储蓄 100 美元。如果他把他的钱存入储蓄账户赚取 8% 的利息,并再留在账户上,当他 65 岁退休时就会有 2 172 美元。但如果政府对他每年赚到的利息收入征收 1/4 的税,有效利率就仅为 6%。40 年后,100 美元只增加到 1 029 美元,还不到没有税收时可以得到的一半。因此,由于对利息收入征税,储蓄的吸引力就小多了。

一些经济学家主张通过改变税基来消除现行税制对储蓄的抑制作用。这种情况下,政府不再是对人们**赚到的**收入量征税,而是对人们**支出的**量征税。根据这种主张,所储蓄起来的全部收入在最后支出之前都不需纳税。这种不同的制度被称为**消费税**,它不会扭曲人们的储蓄决策。

目前税法的各种条款已经使税制有点像消费税。纳税人可以把一定量的储蓄投入特殊账户——例如,个人退休账户和 401(K)计划——从而在退休时支取之前避免纳税。对那些通过这些退休账户进行大部分储蓄的人来说,他们的税单实际上是根据他们的消费,而不是根据他们的收入。

欧洲各国对消费税的依赖比美国还强。大多数欧洲国家通过增值税(VAT)筹集到大量政府收入。增值税类似于美国许多州使用的零售税,但政府并不是在消费者购买最终物品时在零售环节得到全部税收,而是在物品生产的各个阶段(即在企业增加了该物品价值的各个生产环节)得到税收。

不同的美国政策制定者都主张,税制未来变动的方向是对消费而不是收入征税。2005 年,当时的美联储主席、经济学家艾伦·格林斯潘向总统经济顾问委员会提交了他的税收改革建议:"正如你们所知道的,许多经济学家认为,从促进经济增长的角度看,消费税是最好的——特别是从零开始设计一种税制时——因为消费税会鼓励储蓄和资本形成。但是,从现行税制转向消费税也提出了一系列有挑战性的转型问题。"

12.2.2 管理负担

如果你在 4 月 15 日问一个普通人对税制的看法,你会听到有关填报
252 税表如何令人头痛的大量抱怨。任何一种税制的管理负担都是它引起的无效率的一部分。这种负担不仅包括在 4 月初填表所花的时间,而且还包括整个一年中为税收保存各种记录的时间和政府为实施税法所必须使用的资源。

许多纳税人——特别是适用较高税率的人——雇用纳税律师和会计师帮助他们纳税。这些复杂税法方面的专家为他们的客户填表,并帮助客户安排各种事务,以减少应纳税额。这种行为是合法避税,它不同于非法逃税。

税制的批评者说,这些税收顾问通过滥用税法的一些细小条款,即通常所说的"漏洞",来帮助客户避税。在有些情况下,漏洞是国会的失误:这些漏洞源于税法的含糊和遗漏。更经常的情况是,这些漏洞的产生是因为国会有选择地给某种类型的行为以特殊对待。例如,美国联邦税法就给予市政公债投资者以优惠待遇,因为国会想使州与地方政府更容易地借到钱。在某种程度上,这条规定有利于州与地方政府;在某种程度上,它有利于收入高的纳税人。大多数漏洞是那些制定税收政策的国会议员们所知晓的,但在一位纳税人看来可能是漏洞的,在另一位纳税人看来,则可能是一种合理的税收扣除。

专门用于遵从税法的资源是一种无谓损失。政府只得到了所缴纳的税收金额。与此相反,纳税人不仅失去了这一金额,而且还失去了用于整理文件、计算和避税所花费的时间和金钱。

通过简化税法可以减少税制的管理负担。但这种简化在政治上往往会有困难。大多数人都愿意通过消除有利于他人的漏洞来简化税法,但很少有人希望放弃有利于自己的漏洞。最后,有各自特殊利益的各种纳税人出于自身的原因进行游说的政治过程导致了税法的复杂性。

12.2.3 边际税率与平均税率

平均税率: 支付的总税收除以总收入。

边际税率: 增加 1 美元收入所支付的额外税收。

在讨论所得税的效率与平等时,经济学家区分了两个税率概念:平均税率和边际税率。**平均税率**(average tax rate)是支付的总税收除以总收入。**边际税率**(marginal tax rate)是对增加的 1 美元收入征收的额外税收。

例如,假设政府对第一个 5 万美元的收入征收 20% 的税,而对全部收入中超过 5 万美元以上的部分征收 50% 的税。在这种税收下,一个有 6 万美元收入的人纳税 1.5 万美元:第一个 5 万美元的 20%(0.2 × 5 万美元 = 1 万美元),再加上其余 1 万美元的 50%(0.5 × 1 万美元 = 0.5 万美

元）。对这个人来说，平均税率是 1.5 万美元/6 万美元，即 25%。但边际税率是 50%。如果该纳税人再多赚 1 美元，这 1 美元就适用 50% 的税率，从而该纳税人应向政府缴纳的税就增加 0.5 美元。

边际税率和平均税率各自都包含了有用的信息。如果我们想知道纳税人做出的牺牲，平均税率是比较适用的，因为它衡量收入中用于纳税的比例。与此相反，如果我们想要了解税制在多大程度上扭曲了激励，边际税率就更有意义。第 1 章中的经济学十大原理之一是，理性人考虑边际量。这个原理的一个推论是，边际税率衡量税制在多大程度上鼓励人们不工作。如果你正在考虑多工作几小时，边际税率决定了政府将从你增加的收入中拿走多少。因此，决定所得税无谓损失的是边际税率。

253

12.2.4 定额税

假设政府向每个人征收 4 000 美元税。这就是说，无论收入如何，也无论每个人会采取什么行为，每个人应缴纳的税都是等量的。这种税被称为**定额税**（lump-sum tax）。

定额税：
对每个人等量征收的税收。

定额税清楚地表明了平均税率和边际税率之间的差别。对一个收入为 2 万美元的纳税人来说，4 000 美元定额税的平均税率是 20%；对一个收入为 4 万美元的纳税人来说，平均税率是 10%。对这两个纳税人来说，边际税率是零，因为收入增加 1 美元并不改变应缴纳的税收额。

定额税可能是最有效率的税。因为一个人的决策并不改变应纳税额，税收也没有扭曲激励，因此也不会引起无谓损失。因为每个人都能很容易地算出应纳税额，而且由于没有必要雇用税收律师和会计师，因此定额税给纳税人带来的管理负担最小。

既然定额税如此有效率，为什么我们在现实世界中很少看到这种税呢？原因在于效率只是税制的一个目标。定额税对穷人和富人收取同样的量，大多数人认为这种结果是不公平的。为了理解我们所看到的税制，我们必须考虑税收政策的另一个主要目标：平等。

即问即答 • 税制的效率是指什么？• 什么会使税制无效率？

12.3 税收与平等

自从美国殖民地居民把进口茶叶倒入波士顿港以抗议英国的高税收以来，税收政策就在美国政治中引起了一些最激烈的争论。焦点很少是由效率问题引起的，而是由在税收负担应该如何分配问题上的分歧引起的。参议员 Russell Long 曾经用这样一首歌谣来嘲讽公众的争论：

你也不纳税。
我也不纳税。
让树后的那个家伙来纳税。

当然，如果我们要依靠政府提供一些我们想要的物品和劳务，税收必定要落在某个人身上。在这一节中，我们考虑税制的平等问题。应该如何在人们中分配税收负担？我们应如何评价一种税制是否公平呢？每一
254 个人都同意，税制应该是平等的，但对于什么是平等以及如何判断一种税制的平等，却存在着许多分歧。

12.3.1 受益原则

受益原则： 认为人们应该根据他们从政府服务中得到的利益来纳税的思想。

税收的一个原则被称为**受益原则**(benefits principle)。它认为，人们应该根据他们从政府服务中得到的利益来纳税。这种原则努力使公共物品与私人物品相似。那些经常去看电影的人买电影票花的总钱数比很少去看电影的人多，这看起来是公平的。与此相似，一个从公共物品中得到更大利益的人也应该比那些得到利益少的人多纳税。

例如，人们有时用受益原则来支持汽油税。在一些州，汽油税的收入用于修建和维修公路。因为买汽油多的人同样也是用道路多的人，所以，汽油税是一种公正地为这种政府服务付费的方法。

受益原则也可以用于支持富有的公民应该比贫困的公民多纳税的观点。为什么？仅仅是因为富人从公共服务中受益更多。例如，考虑警察保护不受盗贼偷窃的利益。有很多东西需要保护的公民从警察那里得到的利益就大于那些没什么要保护的人。因此，根据受益原则，富人应该比穷人更多地支付维持警力的费用。同样的道理也可以用于许多其他公共服务，例如，防火、国防以及法院系统。

甚至还可以用受益原则支持用富人纳的税来为反贫困计划提供资金。正如我们在第11章中所讨论的，人们喜欢在一个没有贫困的社会中生活，这表明反贫困计划是一种公共物品。如果富人对这种公共物品的货币评价大于中产阶级(也许这仅仅是因为他们有更多钱可花)，那么，根据受益原则，他们就应该为这种计划更多地纳税。

12.3.2 支付能力原则

支付能力原则： 认为应该根据一个人可以承受的负担来对这个人征税的思想。

评价税制平等的另一种方法被称为**支付能力原则**(ability-to-pay principle)。该原则认为，应该根据一个人所能承受的负担来对这个人征税。这个原则有时证明了这样一种主张：所有公民都应该做出“平等的牺牲”来支持政府。但是，一个人的牺牲量不仅取决于他支付了多少税收，而且还取决于他的

收入和其他环境。一个穷人缴纳 1 000 美元的税可能要比一个富人缴纳 1 万美元的税做出的牺牲还大。

支付能力原则得出了平等观念的两个推论：纵向平等和横向平等。**纵向平等**(vertical equity)认为，支付能力更强的纳税人应该缴纳更多税收。**横向平等**(horizontal equity)认为，有相似支付能力的纳税人应该缴纳等量税收。虽然这些平等概念被广泛接受，但很难简单明了地运用这些概念来评价一种税制。

纵向平等：主张支付能力更强的纳税人应该缴纳更多税收的思想。

横向平等：主张有相似支付能力的纳税人应该缴纳等量税收的思想。

纵向平等 如果税收以支付能力为基础，那么，富有的纳税人就应该比穷困的纳税人多纳税，但富人应该多纳多少呢？许多有关税收政策的争论正是围绕着这个问题展开的。

考虑表 12－7 中的三种税制。在每一种情况下，收入高的纳税人都支付得更多。但随着收入增加，税收增加的速率，在这三种税制下并不一样。第一种税制被称为**比例税**(proportional tax)，因为所有纳税人都按收入的相同比例纳税。第二种税制被称为**累退税**(regressive tax)，因为尽管高收入纳税人支付的税收量大，但税收在他们收入中占的比例较小。第三种税制称为**累进税**(progressive tax)，因为高收入纳税人支付的税收在他们收入中占的比例较大。

比例税：高收入纳税人和低收入纳税人缴纳收入中相同比例的税收。 255

累退税：高收入纳税人缴纳的税收在收入中的比例低于低收入纳税人的税收。

累进税：高收入纳税人缴纳的税收在收入中的比例高于低收入纳税人的税收。

表 12－7 三种税制

收入(美元)	比例税		累退税		累进税	
	税收量(美元)	收入百分比(%)	税收量(美元)	收入百分比(%)	税收量(美元)	收入百分比(%)
50 000	12 500	25	15 000	30	10 000	20
100 000	25 000	25	25 000	25	25 000	25
200 000	50 000	25	40 000	20	60 000	30

这三种税制中哪一种最公平？没有一个显而易见的答案，而且经济理论也无助于找出一种最公平的税制。平等和美丽一样，是“情人眼里出西施”。

案例研究
如何分配税收负担

许多关于税收政策的争论都围绕着富人是否支付了对他们而言公正的税收份额。没有一种客观的方法可以做出这种判断。但是，在你自己评价这个问题时，了解在现行税制下不同收入的家庭支付了多少税收是有用的。

表 12－8 提供了有关所有联邦税收如何在各收入阶层中分配的一些数据。为了编制这个表，我们根据家庭收入的不同进行排序，并将其分为五个同样大小的群体，称做五等分。这个表还提供了有关最富的 1% 美国人的数据。

表 12-8　联邦税收负担

五等分	平均收入（美元）	税收占收入的百分比（%）	占全部收入的百分比（%）	占全部税收的百分比（%）
最低群体	15 900	4.3	4.0	0.8
第二群体	37 400	9.9	8.5	4.1
中等群体	58 500	14.2	13.3	9.3
第四群体	85 200	17.4	19.8	16.9
最高群体	231 300	25.5	55.1	68.7
收入最高的 1%	1 558 500	31.2	18.1	27.6

资料来源：Congressional Budget Office. 数字是 2005 年的估计数。

表的第二栏表示每个群体的平均收入。最穷的 1/5 家庭的平均收入为 15 900 美元，最富的 1/5 家庭的平均收入为 231 300 美元。最富的 1% 人的平均收入在 100 万美元以上。

该表的第三栏表示总税收占收入的百分比。正如你所看到的，美国联邦税制是累进的。最穷的 1/5 家庭把他们收入的 4.3% 用于纳税；最富的 1/5 家庭把他们收入的 25.5% 用于纳税；收入最高的 1% 的家庭把他们收入的 31.2% 用于纳税。

第四栏和第五栏比较这五个群体中的收入分配和税收分配。最穷的 1/5 赚到了全部收入的 4.0%，支付了全部税收的 0.8%；最富的 1/5 赚到了全部收入的 55.1%，并支付了全部税收收入的 68.7%；最富的 1%（记住，这是每个五等分大小的 1/20）赚到了全部收入的 18.1%，支付了全部税收的 27.6%。

这个税表是了解政府负担的一个很好的起点，但并不完整。尽管它
256 包括了从家庭流向联邦政府的全部税收，但没有包括从联邦政府流回家庭的转移支付，例如，社会保障和福利。

研究表明，在综合考虑了税收和转移支付之后，政策呈现出更大的累进性。最富的家庭群体即使在扣除转移支付后，仍把其收入的 1/4 左右支付给了政府。与此相反，贫困家庭得到的转移支付一般大于他们缴纳的税收。最穷的 1/5 家庭的平均税率不是表中的 4.3%，而是接近于负的 30%。换句话说，他们的收入比没有政府税收和转移支付时高 30% 左右。结果是显而易见的：为了充分了解政府政策的累进性，我们既要考虑人们支付了什么，又要考虑他们得到了什么。

横向平等　如果根据支付能力缴纳税收，那么，相似的纳税人应该支付相似的税收量。但是，怎样确定两个纳税人是否相似？各个家庭在许多方面存在差别。为了评价税收是不是横向平等的，必须决定哪些差别与家庭的支付能力是相关的，而哪些差别是不相关的。

假设 Smith 和 Jones 的家庭各有 8 万美元的收入。Smith 家没有孩子，

但 Smith 有一种病，这引起 3 万美元的医疗支出。Jones 家人人健康，但他们有四个孩子，其中两个孩子在上大学，学费为 4 万美元。这两个家庭由于收入相同而支付同样的税公平吗？给 Smith 家税收减免以帮助他们弥补昂贵的医疗支出公平吗？给 Jones 家税收减免以帮助他们弥补交学费的支出公平吗？

这些问题没有一个简单的答案。在现实中，美国的所得税有一些特殊条款，这些条款根据特殊情况相应改变家庭税收。

12.3.3　税收归宿与税收平等

税收归宿——研究谁承担税收负担——是评价税收平等的核心问题。正如我们第一次在第 6 章中所说明的，承受税收负担的人并不总是 257
从政府收到税单的人。由于税收改变了供给与需求，所以，它们也改变了均衡价格。因此，税收影响的不只是根据法律实际纳税的人。当评价任何一种税收的纵向平等与横向平等时，将这些间接影响考虑在内是很重要的。

许多关于税收平等的讨论忽略了税收的间接影响，并且以经济学家所戏称的税收归宿的**粘蝇纸理论**为依据。根据这种理论，税收负担就像粘蝇纸上的苍蝇，被粘在它首次落下的地方。但是，这种假设很少是正确的。

例如，一个没有受过经济学教育的人会认为，对昂贵皮衣征收的税是纵向平等的，因为买皮衣的人大部分都是富人。但如果这些买者可以很轻易地用其他奢侈品来替代皮衣，那么，征收皮衣税就只能减少皮衣的销售。最后，落在皮衣生产者和卖者身上的税收负担大于落在买者身上的税收负担。由于生产皮衣的大多数工人并不是富人，皮衣税的平等就与粘蝇纸理论所说的大相径庭。

案例研究
谁支付公司所得税

这个工人支付了部分公司所得税。

图片来源：© BRIAN KERSEY/UPI/LANDOV.

公司所得税是说明税收归宿对税收政策重要性的一个好例子。选民普遍欢迎公司税。毕竟公司不是人。选民们总是渴望自己税收减少，而由一些非个人化的公司来买单。

但是，在确定公司所得税是政府增加收入的一种好方法之前，我们应该考虑谁承担了公司税负担。这是经济学家看法不一致的一个难题，但有一点是确定无疑的：**个人支付所有税收**。当政府对公司征税时，公司更像一个征税人而不是纳税人。税收负担最终落在个人身上——所有者、顾客或公司的工人。

许多经济学家认为，工人和顾客承担了公司所得税的大部分负担。

为了说明其原因，考虑一个例子。假设美国政府决定增加汽车公司的所得税。乍一看，这种税损害了汽车公司所有者的利益，他们得到的利润少了。但是，随着时间的推移，这些所有者将对税收做出反应。由于生产汽车不太有利可图，他们对建立新汽车厂的投资少了。相反，他们以其他形式投资自己的财产——例如，购买更大的房子，或在其他行业或其他国家建厂。当汽车工厂减少时，汽车的供给减少了，对汽车工人的需求也减少了。因此，对生产汽车的公司征税引起了汽车价格的上升和汽车工人工资的下降。

公司所得税表明，税收归宿的粘蝇纸理论是多么危险。公司所得税之所以受欢迎，部分是因为它看上去好像是由富有的公司支付的。但那些最终承担税收负担的人——顾客和公司工人——往往并不是富人。如果更多的人了解公司税的真正归宿，那么这种税在选民中可能就不会那么受欢迎了。

即问即答 • 解释受益原则和支付能力原则。• 什么是纵向平等和横向平等？• 为什么研究税收归宿对于确定税制的平等性是很重要的？

258

新闻摘录
税收改革问答

最近的税收改革努力是在2005年，这一年布什总统任命了两党顾问小组研究这个问题。这个问答解释了这个小组想实现的目标。回答问题的是这个小组中的两位经济学家 Edward Lazear 和 James Poterba。由于议会没有采纳这个小组的建议，现在的税法仍然与2005年大体相同，而这个小组当时提出的问题现在仍然存在。

问：税制的目标应该是什么？

答：税制应该在尽可能少地引起经济扭曲的前提下带来政府需要的收入，同时税收负担的分摊应该公平。税制对工作、储蓄或企业家才能的抑制不应超过必要的程度，而且它也不应抑制个人去获取能提高其生产率的技能和教育。它也不应抑制投资，或对某种资产的投资的支持大于另一种资产。简言之，一种有效的税制要尽可能少地改变经济决策。

问：现行的税制有什么问题？

答：在过去的19年中，对税法的15 000多项改变已经破坏了1986年税制改革所取得的许多成绩。这使得现行税法充斥着各种指标激励、废止的规定、离奇的税率，以及复杂的而且有时还不一致的条款，这使大多数人无法理解他们纳税应依据的规则，更不用说完成他们的纳税申报表了。

问：税制改革应力图实现什么目标？

答：虽然许多人把简化作为税制改革的主要目标，但促进经济增长是一个更重要的目标。即使在较短时期内，税制使经济增长放缓的成本也会超过其遵从成本。美国家庭在遵从所得税制度方面的支出约占 GDP 的 1%。将这些遵从成本削减一半就相当于将 GDP 提高了 0.5%——并非微不足道的成绩。通过实行降低投资方面的税收负担，以及将现行税制转向消费税的税制改革，所带来的 GDP 增长还要大得多。

问：税制改革会如何促进经济增长？

答：大量的经济研究表明，储蓄和投资的税前收入和税后收入之间的税收楔子特别不利于长期经济增长。当前的税制对公司收入征两次税，一次是在公司层面，另一次是在投资层面。据财政部估算，平均而言，一个新的公司投资项目的总税收负担是 24%。与此相比，非公司部门的投资只纳一次税，面对的是 17% 的税收负担。投资于所有者占有的住房，以隐含的租金收入的形式获得不纳税的收入，并不纳税。对不同的投资征税不同就扭曲了资本形成并放缓了经济增长。

财政部估算，取消新投资的税收负担，例如通过采用消费税，最终能增加的 GDP 在 5%—7% 之间。GDP 增长对于提高所有美国人的生活水平是至关重要的，而且这也与生产率的提高密切相关。提高工资最可靠的方法是提高生产率。

问：你特别要提出的建议是什么？

答：税收小组赞成两个改革建议，这两个建议可以促进经济增长，简化税制，并大体维持现在的税收负担分摊。这两个建议都要取消个人和公司的不同最低税收。第一个改革建议是简化所得税。它维持当前所得税的框架，但把边际税率降低为 15%、25% 和 33%。它提出对储蓄大幅度减税，巩固信贷，并使企业营业税制度合理化。第二个改革建议是以简化的所得税制为基础，开征增长和投资税，并通过扣除所有资本支出，使税制向以消费税为基础转变。

生产率的提高取决于人力资本和物质资本的投资。人力资本投资意味着通过正规教育和在职培训获得技能。物质资本投资意味着增加工厂、设备、技术职能以及其他可以使工人生产率更高的有形投资的存量。这两个建议都通过降低大多数人在劳动供给上的边际税率来鼓励对技能的投资。它们也通过降低对企业投资的税收鼓励物质资本投资。据财政部估算，将当前的税制结构转为增长和投资税会使所有投资的平均税收负担从 17% 降低到 6%。这就会鼓励新投资，并极大地提高生产率和工资增长率。

问：这些建议如何能降低税率而又不减少税收收入呢？

答：这两个建议都规范了当前使所得税的税基变窄的各种税收减免，而保留了对慈善捐助、住房所有和购买医疗保险的激励。这两个建议都允许纳税人对超过应税收入 1% 的慈善捐助予以扣除。这两种建议都用以一个地区中档住房价格的 125% 为上限、对贷款利息征收的 15% 的信贷税，取代了现行的对上限为 100 万美元的抵押贷款加 10 万美元的家庭不动产贷款利息给予的逐项抵扣。

雇主提供的医疗保险，无论其成本多少，现在都是免税的。这就鼓励了人们购买过度的保险。为了保持对雇主向家庭提供基本保险项目的激励，这两个计划都对雇主提供的医疗保险征税，但只对已婚夫妇的保险价值超过 11 500 美元的部分和单身个人的保险价值超过 5 000 美元的部分征税。

这两个计划都取消了用州和地方的所得税和财产税支付抵扣联邦税的规定。

问：关于纵向平等有什么想法？

答：这两个计划实际上并没有改变补偿政府工作的税收负担。由富人承担的税负略有增加，但这个群体的生活水平长期中仍会提高，因此这两个计划对长期经济增长是有利的。

资料来源：Answers are excerpts from "A Golden Opportunity," by Edward P. Lazear and James M. Poterba, *The Wall Street Journal*, November 1, 2005. More information on the tax reform advisory panel can be found at http://www.taxreformpanel.gov/.

12.4 结论：平等与效率之间的权衡取舍

几乎每一个人都认为平等和效率是税制的两个最重要的目标。但这两个目标往往是冲突的，特别是当根据税制的累进性来评价平等时。人们对税收政策的分歧往往是由于他们对这些目标的侧重不同。

近代税收政策的历史表明，政治领导人有关平等与效率的观点如何不同。当罗纳德·里根 1980 年当选为总统时，最富的美国人的边际税率是
259 50%。利息收入的边际税率是 70%。里根认为，这种高税率极大地扭曲了工作和储蓄的经济激励。换句话说，他声称从经济效率来看，这些高税率的成本太高昂了。因此，税制改革是里根政府高度重视的一项改革。1981 年，里根签署了大幅度减税的法律，之后又在 1986 年再次签署了这类法律。1989 年当里根离开白宫时，最富有的美国人适用的边际税率只有 28%。

政治争论之翼左右摇摆。当比尔·克林顿在 1992 年当选总统之后，他认为，富人没有缴纳公正的税收份额。换句话说，对富人的低税率违背了他关于纵向平等的观点。1993 年克林顿总统签字使一项提案成为法律，这个提案把最富有的美国人的税率提高到 40% 左右。当乔治·W. 布
260 什当选总统后，他又再现了里根的许多思想，作为总统，他部分扭转了克林顿的增税政策，把最高税率降低到 35%。在 2008 年总统竞选期间，共和党的约翰·麦凯恩主张把布什的减税长期化，而民主党的巴拉克·奥巴马主张提高最高边际税率。

只靠经济学家并不能确定平衡效率与平等目标的最好方法。这个问题不仅涉及经济学，还涉及政治哲学。但经济学家在这场争论中起着重要作用：他们可以说明在设计税制时社会必须面临的权衡取舍，并帮助我们避免那些牺牲了效率而从平等来看也没有任何好处的政策。

内容提要

◎ 美国政府用各种税收筹集收入。联邦政府最重要的税是个人所得税和用于社会保障的工薪税。州与地方政府最重要的税是销售税和财产税。

◎ 税制的效率是指它给纳税人带来的成本。除了资源从纳税人向政府的转移,税收还有两种成本:第一种是由于税收改变了激励、扭曲了资源配置而带来的无谓损失;第二种是遵从税法的管理负担。

◎ 税制的平等涉及税收负担是否公平地在个人之间进行分配。根据受益原则,人们根据他们从政府得到的收益来纳税是公平的。根据支付能力原则,人们根据他们承受财务负担的能力来纳税是公平的。当评价税制的平等性时,记住从税收归宿研究中得出的一条结论是很重要的:税收负担的分配与税单的分配不是一回事。

◎ 当考虑税法的变动时,决策者经常面临效率与平等之间的权衡取舍。大多数关于税收政策争论的产生是因为人们对这两个目标的侧重不同。

关键概念

预算赤字
预算盈余
平均税率
边际税率
定额税
受益原则
支付能力原则
纵向平等
横向平等
比例税
累退税
累进税

复习题 261

1. 过去的一个世纪以来,政府税收收入的增长与经济中其他部分的增长相比,是快还是慢?
2. 美国联邦政府收入的两个最重要的来源是什么?
3. 解释公司利润如何双重纳税。
4. 为什么纳税人的税收负担大于政府得到的收入?
5. 为什么一些经济学家支持对消费征税,而不是对收入征税?
6. 定额税的边际税率是多少?它与这种税的效率有什么关系?
7. 举出富有的纳税人应该比贫穷的纳税人多纳税的两种观点。
8. 什么是横向平等的概念?为什么很难将其运用于实践?

问题与应用

1. 在出版物或互联网上查询去年美国联邦政府是否有预算赤字或者盈余。在以后

262 几年中决策者期望出现什么情况？（提示：国会预算办公室的网站是 http://www.cbo.gov。）

2. 本章的许多表中的信息取自每年一次的《总统经济报告》。根据你们图书馆或网上最近的一期报告回答下列问题，并提出一些数字来支持你的答案。（提示：政府印刷局的网站是 http://www.gpo.gov。）
   a. 图 12－1 表示政府收入占总收入的百分比在不断提高。这种增长主要是由于联邦政府收入的变动，还是州与地方政府收入的变动？
   b. 观察联邦政府和州与地方政府的共同收入，总收入的构成一直在如何变动？个人所得税是更重要了，还是更不重要了？社会保障税呢？公司所得税呢？
   c. 观察联邦政府和州与地方政府的共同支出，转移支付支出和物品与劳务购买支出的相对份额一直在如何变动？

3. 本章说明了美国老年人口的增长比总人口的增长快。具体而言，工人数量增长缓慢，而退休人数增长很快。由于担心未来的社会保障问题，一些国会议员建议"冻结"该计划。
   a. 如果冻结了总支出，每个退休者的利益会发生什么变动？每个工人的税收支付会发生什么变动？（假设每年的社会保障税和退休者收入是平衡的。）
   b. 如果冻结了每个退休者的利益，总支出会发生什么变动？每个工人的税收支付会发生什么变动？
   c. 如果冻结了每个工人的税收支付，总支出会发生什么变动？每个退休者的收益会发生什么变动？
   d. 你对 a、b、c 的回答对决策者面临的困难决策意味着什么？

4. 假设你是美国经济中的一个普通人。你将收入的 4% 用于支付州所得税，并将劳动收入的 15.3% 用于支付联邦工薪税（雇主与雇员共同分摊）。你还要按表 12－3 支付联邦所得税。如果你的年收入是 2 万美元，你每年支付的各种税是多少？考虑到所有税收，你的平均税率与边际税率是多少？如果你的收入增加到 4 万美元，你的税单和你的平均税率与边际税率会发生什么变动？

5. 一些州的销售税中不包括食物和衣服这类必需品，另一些州则包括。讨论这种扣除的优点。讨论中既要考虑效率又要考虑平等。

6. 当某个人拥有的一种资产（例如股票）升值时，他有一种"增值"的资本收益。如果他出售这种资产，他就把以前增值的收益"实现"了。按美国的所得税，实现了的资本收益要纳税，但"增值"的资本收益不纳税。
   a. 解释这种规定如何影响个人行为？
   b. 一些经济学家认为，降低资本收益的税率，特别是暂时性资本收益的税率，会增加税收收入。为什么会是这样呢？
   c. 你认为对实现了的资本收益征税但对增值的资本收益不征税是一个好规则吗？为什么？

7. 假设你所在的州把销售税的税率从 5% 提高到 6%。该州税收委员会预期销售税收入会增加 20%。这个说法有道理吗？解释原因。

8.《1986 年税收改革法案》取消了对消费者债务（主要是信用卡和汽车贷款）利息支付的免税，但保留了对抵押贷款和住房贷款利息支付的免税。你认为消费者债务和住房权益债务的相对量会发生什么变化？

9. 把以下各项筹资计划作为受益原则或支付能力原则的例子进行分类。

a. 许多国家公园的观光者要支付门票。

b. 地方财产税用于支持小学与初中教育。

c. 机场信托基金会对出售的每张机票收税，并用这些钱来改善机场和空中交通控制系统。

10. 任何一个所得税表都体现了两种税率——平均税率和边际税率。

a. 平均税率定义为支付的总税收除以收入。在表 12 - 7 中的比例税制下，赚 5 万美元、10 万美元和 20 万美元的人，其平均税率分别是多少？在累退税制和累进税制下，相应的平均税率是多少？

b. 边际税率定义为额外收入支付的税收除以增加的额外收入。计算比例税制下，收入从 5 万美元增加到 10 万美元的边际税率。计算收入从 10 万美元增加到 20 万美元的边际税率。计算累退税制和累进税制下相对应的边际税率。

c. 描述这三种税制中每一种的平均税率与边际税率之间的关系。一般来说，某个人在决定是否接受工资比目前工作略高一点的工作时，哪一种税率更适用？在判断税制的纵向平等时，哪一种税率更适用？

11. 用表 12 - 8 的数据回答有关美国税制的以下问题：

a. 对于每个五等分的群体，计算一个普通纳税人缴纳的联邦税。

b. 当一个纳税人从一个群体进入收入更高的下一个群体时，计算收入和税收的变动。

c. 用 b 的信息计算当一个人从一个群体进入下一个群体时的边际税率。 263

d. 对任何一个既定的纳税人，边际税率更高，还是平均税率更高？

e. 随着收入增加，平均税率和边际税率会发生什么变动？哪一种税率的变动更大？

12. 以下的每一种支出都是计算联邦个人所得税纳税义务时的扣除项目：

a. 抵押贷款利率

b. 州与地方税收

c. 慈善捐赠

如果通过取消这些扣除扩大所得税税基，在所筹集税收收入不变的前提下，税率会下降。

对其中每一种扣除，你预期对纳税人行为可能的影响是什么？从效率、纵向平等和横向平等的角度讨论每种扣除的优缺点。你想保留还是取消这些扣除？

第 5 篇 企业行为与产业组织

毛利=新增价值=税前利润

1.机会成本:

2.显成本 隐成本

第 13 章
生产成本

3.沉没成本

经济是由成千上万个生产你每天享用的物品与劳务的企业组成的：通用汽车公司生产汽车，通用电气公司生产电灯，而通用磨坊公司生产早餐麦片。一些企业是大型的，例如这三家公司，它们雇用成千上万的工人，并有成千上万分享企业利润的股东；另一些企业是小型的，例如本地的理发店或杂货店，它们只雇用几个工人，而且归一个人或一个家庭所有。 267

在前几章中我们用供给曲线总结了企业的生产决策。根据供给定理，当一种物品价格上升时，企业愿意生产并销售更多的这种物品，而且，这种反应导致了向右上方倾斜的供给曲线。在分析许多问题时，供给定理是你了解企业行为所需要的一切。

在本章和以下各章中，我们将更详细地考察企业行为。这个主题将有利于我们更好地理解市场供给曲线背后的决策。此外，还要向你介绍经济学中称为**产业组织**的这一部分内容——产业组织研究企业有关价格和数量的决策如何取决于它们所面临的市场条件。例如，你所住的镇里可能有几家比萨饼店，但只有一家有线电视公司。这引出了一个关键的问题：企业的数量如何影响一个市场的价格以及市场结果的效率呢？产业组织领域正是针对这个问题的。

但是，在转向这些问题之前，我们需要讨论生产成本。所有企业，从 Delta 航空公司到当地的熟食店，在它们生产所销售的物品与劳务时都会发生成本。正如我们将在以后各章中说明的，企业成本是其生产和定价决策的一个关键决定因素。在本章中，我们将定义一些经济学家用来衡量一个企业的成本的变量，并考察这些变量之间的关系。 268

提醒一句：这个主题可能很枯燥且具技术性。坦率地说，你甚至可能认为它令人厌烦。但这些内容为后面令人着迷的主题提供了一个极为重要的基础。

13.1 什么是成本

我们从 Caroline 的糕点厂开始讨论成本。这家工厂的所有者 Caroline 购买面粉、糖、巧克力块和其他制作糕点的材料。她还要购买和面机和烤箱,并雇用操纵这些设备的工人。然后她把生产出来的糕点卖给消费者。通过考察 Caroline 在其经营中面临的一些问题,我们就可以得到一些适用于经济中所有企业的关于成本的结论。

13.1.1 总收益、总成本和利润

我们从企业的目标开始。为了理解企业所做出的决策,我们必须了解它们想做什么。可以想象,Caroline 开办她的企业是出于为世界提供糕点的利他主义愿望,或者,也许是出于她对糕点事业的热爱。更加可能的情况是,Caroline 开办这家工厂是为了赚钱。经济学家通常假设,企业的目标是利润最大化,而且他们发现,这个假设在大多数情况下都能很好地发挥作用。

什么是企业的利润?企业从销售其产品(糕点)中得到的货币量称为**总收益**(total revenue)。企业为购买投入品(面粉、糖、工人、烤箱等)所支付的货币量称为**总成本**(total cost)。Caroline 能够保留支付成本之外的任何收入。**利润**(profit)是企业的总收益减去其总成本。

总收益:
企业出售其产品所得到的货币量。

总成本:
企业用于生产的投入品的市场价值。

利润:
总收益减去总成本。

利润 = 总收益 - 总成本

Caroline 的目标是使其企业的利润尽可能地多。

为了说明企业如何实现利润最大化,我们必须全面考虑如何衡量总收益和总成本。总收益的衡量较为简单:它等于企业生产的产量乘以出售这些产品的价格。如果 Caroline 生产了 1 万块糕点,并以每块 2 美元的价格出售,那么,总收益就是 2 万美元。与此相比,企业总成本的衡量就较为微妙了。

13.1.2 作为机会成本的成本

当我们衡量 Caroline 的糕点厂或任何一个其他企业的成本时,记住第 1 章的经济学十大原理之一是很重要的:某种东西的成本是你为了得到它所放弃的东西。回忆一下,一种东西的机会成本是指为了得到那种东西所必须放弃的所有东西。当经济学家提到某个企业的生产成本的时候,它们包括该企业生产其物品与劳务的所有机会成本。

269 一些企业生产的机会成本是显而易见的,而另一些企业生产的机会成本则不那么明显。当 Caroline 花了 1000 美元买面粉时,这 1000 美元是

一种机会成本，因为Caroline不能再用这1000美元去买其他东西。同样，当Caroline雇用生产糕点的工人时，她支付的工资也是企业成本的一部分。由于这些机会成本要求企业付出一些货币，它们被称为**显性成本**(explicit costs)。与此相反，企业的一些机会成本不需要有现金支付，这种成本被称为**隐性成本**(implicit costs)。设想Caroline精通电脑，作为程序员每工作一小时可以赚100美元。对于Caroline在糕点厂工作的每一个小时，她都放弃了100美元的收入，而这种放弃的收入也是她的成本的一部分。Caroline经营的总成本是显性成本和隐性成本之和。

显性成本： 需要企业支出货币的投入成本。

隐性成本： 不需要企业支出货币的投入成本。

显性成本与隐性成本之间的区别强调了经济学家与会计师在分析经营活动时的重要区别。经济学家关注于研究企业如何做出生产和定价决策。由于这些决策既考虑了显性成本又考虑了隐性成本，因此，经济学家在衡量企业的成本时就包括了这两种成本。与此相反，会计师的工作是记录流入企业和流出企业的货币。因此，他们衡量显性成本，但往往忽略隐性成本。

在Caroline糕点厂的例子中，很容易看出经济学家和会计师之间的差别。当Caroline放弃了作为电脑程序员可以赚钱的机会时，她的会计师并没有把这一点作为她糕点经营的成本。因为企业并没有为这种成本支付货币，它绝不会出现在会计师的财务报表上。但是，一个经济学家将把放弃的收入作为成本，因为它会影响Caroline在其糕点经营中做出的决策。例如，如果Caroline作为电脑程序员的工资从每小时100美元增加到500美元，她就会认为经营糕点生意成本太高了，并选择关闭工厂，以便成为一个全职的电脑程序员。

13.1.3 作为一种机会成本的资本成本

几乎每一个企业都有一项重要的隐性成本，那就是已经投资于企业的金融资本的机会成本。例如，假定Caroline用她储蓄的30万美元从前一个所有者那里买下了糕点厂。如果Caroline把她的这笔钱存入利率为5%的储蓄账户，那么她每年将赚到1.5万美元。因此，为了拥有自己的糕点厂，Caroline放弃了每年1.5万美元的利息收入。这放弃的1.5万美元是Caroline的企业的隐性机会成本之一。

正如我们已经注意到的，经济学家和会计师以不同的方式来看待成本，在他们对资本成本的处理上，这一点尤其正确。一个经济学家把Caroline放弃的每年1.5万美元的利息收入作为她企业的一种成本，尽管这是一种隐性成本。但是，Caroline的会计师并不把这1.5万美元列入成本，因为并没有货币流出企业去支付这种成本。

为了进一步揭示经济学家和会计师之间的差别，我们将上例略作改动。假设现在Caroline并没有购买工厂的全部30万美元，而只是有自己储蓄的10万美元，并以5%的利率从银行借了20万美元。Caroline的会计师只衡量显性成本，将把每年为银行贷款支付的1万美元利息作为成本，因为这是从企业流出的货币量。与此相反，根据经济学家的看法，拥 270

有企业的机会成本仍然是 1.5 万美元。机会成本等于支付银行贷款的利息(显性成本 1 万美元)加放弃的储蓄利息(隐性成本 5 000 美元)。

13.1.4 经济利润与会计利润

经济利润：
总收益减总成本，包括显性成本与隐性成本。

会计利润：
总收益减总显性成本。

现在我们再回到企业的目标：利润。由于经济学家和会计师用不同的方法衡量成本，他们也用不同的方法衡量利润。经济学家衡量企业的**经济利润**(economic profit)，即企业的总收益减去生产所销售物品与劳务的总机会成本(显性的与隐性的)。会计师衡量企业的**会计利润**(accounting profit)，即企业的总收益仅仅减去企业的显性成本。

图 13－1 总结了这种差别。要注意的是，由于会计师忽略了隐性成本，所以，会计利润通常大于经济利润。从经济学家的角度看，要使企业有利可图，总收益必须弥补全部机会成本，包括显性成本与隐性成本。

图 13－1　经济学家与会计师

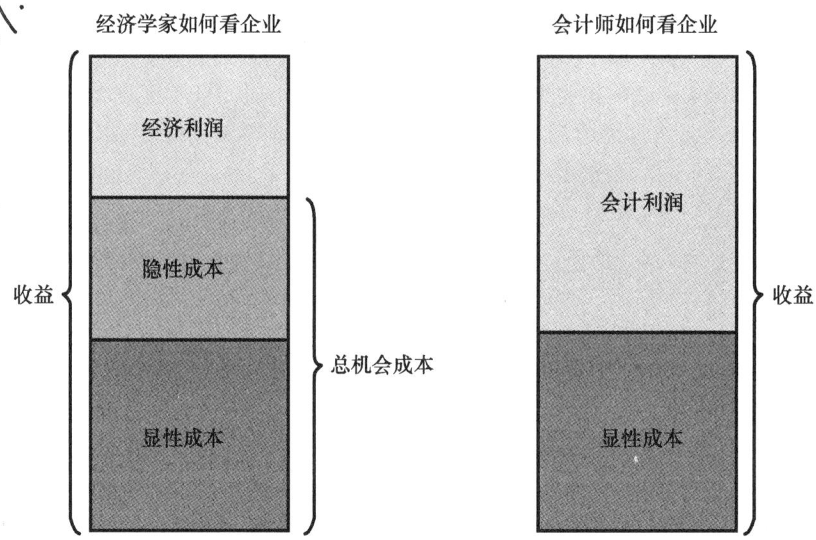

在分析企业时，经济学家衡量所有机会成本，而会计师只衡量显性成本。因此，经济利润小于会计利润。

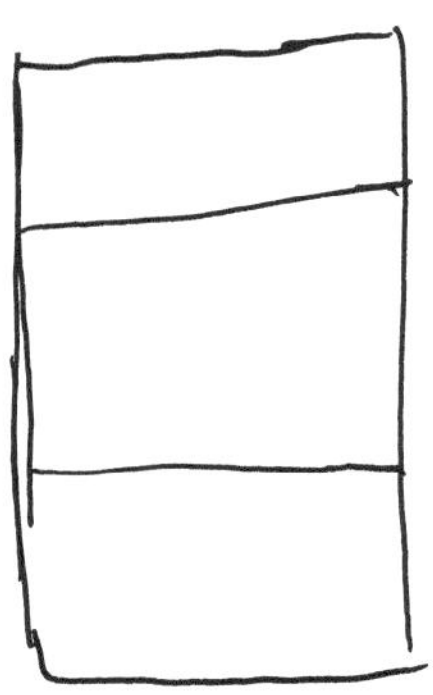

经济利润是一个重要的概念，因为它是企业供给物品与劳务的动机。正如我们将要说明的，获得正经济利润的企业将继续经营。它弥补了所有机会成本，并留下一些收益作为对企业所有者的报酬。当一个企业有经济亏损(即经济利润为负)时，企业所有者就没有足够的收入来弥补其所有生产成本。除非条件改变，否则企业所有者最终将关闭企业，并退出该行业。为了了解企业决策，我们需要紧盯经济利润。

即问即答　农民 McDonald 讲授班卓琴课每小时赚取 20 美元。有一天他在自己的农场用 10 个小时种了价值 100 美元的种子。他引起的机会成本是多少？他的会计师衡量的成本是多少？如果这些种子收获了价值 200 美元的农作物，那么 McDonald 赚到了多少会计利润？他赚到经济利润了吗？

13.2 生产与成本 271

当企业购买投入生产它们计划出售的物品与劳务时，就引起了成本。在这一节，我们考察企业生产过程与其总成本之间的这种联系。我们再次考虑 Caroline 的糕点厂。

在以下的分析中，我们做出了一个重要的简单化假设：假设 Caroline 工厂的规模是固定的，而且，Caroline 只能通过改变工人数量来改变生产的糕点量。在短期中，这种分析是现实的，但在长期中并不现实。这就是说，Caroline 不能在一夜之间建立一个更大的工厂，但她在一两年内可以这样做。因此，这种分析描述了 Caroline 短期中面临的生产决策。我们在本章后面将更充分地考察成本和时间框架之间的关系。

13.2.1 生产函数

表 13-1 表示 Caroline 的工厂每小时生产的糕点量如何取决于工人的数量。正如你在前两栏看到的，如果工厂中没有工人，Caroline 生产不出糕点；当有 1 个工人时，她生产 50 块糕点；当有 2 个工人时，她生产 90 块糕点，等等。图 13-2(a)幅是根据这两栏数字画出的图形。横轴是工人的数量，纵轴是所生产的糕点的数量。投入量（工人）与产量（糕点）之间的这种关系被称为**生产函数**（production function）。

生产函数：
用于生产一种物品的投入量与该物品产量之间的关系。

表 13-1　生产函数与总成本：Caroline 的糕点厂

工人数量	产量（每小时生产的糕点量）	劳动的边际产量	工厂的成本（美元）	工人的成本（美元）	投入总成本（工厂成本 + 工人成本）（美元）
0	0		30	0	30
		50			
1	50		30	10	40
		40			
2	90		30	20	50
		30			
3	120		30	30	60
		20			
4	140		30	40	70
		10			
5	150		30	50	80
		5			
6	155		30	60	90

图 13-2　Caroline 的生产函数和总成本曲线

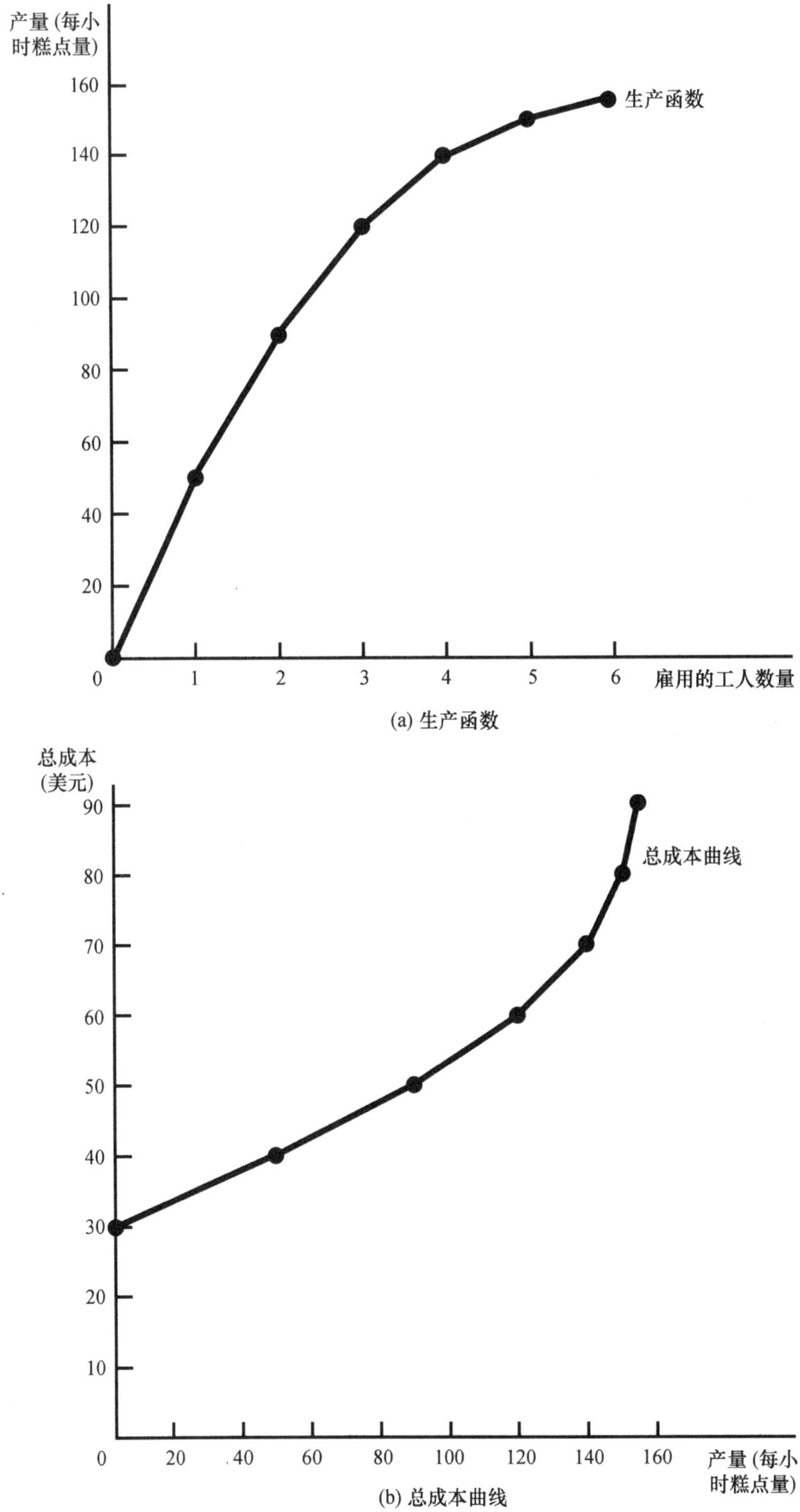

(a)幅中的生产函数表示所雇用的工人数量和产量之间的关系。这里雇用的工人数量(横轴)取自表 13-1 第一栏,生产量(纵轴)取自表 13-1 第二栏。随着工人数量增加,生产函数变得平坦,这反映了边际产量递减。(b)幅中总成本曲线表示产量与生产总成本之间的关系。这里产量(横轴)取自表 13-1 第二栏,总成本(纵轴)取自第六栏。由于边际产量递减,随着产量增加,总成本曲线变得越来越陡峭。

第 1 章的经济学十大原理之一是，理性人考虑边际量。正如我们将在以后几章中看到的，这个思想是理解企业决定雇用多少工人和生产多少产量的关键。作为理解这些决策的一步，该表的第三栏给出了一个工人的边际产量。生产过程中任何一种投入的**边际产量**(marginal product)是增加一单位投入所引起的产量增加。当工人数量从 1 个增加到 2 个时，糕点产量从 50 块增加到 90 块，因此，第二个工人的边际产量是 40 块糕点。而且，当工人数量从 2 个增加到 3 个时，糕点产量从 90 块增加到 120 块，因此，第三个工人的边际产量是 30 块糕点。在表中，边际产量标在两行的中间，因为它代表当工人数量从一个水平增加到另一个水平时产量的变动。 272

边际产量： 增加一单位投入所引起的产量增加。

要注意的是，随着工人数量的增加，工人的边际产量减少。第二个工人的边际产量是 40 块糕点，第三个工人的边际产量是 30 块糕点，而第四个工人的边际产量是 20 块糕点。这个特征被称为**边际产量递减**(diminishing marginal product)。开始当只雇用少数工人时，他们更容易使用到 Caroline 生产车间的设备。随着工人数量增加，增加的工人与别人共同使用设备，而且在较为拥挤的条件下工作。最后，车间非常拥挤，以至于工人开始相互妨碍。因此，当雇用的工人越来越多时，每个增加的工人对生产糕点的贡献就越来越小了。 273

边际产量递减： 一种投入的边际产量随着投入量增加而减少的特征。

边际产量递减也反映在图 13－2 中。生产函数的斜率（“向上量比向前量”）告诉我们，在每增加一个劳动投入（“向前量”）时，Caroline 糕点产量的变动（“向上量”）。这就是说，生产函数的斜率衡量一个工人的边际产量。随着工人数量的增加，工人的边际产量减少了，生产函数变得越来越平坦。

13.2.2 从生产函数到总成本曲线

表 13－1 的最后三栏表示 Caroline 生产糕点的成本。在这个例子中，Caroline 工厂的成本是每小时 30 美元，工人的成本是每小时 10 美元。如果她雇用一个工人，她的总成本是每小时 40 美元；如果她雇用两个工人，她的总成本是每小时 50 美元，以此类推。这个表用这种信息表示 Caroline 雇用的工人数量如何与她生产的糕点量和她的总生产成本相关。

在以下几章中我们的目的是研究企业的生产和定价决策。对于这个目的来说，表 13－1 中最重要的关系是产量（第二栏）和总成本（第六栏）之间的关系。图 13－2(b) 幅以横轴表示产量，纵轴表示总成本，根据这两栏数据画出了图形。这个图被称为总成本曲线。

现在比较图 13－2(b) 幅中的总成本曲线与图 13－2(a) 幅中的生产函数。这两条曲线是同一枚硬币的正反两面。随着产量的增加，总成本曲线越来越陡峭，而随着产量的增加，生产函数却越来越平坦。两条曲线斜率的变化是由于同一个原因。生产的糕点多，意味着 Caroline 的车间挤满了工人。由于车间拥挤,每增加一个工人增加的产量并不多,这反映了边际产量递减。因此,生产函数是比较平坦的。但现在将这个逻辑倒过来看:当车间拥挤时,多生产一块糕点要求增加更多工人,从而使成本增加。因此,当产量高时,总成本曲线是较为陡峭的。

即问即答 如果农民 Jones 没有在自己的土地上播种,他就得不到收成。如果他种 1 袋种子,将得到 3 蒲式耳小麦;如果他种 2 袋种子,将得到 5 蒲式耳小麦;如果他种 3 袋种子,将得到 6 蒲式耳小麦。一袋种子的成本是 100 美元,而且种子是他唯一的成本。利用这些数据画出该农民的生产函数和总成本曲线。解释它们的形状。

274

13.3 成本的各种衡量指标

我们对 Caroline 的糕点厂的分析说明了企业的总成本如何反映它的生产函数。从企业总成本的数据中,我们可以得出几种相关的成本衡量指标,当我们在以后几章中分析生产和定价决策时,这些成本衡量指标将被证明是很有用的。为了说明如何得出这些相关的衡量指标,我们考虑表 13-2 中的例子。这个表提供了 Caroline 的邻居——Conrad 的咖啡店的成本数据。

表 13-2 成本的各种衡量指标:Conrad 的咖啡店

咖啡的数量(杯/每小时)	总成本(美元)	固定成本(美元)	可变成本(美元)	平均固定成本(美元)	平均可变成本(美元)	平均总成本(美元)	边际成本(美元)
0	3.00	3.00	0.00	—	—	—	
1	3.30	3.00	0.30	3.00	0.30	3.30	0.30
2	3.80	3.00	0.80	1.50	0.40	1.90	0.50
3	4.50	3.00	1.50	1.00	0.50	1.50	0.70
4	5.40	3.00	2.40	0.75	0.60	1.35	0.90
5	6.50	3.00	3.50	0.60	0.70	1.30	1.10
6	7.80	3.00	4.80	0.50	0.80	1.30	1.30
7	9.30	3.00	6.30	0.43	0.90	1.33	1.50
8	11.00	3.00	8.00	0.38	1.00	1.38	1.70
9	12.90	3.00	9.90	0.33	1.10	1.43	1.90
10	15.00	3.00	12.00	0.30	1.20	1.50	2.10

表的第一栏表示 Conrad 可以生产的咖啡杯数,每小时从 0 杯到 10 杯不等。第二栏表示 Conrad 生产咖啡的总成本。图 13-3 据此画出了 Conrad 的总成本曲线。咖啡的数量(根据第一栏)用横轴表示,而总成本(根据第二栏)用纵轴表示。Conrad 的总成本曲线的形状与 Caroline 的总成

本曲线的形状相似。特别是随着产量增加,它变得较为陡峭,(正如我们所讨论过的)这反映了边际产量递减。

图 13-3　Conrad 的咖啡店的总成本曲线

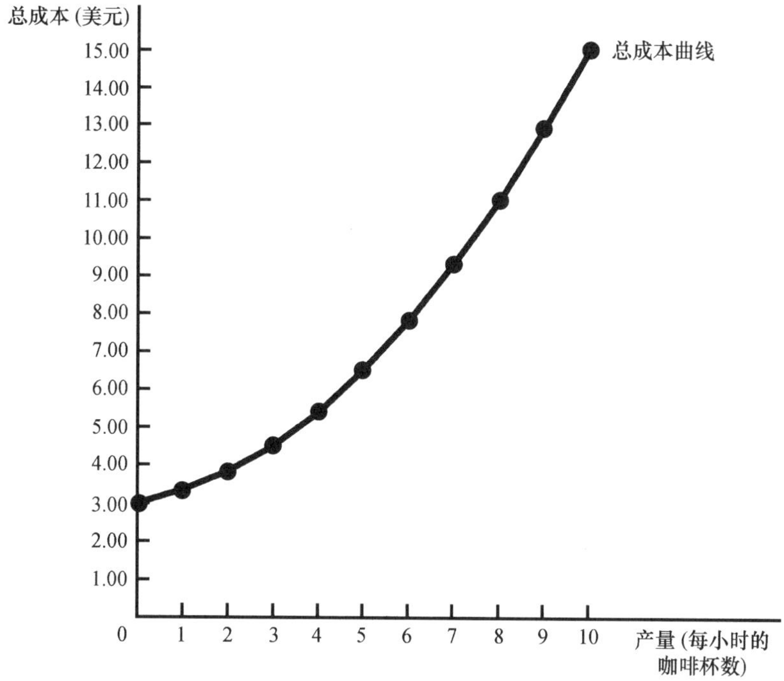

这里的产量数据(用横轴表示)取自表 13-2 第一栏,总成本数据(用纵轴表示)取自第二栏。正如在图 13-2 中一样,由于边际产量递减,随着产量增加,总成本曲线变得越来越陡峭。

13.3.1　固定成本与可变成本

Conrad 的总成本可以分为两类。一些成本不随着产量的变动而变动,称为**固定成本**(fixed costs)。固定成本是即使企业根本不生产也要发生的成本。Conrad 的固定成本包括她所要支付的任何租金,因为无论 Conrad 生产多少咖啡,这种成本都是相同的。同样,如果 Conrad 需要雇用支付工资的全职店员,无论生产多少咖啡,店员的薪水也是固定成本。表 13-2 的第三栏表示 Conrad 的固定成本,在这个例子中是每小时 3 美元。

固定成本: 275
不随着产量变动而变动的成本。

企业的一些成本随着企业产量的变动而变动,称为**可变成本**(variable costs)。Conrad 的可变成本包括咖啡豆、牛奶、糖和纸杯的成本:Conrad 制造的咖啡越多,他需要买的这些东西就越多。同样,如果 Conrad 必须多雇工人以便多生产咖啡,那么,这些工人的薪水也是可变成本。表的第四栏表示 Conrad 的可变成本。如果他不生产,可变成本是零;如果生产 1 杯咖啡,可变成本是 0.3 美元;如果生产 2 杯咖啡,可变成本是 0.8 美元;以此类推。

可变成本:
随着产量变动而变动的成本。

企业总成本是固定成本与可变成本之和。在表 13-2 中,第二栏中的总成本等于第三栏的固定成本加第四栏的可变成本。

13.3.2 平均成本与边际成本

作为企业所有者,Conrad 必须决定生产多少。这种决策的关键在于他的成本如何随着产量水平的变动而变动。在做出这种决策时,Conrad 要问他的生产主管下面两个关于生产咖啡成本的问题:

- 生产普通的一杯咖啡要多少成本?
- 多生产一杯咖啡要多少成本?

276 虽然乍一看这两个问题似乎有相同的答案,但其实不然。这两个答案对于了解企业如何做出生产决策十分重要。

平均总成本: 总成本除以产量。

平均固定成本: 固定成本除以产量。

平均可变成本: 可变成本除以产量。

边际成本: 额外一单位产量所引起的总成本的增加。

为了算出生产普通一单位的成本,我们用企业的成本除以产量。例如,如果企业每小时生产 2 杯咖啡,它的总成本是 3.8 美元,则普通一杯的成本是 3.8 美元/2,即 1.9 美元。总成本除以产量称为**平均总成本**(average total cost)。由于总成本就是固定成本与可变成本之和,所以平均总成本可以表示为平均固定成本与平均可变成本之和。**平均固定成本**(average fixed cost)是固定成本除以产量,**平均可变成本**(average variable cost)是可变成本除以产量。

虽然平均总成本告诉了我们普通一单位的成本,但它没有告诉我们当企业改变其生产水平时总成本将如何变动。表 13-2 的最后一栏表示当企业增加一单位产量时总成本的增加量。这个量称为**边际成本**(marginal cost)。例如,如果 Conrad 的产量从 2 杯增加到 3 杯,总成本从 3.8 美元增加到 4.5 美元,这样,第三杯咖啡的边际成本是 4.5 美元 - 3.8 美元,即 0.7 美元。在表中,边际成本标在两行的中间,因为它代表随着产量从一个水平增加到另一个水平总成本的变动。

用数学来表示这些定义可能有助于理解:

$$\text{平均总成本} = \text{总成本} / \text{产量}$$

$$ATC = TC/Q$$

以及

$$\text{边际成本} = \text{总成本变动量} / \text{产量变动量}$$

$$MC = \Delta TC/\Delta Q$$

在这里,Δ 即希腊字母 delta,代表变量的变动。这些公式表示如何从总成本中得出平均成本和边际成本。平均成本告诉我们,如果总成本在所生产的所有单位中平均分摊,普通一单位产量的成本。边际成本告诉我们,多生产一单位产量引起的总成本变动。正如我们将在下一章中更充分地说明的,当决定向市场供给多少产品时,像 Conrad 这样的企业管理者需要记住平均总成本和边际成本的概念。

13.3.3 成本曲线及其形状

正如在前几章中我们在分析市场行为时发现供求图很有用一样，当分析企业行为时，我们将发现平均成本与边际成本图也是很有用的。图13－4用表13－2中的数据画出了Conrad的成本曲线。横轴代表企业产量，纵轴代表边际成本和平均成本。图形显示四条曲线：平均总成本(*ATC*)、平均固定成本(*AFC*)、平均可变成本(*AVC*)以及边际成本(*MC*)。

图中所示的Conrad的咖啡店的成本曲线与经济中许多企业的成本曲线有一些相同的特征。我们要特别考察其中三个特征：边际成本曲线 277
的形状、平均总成本曲线的形状以及边际成本与平均总成本之间的关系。

图13－4　Conrad的平均成本曲线和边际成本曲线

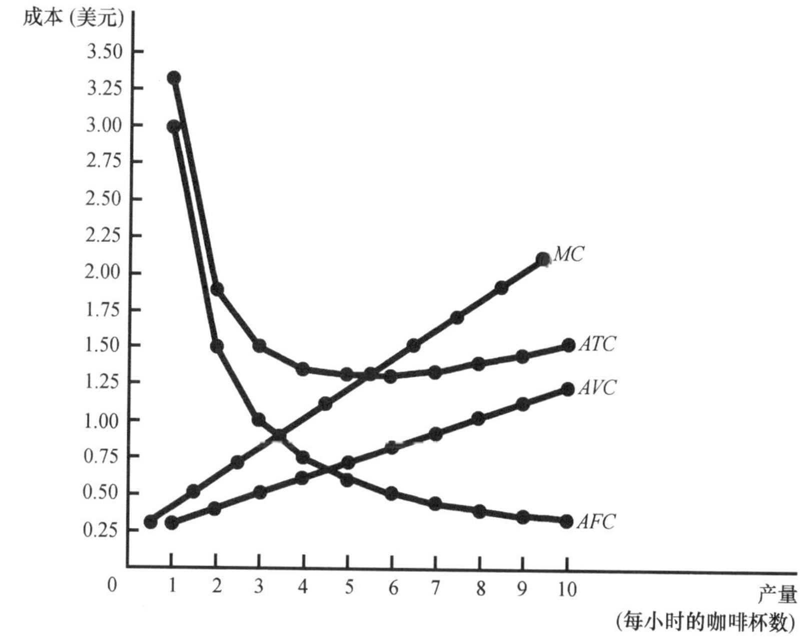

这个图表示Conrad的咖啡店的平均总成本(*ATC*)、平均固定成本(*AFC*)、平均可变成本(*AVC*)和边际成本(*MC*)。所有这些曲线都是用表13－2中的数据画出的。这些成本曲线表现出许多企业的成本曲线都具有的三个特征：(1)边际成本随着产量增加而上升；(2)平均总成本曲线是U形的；(3)边际成本曲线与平均总成本曲线在平均总成本的最低点相交。

递增的边际成本　Conrad的边际成本随着产量增加而上升。这反映了边际产量递减的性质。当Conrad生产少量咖啡时，他的工人少，许多设备没有得到利用。由于他可以轻而易举地把这些闲置的资源投入使用，额外增加一个工人的边际产量很大，而且额外增加一杯咖啡的边际成本很小。与此相反，当Conrad生产大量咖啡时，他的车间挤满了工人，而且大部分设备得到充分利用。Conrad只有增加工人才能生产更多的咖啡，但新工人不得不在拥挤的条件下工作，而且可能不得不等待使用设备。因此，当产量已经相当高时，额外增加一个工人的边际产量很小，而且，额外增加一杯咖啡的边际成本很大。

U 形平均总成本 Conrad 的平均总成本曲线是 U 形的，如图 13－4 所示。为了理解为什么是这样，要记住平均总成本是平均固定成本与平均可变成本的和。平均固定成本总是随着产量的增加而下降，因为固定成本被分摊到更多单位的产品上。由于边际产量递减，平均可变成本一般随着产量增加而增加。

278

平均总成本曲线反映了平均固定成本曲线和平均可变成本曲线的形状。在产量水平极低时，例如每小时生产 1 杯或 2 杯时，平均总成本很高，尽管平均可变成本低，但由于固定成本只分摊到少数几单位产品上，所以平均固定成本高。随着产量增加，固定成本分摊在越来越多的产品上。平均固定成本下降，开始下降得很快，以后越来越慢。结果，平均总成本也下降，直至企业产量达到每小时 5 杯咖啡为止，这时平均总成本下降到每杯 1.3 美元。但是，当企业每小时的产量超过 6 杯时，平均可变成本的增加开始起决定性作用，从而平均总成本开始上升。平均固定成本与平均可变成本之间的拉锯战使平均总成本曲线呈现为 U 形。

有效规模： 使平均总成本最小的产量。

U 形曲线的底端对应着使平均总成本最小的产量。这种产量有时被称为企业的**有效规模**（efficient scale）。对 Conrad 来说，有效规模是每小时 5 杯或 6 杯咖啡。如果他的产量大于或小于这一数量，他的平均总成本就增加到 1.3 美元的最低值以上。在产量水平低于这一数量时，平均总成本高于 1.3 美元，因为固定成本分摊在少数产品上。在产量水平高于这一数量时，平均总成本高于 1.3 美元，因为投入品的边际产量大大递减了。在这一有效规模上，这两种力量的平衡使平均总成本达到最低。

边际成本和平均总成本之间的关系 如果你看图 13－4（或者回头看表 13－2），你将发现乍一看会令人惊讶的东西。只要边际成本小于平均总成本，平均总成本就下降；只要边际成本大于平均总成本，平均总成本就上升。Conrad 成本曲线的这个特征不是由于该例中所用的特定数字产生的巧合：它对所有企业而言都是正确的。

为了说明其原因，考虑一个类比。平均总成本就像你的累积平均绩点，边际成本就像你下一门课将获得的成绩。如果你下一门课的成绩小于你的平均绩点，你的平均绩点就下降；如果你下一门课的成绩高于你的平均绩点，你的平均绩点就上升。平均成本与边际成本的数学关系和平均成绩与边际成绩的数学关系完全相同。

平均总成本和边际成本之间的这种关系有一个重要的推论：边际成本曲线与平均总成本曲线相交于有效规模点。为什么？在产量水平很低时，边际成本低于平均总成本，因此平均总成本下降。但在这两条曲线相交以后，边际成本增加到平均总成本之上。由于我们已经讨论过的原因，在这种产量水平时，平均总成本必然开始上升。因此，这个交点是平均总成本的最低点。正如你将在下一章中看到的，这个最低平均总成本在对竞争企业的分析中起着关键作用。

13.3.4 典型的成本曲线

到现在为止，在我们所考察的例子中，企业表现出边际产量递减，因此，在所有产量水平时边际成本增加。这个简单化的假设是有用的，因为它可以使我们的注意力集中在成本曲线的关键特征上，而这些特征在分析企业行为时是很有用的。但是，实际中的企业情况通常要比这复杂一些。在许多企业中，并不是在雇用了第一个工人后边际产量就立即开始递减。根据生产过程，第二个或第三个工人的边际产量可能高于第一个，因为一个工人团队可以进行分工，并比一个工人工作更有效率。具有这种生产模式的企业在发生边际产量递减之前，会经历一段时期的边际产量递增。 279

图 13-5 表示这种企业的成本曲线，包括平均总成本（*ATC*）、平均固定成本（*AFC*）、平均可变成本（*AVC*）和边际成本（*MC*）曲线。在产量水平较低时，企业经历了边际产量递增，而边际成本曲线下降。最后，企业开始经历边际产量递减，而边际成本曲线开始上升。边际产量的先递增与后递减的结合也使平均可变成本曲线呈现为 U 形。

图 13-5　一个典型企业的成本曲线

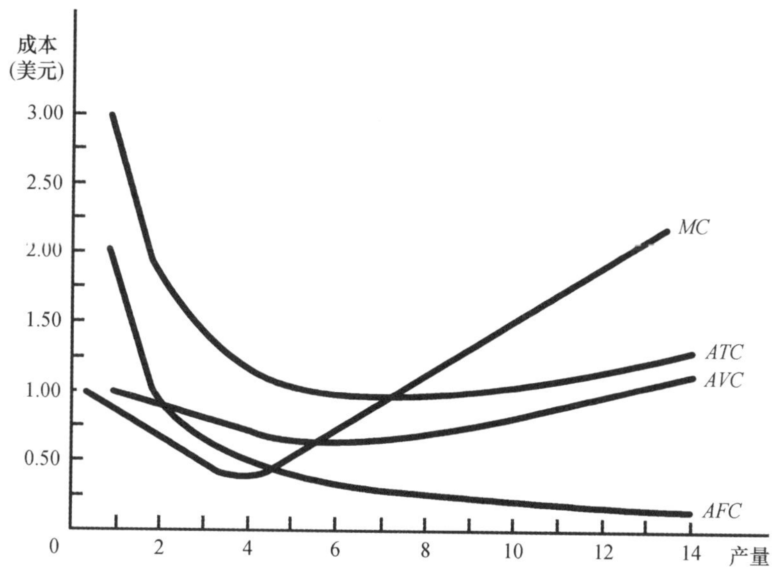

许多企业在边际产量递减以前经历了边际产量递增。因此，它们的成本曲线的形状与本图中类似。要注意的是，边际成本和平均可变成本在上升之前有一段时间的下降。

尽管图中所示的这些曲线与我们以前的例子有所不同，但它们也有三个应该记住的最重要的共同的特征：

- 随着产量增加，边际成本最终要上升。
- 平均总成本曲线是 U 形的。
- 边际成本曲线与平均总成本曲线在平均总成本曲线的最低点相交。

即问即答 • 假设本田公司生产4辆汽车的总成本是22.5万美元，而生产5辆汽车的总成本是25万美元。那么，生产5辆汽车的平均总成本是多少？第五辆汽车的边际成本是多少？• 画出一个典型企业的边际成本曲线和平均总成本曲线，并解释这两条曲线为什么会在它们相交处相交。

280

13.4 短期成本与长期成本

在本章前面，我们提到了企业的成本取决于所考察的时间框架。现在，我们来更确切地考察为什么会是这样。

13.4.1 短期与长期平均总成本之间的关系

对许多企业来说，总成本在固定成本和可变成本之间的划分取决于时间框架。例如，考虑一个汽车公司，比如福特汽车公司。在只有几个月的时期内，福特公司不能调整汽车工厂的数量与规模。它生产更多汽车的唯一方法是，在已有的工厂中雇用更多工人。因此，这些工厂的成本在短期中是固定成本。与此相反，在几年的时期中，福特公司可以扩大其工厂规模，建立新工厂或关闭旧工厂。因此，其工厂的成本在长期中是可变成本。

由于许多决策在短期中是固定的，但在长期中是可变的，所以，企业的长期成本曲线不同于其短期成本曲线。图13-6即为一个例子。这个

图 13-6　短期与长期的平均总成本曲线

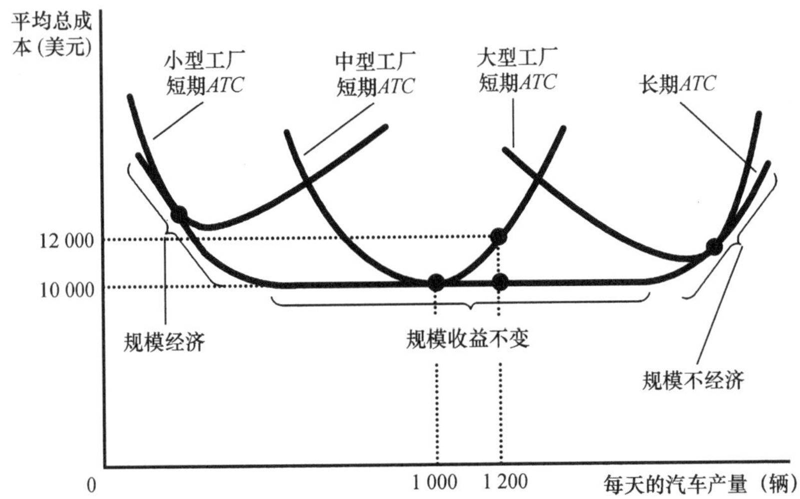

由于在长期中固定成本是可变的，所以短期平均总成本曲线不同于长期平均总成本曲线。

图中有三条短期平均总成本曲线——一个小型工厂、一个中型工厂与一个大型工厂。图中还给出了长期平均总成本曲线。当企业沿着这一长期曲线移动时,它根据产量调整工厂的规模。

这个图表明了短期成本与长期成本如何相关。长期平均总成本曲线是比短期平均总成本曲线平坦得多的 U 形曲线。此外,所有短期成本曲线都在长期成本曲线上或以上。之所以会出现这些特点,是因为企业在 281
长期中有更大的灵活性。从本质上说,在长期中,企业可以选择自己想要的短期成本曲线。但在短期中,它不得不用它过去选择的那一条短期成本曲线。

该图是表示在不同时间框架中产量变动如何改变成本的一个例子。当福特公司想把每天的产量从 1 000 辆汽车增加到 1 200 辆时,在短期中除了在现有的中等规模工厂中多雇工人之外别无选择。由于边际产量递减,每辆汽车的平均总成本从 10 000 美元增加到 12 000 美元。但是,在长期中,福特公司可以扩大工厂和劳动力的规模,从而使平均总成本又回到 10 000 美元的水平上。

对一个企业来说,进入长期需要多长时间呢?对于不同的企业来说,答案是不同的。对一个大型制造企业,例如汽车公司来说,建一个更大的工厂可能需要一年或更长时间。与此相比,一个经营咖啡店的人可以在几小时之内再买一台咖啡机。因此,关于企业调整其生产设备需要多长时间,并没有唯一的答案。

13.4.2 规模经济与规模不经济

长期平均总成本曲线的形状传递了关于一个企业生产一种物品的生产过程的重要信息。具体而言,它告诉了我们成本如何随着一个企业的经营规模——即大小——而变动。当长期平均总成本随着产量增加而减少时,可以说存在**规模经济**(economies of scale)。当长期平均总成本随着产量增加而增加时,可以说存在**规模不经济**(diseconomies of scale)。当长期平均总成本不随产量变动而变动时,可以说存在**规模收益不变**(constant returns to scale)。在这个例子中,福特公司在产量水平低时有规模经济,产量处于中等水平时规模收益不变,在产量水平高时有规模不经济。

规模经济: 长期平均总成本随产量增加而减少的特性。

规模不经济: 长期平均总成本随产量增加而增加的特性。

规模收益不变: 长期平均总成本在产量变动时保持不变的特性。

什么会引起规模经济或规模不经济呢?规模经济的产生是因为较高的产量水平允许在工人中实现专业化,而专业化可以使工人更精通某一项工作。例如,如果福特公司雇用了大量工人并生产大量汽车,它就可以用现代化生产作业来降低成本。规模不经济的产生是由于任何一个大型组织中固有的协调问题。福特公司生产的汽车量越多,管理团队就变得越庞大,管理者在压低成本方面的效率就越低。

这种分析表明了长期平均总成本曲线通常呈现为 U 形的原因。在生产水平低时,企业从扩大规模中获益是因为它可以利用更高程度的专业化。同时,协调问题并不尖锐。与此相比,在生产水平高时,专业化的好处已经实现了,而随着企业规模越来越大,协调问题也变得越来越严重。因此,长期平均总成本曲线在生产水平低时下降是由于专业化程度提高了,而在生产水平高时上升是因为协调问题增加了。

即问即答 如果波音公司每个月生产9架喷气式客机,它的长期总成本是每月900万美元。如果每月生产10架客机,它的长期总成本是950万美元。那么,波音公司表现出的是规模经济还是规模不经济?

282

参考资料
针厂的经验

“样样通,样样尿。”这句人所共知的俗语解释了为什么企业有时会经历规模经济。一个努力去做每一件事的人通常以什么也做不好而告终。如果一个企业想使自己工人的生产率尽可能地高,通常最好是让他们每一个人都从事自己所精通的有限工作。但只有在一个企业雇用了大量工人并生产大量产品时,这才是可能的。

亚当·斯密在其名著《国民财富的性质和原因的研究》中,描述了他参观一个针厂的情况。斯密所看到的工人之间的专业化及其引致的规模经济给他留下了深刻的印象。他写道:

> 一个人抽铁丝,另一个人拉直,第三个人截断,第四个人削尖,第五个人磨光顶端以便安装圆头;做圆头要求有两三道不同的工序;装圆头是一项专门的业务;把针涂白是另一项;甚至将针装进纸盒中也是一门手艺。

斯密说,由于这种专业化,针厂每个工人每天生产几千枚针。他得出的结论是,如果工人选择独立工作,而不是作为一个团队来工作,“那他们肯定不能每人每天制造出20枚针,或许连1枚也造不出来”。换句话说,由于专业化,大针厂可以比小针厂实现更高的人均产量和每枚针更低的平均成本。

斯密在针厂中观察到的专业化在现代经济中普遍存在。例如,如果你想盖一栋房子,你可以试图自己去完成所有工作。但大多数人找建筑商,建筑商又雇用木工、水暖工、电工、油漆工和许多其他类型的工人。这些工人专门从事某种工作,而且,这使他们比作为通用型工人时做得更好。实际上,运用专业化实现规模经济是现代社会之所以这样繁荣的一个原因。

13.5 结论

本章旨在提出一些我们可用于研究企业如何做出生产与定价决策的工具。现在你应该懂得经济学家所用的成本这个术语的含义以及成本如何随着企业生产的产量而变动。为了加深你的记忆，表 13－3 总结了我们曾见过的一些定义。

表 13－3　成本的诸多类型的总结

名　称	定　义	数学表述
显性成本	要求企业支出货币的成本	
隐性成本	不要求企业支出货币的成本	
固定成本	不随产量变动而变动的成本	FC
可变成本	随产量变动而变动的成本	VC
总成本	企业在生产中使用的所有投入的市场价值	$TC = FC + VC$
平均固定成本	固定成本除以产量	$AFC = FC/Q$
平均可变成本	可变成本除以产量	$AVC = VC/Q$
平均总成本	总成本除以产量	$ATC = TC/Q$
边际成本	多生产一单位产品引起的总成本增加量	$MC = \Delta TC/\Delta Q$

就其本身而言，某个企业的成本曲线并没有告诉我们该企业将做出什么决策。但是，正如我们将在下一章开始看到的，它们是这种决策的一个重要组成部分。

内容提要 283

◎ 企业的目标是利润最大化，利润等于总收益减总成本。

◎ 分析企业的行为时，重要的是要包括生产的所有机会成本。一些机会成本是显性的，例如，企业支付给工人的工资。另一些则是隐性的，例如，企业所有者在其企业工作而不去找其他工作所放弃的工资。

◎ 企业的成本反映其生产过程。随着投入量的增加，典型企业的生产函数变得更加平坦，这表现了边际产量递减的性质。因此，随着产量的增加，企业的总成本曲线变得更加陡峭。

◎ 企业的总成本可以分为固定成本和可变成本。固定成本是在企业改变产量时不变的成本。可变成本是在企业改变产量时改变的成本。

◎ 企业的总成本可以派生出成本的两种相关的衡量指标。平均总成本是总成本除以产量。边际成本是产量增加一单位时总成本的增加量。

◎ 在分析企业行为时，画出平均总成本和 284

边际成本的图形往往是有所帮助的。对一个典型企业来说，边际成本随着产量增加而增加。平均总成本随着产量增加先下降，然后随着产量进一步增加而上升。边际成本曲线总是与平均总成本曲线相交于平均总成本的最低点。

◎ 一个企业的成本往往取决于所考虑的时间框架。特别是，许多成本在短期中是固定的，但在长期中是可变的。结果，当企业改变其产量水平时，短期中的平均总成本可以比长期中增加得更快。

关键概念

总收益
总成本
利润
显性成本
隐性成本
经济利润
会计利润
生产函数
边际产量
边际产量递减
固定成本
可变成本
平均总成本
平均固定成本
平均可变成本
边际成本
有效规模
规模经济
规模不经济
规模收益不变

复习题

1. 企业总收益、利润和总成本之间的关系是什么？
2. 举出一种会计师不算做成本的机会成本的例子。为什么会计师不考虑这种成本？
3. 什么是边际产量？边际产量递减意味着什么？
4. 画出表示劳动的边际产量递减的生产函数。画出相关的总成本曲线。（在这两种情况下，都要标明坐标轴代表什么。）解释你所画出的两个曲线的形状。
5. 叙述总成本、平均总成本和边际成本的定义。它们之间的关系是怎样的？
6. 画出一个典型企业的边际成本曲线和平均总成本曲线。解释为什么这些曲线的形状是这样以及为什么在那一点相交。
7. 企业的平均总成本曲线在短期与长期中如何不同？为什么会不同？
8. 给规模经济下定义并解释为什么会产生规模经济。给规模不经济下定义并解释为什么会产生规模不经济。

285
问题与应用

1. 本章讨论了许多成本类型：机会成本、总成本、固定成本、可变成本、平均总成本和边际成本。在以下句子中填入最合适的成本类型：
   a. 采取某个行为所放弃的东西称为______。
   b. ______是当边际成本低于它时下降，当边际成本高于它时上升。

c. 不取决于产量的成本是______。

d. 在冰淇淋行业里，短期中，______包括奶油和糖的成本，但不包括工厂的成本。

e. 利润等于总收益减______。

f. 生产额外一单位产品的成本是______。

2. 你的姑妈正考虑开一家五金店。她计算，租仓库和买库存货物每年要花费 50 万美元。此外，她要辞去薪水为每年 5 万美元的会计师工作。

a. 给机会成本下定义。

b. 你姑妈经营五金店一年的机会成本是多少？如果你姑妈认为她一年可以卖出价值 51 万美元的商品，她应该开这个店吗？解释原因。

3. 一个渔民注意到了钓鱼时间与钓鱼量之间存在以下关系：

小时	钓鱼量（磅）
0	0
1	10
2	18
3	24
4	28
5	30

a. 用于钓鱼的每小时的边际产量是多少？

b. 根据这些数据画出渔民的生产函数。解释其形状。

c. 渔民的固定成本为 10 美元（他的钓鱼竿）。他每小时时间的机会成本是 5 美元。画出渔民的总成本曲线。解释它的形状。

4. Nimbus 公司是一家生产扫帚并挨家挨户出售的公司。下面是某一天中工人数量与产量之间的关系：

工人数	产量	边际产量	总成本	平均总成本	边际成本
0	0	—	—	—	—
1	20	—	—	—	—
2	50	—	—	—	—
3	90	—	—	—	—
4	120	—	—	—	—
5	140	—	—	—	—
6	150	—	—	—	—
7	155		—	—	

a. 填写边际产量栏。边际产量呈现出何种模式？你如何解释这种模式？

b. 雇用一个工人的成本是一天 100 美元，企业的固定成本是 200 美元。根据这些信息填写总成本栏。

c. 填写平均总成本栏（记住 $ATC = TC/Q$）。平均总成本呈现出何种模式？

d. 现在填写边际成本栏（记住 $MC =$ 286
$\Delta TC/\Delta Q$）。边际成本呈现出何种模式？

e. 比较边际产量栏和边际成本栏。解释其关系。

f. 比较平均总成本栏和边际成本栏。解释其关系。

5. 你是一家出售数码音乐播放器的企业的财务总监。下面是你的企业的平均总成本表：

数量（台）	平均总成本（美元）
600	300
601	301

你们当前的产量水平是 600 台，而且全部售出。有一个人打来电话，不顾一切地要买一台播放器，并出价 580 美元。你应该接受他的要求吗？为什么？

6. 考虑以下关于比萨饼的成本信息：

数量（打）	总成本（美元）	可变成本（美元）
0	300	0
1	350	50
2	390	90
3	420	120
4	450	150
5	490	190
6	540	240

287

a. 比萨饼的固定成本是多少？

b. 列一个表，在这个表上根据总成本的信息计算每打比萨饼的边际成本。再根据可变成本的信息计算每打比萨饼的边际成本。这些数字之间有什么关系？加以评论。

7. 你正考虑开一个柠檬汽水店。该店本身价值 200 美元。每杯柠檬汽水的原料价值 0.5 美元。

a. 你经营的固定成本是多少？每杯柠檬汽水的可变成本是多少？

b. 列一个表，说明产量水平从 0 加仑变动到 10 加仑时的总成本、平均总成本和边际成本。（提示：1 加仑有 16 杯。）画出这三条成本曲线。

8. 你的堂兄 Vinnie 有一家油漆公司，其固定总成本为 200 美元，可变成本如下表所示：

每月油漆房屋量（间）	1	2	3	4	5	6	7
可变成本（美元）	10	20	40	80	160	320	640

计算每单位产量的平均固定成本、平均可变成本以及平均总成本。油漆公司的有效规模是多少？

9. 市政府正在考虑两个税收建议：

- 对每个汉堡包的生产者征收 300 美元的定额税。
- 对每个汉堡包征收 1 美元的税，由汉堡包的生产者支付。

a. 下列哪一条曲线——平均固定成本、平均可变成本、平均总成本和边际成本——会由于定额税而移动？为什么？用图形说明这一点。尽可能准确地在图形上标明。

b. 这同样的四条曲线中，哪一条会由于对每个汉堡包的税收而移动？为什么？用新的图形说明这一点。尽可能准确地在图形上标明。

10. Jane 的果汁店有以下成本表：

产量（桶）	可变成本（美元）	总成本（美元）
0	0	30
1	10	40
2	25	55
3	45	75
4	70	100
5	100	130
6	135	165

a. 计算每单位产量的平均可变成本、平均总成本和边际成本。

b. 画出这三条曲线。边际成本曲线与平均总成本曲线之间的关系是什么？边际成本曲线与平均可变成本曲线之间的关系是什么？解释原因。

11. 一个企业的固定成本为 100 美元，平均可变成本为 5 美元 × Q，Q 是所生产的单位数。

a. 编制一个表示 Q 从 0 到 10 时的总成本的表格。

b. 画出这个企业的边际成本曲线与平均总成本曲线。

c. 边际成本如何随 Q 的变动而变动？这说明了有关该企业生产过程的哪

些信息？

12. 考虑下表中三个不同企业的长期总成本：

（单位：美元）

产量	1	2	3	4	5	6	7
企业 A	60	70	80	90	100	110	120
企业 B	11	24	39	56	75	96	119
企业 C	21	34	49	66	85	106	129

这三个企业分别处于规模经济，还是规模不经济？

第 14 章 竞争市场上的企业

289 如果你们当地的加油站将它收取的汽油价格提高 20%，它就会发现其销售量大幅度下降。它的顾客会很快转而去其他加油站购买汽油。与此相比，如果你们当地的自来水公司将水价提高 20%，它会发现水的销售量只是略微减少。人们会比往常少浇几次草地，并购买更多节水的喷头，但他们很难让用水量大幅度减少，而且也不可能找到另一个供给者。汽油市场和自来水市场的差别是显而易见的：许多企业向本地市场供给汽油，但只有一家企业供给水。正如你可以预见到的，这种市场结构的差别决定了在这些市场经营的企业的定价与生产决策。

在本章中我们将考察竞争企业，例如你们当地的加油站的行为。你也许还记得，如果每个买者和卖者与市场规模相比都微不足道，从而没有什么能力影响市场价格，那么该市场就是竞争性的。与此相反，如果一个企业可以影响它出售的物品的市场价格，我们就说该企业有市场势力。在本书的后面部分，我们将考察有市场势力的企业，例如你们当地的自来水公司的行为。

290 我们将在本章中分析竞争企业，以说明竞争市场上供给曲线背后的决策。毫不奇怪，我们将发现，市场供给曲线与企业的生产成本密切相关。但是，一个不太显而易见的问题是，在各种类型的企业成本——固定成本、可变成本、平均成本和边际成本——中，哪一种是与企业的供给决策最相关的。我们将看到，所有这些成本的衡量指标都起着重要而相互关联的作用。

14.1 什么是竞争市场

本章的目标是考察竞争市场上的企业如何做出生产决策。作为这种分析的背景，我们从回顾什么是竞争市场开始。

14.1.1 竞争的含义

竞争市场(competitive market)有时称为完全竞争市场,它有两个特点:

- 市场上有许多买者和许多卖者。
- 各个卖者提供的物品大体上是相同的。

由于以上这些条件,市场上任何一个买者或卖者的行为对市场价格的影响都可以忽略不计。每一个买者和卖者都把市场价格作为既定的。

例如,考虑牛奶市场。没有一个牛奶消费者可以影响牛奶价格,因为相对于市场规模,每个买者购买的量都很小。同样,每个奶牛场主对价格的控制是有限的,因为有许多其他卖者在提供基本相同的牛奶。由于每个卖者都可以在现行价格时卖出他想卖的所有量,所以,他没有什么理由收取较低价格,而且,如果他收取较高价格,买者就会到其他地方购买。在竞争市场上,买者和卖者必须接受市场决定的价格,因而被称为价格接受者。

除了上述竞争的两个条件之外,有时也把下面第三个条件作为完全竞争市场的特征:

- 企业可以自由地进入或退出市场。

例如,如果任何一个人都可以决定开一个奶牛场,而且任何一个现有奶牛场主都可以决定离开奶牛行业,那么,牛奶行业就完全满足了这个条件。对竞争企业的许多分析并不需要自由进入和退出的假设,因为这些条件对企业成为价格接受者并不是必要的。但正如我们在本章后面要说明的,如果竞争市场上存在自由进入与退出,那么,这就是一种实现长期均衡的强大力量。

竞争市场:
有许多交易相同产品的买者与卖者,以至于每一个买者和卖者都是价格接受者的市场。

14.1.2 竞争企业的收益

竞争市场上的企业与经济中大多数其他企业一样,努力使利润(总收益减去总成本)最大化。为了说明如何做到这一点,我们首先考虑一个竞争企业的收益。为了使问题具体化,我们考虑一个特定企业:Vaca 的家庭奶牛场。

Vaca 的奶牛场生产的牛奶量为 Q,并以市场价格 P 出售每单位牛奶。奶牛场的总收益是 $P \times Q$。例如,如果一加仑牛奶卖 6 美元,而且奶牛场出售 1 000 加仑牛奶,则其总收益就是 6 000 美元。 291

由于 Vaca 的奶牛场与牛奶的世界市场相比是微不足道的,所以,它接受市场条件给定的价格。具体而言,这意味着,牛奶的价格并不取决于 Vaca 的奶牛场生产并销售的产量。如果 Vaca 使自己生产的牛奶量翻一番,达到 2 000 加仑,牛奶价格仍然是相同的,而且,他的总收益也翻了一番,达到 12 000 美元。因此,总收益与产量同比例变动。

表 14－1 表示 Vaca 的家庭奶牛场的收益。前两栏表示奶牛场的产量和出售其产品的价格。第三栏是奶牛场的总收益。该表假设牛奶的价格是每加仑 6 美元，因此，总收益就是 6 美元乘以加仑量。

表 14－1　竞争企业的总收益、平均收益和边际收益

产量（加仑）	价格（美元）	总收益（美元）	平均收益（美元）	边际收益（美元）
(Q)	(P)	($TR = P \times Q$)	($AR = TR/Q$)	($MR = \Delta TR/\Delta Q$)
1	6	6	6	
				6
2	6	12	6	
				6
3	6	18	6	
				6
4	6	24	6	
				6
5	6	30	6	
				6
6	6	36	6	
				6
7	6	42	6	
				6
8	6	48	6	

正如我们在上一章中分析成本时平均与边际的概念很有用一样，在分析收益时，这些概念也是很有用的。为了说明这些概念告诉我们什么，考虑以下两个问题：

- 牛奶场从普通 1 加仑牛奶中得到了多少收益？
- 如果牛奶场多生产 1 加仑牛奶，它能得到多少额外收益？

表 14－1 中的后两栏回答了这两个问题。

平均收益： 总收益除以销售量。

表的第四栏表示**平均收益**（average revenue），平均收益是总收益（第三栏）除以产量（第一栏）。平均收益告诉我们企业从销售的普通一单位中得到了多少收益。在表 14－1 中，你可以看出平均收益等于 6 美元，即 1 加仑牛奶的价格。这说明了一个一般性的结论，这个结论不仅适用于竞争企业，而且也适用于其他企业：平均收益是总收益（$P \times Q$）除以产量（Q）。因此，对所有企业而言，平均收益等于物品的价格。

292 **边际收益：** 增加一单位销售量引起的总收益变动。

第五栏表示**边际收益**（marginal revenue），边际收益是每增加一单位销售量所引起的总收益变动量。在表 14－1 中，边际收益等于 6 美元，即 1 加仑牛奶的价格。这个结果说明了一个只适用于竞争企业的结论：总收益是 $P \times Q$，而对竞争企业来说，P 是固定的。因此，当 Q 增加一单位时，总收益增加 P 美元。对竞争企业而言，边际收益等于物品的价格。

即问即答　当一个竞争企业的销售量翻一番时，它的产品价格和总收益会发生什么变动？

14.2 利润最大化与竞争企业的供给曲线

竞争企业的目标是利润最大化，利润等于总收益减去总成本。我们刚刚讨论了企业的收益，而且，在上一章中我们已经讨论了企业的成本。现在我们准备考察一个竞争企业如何使利润最大化，以及这种决策如何决定了其供给曲线。

14.2.1 一个简单的利润最大化例子

我们从表 14－2 的例子开始分析企业的供给决策。该表的第一栏是 Vaca 家庭奶牛场生产的牛奶加仑量。第二栏表示奶牛场的总收益，它等于 6 美元乘以牛奶的加仑量。第三栏表示奶牛场的总成本。总成本包括固定成本和可变成本。固定成本在这个例子中是 3 美元，可变成本取决于产量。

表 14－2　利润最大化：一个用数字表示的例子

产量（加仑）	总收益（美元）	总成本（美元）	利润（美元）	边际收益（美元）	边际成本（美元）	利润的变动（美元）
(Q)	(TR)	(TC)	($TR-TC$)	($MR=\Delta TR/\Delta Q$)	($MC=\Delta TC/\Delta Q$)	($MR-MC$)
0	0	3	－3			
				6	2	4
1	6	5	1			
				6	3	3
2	12	8	4			
				6	4	2
3	18	12	6			
				6	5	1
4	24	17	7			
				6	6	0
5	30	23	7			
				6	7	－1
6	36	30	6			
				6	8	－2
7	42	38	4			
				6	9	－3
8	48	47	1			

第四栏表示奶牛场的利润，可以用总收益减总成本来计算。如果奶牛场没有生产任何牛奶，它就有 3 美元的亏损（它的固定成本）。如果生产 1 加仑牛奶，就有 1 美元的利润；如果生产 2 加仑牛奶，就有 4 美元的利润，等等。由于 Vaca 奶牛场的目标是利润最大化，它就要选择使利润尽可能大的产量。在这个例子中，当奶牛场生产 4 或 5 加仑牛奶时，实现了利润最大化，这时利润为 7 美元。

考察 Vaca 奶牛场决策的另一种方法是：Vaca 可以通过比较每生产一

单位牛奶的边际收益和边际成本来找出使利润最大化的产量。表 14－2 的第五栏和第六栏根据总收益和总成本的变动计算出了边际收益和边际成本，而且最后一栏表示每多生产 1 加仑牛奶所引起的利润变动。奶牛场生产的第一加仑牛奶的边际收益为 6 美元，边际成本为 2 美元，因此，生产这 1 加仑牛奶增加了 4 美元利润（从 －3 美元到 1 美元）。生产的第二加仑的牛奶的边际收益为 6 美元，边际成本为 3 美元，因此，这 1 加仑牛奶增加了 3 美元利润（从 1 美元到 4 美元）。只要边际收益大于边际成本，增加产量就会增加利润。但是，一旦 Vaca 的奶牛场的产量达到了 5 加仑牛奶，情况就改变了。第六加仑牛奶的边际收益为 6 美元，而边际成本为 7 美元，因此，生产这 1 加仑牛奶就会减少 1 美元利润（从 7 美元减少到 6 美元）。因此，Vaca 奶牛场的产量不会超过 5 加仑。

第 1 章中经济学十大原理之一是，理性人考虑边际量。现在我们来
293 看 Vaca 的家庭奶牛场如何运用这一原理。如果边际收益大于边际成本——当产量为 1、2 或 3 加仑时——Vaca 家庭奶牛场就将增加牛奶生产，因为它装入口袋的货币（边际收益）大于从口袋中拿出来的货币（边际成本）。如果边际收益小于边际成本——当产量为 6、7 或 8 加仑时——Vaca 家庭奶牛场就将减少牛奶生产。如果 Vaca 家庭奶牛场考虑边际量并对产量水平进行增量调整，它就会自然而然地生产使利润最大化的产量。

14.2.2　边际成本曲线和企业的供给决策

为了将这种利润最大化的分析进行扩展，考虑图 14－1 中的成本曲线。正如我们在上一章中讨论的，这些曲线有三个可以描述大多数企业的特征：边际成本曲线（MC）向右上方倾斜；平均总成本曲线（ATC）是 U 形的；边际成本曲线与平均总成本曲线相交于平均总成本曲线的最低点。该图还显示了市场价格（P）是一条水平线。价格线是一条水平线是因为企业是价格接受者：无论企业决定生产多少，企业产品的价格都是相同的。要记住，对一个竞争企业来说，企业产品的价格既等于其平均收益（AR），又等于其边际收益（MR）。

我们可以用图 14－1 找出使利润最大化的产量。设想企业的产量为 Q_1。在这种产量水平时，边际收益大于边际成本。这就是说，如果企业将其生产和销售水平提高一个单位，增加的收益（MR_1）将大于增加的成本
294 （MC_1）。利润等于总收益减总成本，利润会增加。因此，如果边际收益大于边际成本，正如在 Q_1 时的情形，企业就可以通过增加产量来增加利润。

相似的推论适用于产量在 Q_2 的情形。在这种情况下，边际成本大于边际收益。如果企业减少一单位的生产，节约的成本（MC_2）将大于失去的收益（MR_2）。因此，如果边际收益小于边际成本，正如在 Q_2 时的情形，企业就可以通过减少产量来增加利润。

关系 ① AR=MR 曲线重合
② 只要AR=MR，则有TR始终呈递增式上升无拐点
③ 在某一数量之前 TR < AR(或MR)
之后 TR > AR(或MR)

图 14-1 一个竞争企业的利润最大化

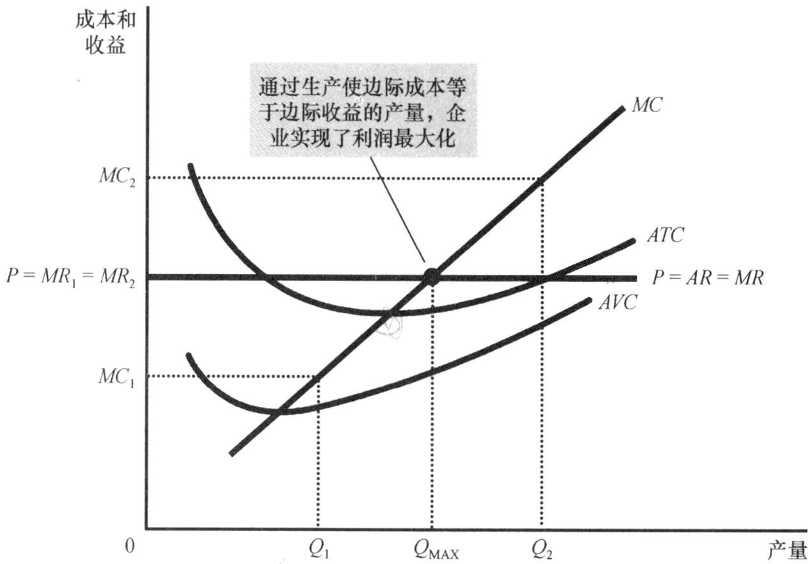

这个图表示出了边际成本曲线（*MC*）、平均总成本曲线（*ATC*）和平均可变成本曲线（*AVC*）。它还表示出了市场价格（*P*），市场价格等于边际收益（*MR*）和平均收益（*AR*）。在产量为 Q_1 时，边际收益 MR_1 大于边际成本 MC_1，因此，增加产量增加了利润。在产量为 Q_2 时，边际成本 MC_2 大于边际收益 MR_2，因此，减少产量增加了利润。使利润最大化的产量 Q_{MAX} 是在水平价格线与边际成本曲线相交之处。

对产量的边际调整到哪一点时结束呢？无论企业是从低产量水平（例如 Q_1）开始，还是从高产量水平（例如 Q_2）开始，企业最终都要调整到产量达到 Q_{MAX} 为止。这种分析得出了利润最大化的三个一般性规律：

- 如果边际收益大于边际成本，企业应该增加其产量。
- 如果边际成本大于边际收益，企业应该减少其产量。
- 在利润最大化的产量水平时，边际收益和边际成本正好相等。

这些规律是一个利润最大化企业做出理性决策的关键。它们不仅适用于竞争企业，而且，正如我们将在下一章中说明的，也适用于其他企业。

现在我们可以说明竞争企业如何决定向市场供给的物品数量。由于一个竞争企业是价格接受者，所以，其产品的边际收益等于市场价格。对于任何一个既定价格来说，竞争企业可以通过观察价格与边际成本曲线的交点来找出使利润最大化的产量。在图 14-1 中，这一产量是 Q_{MAX}。 295

假设由于市场需求增加，这个市场上的现行价格上升了。图 14-2 表明了一个竞争企业如何对价格上升做出反应。当价格为 P_1 时，企业的产量为 Q_1，Q_1 是使边际成本等于价格的产量。当价格上升到 P_2 时，企业发现，在以前的产量水平时现在边际收益大于边际成本，因此企业会增加生产。新的利润最大化产量是 Q_2，此时边际成本等于新的更高的价格。在本质上，由于企业的边际成本曲线决定了企业在任何一种价格时愿意供给的物品数量，因此，边际成本曲线也是竞争企业的供给曲线。但是，该结论也有一些前提限制，我们将在下面讨论。

P↓的关系 ① AR > MR 则AR曲线始终位于MR曲线的上方
② 当MR=0时 有TR最大，AR曲的下降出现某种转折

MC与MR的关系
MC < MR 有盈利但未达到利润最大
MC = MR 不方
MC > MR 亏损 即生产的结果会随Q的增加 TR递减

图 14-2 作为竞争企业供给曲线的边际成本曲线

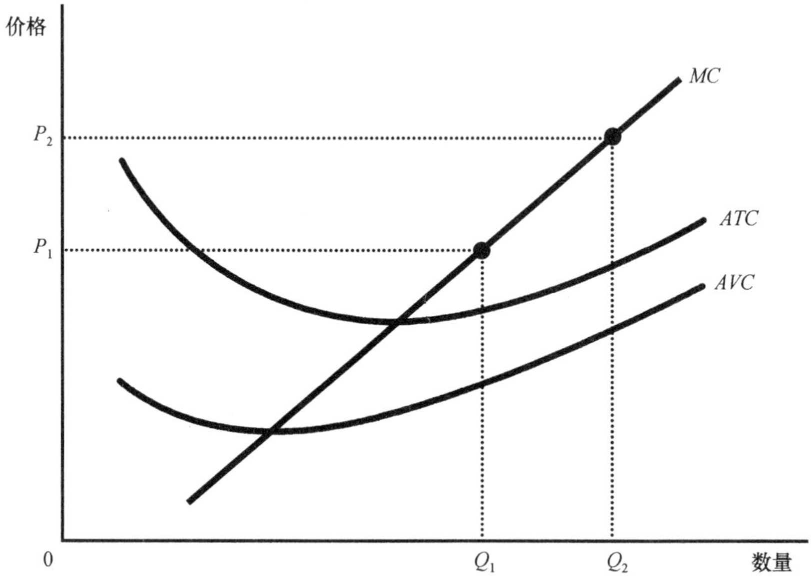

价格从 P_1 上升到 P_2，使企业利润最大化的产量从 Q_1 增加到 Q_2。由于边际成本曲线表示企业在任意一种既定价格时的供给量，所以，它是企业的供给曲线。

14.2.3 企业的短期停止营业决策

到现在为止，我们一直在分析竞争企业愿意生产多少的问题。但是，在某些情况下，企业将决定停止营业，并根本不再生产任何东西。

这里我们应该区分企业暂时停止营业和企业永久性地退出市场。停止营业指由于当前的市场条件而在某个特定时期不生产任何东西的短期决策。退出指离开市场的长期决策。长期决策与短期决策不同，因为大多数企业在短期中不能避开它们的固定成本，而在长期中可以避开。这就是说，暂时停止营业的企业仍然必须支付固定成本，而退出市场的企业既可以节省可变成本，又可以节省固定成本。

296 例如，考虑一个农民面临的生产决策。土地的成本是农民的固定成本之一。如果农民决定在一个季节不生产任何作物，土地被荒废，那么他就无法弥补这种成本。当做出是否在一个季节停止营业的短期决策时，土地的固定成本被称为一种沉没成本。与此相比，如果农民决定完全离开农业，他就可以出售土地。当做出是否退出市场的长期决策时，土地的成本并没有沉没。（后面我们很快会回到沉没成本问题。）

现在我们来考虑什么决定了企业的停止营业决策。如果企业停止营业，它就失去了出售自己产品的全部收益。同时，它节省了生产其产品的可变成本（但仍需支付固定成本）。因此，如果生产能得到的收益小于生产的可变成本，企业就停止营业。

用一点数学知识可以使这种停止营业标准更有用。如果 *TR* 代表总收益，VC 代表可变成本，那么，企业的决策可以写为：

$$\text{如果 } TR < VC\text{，停止营业}$$

如果总收益小于可变成本，企业就停止营业。这个等式两边除以产量 Q，我们可以把上式写为：

$$\text{如果 } TR/Q < VC/Q\text{，停止营业}$$

不等式的左边 TR/Q 是总收益 $P \times Q$ 除以产量 Q，即平均收益，最简单的是用物品的价格 P 来表示。不等式的右边 VC/Q 是平均可变成本 AVC。因此，企业停止营业的标准是：

$$\text{如果 } P < AVC\text{，停止营业}$$

这就是说，如果物品的价格低于生产的平均可变成本，企业选择停止营业。这个标准是直观的：在选择是否生产时，企业会比较普通的一单位产品所得到的价格与生产这一单位产品必定引起的平均可变成本。如果价格没有弥补平均可变成本，企业完全停止生产，状况会变好一些。企业将损失一些钱（因为它仍然必须支付固定成本），但如果继续营业，损失的钱会更多。如果条件改变，以至于价格大于平均可变成本，企业在未来可以重新开张。

现在我们全面描述竞争企业的利润最大化策略。如果企业生产什么东西，那么，它生产的产量在边际成本等于物品价格的水平上。但如果在那种产量时价格小于平均可变成本，企业停止营业并什么也不生产会使其状况更好一些。图 14－3 说明了这些结论。竞争企业的短期供给曲线是边际成本曲线在平均可变成本曲线以上的那一部分。

图 14－3　竞争企业的短期供给曲线

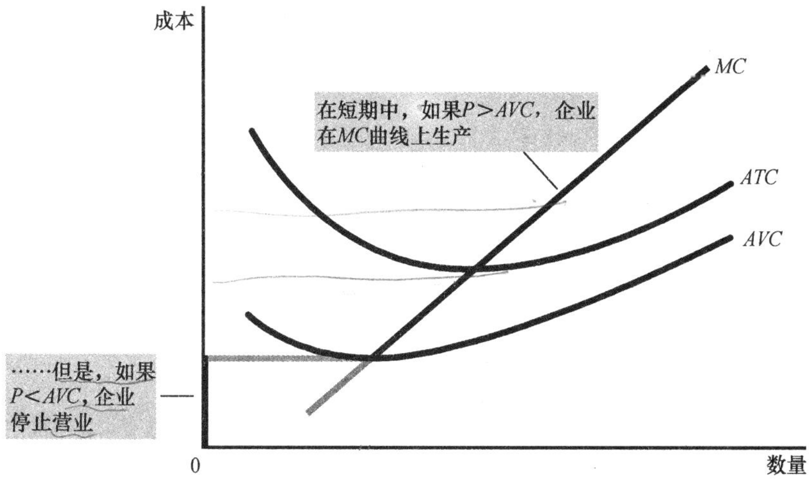

在短期中，竞争企业的供给曲线是平均可变成本曲线（AVC）以上的边际成本曲线（MC）。如果价格低于平均可变成本，企业停止营业会使状况变好。

14.2.4 覆水难收与其他沉没成本

在你的生活中或许曾经有人告诉过你“覆水难收”或者“过去的事就让它过去吧!”,这些话含有理性决策的深刻真理。经济学家说,当一种成本已经发生而且无法收回时,这种成本就是**沉没成本**(sunk cost)。因为沉没成本无法收回,所以,当你做出包括经营战略在内的各种社会生活决策时可以不考虑沉没成本。

297 **沉没成本:**
已经发生而且无法收回的成本。

我们对企业停止营业决策的分析是沉没成本无关性的一个例子。我们假设,企业不能通过暂时停产来收回它的固定成本。这就是说,无论供给的数量是多少,即使产量是零,企业也仍然要支付它的固定成本。因此,在短期中固定成本是沉没成本,企业在决定生产多少时可以不予考虑。企业的短期供给曲线是边际成本曲线在平均可变成本曲线以上的那一部分,而且,固定成本的大小对供给决策无关紧要。

在做个人决策时,沉没成本的无关性也是很重要的。例如,设想你对看一场新上映的电影的评价是 15 美元。你用 10 美元买了一张票,但在进电影院之前,你把票给弄丢了。你应该再买一张吗?还是你应该马上回家并拒绝花 20 美元看电影?答案是你应该再买一张票。看电影的利益(15 美元)仍然大于机会成本(第二张票的 10 美元)。你为丢了的那张票付的 10 美元是沉没成本。覆水难收,不要为此而懊恼。

案例研究
生意冷清的餐馆和淡季的小型高尔夫球场

你是否曾经走进一家餐馆吃午饭,发现里面几乎没人?你可能会问,为什么这种餐馆还要开门呢?因为看起来来自几个顾客的收入不可能弥补餐馆的经营成本。

298 

即使顾客寥寥无几,照常营业也不至于赔钱。

图片来源:© ANDERSEN ROSS/BRAND X PICTURES/JUPITERIMAGES.

在做出是否在午餐时营业的决策时,餐馆老板必须记住固定成本与可变成本的区别。餐馆的许多成本——租金、厨房设备、桌子、盘子、银器等——都是固定的。在午餐时停止营业并不能减少这些成本。换句话说,在短期中,这些是沉没成本。当老板决定是否提供午餐时,只有可变成本——增加的食物价格和增加的店员工资——是与决策相关的。只有在午餐时,从顾客那里得到的收入少到不能弥补餐馆的可变成本时,老板才会在午餐时间关门。

夏季度假区小型高尔夫球场的经营者也面临着类似的决策。由于不同的季节收入变动很大,企业必须决定什么时候开门,什么时候关门。固定成本——购买土地和修建球场的成本——又是与决策无关的。只有在一年中收入大于可变成本的时间里,小型高尔夫球场才应开业经营。

14.2.5 企业退出或进入一个市场的长期决策

企业退出一个市场的长期决策与停止营业决策相似。如果企业退出,它将失去它从出售产品中得到的全部收益,但它现在不仅节省了生产的可变成本,而且还节省了固定成本。因此,如果从生产中得到的收益小于它的总成本,企业就应退出市场。

通过用数学公式表达,我们又可以使这个标准更有用。如果 TR 代表总收益,TC 代表总成本,那么,企业的退出标准可以写为:

$$\text{如果 } TR < TC\text{,就退出}$$

如果总收益小于总成本,企业就退出。用这个公式的两边除以产量 Q,我们可以把这个公式写为:

$$\text{如果 } TR/Q < TC/Q\text{,就退出}$$

注意到 TR/Q 是平均收益,它等于价格,而 TC/Q 是平均总成本 ATC,我们可以将上式进一步简化。因此,企业的退出标准是:

$$\text{如果 } P < ATC\text{,就退出}$$

这就是说,如果物品的价格小于生产的平均总成本,企业就选择退出。

相应的分析也适用于一个正在考虑开办一家企业的企业家。如果这一行为有利可图,即如果物品的价格大于生产的平均总成本,企业就将进入这个市场。进入标准是:

$$\text{如果 } P > ATC\text{,就进入}$$

进入的标准正好与退出的标准相反。

现在我们可以说明竞争企业的长期利润最大化战略。如果企业在市 299
场中,它将生产使边际成本等于物品价格的产量。但如果价格低于该产量时的平均总成本,企业就选择退出(或不进入)市场。图 14-4 说明了这些结论。竞争企业的长期供给曲线是边际成本曲线位于平均总成本曲线之上的那一部分。

14.2.6 用竞争企业图形来衡量利润

当我们分析退出与进入时,能更详细地分析企业的利润是有帮助的。回想一下,利润等于总收益(TR)减总成本(TC):

$$\text{利润} = TR - TC$$

我们可以通过该式右边乘以并除以 Q,把这个定义改写为:

$$\text{利润} = (TR/Q - TC/Q) \times Q$$

但注意 TR/Q 是平均收益,它也是价格 P,而 TC/Q 是平均总成本 ATC。因此,

图 14-4　竞争企业的长期供给曲线

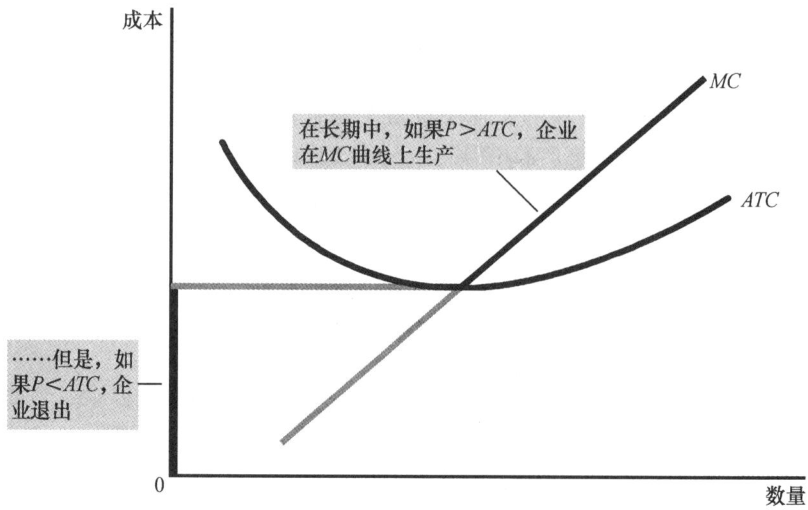

在长期中，竞争企业的供给曲线是其边际成本曲线（*MC*）位于平均总成本曲线（*ATC*）以上的部分。如果价格低于平均总成本，企业退出市场会使状况变好一些。

$$利润 = (P - ATC) \times Q$$

这种表示企业利润的方法使我们可以用图形来衡量利润。

300

图 14-5(a)幅表示有正利润的企业。正如我们已经讨论过的，企业通过生产价格等于边际成本时的产量使利润最大化。现在看图中用阴影表示的矩形。矩形的高是 $P - ATC$，即价格与平均总成本之间的差额。矩形的宽是 Q，即产量。因此矩形的面积是 $(P - ATC) \times Q$，即企业的利润。

图 14-5　用价格与平均总成本之间面积表示的利润

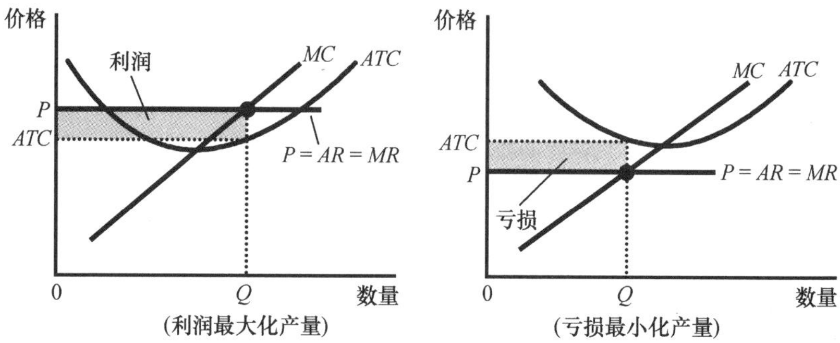

(a) 有利润的企业　　(b) 有亏损的企业

价格和平均总成本之间阴影方框的面积代表企业的利润。这个方框的高是价格减平均总成本（$P - ATC$），而方框的宽是产量（Q）。在(a)幅中，价格高于平均总成本，因此，企业有正利润。在(b)幅中，价格低于平均总成本，因此，企业有亏损。

同样，这个图的(b)幅表示有亏损（负利润）的企业。在这种情况下，利润最大化意味着亏损最小化，同样可以通过生产价格等于边际成本时的产量来实现这一目标。现在考虑用阴影表示的矩形面积。矩形的高是 $ATC - P$，而宽是 Q。面积是 $(ATC - P) \times Q$，即企业的亏损。由于在这种情况下，企业的收益不足以弥补其平均总成本，企业将选择退出市场。

即问即答 • 竞争企业如何决定其利润最大化的产量水平？解释原因。• 什么时候一家利润最大化的竞争企业决定停止营业？什么时候一家利润最大化的竞争企业决定退出市场？

14.3 竞争市场的供给曲线

我们已经考察了单个企业的供给决策，现在我们来讨论市场的供给曲线。我们要考虑两种情况：第一，考察有固定数量企业的市场；第二，考察企业数量会随着老企业退出和新企业进入而变动的市场。这两种情况都是很重要的，因为两种情况分别适用于两种特定的时间框架。在短期 301
中，企业进入和退出市场通常是很困难的，因此，企业数量固定的假设是合适的。但在长期中，企业数量可以随着市场条件变动而调整。

14.3.1 短期：有固定数量企业的市场供给

首先考虑有1 000个相同企业的市场。在任意一种既定价格时，每个企业供给使其边际成本等于价格的产量，如图14－6(a)幅所示。这就是说，只要价格高于平均可变成本，每个企业的边际成本曲线就是其供给曲线。市场供给量等于1 000家单个企业的供给量之和。因此，为了推导出市场供给曲线，我们把市场上每个企业的供给量相加。正如图14－6(b)幅所示，由于企业是相同的，市场供给量是1 000乘以每个企业的供给量。

图14－6 短期的市场供给曲线

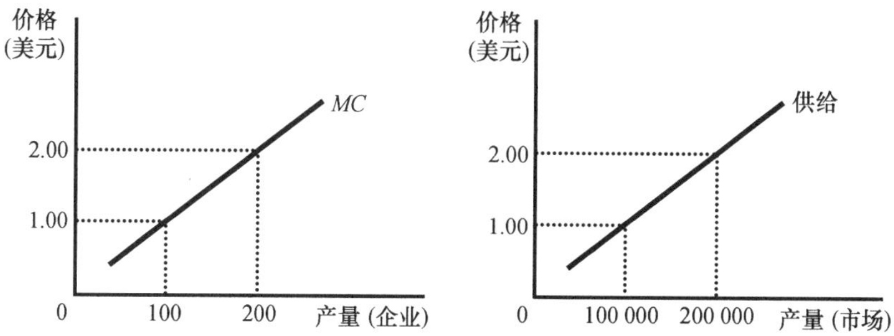

(a) 单个企业的供给曲线　　(b) 市场供给曲线

在短期中，市场上企业的数量是固定的。因此，(b)幅所示的市场供给曲线，反映了(a)幅所示的单个企业的边际成本曲线。在这个有1 000家企业的市场上，市场供给量是每个企业供给量的1 000倍。

14.3.2 长期：有进入与退出的市场供给

现在我们来考察，如果企业能够进入或退出市场，情况会发生什么变动。我们假设每个人都可以获得生产一种物品的同样技术，并可以进入同一个市场购买生产投入品。因此，所有企业和所有潜在企业都有同样的成本曲线。

302 进入与退出这种类型市场的决策取决于现有企业所有者和可以开办新企业的企业家所面临的激励。如果市场上的现有企业盈利，新企业就有进入市场的激励。这种进入将增加企业数量，增加物品供给量，并使价格下降，利润减少。相反，如果市场上的企业有亏损，那么，一些现有企业将退出市场。它们的退出将减少企业数量，减少物品供给量，并使价格上升，利润增加。**在这种进入和退出过程结束时，仍然留在市场中的企业的经济利润必定为零。**

回想一下，我们可以把企业的利润写为：

$$利润 = (P - ATC) \times Q$$

这个公式表明，当且仅当物品的价格等于生产那种物品的平均总成本时，一个正在经营的企业才有零利润。如果价格高于平均总成本，利润是正的，这就鼓励了新企业进入；如果价格低于平均总成本，利润是负的，这就鼓励了一些企业退出。**只有当价格与平均总成本被推向相等时，进入与退出过程才结束。**

这种分析有一个惊人的含义。我们在本章的前面提到，竞争企业通过选择使价格等于边际成本的产量来使利润最大化。我们刚才又提到，自由进入与退出的力量驱使价格等于平均总成本。但如果价格既要等于边际成本，又要等于平均总成本，那么，这两种成本必须相等。但是，只有当企业是在平均总成本最低点运营时，边际成本和平均总成本才相等。回想一下前一章，平均总成本最低的生产水平称为企业的**有效规模**。因此，**在可以自由进入与退出的竞争市场的长期均衡中，企业一定是在其有效规模上运营。**

图 14－7(a)幅表示一个处于这种长期均衡中的企业。在这幅图上，价格 P 等于边际成本 MC，因此，该企业实现了利润最大化。价格还等于平均总成本 ATC，因此，利润是零。新企业没有进入市场的激励，现有企业也没有离开市场的激励。

根据对企业行为的这种分析，我们可以确定市场长期供给曲线。在可以自由进入与退出的市场上，只有一种价格与零利润一致，那就是等于最低平均总成本的价格。因此，长期市场供给曲线必然是这种价格的水平线，如图 14－7(b)幅所示，是一条完全富有弹性的供给曲线。任何高于这种水平的价格都会引起利润，导致企业进入，并增加总供给量；任何低于这种水平的价格都会引起亏损，导致企业退出，并减少总供给量。最终，市场中的企业数量会自发调整，以使价格等于最低的平均总成本，而且，在这种价格时，有足够的企业可以满足所有需求。

图 14-7　长期市场供给曲线

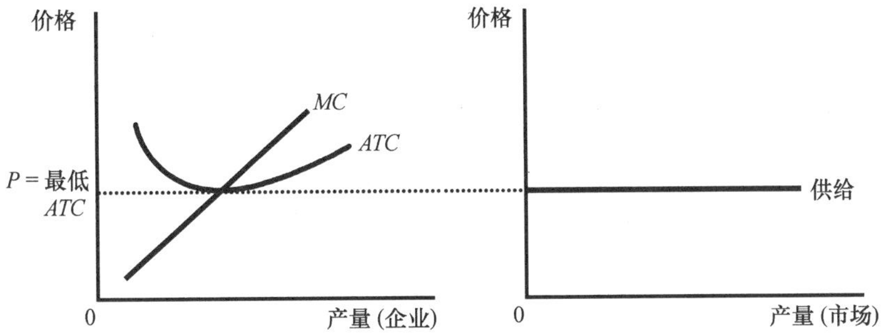

(a) 企业零利润状况　　(b) 市场供给

长期中，企业将进入或退出市场，直至利润变为零。因此，价格等于最低平均总成本，如(a)幅所示。企业数量自发调整，以保证在这种价格时所有需求都得到满足。长期市场供给曲线在这种价格时是水平的，如(b)幅所示。

14.3.3　如果竞争企业利润为零，为什么它们要留在市场上

乍一看，竞争企业在长期中获得零利润似乎是荒唐的。毕竟，人们办企业是为了获得利润。如果进入最终使利润为零，看起来似乎就没有什么理由再继续经营了。

为了更充分地理解零利润状况，回想一下，利润等于总收益减总成本，而总成本包括企业的所有机会成本。具体而言，总成本包括企业所有者用于经营的时间和金钱的成本。在零利润均衡时，企业的收益必须能够补偿所有者的上述机会成本。

303

"我们是'非营利'组织！我们无意为之，但我们确实是。"

图片来源：© REPRINTED WITH SPECIAL PERMISSION OF KING FEATURES SYNDICATE.

考虑一个例子。假设为了开办农场，一个农民要投入 100 万美元。如果不这样做，他可以把这笔钱存入银行，赚取每年 5 万美元的利息。此外，他还必须放弃每年能赚到 3 万美元的另一份工作。这样，农民种地的机会成本既包括他本可以赚到的利息，又包括他放弃的工资，总计 8 万美元。即使他的利润为零，他从经营农场中得到的收益也弥补了他的上述机会成本。

记住，会计师与经济学家衡量成本的方法是不同的。正如我们在前一章中讨论的，会计师只关注显性成本，但不关注隐性成本。这就是说，他们衡量使货币流出企业的成本，但他们没有包括不涉及货币流出的生产的机会成本。因此，在零利润均衡时，经济利润是零，但会计利润是正的。例如，我们这位农民的会计师将得出结论：农民赚到了 8 万美元会计利润，这足以使农民继续经营其农场。

14.3.4 短期与长期的需求移动

304

既然我们对于企业如何做出供给决策已经有了更完整的理解，我们就可以更好地解释市场如何对需求变动做出反应。由于企业在长期中可以进入或退出市场，但在短期中不行，所以，市场对需求变动的反应取决于时间框架。为了说明这一点，我们来跟踪在某一时期内需求移动的影响。

假设牛奶市场开始时处于长期均衡。企业赚到零利润，因此价格等于最低平均总成本。图 14－8(a)幅表明了这种状况。长期均衡是 A 点，市场销售量是 Q_1，价格是 P_1。

市场开始时处于长期均衡，如(a)幅中 A 点所示。在这种均衡时，每个企业获得零利润，而且，价格等于最低平均总成本。(b)幅表示当需求从 D_1 增加到 D_2 时短期中发生的变动。均衡从 A 点移动到 B 点，价格从 P_1 上升为 P_2，市场销售量从 Q_1 增加到 Q_2。由于价格现在高于平均总成本，企业盈利，在某一时期内鼓励新的企业进入市场。这种进入使短期供给曲线从 S_1 向右移动到 S_2，如(c)幅所示。在新的长期均衡，即 C 点时，价格回到 P_1，但销售量增加到 Q_3。利润又为零，价格回到最低平均总成本，但市场上有更多的企业来满足更大的需求。

图 14－8　短期和长期需求增加

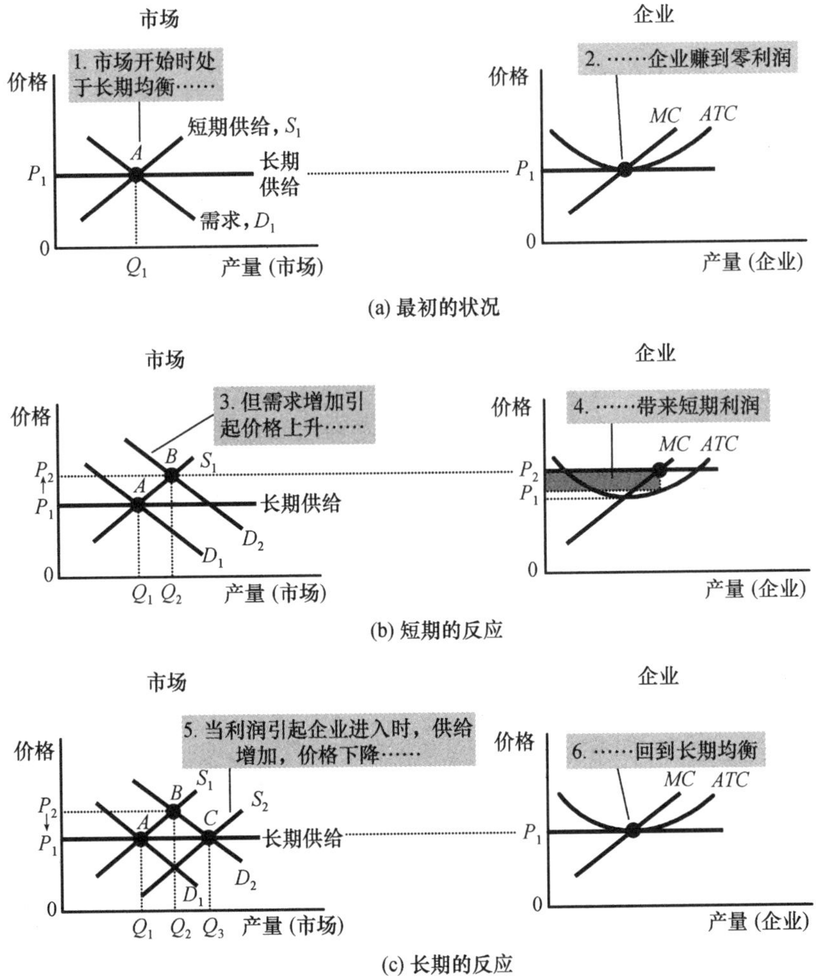

现在假设科学家发现，牛奶有神奇的保健功效。结果，牛奶的需求曲

线从 D_1 向外移动到 D_2，如(b)幅所示。短期均衡从 A 点移动到 B 点；结果，产量从 Q_1 增加到 Q_2，价格从 P_1 上升到 P_2。所有现存企业对高价格的反应是增加生产量。由于每个企业的供给曲线反映了它的边际成本曲线，所以每家企业增加多少产量由边际成本曲线决定。在新的短期均衡中，牛奶的价格高于平均总成本，因此，企业赚到了正利润。

随着时间的推移，这个市场的利润鼓励新企业进入。例如，一些农民从生产其他农产品转向生产牛奶。随着企业数量的增加，短期供给曲线从 S_1 向右移动到 S_2，如(c)幅所示，而且，这种移动引起牛奶价格下降。最后，价格又向下回到最低平均总成本，利润是零，企业停止进入该市场。因此，市场达到新的长期均衡，即 C 点。牛奶价格又回到 P_1，但产量增加到 Q_3。每个企业仍然在其有效规模上生产，但由于牛奶业中有更多的企业，所以牛奶的产量和销售量提高了。

14.3.5 为什么长期供给曲线向右上方倾斜

到现在为止，我们说明了企业进入和退出使长期市场供给曲线是完全有弹性的。我们分析的精髓是存在大量潜在进入者，其中每一个都面对同样的成本。因此，长期市场供给曲线在平均总成本最低时为一条水平线。当物品需求增加时，长期的结果是企业数量和总供给量增加，而价格没有发生任何变化。

但是，有两个原因使长期市场供给曲线可能会向右上方倾斜。第一个原因是一些用于生产的资源数量可能是有限的。例如，考虑农产品市场。任何一个人都可以选择购买土地，从事农业，但土地的数量是有限的。随着越来越多的人成为农民，农业土地的价格急剧上升，这就增加了市场上所有农民的成本。因此，农产品需求增加不能在农民的成本不增加的情况下引起供给量的增加，这就意味着价格要上升。结果，甚至在农业可以自由进入的情况下，长期市场供给曲线也向右上方倾斜。

供给曲线向右上方倾斜的第二个原因是，不同企业可能有不同的成本。例如，考虑一个油漆工市场。任何一个人都可以进入油漆劳务市场，但并不是每一个人都有相同的成本。成本之所以不同，部分是因为一些人干活比另一些人快，部分是因为有些人的时间比另一些人有更好的可供选择的用途。在任何一种既定价格时，那些成本低的人比那些成本高的人更有可能进入市场。为了增加油漆劳务的供给量，就必须鼓励额外的进入者进入市场。由于这些新进入者成本较高，要使市场进入对这些 306
人有利，价格就必须上升。因此，甚至在市场可以自由进入的情况下，油漆劳务的长期市场供给曲线也向右上方倾斜。

要注意的是，如果企业有不同的成本，一些企业甚至在长期中也能盈利。在这种情况下，市场价格代表**边际企业**——如果价格有任何下降就退出市场的企业——的平均总成本。这种企业赚到零利润，但成本更低的企业赚到正利润。企业进入并没有消除这种利润,因为想要成为进入者的企业的成本高于市场中已有的企业。只有在价格上升使市场对它们有利时,高成本企业才会进入。

由于这两个原因,提高价格对于引致更大的供给量可能是必要的,在这种情况下,市场上长期供给曲线会向右上方倾斜而不是水平的,这表明要产生较大供给量,较高的价格是必需的。但是,关于进入和退出的基本结论仍然是正确的。由于企业在长期中比在短期中更容易进入和退出,所以长期供给曲线一般比短期供给曲线更富弹性。

即问即答 在企业可以自由进入与退出的长期中,市场价格等于边际成本还是平均总成本?还是与两者都相等?还是都不等?用图形解释。

14.4 结论:在供给曲线背后

我们已经讨论了完全竞争市场上供给物品的利润最大化企业的行为。你可以回忆一下,第1章的经济学十大原理之一是,理性人考虑边际量。本章把这一思想运用于竞争企业。边际分析向我们提供了一种竞争市场中的供给曲线理论,因此加深了我们对市场结果的理解。

我们知道,当你向一个竞争市场中的企业购买一种物品时,可以保证你支付的价格接近于生产那种物品的成本。特别是,如果该市场中的企业是竞争的和利润最大化的,则一种物品的价格等于生产这种物品的边际成本。此外,如果企业可以自由地进入和退出市场,价格还等于可能的最低平均总成本。

虽然我们在全章中假设,企业是价格接受者,但本章提出的许多工具对于研究竞争较少的市场的企业也是很有用的。现在我们将转向考察有市场势力的企业的行为。边际分析又将是很有用的,但它将具有完全不同的含义。

307 ## 内容提要

◎ 由于竞争企业是价格接受者,所以它的收益与产量是同比例的。物品的价格等于企业的平均收益和边际收益。

◎ 为了使利润最大化,企业选择使边际收益等于边际成本的产量。由于竞争企业的边际收益等于市场价格,所以企业选择使价格等于边际成本的产量。因此,企业的边际成本曲线又是它的供给曲线。

◎ 在短期中,当企业不能收回其固定成本时,如果物品价格小于平均可变成本,企业将选择暂时停止营业。在长期中,当企业不能收回其固定成本和可变成本时,如果价格小于平均总成本,企业将选择退出市场。

◎ 在可以自由进入与退出的市场上，长期中利润为零。在长期均衡时，所有企业都在有效规模上生产，价格等于最低平均总成本，而且，企业数量会自发调整，以满足在这种价格时的需求量。

◎ 需求变动在不同时间框架之内有不同影响。在短期中，需求增加引起价格上升，并带来利润，而需求减少引起价格下降，并带来亏损。但如果企业可以自由进入和退出市场，那么，在长期中企业数量将自发调整，使市场回到零利润均衡。

关键概念

竞争市场　　边际收益　　沉没成本

平均收益

复习题

1. 竞争企业的含义是什么？
2. 解释企业收益与企业利润的差别。企业使什么最大化？
3. 画出一个典型企业的成本曲线。解释在某一既定价格时，企业应如何选择利润最大化的产量水平。在该产量水平时，在你的图形中标明企业的总收益及总成本。
4. 在什么条件下企业将暂时停止营业？解释原因。
5. 在什么条件下企业将退出市场？解释原因。
6. 企业的价格是在短期中、长期中，还是在这两个时期中都等于边际成本？解释原因。
7. 企业的价格是在短期中、长期中，还是在这两个时期中都等于最低平均总成本？解释原因。
8. 一般而言，市场供给曲线是在短期中更富有弹性，还是在长期中更富有弹性？解释原因。

问题与应用

308

1. 许多小船是用一种从石油中提炼出来的玻璃纤维制造的。假设石油价格上升。
   a. 用图形说明单个造船企业的成本曲线和市场供给曲线发生了什么变动。
   b. 短期中造船者的利润会发生什么变动？长期中造船者的数量会发生什么变动？
2. 你到镇里最好的餐馆，点了一道 40 美元的龙虾。吃了一半龙虾，你就感到非常饱了。你的女友想劝你吃完，因为你无法把它拿回家，而且也因为“你已经为此花了钱”。你应该吃完吗？把你的答案与本章的内容联系起来。
3. Bob 的草坪修剪中心是追求利润最大化的竞争企业。Bob 每剪一块草坪赚 27 美元。他每天的总成本是 280 美元，其中 30 美元是固定成本。他每天剪 10 块草坪。你对 Bob 的短期停止营业决策和长期退出决策有何见解？
4. 考虑下表中给出的总成本和总收益：

（单位:美元）

产量	0	1	2	3	4	5	6	7
总成本	8	9	10	11	13	19	27	37
总收益	0	8	16	24	32	40	48	56

a. 计算每种产量时的利润。企业为了使利润最大化应该生产多少？

b. 计算每种产量时的边际收益和边际成本。画出它们的图形。（提示：把各点画在整数之间。例如,2 和 3 之间的边际成本应该画在 2.5 处。）这些曲线在哪一种数量时相交？如何把这一点与你对 a 的回答联系起来？

309 c. 你认为这个企业是否处于竞争行业中？如果是的话,你认为这个行业是否处于长期均衡？

5. 某轴承公司面对的生产成本如下：

数量（箱）	总固定成本（美元）	总可变成本（美元）
0	100	0
1	100	50
2	100	70
3	100	90
4	100	140
5	100	200
6	100	360

a. 计算该公司的平均固定成本、平均可变成本、平均总成本以及边际成本。

b. 每箱轴承的价格是 50 美元。鉴于公司无法获得利润,该公司的 CEO 决定停止经营。企业的利润或亏损是多少？这是一个明智的决策吗？解释原因。

c. 该企业的 CFO 隐约记起了他的初级经济学课程,他告诉 CEO 生产一箱轴承更好一些,因为在这一产量时边际收益等于边际成本。在这种产量水平时,该企业的利润或亏损是多少？这是最好的决策吗？

6. 假设图书印刷行业是竞争性的,而且,开始时处于长期均衡。

a. 画出描述该行业中一个典型企业的图形。

b. 某高技术印刷公司发明了大幅度降低印刷成本的新工艺。当该公司的专利阻止其他企业使用该项新技术时,该公司的利润和短期中书的价格会发生什么变动？

c. 长期中,当专利到期而且其他企业可以自由使用这种技术时,会发生什么变动？

7. 一家竞争市场上的企业得到了 500 美元的总收益,而且,边际收益是 10 美元。平均收益是多少？售出了多少单位产品？

8. 一家竞争市场上利润最大化的企业现在生产 100 单位产品,它的平均收益是 10 美元,平均总成本是 8 美元,固定成本是 200 美元。

a. 利润是多少？

b. 边际成本是多少？

c. 平均可变成本是多少？

d. 该企业的有效规模大于、小于还是等于 100 单位？

9. 化肥市场是完全竞争的。市场上的企业在生产产品,但它们现在有经济亏损。

a. 与生产化肥的平均总成本、平均可变成本和边际成本相比,化肥的价格如何？

b. 并排画出两个图形,说明一个典型企业和市场上现在的状况。

c. 假设需求或企业的成本曲线都没有变动,解释长期中化肥的价格,每个企业的边际成本、平均总成本、供给量以及市场总供给量会如何变动。

10. 假设美国纺织业是竞争的,纺织业中没有国际贸易。在长期均衡时，每单位布的价格为 30 美元。

a. 用图形描述整个市场的均衡和某个单个生产者的均衡。

现在假设其他国家的纺织品生产者愿意在美国仅以每单位 25 美元的价格出售大量的布匹。

b. 假设美国纺织品生产者有很高的固定成本，以上进口对个别生产者的产量有什么短期影响？对利润有什么短期影响？用图形说明你的答案。

c. 对美国该行业中企业数量的长期影响是什么？

11. 一个行业现在有 100 家企业，所有企业的固定成本都为 16 美元，平均可变成本如下：

数量	平均可变成本(美元)
1	1
2	2
3	3
4	4
5	5
6	6

a. 计算边际成本和平均总成本。

b. 现在的价格是 10 美元。市场总供给量是多少？

c. 当这个市场转向其长期均衡时，价格上升还是下降？需求量增加还是减少？每个企业的供给量增加还是减少？

d. 画出该市场的长期供给曲线。

12. 假设在纽约市有 1 000 家煎饼摊。每个摊位都有正常的 U 形平均总成本曲线。煎饼的市场需求曲线向右下方倾斜，而且，该市场处于长期竞争均衡。

a. 用整个市场和单个摊位的图形画出现在的均衡。

b. 现在纽约市决定限制煎饼摊许可证的数量，把摊位减少到只有 800 个。这一行为对市场和仍然在经营的单个摊位有什么影响？用图形说明你的答案。

c. 假设纽约市决定对这 800 张许可证收费，并且所有许可证很快就售完了。收费多少如何影响单个摊位出售的煎饼量？如何影响该市的煎饼价格？

d. 纽约市想尽可能多地筹集收入，又想确保仍能售出 800 张煎饼摊许可证。该市的许可证费用应该设为多少？用图形说明你的答案。

13. 假设金矿行业是竞争性的。 310

a. 用黄金市场和某个典型金矿的图形说明长期均衡。

b. 假设珠宝需求增加引起对黄金的需求急剧增加。用你在 a 部分的图形说明，短期中黄金市场和每个现存的金矿会发生什么变动？

c. 如果对黄金的需求保持高水平，随着时间推移，价格会发生什么变化？具体来说，新的长期均衡价格会高于、低于还是等于 b 中的短期均衡价格？新的长期均衡价格会高于原来的长期均衡价格吗？解释原因。

14. 分析竞争市场上企业的下列两种情况：

a. 假设 $TC=100+15q$，其中 TC 是总成本，q 是产量。短期中这家企业生产任何产量所要求的最低价格是多少？

b. 假设 $MC=4q$，其中 MC 是边际成本。该完全竞争企业通过生产 10 单位产品实现了利润最大化。它按什么价格出售这些产品？

第 15 章
垄断

311 如果你有一台个人电脑，那么这台电脑一般会使用微软公司所出售的操作系统——某种版本的 Windows 软件。当微软公司在许多年前第一次设计 Windows 软件时，它申请并获得了政府给予的版权，该版权给予微软公司排他性地生产和销售 Windows 操作系统的权利。如果一个人要想购买 Windows 软件，他只能向微软支付其对该产品制定的价格——近一百美元。可以说微软在 Windows 软件市场上有垄断地位。

用上一章中我们提出的企业行为模型不能正确地描述微软的经营决策。在那一章中，我们分析了竞争市场，在竞争市场上有许多企业提供基本相同的产品，因此，每一个企业对它得到的价格没有什么影响。与此相比，像微软这样的垄断者没有与之相近的竞争者，因此，它拥有影响其产品的市场价格的力量。竞争企业是价格接受者，而垄断企业是价格制定者。

在本章中，我们将考察这种市场势力的含义。我们将看到，市场势力改变了企业成本与其产品的出售价格之间的关系。竞争企业接受市场给定的其产品的价格，并选择供给量，以使价格等于边际成本。与此相
312 比，垄断者收取高于其边际成本的价格。这个结论在微软 Windows 软件的例子中显然是正确的。Windows 软件的边际成本——微软把它的程序复制到另一张 CD 上所引起的额外成本——只有几美元。Windows 软件的市场价格是其边际成本的许多倍。

垄断者对其产品收取高价格并不令人奇怪。垄断者的顾客似乎除了支付垄断者收取的价格之外别无选择。但如果这样的话，为什么一个 Windows 软件不定价为 1 000 美元或 10 000 美元呢？原因是如果微软制定了如此高的价格，购买该产品的人就会少了。人们会少买电脑，或者转向用其他的操作系统，或者非法盗版。一个垄断企业可以控制它出售的物品的价格，但由于高价格会减少其顾客的购买量，因此垄断利润并不是无限的。

考察垄断者的生产与定价决策时，我们还要考虑垄断对整个社会的含义。与竞争企业一样，垄断企业的目标也是利润最大化，但这个目标对

竞争企业和垄断企业却有极为不同的后果。在竞争市场上,利己的消费者和生产者的行为仿佛是由一只看不见的手指引着,提高了总体经济福利。与此相比,由于垄断企业不受竞争限制,有垄断的市场的结果往往并不符合社会的最佳利益。

第 1 章中经济学十大原理之一是,政府有时可以改善市场结果。本章的分析将更充分地说明这个原理。在讨论垄断引起的社会问题时,我们还要讨论政府决策者对这些问题做出反应的各种方法。例如,美国政府就紧盯着微软的经营决策。1994 年,政府阻止微软收购个人财务软件的主要销售商 Intuit 公司,其依据是这两家企业的合并会集中过于强大的市场势力。同样,在 1998 年,当微软宣布把其网页浏览器捆绑到其 Windows 操作系统时,美国司法部持反对意见,宣称这会扩大微软在新领域的市场势力。到今天为止,微软仍然在与美国和国外的反托拉斯法管制者争论。

15.1 为什么会产生垄断

如果一个企业是其产品唯一的卖者,而且其产品并没有相近的替代品,那么这个企业就是一个**垄断企业**(monopoly)。垄断产生的基本原因是进入壁垒:垄断企业能在其市场上保持唯一卖者的地位,是因为其他企业不能进入市场并与之竞争。而进入壁垒又有三个主要形成原因:

垄断企业: 一种没有相近替代品的产品的唯一卖者的企业。

- 垄断资源:生产所需要的关键资源由单个企业所拥有;
- 政府管制:政府给予单个企业排他性地生产某种物品或劳务的权利;
- 生产流程:某个企业能以低于大量生产者的成本生产产品。

下面我们简要地讨论其中每一种情况。

15.1.1 垄断资源 313

垄断产生的最简单方法是单个企业拥有一种关键的资源。例如,考虑老西部一个小镇上的水市场。如果小镇上几十个居民都拥有能用的井,前一章讨论的竞争模型就可以描述该市场上卖者的行为。结果是,由于水供给者之间的竞争,每加仑水的价格被降到等于多抽取 1 加仑水的边际成本。但是,如果镇上只有一口井,而且从其他地方不可能得到水,那么,井的所有者就垄断了水。毫不奇怪,垄断企业比竞争市场上任何一家企业有大得多的市场势力。对于像水这样的必需品,即使多抽取 1 加仑的边际成本很低,垄断企业也可以制定极高的价格。

"我们不是垄断者,我们认为自己是'镇上唯一的游戏参与者'。"

图片来源:FROM THE WALL STREET JOURNAL — PERMISSION, CARTOON FEATURES SYNDICATE.

市场势力来自拥有一种关键资源的一个经典案例是南非的钻石公司德比尔斯(DeBeers)。德比尔斯公司在 1888 年由英国商人(以及 Rhodes

奖学金的捐助者)Cecil Rhodes 建立,它一度控制着全世界钻石矿产量的80%。由于它的市场份额小于 100%,因此德比尔斯不完全是一个垄断者,但该公司对钻石的市场价格可以产生巨大的影响。

虽然关键资源的排他性所有权是垄断的一个潜在起因,但实际上垄断很少产生于这种原因。现实经济如此巨大,而且,资源由许多人拥有。由于许多物品可以在国际上交易,它们的市场的自然范围往往很广泛。因此,拥有没有相近替代品资源的企业的例子很少。

15.1.2 政府创造的垄断

在许多情况下,垄断的产生是因为政府给予一个人或一个企业排他性地出售某种物品或劳务的权利。有时垄断产生于想成为垄断者的人的政治影响。例如,国王曾经赋予他们的朋友或盟友排他性的经营许可证。还有些时候,政府也会出于公共利益而赋予某种垄断的权利。

专利法和版权法是两个重要的例子。当一家制药公司发明了一种新药时,它就可以向政府申请专利。如果政府认为这种药真正是原创性的,它就批准该专利。该专利给予该公司在 20 年中排他性地生产并销售这种药的权利。同样,当一个小说家写完一本书时,她可以拥有这本书的版权。版权是一种政府的保证,它保证未经作者许可,任何人都不能印刷并出售这本著作。版权使这个小说家成为她的小说销售的一个垄断者。

专利法和版权法的影响是容易说明的。由于这些法律使一个生产者成为垄断者,所以也就使其价格高于竞争市场上的价格。但是,通过允许这些垄断生产者收取较高价格并赚取较多利润,这些法律也鼓励了一些合意的行为。允许制药公司成为它们发明的药物的垄断者是为了鼓励医药研究,允许作者成为销售他们著作的垄断者是为了鼓励他们写出更多更好的书。

314 因此,有关专利和版权的法律既有利益也有成本。专利法和版权法的利益是增加了对创造性活动的激励,然而,在某种程度上这些利益被垄断定价的成本所抵消,在本章的后面,我们要充分讨论这一问题。

15.1.3 自然垄断

自然垄断:
由于一个企业能以低于两个或更多企业的成木向整个市场供给一种物品或劳务而产生的垄断。

当一个企业能以低于两个或更多企业的成本为整个市场供给一种物品或劳务时,这个行业是**自然垄断**(natural monopoly)。当相关产量范围存在规模经济时,自然垄断就产生了。图 15－1 表示有规模经济的企业的平均总成本。在这种情况下,一个企业可以以最低的成本生产任何数量的产品。这就是说,在既定的产量下,企业的数量越多,每个企业的产量越少,平均总成本越高。

图 15-1　规模经济是垄断产生的一个原因

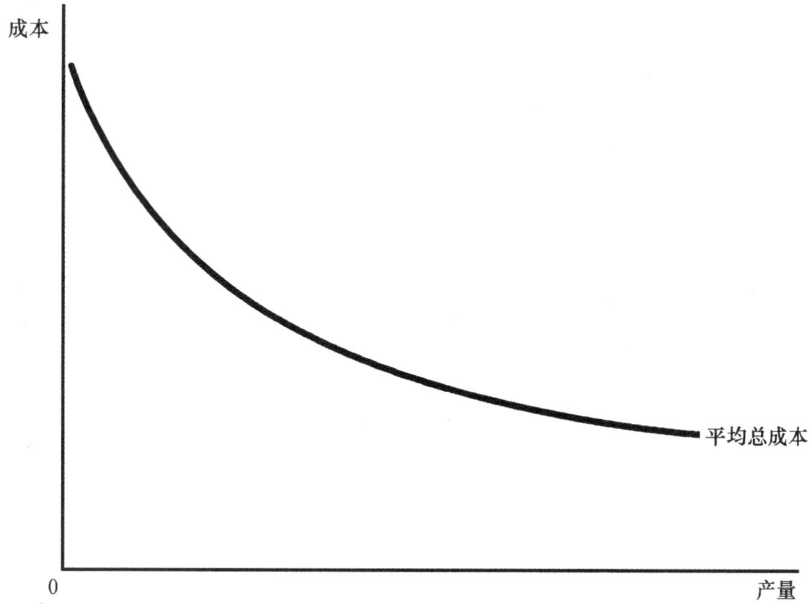

当一个企业的平均总成本曲线持续下降时，该企业就被称为自然垄断企业。在这种情况下，当生产分到更多企业中时，每个企业的产量减少了，平均总成本上升了。结果是，单个企业可以以最低成本生产任何既定量的产品。

自然垄断的一个例子是供水。为了向镇上居民供水，企业必须铺设遍及全镇的水管网。如果两家或更多企业在提供这种服务中竞争，每个企业就都必须支付铺设水管网的固定成本。因此，如果只有一家企业为整个市场提供服务，水的平均总成本就最低。

当我们在第 11 章中讨论公共物品和公共资源时，我们看到了自然垄断的另一些例子。我们在讲过的内容中提到了经济中某些有排他性而无竞争性的物品。其中一个例子是很少使用以至于从不拥挤的桥。桥有排他性，是因为收费站可以阻止一个人使用桥，桥没有竞争性是因为一个人使用桥并不减少其他人使用它的能力。由于修桥有固定成本，而增加一个使用者的边际成本微乎其微，所以，过一次桥的平均总成本（总成本除以过桥人次）随着过桥人数增加而减少。因此，桥是一种自然垄断。

当一个企业是自然垄断企业时，它很少关心有损于其垄断力量的新 315
进入者。正常情况下，一个企业如果没有关键资源的所有权或政府保护，要维持其垄断地位是不容易的。垄断利润增加了进入市场的吸引力，而且，这些进入者使市场更具竞争性。与此相反，进入一个存在自然垄断企业的市场并不具吸引力。即将进入者知道，他们无法实现垄断者所享有的同样低的成本，因为在进入之后，每个企业的市场份额都小了。

在某些情况下，市场规模也是决定一个行业是不是自然垄断的一个因素。仍考虑一条河上的一座桥。当人数很少时，桥可能是自然垄断。一座桥可以以最低成本满足所有过河的需求。但当随着人数增加桥变得拥挤时，满足通过同一条河的所有需求就可能需要两座或更多桥。因此，随着市场的扩大，一个自然垄断市场可能会变为一个更具竞争性的市场。

即问即答 • 市场存在垄断的三个原因是什么？• 举出两个垄断的例子，并解释各自的原因。

15.2 垄断者如何做出生产与定价决策

我们已经知道垄断是如何产生的，现在就可以考虑一个垄断者如何决定生产多少产品并对产品收取多高的价格。这一部分的垄断行为分析是评价垄断是否合意和政府在垄断市场上会采用什么政策的起点。

15.2.1 垄断与竞争

竞争企业和垄断企业之间的关键差别在于垄断企业影响其产品价格的能力。一个竞争企业只是它所处的市场上的一个很小的因素，因此没有影响其产品价格的力量，它接受市场条件所给定的价格。与此相反，由于垄断者是其市场上唯一的卖者，它就可以通过调整向市场供给的产量来改变产品的价格。

说明竞争企业与垄断企业之间差别的一种方法，是考察每个企业所面临的需求曲线。在前一章中分析竞争企业的利润最大化时，我们把市场价格表示为坐标系中的一条水平线。由于竞争企业可以在这种价格时想卖多少就卖多少，所以，竞争企业面临一条水平需求曲线，如图 15－2(a)幅所示。实际上，由于竞争企业出售有许多完全替代品（在其市场上所有其他企业的产品）的产品，所以，任何一个企业所面临的需求曲线都是完全富有弹性的。

由于竞争企业是价格接受者，它们实际上面临一条水平的需求曲线，如(a)幅所示。由于垄断企业是其市场上唯一的生产者，所以，它面临一条向右下方倾斜的市场需求曲线，如(b)幅所示。因此，垄断者如果想多销售产品，就必须接受一个较低的价格。

图 15－2　竞争企业与垄断企业的需求曲线

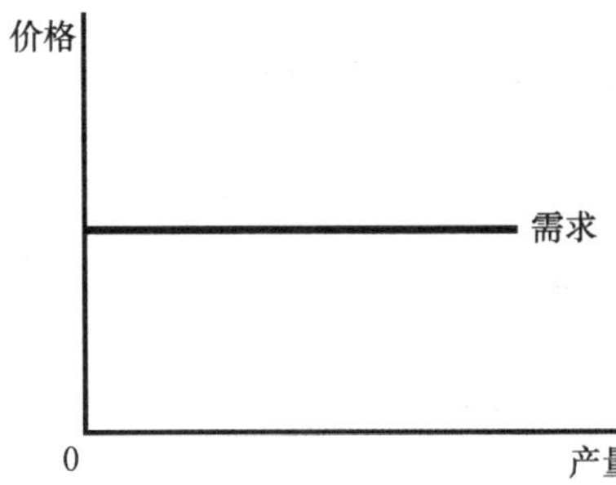

(a) 一家竞争企业的需求曲线

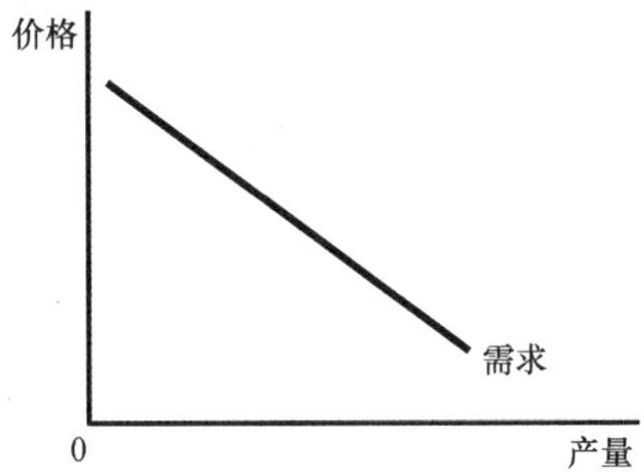

(b) 一家垄断企业的需求曲线

与此相比,由于垄断企业是其市场上的唯一卖者,所以,它的需求曲线就是市场需求曲线。这样,垄断企业的需求曲线会由于所有的正常原因而向右下方倾斜,正如图 15 - 2(b)幅所示。如果垄断企业提高其物品
价格,消费者就会少买这种物品。换个角度看,如果垄断企业减少它销售 316
的产量,其产品价格就会上升。

市场需求曲线限制了垄断者由其市场势力获得利润的能力。只要有可能,一个垄断者就愿意收取高价格,并在这种高价时卖出大量产品。市场需求曲线使这种结果不可能,它具体地描述了垄断企业所能得到的价格和产量的组合。通过调整所生产的数量(或者同样地,调整所收取的价格),垄断者可以选择需求曲线上的任意一点,但它不能选择需求曲线外的任何一点。

垄断企业将选择需求曲线上的哪一点呢?正如分析竞争企业一样,我们假设垄断企业的目标是利润最大化。由于企业的利润是总收益减去总成本,所以,我们解释垄断者行为的下一个任务是考察垄断者的收益。

15.2.2 垄断者的收益

考虑只有一个生产水的企业的小镇。表 15 - 1 表示了垄断者的收益如何取决于水的生产量。

表 15 - 1　垄断者的总收益、平均收益和边际收益

水的生产量(加仑)(Q)	价格(美元)(P)	总收益(美元)($TR = P \times Q$)	平均收益(美元)($AR = TR/Q$)	边际收益(美元)($MR = \Delta TR/\Delta Q$)
0	11	0	—	
				10
1	10	10	10	
				8
2	9	18	9	
				6
3	8	24	8	
				4
4	7	28	7	
				2
5	6	30	6	
				0
6	5	30	5	
				-2
7	4	28	4	
				-4
8	3	24	3	

前两栏表示垄断者的需求表。如果垄断者生产1加仑水，它可以把这1加仑水卖10美元；如果它生产2加仑水，它为了把这2加仑水卖出去，就必须把价格降为9美元；如果它生产3加仑水，它就必须把价格降为8美元，以此类推。如果根据这两栏的数字作图，就可以得到一条典型的向右下方倾斜的需求曲线。

317 该表第三栏代表垄断者的总收益。它等于销售量（根据第一栏）乘以价格（根据第二栏）。第四栏计算企业的平均收益，即企业每销售一单位产品得到的收益量。我们可以用第三栏中总收益的数字除以第一栏的产量来计算平均收益。正如我们在前一章中所讨论的，平均收益总是等于物品的价格。这一点对垄断者和对竞争企业都同样正确。

表15－1的最后一栏计算企业的边际收益，即企业每增加一单位产量所得到的收益量。我们可以用增加一单位产量时总收益的变动来计算边际收益。例如，当企业生产3加仑水时，它得到的总收益是24美元；当产量增加到4加仑水时，总收益增加到28美元。因此，销售第4加仑水的边际收益是28美元－24美元＝4美元。

表15－1中所示的结果对理解垄断者行为非常重要：垄断者的边际收益总是小于其物品的价格。例如，如果企业把水的生产从3加仑增加到4加仑，即使它能以7美元卖出每加仑水，总收益也只增加4美元。对垄断者来说，边际收益小于价格是因为垄断者面临一条向右下方倾斜的需求曲线。为了增加销售量，垄断企业必须降低其向所有消费者收取的价格。因此，为了卖出第4加仑水，垄断者得到的前3加仑水的每单位收益要各少1美元。这3美元的损失是由于第4加仑水的价格（7美元）和第4加仑水的边际收益（4美元）之间的差额。

318 垄断者的边际收益与竞争企业大不相同。当垄断者增加它销售的数量时，这对总收益（$P \times Q$）有两种效应：

- 产量效应：销售的数量增多了，即 Q 增大，从而可能增加总收益。
- 价格效应：价格下降了，即 P 降低，从而可能减少总收益。

由于竞争企业在市场价格时可以销售它想销售的任何数量，所以没有价格效应。当竞争企业增加一单位产量时，它得到该单位所对应的市场价格，而且，它不会减少已经销售产品的收益。这就是说，由于竞争企业是价格接受者，所以它的边际收益等于其物品的价格。与此相比，当一个垄断者增加一单位产量时，它就必须降低对所销售的每一单位产品收取的价格，而且，这种价格下降减少了它已经卖出的各单位的收益。因此，垄断者的边际收益小于其价格。

图15－3画出了一个垄断者的需求曲线与边际收益曲线（由于企业的价格等于平均收益，因此需求曲线也是平均收益曲线）。这两条曲线总是从纵轴上的同一点出发，因为第一单位的边际收益等于物品价格。但是，由于我们刚刚讨论过的原因，此后垄断者的边际收益小于物品的价格。因此，垄断者的边际收益曲线位于需求曲线之下。

图 15 - 3　垄断者的需求曲线与边际收益曲线

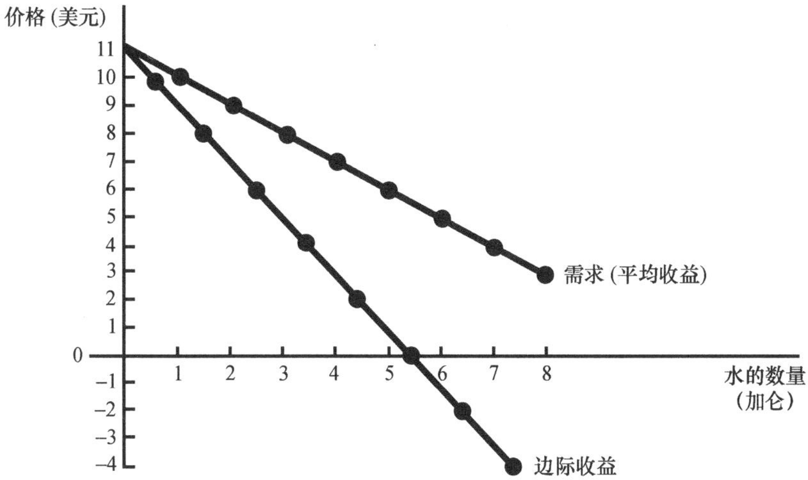

需求曲线表示数量如何影响物品的价格。边际收益曲线表示，当数量增加一单位时，企业的收益如何变动。由于如果垄断者增加生产，所销售的所有单位的价格都必须下降，所以，边际收益总是小于价格。

在图 15 - 3 中(以及在表 15 - 1 中)，你还可以看出边际收益甚至可以是负的。当价格对收益的影响大于对产量的影响时，边际收益就是负的。在这种情况下，当企业多生产一单位产品时，尽管企业销售了更多单位的产品，但价格下降之大足以引起企业的总收益减少。

15.2.3　利润最大化　319

既然我们已经考虑了一个垄断企业的收益，那么现在我们来考察这种企业如何实现利润最大化。我们还记得第 1 章中的经济学十大原理之一是，理性人考虑边际量。这个结论对垄断企业和竞争企业同样正确。这里我们把边际分析的逻辑用于分析垄断企业如何决定生产多少的问题。

图 15 - 4 画出了一个垄断企业的需求曲线、边际收益曲线和成本曲线。所有这些曲线看来都是熟悉的：需求曲线和边际收益曲线像图 15 - 3 中所示的曲线，成本曲线像我们在前两章中见过的成本曲线。这些曲线包含了我们确定利润最大化垄断者将选择的产量水平所需要的全部信息。

首先假设，企业在低产量水平上生产，例如 Q_1。在这种情况下，边际成本小于边际收益。如果企业增加一单位产量，增加的收益将大于增加的成本，利润将增加。因此，当边际成本小于边际收益时，企业可以通过生产更多单位的产品来增加利润。

高产量水平的情况下也可以照此推理，例如 Q_2。在这种情况下，边际成本大于边际收益。如果企业减少一单位产量，节省的成本将大于失去的收益。因此，当边际成本大于边际收益时，企业可以通过减少生产来增加利润。

图 15-4　垄断者的利润最大化

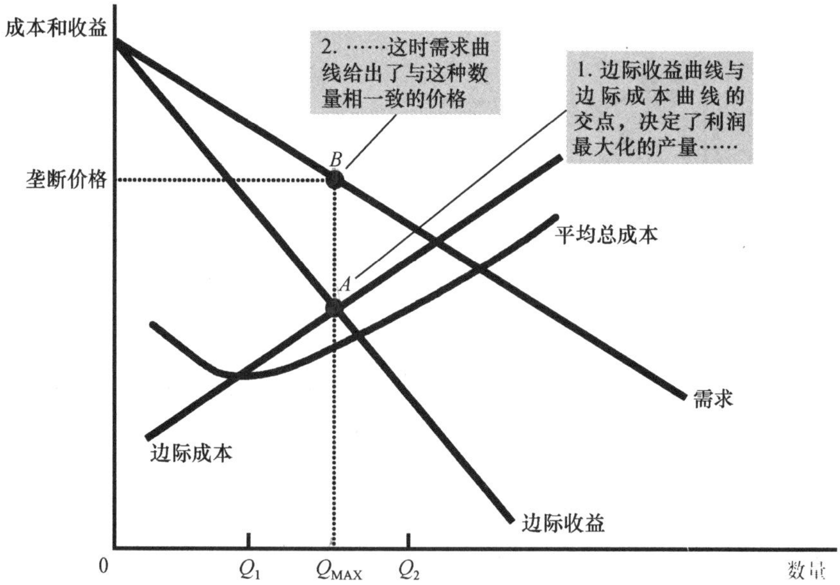

垄断者通过选择边际收益等于边际成本的产量（A点）来实现利润最大化。然后可以用需求曲线找出使消费者购买该数量的价格（B点）。

320

最后，企业调整其生产水平直至产量达到 Q_{MAX} 时为止，在这时，边际收益等于边际成本。因此，垄断者的利润最大化产量是由边际收益曲线与边际成本曲线的交点决定的。在图 15-4 中，两条曲线在 A 点时相交。

你应该还记得，在上一章中，竞争企业也选择边际收益等于边际成本的产量。在遵循这条利润最大化原则上，竞争企业和垄断企业是相似的。但是，这两类企业之间也有一个重要的差别：竞争企业的边际收益等于其价格，而垄断企业的边际收益小于其价格。这就是说：

对于竞争企业：$P = MR = MC$

对于垄断企业：$P > MR = MC$

在利润最大化产量时，边际收益与边际成本相等，对于这两种企业都是同样成立的。差别在于价格与边际收益和边际成本的关系。

垄断者如何找出其产品利润最大化的价格呢？需求曲线回答了这个问题，因为需求曲线把消费者愿意为之支付的价格和销售量联系起来了。因此，在垄断企业选择了使边际收益等于边际成本的产量之后，就可以用需求曲线找出它能收取的最高价格并销售该产量。在图 15-4 中，利润最大化的价格在 B 点。

现在我们知道了竞争企业市场与垄断企业市场之间的关键差别：在竞争市场上，价格等于边际成本；在垄断市场上，价格大于边际成本。正如我们即将看到的，这一结论对于理解垄断的社会成本是至关重要的。

参考资料
为什么垄断者没有供给曲线

你也许注意到了，我们是用市场需求曲线和企业成本曲线分析垄断市场的价格的，而并没有提到市场供给曲线。与此相比，当我们在第 4 章开始分析竞争市场的价格时，两个最重要的词总是供给与需求。

供给曲线怎么了？虽然垄断者要（以我们在本章中说明的方式）做出供给多少的决策，但它没有供给曲线。供给曲线向我们揭示，企业在任何一种既定价格时选择的供给量。当我们分析作为价格接受者的竞争企业时，这个概念是有意义的。但垄断企业是价格制定者，而不是价格接受者。问这种企业在任意一个既定价格下生产多少是没有意义的，因为垄断企业在选择供给量的同时确定价格。

实际上，垄断者关于供给多少的决策不可能与它所面临的需求曲线分开。需求曲线的形状决定了边际收益曲线的形状，边际收益曲线的形状又决定了垄断者的利润最大化产量。在竞争市场上，可以在不了解需求曲线的情况下分析供给决策，但在垄断市场上，这是不正确的。因此，我们从不谈及垄断者的供给曲线。

15.2.4 垄断者的利润

垄断者会获得多少利润？为了用图形来说明垄断者的利润，回忆一下利润等于总收益（TR）减去总成本（TC）：

$$利润 = TR - TC$$

我们可以把这个式子改写为：

$$利润 = (TR/Q - TC/Q) \times Q$$

TR/Q 是平均收益，等于价格 P，而 TC/Q 是平均总成本（ATC）。因此，

$$利润 = (P - ATC) \times Q$$

这个利润方程式（和竞争企业的利润方程式一样）使我们可以用图形来衡量垄断者的利润。

考虑图 15－5 中阴影部分的方框。方框的高（BC 段）是垄断价格减去平均总成本，即 $P - ATC$，这是正常销售一单位产品的利润。方框的宽（DC 段）是销售量 Q_{MAX}。因此，这个方框的面积是该垄断企业的总利润。

图 15-5　垄断者的利润

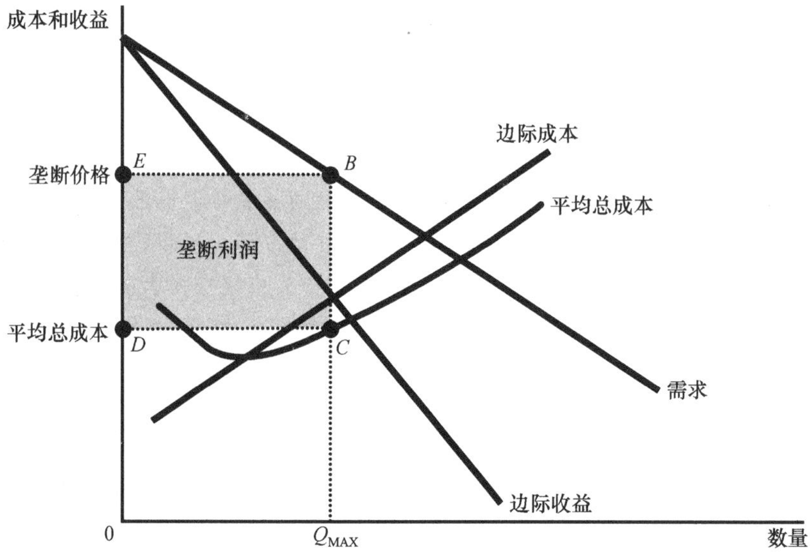

方框 *BCDE* 的面积等于垄断企业的利润。方框的高(*BC*)是价格减去平均总成本,它等于销售每单位的利润。方框的宽(*DC*)是销售的单位量。

322

案例研究
垄断药品与非专利药品

根据我们的分析,垄断市场上的价格决定完全不同于竞争市场的价格决定。对这种理论的一种自然检验是药品市场,因为这个市场同时具有垄断市场和竞争市场的结构。当一个企业开发了一种新药时,专利法使企业垄断了那种药品的销售。但最后企业的专利过期时,任何公司都可以生产并销售这种药品。在那时,市场就从一个垄断市场变为竞争市场。

当专利过期以后,药品的价格会发生什么变动呢? 图 15-6 表示一个典型的药品市场。在这个图上,生产药品的边际成本是不变的(这对许多药品是基本正确的)。在专利受保护期内,垄断企业通过生产边际收益等于边际成本的产量并收取大大高于边际成本的价格使利润最大化。但是,当专利到期时,生产这种药品的利润将鼓励新企业进入市场。随着市场变得越来越具竞争性,价格将下降到等于边际成本。

实际上,经验与我们的理论一致。当药品专利到期时,其他公司迅速进入并开始销售所谓的非专利药品,这种药品的化学成分与先前垄断者的品牌产品相同。而且,正如我们的分析所预言的,竞争者生产的非专利药品的价格大大低于垄断者收取的价格。

但是,专利到期并没有使垄断者失去全部的市场势力。一些消费者仍忠于有品牌的药品,这也许是出于担心新的非专利药品的成分实际上

图 15-6　药品市场

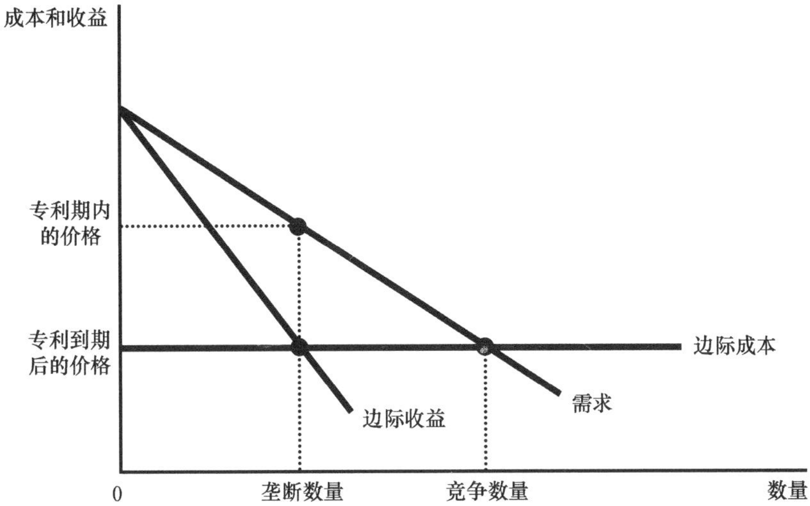

当专利赋予一个企业销售一种药品的垄断权时，企业收取垄断价格，垄断价格大大高于生产这种药品的边际成本。当药品专利到期时，新企业进入市场，使市场更有竞争性。因此，价格从垄断价格下降到边际成本。

与他们用了许多年的药品成分不一样。因此，以前的垄断者可以继续收取至少比新竞争者略高一点的价格。

即问即答　解释垄断者如何决定产品的产量和价格。

15.3　垄断的福利代价

垄断是否是组织市场的好方法？我们已经说明了，与竞争企业相反，垄断收取高于边际成本的价格。从消费者的角度来看，这种高价格使垄断是不合意的。但同时，垄断者也从收取这种高价格中赚到了利润。从 323 企业所有者的角度看，高价格使垄断极为合意。那么，企业所有者的利益会大于给消费者带来的成本，从而使垄断从整个社会的角度来看是合意的吗？

我们可以用福利经济学的工具来回答这个问题。回想一下第 7 章，总剩余衡量市场上买者和卖者的经济福利。总剩余是消费者剩余与生产者剩余之和。消费者剩余是消费者对一种物品的支付意愿减去他们为此实际支付的量，生产者剩余是生产者出售一种物品得到的量减去他们生产它的成本。在本例中，只存在一个生产者——垄断者。

你也许已经能猜到这种分析的结果。在第 7 章中我们得出的结论是，在竞争市场上，供求均衡不仅是一个自然而然的结果，而且是一个合意的结果。市场中看不见的手实现了使总剩余尽可能大的资源配置。由于垄断引起的资源配置不同于竞争市场,所以其结果以某种方式使总经济福利没有达到最大化。

15.3.1 无谓损失

我们从考虑如果由一个仁慈的社会计划者管理垄断企业将会怎么做开始。该社会计划者不仅关心企业所有者赚到的利润,而且还关心企业的消费者得到的利益。该计划者努力使总剩余最大化,总剩余等于生产者剩余(利润)加消费者剩余。要记住的是,总剩余等于物品对消费者的价值减去垄断者生产该物品的成本。

图 15-7 分析了一个仁慈的社会计划者将选择的产量水平。需求曲线反映物品对消费者的价值,用他们对物品的支付意愿来衡量。边际成本曲线反映垄断者的成本。因此,可以在需求曲线与边际成本曲线相交之处找出社会有效率的产量。在这个产量之下,物品对消费者的价值大于提供物品的边际成本,因此,增加产量将增加总剩余。在这个产量之上,物品的边际成本大于对消费者的价值,因此,减少产量将增加总剩余。在最适产量时,增加的一单位物品对消费者的价值等于生产的边际成本。

图 15-7　有效率的产量水平

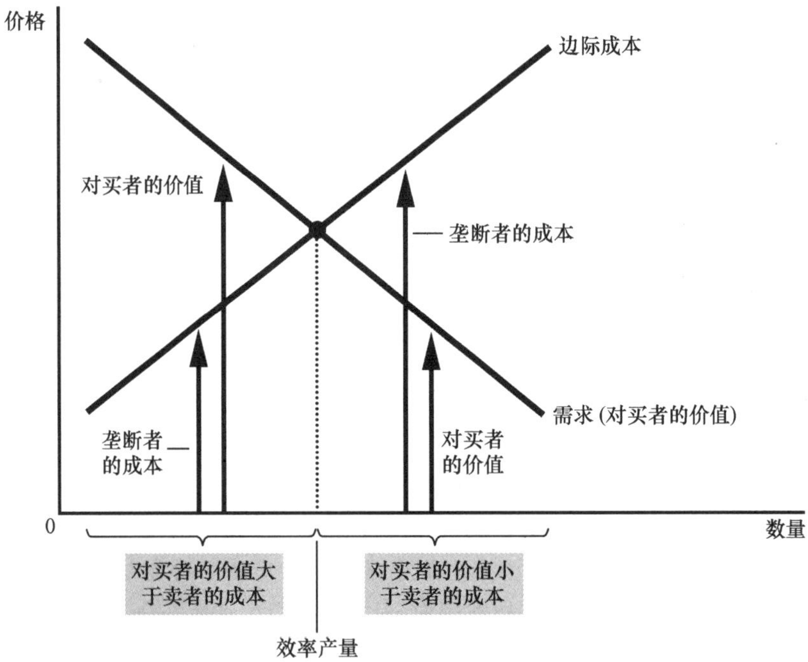

市场上想使总剩余最大化的仁慈的社会计划者将选择需求曲线与边际成本曲线相交的产量水平。低于这一水平,物品对边际买者的价值(反映在需求曲线上)大于生产该物品的边际成本;高于这一水平,物品对边际买者的价值小于其边际成本。

如果由该社会计划者管理垄断企业，则该垄断企业可以通过收取需求曲线与边际成本曲线相交时的价格来达到这种有效率的结果。因此，社会计划者将与竞争企业一样收取等于边际成本的价格，这与利润最大化的垄断企业不同。因为这种价格将给消费者有关生产该物品成本的一个准确信号，消费者将会购买这一有效率的产量。

我们可以通过比较垄断者选择的产量水平和社会计划者将选择的产量水平来评价垄断的福利效应。正如我们已经了解的，垄断者选择生产并销售边际收益曲线与边际成本曲线相交的产量；社会计划者将选择需求曲线与边际成本曲线相交的产量。比较的结果如图 15 - 8 所示。**垄断者生产的产量小于社会有效率的产量**。

图 15 - 8　垄断的无效率

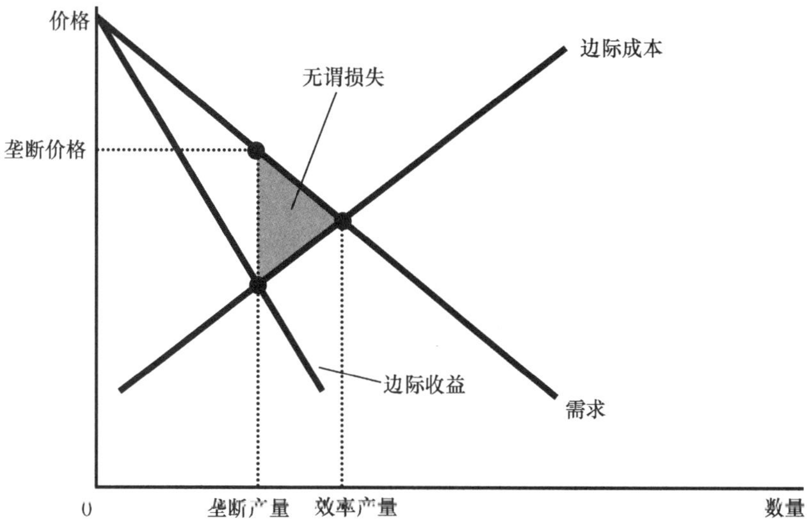

由于垄断者收取高于边际成本的价格，并不是所有对物品评价高于物品成本的消费者都会购买它。因此，垄断者生产并销售的数量低于社会有效率的水平。需求曲线（反映物品对消费者的价值）与边际成本曲线（反映垄断生产者的成本）之间的三角形面积代表无谓损失。

我们还可以根据垄断者的价格来看垄断的无效率。由于市场需求曲线描述了价格和物品量之间的负相关关系，所以，无效率的低产量就相当于无效率的高价格。当垄断者收取高于边际成本的价格时，一些潜在消费者对物品的评价高于其边际成本，但低于垄断者的价格。这些消费者不会购买该物品。因为这些消费者对物品的评价大于生产这些物品的成本，所以这个结果是无效率的。因此，垄断定价使一些对双方有益的交易无法进行。 324

正如图 15 - 8 所示，可以用无谓损失三角形来衡量垄断的无效率。由于需求曲线反映了消费者对物品的评价，边际成本曲线反映垄断生产者的成本，需求曲线和边际成本曲线之间的无谓损失三角形面积等于垄断定价引起的总剩余损失。这是垄断者运用其市场势力所引起的经济福利的减少。

垄断引起的无谓损失类似于税收引起的无谓损失。实际上，垄断者像私人收税者一样。正如我们在第8章中所说明的，一种物品的税收是打入消费者支付意愿（反映在需求曲线上）和生产者成本（反映在供给曲线上）之间的一个楔子。由于垄断者通过收取高于边际成本的价格发挥其市场势力，它就相当于打入了一个类似的楔子。在这两种情况下，楔子
325 都使销售量低于社会最适水平。这两种情况之间的区别在于，政府得到了税收收入，而私人企业得到了垄断利润。

15.3.2 垄断利润：是一种社会代价吗

控诉垄断者以损害公众来“肥己”是很有吸引力的。的确，垄断企业利用其市场势力的优势赚到了高利润。但根据对垄断的经济分析，企业利润本身并不一定是一个社会问题。

垄断市场上的福利也与所有市场一样，包括消费者和生产者的福利。只要消费者由于垄断价格额外支付给生产者1美元，消费者状况就会变坏1美元，而生产者状况会变好1美元。这种从物品消费者向垄断所有者的转移并不影响市场总剩余——消费者剩余和生产者剩余之和。换句话说，垄断利润本身并不代表经济蛋糕的规模变小的；它仅仅代表生产者的那一块变大了，而消费者的那一块变小了。除非由于某种理由认为消费者比生产者更重要——这是已超出经济效率的范围之外的涉及平等的规范性判断——否则垄断利润就不是一个社会问题。

垄断市场上问题的产生是由于企业生产和销售的产量低于使总剩余最大化的水平。无谓损失衡量经济蛋糕变小了多少。这种无效率必然与垄断的高价格相关：当企业把价格提高到边际成本以上时，消费者就买得少了。但是要记住，从仍能销售的产品数量中赚到的利润并不是问题所
326 在。问题产生于无效率的低产量。换句话说，如果高垄断价格不会阻碍一些消费者购买这些物品，它所增加的生产者剩余就正好是消费者剩余减少的量，而总剩余仍然与仁慈的社会计划者可以达到的一样。

但是，这个结论也有一个可能的例外。假设一个垄断企业为维持其垄断地位不得不引起额外的成本。例如，一个拥有政府创造的垄断地位的企业，为了保持它的垄断地位，需要雇用游说者来说服法律制定者。在这种情况下，垄断者可以用它的一些垄断利润来支付这些额外的成本。如果是这样的话，垄断的社会损失既包括这些成本，也包括由价格高于边际成本引起的无谓损失。

即问即答 如何比较垄断者的产量与总剩余最大化的产量？这种差别与无谓损失的概念有什么关系？

15.4 价格歧视

到现在为止,我们假设垄断企业对所有顾客收取同样的价格。但在许多情况下,企业以不同价格把同一种物品卖给不同顾客,尽管对两个顾客的生产成本是相同的。这种做法被称为**价格歧视**(price discrimination)。

价格歧视:
以不同价格向不同顾客出售同一种物品的经营做法。

在讨论价格歧视垄断者的行为之前,我们应该注意,当一种物品在竞争市场上出售时,实行价格歧视是不可能的。在竞争市场上,许多企业以市场价格出售同一种物品。没有一个企业愿意向任何一个顾客收取低价格,因为企业可以以市场价格出售它想出售的所有物品;另外,如果任何一个企业想向顾客收取高价格,顾客就会转向另一个企业购买。对于一个实行价格歧视的企业来说,它一定具有某种市场势力。

15.4.1 关于定价的一个寓言

为了理解为什么垄断者想实行价格歧视,我们来考虑一个例子。设想你是 Readalot 出版公司的总裁。Readalot 的一位畅销书作者刚刚写完他最新的一本小说。为了使事情简化,我们设想,你为获得出版这本书的排他性权利向作者支付了固定的 200 万美元。我们再假设,印刷该书的成本为 0。因此,Readalot 的利润是从销售书中得到的收益减去支付给作者的 200 万美元。在这种假设之下,作为 Readalot 的总裁,你应该如何确定这本书的售价呢?

你确定价格的第一步是估算这本书可能的需求量。Readalot 的销售部门告诉你,这本书将吸引两类读者。一类是作者的 10 万名崇拜者,这些崇拜者愿意为这本书支付 30 美元。还有一类是 40 万名不太热心的读者,他们最多愿意为这本书支付 5 美元。

如果 Readalot 向所有顾客收取一种价格,利润最大化的价格是多少呢?我们自然会考虑到两种价格:Readalot 能吸引 10 万名崇拜者的最高价格是 30 美元,而能吸引整个市场 50 万名潜在读者的最高价格是 5 美元。解决 Readalot 问题的方法是一个简单的数学问题。在价格为 30 美元时,Readalot 出售 10 万本书,收益为 300 万美元,从而获得 100 万美元的利润;在价格为 5 美元时,出售 50 万本书,收益为 250 万美元,从而获得 50 万美元的利润。因此,Readalot 通过收取 30 美元的单价并放弃将书出售给 40 万名不太热心读者的机会而使利润最大化。 327

要注意的是,Readalot 的决策引起了无谓损失。有 40 万读者愿意支付 5 美元买书,而向这些读者提供书的边际成本是零。因此,当 Readalot 收取 30 美元的高价格时,损失了 200 万美元的总剩余。这种无谓损失是垄断者收取高于边际成本的价格时所引起的无效率。

现在假设 Readalot 的销售部门有一个重要的发现:这两个读者群在不同的市场上。崇拜者都在澳大利亚,而其他读者都在美国。而且一个国家的读者很难到另一个国家买书。

作为对这种发现的反应,Readalot 可以改变其市场战略并增加利润。它可以对 10 万名澳大利亚读者收取 30 美元,对 40 万名美国读者收取 5 美元。在这种情况下,在澳大利亚的收益是 300 万美元,而在美国的收益是 200 万美元,总计 500 万美元。这时利润是 300 万美元,它大大高于公司对所有顾客收取 30 美元价格时所能赚到的 100 万美元。毫不奇怪,Readalot 公司会选择实行这种价格歧视战略。

Readalot 出版公司的故事是虚构的,但它正确地描述了许多出版公司的经营实践。例如,教科书在欧洲的销售价格通常低于美国。更重要的是精装本与平装本的价格差别。当一个出版商出版一本新小说时,它先发行昂贵的精装本,然后再发行便宜的平装本。这两种版本价格之间的差别远远大于其印刷成本的差别。出版商的目标正与我们所举的例子中一样。通过向崇拜者出售精装本和向不太热心的读者出售平装本,出版商实行了价格歧视并增加了利润。

15.4.2 "定价寓言"的寓意

与任何一个寓言一样,Readalot 出版公司的故事也是一种典型化。同样,与任何一个寓言一样,它得出了一些具有一般性的结论。在这个例子中,可以得出三个有关价格歧视的结论。

第一个,也是最明显的结论是,价格歧视是利润最大化垄断者的一种理性策略。这就是说,通过对不同的顾客收取不同的价格,垄断者可以增加利润。实际上,实行价格歧视的垄断者向不同顾客收取的价格更接近于顾客的支付意愿,因此会比实行单一价格时销售得更多。

第二个结论是,价格歧视要求能根据支付意愿划分顾客。在我们的例子中,可以从地域上划分顾客。但有时垄断者也会选择其他差别,例如,以年龄或收入来划分顾客。

第二个结论的一个推论是,某些市场势力会阻止企业实行价格歧视。其中一种力量是**套利**,套利是指在一个市场上以低价购买一种物品,而在
328 另一个市场上以高价出售,以便从价格差中获利的过程。在我们的例子中,假设澳大利亚的书店可以在美国买书并转卖给澳大利亚读者。这种套利就使 Readalot 不能实行价格歧视,因为没有一个澳大利亚人愿意以较高的价格买书。

从我们的寓言中得到的第三个结论是最惊人的:价格歧视可以增进经济福利。回想一下,当 Readalot 收取单一的 30 美元价格时,产生了无谓损失,这是由于有 40 万名不太热心的读者没有买到书,尽管他们对书

的评价高于生产的边际成本。与此相反，当 Readalot 实行价格歧视时，所有读者最终都得到了书，而这个结果是有效率的。因此，价格歧视可以消除垄断定价中固有的无效率。

要注意的是，在这个例子中，价格歧视带来的福利增加表现为生产者剩余更高，而不是消费者剩余更高。消费者买到了书，但其福利并没有增加：因为他们支付的价格完全等于他们对书的评价，因此他们没有得到消费者剩余。从价格歧视中获得的全部总剩余增加以更高利润的形式全部归属 Readalot 出版公司。

15.4.3 价格歧视分析

我们更正式地来考虑价格歧视是如何影响经济福利的。我们从假设垄断者可以实行完全价格歧视开始。完全价格歧视描述垄断者完全了解每个顾客的支付意愿，并对每位顾客收取不同价格的情况。在这种情况下，垄断者对每位顾客收取的价格正好等于该顾客的支付意愿，而且，垄断者得到每次交易中的全部剩余。

图 15－9 表示有无价格歧视时的生产者剩余和消费者剩余。在没有价格歧视时，企业收取高于边际成本的单一价格，如(a)幅所示。由于一些对物品评价高于边际成本的潜在顾客在这种高价格时没有购买，垄断引起了无谓损失。但当企业可以实行完全价格歧视时，如(b)幅所示，每位对物品评价大于边际成本的顾客都买到了物品，并被收取了其愿意支付的价格。所有互惠的贸易都得以进行，没有无谓损失，垄断生产者以利润的形式获得了市场的全部剩余。

图 15－9　有无价格歧视时的福利

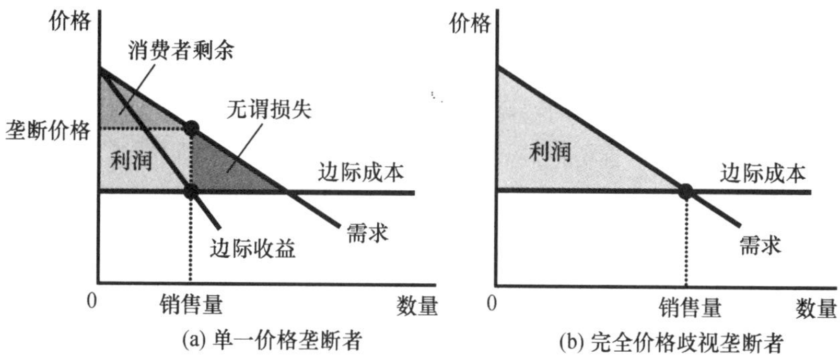

(a)幅表示对所有顾客收取同样价格的垄断者。在这个市场上总剩余等于利润(生产者剩余)和消费者剩余之和。(b)幅表示可以实行完全价格歧视的垄断者。由于消费者剩余等于零，此时总剩余等于企业利润。比较这两幅图，你可以看出，完全价格歧视增加了利润，增加了总剩余，但减少了消费者剩余。

当然，在现实中，价格歧视是不完全的。顾客走进商店时并没有发出其支付意愿的信号。于是，企业通过把消费者划分为不同的群体来实行价格歧视：年轻人与老年人、平时购物者与周末购物者、美国人与澳大利亚人，等等。与我们前面的 Readalot 出版公司寓言中的情况不同，在每个群体内部的顾客对一种产品的支付意愿也不同,因此要实行完全价格歧视是不可能的。

这种不完全价格歧视如何影响福利呢?这种定价方案的分析是极为复杂的,而且,对这个问题也没有一个一般性的答案。与单一价格的垄断结果相比,不完全价格歧视可能增进、减少市场总剩余,或使市场总剩余不变。唯一确定的结论是:价格歧视增加了垄断利润,否则企业就会选择对所有顾客收取同样的价格了。

329 15.4.4 价格歧视的例子

经济中的企业使用各种旨在对不同顾客收取不同价格的经营策略。既然我们已经懂得了价格歧视的经济学,那么我们现在来考虑一些例子。

电影票 许多电影院对儿童和老年人收取低于其他观众的价格。在竞争市场上很难解释这个事实。在竞争市场上,价格等于边际成本,为儿童和老年人提供一个座位的边际成本与为其他人提供一个座位的边际成本相同。但如果电影院有某种地区性垄断力量,而且,如果儿童与老年人对电影票的支付意愿较低,就很容易解释差异化定价这个事实了。在这种情况下,电影院通过价格歧视增加了利润。

“你大概有兴趣知道我的机票有多便宜吧?”

图片来源:HAMILTON © UNIVERSAL PRESS SYNDICATE. REPRINTED WITH PERMISSION. ALL RIGHTS RESERVED.

飞机票价 飞机上的座位以许多不同的价格出售。许多航空公司对在两个城市间往返,但周六在对方城市住一个晚上的旅客收取低价格。乍一看这有点令人费解。为什么乘客在周六是否停留一个晚上与航空公司有关呢?原因是这条规定是区分公务乘客和休闲乘客的一种方法。公务乘客支付意愿高,而且很可能不想在周六停留一晚。与此相反,出于个
330 人原因旅行的乘客支付意愿低,并更愿意在周六停留一晚。因此,航空公司可以通过对周六停留一晚的乘客收取低价格而成功地实行价格歧视。

折扣券 许多公司在报纸和杂志上向公众提供折扣券。买者为了得到下次购买时0.5美元的折扣而剪下折扣券。为什么公司提供这些折扣券?为什么它们不直接把产品价格降低0.5美元?

答案是折扣券使公司可以实行价格歧视。公司知道,并不是所有顾客都愿意花时间剪下折扣券。此外,剪折扣券的意愿与顾客对物品的支付意愿是相关的。富裕而繁忙的高层管理人员不大可能花时间从报纸上剪下折扣券,而且,她也许愿意为许多物品支付较高的价格。一个失业者更可能剪下折扣券并且支付意愿较低。因此,通过只对这些剪下折扣券的顾客收取较低价格,企业就可以成功地实行价格歧视。

331 **助学金** 许多学院和大学对贫困学生提供助学金。可以认为这种政策是一种价格歧视。富有的学生钱多,因此支付意愿比穷学生高。通过收取高学费并有选择地提供助学金,学校实际上是根据学生们对上学的

评价来收取价格。这种行为与任何一个价格歧视垄断者的行为相似。

数量折扣 到现在为止,在我们价格歧视的例子中,垄断者对不同顾客收取不同的价格。但是,有时垄断者也通过对购买不同数量的同一顾客收取不同价格来实行价格歧视。例如,许多企业对购买量大的顾客提供低价格。面包店可能对每个面包收取 0.50 美元的价格,但对一打面包收取 5 美元的价格。这之所以是一种价格歧视,是因为顾客对购买的第一单位付出的价格高于第二单位。数量折扣通常是一种成功的价格歧视方法,因为随着购买量的增加,顾客对增加的一单位的支付意愿减少了。

即问即答 • 举出两个价格歧视的例子。• 完全价格歧视如何影响 332
消费者剩余、生产者剩余和总剩余?

新闻摘录
TKTS 与其他计划

经济学家哈尔·瓦里安(Hal Varian)讨论了一个充满戏剧性的价格歧视案例。

买折扣票的人

图片来源:ASSOCIATED PRESS/AP.

百老汇演出票价的变化

Hal R. Varian

在纽约,平均而言每天晚上约有 2.5 万人去看百老汇的演出。

正如热切的观众们所知道的那样,票价一直在无情地上涨。自从 1998 年以来,百老汇演出的最高票价上升了 31%。但实际支付的票价只上升了 24%。

这种差别是折扣的结果。懂行的百老汇戏迷们知道,甚至最受欢迎的演出也有折扣,最常见的折扣方式有优惠券、买一送一、学生的优惠价格,还有由时代广场上的 TKTS 售票处提供的种种优惠。

为什么有这么多折扣?戏院座位的价值和飞机座位的价值一样是极容易消失的。一旦演出开始或者飞机起飞,剩下的座位就一文不值。

在这两个行业,卖者都用各种策略努力确保把座位卖给那些支付意愿最大的人。

斯坦福大学的经济学家 Phillip Leslie 在他发表于《兰德经济学杂志》2004 年秋季号上的文章《百老汇剧院的价格歧视》中研究了这种现象。

莱斯利先生收集了 1996 年百老汇演出《七个吉他手》时的详细数据。看这个剧的人有 14 万人以上,他们买的票有 17 种价格。一些票价的差别是由于座位的质量——楼下的座位、两层中的包厢、楼上的包厢等——而另一些票价的差别是由于各种形式的折扣。

座位质量不同和折扣的结合引起了大幅度的票价差别。随机所选的某一个晚上的两张票票价的平均差别约为平均票价的40%。这可以与飞机票的价格差别相媲美……

在其199场演出中，门票的促销方式也不尽相同。演出初期采用的是直接向目标客户邮寄，而在演出场次过半之后，开始买一送一。

供时代广场TKTS售票处销售的一般是剧场主厅的票，在这里可以买到最好的一类座位的票。但TKTS的折扣票往往是主厅中较差的座位票，它们以固定的50%折扣出售，但只在演出的当天出售。

莱斯利先生的目的主要是建立一个观众行为的模型。观看百老汇演出的观众差异极大。根据百老汇制片人1991年进行的调查，约有10%的观众家庭收入为2.5万美元或3.5万美元，也有同样数量的观众家庭收入在15万美元以上（按1990年美元计算）。

百老汇演出制片人通过价格和折扣政策，尽量用多种价格让人们根据对票价的支付意愿将自己归入相应类别。

也许你不会看到Donald Trump在TKTS排队。可以认为，他这种收入阶层的人不在乎支付全价。但许多学生、待业演员和旅游者都通过TKTS购买各种折扣票。

确实，在TKTS排队很不方便。但这正是问题的关键。如果不存在什么不方便，那么每个人都会这样做，这就会使百老汇演出的收入大大减少。

莱斯利用先进的计量经济技术估算了不同收入群体对各种票的评价。他发现，一般来说，百老汇制片人在使收入最大化方面做得相当好……

我们可以看到越来越多的物品与劳务用同样的差别定价进行出售。随着越来越多的交易通过电脑进行操作，卖者收集数据、对定价进行实验并分析这些实验的结果也越来越容易。

当然，对我们消费者来说，这使生活变得复杂了。但另一方面，定价多样化使这些物品更可能达成交易。

上次在纽约时，我很高兴得到了一张《制片人》的半价票。由于我不得不在两周前提前订机票并在那里度过周六晚上，这就算一个补偿吧！

资料来源：*New York Times*, January 13, 2005.

15.5 对垄断的公共政策

我们已经知道，与竞争市场相比，垄断市场不能有效地配置资源。垄断者生产的产量小于社会合意的产量，因此其收取的价格高于边际成本。政府决策者会用以下四种方式中的一种解决垄断问题：

• 努力使垄断行业更有竞争性；
• 管制垄断者的行为；
• 把一些私人垄断企业变为公共企业；
• 不作为。

15.5.1 用反托拉斯法增强竞争

如果可口可乐公司和百事可乐公司想合并，那么，这项交易在付诸实施之前肯定会受到联邦政府的严格审查。司法部的律师和经济学家可能会认定，这两家大型软饮料公司之间的合并会使美国软饮料市场的竞争性大大减弱，结果将会引起整个国家经济福利的减少。如果是这样的话，司法部将对合并提出诉讼，而且，如果法院判决同意，就不允许这两家公司合并。正是这种诉讼阻止了微软在1994年收购图文公司。

"但如果我们公司与'大统一企业'合并，我们就能够有足够的资源，对抗因为此项合并案所引发的反垄断制裁行动。"

图片来源：© 2003 BY SIDNEY HARRIS.

政府对私人产业行使的这种权力来自反托拉斯法，反托拉斯法是旨在遏制垄断权力的法律集成。第一个也是最重要的反托拉斯法是《谢尔曼反托拉斯法》，美国国会在1890年通过了这个法案，以减少当时被认为主宰经济的大而强的"托拉斯"的市场势力。1914年通过的《克莱顿反托拉斯法》加强了政府的权力，并使私人对此类诉讼合法化。正如美国最高法院曾经指出的，反托拉斯法是"一部全面的经济自由宪章，其目的在于维护作为贸易规则的自由和不受干预的竞争"。

反托拉斯法给予政府促进竞争的各种方法。首先，这些法律允许政府阻止合并，例如我们假设的可口可乐公司和百事可乐公司之间的合并。其次，这些法律还允许政府分拆公司。例如，政府在1984年把大型通信公司——美国电话电报公司(AT&T)分拆为八个较小的公司。最后，反托拉斯法禁止公司以使市场竞争性减弱的方法协调它们的活动。

反托拉斯法有成本也有利益。有时公司合并并不是为了减弱竞争，而是为了通过更有效率的联合生产来降低成本。这些合并的利益有时称为"**协同效应**"。例如，近年来许多美国银行进行了合并，通过联合经营可以减少行政管理人员。如果反托拉斯法是为了增进社会福利，政府就必须能确定哪些合并是合意的，而哪些不是。这就是说，它必须要衡量并比较协同效应的利益与减少竞争的社会成本。批评反托拉斯法的人对于政 333
府能否很准确地进行必要的成本—收益分析持怀疑态度。

新闻摘录
航空公司的合并

当企业考虑合并时,高管一方面要关注企业的基本状况,另一方面要关注管制政策与政治。

达美航空公司合并的传闻会动摇这个行业

达美(Delta)航空公司正在认真地考虑与西北航空公司还是联合航空公司的母公司 UAL 公司合并,根据知情人士的看法,这一事件在燃料成本上升损害了航空公司的股票价值的情况下会刺激新一轮的行业联姻。

在今天的会议上,人们预期达美公司董事会会采纳有关建议,授权总裁 Richard Anderson 与西北航空公司和联合航空公司就合并事宜进行正式讨论……

在《华尔街日报》报道了一项可能达成的交易的新闻后,昨天市场反应热烈,达美的股票上升了 2.46 美元,即上升了 18%……

任何一桩大的美国航空公司的合并案都要受到严格的审查,因为这对票价和竞争有重大影响。联合航空公司和达美航空公司按运输量排在第二和第三位,在美洲航空公司之后,大陆航空公司列第四位,西北航空公司居第五位。

然而,新一轮的行业整合将有助于航空公司减少过剩的运营能力,提高票价和在石油上升到每桶近 100 美元的压力下增加利润,尽管这也引起了乘客的更多怨言。

合并后的航空公司可以通过合并电脑系统、降低公司成本和关闭一些网络中心来节约资金。此外,大航空公司在公司账户赢利上也有优势,因为它们有了更广的航线网络。

之所以产生了新的合并冲动,是因为航空公司认为,在当前共和党执政期间,反托拉斯机构批准一两桩大交易的可能性更大一些。航空公司的高管和投资者认为,需要在未来的 30 天到 45 天内推进这些并购交易,以便在新政府一年后上台之前,有足够的时间接受审查。

资料来源: *The Wall Street Journal*, January 11, 2008.

15.5.2 管制

政府解决垄断问题的另一种方法是管制垄断者的行为。在自然垄断的情况下,例如在自来水和电力公司中,这种解决方式是很常见的。政府机构不允许这些公司收取它们想收取的任何价格,而是对它们的价格进行管制。

政府应该为自然垄断者确定多高的价格呢？这个问题并不像乍看起来那么容易回答。一些人的结论是:价格应该等于垄断者的边际成本。如果价格等于边际成本,消费者就将购买使总剩余最大化的垄断者产量,而且,资源配置将是有效率的。

但是,将边际成本定价作为一种管制制度有两个现实问题。第一个问题产生于成本曲线的逻辑。根据定义,自然垄断下的平均总成本递减。正如我们在第 13 章中讨论的,当平均总成本递减时,边际成本小于平均总成本。图 15－10 说明了这种情况,它表明企业有大量固定成本,而且以后边际成本不变。如果管制者将价格设定为等于边际成本,价格就将低于企业的平均总成本,从而企业将亏损。与其收取如此之低的价格,垄断企业还不如离开该行业。 334

图 15－10　自然垄断的边际成本定价

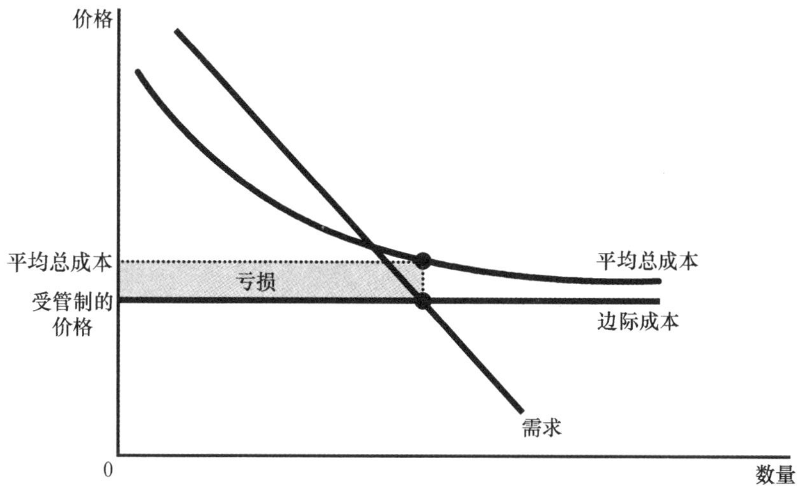

由于自然垄断下的平均总成本递减,边际成本小于平均总成本。因此,如果管制者要求自然垄断者收取等于边际成本的价格,价格将低于平均总成本,而且,垄断者将亏损。

管制者可以用各种方式对这一问题做出反应,但没有一种方式是完美的。一种方法是补贴垄断者。实际上,政府此时承担了边际成本定价固有的亏损。为了支付补贴,政府需要通过税收筹集资金,这又会引起税收本身的无谓损失。另一种方法是管制者可以允许垄断者收取高于边际成本的价格。如果受管制的价格等于平均总成本,垄断者正好赚到零经济利润。但平均成本定价引起了无谓损失,因为垄断者的价格不再反映生产该物品的边际成本。实际上,平均成本定价相当于对垄断者出售的商品征税。

新闻摘录
公共交通与私人企业

Vincent Cummins：一个非法企业家。

图片来源：EVAN KAFKA.

在许多城市，由公共汽车和地铁组成的公共交通体系是由当地政府经营的垄断企业。但这是否是最好的体系呢？

有一辆小面包车的男人

John Tierney

Vincent Cummins 总是从他的小面包车中警惕地向外张望，眼神暴露出他在做一件违法的事情。这是布鲁克林区一个安静的夜晚……过于安静。"给我盯着我背后！"他对自己的市民波段无线电上的麦克风大喊着，收音机里正在讲述着警察正对付一个刚刚在利文斯顿大街违法开车的小伙子。他向两边看了一下，没有看到警车，也没有普通不带标记的车。Cummins 犹豫了一会儿——他听广播说警察刚刚抓住了其他两个司机——但他不能停下来。当他径直把车开到路边时，对无线电上的麦克风重复着："盯着我背后！"

五秒钟后，Cummins 旗开得胜。一个拿着购物包的中年妇女上了面包车……而 Cummins 没受惩罚就把车开走了。当问到新受害者和其他乘客为什么要坐这辆非法小面包车时，他们都笑了。当向你保证花 1 美元就能乘坐小面包车，而且还有座位时，傻瓜才会花 1.50 美元站在公共汽车或地铁上。与公共汽车的司机不同，小面包车的司机找零钱也收钞票，而且白天小面包车跑得更频繁。"如果我坐公共汽车，要一个小时才到家，"在特立尼达出生的护士 Cynthia Peters 解释说，"我如果下班晚了，就要在黑暗中等公共汽车，还要穿过三个街区自己回家，这很令人害怕。但有了 Vincent Cummins 的小面包车，我不到半个小时就回到家了。他把我送到家门口，等我进去后才离开。"

Cummins 本不愿意做一个违法者。这个巴巴多斯人，自从一次受伤迫使他放弃当机械师的工作以来，他就一直在全职开小面包车。他说："虽然我可以得到残疾人津贴，但有工作更好。"他符合经营州际小面包车服务的联邦规定，然后花了几年时间努力得到在该市经营的许可。他的申请中包括了九百多位来自乘客、商业集团和教会领导人支持的说明，这份申请得到了该市出租车和通勤车委员会以及交通部的批准。市长 Giuliani 支持他。但是，与过去四年间大多数申请被驳回一样，今年夏天，市政委员会驳回了他的许可证申请，这就是布鲁克林和皇后区数千名非法司机正在躲避警察的原因。

市政委员会成员声称，他们正努力阻止小面包车引起车祸和交通问题，尽管还没有一个乘小面包车的人认真考虑过这类意见。像 Cummins 这样有驾驶执照和保险的司机并不比出租车更危险，也不会引起更多混乱。他们带来的唯一危险是对公共交通垄断的冲击。这个垄断企业的工会领导人成功地领导了一场反对这些小面包车运营合法化的运动。

小面包车司机驳斥了两个现代城市的神话：公共交通必定赔钱以及它必须是公共企业。今天，在其他城市，像 Cummins 这样的企业家正在茁壮成长——汉城和布宜诺斯艾利斯完全依靠私人盈利的公共汽车公司。而且私营公交也曾经使纽约市在公共交通方面处于世界领先地位。纽约最早的马车和电车就是由私人公司发展起来的。最早的地铁虽然由市政府贷款筹集了部分资金，但它却是由私人以 5 美分的收费——相当于今天的不到 1 美元，而卓有成效地经营、建设和管理的。

但最终，纽约的政治家通过拒绝根据通货膨胀调整收费而把大多数私人交通公司赶出了经营领域。当 20 世纪 20 年代这些企业赔钱时，市长 John Hylan 教导他们要有效地管理。他承诺，如果由市里经营地铁就会赚钱，而同时保持 5 美分收费，并使纽约人摆脱"控制交通的垄断企业"的"奴役"和"独裁"。但一旦政府把私人体系合并为一个真正的垄断者时，支出急剧增加。私人交通保持了 70 年的 5 美分收费，而在公共管理之下，这种收费上升了 2 900%——即使是这样，城市交通局每张票还要亏损 2 美元。与此同时，小面包车的司机可以以较低的价格提供更好的服务，而且依然赚钱。

加州圣克拉拉大学的经济学家、布鲁金斯学会关于公共交通的一本新书《约束权》的合作者 Daniel B. Klein 说："如果给企业家一个机会，交通还是可以获利的。政府证明了它提供交通并不比生产麦片更好。相反，它应该集中精力在建立新的促进竞争的规则上。"为了鼓励私人运营者对沿着一条线路的规范服务进行长期投资，布鲁金斯的研究人员建议向他们出售可以在沿线的某些站点载客的排他性"约束权"。这种方法使那些偶尔为之的机会主义者无法抢走长期经营者的正常乘客。但为了鼓励竞争，在沿线的其他拐角还可以有一些共同的停车点，乘客可以上任何有许可证的小面包车或公共汽车。

在没有正常公共汽车的地方，小面包车非正式地建立了它们自己的停车站，这就已经存在这种体系的因素，但市政委员会正努力消灭这些竞争者。除了拒绝向 Cummins 这样的新司机发放许可证之外，市政委员会还禁止有许可证的退休老司机在公共汽车的路线上运营。除非在法庭上驳回这些限制，否则小面包车车主们只有违法地竞争。位于华盛顿的一家公共利益律师事务所已经代表司机们提出了诉讼。不过此时，在警察和运输工人工会竭尽全力的围追堵截之下，在纽约的某些地方，像 Cummins 这样的一些非法运营者正在吸引另一位毫无疑虑的"受害者"。给他 5 美元他甚至还会改变行驶线路呢！

资料来源： *The New York Times Magazine*, August 10, 1997, p. 22. Copyright © 1997 by The New York Times Co. Reprinted by permission.

将边际成本定价(平均成本定价也一样)作为一种管制制度的第二个问题是,它不能激励垄断者降低成本。由于低成本意味着高利润,竞争市
336 场上的每个企业都努力降低其成本。但如果一个受管制的垄断者知道,只要成本降低,管制者就将降低价格,垄断者不会从降低成本中受益。在实践中,管制者解决这一问题的方法是允许垄断者以更高利润的形式从降低成本中得到一些利益,这种做法要求对边际成本定价的某种背离。

15.5.3 公有制

政府用来解决垄断问题的第三种政策是公有制。这就是说,政府不是管制由私人企业经营的自然垄断,而是自己经营自然垄断。这种解决方法在欧洲许多国家是常见的,在这些国家,政府拥有并经营公共事业,如电话、供水和电力公司。在美国,政府经营邮政服务。普通的第一类邮件的投递常常被认为是自然垄断。

经济学家对自然垄断私有化的偏爱通常大于公有制。关键问题是企业的所有权如何影响生产成本。只有私人所有者能以高利润的形式得到部分利益,他们才会有成本最小化的激励。如果企业管理者在压低成本上不成功,企业所有者就会解雇他们。与此相反,如果经营垄断的政府官员做不好工作,损失者是顾客和纳税人,他们只有求助于政治制度。官员有可能成为一个特殊的利益集团,并企图阻止降低成本的改革。简而言之,作为一种保证企业良好经营的方法,投票机制不如利润动机可靠。

15.5.4 不作为

以上每一项旨在减少垄断问题的政策都有其缺点。因此,一些经济
337 学家认为,政府通常最好不要设法去纠正垄断定价的无效率。经济学家乔治·斯蒂格勒(George Stigler)曾因对产业组织的研究而获得诺贝尔奖,下面是他的一段论述:

> 经济学中的一个著名定理认为,竞争企业经济将从既定资源存量中产生最大可能的收入。没有一个现实经济完全满足这个定理的条件。而且,所有现实经济都与理想经济有差距——这种差距称为"市场失灵"。但是,在我看来,美国经济"市场失灵"的程度远远小于根植于现实政治制度中的经济政策不完善所引起的"政治失灵"。

正如这段论述所清楚表明的,在决定经济中政府的适当作用时,需要结合政治学与经济学来进行判断。

即问即答 描述决策者对垄断引起的无效率做出反应的方式。列出每一种政策反应的一个潜在问题。

15.6 结论:垄断的普遍性

本章讨论了可以控制自己售价的企业的行为。我们已经说明了,这些企业的行为与前一章研究的竞争企业的行为有很大的不同。表 15 – 2 总结了竞争市场与垄断市场的一些相同与不同之处。

表 15 – 2 竞争与垄断:总结性比较

	竞 争	垄 断
相似之处		
企业目标	利润最大化	利润最大化
最大化原则	$MR = MC$	$MR = MC$
短期中能赚到经济利润吗?	能	能
不同之处		
企业数量	许多	一家
边际收益	$MR = P$	$MR < P$
价格	$P = MC$	$P > MC$
有生产者福利最大化的产量水平吗?	有	没有
长期中能进入吗?	能	不能
长期中能赚到经济利润吗?	不能	能
有价格歧视的可能性吗?	没有	有

从公共政策的角度看,关键结论是,垄断者生产小于社会有效率的数量,并收取高于边际成本的价格。所以,垄断引起了无谓损失。在某些情况下,垄断者可以通过价格歧视来减少这种无效率。但另一些时候,需要 338
政策制定者起到一种积极作用。

垄断问题有多普遍呢?对这个问题有两种回答。

在某种意义上说,垄断是常见的。大多数企业对它们收取的价格都有某种控制力。无法强迫它们对自己的产品收取市场价格,因为其提供的物品与其他企业提供的物品并不完全一样。福特 Taurus 汽车与丰田 Camry 汽车不完全一样。Ben 和 Jerry 的冰淇淋与 Breyer 的冰淇淋也不完全一样。这里的每一种产品都有向右下方倾斜的需求曲线,这使每个生产者都有一定程度的垄断力量。

但有相当大垄断力量的企业是很少的。很少有物品是真正独一无二的。大多数物品都有替代品,即使不完全一样,也是相似的。Ben 和 Jerry

可以略微提高其冰淇淋的价格而不失去其全部销售量；但如果他们提价很多，顾客就会转向其他品牌，销售量就会大大减少。

最后，垄断力量是一个程度问题。认为许多企业有某种垄断力量是正确的，认为它们的垄断力量通常是有限的也是正确的。在这种情况下，假设企业在竞争市场上经营即使不完全正确，也不至于太离谱。

内容提要

◎ 垄断者是在其市场上为唯一卖者的企业。当一个企业拥有一种关键资源，当政府给一个企业排他性地生产一种物品的权利，或者当一个企业可以比许多同行企业以较低成本供给整个市场时，垄断就产生了。

◎ 由于垄断者是其市场上唯一的生产者，所以它面临向右下方倾斜的产品需求曲线。当垄断者增加一单位产量时，就引起它的产品价格下降，这就减少了所有单位的产量赚到的收益量。因此，垄断者的边际收益总是低于其物品的价格。

◎ 和竞争企业一样，垄断企业也通过生产
边际收益等于边际成本的产量来实现利
339 润最大化。这时垄断者根据需求量选择
价格。与竞争企业不同，垄断企业的价
格高于它的边际收益，因此它的价格高
于边际成本。

◎ 垄断者利润最大化的产量水平低于使消费者剩余与生产者剩余之和最大化的产量水平。这就是说，当垄断者收取高于边际成本的价格时，一些对物品评价大于其生产成本的消费者不再购买这种物品。因此，垄断引起的无谓损失类似于税收引起的无谓损失。

◎ 垄断者通常可以通过根据买者的支付意愿对同一种物品收取不同的价格来增加利润。这种价格歧视的做法可以通过使一些本来不想购买的消费者购买物品从而增加经济福利。在完全价格歧视的极端情况下，垄断的无谓损失完全消除了。而且，市场上所有剩余都归垄断生产者。在更一般的情况下，当价格歧视不完全时，与单一垄断价格相比，它会增加或减少福利。

◎ 决策者可以用四种方式对垄断行为的无效率做出反应：用反托拉斯法使行业更具竞争性；管制垄断者收取的价格；把垄断者变为政府经营的企业；或者，如果与政策不可避免的不完善性相比，市场失灵的程度相对要小，政府可以选择不作为。

关键概念

垄断企业　　自然垄断　　价格歧视

复习题

1. 举出一个政府创造的垄断的例子。制造这种垄断必定是一种坏政策吗？解释原因。
2. 指出**自然垄断**的定义。市场规模的大小与一个行业是不是自然垄断有什么关系？
3. 为什么垄断者的边际收益小于其物品的价格？边际收益能成为负的吗？解释

原因。

4. 画出垄断者的需求、边际收益、平均总成本和边际成本曲线。表示出利润最大化的产量水平、利润最大化的价格和利润量。
5. 在你前一个问题的图上标明使总剩余最大化的产量水平,标明垄断的无谓损失。解释你的答案。
6. 举出两个价格歧视的例子。在每个例子中,解释为什么垄断者选择遵循这种经营战略。
7. 是什么给予政府管制企业之间合并的权力?从社会福利的角度看,分别列举出两个企业想合并的一个好理由与一个坏理由。
8. 当管制者命令一个自然垄断者必须设定等于边际成本的价格时,会产生两个什么问题?

问题与应用

340

1. 一家出版公司面临一位著名作家的下一部小说的以下需求表:

价格(美元)	需求量(本)
100	0
90	100 000
80	200 000
70	300 000
60	400 000
50	500 000
40	600 000
30	700 000
20	800 000
10	900 000
0	1 000 000

向作者支付的稿酬是200万美元,印刷一本书的边际成本是固定的10美元。

a. 计算总收益、总成本和每种数量时的利润。出版社选择的利润最大化产量是多少?它收取的价格是多少?

b. 计算边际收益(回想一下,$MR = \Delta TR/\Delta Q$)。如何比较边际收益与价格?解释原因。

c. 画出边际收益曲线、边际成本曲线和需求曲线。在哪个数量时边际收益曲线与边际成本曲线相交?这一交点表示什么?

d. 在你的图中,用阴影表示无谓损失。用文字解释该阴影代表什么。

e. 如果向作者支付的稿酬是300万美元而不是200万美元,这将如何影响出版社关于收取的价格的决策?解释原因。

f. 假设出版社的目标不是利润最大化,而是关注经济效率最大化。那么它对这本书收取的价格是多少?在这种价格时能获得多少利润?

2. 假设法律要求自然垄断者收取的价格等于平均总成本。在图上标出收取的价格以及与边际成本定价相比的社会无谓损失。
3. 假定清洁矿泉水公司对加利福尼亚销售的瓶装水形成垄断。如果瓶装水的价格上升,清洁矿泉水公司利润最大化的产量水平、价格和利润有什么变动?分别用文字和图形解释。
4. 一个小镇有许多相互竞争的超市,它们有不变的边际成本。

a. 用日用品市场图形说明消费者剩余、生产者剩余和总剩余。

b. 现在假设,独立的超市联合为一个连锁店。用新图形说明新的消费者剩余、生产者剩余和总剩余。相对于竞争市场而言,从消费者转移给生产者的是什么？无谓损失是什么？

5. Johnny Rockabilly 刚刚录制完一张 CD。他的录音公司销售部确定对这张 CD 的需求如下表所示：

价格（美元）	CD 需求量（张）
24	10 000
22	20 000
20	30 000
18	40 000
16	50 000
14	60 000

该公司生产 CD 没有固定成本，可变成本是每张 CD 5 美元。

341 a. 求产量等于 10 000 张、20 000 张等等的总收益。销售量每增加 10 000 张的边际收益是多少？

b. 求利润最大化时的 CD 产量、价格和利润。

c. 如果你是 Johnny 的代理人，你会建议 Johnny 向录音公司要多少录音费？为什么？

6. 一个公司正在考虑在一条河上建一座桥。修桥的成本是 200 万美元，没有维修费用。下表表示该公司对桥在使用寿命内需求的预期：

每过一次的价格（美元）	过桥次数（千次）
8	0
7	100
6	200
5	300
4	400
3	500
2	600
1	700
0	800

a. 如果公司建这座桥，其利润最大化的价格是多少？该价格对应的是否是有效率的产量水平？为什么？

b. 如果公司关注利润最大化，它应该建桥吗？它的利润或亏损是多少？

c. 如果政府要建桥，它收取的价格应该是多少？

d. 政府应该建桥吗？解释原因。

7. Larry、Curly 和 Moe 经营镇里唯一的一个沙龙。Larry 想在不赔钱的情况下尽量多卖饮料，Curly 想让沙龙带来尽可能多的收益，Moe 想使利润尽量多。用一个该沙龙的需求曲线和成本曲线图形说明每个合伙人都赞成的价格和数量的组合。解释原因。

8. 多年来，AT&T 公司一直是一个受管制的垄断者，它提供本地与长途电话服务。

a. 解释为什么长途电话服务原本就是一种自然垄断。

b. 过去 20 年间，许多公司已经发射了通讯卫星，每个卫星都可以传送有限量的电话。通讯卫星作用的日益增强如何改变了长途电话服务的成本结构？

在与政府进行长期法律上的周旋之后，AT&T 公司同意与其他公司在长途电话市场上竞争。它还同意把本地电话服务分为八家"小贝尔"，这些小公司仍然受到了严格管制。

c. 为什么在长途电话服务中有竞争是有效率的，而在本地电话服务中受管制的垄断是有效率的？

9. 考虑垄断定价和需求价格弹性之间的关系：

a. 解释为什么一个垄断者决不生产需求曲线缺乏弹性时的数量。（提示：如果需求缺乏弹性而企业提高其价格，总收益和总成本会发生什么变动？）

b. 画出垄断者的图形，准确地标出缺乏

弹性的需求曲线部分。(提示:答案与边际收益曲线相关。)

c. 在你的图形上标明使总收益最大化的数量和价格。

10. 如果政府想鼓励垄断者生产社会有效率的数量,它应该对每单位产品征税还是给予补贴?解释这种税收或补贴如何达到社会有效率的产量水平。在不同的利益相关方中——垄断企业、垄断产品的消费者和其他纳税人——谁会支持这种政策?谁会反对这种政策?

11. 你住在一个有 300 个成人和 200 个孩子的小镇上,而且,你正考虑进行一场演出招待你的邻居并赚点钱。该演出的固定成本为 2 000 美元,但多售出一张票的边际成本为零。下面是你的两类顾客的需求表:

价格(美元)	成人(个)	儿童(个)
10	0	0
9	100	0
8	200	0
7	300	0
6	300	0
5	300	100
4	300	200
3	300	200
2	300	200
1	300	200
0	300	200

a. 为了使利润最大化,你对成人票收取多高的价格?对儿童票呢?你获得多少利润?

b. 市委会通过了一项法律,禁止你向不同顾客收取不同价格。现在你把票价确定为多少?你获得多少利润?

c. 由于法律禁止价格歧视,谁的状况变坏了?谁的状况变好了?(如果可以的话,计算福利变动的数量。)

d. 如果这个演出的固定成本是 2 500 美元,而不是 2 000 美元,你对 a、b、c 的回答有什么变动?

12. 根据市场研究,一家唱片公司获得了以下有关其新 CD 的需求和生产成本的信息:

$$价格 = 1\,000 - 10Q$$

$$总收益 = 1\,000Q - 10Q^2$$

$$边际收益 = 1\,000 - 20Q$$

$$边际成本 = 100 + 10Q$$

其中,Q 表示可以售出的 CD 数量,而 P
是用美分表示的价格。 342

a. 找出使公司利润最大化的价格和数量。

b. 找出能实现社会福利最大化的价格和数量。

c. 计算垄断带来的无谓损失。

d. 假设除了以上成本以外,还要向录制唱片的乐师支付报酬。这家公司在考虑以下四种方案:

i. 一次性付费 2 000 美分

ii. 利润的 50%

iii. 每售出一张 CD 支付 150 美分

iv. 收益的 50%

对于以上四种方案,分别计算使利润最大化的价格和数量。在这些付酬计划之中,如果有的话,哪一种能改变垄断引起的无谓损失?解释原因。

13. 许多价格歧视计划都会引起一些成本。例如,折扣券要占用买者与卖者的时间与资源。这个题考虑高成本价格歧视的含义。为了使事情简化,我们假设这里垄断者的生产成本与产量是成比例的,因此平均总成本和边际成本是不变的,而且相等。

a. 画出垄断者的成本曲线、需求曲线和边际收益曲线。说明没有价格歧视时垄断者收取的价格。

b. 在你的图上标出等于垄断者利润的面积,并称之为 X;标出等于消费者剩余的面积，并称之为 Y；标出等于无谓损失的面积，并称之为 Z。

c. 现在假设，垄断者可以实行完全价格歧视。垄断者的利润是多少？（用 X、Y 和 Z 表示你的答案。）

d. 价格歧视引起的垄断利润变动是多少？价格歧视引起的总剩余变动是多少？哪一个变动更大？解释原因。（用 X、Y 和 Z 表示你的答案。）

343 e. 现在假设价格歧视有一些成本。为了使这种成本模型化，我们假设，垄断者为了实行价格歧视必须支付固定成本 C。垄断者如何做出是否支付这种固定成本的决策？（用 X、Y、Z 和 C 表示你的答案。）

f. 关心总剩余的仁慈的社会计划者如何决定垄断者是否应该实行价格歧视？（用 X、Y、Z 和 C 表示你的答案。）

g. 比较你对 e 和 f 的答案。垄断者实行价格歧视的激励与社会计划者有什么不同？即使价格歧视从社会来看是不合意的，垄断者也可能实行价格歧视吗？

第 16 章 垄断竞争

你走进一家书店，想买一本书作为假期的消遣。在书架上你发现了 345
一本苏·格拉夫顿(Sue Grafton)的神秘小说、一本史蒂芬·金(Stephen King)的惊险小说、一本丹尼尔·斯蒂尔(Danielle Steel)的言情小说、一本大卫·麦卡洛(David McCullough)的历史小说，以及许多其他可选择的书。当你从中挑选出一本并买下它时，你是在参与哪一种市场？

一方面，书的市场看来是竞争性的。当你浏览书店的书架时，会发现许多吸引你的作者和出版者。这个市场上的买者都有成千上万种相互竞争的产品可供其选择。而且，因为任何一个人都可以通过写作和出版一本书而进入这个行业，所以图书经营并不十分有利可图。对每一位高收入的小说家来说，都存在着数以百计的竞争者。

另一方面，书的市场看来又是垄断性的。因为每本书都是独一无二的，出版者在某种程度上可以选择其所收取的价格。这个市场上的卖者是价格决定者，而不是价格接受者。而且实际上，书的价格大大超过了边际成本。例如，一本典型的精装本小说的价格是 25 美元左右，而多印一本这种小说的成本不超过 5 美元。

小说市场既不适用于竞争模式，又不适用于垄断模式。垄断竞争模式是对它最好的描述，这正是本章的主题。“垄断竞争”这个词乍一看有点矛盾，就像说“巨大的小矮人”似的。但是，正如我们将要说明的，垄断
竞争行业在某些方面是垄断的，而在另一些方面又是竞争的。这个模式 346
不仅描述了出版行业，而且也描述了许多其他物品与劳务市场。

16.1 在垄断和完全竞争之间

前两章分析了有许多竞争企业的市场和只有一个垄断企业的市场。在第 14 章中，我们说明了完全竞争市场的价格总是等于生产的边际成

本。我们还说明了在长期中，进入与退出使经济利润为零，因此，价格也等于平均总成本。在第15章中，我们说明了有市场势力的企业如何可以使用该力量使价格高于边际成本，这就产生了企业的正经济利润和社会的无谓损失。竞争和垄断是市场结构的极端形式。当市场上有很多企业提供基本相同的物品时，就出现了竞争；当市场上只有一家企业时，就出现了垄断。

完全竞争和垄断的情况说明了有关市场如何运行的一些重要思想。但是，经济中大部分市场同时包含了这两种情况的成分，因此不能用这两种情况中的任何一种来全面地对市场进行描述。经济中一般企业面临竞争，但竞争并没有激烈到使企业完全像第14章分析的价格接受企业那样。一般企业也具有某种程度的市场势力，但其力量还没有大到使企业可以完全像第15章分析的垄断企业那样。换句话说，很多行业介于完全竞争和垄断的极端情况之间的某个位置。经济学家称这种情形为不完全竞争。

寡头：
只有几个提供相似或相同产品的卖者的市场结构。

不完全竞争市场的第一种类型是**寡头**（oligopoly），寡头是只有少数几个卖者的市场，每个卖者都提供与其他企业相似或相同的产品。网球市场就是一个例子，但还有许多其他例子。经济学家用统计学上所说的集中率衡量少数企业的市场支配地位，集中率是四家最大企业在市场总产量中的百分比。在美国经济中，大多数行业的四企业集中率在50%以下。与此相反，高度集中的行业包括早餐麦片（集中率为83%）、飞机制造（85%）、电灯泡（89%）、家庭洗衣设备（90%）以及烟草（99%）。这些行业最适于被描述为寡头。

垄断竞争：
存在许多出售相似但不相同产品的企业的市场结构。

不完全竞争市场的第二种类型称为**垄断竞争**（monopolistic competition），它描述一个有许多出售相似但不相同产品的企业的市场结构。在垄断竞争的市场上，每家企业都垄断着自己生产的产品，但许多其他企业也生产争夺同样顾客的相似但不相同的产品。

说得更准确些，垄断竞争描述了具有以下特征的市场：

- 许多卖者：有许多企业争夺相同的顾客群体。
- 产品差别：每个企业生产的一种产品至少与其他企业生产的这种产品略有不同。因此每个企业不是价格接受者，而是面临一条向右下方倾斜的需求曲线。

347
- 自由进入和退出：企业可以无限制地进入或退出一个市场。因此，市场上企业的数量要一直调整到经济利润为零时为止。

略微想一下，就可以列出一系列有这些特征的市场：书籍、音乐CD、电影、电脑游戏、餐馆、钢琴课、点心和家具等。

垄断竞争和寡头一样，也是介于竞争和垄断这两种极端情况之间的一种市场结构。但寡头和垄断竞争是完全不同的。寡头不同于第14章完全竞争的理想状态，因为前者的市场上只有几个卖者。卖者数量少使得激烈的竞争不大可能产生，而且更使得卖者之间的策略相互作用显得极为重要。与此相反，在垄断竞争之下，有许多卖者，其中每一个卖者与市场相比都很小。垄断竞争市场不同于完全竞争的理想状态，因为每个卖者都提供略有差别的产品。

图 16－1 总结了市场结构的四种类型。对于任何市场来说所要提的第一个问题是市场上有多少家企业。如果只有一家企业，市场就是垄断的。如果只有几家企业，市场就是寡头。如果有许多企业，我们就需要问另一个问题：企业出售的是相同产品还是有差别的产品？如果这些企业出售有差别的产品，市场就是垄断竞争；如果这些企业出售的是相同产品，市场就是完全竞争。

图 16－1　市场结构的四种类型

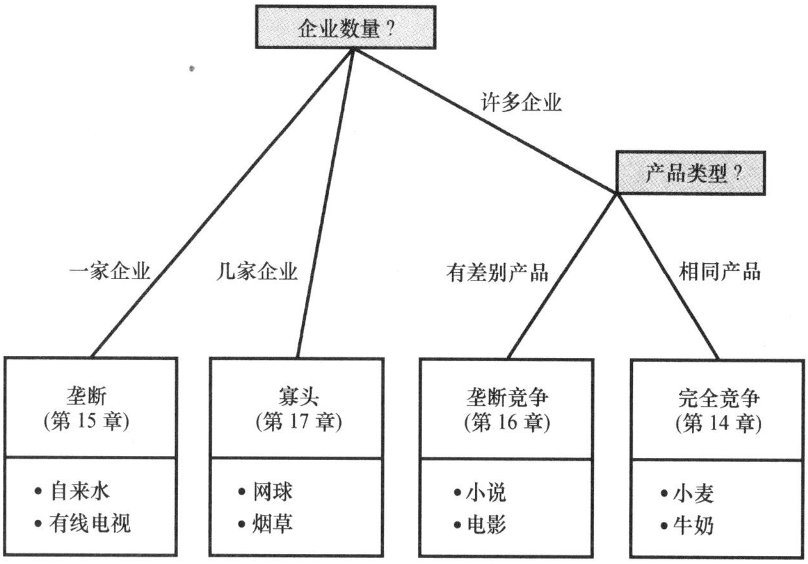

研究产业组织的经济学家把市场分为四种类型——垄断、寡头、垄断竞争和完全竞争。

由于现实绝不像理论这样界限分明，在某些情况下，你会发现，很难用某种结构来描述一个市场。例如，当计算企业数量时，没有一个神奇的数字能用来区分“很少”和“很多”（现在约有十二家公司在美国出售汽车，这使得汽车市场是寡头，还是更接近垄断竞争？答案是有争议的）。同样，也没有一种确切的方法可以确定什么时候产品是有差别的，而什么时候又是相同的（不同品牌的牛奶实际上是相同的吗？答案也是颇有争议的）。当分析实际市场时，经济学家必须记住从研究各种市场结构类型中得出的结论，并在适合的时候运用每个结论。 348

我们已经知道了经济学家如何定义市场结构的不同类型，现在我们就可以继续分析市场结构了。在下一章中，我们分析寡头。在本章中我们考察垄断竞争。

即问即答　描述寡头和垄断竞争的定义，并各举一个例子。

16.2 有差别产品的竞争

为了理解垄断竞争市场,我们首先考虑一个企业所面临的决策;然后考察企业进入和退出一个行业在长期中的影响;接着比较垄断竞争下的均衡与我们在第14章中考察的完全竞争下的均衡;最后,我们从整个社会的角度来考察垄断竞争的结果是不是合意的。

16.2.1 短期中的垄断竞争企业

垄断竞争市场上的每个企业在许多方面很像垄断企业。因为它的产品与其他企业提供的这种产品有差别,所以它面临一条向右下方倾斜的需求曲线(与此相比,完全竞争企业面临一条由市场价格决定的水平需求曲线)。因此,垄断竞争企业遵循垄断者的利润最大化规律:它选择生产边际收益等于边际成本的产量,然后用其需求曲线找出它可以出售的价格。

"既然我们所面对的是一条向右下方倾斜的需求曲线,而且其他企业又很容易进入这个行业,我们只有让边际成本等于边际收益,以寻求最高利润。再多订一些软糖吧!"

图片来源:© 2003 BY SIDNEY HARRIS.

图16-2表示在不同垄断竞争行业中的两家典型企业的成本、需求和边际收益曲线。在这个图的两幅中,利润最大化产量在边际收益与边际成本曲线的交点。这两幅图表示企业利润的不同结果。在(a)幅中,价

图 16-2　短期中的垄断竞争者

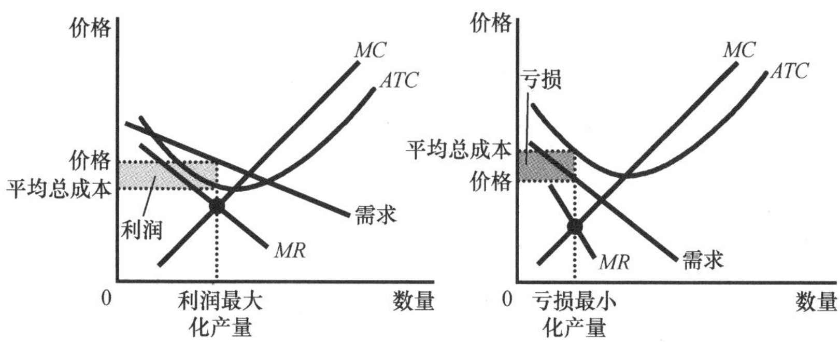

(a) 企业有利润　　(b) 企业有亏损

垄断竞争者和垄断者一样,通过生产边际收益等于边际成本的产量来实现利润最大化。(a)幅中的企业有利润,因为在这个产量时,价格高于平均总成本。(b)幅中的企业有亏损,因为在这个产量时,价格低于平均总成本。

格高于平均总成本,因此企业获得正利润;在(b)幅中,价格低于平均总成本。在这种情况下,企业不能获得正利润,因此企业能做的最好的事就是使其亏损最小化。

所有这一切看起来都是熟悉的。垄断竞争企业选择产量和价格的方式与垄断者一样。在短期中,这两种类型的市场结构是相似的。

16.2.2　长期均衡

图 16-2 描述的情况不会持续太久。当企业有利润时,如(a)幅所示,新企业有进入市场的激励。这种进入增加了顾客可以选择的产品数量,从而减少了市场已有的每家企业面临的需求。换句话说,利润鼓励进入,而进入又使已有企业面临的需求曲线向左移动。随着对已有企业产品需求的减少,这些企业的利润下降了。 349

相反,当企业有亏损时,如(b)幅所示,市场上的企业有退出的激励。随着企业退出,顾客可选择的产品少了。这种企业数量的减少扩大了留在市场上的企业面临的需求。换句话说,亏损鼓励退出,退出使仍然留下来的企业的需求曲线向右移动。随着对留下来的企业产品需求的增加,这些企业利润增加了(也就是说,亏损减少了)。

这个进入和退出的过程一直要持续到市场上企业正好有零经济利润时为止。图 16-3 描述了长期均衡。一旦市场达到了这种均衡,新企业将没有进入的激励,原有企业也没有退出的激励。

要注意的是,这个图上的需求曲线正好与平均总成本曲线相接触,在数学上,我们说这两条曲线**相切**。一旦进入和退出使利润为零,这两条曲线必定相切。由于所销售的每单位产品的利润是价格(根据需求曲线找出)与平均总成本之间的差额,因此,只有在这两条曲线相切而没有相交时,最大化的利润才是零。还要注意的是,这个切点出现在边际收益等于边际成本的同样数量时。这两个点不会一致:这是因为这种数量使利润最大化,而在长期中最大的利润正好等于零。

图 16－3　长期中的垄断竞争者

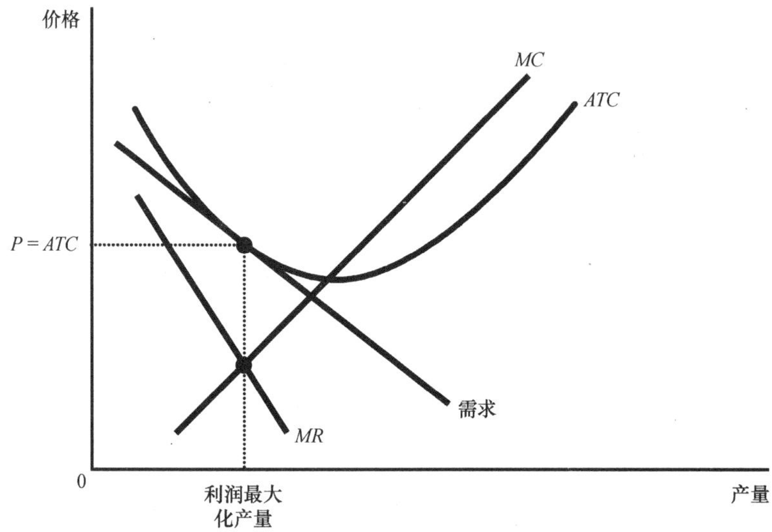

在一个垄断竞争市场中，如果企业有利润，新企业进入，而且原有企业的需求曲线向左移动。类似地，如果企业有亏损，旧企业退出，而且留下来的企业的需求曲线向右移动。由于需求曲线的这种移动，垄断竞争企业最后达到本图所示的长期均衡。在这种长期均衡时，价格等于平均总成本，企业赚到零利润。

总之，以下两个特点描述了垄断竞争市场上的长期均衡：

351 • 正如在垄断市场上一样，价格大于边际成本。得出这个结论是因为利润最大化要求边际收益等于边际成本以及向右下方倾斜的需求曲线使边际收益小于价格。

• 正如在竞争市场上一样，价格等于平均总成本。得出这个结论是因为自由进入和退出使经济利润为零。

第二个特点表明垄断竞争如何不同于垄断。由于垄断者是没有相近替代产品的唯一卖者，因此即使在长期中，它也可以有经济利润。与此相反，由于垄断竞争市场可以自由进入，因此，这种类型市场上的企业的经济利润被拉动为零。

16.2.3　垄断竞争与完全竞争

图 16－4 比较了垄断竞争下的长期均衡和完全竞争下的长期均衡（第 14 章讨论了完全竞争的均衡）。垄断竞争和完全竞争之间有两个值得注意的差别——生产能力过剩与价格加成。

352 **生产能力过剩**　正如我们刚刚说明的，进入与退出使垄断竞争市场上每个企业到达需求曲线与平均总成本曲线相切的一点上。图 16－4 的(a)幅表示，这一点时的产量小于使平均总成本最小时的产量。因此，在垄断竞争之下，企业的生产在其平均总成本曲线向右下方倾斜的那一部分上。在这方面，垄断竞争与完全竞争形成了鲜明对照。正如图 16－4 的(b)幅所示，竞争市场上的自由进入使企业生产平均总成本最小时的产量。

图 16－4　垄断竞争与完全竞争

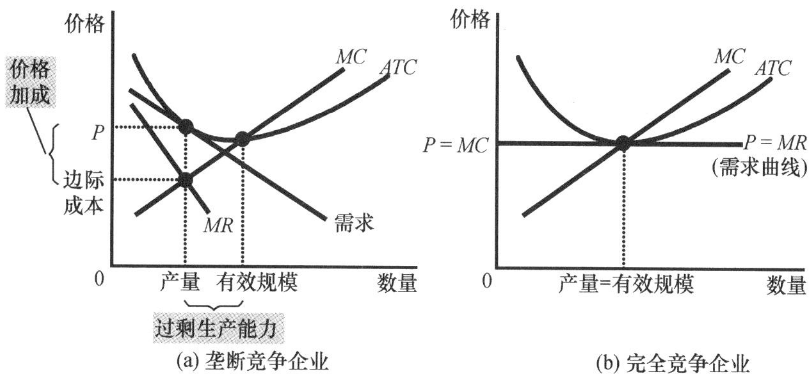

(a)幅表示垄断竞争市场的长期均衡，而(b)幅表示完全竞争市场的长期均衡。两者的差别是值得注意的：(1) 完全竞争企业在有效规模上生产，平均总成本最小。与此相比，垄断竞争企业在小于有效规模处生产。(2) 完全竞争之下价格等于边际成本，而在垄断竞争之下价格高于边际成本。

使平均总成本最小的产量称为企业的有效规模。在长期中，完全竞争企业在有效规模上生产，而垄断竞争企业的生产低于这一水平。可以说企业在垄断竞争之下有过剩生产能力。换言之，与完全竞争企业不同，垄断竞争企业可以增加其产量并降低生产的平均总成本。企业放弃这种机会是因为为了把增加的产品卖出去，它必须降价。对于垄断竞争者来说，继续在过剩能力时运行会更有利。

高于边际成本的价格加成　完全竞争和垄断竞争之间的第二个差别是价格和边际成本的关系。对一个如图 16－4 的(b)幅所示的竞争企业来说，价格等于边际成本；对于一个如图 16－4 的(a)幅所示的垄断竞争企业来说，价格高于边际成本，因为企业总有某种市场势力。

这种高于边际成本的价格加成如何与自由进入和零利润保持一致呢？零利润状况只能保证价格等于平均总成本，它并不保证价格等于边际成本。实际上，在长期均衡时，垄断竞争企业在其平均总成本曲线向下的部分运营，因此，边际成本低于平均总成本。这样，在价格等于平均总成本时，价格必定高于边际成本。

在这种价格与边际成本之间的关系中，我们可以看到完全竞争者与垄断竞争者之间关键的行为差别。设想你问企业这样的问题："你愿意看到又一位顾客走进你的店门以你现在的价格购买你的物品吗？"一个完全竞争企业将回答这无所谓，因为完全竞争企业的价格完全等于边际成本，企业从多销售一单位产品中得到的利润为零。与此相反，垄断竞争企业总是渴望得到另一个顾客。因为它的价格高于边际成本，以牌价多销售出一单位产品就意味着利润增多了。

根据一个古谚所说，垄断竞争市场是卖者向买者寄圣诞卡的市场。只有价格高于边际成本，努力吸引更多的顾客才变得有意义。

16.2.4 垄断竞争与社会福利

从整个社会的角度来看，垄断竞争市场是合意的吗？决策者可以改
353 善市场结果吗？在前几章中，我们以效率的观点——即社会是否从其稀缺资源中得到了可以得到的最大量——来评价市场。我们知道竞争市场得出了有效率的结果，除非有外部性存在，而垄断市场引起了无谓损失。垄断竞争市场比这两种极端情况中的任何一种都复杂，因此，评价这些市场上的福利就更为微妙。

无效率的来源之一是高于边际成本的价格加成。由于价格加成的存在，一些对物品的评价高于生产的边际成本（但低于价格）的顾客没有购买物品。因此，垄断竞争市场存在垄断定价的正常的无谓损失。

虽然与价格等于边际成本的最好结果相比，这种结果并不合意，但决策者并没有一个简单易行的办法来解决这个问题。为了强制实行边际成本定价，决策者就需要管制所有生产有差别产品的企业。由于这种产品在经济中如此之普遍，以至于这种管制的管理负担将是巨大的。

此外，管制垄断竞争也会引起管制自然垄断所产生的所有问题。特别是，由于垄断竞争已经是零利润，要求企业把价格降低到等于边际成本就会使它们亏损。为了维持这些企业经营，政府就需要帮助它们弥补亏损。政府要想不增加用于支付补贴的税收，就最好允许垄断定价的无效率存在。

垄断竞争可能引起社会无效率的另一个方面是，市场上的企业数量可能并不是“理想”的数量。也就是说，可能有太多或太少的企业进入。考虑这个问题的一种方法是根据与进入相关的外部性。每当一家新企业考虑带着一种新产品进入市场时，它只考虑自己能赚到的利润。但它的进入还有两种外部效应：

- **产品多样化外部性**：由于消费者从新产品引进中得到了消费者剩余，因此新企业进入给消费者带来了正的外部性。
- **抢走业务外部性**：由于其他企业因新竞争者进入而失去了部分顾客和利润，因此新企业进入给原有企业带来了负的外部性。

因此，在垄断竞争市场上，与新企业进入相关的既有正外部性又有负外部性。垄断竞争市场中产品太多还是太少取决于哪一种外部性大。

这两种外部性与垄断竞争的条件密切相关。产品多样化外部性的产生，是因为新企业提供了不同于原有企业产品的产品；抢走业务外部性的产生，是因为企业使价格高于边际成本，因此，总渴望多卖出一些产品。相反，由于完全竞争企业生产相同产品并收取等于边际成本的价格，因此在完全竞争之下，这两种外部性都不存在。

354 最后，我们所能得出的结论只是，垄断竞争市场并不具有完全竞争市场所具有的全部合意的福利特点。也就是说，在垄断竞争下，看不见

的手并不能确保总剩余最大化。但由于这种无效率是模糊的，很难衡量，也很难解决，因此公共政策没有一种简单易行的办法来改善这种市场结果。

新闻摘录
多样性不充分是一种市场失灵

宾夕法尼亚大学的经济学家 Joe Waldfogel 认为，在存在大量固定成本时，市场不能充分为有特殊偏好的顾客服务。

图片来源：© AP IMAGES.

如果鞋子不合适

Joe Waldfogel

上周，耐克公司展示了一双特别为美国印第安人设计的鞋。这种运动鞋既有本土风格的设计，而且——更重要的是——又有适应美国印第安人特殊脚形的宽形设计。由于一些部落有糖尿病和接近于地方病程度的相关状况，因此美国印第安人首领很高兴地欢迎这种舒适的产品。唯一让人感到奇怪的就是这种特制的鞋上市用了这么长时间。毕竟，自由市场经济学家几十年来一直告诉我们，我们应该依靠市场决策而不是政府，来满足我们的需求，因为满足每一个人每一种要求的正是市场。

但是市场的结果却是印第安人为一双好鞋等了这么长时间。对于那些有不同于正常人的偏好的少数群体来说，市场往往不能给予他们想要的，正如我在我的新书《市场的专制：为什么你不能总是得到你想要的》（*The Tyranny of the Market：Why You Can't Always Get What You Want*）中所论述的。

约翰·斯图亚特·穆勒指出，投票会引起多数人的专制。如果我们投票选出应该生产什么颜色的衬衣——或者是生产或宽或窄的鞋——那么，多数人就可以得到他们所喜欢的，而少数人则得不到。另一方面，也可以指望市场以不同的方式运行。正如米尔顿·弗里德曼在 1962 年雄辩地提出："通过政治渠道行动的特点是它往往要求或强迫大多数的一致。市场的巨大优点就是它允许广泛的多样性。对自己想要的领带颜色，每个人都可以投票选择并得到。他没有必要去看大多数人想要的颜色，而且如果他是少数，还要被迫服从。"这是一段很精彩的论述。但是对于许多产品和许多人来说，它是错误的。

在许多市场上存在着两个压倒一切的简单条件，意味着个人的嗜好不能单独决定个人的满足。这两个条件是：（1）巨大的起步成本；（2）不同群体的偏好不同。有了这两个条件，市场上任何一个人的满足就是有多少与他或她的嗜好相同的人的函数。换言之，在这些情况下，市场就有了某些不为人所喜欢的政府特征。它们给予较大的群体更多更好的选择。

在我的研究中，我发现了这种现象是广泛存在的。十年前，我开始研究电台的收听方式。我注意到，在人口较多的美国大都市地区，人们听收音机较多。这并不令人特别惊讶。在大城市，更多的电台可以吸引足够的听众和广告收益来补偿成本以继续播出。可选的频道越多,听众就越多。因此,在这种高固定成本的情况下(每个电台都需要一定的听众以实现继续广播),人们通过制造更多的选择相互帮助。

但是,谁对谁有利呢?当我分别考察黑人和白人听众时,我注意到一些令人吃惊的事。黑人更多地在黑人多的城市听,而白人更多地在白人多的城市听。在白人多的地方,黑人听众并不增加,而在黑人多的地方,白人听众也并不增加。这就意味着,虽然整体上是大家通过增加选台的频道相互帮助,但是黑人并不帮助白人,而白人也不帮助黑人。对于西班牙裔人和非西班牙裔人也出现了同样的模式。

进一步的数据研究——必须这样做,因为我是中年白人经济学家——说明了为什么出现这种情况。黑人和白人并不收听同样的电台。以黑人为目标的播放形式有2/3的黑人听,而只有3%的白人听。同样,吸引了大量白人听众的电台,如乡村音乐,几乎吸引不了什么黑人。这就意味着,如果你把乡村歌手"王牌接线员拉里"和几千个他的朋友空降到某个大城市,就为乡村音乐还有摇滚专辑之类的节目创造出了更多需求,这对白人听众来说是件好事。但是这根本吸引不了黑人听众。

在电台这个例子里,不同的人群不能相互帮忙,但是也没有相互伤害。可有时候,不同人群通过市场相互产生的效应是负面的。有些行业比如日报基本是一个市场只有一种。由于报纸是可以刻意迎合某个群体的,因此这个被迎合的群体越大,这份报纸就越不适合其他人。这就是由政治上的多数人专制从字面意义上转化而来的市场上的多数人专制。

让我们回到耐克的新球鞋上。在Foot Locker体育用品网上商店里,大多数美国人和我都能找到合适的鞋子。但是占美国1.5%人口的印第安人普遍有宽三号的脚,他们需要有不同型号的鞋子。如果我们要全民投票来决定是应该生产宽款鞋还是普通宽度的鞋,我们一定会选后者。这就是弗里德曼谴责过的政府配置。但是市场其实也是这么做的。耐克看起来是解决了这个忽视少数人偏好的问题,实际谈不上。耐克公司花了太多年才生产了这种鞋,而根据美联社的说法,这种新运动鞋"只能表达良好意愿和品牌成就,而不是财务上的创利"。

市场的多数人专制别的地方也都有。如果你病了,希望你的病足够常见,这样才可能吸引药厂的兴趣,因为开发新药要花近十亿美元。如果你想从你家飞到芝加哥,也希望你住的地方足够大,要不然就不能保证一天一个航班。

如果你不是幸运的多数人的一员,那你就只有等着政府按你的意愿行事,等待对罕见病的药品开发补贴或者小地方的航空服务出现。很久以来,有影响力的经济学家们都在呼吁让市场解决各种各样的问题,这样才能保护你选你所想的自由。如果每个人都赞同你,这就会实现。

资料来源: *Slate*, October 4, 2007.

即问即答 • 列出垄断竞争的三个关键特征。• 画出并解释表示垄断竞争市场上长期均衡的图形。这种均衡与完全竞争市场上的长期均衡有何不同?

16.3 广告 355

在现代经济中,几乎每一天都伴随着铺天盖地的广告。不管你是在读报、看电视,还是在高速公路上行驶,一些企业都力图说服你购买它的产品。这种行为是垄断竞争(以及某些寡头行业)的一个自然特征。当企业销售有差别产品并收取高于边际成本的价格时,每个企业都有激励以做广告的方式来吸引更多的买者购买自己的特定产品。

各种产品之间广告量差别很大。销售有较大差别消费品的企业,例如销售成药、香水、软饮料、剃须刀片、早餐麦片和狗食的企业,通常都把收益的10%—20%用于广告;出售工业品的企业,例如销售钻探机与通信卫星的企业,用于广告的支出一般很少;而出售同质产品的企业,例如销售小麦、花生或原油的企业,根本没有广告支出。

就整个经济而言,企业总收益中有2%左右用于广告。这种支出采取了多种形式,包括通过电视和广播、报纸和杂志的版面、直接邮寄、黄页、广告牌和互联网发布的商业广告。

16.3.1 关于广告的争论

用于广告的资源是不是一种社会浪费?或者说广告是否服务于有价值的目的?判断广告的社会价值是很困难的,而且往往引起经济学家之间的激烈争论。我们来看一下争论的双方。

广告的批评者 广告的批评者认为,企业做广告是为了操纵人们的偏好。许多广告是心理性的,而不是信息性的。例如,考虑某些品牌软饮料的一个典型电视商业广告。最可能的是,这一商业广告并没有告诉观众产品的价格或质量,而是只展现了一个情景:在一个阳光明媚的日子里,海边沙滩上有一群快乐的年轻人,每个人手中都拿着一罐同样的软饮料。这一商业广告的目的是要下意识地(如果不明显的话)传递一个信息:“只要你喝我们的产品,你就能拥有这么多朋友和快乐。”广告的批评者认为,这种商业广告创造了一种本来不存在的欲望。

批评者还认为,广告抑制了竞争。广告向消费者夸大各产品之间的差别。通过增加产品差别意识和促进品牌忠诚度,广告使买者不太关心相似产品之间的价格差。在需求曲线缺乏弹性时,每个企业都要收取高于边际成本的价格加成。

广告的辩护者 广告的辩护者认为,企业用广告向顾客提供信息。广告向消费者传递所销售物品的价格、新产品的存在和零售店的位置等信息。这种信息可以使顾客更好地选择想购买的物品,从而提高市场有效配置资源的能力。

辩护者还认为,广告促进了竞争。因为广告使顾客能更充分地了解市场上的所有企业,这样顾客可以更容易地利用价格差。因此,每个企业拥有的市场势力变小了。此外,广告使新企业更容易进入,因为它赋予进入者从现有企业中吸引顾客的一个手段。

随着时间的推移,决策者逐渐接受了广告可以使市场更具竞争性的观点。一个重要的例子是对某些职业广告的管制,比如律师、医师和药剂师等职业。过去,这些群体都以广告是“非专业性的”为理由,成功地使州
357 政府禁止这些行业做广告。但近年来,法院得出结论:对广告的这些限制的主要影响是抑制了竞争。因此,它们取消了许多禁止这些专业人员做广告的法律。

案例研究
广告与眼镜的价格

广告对一种物品的价格有什么影响呢?一方面,做广告比不做广告使消费者认为这种产品与其他产品的差别更大。如果是这样的话,广告就减少了市场的竞争性,而且使企业的需求曲线更缺乏弹性,这就使企业能收取较高价格。另一方面,广告使消费者更易于找到提供最优价格的企业。在这种情况下,这就会使市场更具有竞争性,并使企业需求曲线更富有弹性,从而使企业降低价格。

经济学家李·宾哈姆(Lee Benham)在1972年发表于《法律与经济学杂志》的一篇文章中检验了关于广告的这两种观点。在20世纪60年代的美国,各州政府对配镜师做广告有极为不同的规定。一些州允许为眼镜和验光服务做广告。但是,也有许多州禁止这种广告。例如,佛罗里达州的法律规定如下:

> 任何个人、企业或公司……直接或间接地对治疗或矫正用镜片和镜架、完全治疗或矫正用眼镜或任何验光服务做广告,无论是否有确定或不确定的价格与信用条件,都是违法的……这项规定符合公众健康、安全和福利的利益,对其条款应予以充分解释,以实现其目的和目标。

专业配镜师热烈地支持这些对广告的限制。

宾哈姆把各州法律的差别作为检验关于广告的两种观点的一个自然实验,其结果令人惊讶。在那些禁止广告的州中,对一副眼镜支付的平均价格是33美元(这个数字并不像看起来那么低,因为这是1963年的价

格，当时所有东西的价格都比现在低得多。要把 1963 年的美元折算成现在的美元，可能需要乘以 7）。在那些不限制广告的州中，平均价格是 26 美元。因此，广告使平均价格下降了 20% 以上。在眼镜市场上，也许还在其他许多市场上，广告促进了竞争并使消费者得到了较低的价格。

参考资料
加尔布雷思与哈耶克

约翰·肯尼思·加尔布雷思（John Kenneth Galbraith）和弗里德里克·哈耶克（Frederic Hayek）是 20 世纪两位伟大的经济学家。他们对广告的看法完全不同，这种看法更广泛地反映了他们对资本主义制度的不同观点。

约翰·肯尼思·加尔布雷思

图片来源：© STEVE HANSEN/TIME & LIFE PICTURES/GETTY IMAGES.

约翰·肯尼思·加尔布雷思最著名的著作是 1958 年出版的《丰裕社会》。在这本书中，他认为公司用广告创造出对人们本不想要或不需要的产品的需求。他认为，市场体系不应该因满足其本身创造出来的需要而受到赞扬。加尔布雷思怀疑经济增长能否带来更高的福利水平，因为人们的各种欲望随着物质财富的增长而产生。他担心，由于广告和人为的促销增加了人们对私人物品的欲望，从而用于更好的学校和更好的公园这类物品的公共支出会减少。根据加尔布雷思的看法，结果是"私人扩张和公共收缩"。加尔布雷思的政策建议显而易见：扩大政府的规模。

弗里德里克·哈耶克最著名的著作是 1944 年出版的《通向奴役之路》。这本书认为，经济中无所不包的政府不可避免地意味着个人自由的牺牲。哈耶克还在 1961 年写了一篇著名的评论批判加尔布雷思，其中特别强调了加尔布雷思关于广告的观点。哈耶克注意到，广告仅仅是更广泛现象中的一个例子：我们的社会环境引起了我们多种多样的偏好。文学、艺术和音乐都是后天培养的偏好。一个人聆听莫扎特交响乐的需求可能是在音乐欣赏课上创造出来的，但这并不能说明这种需求不合情理或者音乐教授有不良影响。哈耶克的结论是："这是因为每个生产者都认为，可以通过劝说使消费者喜欢他的这些产品。但是，尽管这种努力是影响消费者偏好的一部分，却没有一个生产者可以在任何真正的意义上'决定'它们。"

弗里德里克·哈耶克

图片来源：© WIRGININGS/DPA/LANDOV.

两位经济学家对广告、市场和政府作用的看法不一致，但他们有一个共同点：受到巨大称赞。1974 年，哈耶克获得了诺贝尔经济学奖。2000 年，克林顿总统授予加尔布雷思国家自由奖章。而且，尽管他们的著作是在几十年前写的，但今天仍然很值得一读。哈耶克和加尔布雷思的争论是没有时间限制的，而且，他们的见解也适用于我们自己的经济。

16.3.2 作为质量信号的广告

许多类型的广告很少有广告所宣传的产品的明显信息。考虑一个引进一种新早餐麦片的企业。一般这种类型的广告会是某个收入很高的演员正在吃麦片,并感叹味道好极了。这个广告实际上提供了多少信息呢?

答案是可能比你能想到的要多。广告的辩护者认为,即使看起来没有什么信息的广告,实际上也会告诉消费者关于产品质量的某些信息。企业愿意用大量的钱来做广告,这本身就向消费者传递了一个所提供产品质量的信号。

358 考虑两个企业——Post 和 Kellogg——所面临的问题。每个公司都将有新麦片上市,每盒销售价格为 3 美元。为了简化起见,我们假设生产麦片的边际成本是零,因此,3 美元全是利润。每个公司都知道,如果把 1 000 万美元用于广告,就能有 100 万消费者试用自己的新麦片。而且,每一个公司都知道,如果消费者喜欢麦片,他们就不是购买一次,而是购买多次。

先来考虑 Post 的决策。根据市场研究,Post 知道,它的麦片味道只是一般。虽然广告能使 100 万个消费者每人买一盒,但消费者很快就会知道麦片味道并不怎么好,并不再购买了。Post 决定,支付 1 000 万美元广
359 告费只得到 300 万美元销售额并不值得。因此,它不打算做广告。它让厨师回厨房研究另一种口味。

另一方面,Kellogg 知道,它的麦片味道极棒。尝试过它的每一个人第二年每个月都会买一盒。因此,1 000 万美元的广告费能带来 3 600 万美元的销售额。在这里,广告之所以有利可图,是因为消费者会反复购买 Kellogg 的好产品。因此,Kellogg 选择做广告。

我们已经考虑了两个企业的行为,现在来考虑消费者的行为。我们首先断言消费者倾向于尝试他们从广告上看到的新麦片。但这种行为是否理性呢?仅仅因为卖者选择了做广告,消费者就应该尝试这种新麦片吗?

实际上,消费者尝试他们从广告上看到的新产品是完全理性的。在我们的故事中,消费者决定尝试 Kellogg 的新麦片,因为 Kellogg 做了广告。Kellogg 选择做广告,是因为它知道自己的麦片极棒,而 Post 选择不做广告,是因为它知道自己的麦片很平常。Kellogg 通过为广告支付货币的意愿向消费者传递了其麦片质量的信号。每一个消费者都会十分敏感地想到:"啊,如果 Kellogg 公司愿意花这么多钱为这种新麦片做广告,那么它肯定是真的不错。"

这种广告理论最令人惊讶的是,消费者尝试新麦片与广告的内容是无关的。Kellogg 通过它为广告支出的意愿传递了其产品质量的信号。广告本身说什么都不如让消费者知道广告昂贵重要。与此相反,便宜的广

告向消费者传递的质量信号是不可能有效的。在我们的例子中,如果广告宣传费用不超过 300 万美元,Post 和 Kellogg 就都可以用广告来推销它们的新麦片。由于好麦片和一般麦片都做广告,消费者不能从做广告这一事实中了解到新麦片的质量。长期以来,消费者学会了不理会这种便宜广告。

这种理论可以解释为什么企业会付给著名演员大笔的钱来做广告,而从表面上看,似乎又根本没有提供什么信息。信息并不在广告的内容中,而只是在于广告的存在与其价格的昂贵中。

16.3.3 品牌

广告与品牌的存在密切相关。在许多市场上,存在两种类型的企业。一些企业出售有广泛知名度的产品,而另一些企业出售无品牌的替代品。例如,在一个普通药店里,你可以在拜尔牌阿司匹林旁的货架上找到无品牌的阿司匹林。在一个普通杂货店中,你可以在百事可乐旁边找到不太熟悉的可乐。最常见的情况是,有品牌的企业花的广告费更多,而且产品价格也更高。

正如对广告经济学存在分歧一样,经济学家对品牌经济学也存在分歧。我们来看一下争论的双方。

批评者认为,品牌使消费者感觉到实际上并不存在的差别。在许多情况下,无品牌的物品与有品牌的物品几乎无法区分。这些批评者断言,消费者对有品牌物品支付意愿更大是广告引起的非理性的一种形式。360 垄断竞争理论的早期创立者之一、经济学家爱德华·张伯伦(Edward Chamberlin)从这种观点中得出的结论是,品牌对经济而言是一件坏事。他主张,政府应该通过拒绝实施公司用来识别它们产品的专有商标来限制品牌的使用。

近年来,经济学家为品牌进行辩护,认为品牌是消费者保证他们购买的物品高质量的一种有用方法。这里有两种相关的观点:第一,品牌向消费者提供了在购买前不易判断的产品质量的**信息**;第二,品牌向企业提供了保持高质量的**激励**,因为企业有保持自己品牌声誉的经济目的。

为了说明这些观点在实践中如何起作用,我们来考虑一个著名的品牌:麦当劳汉堡包。设想你开车经过一个不知名的小镇,并想停下来吃饭。你看到了麦当劳和旁边一个当地餐馆。你会选择哪一个呢?当地餐馆实际上可能是以低价格提供更好的食物,但你无法知道这一点。与此相反,麦当劳在许多城市提供统一的产品。它的品牌是你判断要买的物品质量的一种有用方法。

麦当劳的品牌还保证了该公司有保证质量的激励。例如,如果某个顾客由于吃了麦当劳出售的变质食品而生病了,新闻就会抨击麦当劳。麦当劳就会失去以多年昂贵广告建立起来的良好声誉。结果,它不仅会图片来源：© 2003 BY SIDNEY HARRIS.

失去出售变质食物那家店的销售额和利润，而且还会失去全国许多家店的销售额和利润。与此相反，如果一些顾客由于吃当地餐馆出售的变质食物而生病了，这些餐馆虽然也不得不关门，但损失的利润则小得多。因此，麦当劳确保自己食物安全的激励更大。

品牌争论的焦点在于消费者对品牌产品的偏好大于无品牌替代品的偏好是不是理性的。批评者认为，品牌是非理性消费者对广告反应的结果。辩护者认为，消费者有充分的理由为有品牌产品支付更高的价格，因为他们可以更信任这些产品的质量。

即问即答 • 广告如何使市场竞争性降低？它又如何使市场更有竞争性？ • 举出支持与反对品牌的观点。

361

16.4 结论

垄断竞争，顾名思义，是垄断和竞争的混合。正如垄断者一样，每一个垄断竞争者都面临一条向右下方倾斜的需求曲线，因此，收取的价格高于边际成本。而在完全竞争市场上，存在许多企业，而且，进入与退出使每个垄断竞争者的利润趋向于零。表 16－1 总结了这些结论。

由于垄断竞争企业生产有差别的产品，因此，每个企业都要靠做广告打出自己的品牌来吸引顾客。在某种程度上，广告控制了消费者的偏好，促成了非理性的品牌忠诚，并抑制了竞争。在更大程度上，广告提供了信息，建立了具有可靠质量的品牌，并促进了竞争。

垄断竞争理论看起来描述了经济中的许多市场。但有点令人失望的是，这种理论并没有得出简单而实用的公共政策建议。从经济理论家的角度来看，垄断竞争市场上的资源配置也不是完美的。但从实际决策者的角度看，也没有什么办法可以改善这种状况。

表 16－1　垄断竞争：在完全竞争与垄断之间

	市场结构		
	完全竞争	垄断竞争	垄断
所有这三种市场结构的特征			
企业目标	利润最大化	利润最大化	利润最大化
最大化规则	$MR = MC$	$MR = MC$	$MR = MC$
短期中能赚到经济利润吗？	能	能	能
垄断和垄断竞争共同的特征			
是价格接受者吗？	是	不是	不是
价格	$P = MC$	$P > MC$	$P > MC$
能生产福利最大化的产量水平吗？	能	不能	不能
完全竞争与垄断竞争共同的特征			
企业数量	许多	许多	一家
长期中能进入吗？	能	能	不能
长期中能赚到经济利润吗？	不能	不能	能

内容提要 362

◎ 垄断竞争市场有三个特点：许多企业、有差别的产品和自由进入。

◎ 垄断竞争市场的均衡在相关的两个方面不同于完全竞争市场。第一，垄断竞争市场上的每个企业有过剩生产能力。也就是说，它在平均总成本曲线向右下方倾斜的部分运营。第二，每个企业都收取高于边际成本的价格。

◎ 垄断竞争没有完全竞争所有合意的特点，存在由高于边际成本的价格加成引起的垄断的标准无谓损失。此外，企业的数量（以及产品的种类）可能过多或过少。实际上，决策者纠正这些无效率的能力是有限的。

◎ 垄断竞争中固有的产品差别使企业使用广告与品牌。广告与品牌的批评者认为，企业用广告控制了消费者的偏好，并减少了竞争；广告与品牌的辩护者则认为，企业用这些方法向消费者提供信息，并使价格和产品质量的竞争更为激烈。

关键概念

寡头　　　　垄断竞争

复习题

1. 描述垄断竞争的三个特点。垄断竞争哪些方面像垄断？哪些方面像完全竞争？
2. 画出一个在垄断竞争市场上追求利润的企业的图形。说明当新企业进入该行业时，这个企业会发生什么变动。
3. 画出垄断竞争市场长期均衡的图形。价格与平均总成本有什么关系？价格与边际成本有什么关系？
4. 与最有效率的水平相比，垄断竞争者生产的产量太多还是太少？使决策者难以解决这个问题的实际因素是什么？
5. 广告怎样会减少经济福利？广告又怎样会增进经济福利？
6. 没有明显信息内容的广告实际上如何向消费者传递信息？
7. 解释品牌存在会带来的两种好处。

363 ## 问题与应用

1. 在垄断、寡头、垄断竞争和完全竞争中，你如何给下列每一种饮料的市场分类：
   a. 自来水
   b. 瓶装水
   c. 可乐
   d. 啤酒
2. 把下列市场分为完全竞争、垄断和垄断竞争，并解释你的答案：
   a. 2号木杆铅笔
   b. 铜
   c. 本地电话服务
   d. 花生酱
   e. 唇膏
3. 说出下面每一个特征描述的是完全竞争企业、垄断竞争企业、两者都是，还是两者都不是。
   a. 出售的产品与其竞争对手的产品有差别
   b. 边际收益低于价格
   c. 在长期中获得经济利润
   d. 长期中生产最低平均总成本处的产量
   e. 边际收益与边际成本相等
   f. 收取高于边际成本的价格
4. 说出下面每一个特征描述的是垄断企业、垄断竞争企业、两者都是，还是两者都不是。
   a. 面临一条向右下方倾斜的需求曲线
   b. 边际收益小于价格
   c. 面临出售相似产品的新企业的进入
   d. 在长期中赚到经济利润
   e. 边际收益与边际成本相等
   f. 生产从社会来看有效的产量
5. 你被雇用为一家垄断竞争企业的顾问。该企业报告了以下有关其价格、边际成本和平均总成本的信息。该企业可以使利润最大化吗？如果不能，它如何增加利润？如果企业是利润最大化的，它处于长期均衡吗？如果不是，恢复长期均衡时会出现什么情况？
   a. $P < MC, P > ATC$
   b. $P > MC, P < ATC$
   c. $P = MC, P > ATC$
   d. $P > MC, P = ATC$
6. Sparkle为牙膏市场中众多的企业之一，它处于长期均衡。
   a. 画出表示Sparkle需求、边际收益、平均总成本与边际成本曲线的图形。标出Sparkle利润最大化的产量和价格。
   b. Sparkle的利润是多少？解释原因。

c. 用你的图形说明从购买 Sparkle 牙膏中所得到的消费者剩余。再说明与有效率产量水平相关的无谓损失。

d. 如果政府强迫 Sparkle 生产有效率的产量水平，企业会发生什么变动？Sparkle 的顾客会发生什么变动？

7. 解释下列每对企业中哪一个更可能做广告：

a. 家庭拥有的农场或家庭拥有的餐馆。

b. 叉车制造商或轿车制造商。

c. 一家发明了极为舒适的剃须刀的公司，或一家发明了不太舒适的剃须刀的公司。

8. Sleek Sneakers 公司是鞋子市场上众多的企业之一。

a. 假设 Sleek 现在获得短期经济利润。在一个正确标注的图上，说明 Sleek 利润最大化的产量和价格，以及表示利润的区间。

b. 长期中 Sleek 的价格、产量和利润会发生什么变化？用文字解释这种变化，并用新的图形说明这种变化。

c. 假设消费者越来越关注鞋子品牌之间的风格差异。这种态度的变化如何影响每个企业的需求价格弹性？在长期中，这种需求的变化如何影响 Sleek 的价格、产量和利润？

d. 在你在 c 中确定的利润最大化的价格时，Sleek 的需求曲线是富有弹性的，还是缺乏弹性的？解释原因。

9. 30 年前肉鸡市场是完全竞争的。后来 Frank Perdue 以他的名字为品牌销售肉鸡。

a. 你认为 Perdue 如何创造了肉鸡的品牌？他这样做的好处是什么？

b. 社会从有品牌的肉鸡中得到什么好处？社会的损失是什么？

10. 泰诺止痛药的制造商做了大量的广告，并拥有非常忠诚的顾客。与此相比，无品牌止痛药的生产者不做广告，它的顾客购买它只是由于它价格低。假设泰诺止痛药和无品牌止痛药的边际成本是相同的和不变的。

a. 画出表示泰诺需求、边际收益和边际成本曲线的图形。标出泰诺的价格与高于边际成本的价格加成。

b. 按 a 的要求画出无品牌止痛片生产者的图形。这两个图有什么不同？哪个公司有更多的价格加成？解释原因。

c. 哪一个公司有认真控制质量的更大激励？为什么？

11. 在本章的新闻摘录中，经济学家 Joel Waldfogel 认为，当存在固定成本时自由市场可能不能为一些顾客服务。让我们用一个例子来分析他的观点。

a. 假设有 N 个人会消费垄断企业所销售的产品。每个人的需求是 $q = 2 - P$，因此，这种产品的总需求是 $Q = Nq = 2N - NP$，或者 $P = 2 - Q/N$。画 364
出这个市场的需求曲线。

b. 对于这个市场的需求曲线，边际收益的公式是 $MR = 2 - 2Q/N$。在你的图中增加这条边际收益曲线。

c. 为了使事情简化，假设生产这种产品的边际成本是零。利润最大化的垄断企业生产的数量是多少？它收取什么价格？用你的图表示这种价格。

d. 暂时不考虑固定成本，计算在这种利润最大化价格时的利润、消费者剩余和总剩余（这些是 N 的函数）。

e. 现在假设在生产这种产品之前，企业必须支付研究和开发的固定成本 300 万美元。在利润最大化企业选择支付固定成本并生产这种产品之前，需要 N 是多少？在支付固定成本对社会有效率之前，需要 N 是多少？

f. 讨论这个例子与 Waldfogel 关于自由市场无效率的观点有什么关系。

第17章 寡头

365 如果你去商店买网球，回家时你拿的网球可能是Wilson、Penn、Dunlop或Spalding四种牌子中的一种。在美国销售的全部网球几乎都是这四家公司出品的。这几家公司共同决定了网球的生产数量，而且，在市场需求曲线为既定时，也决定了网球的销售价格。

寡头：
只有少数几个卖者提供相似或相同产品的市场结构。

网球市场是寡头的例子。**寡头**(oligopoly)市场的本质是只有少数几个卖者。因此，市场上任何一个卖者的行为对其他所有企业的利润都可能有极大的影响。寡头企业以一种竞争企业所没有的方式相互依存。本章中我们的目的是说明这种相互依存如何形成企业的行为，以及它给公共政策提出了什么问题。

博弈论：
研究在策略状况下人们如何行为。

寡头分析为引入**博弈论**(game theory)提供了一个机会，博弈论研究在策略状况下人们如何行为。我们说的"策略"的意思是，一个人所处的一种状态，这种状态是当他在不同的行为之中做出选择时，必须考虑其他人对他采取的行为会做出什么反应。策略思维不仅在跳棋、国际象棋和一字棋游戏中是至关重要的，而且在许多商业活动中也是至关重要的。由于寡头市场上只有少数几家企业，因此每一家企业都必须从策略上行事。每一家企业都知道，它的利润不仅取决于它生产多少，而且还取决于其他企业生产多少。在做出自己的生产决策时，寡头市场的每一家企业都要考虑它的决策会如何影响所有其他企业的生产决策。

366 博弈论对于理解竞争或垄断市场是不必要的。在完全竞争或垄断竞争这两种市场上，每个企业与市场相比都如此之小，以至于它与其他企业在策略上的相互关系并不重要。在垄断市场上，也没有策略上的相互关系，因为市场只有一家企业。但是，正如我们将说明的，博弈论对于理解寡头和许多其他只有几个相互关联的参与者的情况是有用的。博弈论有助于解释人们所选择的策略，无论他是打网球，还是出售网球。

17.1 只有少数几个卖者的市场

由于寡头市场只有几个卖者，因此，寡头的关键特征是合作与利己之间的冲突。寡头集团合作起来并像一个垄断者那样行事——生产少量产品并收取高于边际成本的价格——情况会最好。但由于每个寡头只关心自己的利润，因此有一种强大的激励在起作用，这使企业集团很难维持垄断的结果。

17.1.1 双头的例子

为了理解寡头的行为，我们考虑只有两个卖者的寡头，即双头。双头是寡头中最简单的类型。有三家或更多数量的寡头所面临的问题和只有双头所面临的问题是相同的，因此，我们从简单的情况开始并不会对分析结果有很大影响。

设想在一个镇上只有两个居民——Jack 和 Jill——拥有能生产饮用水的水井。每周六，Jack 和 Jill 要决定抽取多少加仑水带到镇上，并以市场所能承受的价格出售。为了简单起见，假设 Jack 和 Jill 可以无成本地想抽取多少水就抽取多少水，也就是说，水的边际成本等于零。

表 17－1 表示镇上水的需求表。第一栏表示需求总量，而第二栏表示价格。如果两个水井的所有者总计出售 10 加仑水，1 加仑水就是

表 17－1　水的需求表

数量（加仑）	价格（美元）	总收益/总利润（美元）
0	120	0
10	110	1 100
20	100	2 000
30	90	2 700
40	80	3 200
50	70	3 500
60	60	3 600
70	50	3 500
80	40	3 200
90	30	2 700
100	20	2 000
110	10	1 100
120	0	0

110 美元。如果他们总计出售 20 加仑水,价格将下降到 1 加仑 100 美元,以此类推。如果根据这两栏的数字画成图形,你就将得到一个标准的向右下方倾斜的需求曲线。

表 17－1 的最后一栏表示卖水得到的总收益。它等于销售量乘以价格。因为不存在抽水的成本,所以两个生产者的总收益等于他们的总利润。

现在,我们来考虑该镇水行业的组织是如何影响水的价格和销售量的。

17.1.2 竞争、垄断和卡特尔

在考虑 Jack 和 Jill 这个双头会引起的水的价格和数量之前,先简单地讨论一下如果水的市场是完全竞争的或者垄断的,会出现什么结果。这两种极端情况是自然而然的基点。

367 如果水的市场是完全竞争的话,由于我们已经假设,多抽 1 加仑水的边际成本是零,因此,完全竞争之下水的均衡价格也将是零。均衡数量将是 120 加仑。水的价格反映了生产它的边际成本,而且有效率的水的数量就是生产量与消费量。

现在考虑垄断者将如何行事。表 17－1 表明,在产量为 60 加仑和每加仑价格为 60 美元时,总利润最大。因此,利润最大化的垄断者将生产这种产量并收取这种价格。价格大于边际成本是垄断者的标准情况。结果将是无效率的,因为水的生产量和消费量低于对社会有效率的 120 加仑。

我们预期这一双头会带来什么结果呢？一种可能是 Jack 和 Jill 结合到一起,并就水的生产量和收取的价格达成一致。企业之间有关生产与价格的这种协议被称为**勾结**(collusion),而且联合起来行事的企业集团被称为**卡特尔**(cartel)。一旦形成了卡特尔,市场实际上就是由一个垄断者提供服务,此时我们可以运用第 15 章的分析。这就是说,如果 Jack 和 Jill 勾结起来,他们就会在垄断的结果上达成一致,因为该结果使生产者能从市场上得到的总利润最大化。这两个生产者将总共生产 60 加仑水,并以每加仑 60 美元的价格出售。价格又大于边际成本,而且从社会来看,结果是无效率的。

勾结：
一个市场上的企业之间就生产的产量或收取的价格达成的协议。

卡特尔：
联合起来行事的企业集团。

卡特尔不仅必须就总产量水平达成一致,而且还要就每个成员的生产量达成一致。在这个例子中,Jack 和 Jill 还要就如何在他们之间分配 60 加仑水的垄断性生产达成一致。卡特尔的每个成员都想有较大的市场份额,因为市场份额越大,利润就越大。如果 Jack 和 Jill 同意平均地划分市场,那么,每个人将生产 30 加仑水,价格将是每加仑 60 美元,从而每个人可以得到 1 800 美元利润。

17.1.3 寡头的均衡

368

寡头希望形成卡特尔并赚到垄断利润,但这往往是不可能的。有时卡特尔成员之间对如何瓜分利润的争斗也使他们彼此很难达成协议。此外,反托拉斯法把禁止寡头之间的显性协定作为公共政策的关键。即使与竞争对手谈论定价和生产限制也可能构成犯罪。因此,我们来考虑如果 Jack 和 Jill 分别决定生产多少水,会出现什么情况。

乍一看,可以预计 Jack 和 Jill 会联合起来共同达到垄断的结果,因为这种结果使他们共同的利润最大化。但是,在没有限制性协议时,垄断结果是不可能产生的。为了说明其原因,设想 Jack 预计 Jill 只生产 30 加仑水(垄断量的一半)。Jack 的推理如下:

"我也可以生产 30 加仑水。在这种情况下,总计 60 加仑水将以每加仑 60 美元的价格出售。我的利润将是 1 800 美元(30 加仑 ×60 美元/加仑)。或者,我可以生产 40 加仑水。在这种情况下,总量为 70 加仑的水要以每加仑 50 美元的价格出售。我的利润将是 2 000 美元(40 加仑 ×50 美元/加仑)。尽管市场的总利润减少了,但我的利润增加了,因为我将占有较大的市场份额。"

当然,Jill 也会以同样的方法推理。如果是这样的话,Jack 和 Jill 将各带 40 加仑水来到镇上。总销售量将是 80 加仑,而价格将下降为 40 美元。因此,如果双头在决定生产量时追求自己的私利,他们生产的总量将大于垄断的产量,收取的价格会低于垄断价格,而且赚到的总利润也会小于垄断利润。

虽然利己的逻辑使双头产量的增加大于垄断水平,但不会使双头达到竞争状态下的分配。考虑当两人各生产 40 加仑水时会出现的情况。此时的价格是 40 美元,而且两人各能得到 1 600 美元利润。在这种情况下,Jack 利己的逻辑又得出了不同的结论:

"现在我的利润是 1 600 美元。假设我把我的生产增加到 50 加仑。在这种情况下,总计可以销售 90 加仑水,价格是每加仑 30 美元。这时我的利润只有 1 500 美元。与增加生产并使价格下降相比,将产量保持在 40 加仑时,我的状况会更好一些。"

Jack 和 Jill 各生产 40 加仑的结果看起来像是达到了某种均衡。实际上,这种结果被称为纳什均衡[以经济理论家约翰·纳什(John Nash)而命名,《美丽心灵》一书和同名电影描述了他的一生]。**纳什均衡**(Nash equilibrium)是相互作用的经济主体在假定其他主体所选择的策略为既定时,选择自己的最优策略的状态。在这个例子中,当 Jill 生产 40 加仑水为既定时,Jack 的最优策略是生产 40 加仑水。同样,在 Jack 生产 40 加仑水为既定时,Jill 的最优战略是生产 40 加仑水。一旦他们达到了这种纳什均衡,Jack 和 Jill 都没有做出不同决策的激励。

纳什均衡:
相互作用的经济主体在假定所有其他主体所选策略为既定的情况下选择自己最优策略的状态。

这个例子说明了合作和利己之间的冲突。合作并达到垄断的结果会使寡头的状况更好。但由于他们追求自己的私利,最后不能达到垄断结果,并且不能使他们共同的利润最大化。每一个寡头都有扩大生产并攫取更大市场份额的诱惑。当他们每一个都努力这样做时,总产量增加了,而价格下降了。

369 同时,利己也不能总是使市场达到竞争的结果。和垄断者一样,寡头认识到,他们生产的产品数量的增加降低了其产品的价格,这反过来又影响利润。因此,他们不会遵循竞争企业的规律,在价格等于边际成本的那个点上进行生产。

总之,**当寡头企业单独地选择利润最大化的产量时,它们生产的产量大于垄断但小于竞争的产量水平。寡头价格低于垄断价格,但高于竞争价格(竞争价格等于边际成本)。**

17.1.4 寡头数量如何影响市场结果

我们可以用这种双头分析的结论来讨论寡头数量可能会如何影响市场结果。例如,假设 John 和 Joan 突然在他们的土地上发现了水源,并同 Jack 和 Jill 一起,成为水的寡头。需求表仍是表 17 - 1,但现在可以满足这种需求的生产者多了。卖者从两个增加到四个,这将如何影响镇里水的价格和数量呢?

如果水的卖者可以形成一个卡特尔,他们就又可以通过生产垄断产量,并收取垄断价格来使总利润最大化。正如只有两个卖者时的情况一样,卡特尔成员需要对每个成员的生产水平达成一致,并找出某种实施协议的方法。但随着卡特尔的扩大,这种结果更不可能了。随着集团规模的扩大,达成和实施协议会越来越困难。

如果各寡头没有形成卡特尔——也许是由于反托拉斯法禁止这样做——他们就必须各自决定自己生产多少水。为了说明卖者数量增加如何影响结果,我们来考虑每个卖者面临的决策。在任何时候,每个水井拥有者都有权选择多生产 1 加仑水。在做出这个决策时,水井所有者要权衡两种效应:

- **产量效应**:由于价格高于边际成本,在现行价格时每多销售 1 加仑水将增加利润。
- **价格效应**:提高产量将增加总销售量,这就会降低水的价格并减少所销售的所有其他水的利润。

如果产量效应大于价格效应,水井所有者将增加产量;如果价格效应大于产量效应,所有者将不会增加产量(实际上,在这种情况下,减少产量是有利的)。每一个寡头都把其他寡头的产量看成既定的,并一直增加生产,直至这两种边际效应完全平衡为止。

现在考虑行业中的企业数量如何影响每个寡头的边际分析。卖者的数量越多,每个卖者越不关心自己对市场价格的影响。这就是说,随着寡头数量增加,价格效应在减少。当寡头数量增加到极大时,价格效应就完全消失了,只剩下了产量效应。这就是说,个别企业的生产决策不再影响市场价格。在这种极端情况下,每个企业在决定生产多少时都把市场价格作为既定的。只要价格高于边际成本,它就增加生产。

现在我们可以看到,一个大的寡头市场本质上是一个竞争企业集团。 370
竞争企业在决定生产多少时只考虑产量效应,因为竞争企业是价格接受者,不存在价格效应。因此,随着寡头市场上卖者数量增加,寡头市场就越来越像竞争市场。其价格接近于边际成本,生产量接近于对社会有效率的水平。

这种寡头分析提供了一种有关国际贸易影响的新视角。设想日本只有丰田和本田两家汽车制造商,德国只有大众和宝马两家汽车制造商,美国只有福特和通用两家汽车制造商。如果这些国家禁止汽车贸易,每个国家就都是只有两个成员的寡头市场,而且,市场结果可能远远背离了竞争的理想水平。但是,有国际贸易时,汽车市场是一个世界市场,而且,在这个例子中寡头市场有六个成员。允许自由贸易增加了每个消费者可以选择的生产者数量,增加的竞争使价格接近于边际成本。因此,除了在第 3 章讨论的比较优势理论之外,寡头理论又提供了各国可以从自由贸易中获益的另一个理由。

即问即答 • 如果寡头成员能就总产量达成一致,他们会选择什么产量? • 如果寡头并不同时行动,而是单独地做出生产决策,他们的总产量比你上一题的回答大还是小? 为什么?

17.2 合作经济学

正如我们已经说明的,寡头想达到垄断的结果,而这样做需要合作,但合作往往是难以建立和维持的。在这一部分我们要更深入地考察当参与者之间的合作有困难时出现的问题。为了分析合作经济学,我们需要学习一点博弈论的知识。

一个特别重要的"博弈"被称为**囚徒困境**(prisoners' dilemma)。这个博弈说明了为什么合作是困难的。即使在合作使所有人状况变好时,人们在生活中也往往不能相互合作。寡头正是一个例子。囚徒困境的故事包含着一个一般性结论,这个结论适用于任何一个力图维持其成员间合作的集团。

囚徒困境: 两个被捕的囚徒之间的一种特殊"博弈",说明为什么甚至在合作对双方都有利时,保持合作也是困难的。

17.2.1 囚徒困境

囚徒困境是一个关于两名被警察抓住的罪犯的故事。我们把这两个犯人称为 Bonnie 和 Clyde。警察有足够的证据证明 Bonnie 和 Clyde 犯有非法携带枪支的轻罪，因此每人都要在狱中度过一年。警察还怀疑这两名罪犯曾合伙抢劫银行，但他们缺乏有力的证据证明这两名罪犯有该严重罪行。警察分别审问了 Bonnie 和 Clyde，而且向他们每个人提出以下的交易：

"现在我们可以关你 1 年。但如果你承认银行抢劫案，并供出合伙
371 者，我们就免除你的监禁，你可以得到自由，你的同伙将在狱中度过 20 年。但如果你们两人都承认罪行，我们就不需要你的供词，而且我们可以节省一些审讯成本，这样我们就采用一种折中的方式，给你们每人判 8 年徒刑。"

如果 Bonnie 和 Clyde 是残忍的银行抢劫犯，只关心自己的刑期，你预计他们会怎么做呢？他们会坦白，还是保持沉默？图 17－1 表明了他们的选择。每个囚犯都有两种策略：坦白与保持沉默。他们每个人的刑期取决于他所选择的策略，以及他的犯罪同伙选择的策略。

图 17－1　囚徒困境

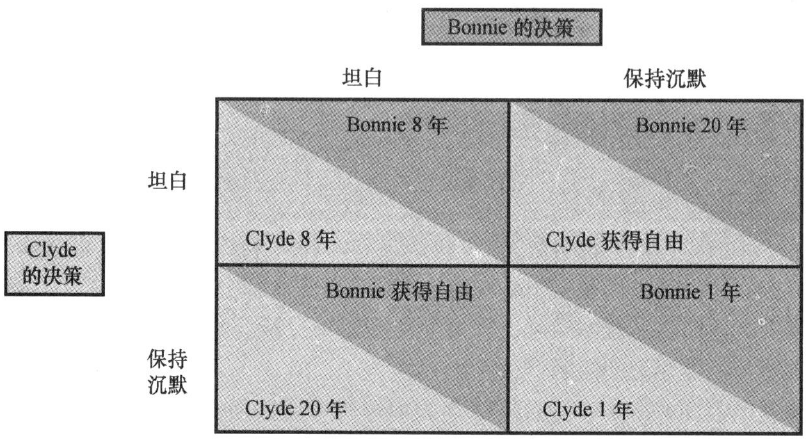

在两个被怀疑犯罪的罪犯之间的博弈中，每个人得到的刑期既取决于自己是坦白还是保持沉默的个人决策，又取决于另一个罪犯所做出的决策。

首先考虑 Bonnie 的决策。她会如此推理："我并不知道 Clyde 将会怎么做。如果他保持沉默，我最好的策略是坦白，因为我将自由而不是在狱中待 1 年。如果他坦白，我最好的策略仍然是坦白，因为这样我将在狱中待 8 年而不是 20 年。因此，无论 Clyde 怎么做，我选择坦白都会更好些。"

用博弈论的语言来说，如果无论其他参与者采取什么策略，它都是一个参与者可以遵循的最好的策略，那么，这种策略被称为**占优策略**（dominant strategy）。在这个例子中，坦白是 Bonnie 的占优策略。无论 Clyde 坦白还是保持沉默，如果 Bonnie 坦白了，她在狱中待的时间都会比较短。

占优策略：无论其他参与者选择什么策略，对一个参与者都为最优的策略。

现在考虑 Clyde 的决策。他面临着和 Bonnie 同样的选择，而且，他的推理也与 Bonnie 相似。无论 Bonnie 怎么做，Clyde 都可以通过坦白减少他待在狱中的时间。换句话说，坦白也是 Clyde 的占优策略。

最后，Bonnie 和 Clyde 都坦白了，两人都要在狱中待 8 年。但从他们的角度来看，这是一个糟糕的结果。如果他们两人都保持沉默，那么两人的状况都会更好些，这样他们只会因为持有枪支而在狱中待 1 年。由于各自追求自己的利益，两个囚徒共同达到了使每个人状况变坏的结果。

你会想到，Bonnie 和 Clyde 应该预见到这种情况，并提前做出计划。但是，即使有事先的计划，他们也仍然会遇到问题。设想在警察逮捕 Bonnie 和 Clyde 之前，两个罪犯做出了不坦白的承诺。显然，如果他们两人坚持这种协议，两人状况就会变好，因为这样的话他们每人将只在狱中待 1 年。然而，事实上，这两个罪犯会仅仅由于他们之间有协议就保持沉默吗？一旦他们被分别审问，利己的逻辑就会起主导作用，并使他们坦白。两个囚犯之间的合作是难以维持的，因为从个人的角度来看，合作是不理性的。 372

17.2.2 作为囚徒困境的寡头

囚徒困境与市场和不完全竞争有什么关系呢？事实证明，寡头在力图达到垄断结果时的博弈也类似于两个处于囚徒困境的囚徒的博弈。

再考虑 Jack 和 Jill 所面临的选择。在漫长的谈判之后，两个水的供给者一致同意把产量保持在 30 加仑，以便能保持高价位，同时共同赚到最大利润。但是，在他们对生产水平达成协议后，双方都要决定是合作并坚持这个协议，还是不管它并生产更多水。图 17 – 2 表示这两个生产者的利润取决于他们所选择的策略。

假设你是 Jack，你可能会这样推理："我可以遵守协议将产量保持在低水平的 30 加仑，也可以把我的产量和销售量增加到 40 加仑。如果 Jill 遵守协议把产量保持在 30 加仑，那么，我在高产量（40 加仑）时就赚到 2 000 美元，而在低产量（30 加仑）时就赚到 1 800 美元。在这种情况下，我保持高产量状况会更好。如果 Jill 不遵守协议并生产 40 加仑，那么，我在高产量（40 加仑）时赚到 1 600 美元，而在低产量（30 加仑）时赚到 1 500

图 17-2　Jack 和 Jill 的寡头博弈

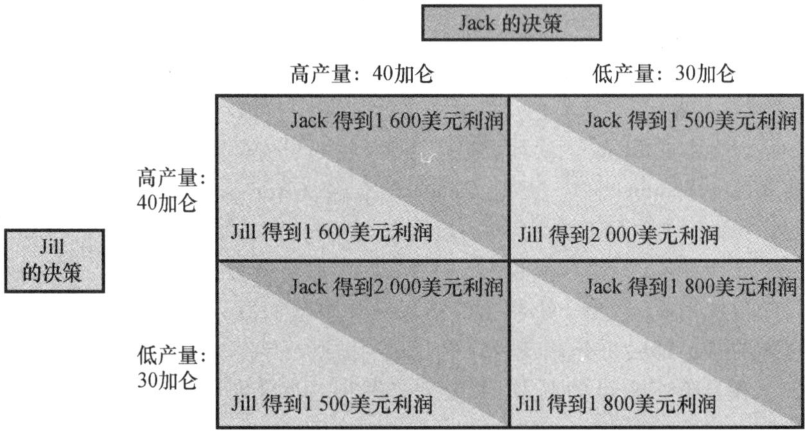

在 Jack 和 Jill 之间的这个博弈中，每一个人从出售水中所赚到的利润取决于自己选择出售的数量和对方选择出售的数量。

美元。仍然是保持高产量会使我的状况更好。因此，无论 Jill 选择怎么做，违背协议并把产量保持在 40 加仑都会使我的状况更好。”

生产 40 加仑是 Jack 的占优策略。当然，Jill 也以完全相同的方式推理，因此，他们两人都保持 40 加仑的高产量。结果是（从 Jack 和 Jill 的角度看）两个生产者中的每一个都得到了低利润的不利结果。

373 这个例子说明，为什么寡头维持垄断利润有困难。垄断结果对寡头整体来讲是理性的，但每个寡头都有违背协议的激励。正如利己使囚徒困境中的囚犯坦白一样，利己也使寡头难以维持低产量、高价格和垄断利润的合作结果。

案例研究
OPEC 和世界石油市场

我们关于小镇水市场的故事是虚构的，但如果把故事中的水变成石油，把 Jack 和 Jill 变成伊朗和伊拉克，这个故事就接近于真实了。世界上大部分石油是由少数国家——主要是中东国家——生产的。这些国家一起组成了一个寡头市场。它们关于采多少石油的决策与 Jack 和 Jill 关于抽多少水的决策一样。

生产世界上大部分石油的国家形成了一个卡特尔，称为石油输出国组织（OPEC）。在 1960 年最初成立时，OPEC 包括伊朗、伊拉克、科威特、沙特阿拉伯和委内瑞拉。到 1973 年，又有其他 8 个国家加入：卡塔尔、印度尼西亚、利比亚、阿联酋、阿尔及利亚、尼日利亚、厄瓜多尔和加蓬。这些国家控制了世界石油储量的大约四分之三。与任何一个卡特尔一样，OPEC 力图通过协调减少产量来提高其产品的价格，并努力确定每个成员国的产量水平。

OPEC 面临的问题与我们故事中 Jack 和 Jill 面临的问题大致相同。OPEC 想维持石油的高价格，但是，卡特尔的每个成员都受到增加生产以得到总利润的更大份额的诱惑，因此 OPEC 成员常常就减少产量达成协议，然后又私下各自违背协议。

1973—1985 年，OPEC 最成功地维持了合作和高价格。原油价格从 1972 年的每桶 3 美元上升到 1974 年的每桶 11 美元，然后在 1981 年又上升到 35 美元。但在 20 世纪 80 年代中期，各成员国开始就产量水平发生争议，OPEC 在维持合作方面变得无效率了。到了 1986 年，原油价格回落到每桶 13 美元。

近年来，OPEC 成员继续定期开会，但这个卡特尔在达成和实施协议上再也不那么成功了。尽管 2007 年和 2008 年石油价格大幅度上升，但主要原因是世界石油市场需求增加，这部分是来自高速增长的中国经济，而不是来自限制供给。OPEC 各国之间缺乏合作损害了产油国的利润，而有利于全世界消费者。

17.2.3 囚徒困境的其他例子

我们已经说明了如何用囚徒困境来解释寡头面临的问题。同样的逻辑也可以应用于许多其他情况。下面我们考虑利己阻止了合作，并导致双方不利结果的两个例子。

军备竞赛 在二战以后的几十年中，世界上两个超级大国——美国和苏联——进行了军备力量的长期竞争。这个题目引发了一些早期的博弈论研究工作。博弈论专家提出，军备竞赛非常像囚徒困境。 374

为了说明这一点，考虑美国和苏联关于建造新式武器还是裁军的决策。每个国家都愿意拥有比另一国强大的军备，因为军事力量强大才能对世界事务有更大的影响。但是，每个国家也喜欢生活在一个不受另一个国家军备威胁的环境中。

图 17 - 3 表示这种致命的博弈。如果苏联选择军备，美国做出同样选择以免权力丧失，美国状况就会变好；如果苏联选择裁军，美国选择军备，美国状况会变好，因为这样做会使美国更强大。对每一个国家来说，军备都是占优策略。因此，每个国家都选择继续进行军备竞赛，这就导致了两国都处于危险之中的不良结果。

在整个冷战时期，美国和苏联企图通过军备控制谈判和协议来解决军备竞赛问题。两国面临的问题和寡头在力图维持卡特尔中遇到的问题是相似的。正如寡头争论产量水平一样，美国和苏联争论允许各国保留的军备数量；而且正如卡特尔在执行产量水平时会遇到麻烦一样，美国和苏联都担心另一国会违背协议。在军备竞赛和寡头的情况下，无情的利己逻辑使参与者得到各方状况变坏的非合作结果。

图 17－3　军备竞赛博弈

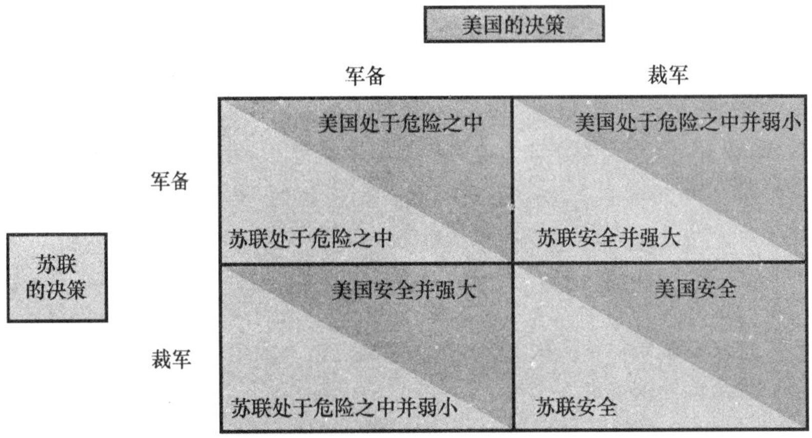

在这个两国之间的博弈中，每个国家的安全与力量取决于本国是否加强军备的决策和另一个国家做出的决策。

公共资源　在第 11 章中我们说明了，人们倾向于过度使用公共资源。可以把这个问题作为囚徒困境的一个例子。

设想两家石油公司——Exxon 和 Texaco——拥有相邻的油田。在这些油田下价值 1 200 万美元的石油由它们共有。钻一口井要花 100 万美元。如果每个公司钻一口井，每个公司就将得到一半石油，并赚取 500 万美元的利润（收益 600 万美元减成本 100 万美元）。

375 由于油田是公共资源，各家公司都不会有效率地使用。假设两个公司都可以钻第二口井。如果一家公司在三口井中有两口，这个公司就得到 2/3 的石油，这就带来 600 万美元的利润。另一家公司只得到 1/3 的石油，获得 300 万美元利润。但如果每个公司都钻第二口井，那么，两个公司又是平分石油。在这种情况下，每家公司都要承担第二口井的成本，因此，每家公司的利润只有 400 万美元。

图 17－4 表示了这个博弈。钻两口井是每个公司的占优策略。这两个博弈者的利己又使它们得到了不利结果。

图 17－4　公共资源博弈

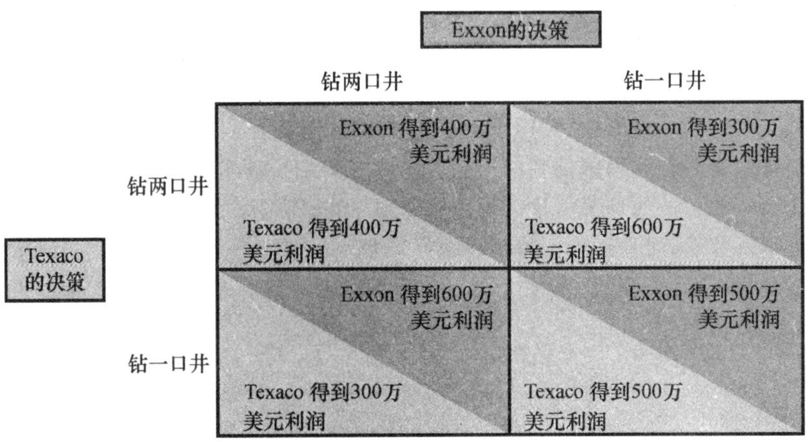

在从公共油田中采油的两个企业的博弈中，每家企业所赚到的利润既取决于本企业钻井的数量，又取决于另一企业钻井的数量。

17.2.4 囚徒困境与社会福利

囚徒困境可以用于描述生活中的许多情况,并说明了即使合作使每个博弈参与者的状况变好,要维持合作也是困难的。显然,缺乏合作正是这些案例中所涉及的问题。但这种合作的缺乏从整个社会的角度来看是一个问题吗?答案取决于环境。

在某些情况下,非合作均衡对社会和参与者来说都是不利的。在图17－3的军备竞赛博弈中,美国和苏联最后都处于危险中。在图17－4的公共资源博弈中,Exxon和Texaco公司额外钻的井完全是浪费。在这两种情况下,如果两个参与者能达到合作的结果,社会的状况会变得更好。

与此相反,在企图维持垄断利润的寡头情况下,从整个社会的角度来看,缺乏合作是合意的。垄断结果对寡头是好的,但对物品的消费者是坏的。正如我们最早在第7章中说明的,竞争结果对社会是最好的,因为这个结果使总剩余最大化。当寡头不能合作时,他们生产的数量接近于这个最优水平。换句话说,只有在市场竞争时,看不见的手才能引导资源有效地配置,而只有市场上的企业不能相互合作时,市场才是竞争的。 *376*

类似地,考虑警察审问两个嫌疑犯的情况。嫌疑犯之间的缺乏合作是合意的,因为这使警察可以制止更多的犯罪行为。囚徒困境对囚犯来说是一种困境,但对其他每一个人来说是一种福音。

17.2.5 人们有时能合作的原因

囚徒困境表明合作是困难的。但合作真的不可能吗?当被警察审问的时候,并不是所有囚犯都决定出卖他们犯罪中的同伙。有时尽管卡特尔的个别成员有违规的激励,但卡特尔也能维持勾结性的协议。最经常的情况是,参与者可以解决囚徒困境是因为,他们的博弈不是一次性的,而是多次的。

为了说明为什么在多次博弈中合作是容易的,让我们回到双头的例子——Jack和Jill,图17－2给出了他们的选择。Jack和Jill都想达成协议以维持每人生产30加仑水的垄断结果。但如果Jack和Jill的博弈只是一次性的,他们就没有任何遵守协议的激励。利己使他们每个人都违背协议,并选择40加仑的占优策略。

现在假设Jack和Jill知道,他们每周将进行一次同样的博弈。当达成最初保持低产量的协议时,他们还可以规定,如果一方违约将如何处理。例如,他们可以达成协议,一旦他们之中有一个人违约并生产了40加仑水,那么两个人以后会永远生产40加仑水。这种惩罚是容易实施的,因为如果一方的产量高,另一方也有任何理由做出相同决策。

这种惩罚的威胁可能就是维持合作所需要的一切。每个人都知道，欺骗会使自己的利润从1 800美元增加到2 000美元，但这种利益只能维持一周。以后，利润将降为1 600美元，并从此固定在这一水平上。只要参与者都非常关心未来的利润，他们就将放弃违规带来的一次性好处。因此，在多次进行的囚徒困境博弈中，两个参与者可能达到合作的结果。

案例研究
囚徒困境的比赛

设想你正与被关在另一个屋子里的“嫌疑人”进行囚徒困境的博弈。而且，再设想这种博弈不是进行一次而是多次。你博弈最后的得分是你被监禁的总年数。你希望使这种得分尽可能地少。你应该用什么策略？你应该从坦白还是保持沉默开始？另一个参与者的行动会如何影响你以后的坦白决策？

多次的囚徒困境是极为复杂的博弈。为了鼓励合作，参与者应该相互惩罚不合作行为。但以前描述的Jack和Jill的水卡特尔的策略——只要一方违约，另一方就永远违约——是非常不宽容的。在反复许多次的博弈中，在一段不合作时期之后，允许参与者回到合作结果的策略，可能更好一些。

为了说明哪一种策略最好，政治学家Robert Axelrod主持了一场比
377 赛。人们通过输入为反复进行囚徒困境博弈而设计的电脑程序进入比赛。然后每个程序都与其他所有程序进行博弈比赛，得到待在狱中总年数最少的程序的是“赢家”。

赢家最后是被称为**一报还一报**的简单策略。根据一报还一报的策略，参与者应该从合作开始，然后上一次另一个参与者怎么做自己也怎么
378 做。因此，一报还一报参与者要一直合作到另一方违约时为止，然后再违约到另一方重新合作时为止。换句话说，这种策略从友好开始，惩罚不友好的参与者，而且，如果对方做出保证，就给予原谅。令Axelrod惊讶的是，这种简单的策略比人们输入的所有更复杂的策略都好。

一报还一报策略有悠久的历史。它实质上是《圣经》上“以眼还眼，以牙还牙”的策略。囚徒困境的比赛表明，这可能是进行生活中某些博弈的一个好的经验法则。

即问即答 • 讲述囚徒困境的故事。写出表示囚徒选择的表，并解释可能的结果是什么。• 囚徒困境告诉我们关于寡头的什么道理？

新闻摘录
奥曼和谢林

2005 年，两位杰出的博弈论专家获得了诺贝尔奖。

"博弈论"的经济学著作获得了诺贝尔奖

Jon E. Hilsenrath

冷战是一个在巨大而紧张范围内的冲突管理时期，两位解释这种冲突下个人如何谈判的研究者由于他们这一时期形成的研究成果而获得了诺贝尔经济学奖。

84 岁的马里兰大学退休教授托马斯·谢林(Thomas Schelling)，长期作为美国政府的顾问，写出了管理美苏核武器库的著作，并把他的理论扩大到其他一些题目，例如，吸毒成瘾、种族隔离和全球变暖。75 岁的罗伯特·奥曼(Robert Aumann)，是在耶路撒冷的希伯来大学接受教育并担任教授的数学家，他为他们二人帮助创立的这个领域增添了分析的精确性，该领域作为"博弈论"而在经济学界闻名。

这两个人将分享瑞典皇家科学院奖励的 100 万克朗(约合 130 万美元)。谢林先生是美国公民，奥曼先生是美国和以色列公民。

博弈论研究人们在彼此冲突的相互作用中如何做出决策。在国际象棋的博弈中，两个棋手的行为不仅要根据自己的策略，而且还要根据对对手如何行为和反应的预期。在 20 世纪 40 年代和 50 年代，经济学家开始认为他们的个人行为模式不一定是机械的，而应该反映一种在国际象棋这样的博弈中可以发现的策略舞蹈。

博弈论的进步部分是由数学家推动的，例如奥曼和他当时麻省理工学院的一位同事约翰·纳什(John Nash)，电影《美丽心灵》描述了纳什的生平。纳什先生与另外两个人在 1994 年获得了诺贝尔经济学奖。

当纳什和奥曼两位先生用数学给了博弈论以精确的公式时，谢林教授致力于赋予它以实际意义。例如，他解释了决策者往往会发现，限制自己的选择以得到对手的让步是有利的。在一些情况下，例如一位破釜沉舟的将军给敌人传递一个可靠且可能改变博弈的信息——他不打算撤退——是明智的。

经济学家从此把这种"预先承诺"的思想运用于其他领域，包括商业。例如，一些公司会发现，建立特别巨大的生产能力以警示可能的竞争者，如果它们进入市场会使自己陷入价格战，这样做是有利的……

谢林和奥曼两位先生都生活在冷战时期，这一时期对美苏之间的核对抗的担心使学者们开始研究双方的动机和决策……

谢林教授把他的研究扩大到冷战之外。例如，他的研究说明了即使是不同人群之间微不足道的偏好差别也会导致城市中大规模的隔离。他还把吸毒成瘾描述为对自己的博弈。例如，那些想戒烟的人会把香烟扔进马桶冲走，因为他认识到“有时在夜深人静时他无法抵制香烟的诱惑”。

资料来源：*The Wall Street Journal*, October 11, 2005.

17.3 针对寡头的公共政策

第1章中经济学十大原理之一是，政府有时可以改善市场结果。正如一般情况那样，这个原理直接运用于寡头市场。正如我们已经说明的，从整个社会的角度来看，寡头之间的合作是不合意的，因为它使产量太低而价格太高。为了使资源配置接近于社会最优水平，决策者应该努力使寡头企业竞争而不是合作。我们来考虑决策者怎样处理这种情况，并考察其在公共政策领域所引起的争论。

17.3.1 贸易限制与反托拉斯法

政策限制合作的一种方法是通过普通法。正常情况下，合约自由是市场经济的一个基本部分。企业和家庭用合约安排互利的贸易。在这样做时，它们依靠法院系统来履行合约。但几百年来，英国和美国法官都认定竞争者之间的协议减少了产量并提高了价格，是违背了公共利益的。因此，他们拒绝执行这类协议。

1890年的《谢尔曼反托拉斯法》(以下简称《谢尔曼法》)把这个政策列入法规，并强化了这种政策：

> 每一个限制各州之间和与外国之间贸易和商业往来的合约，以托拉斯或其他形式出现的联合或勾结，都被宣布为违法……每一个将要垄断、企图垄断或与他人联合或勾结起来，以垄断任何环节的州际或国际的贸易或商业往来的人，都被认为有罪或行为不当。而且在法庭根据罪行定罪时，应该处以5万美元以下的罚金，或一年以内的监禁，或两者并罚。

《谢尔曼法》把寡头之间的协议从一种无法执行的合约提升为有罪的勾结。

1914年的《克莱顿法》进一步强化了反托拉斯法。根据该法，如果一个人可以证明他受到限制贸易的非法协议的危害，他可以提起诉讼并得
379 到三倍于他所受损害的赔偿。这种不寻常的三倍于损害的赔偿规定的目的是，鼓励反对勾结的寡头的私人法律诉讼。

现在,美国司法部和私人方面都有权提起法律诉讼来履行反托拉斯法。正如我们在第15章中讨论的,这些法律被用于防止引起过多的市场势力集中在任何单个企业中的合并。此外,这些法律也用于防止寡头以一种使自己的市场不太具竞争性的方式共同行事。

案例研究
一次违法的通话

在寡头市场上,企业有勾结起来以便减少产量、提高价格和增加利润的强烈激励。18世纪伟大的经济学家亚当·斯密已经深刻认识到这种潜在的市场失灵。在《国富论》中,他写道:"同业者往往很少聚在一起,但这种集会的结果是针对公众的合谋,或是某种提高价格的计谋。"

为了用现代的例子来说明斯密的这种观察,下面考虑一段20世纪80年代初两个航空公司的高级管理人员之间的电话谈话。1983年2月24日的《纽约时报》报道了这段电话谈话。Robert Crandall是美洲航空公司总裁,Howard Putnam是布拉尼夫航空公司总裁。

Crandall:我觉得我们在这里拼个你死我活,但一分钱也没赚到,这是很愚蠢的。

Putnam:你有什么高见吗?

Crandall:有,我有个建议。将你的票价提高20%,明天一早我也这么做。

Putnam:Robert,我们……

Crandall:你能赚更多的钱,我也是。

Putnam:我们不能谈论定价问题!

Crandall:哦,Howard。我们想谈什么就能谈什么。

Putnam是对的:《谢尔曼法》禁止相互竞争的企业高层管理人员哪怕仅仅是谈论定价问题。当Putnam把这段谈话的录音带交给司法部时,司法部立即对Crandall先生提出起诉。

两年以后,Crandall和司法部达成一种解决方案。按这个方案,Crandall同意对他的各种业务活动进行限制,其中包括他与其他航空公司官员的接触。司法部说,该方案的条款将"防止美洲航空公司和Crandall通过与竞争者讨论航空公司服务价格,以垄断任何一条航线上乘客飞行服务的任何进一步的企图,来保护民航业的竞争"。

新闻摘录
公开的价格勾结

如果一个生产者集团在秘密的会议上协调他们的价格，他们就会由于违背反托拉斯法的罪行而被送去监狱。但是，如果他们公开地讨论同样的问题呢？

市场对话

Alistair Lindsay

大多数公司都有符合反托拉斯法的政策。它们一般——且十分正确地——确定许多高管和员工不应该做的事，否则就要承担刑事责任、巨额罚金和做出无限赔偿。所有这些都是为了明确公司不应该与其竞争对手就固定价格进行协商。这是一条明线规则。但是，这就引发了一个重要的问题：公司可以不违背卡特尔规则而协调提价吗？

在竞争者需要公开自己的价格以赢得业务的市场上——例如，许多零售市场——只要每个卖者在决定自己的收费时完全是独立行事的，追随竞争对手的提价就完全是合法的。寡头的定义正是只有少数供给者的市场，它们确定自己的商业策略，但要考虑到竞争对手。一个竞争者可能作为领导者出现，其他人就可以根据什么时候提价和提多少的暗示行事。

当价格在私人之间协商时——正如在许多行业的市场上——顾客自愿提供竞争对手的价格以获取优势："你每吨定价为 100 镑，但 X 是 95 镑，除非你能做得更好，否则我就到他们那儿去。"这是很正常的。得到这种信息的公司也得到了关于竞争对手收费多少的有价值的情报，但这并不违背卡特尔规则……

公司有时也通过与投资者的联系相互发信号，无论是否是有意的。例如，一个要告诉市场它预计价格战将在 2 月结束的竞争者是在向其实际和潜在的股票所有者提供信息。当然，它的对手也会读到同样的报告，并可以因此而改变其策略。因此，对市场的说明也可以像在卡特尔会议中向竞争者发出的信号那样发挥作用。

通过与投资者的联系发信号引起了卡特尔规则实施的一些困难问题。执法者想保护消费者不受明显信号的不利影响，但又不愿意以在金融市场失去透明度为代价。例如，让投资者知道一家航空公司预计下季度每公里乘客的收入将要增加很重要。但是，一家竞争的航空公司在确定自己下一季度的票价时就会把已宣布的数字作为一个标准。

就目前的情况来看，卡特尔当局就这种情况集中精力禁止信息畅通的市场上的合并，它们认为这类市场上的合并会通过更容易和更成功的协调进一步阻碍竞争。但是，它们还没有采取高调的行动，指控对投资者发布信息的公司违背了卡特尔规则。

如果某项公报除了向竞争对手发信号之外没有什么正当理由，卡特尔当局就要寻求介入。因为在这种情况下，公开发布信息分析起来和私人与竞争对手直接讨论一样，而且，有消费者受到严重伤害的可能。但大多数公告都服务于合法的目的，例如向投资者通报。在这些情况下，因为有不同的政策目标发挥作用，卡特尔当局的干预看来就太复杂了。

资料来源： *The Wall Street Journal*, December 13, 2007.

17.3.2 关于反托拉斯政策的争论

长期以来，许多争论集中在反托拉斯法应该禁止哪一种行为的问题上。大多数评论者一致认为，竞争企业之间的价格勾结协议应该是非法的。但反托拉斯法还被用于谴责过一些影响并不明显的经营做法。下面我们考虑三个例子。

转售价格维持 有争议的经营做法的一个例子是转售价格维持，又 380
称为公平贸易。设想超级电子公司以 300 美元的价格把 DVD 机卖给零售店。如果超级电子公司要求零售商向顾客收取 350 美元，就可以认为该公司进行转售价格维持。任何一个收取价格低于 350 美元的零售商都违背了它与超级电子公司之间的合约。

乍一看，转售价格维持似乎是反竞争的，从而对社会是不利的。正如 381
卡特尔成员间的协议一样，它禁止零售商的价格竞争。由于这一原因，法庭往往认为转售价格维持违背了反托拉斯法。

但一些经济学家根据两个理由为转售价格维持辩护。第一，他们否认这种做法是为了减少竞争。如果超级电子公司有任何市场势力，它可以通过批发价格而不是转售价格维持来实施这种力量。此外，并没有什么激励使超级电子公司控制其零售商之间的竞争。实际上，由于一个零售商卡特尔出售的价格低于一群竞争的零售商出售的价格，因此，如果零售商是一个卡特尔，超级电子公司的状况会变坏。

第二，经济学家认为，转售价格维持有合理的目标。超级电子公司可能希望它的零售商向顾客提供令人赏心悦目的展示间和知识丰富的销售人员队伍。但如果没有转售价格维持，一些顾客就会通过某家商店了解该种 DVD 机的特点，然后在不提供这些服务的折扣零售店中购买 DVD 机。在某种程度上，良好的服务是出售超级电子公司 DVD 机的零售商们的公共物品。正如我们在第 11 章中讨论的，当一个人提供了一种公共物品时，其他人可以不付费就享用。在这种情况下，折扣零售商将搭其他零售商提供的服务便车，这就使服务低于合意的水平。转售价格维持是超级电子公司解决这种搭便车问题的一种方法。

转售价格维持阐明了一个重要的原则：看起来减少竞争的经营做法实际上可能有其合理的目的。这个原则使反托拉斯法的适用变得更为困难。那些负责实施这些法律的经济学家、律师和法官必须确定，公共政策应该禁止哪一类抑制竞争并减少经济福利的行为。这项工作通常并不容易。

掠夺性定价　有市场势力的企业通常用这种力量把价格提高到竞争的水平之上。但对于有市场势力的企业收取的价格太低的情况，决策者应该予以关注吗？这个问题是关于反托拉斯政策第二种争论的中心。

设想一个名为 Coyote 的大航空公司垄断了一些航线。随后，Roadrunner 快运公司进入，并夺走了 20% 的市场，留给 Coyote 航空公司 80% 的市场。为了应对这种竞争，Coyote 开始大幅度降低自己的收费。一些反托拉斯分析家认为，Coyote 的行为可能是反竞争的：降价的目的可能是为了把 Roadrunner 赶出市场，以便 Coyote 可以重新恢复它的垄断地位，然后再提高价格。这种行为称为掠夺性定价。

尽管掠夺性定价是反托拉斯诉讼中的一种普遍说法，但一些经济学家怀疑这种观点，并认为，掠夺性定价是不太可能，甚至根本不可能获利的经营策略。为什么呢？对赶走竞争对手的价格战而言，价格必须低于成本。但如果 Coyote 开始以亏损状态来出售廉价机票，它就最好准备多飞几次航班，因为低票价将吸引更多顾客。同时，Roadrunner 也可以通过降低自己的票价来对 Coyote 的掠夺性定价做出反应。结果，Coyote 最后承担了 80% 以上的亏损，使 Roadrunner 处于较好状况并能继续在价格战中生存。正如老式的 Roadrunner-Coyote 漫画一样，掠夺者遭受的苦难大于被掠夺者。

382 经济学家一直在争论反托拉斯决策者是否应该关注掠夺性定价。各种问题仍然没有得到解决。掠夺性定价是一种有利可图的经营策略吗？如果是的话，在什么情况下有利可图？法庭能够说明哪一种降价是竞争性的，从而有利于消费者，而哪一种降价是掠夺性的吗？这里并没有简单的答案。

新闻摘录
政策的撤销

在 2007 年，最高法院以微弱多数改变了它对零售价格限制的观点。

长达一个世纪的最低零售定价禁令被解除

Stephen Labaton

华盛顿，6 月 28 日——一个实行了将近一个世纪的反托拉斯法被撤销了，最高法院在周四规定，制造商与销售商就最低零售价达成协议不再是自动违法的。

这项决定给予了生产者相当大的权力（尽管并不是没有限制的）去控制零售价格以及限制折扣的灵活性。

五位法官与国内主要的制造商达成一致，认为新的规定在某些情况下可以引起更多的竞争和更好的服务。但是四位持不同意见的法官同37个州和一些消费者团体一致认为，废除这个古老的规定会引起消费品和其他商品的价格大幅度上升和竞争减少。

最高法院撤销了有96年历史的一条规定，即转售价格维持协定自动或本身就违反了《谢尔曼反托拉斯法》。最高法院从它的角度指示法官在考虑协议可能违反了反托拉斯法时，采用案例法，即"理性规则"来判断它对竞争的影响，新规定相当有利于被告。

决定是在法庭开庭的最后一天宣布的，它明显地推翻了先例，而且显然大企业和反托拉斯法的被告是胜利者。它也是近年来一系列否定禁止公司之间各种市场协定的本身违法规则的反托拉斯决定中最新的一项。

布什政府和芝加哥学派的经济学家们认为，全面禁止转售价格维持协议是过时的和不利于进步的，他们表示，因为某些转售价格协议实际上促进了竞争。

他们说，例如，这种协议可以通过向零售商保证它们可以在帮助推销产品时补偿投资来使新生产者更容易进入。而且，一些分销商会受到其他不公正的伤害，像网上零售商，它们由于没有产品展示或其他专门为消费者服务的支出而可以打折。

大多数法庭认为，一律禁止价格协议限制了这些服务，以及其他可以促进竞争的营销活动。

最高法院在法官 Anthony M. Kennedy 所写、有大法官 John G. Roberts Jr. 和法官 Antonin Scalia、Clarence Thomas 和 Samuel A. Alito Jr. 签名的正式陈述中说："总之，这是一个有漏洞的反托拉斯学说，它通过创造作为对不知情者的陷阱的法律区别，服务于律师的利益而非消费者的利益——它要求制造商为了达到可靠的经营目标而选择了次优做法。"

但是，法官 Stephen G. Breyer 在法庭上读了他的反对意见的一部分，他说，推翻一个世纪以来最高法院关于支持禁止零售价格维持协议的决定并没有什么充分的理由。

他写道："可以大胆预期今天的决定会引起零售价格上升，而且也使下级法院因寻找建立新的可执行原则而引起相当大的法律混乱。我并不认为大多数人都表示了新的或者变化的条件足以保证推翻如此长期存在的决定是正当的。"

资料来源： *New York Times*, June 29, 2007.

383

搭售　有争议的经营做法的第三个例子是搭售。假设 Makemoney 电影制片厂拍摄了两部新电影——《蜘蛛侠》和《哈姆雷特》。如果 Makemoney 制片厂以单一价格向电影院同时提供两部电影，而不是对两部电影单独定价，就可以认为制片厂是搭售它的两种产品。

当搭售电影的做法在法庭上受到质疑后，联邦最高法院禁止了这种做法。法院的推理如下：假设《蜘蛛侠》是高票房影片，而《哈姆雷特》是不盈利的艺术片。这样，制片厂可以用《蜘蛛侠》的高需求迫使电影院购买《哈姆雷特》。看来制片厂可以用搭售作为扩大其市场势力的一种机制。

许多经济学家怀疑这种推论。设想电影院愿意为《蜘蛛侠》支付 2 万美元，而不愿为《哈姆雷特》支付一分钱。这样，电影院愿意为两部电影总共支付的最高价格是 2 万美元，这与为《蜘蛛侠》支付的价格一样。作为交易的一部分，迫使电影院接受一文不值的电影，并没有提高电影院的支付意愿。Makemoney 公司也不能简单地通过把两部电影捆绑在一起，而增加它的市场势力。

那么，为什么存在搭售呢？一种可能是它是价格歧视的一种形式。假设有两家电影院。城市电影院愿意为《蜘蛛侠》支付 1.5 万美元，为《哈姆雷特》支付 5 000 美元；国家电影院正好相反，愿意为《蜘蛛侠》支付 5 000 美元，为《哈姆雷特》支付 1.5 万美元。如果 Makemoney 制片厂对两部电影分别收取价格，它的最优策略是，为每部电影收取 1.5 万美元，而每家电影院选择只上映一部电影。但如果 Makemoney 制片厂将两部电影捆绑出售，它就可以从每家电影院收取 2 万美元。因此，如果不同的电影院对电影的评价不同，搭售就可以使制片厂通过收取接近于买者总支付意愿的联合价格而增加利润。

搭售仍然是一种有争议的经营做法。联邦最高法院的观点是，搭售使一个企业可以把它的市场势力扩大到其他物品，这是没有什么依据的，至少以这种最简单的形式来看是没有什么依据的。但是经济学家也提出了更为详尽的理论，说明搭售如何会阻碍竞争。在我们现在的经济知识状况下，搭售对整个社会是否有不利影响尚不明确。

案例研究
微软案

"我？一个垄断者？等一等……"

图片来源：© AP IMAGES.

近年来最重要，而且最有争议的反托拉斯案件是美国政府在 1998 年对微软公司的起诉。可以肯定的是，这个案件极富戏剧性。它使世界上最富有的人（比尔·盖茨）和世界上最有权力的监管机构（美国司法部）进行对抗。为政府作证的是一位著名经济学家——MIT 的教授 Franklin Fisher。为微软作证的同样是一位著名经济学家——MIT 的教授 Richard Schmalensee。受到威胁的是经济中增长最快的行业（电脑软件业）中一个世界上最有价值的公司(微软)的未来。

微软案的中心问题涉及搭售——特别是,是否应该允许微软把它的互联网浏览器与 Windows 操作系统捆绑起来销售。政府声称,微软把这两种产品捆绑在一起是为了把它在电脑操作系统市场上的市场势力扩大到不相关的互联网浏览器市场。政府认为,允许微软把这些产品与操作系统组合起来,会阻止新软件公司进入市场和提供新产品。

微软的回应是指出把新功能融入老产品中是技术进步自然而然的一部分。今天的汽车包括音响和空调,这些东西曾经是分开销售的,而且,照相机也有内置的闪光灯。这一道理同样适用于操作系统。随着时间的推移,微软把许多功能融入以前是单一产品的 Windows 中,这使电脑更稳定、更容易使用,因为消费者会信任同时运行的各个组成部分。微软认为,互联网技术的整合是自然而然的下一步。 384

关于微软市场势力的延伸是一个分歧点。政府注意到新个人电脑中使用微软操作系统的超过了 80%,认为该公司已有相当大的垄断力量,而且还有扩大之势。微软申辩说,软件市场时刻都在变动,而且,微软的 Windows 一直受到竞争对手的挑战,例如苹果和 Linux 操作系统。它还认为,对 Windows 收取的低价格——50 美元左右,只占普通电脑价格的 3%——是市场势力受到严重限制的证据。

与许多大的反托拉斯诉讼一样,微软案陷入了法律的泥潭。1999 年 11 月,在长期审讯之后,法官 Penfield Jackson 判定,微软有极大的垄断力量,并非法地滥用这种力量。2000 年 6 月,他在听取了可能的补救措施之后,命令微软分为两个公司——一个销售操作系统,另一个销售应用软件。一年后,上诉法院驳回了 Jackson 的拆分命令,并把这个案件移交给一个新法官。2001 年 9 月,司法部宣布,它不再要拆分该公司,并想尽快结案。

最终,一切在 2002 年 11 月得到解决。微软接受对自己业务的某些限制,政府同意浏览器仍然可以作为 Windows 操作系统的一部分。但这种解决方案并没有结束微软的反托拉斯麻烦。近年来,该公司遇到了好几起私人反垄断诉讼,以及由欧盟认定的各种反竞争行为引起的诉讼。

即问即答 • 企业所达成的哪些协议是非法的? • 为什么反托拉斯法存在争议?

17.4 结论

寡头喜欢像垄断者那样行事，但利己使他们趋近于竞争。因此，最终寡头介于这两者之间的何处，取决于寡头市场上的企业数量以及这些企业的合作程度如何。囚徒困境的故事说明为什么寡头即使在合作符合它们的最大利益时也不能维持合作。

决策者通过反托拉斯法管制寡头的行为。这种法律的适用范围是一个一直备受争论的主题。虽然竞争企业之间的价格勾结显然减少了经济福利，应该是违法的，但一些看来减少了竞争的经营做法如果有明显的证据仍然可能是合理的。因此，决策者在运用反托拉斯法的巨大权力限制企业行为时，需谨慎行事。

385 内容提要

◎ 寡头通过形成一个卡特尔并像垄断者一样行事以使自己的总利润最大化。但如果寡头独立地做出生产决策，结果是产量大于垄断产量，价格低于垄断价格。在寡头市场上企业数量越多，产量和价格越接近于竞争状态下的水平。

◎ 囚徒困境表明，利己使人们即使在合作符合他们共同利益时也无法维持合作。囚徒困境的逻辑适用于许多情况，包括军备竞赛、公共资源问题和寡头。

◎ 决策者用反托拉斯法来防止寡头从事减少竞争的行为。这些法律的适用性是有争议的，因为有些看来可能减少竞争的行为实际上可能有合理的经营目的。

关键概念

寡头	卡特尔	囚徒困境
博弈论	纳什均衡	占优策略
勾结		

复习题

1. 如果一个卖者集团可以形成一个卡特尔，它们想确定的产量和价格是什么？
2. 比较寡头与垄断的产量与价格。
3. 比较寡头与竞争市场的产量与价格。
4. 一个寡头市场上的企业数量如何影响市场结果？
5. 什么是囚徒困境？它与寡头有什么关系？
6. 举出寡头之外的两个例子，说明囚徒困境如何有助于解释行为？

7. 反托拉斯法禁止哪些类型的行为？
8. 什么是转售价格维持？为什么它是有争议的？

问题与应用 386

1. 全世界大部分的钻石供给来自俄罗斯和南非。假设采集每块钻石的边际成本是 1 000 美元，而且，钻石的需求如下表所示：

价格（美元）	数量（块）
8 000	5 000
7 000	6 000
6 000	7 000
5 000	8 000
4 000	9 000
3 000	10 000
2 000	11 000
1 000	12 000

a. 如果有许多钻石供给者，价格和数量会是多少？
b. 如果只有一个钻石供给者，价格和数量会是多少？
c. 如果俄罗斯和南非形成一个卡特尔，价格和数量会是多少？如果这两个国家平分市场，南非的产量和利润会是多少？如果南非产量增加 1 000 块，而俄罗斯遵守卡特尔协议，南非的利润会有什么变化？
d. 用你对 c 的答案解释为什么卡特尔协议往往是不成功的。

2. 《纽约时报》（1993 年 11 月 30 日）报道："OPEC 上周不能就减少生产达成一致而使石油市场陷入混乱……（并导致了）国内原油价格下降到自 1990 年 6 月以来的最低水平。"
a. 为什么 OPEC 成员国力图对减产达成一致？
b. 你认为为什么 OPEC 不能就减产达成一致？为什么因此石油市场陷入了"混乱"？
c. 该报提到 OPEC 认为"该组织以外的产油国，如挪威和英国，也应该和我们共同行动并减产"。"和我们共同行动"这句话表明 OPEC 与挪威和英国有一种什么样的合意关系？

3. 本章讨论了在其销售物品的市场上是寡头的公司。许多同样的思想适用于在其购买投入品的市场上是寡头的公司。
a. 如果作为寡头的卖者力图提高它们销售的物品的价格，那么作为寡头的买者的目标是什么？
b. 棒球大联盟球队的老板在棒球运动员市场上是寡头。这些老板考虑运动员薪水时的目标是什么？为什么这种目标难以达到？
c. 棒球运动员在 1994 年举行罢工是因为他们不愿接受老板想实行的薪水上限。如果这些老板已经就薪水进行了勾结，为什么他们还认为需要薪水上限？

4. 考虑美国和墨西哥之间的贸易关系。假定两国领导人认为不同贸易政策的结果如下：

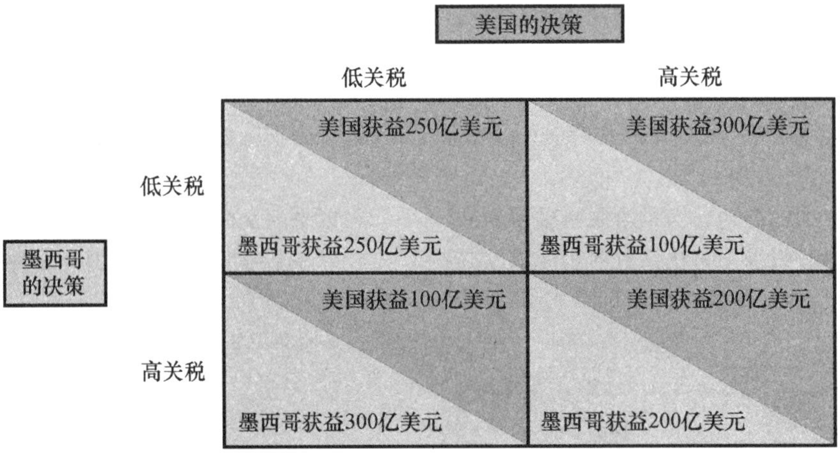

a. 美国的占优策略是什么？墨西哥呢？解释原因。

b. 定义纳什均衡。贸易政策的纳什均衡是什么？

387 c. 1993 年美国国会通过了北美自由贸易协定。根据这个协定，美国和墨西哥一致同意同时降低关税。根据上表看到的结果能证明这种贸易政策方法正确吗？解释原因。

d. 根据你对贸易获益的了解（第 3 章和第 9 章讨论的），你认为在这四种可能的结果之下，这些结果实际上反映了一国的福利吗？

5. Synergy 和 Dynaco 是某高科技行业仅有的两家企业，当它们在决定研究预算为多大时面临着以下结果矩阵：

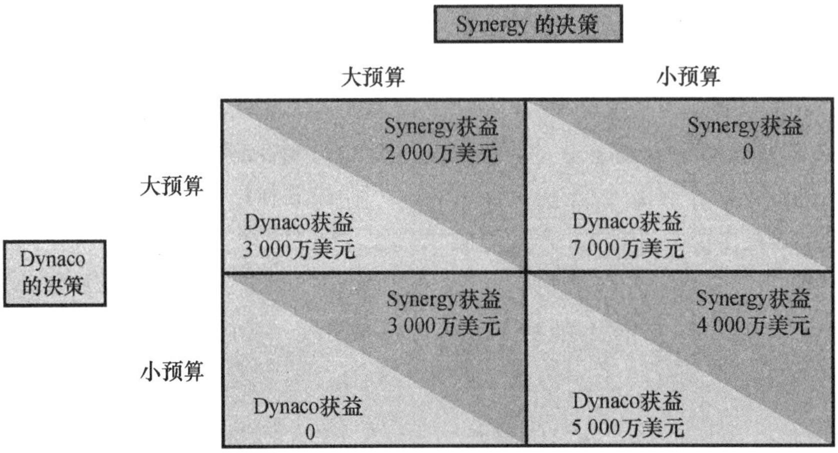

a. Synergy 有占优策略吗？解释原因。

b. Dynaco 有占优策略吗？解释原因。

c. 这种情况下的纳什均衡在哪里？解释原因。（提示：再认真阅读纳什均衡的定义。）

6. 假设你和你的同学被分配到一个项目组，你们将根据该项目得到一个共同的分数。你们每个人都想得到一个好成绩，但你们还想尽量少干点活。具体情况如下：

- 如果你们俩都努力工作，就都得 A，这给你们俩每人带来 40 单位快乐。

- 如果你们俩只有一个人努力工作，就都得 B，这给你们俩每人带来 30 单位快乐。
- 如果你们俩都不努力工作，就都得 D，这给你们俩每人带来 10 单位快乐。
- 努力工作的代价是 25 单位快乐。

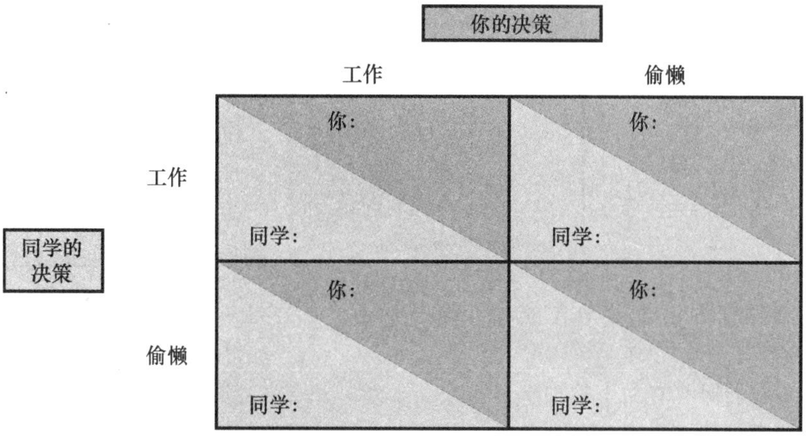

a. 在以上的决策方框中填写结果。

b. 最可能的结果是什么？解释你的答案。

c. 如果你把这位同学作为你一年中一系列项目的合作者，而不只是一次的合作者，你预期 b 的结果会有什么改变？

d. 你的另一位同学更关心好成绩：他从 B 中得到 50 单位快乐，而从 A 中得到 80 单位快乐。如果这位同学是你的合作者（但你的偏好不变），你对 a 和 b 的答案会有什么改变？你希望这两位同学中的哪一位成为你的合作者？他也希望将你作为他的合作者吗？

7. 本章的案例研究描述了美洲航空公司和布拉尼夫航空公司总裁的一段电话交谈。我们来分析这两家公司之间的博弈。假设每家公司既可以对机票收取高价格，也可以收取低价格。如果一家公司收取 100 美元：另一家公司也收取 100 美元，它就赚到低利润；如果另一家公司收取 200 美元，它就赚到高利润。另一方面，如果一家公司收取 200 美元：另一家公司收取 100 美元，它赚到极低的利润；如果另一家公司也收取 200 美元，它赚到中等的利润。

a. 画出这个博弈的决策方框。

b. 这个博弈中的纳什均衡是什么？解释答案。

c. 对两家航空公司来说，有比纳什均衡更好的结果吗？如何达到这种结果？如果达到的话，谁将蒙受损失？

8. Little Kona 是一家小咖啡公司，正在考虑进入由 Big Brew 控制的市场。每家公司的利润取决于 Little Kona 是否进入以及 Big Brew 设定高价格还是低价格。

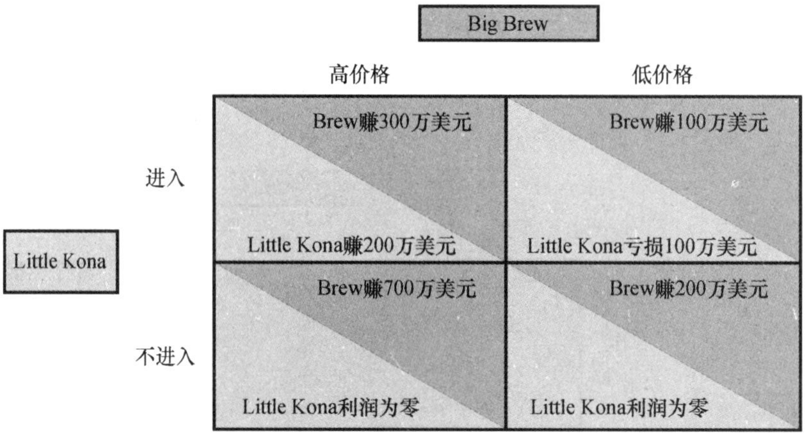

388 a. 这个博弈的两个参与者谁有占优策略？

b. 你对 a 的回答有助于你理解另一个参与者会怎么做吗？什么是纳什均衡？它是唯一的吗？

c. Big Brew 威胁 Little Kona 说："如果你进入，我们将设定低价格，因此，你最好不要进入。"你认为 Little Kona 应该相信这种威胁吗？为什么？

d. 如果两个企业可以勾结并就如何瓜分总利润达成协议，你预期结果会是什么？

9. Jeff 和 Steve 正在打网球。每一分取决于 Steve 能否正确猜出 Jeff 的球打在 Steve 的左边还是右边。结果是：

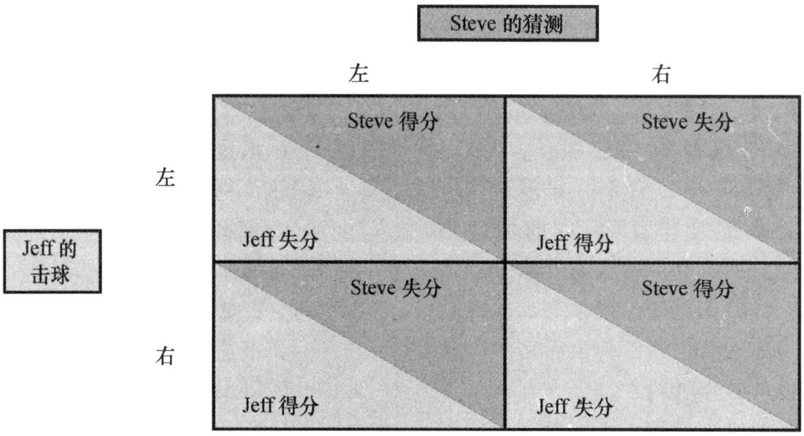

这两个球手都有占优策略吗？如果 Jeff 选择一种特定策略（左或右）并坚持这种策略，Steve 应怎么做？你能想出 Jeff 可以遵循的一种更好的策略吗？

10. 让我们回到本章关于 Jack 和 Jill 水的双头的讨论。假设 Jack 和 Jill 处于双头的纳什均衡（80 加仑）时，第三个人 John 发现了水源并作为第三个生产者进入市场。

a. Jack 和 Jill 建议他们三人继续生产 80 加仑总量，三方平分市场。如果

John 同意这种做法，他将得到多少利润？

b. 在同意建议的做法之后，John 考虑将自己的产量增加 10 加仑。如果他这样做了，而 Jack 和 Jill 遵守协议，John 将得到多少利润？这告诉你哪些关于所建议的协议的信息？

c. 这个有三个生产者的市场上的纳什均衡是什么？与有两个生产者的纳什均衡相比较，有何不同？

第 6 篇 劳动市场经济学

第 18 章
生产要素市场

毕业后，你的收入将主要取决于你所从事工作的类型。如果你成为 391
一名电脑程序员，你赚的将比你成为加油站服务员多。这个事实并不让人吃惊，但其中的原因却并非显而易见。并没有哪一条法律规定电脑程序员的工资要比加油站服务员高，也没有哪一条道德规范认为程序员应该报酬更高。那么，是什么决定了不同工作的报酬呢？

当然，你的收入在整个经济中是微乎其微的。2008 年美国居民的总收入是 14 万亿美元左右。人们以各种方式赚到这份收入。工人以工资和福利津贴的形式赚到总收入的 3/4。其他部分以租金、利润和利息的形式归土地所有者和资本所有者——资本是经济中设备和建筑物的存量。什么因素决定多少归工人，多少归土地所有者，多少归资本所有者？为什么一些工人赚的工资比另一些工人高？为什么一些土地所有者赚的租金比另一些土地所有者高？为什么一些资本所有者赚的利润比另一些资本所有者高？特别是，为什么电脑程序员赚的比加油站服务员多？

正如经济学中的大部分问题一样，对这些问题的回答仍取决于供给 392
与需求。劳动、土地和资本的供给与需求决定了支付给工人、土地所有者和资本所有者的价格。因此，为了说明一些人的收入比另一些人高的原因，我们需要更深入地考察他们所提供的劳务的市场。这正是我们在本章和以下两章中要做的工作。

本章将阐述分析要素市场的基本理论。你可以回忆一下第 2 章，**生产要素**（factors of production）是用于生产物品与劳务的投入。劳动、土地和资本是三种最重要的生产要素。当一家电脑公司生产新的软件程序时，它要利用程序员的时间（劳动）、它的机构所处的物理空间（土地），以及办公楼和电脑设备（资本）。同样，当一个加油站出售汽油时，它要利用服务员的时间（劳动）、物理空间（土地）和油箱与油泵（资本）。

生产要素：
用于生产物品与劳务的投入。

在许多方面，要素市场类似于我们在前几章中分析的物品与劳务市场，但两者在一个重要的方面有所不同：生产要素的需求是派生需求。也就是说，企业的生产要素需求是从它向另一个市场供给物品的决策派生出来的。对电脑程序员的需求与电脑软件的供给必然密切相关，而对加油站服务员的需求与汽油供给必然密切相关。

在本章中,我们通过考虑竞争的、以利润最大化为目标的企业如何决定购买多少生产要素来分析要素需求。我们从考察劳动需求开始分析。劳动是最重要的生产要素,因为在美国经济中工人的收入占到了总收入的一大半。在本章的后面,我们将说明,从劳动市场中得到的结论也可以应用于其他生产要素市场。

本章提出的要素市场基本理论在解释美国经济的收入如何在工人、土地所有者和资本所有者之间分配方面向前迈出了一大步。第 19 章将在这种分析之上更详尽地考察为什么一些工人赚的钱比另一些工人多。第 20 章将考察要素市场的作用引起的收入不平等程度,然后考察政府在改变收入分配中应该起什么作用,以及实际起了什么作用。

393

18.1 劳动的需求

与经济中的其他市场一样,劳动市场也是由供求力量支配的。图 18-1 说明了这一点。在(a)幅中,苹果的供给与需求决定了苹果的价格。在(b)幅中,摘苹果工人的供给与需求决定了摘苹果工人的价格或工资。

图 18-1 供给与需求的多样化

供给与需求的基本工具适用于物品与劳动服务。(a)幅表示苹果的供给与需求如何决定苹果的价格。(b)幅表示摘苹果工人的供给与需求如何决定摘苹果工人的工资。

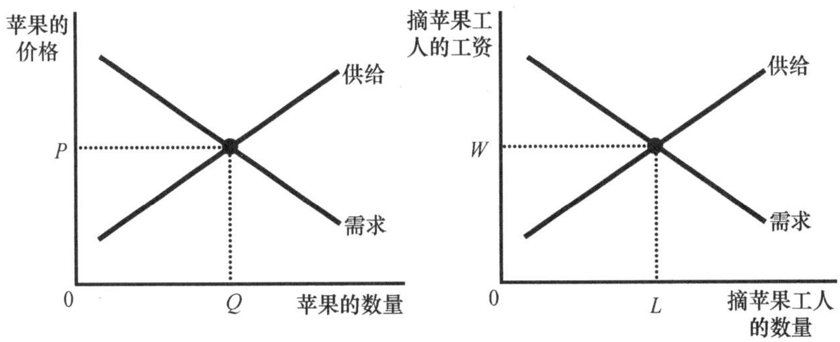

(a) 苹果市场　　(b) 摘苹果工人市场

如前所述,劳动市场不同于大多数其他市场,因为劳动需求是一种派生需求。大多数劳动服务不是作为最终产品供消费者享用的,而是作为生产成本投入到其他物品的生产中去的。为了理解劳动需求,我们需要将注意力集中在雇用劳动并以之生产和销售物品的企业上。通过考察物品生产和生产这些物品的劳动需求之间的联系,我们就可以说明均衡工资的决定。

18.1.1 竞争的、以利润最大化为目标的企业

我们来观察一个典型的企业,比如一个苹果生产商,如何决定劳动的

需求量。该企业拥有一个苹果园，并且每周必须决定雇用多少工人来摘苹果。在企业做出它的雇用决策以后，工人就尽可能多地摘苹果。然后企业出售苹果，支付工人工资，剩下的就是利润。

我们做出两个关于企业的假设。

第一，假设我们的企业在苹果市场上（在这里企业是卖者）和摘苹果工人市场上（在这里企业是买者）都是竞争性的。竞争企业是价格接受者。由于有许多其他企业出售苹果和雇用摘苹果工人，因此，一个企业对市场上苹果的售价和付给摘苹果工人的工资几乎没有什么影响。企业接受市场条件决定的价格和工资。它唯一要决定的是出售多少苹果和雇用多少工人。

第二，我们假设，企业是追求利润最大化的。因此，企业并不直接关心它雇用的工人数和它生产的苹果量。它只关心利润，利润等于销售苹果的总收益减去生产这些苹果的总成本。企业的苹果供给和工人需求都产生于其利润最大化这个主要目标。

18.1.2 生产函数与劳动的边际产量

为了做出雇用决策，企业必须考虑工人数量的多少如何影响产量。换句话说，它必须考虑摘苹果工人的数量如何影响它能收获和销售的苹 394
果量。表 18－1 用数字进行了说明：第一栏中是工人数量；第二栏是工人每周收获的苹果量。

表 18－1　竞争企业如何决定雇用的工人数量

劳动（工人数量）	产量（蒲式耳/周）	劳动的边际产量（蒲式耳/周）	劳动的边际产量值（美元）	工资（美元）	边际利润（美元）
(L)	(Q)	($MPL = \Delta Q/\Delta L$)	($VMPL = P \times MPL$)	(W)	(Δ 利润 $= VMPL - W$)
0	0				
		100	1 000	500	500
1	100				
		80	800	500	300
2	180				
		60	600	500	100
3	240				
		40	400	500	－100
4	280				
		20	200	500	－300
5	300				

生产函数：
用于生产一种物品的投入量与该物品产量之间的关系。

这两栏数字描述了企业的生产能力。我们还记得，经济学家用**生产函数**（production function）来描述生产中所有的投入量与产量之间的关系。

在这里,“投入”是摘苹果的工人,而“产出”是苹果。其他投入——苹果树本身、土地、企业的卡车和拖拉机等——现在设为固定的。这个企业的生产函数表示,如果企业雇用1个工人,这个工人每周将摘100蒲式耳苹果;如果企业雇用2个工人,2个工人每周一共摘180蒲式耳苹果,以此类推。

图18-2是根据表18-1提供的劳动与产量的数据绘制的。横轴是工人数量,纵轴是产量。这个图阐释了生产函数。

图18-2　生产函数

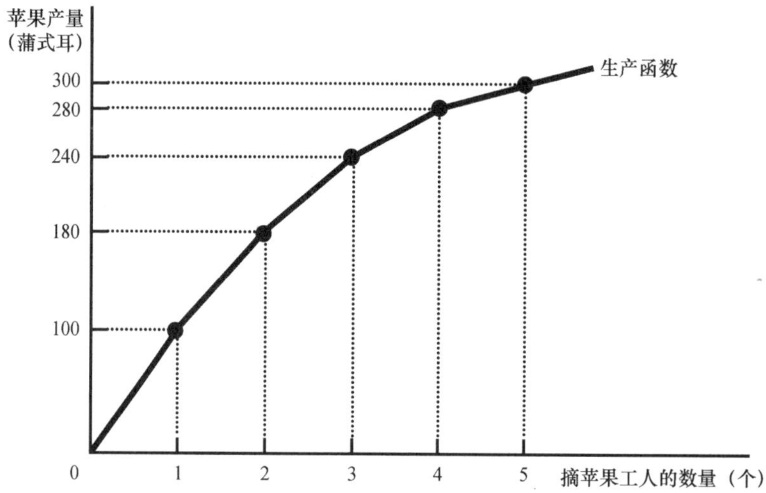

生产函数是生产中的投入(摘苹果工人)量与生产的产品(苹果)数量之间的关系。随着投入量增加,生产函数变得越来越平坦,这反映了边际产量递减的特性。

第1章中的经济学十大原理之一是理性人考虑边际量。这是理解企业如何决定雇用多少劳动量的关键。作为决策的第一步,表18-1的第三栏给出了**劳动的边际产量**(marginal product of labor),即增加一单位劳动所引起的产量增加量。例如,当企业把工人数量从1个增加到2个时,生产的苹果从100蒲式耳增加到180蒲式耳。因此,第2个工人的边际产量是80蒲式耳。

劳动的边际产量:
增加的一单位劳动所引起的产量增加量。

要注意的是,随着工人数量的增加,劳动的边际产量递减。这就是说,生产过程表现出**边际产量递减**(diminishing marginal product)。起初,当只雇用少数几个工人时,他们可以摘低处的果子。随着工人数量的增加,增加的工人不得不爬上高高的梯子找要摘的苹果。因此,随着雇用的工人越来越多,每个增加的工人对苹果产量的贡献越来越小。由于这个原因,图18-2中的生产函数随着工人数量增加变得越来越平坦。

395 **边际产量递减:**
一单位投入的边际产量随着投入量增加而减少的性质。

18.1.3　边际产量值和劳动需求

我们的利润最大化企业对财富的关注大于苹果。因此,在决定雇用多少工人摘苹果时,企业会更多地考虑每个工人能带来多少利润。由于利润是总收益减总成本,因此,增加的1个工人的利润是工人对收益的贡献减去工人的工资。

为了确定工人对收益的贡献，我们必须把劳动的边际产量（用苹果的蒲式耳数来衡量）变为边际产量值（用美元来表示）。我们用苹果的价格来进行变换。继续看我们的例子，如果每蒲式耳苹果卖 10 美元，而且如果 1 个增加的工人生产 80 蒲式耳苹果，那么，这个工人就产生 800 美元收益。

任何一种投入的**边际产量值**（value of the marginal product）就是该投入的边际产量乘以产品的市场价格。在我们的例子中，假设每蒲式耳苹果的价格是 10 美元，表 18－1 的第四栏表示的就是劳动的边际产量值。由于一个竞争企业的市场价格是不变的，随着工人越来越多，边际产量在递减，因此，边际产量值（与边际产量本身一样）随着工人数量的增加而递减。经济学家有时把这一栏的数字称为企业的边际收益产量：它是企业从多使用一单位生产要素中得到的额外收益。

边际产量值： 一种投入的边际产量乘以该产品的价格。

396

现在考虑企业将雇用多少工人。假定摘苹果工人的市场工资是每周 500 美元。在这种情况下，正如你在表 18－1 中看到的，企业雇用第 1 个工人是有利可图的：第 1 个工人产生 1 000 美元收益，或 500 美元利润。类似地，第 2 个工人产生 800 美元的额外收益，或 300 美元利润。第 3 个工人产生 600 美元的额外收益，或 100 美元利润。但是，在第 3 个工人之后，雇用工人就无利可图了。第 4 个工人只产生 400 美元的额外收益。由于工人的工资是 500 美元，雇用第 4 个工人意味着利润减少 100 美元。因此，企业只雇用 3 个工人。

我们可以用图形来直观地考虑企业的决策。图 18－3 描述了边际产量值。这条曲线向右下方倾斜，是因为劳动的边际产量随着工人数量的增加而递减。该图还包括一条市场工资时的水平线。为了使利润最大化，企业雇用的工人数要达到这两条曲线相交的那一点。低于这个雇用水平，边际产量值大于工资，因此再雇用 1 个工人会增加利润；高于这个雇用水平，边际产量值低于工资，边际工人是无利可图的。因此，一个竞争性的、利润最大化企业雇用的工人数要达到劳动的边际产量值等于工资的那一点。

图 18－3　劳动的边际产量值

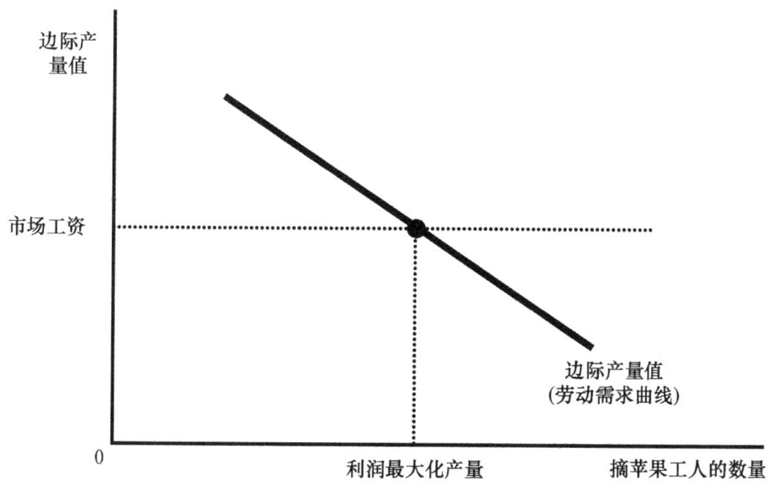

该图表示边际产量值（边际产量乘以产品价格）如何取决于工人的数量。该曲线向右下方倾斜是因为边际产量递减。对一个竞争性的、以利润最大化为目标的企业来说，这条边际产量值曲线也是企业的劳动需求曲线。

在解释了一个竞争企业的利润最大化雇用战略之后，我们现在可以提出劳动需求理论了。我们还记得，企业的劳动需求曲线告诉我们，在任何一种既定的工资水平下企业所需要的劳动量。我们刚刚在图 18－3 中看到了，企业选择劳动量的决策原则是使边际产量值等于工资。因此，对一个竞争性的、利润最大化的企业来说，边际产量值曲线也是劳动需求曲线。

397

参考资料
投入需求与产量供给：同一枚硬币的两面

在第 14 章中，我们说明了一个竞争性的、以利润最大化为目标的企业如何决定其出售的产量：它选择在该物品的价格等于生产的边际成本时的产量。我们刚才说明了这种企业如何决定雇用劳动的数量：它选择工资等于边际产量值时的劳动量。由于生产函数把投入量与产量联系起来，因此，当你了解到企业的投入需求决策与产量供给决策密切相关时，应该不会感到惊讶。实际上，这两个决策是同一枚硬币的正反两面。

为了更充分地说明这种关系，让我们看看劳动的边际产量（*MPL*）与边际成本（*MC*）如何相关。假设增加 1 个工人的成本为 500 美元，边际产量为 50 蒲式耳苹果。在这种情况下，多生产 50 蒲式耳苹果成本为 500 美元，1 蒲式耳苹果的边际成本是 500 美元/50，即 10 美元。推而广之，如果 *W* 表示工资，而且，额外的一单位劳动生产出 *MPL* 单位的产量，那么，一单位产量的边际成本是 $MC = W/MPL$。

这种分析表明，边际产量递减与边际成本递增是紧密相关的。当苹果园里挤满了工人时，每个增加的工人所增加的苹果产量就会减少（*MPL* 减少）。类似地，当苹果企业生产大量苹果时，苹果园已经挤满了工人，以致生产额外的 1 蒲式耳苹果的成本增加（*MC* 增加）。

现在考虑我们的利润最大化标准。我们已经明确，利润最大化企业选择的劳动量要使劳动的边际产量值（$P \times MPL$）等于工资（*W*）。用数学公式表示为

$$P \times MPL = W$$

如果我们把这个式子的两边同除以 *MPL*，就得出

$$P = W/MPL$$

我们刚刚提到，*W/MPL* 等于边际成本 *MC*。因此，我们又可以代入上式得出

$$P = MC$$

这个等式表明，企业产品的价格等于生产一单位产品的边际成本。因此，当一个竞争企业雇用的劳动达到边际产量值等于工资的那一点时，它的产量也就达到价格等于边际成本的那一点。本章中对劳动需求的分析正是我们在第 14 章中第一次说明的考察生产决策的另一种方式。

18.1.4 什么引起劳动需求曲线移动

现在我们理解了劳动需求曲线:它反映了劳动的边际产量值。记住这种观点,下面考虑可能会引起劳动需求曲线移动的几个因素。

产品价格 边际产量值是边际产量乘以产品的价格。因此,当产品价格变动时,边际产量值变动,而且,劳动需求曲线移动。例如,苹果价格上升增加了每个摘苹果工人的边际产量值,从而增加了生产苹果的企业的劳动需求。相反,苹果价格下降减少了边际产量值,也减少了劳动需求。

技术变革 在1960—2000年间,一个普通美国工人一小时生产的产量增加了140%。为什么呢?最重要的原因是技术进步:科学家和工程师不断地 398
发明出新的、更好的方法。这对劳动市场有深远的含义。技术进步通常增加了劳动的边际产量,从而增加了劳动需求,并使劳动需求曲线向右移动。

技术变革也可能减少劳动需求。例如,廉价的工业机器人的发明就可能减少劳动的边际产量,使劳动曲线向左移动。经济学家把这种情况称为**节约劳动**的技术变革。但是,历史表明,大多数技术进步是**增加劳动**的。这种技术进步解释了在工资上升时就业持续增加:尽管(根据通货膨胀调整过的)工资在20世纪的最后40年间上升了131%,但企业雇用的工人数量也增加了80%。

参考资料
路德派暴动

在历史的长河中,技术进步一直是工人的朋友。技术进步提高了生产率,增加了劳动需求和工资。但毫无疑问,工人有时也把技术进步看做对他们生活水平的威胁。

一个著名的例子发生在19世纪初的英国,当时熟练的织工看到他们的工作岗位受到机器的发明及其广泛运用的威胁,这些机器可以用不熟练的工人并以低得多的成本生产纺织品。这些被取代的工人发起了反对新技术的暴动。他们捣毁毛纺厂和棉纺厂用的纺织机器,有时候还烧毁工厂主的房子。由于工人声称他们是由尼德·路德(Ned Ludd)将军(他很可能是一个传说中的人物而不是真人)领导的,因此他们被称为路德派。

路德派想让英国政府通过限制新技术的扩散来挽救他们的工作,然而,议会采取了制止路德派的行动,并派遣了成千上万的军队镇压路德派的暴动。议会最终定摧毁机器为死罪。在1813年约克郡的审理之后,17人被判绞刑。其他许多人被判有罪,并作为犯人被押送到澳大利亚。

今天,"路德派"这个词指所有反对技术进步的人。

路德派

图片来源:BETTMANN/CORBIS.

其他要素的供给 一种生产要素的可获得量会影响其他生产要素的
399 边际产量。例如,减少梯子供给将减少摘苹果工人的边际产量,从而减少了对摘苹果工人的需求。在本章的后面,我们还要更充分地考虑生产要素之间的这种联系。

即问即答 • 描述劳动的边际产量与劳动的边际产量值的含义。• 描述一个竞争性的、以利润最大化为目标的企业如何决定雇用工人的数量。

18.2 劳动的供给

在详细分析了劳动需求后,我们转向市场的另一面,并考虑劳动供给。劳动供给的正式模型在第21章中给出,在那一章我们提出了家庭决策理论。在这里,我们简单而非正式地讨论在劳动供给曲线背后的决策。

18.2.1 工作与闲暇的权衡取舍

第1章的经济学十大原理之一是人们面临权衡取舍。在人的一生中,也许没有一种权衡取舍比工作和闲暇之间的权衡取舍更明显、更重要。你用于工作的时间越多,用于看电视、与朋友吃饭,或追求自己喜欢的业余爱好的时间就越少。劳动与闲暇之间的权衡取舍隐藏在劳动供给曲线的背后。

经济学十大原理中还有一个是,某种东西的成本是为了得到它所放弃的东西。为了得到一小时闲暇,你放弃了什么呢? 你放弃了一小时工作,这又意味着放弃了一小时工资。因此,如果你的工资是每小时15美元,一小时闲暇的机会成本就是15美元。而且,当你的工资提高到每小时20美元时,享受闲暇的机会成本也随之增加了。

"四十年来,我的确没有享受到一周工作5天、一年工作50周的生活,但我需要钱。"

图片来源: © 2002 THE NEW YORKER COLLECTION FROM CARTOONBANK.COM. ALL RIGHTS RESERVED.

劳动供给曲线反映了工人如何根据机会成本的变动做出劳动—闲暇权衡取舍的决策。向右上方倾斜的劳动供给曲线意味着,工资上升使工人增加他们供给的劳动量。由于时间是有限的,工作时间越多意味着工人享受闲暇的时间越少。也就是说,工人对闲暇的机会成本增加的反应是减少闲暇。

值得注意的是,劳动供给曲线并不一定是向右上方倾斜的。假定你的工资从每小时15美元上升到20美元,闲暇的机会成本现在变大了,但你也比以前更富有了。你可能会用额外的财富去享受更多的闲暇。这就是说,在高工资时,你会选择少工作几小时。如果是这样的话,你的劳动供给曲线会向后弯曲。在第21章中,我们将根据你的劳动供给决策的冲突效应(称为收入效应与替代效应)来讨论这种可能性。现在我们不考虑向后弯曲的劳动供给曲线的可能性,并假设劳动供给曲线向右上方倾斜。

18.2.2 什么引起劳动供给曲线移动

只要人们改变他们在某一既定工资时想工作的量,劳动供给曲线就会发生移动。现在我们来考虑可能会引起这种移动的一些因素。

嗜好变动 在1950年,34%的妇女从事有酬职业或正在找工作。2000年,这一数字上升到60%。当然,对这种发展有许多解释,但其中之一是嗜好或对工作态度的改变。在一两代人之前,妇女留在家里照料孩子是正常的。今天,家庭规模小了,更多的母亲选择了工作,结果增加了劳动供给。 *400*

可供选择的机会改变 在任何一个劳动市场上,劳动的供给都取决于其他劳动市场上可以得到的机会。如果摘葡萄的工人赚到的工资突然上升了,一些摘苹果的工人就会选择改变职业,结果,摘苹果工人市场上的劳动供给减少了。

移民 工人从一个地区向另一个地区,或从一个国家向另一个国家的流动是劳动供给移动的另一个重要的来源。例如,当移民来到美国时,美国的劳动供给增加了,而移民国的劳动供给减少了。实际上,许多有关移民的争论集中在它对劳动供给,从而对劳动市场均衡的影响上。

即问即答 *谁享受闲暇的机会成本高——看门人还是脑外科医生?试解释原因。这有助于解释为什么医生工作时间如此之长吗?*

18.3 劳动市场的均衡

到现在为止,我们已经确认了竞争性劳动市场上工资如何决定的两个因素:

- 工资调整使劳动的供求平衡。
- 工资等于劳动的边际产量值。

乍一看,令人惊讶的是,工资可以同时做到这两件事。实际上,这里并不存在真正的难解之谜,但解释为什么不存在这个谜是理解工资决定的重要一步。

图18-4表示劳动市场均衡。工资和劳动量的调整使供求平衡。当市场处于这种均衡时,每个企业购买了其在均衡工资时有利可图的劳动量。这就是说,每个企业遵循了利润最大化规则:它雇用劳动直到边际产量值等于工资时为止。因此,一旦劳动的购买量使供求均衡,工资必定等于劳动的边际产量值。

图 18-4 劳动市场的均衡

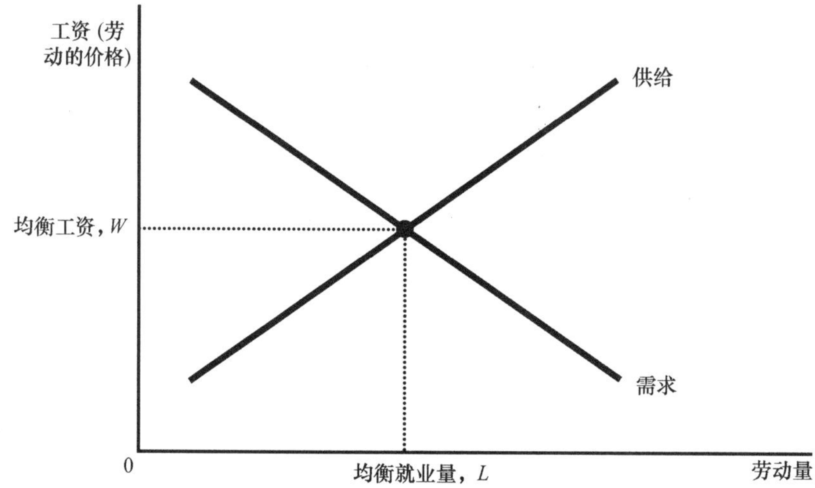

正如所有的价格一样，劳动的价格(工资)取决于供给与需求。由于需求曲线反映劳动的边际产量值，因此，在均衡时工人得到他们对生产物品与劳务的边际贡献值。

这就使我们得出一个重要的结论：改变劳动供求的任何事件都必定使均衡工资和边际产量值等量变动，因为这两个量必定总是相等的。为了说明这一点如何发生作用，我们考虑几个使这些曲线移动的事件。

18.3.1 劳动供给的移动

假定移民增加了摘苹果工人的供给。如图 18-5 所示，劳动供给曲线从 S_1 向右移动到 S_2。在最初的工资 W_1 时，现在劳动供给量大于需求
401 量。这种劳动过剩引起摘苹果工人的工资向下的压力，工资从 W_1 下降到 W_2 又使企业多雇用工人有利可图。随着每个苹果园雇用工人数量的增加，工人的边际产量减少了，从而边际产量值也减少了。在这种新均衡下，工资和劳动的边际产量值都低于新工人流入以前的水平。

402 以色列的一个事例说明了劳动供给移动如何改变劳动市场均衡。在20 世纪 80 年代的大部分时期，成千上万的巴勒斯坦人定期地从他们家乡到被以色列占领的西岸和加沙地带工作，他们主要从事建筑业与农业。但是，1988 年，由于以色列政府对这些被占领地区的政治动乱采取了措施，受其影响，这种工人的供给也减少了。以色列当局实施戒严，更彻底地检查工作许可证，更严格地执行禁止巴勒斯坦人在以色列过夜的规定。这些措施的经济影响完全与理论预期的一样：在以色列有工作的巴勒斯坦人数量减少了一半，而那些继续在以色列工作的人的工资增加了 50%。由于以色列的巴勒斯坦工人数量减少，仍然留下来的工人的边际产量值大大提高了。

图 18－5　劳动供给的移动

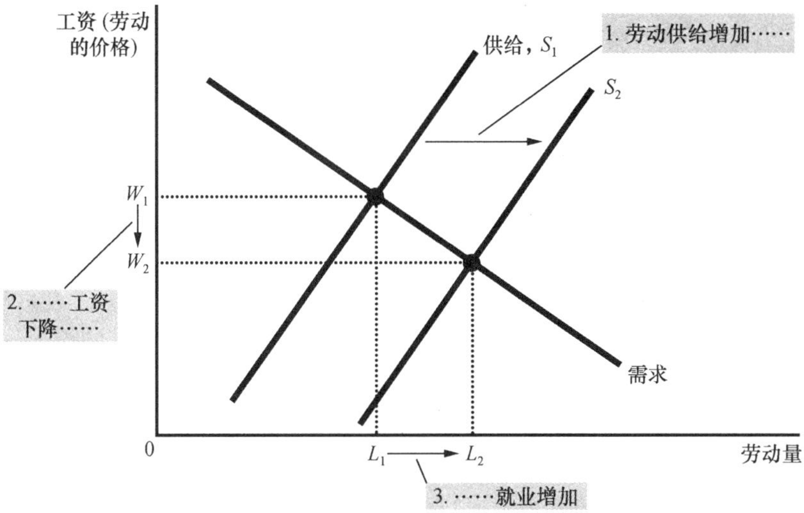

也许是由于新工人移民，当劳动供给由 S_1 增加到 S_2 时，均衡工资从 W_1 下降到 W_2。在这种较低工资下，企业雇用更多工人，因此就业从 L_1 增加到 L_2。工资的变动反映了劳动边际产量值的变动：在工人较多时，增加一个工人所增加的产量减少了。

新闻摘录
移民经济学

这是与研究移民的达拉斯联邦储备银行经济学家 Pia Orrenius 的对话。

Pia Orrenius

图片来源：© COURTESY OF FEDERAL RESERVE BANK OF DALLAS, *SOUTHWEST ECONOMY*, MARCH/APRIL 2006.

问：你能告诉我们美国移民人口有多少吗？

答：移民占总人口的 12%，这就意味着约有 3 600 万出生在外国的人生活在美国。普遍接受的对在外国出生的人中没有注册那一部分人的估算是 1 100 万。移民来自世界各地，但是，我们发现他们的来源有了很大变化。在 20 世纪 50 年代和 60 年代，75% 的移民来自欧洲。今天约有 75% 的移民来自拉丁美洲和亚洲。今天的流入量也变得更大了，每年的新进入者有 100 万到 200 万人。

大家关心的是我们的经济如何能吸收这些移民，并给他们工作。与其他发达国家相比，美国移民有高就业率。这部分是因为我们并没有确定高进入工资或者有限制雇用与解雇的规定。在这种灵活的体制中，会有更多的工作空缺。你会有更多的机会。你也会有更低的进入工资，但移民至少可以落脚。

加入劳动力队伍允许移民和社会上其他人交往。他们学习语言更快，纳税并成为股东。

问：移民适于进入美国经济的哪些领域？

答：我们的移民在经济活动中是多元化的。我们的高技能工作和低技能工作都依靠移民，还有一些移民是中等技能工人，但是，最主要的是他们处于教育分布的高端或低端上。

经济影响的不同取决于你谈的是哪一个群体。我们有极为重要的高技能移民群体。我们依靠他们完成技术、科学和研究中的一些重要的高级工作。大约40%的博士、科学家和工程师出生在美国以外的国家。我们的医疗部门也雇用了许多高技能的移民。

高技能移民有良好的经济影响——它贡献于GDP增长。它还有有利的财政影响——对政府资金来源的影响是大而积极的。当讨论移民时人们倾向于注意非法的或者低技能的移民，并往往不承认高技能移民的巨大贡献。

问：低技能移民又怎样呢？

答：低技能移民也带来了经济利益，但必须与其往往是消极的财政影响相平衡。

使财政问题更为困难的是税收负担的分摊。联邦政府从那些工作并支付就业税的移民那里得到收入。州政府和地方政府得到的利益要少一些，并要支付更多与低技能移民相关的费用——通常是医疗保障和教育支出。

问：移民合不合法重要吗？

答：如果你要做出有关移民的价值判断，或者讨论国家安全问题，你也许需要区分合法移民与非法移民。但是，从经济的角度看，区分移民各种技能水平的差别比关注其合法身份上更有意义。

低技能移民的经济利益一般并不取决于他们是如何进入美国的。非法移民纳税较少，但他们有资格享受的福利也少。所以说非法并不意味着这些移民有较坏的财政影响。实际上，低技能的非法移民所带来的财政负担比低技能的合法移民少，因为没有注册的移民没有资格获得大多数福利。

问：移民如何影响本土出生的人的工作和收入？

答：我们十分关注这一点——例如，移民如何影响美国人的工资，特别是那些没有高中文凭的低技能工人。我们关注这一点的原因是，在过去25年左右，低技能美国工人的真实工资一直在下降。

研究表明，这种下降主要不是因为移民的进入。普遍的看法似乎是今天工资下降的1%—3%是由于移民。一些学者发现移民对低技能工人影响要大一些。仍然有劳动经济学家认为，这是一个难题，他们并不能系统地确定对工资更大的不利影响。

原因可能是经济根据移民进入一直在调整的方式。例如，根据地理来看，大量移民流入一个地区也会鼓励移民可以使用的资本流入。因此，劳动供给向外移动，劳动需求也向外移动，同时工资效应改善。

资料来源：*Southwest Economy*, March/April 2006.

18.3.2 劳动需求的移动 403

现在假定苹果受欢迎程度的提高引起了价格上升。这种价格上升并没有改变任何一种既定工人数量时劳动的边际产量，但它增加了边际产量值。在苹果价格较高时，雇用更多摘苹果工人就变得有利可图了。正如图 18－6 所示，当劳动需求从 D_1 向右移动到 D_2 时，均衡工资从 W_1 上升到 W_2，均衡就业量从 L_1 增加到 L_2。工资和劳动的边际产量值又同时变动了。

图 18－6　劳动需求的移动

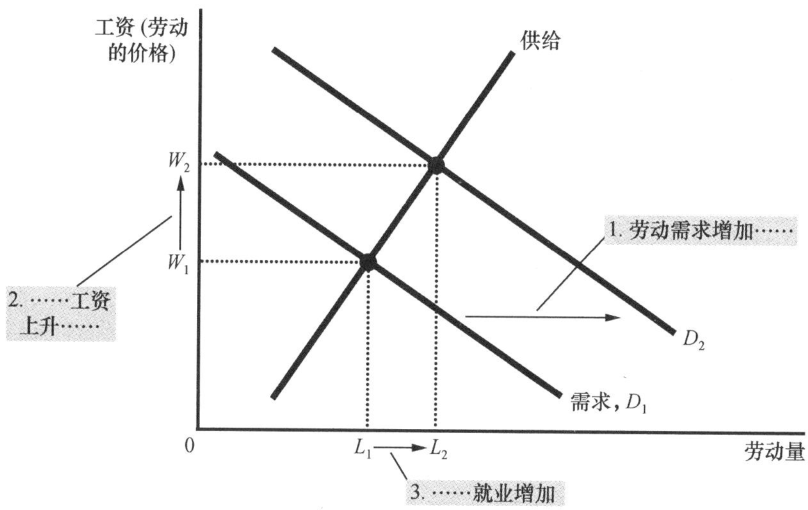

也许由于企业产品价格上升，当劳动需求从 D_1 增加到 D_2 时，均衡工资从 W_1 上升到 W_2，就业量从 L_1 增加到 L_2。工资变动又反映了劳动边际产量值的变动：由于产品价格上升，增加一个工人所增加的产量更值钱了。

这种分析表明，一个行业中企业的成功往往与这个行业中工人的成功是密切相关的。当苹果价格上升时，苹果生产者赚到了更多利润，摘苹果工人也得到了更多的工资。当苹果价格下降时，苹果生产者赚到的利 404
润变少，摘苹果工人的工资也变少 。那些价格变动大的行业的工人都知道这个道理。例如，石油行业的工人从经验中知道，他们的收入与世界原油价格密切相关。

从这些例子中，你应该可以充分理解在竞争性劳动市场上工资是如何确定的。劳动供给与劳动需求共同决定了均衡工资，而且，劳动供给曲线或劳动需求曲线的移动引起均衡工资变动。同时，那些需要工人的企业的利润最大化确保了均衡工资总是等于劳动的边际产量值。

案例研究
生产率与工资

第1章的经济学十大原理之一是，一国的生活水平取决于它生产物品与劳务的能力。我们现在可以说明这个原理如何在劳动市场上发挥作用了。特别是，劳动需求分析表明，工资等于用劳动的边际产量值衡量的生产率。简言之，生产率高的工人其工资也高，生产率低的工人其工资也低。

这个结论对理解为什么现在的工人比前几代工人状况好是至关重要的。表18－2列出了一些生产率增长与实际工资（即根据通货膨胀调整后的工资）增长的数据。从1959年到2006年，以每小时产量衡量的生产率每年增长2.1%左右，实际工资按2.0%的比率增长——生产率与实际工资的增长率几乎相等。在增长率每年为2.0%时，生产率和实际工资约35年翻一番。

在表18－2中，生产率增长用非农业部门每小时产量的年度变动率来衡量。实际工资增长用非农业部门每小时报酬年度变动率除以该部门的隐性物价平减指数来衡量。这些生产率数据衡量平均生产率——产量除以劳动量——而不是边际生产率，但可以认为平均生产率与边际生
405 产率是密切地同时变动的。

表18－2　美国生产率与工资增长

时　间	生产率增长率（%）	实际工资增长率（%）
1959—2006年	2.1	2.0
1959—1973年	2.8	2.8
1973—1995年	1.4	1.2
1995—2006年	2.6	2.5

资料来源： *Economic Report of the President 2008*, Table B-49.

生产率的增长一直在变动。表18－2还列出了经济学家认为生产率变化很大的三个较短时期的相关数据。1973年左右，美国经历了持续到1995年的生产率增长的放慢，虽然其中的原因还未能得到很好的解释，但我们从数据中发现的生产率和实际工资之间的关系完全像标准理论所预言的。生产率从每年2.8%放慢到1.4%，这与实际工资增长率从每年2.8%放慢到1.2%是一致的。

1995年左右生产率的增长又加快了。许多观察者把这种现象归因于“新经济”的到来。这种生产率加快主要归因于电脑和信息技术的传播。正如理论所预言的，实际工资增长也加快了。从1995年到2006年，生产率每年提高2.6%，而每年的实际工资增长2.5%。

最后的结果：理论和历史都证明了生产率和实际工资之间有着紧密的联系。

参考资料
买方垄断

如前所述，我们用供求工具对劳动市场进行了分析。在分析中，我们假设劳动市场是竞争性的。这就是说，我们假设有许多劳动的买者与许多劳动的卖者，因此，每个买者或卖者对工资的影响都是微不足道的。

现在设想一个小镇的劳动市场由一个大雇主支配，那么这个雇主就对现行工资有相当大的影响，而且，它可以很好地运用其市场势力来改变结果。这种只有一个买者的市场称为买方垄断。

买方垄断（只有一个买者的市场）在许多方面类似于垄断（只有一个卖者的市场）。回忆一下第15章，一个垄断企业生产的物品少于竞争企业，但它通过减少用于销售的数量来沿着产品的需求曲线变动，从而提高了价格，并增加了利润。类似地，劳动市场上的买方垄断企业雇用的工人也少于竞争企业，通过减少可获得的工作数量，买方垄断企业沿着劳动供给曲线变动，减少了它支付的工资，并增加了利润。因此，垄断和买方垄断都使市场经济活动降到社会最优水平之下。在这两种情况下，市场势力的存在扭曲了结果，并引起无谓损失。

本书没有提出正式的买方垄断模型，因为买方垄断实际上是极少见的。在大多数劳动市场上，工人有许多可能的雇主，企业也相互竞争以吸引工人。在这种情况下，运用供求模型是最好的。

即问即答 *工人移民如何影响劳动供给、劳动需求、劳动的边际产量及均衡工资？*

18.4 其他生产要素：土地和资本

我们已经说明了企业如何决定雇用多少工人，以及这些决策如何决定工人的工资。在企业雇用工人的同时，它们还要决定其他生产投入。例如，苹果生产企业必须选择其苹果园的规模，以及供摘苹果工人用的梯子的数量。我们可以把企业的生产要素分为三类：劳动、土地和资本。

406

劳动和土地这两个术语的含义是清楚的，但对资本的定义有点棘手。经济学家用**资本**（capital）这个术语指生产中所使用的设备与建筑物的存量。这就是说，经济中的资本代表现在正用于生产新物品和劳务的过去生产的物品的积累。就苹果企业而言，资本存量包括用于爬树的梯子、用于运输苹果的卡车、用于贮藏苹果的建筑物，甚至树本身。

资本：
用于生产物品与劳务的设备和建筑物。

18.4.1 土地和资本的市场均衡

什么决定了土地与资本所有者由于他们对生产过程的贡献而赚到的回报呢？在回答这个问题之前，我们需要区分两种价格：购买价格和租赁价格。土地或资本的**购买价格**是一个人为了无限期地拥有那些生产要素而支付的价格，**租赁价格**是一个人为了在一个有限时期内使用那些生产要素而支付的价格。记住这种区别很重要，因为这些价格是由略有不同的经济力量决定的。

在为这些术语下定义之后，我们现在就可以把我们为劳动市场提出的要素需求理论运用到土地和资本市场中。由于工资是劳动的租赁价格，因此，我们所知道的工资决定的许多内容可以运用于土地和资本的租赁价格。正如图 18－7 所示，(a)幅中的土地的租赁价格，以及(b)幅中

407 的资本的租赁价格，是由供给和需求决定的。此外，土地和资本需求的决定也与劳动需求的决定一样。这就是说，当苹果生产企业决定租用多少土地和梯子时，也遵循与决定雇用多少劳动时同样的逻辑。无论是土地还是资本，企业会一直增加对它们的租用量，直到要素的边际产量值等于要素的价格时为止。因此，每种要素的需求曲线反映了该要素的边际生产率。

图 18－7　土地和资本市场

供给和需求决定了对土地所有者支付的报酬，如(a)幅所示，以及对资本所有者支付的报酬，如(b)幅所示。每种要素的需求又取决于该要素的边际产量值。

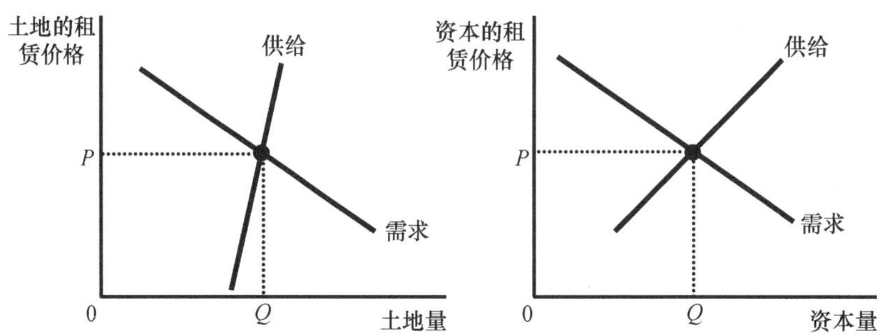

(a) 土地市场　　(b) 资本市场

现在我们可以解释多少收入归工人，多少收入归土地所有者，以及多少收入归资本所有者了。只要使用生产要素的企业是竞争性的和利润最大化的，每种要素的租赁价格就必须等于该要素的边际产量值。**劳动、土地和资本各自赚到了它们在生产过程中的边际贡献的价值。**

现在考虑土地和资本的购买价格。租赁价格和购买价格是相关的：如果土地或资本能产生有价值的租赁收入流，买者就愿意花更多钱去买一块土地或资本。而且，正如我们刚刚说明的，任何一个时点的均衡租赁收入等于要素的边际产量值。因此，一块土地或资本的均衡购买价格取决于当前的边际产量值以及预期未来会有的边际产量值。

参考资料
什么是资本的收入

劳动收入是一个容易理解的概念：它是工人从其雇主那里得到的薪酬。但资本赚到的收入其含义并不明显。

在我们的分析中，一直暗含着家庭拥有经济的资本存量——梯子、钻床、仓库等——并把它们租给企业使用这个假设。在这种情况下，资本收入是家庭因为对其资本的使用所得到的租金。这种假设使我们对资本所有者如何得到报酬的分析简单化，但这并不完全符合实际。实际上，企业通常从它们自己所拥有的资本中赚得收入。

但是，资本的这些收入最终要支付给家庭。一些是以利息的形式支付给借钱给企业的家庭。债券持有者和银行储户是利息获得者的两个例子。因此，当你从你的银行账户上得到利息时，那种收入就是经济中资本收入的一部分。

此外，一些资本收入以红利的形式支付给家庭。红利是企业支付给企业股东的报酬。股东是购买了部分企业所有权，从而有权分享企业利润的人。

企业并不一定要以利息和红利的形式把收入全部支付给家庭。它也可以在企业内保留一部分收入，用于购买更多的资本。虽然这些保留的收入没有支付给企业股东，但股东仍然可以从中获益。因为留存收益增加了企业拥有的资本量，它们往往会增加未来的投资收益，从而提高企业股票的价值。

对这些基本原理的详细阐述是有趣而重要的，但它们并没有改变我们关于资本所有者赚到的收入的结论。无论资本的收入是以利息或红利的形式转移给家庭，还是作为留存收益留在企业内，都是根据资本的边际产量值来向资本支付报酬的。

18.4.2 生产要素之间的联系

我们已经说明了，支付给任何一种生产要素——劳动、土地或资本——的价格等于该要素的边际产量值。任何一种要素的边际产量又取决于可以得到的那种要素的量。由于边际产量递减，一种供给充足的要素边际产量低，从而价格较低；而一种供给稀缺的要素边际产量高，价格 408
也较高。因此，当某种要素供给减少时，它的均衡要素价格上升。

然而，当某种要素的供给发生变化时，它的影响并不仅局限于对该要素市场。在大多数情况下，生产要素以某种方式组合在一起使用，这就使得每种要素的生产率都取决于生产过程中使用的其他要素的可获得量。结果，任何一种生产要素的供给发生变化都会改变所有要素的收益。

例如，假设一场飓风毁坏了工人用来从果园摘苹果的许多梯子，那么各种生产要素的收益会发生什么变动呢？最明显的结果是，梯子的供给减少了，因此，梯子的均衡租赁价格上升了。那些幸运地梯子免于被毁的所有者们现在把梯子租给生产苹果的企业时，可以赚到更多的收入。

但这个事件的影响并不仅仅停留在梯子市场上。由于用来工作的梯子少了，摘苹果的工人边际产量就减少了。因此，梯子供给的减少降低了摘苹果工人的需求，而这又引起均衡工资下降。

409 这个事件说明了一个一般性结论：改变任何一种生产要素供给的事件都会改变所有要素的收入。可以通过分析某个事件对一种要素边际产量值的影响来找出任何一种该要素收入的变动。

案例研究
黑死病的经济学

大难不死，必有后福。

图片来源：© BETTMANN/CORBIS.

14 世纪的欧洲，鼠疫的流行在短短几年内夺去了大约三分之一人口的生命。这个被称为**黑死病**的事件为检验我们刚刚提出的要素市场理论提供了一个可怕的自然试验。我们来看看黑死病对那些幸存者的影响。你认为工人赚到的工资和土地所有者赚到的租金会有什么变动呢？

为了回答这个问题，我们来考察人口减少对劳动的边际产量和土地的边际产量的影响。在工人供给减少时，劳动的边际产量增加了（这是边际产量递减在相反方向起作用）。因此，我们估计黑死病提高了工资。

由于土地和劳动共同用于生产，工人供给减少也影响土地市场，而土地是中世纪欧洲另一种主要的生产要素。由于可用于耕种土地的工人少了，增加一单位土地所生产的额外产量少了。换句话说，土地的边际产量减少了。因此，我们可以认为黑死病降低了租金。

实际上，这两种预言都与历史证据相一致。在这一时期，工资翻了将近一番，而租金减少了 50%，甚至更多。黑死病给农民阶级带来了经济繁荣，而减少了有土地阶级的收入。

即问即答 • 什么决定了土地所有者和资本所有者的收入？• 资本量的增加如何影响那些已经拥有资本的人的收入和工人的收入？

18.5 结论

本章解释了劳动、土地和资本如何由于它们在生产过程中所起的作用而得到报酬。这里所提出的理论称为**新古典分配理论**。根据新古典分配理论，每种生产要素所得到的报酬量取决于该要素的供给与需求。需求又取决于某种要素的边际生产率。在均衡时，每种生产要素赚到了它在物品与劳务生产中的边际贡献的价值。

新古典分配理论被广泛接受。大多数经济学家在解释美国经济的14万亿美元收入如何在其不同成员间分配时都是从新古典分配理论开始的。在以下两章中，我们将更详细地探讨收入分配。你将会看到，新古典理论为这种讨论提供了一个框架。

现在你可以用这个理论来回答本章开始时提出的问题：为什么电脑程序员的收入比加油站服务员的收入高？这是因为电脑程序员生产的物品的市场价值大于加油站服务员。人们愿意为一个好的电脑游戏支付高价格，但只愿意为加油和擦洗挡风玻璃付一点点钱。这些工人的工资反映了他们所生产物品的市场价格。如果人们突然对使用电脑感到厌倦了，并决定把更多时间用在开车上，这些物品的价格就会变动，而且，这两个工人群体的均衡工资也会发生变动。 410

内容提要

◎ 经济的收入是在生产要素市场上分配的。三种最重要的生产要素是劳动、土地和资本。

◎ 要素需求，例如劳动需求，是一种派生需求，它产生于用这些要素生产物品与劳务的企业。竞争的、以利润最大化为目标的企业在某要素的边际产量值等于其价格这一点上使用该要素。

◎ 劳动的供给产生于个人在工作和闲暇间的权衡取舍。向右上方倾斜的劳动供给曲线意味着人们对工资上升的反应是做更多工作和少享受闲暇。

◎ 支付给每种要素的价格的调整使该要素的供求趋于平衡。由于要素需求反映了该要素的边际产量值，在均衡时每种要素根据其对物品和劳务生产的边际贡献得到报酬。

◎ 由于生产要素是同时使用的，因此，任何一种要素的边际产量都取决于可以得到的所有要素量。因此，一种要素供给的变动会改变所有要素的均衡收入。

关键概念

生产要素	劳动的边际产量	边际产量值
生产函数	边际产量递减	资本

复习题

1. 解释一个企业的生产函数如何与其劳动的边际产量相关，一个企业的劳动边际产量如何与其边际产量值相关，以及一个企业的边际产量值如何与其劳动需求相关。

2. 列举出可以使劳动需求移动的两个事件,并解释它们为什么能够这样。
3. 列举出可以使劳动供给移动的两个事件,并解释它们为什么能够这样。
4. 解释工资如何能调整到使劳动供求平衡,而同时又等于劳动的边际产量值。
5. 如果美国的人口由于移民进入而突然增加,工资会发生什么变动?土地所有者和资本所有者赚到的租金会有什么变动?

411

问题与应用

1. 假设总统提出一项旨在减少医疗成本的新法律:要求所有美国人每天吃一个苹果。
   a. 每天吃一个苹果的法律将如何影响苹果的需求与均衡价格?
   b. 这项法律将如何影响摘苹果工人的边际产量和边际产量值?
   c. 这项法律将如何影响摘苹果工人的需求和均衡工资?
2. 说明下列每一个事件对电脑制造行业劳动市场的影响:
   a. 国会为所有美国大学生购买个人电脑。
   b. 更多的大学生选学工程与计算机科学专业。
   c. 电脑企业建立新的制造厂。
3. 假设劳动是某个完全竞争企业使用的唯一投入。该企业的生产函数如下:

劳动的天数	产量
0	0
1	7
2	13
3	19
4	25
5	28
6	29
7	29

   a. 计算每个增加的工人的边际产量。
   b. 每单位产品售价为 10 美元。计算每个工人的边际产量值。
   c. 计算表明日工资从 0 到 100 美元时雇用的工人数量的需求表。
   d. 画出企业的需求曲线。
   e. 如果产品价格从每单位 10 美元上升为 12 美元,这条需求曲线会发生什么变动?
4. Smiling 牛奶场可以以每加仑牛奶 4 美元的价格售出它想要售出的全部牛奶,而且它可以以每天 100 美元的资本租金价格租下它想要为奶牛挤奶的全部机器人。它面对的是以下生产表:

机器人数量	总产量(加仑)
0	0
1	50
2	85
3	115
4	140
5	150
6	155

   a. 企业在哪种市场结构中出售其产品?你称它为什么?
   b. 企业在哪种市场结构中租用机器人?你称它为什么?
   c. 计算每增加一个机器人的边际产量和边际产量值。
   d. 企业应该租用多少机器人?解释原因。
5. 你具有创业精神的叔叔开了一家雇用 7 个工人的三明治店。雇员每小时工资 6

美元,每个三明治卖 3 美元。如果你叔叔追求利润最大化,他雇用的最后一个工人的边际产量值是多少?这个工人的边际产量是多少?

6. 假设霜冻摧毁了部分佛罗里达的橘子收成。
   a. 解释由于霜冻,橘子的价格和摘橘子者的边际产量发生了什么变动?你能说出摘橘子者的需求会发生什么变动吗?为什么?
   b. 假设橘子的价格翻了一番,而边际产量下降了 30%。摘橘子者的均衡工资会发生什么变动?
   c. 假设橘子的价格上升了 30%,而边际产量下降了 50%,摘橘子者的均衡工资会发生什么变动?

7. Leadbelly 公司在完全竞争的产品市场上出售铅笔,并在完全竞争的劳动市场上雇用工人。假设工人的市场工资率是每天 150 美元。
   a. Leadbelly 公司遵循什么规律来雇用利润最大化的劳动量?
   b. 在利润最大化的产量水平时,所雇用的最后一个工人的边际产量是每天 30 箱铅笔。计算每箱铅笔的价格。
   c. 画出铅笔工人劳动市场的图形(与本章图 18-4 一样),再画出劳动的供给曲线和 Leadbelly 公司的需求曲线图(与图 18-3 一样)。标出市场和企业的均衡工资和劳动量。这两个图形有什么关系?
   d. 假设一些铅笔工人转而从事新兴的电脑行业工作。用 c 中并列的图形说明这种变化对铅笔市场和 Leadbelly 公司的均衡工资和劳动量有什么影响?

8. 在 20 世纪 80 年代、90 年代和 21 世纪前十年期间,美国经历了资本大量从国外流入。例如,丰田、宝马和其他外国汽车公司在美国建立了汽车工厂。
   a. 用一份美国资本市场图来说明这种流入对美国资本租赁价格和资本使用量的影响。
   b. 用一份美国劳动市场图来说明资本流入对美国工人得到的平均工资的影响。

9. 近年来,一些决策者建议,规定企业给工人一定量的福利津贴,例如医疗保险。例如,1993 年,克林顿总统建议,要求企业向其工人提供健康保险。让我们来考虑这种政策对劳动市场的影响。
   a. 假定法律规定企业给自己雇用的工人以每小时 3 美元的津贴。这项法律对企业从每个工人身上赚到的边际利润有什么影响?这项法律对劳动需求曲线有什么影响?用纵轴代表货币工资的图形给出你的答案。
   b. 如果劳动供给没有变动,这项法律将如何影响就业与工资?
   c. 为什么劳动供给曲线会由于这项法律而移动?这种劳动供给的移动增强还是削弱了这项法律对工资和就业的影响?
   d. 正如第 6 章所讨论的,一些工人的工 412
   资,特别是不熟练工人和无经验工人的工资由于最低工资法而高于均衡水平。一项关于福利津贴的强制性管制对这些工人会有什么影响?

9. 本章假设劳动是由单个工人的竞争性行动决定的。但是,在某些市场上,劳动的供给是由工会决定的。
   a. 解释为什么工会面临的情况类似于垄断企业面临的情况。
   b. 垄断企业的目标是利润最大化,工会有类似的目标吗?
   c. 现在扩大垄断企业和工会之间的类比范围。你认为与竞争市场的工资相比,工会如何确定工资?你认为这两种情况下就业有什么不同?
   d. 工会还有哪些使其不同于垄断企业的目标?

第19章 收入与歧视

413 在今天的美国，一名普通医生一年赚20万美元左右，一名普通警官一年赚5万美元左右，一名普通农业工人一年赚2万美元左右。这些例子说明，在我们的经济中收入的巨大差距非常普遍。这些差距解释了为什么一些人住高级公寓、开豪华轿车、到法国里维埃拉海滩度假，而另一些人住小房子、乘公共汽车、只能在自家后院里度假。

为什么人与人之间的收入差别如此之大？在第18章中，我们提出了劳动市场的基本新古典理论，该理论为这个问题提供了一种答案。在第18章中，我们说明了工资由劳动供给与劳动需求决定。劳动需求又反映了劳动的边际生产率。在均衡时，每个工人都得到了他在经济中生产物品与劳务过程中的边际贡献的价值。

这种为经济学家所广泛接受的劳动市场理论只是事情的开始。为了理解我们所观察到的收入的巨大差别，我们必须突破这个一般框架，并更准确地考察什么因素决定不同类型劳动的供给与需求。这是本章的目标。

414 19.1 决定均衡工资的若干因素

工人在许多方面都有不同。工作也会有不同的特点——无论是根据它们支付的工资来看，还是根据它们的非货币特性来看。在这一节，我们考虑工人和工作的特点是如何影响劳动供给、劳动需求和均衡工资的。

19.1.1 补偿性工资差别

当一个工人决定是否接受某个工作时，工资仅仅是他要考虑的许多工作特性之一。某些工作轻松、有趣又安全，而另一些工作艰苦、枯燥又危险。

按这些非货币特性来判断，工作越好，在工资既定时愿意从事这种工作的人就越多。换句话说，那些轻松、有趣而安全的工作的劳动供给大于那些艰苦、枯燥而危险的工作。因此，“好”工作往往比“坏”工作的均衡工资低。

例如，设想你正在本镇海滩俱乐部找一份暑期工作。可以得到的工作有两种：你可以接受一份做海滩入场证检查员的工作，或者可以接受一份做清洁工的工作。海滩入场证检查员可以整天悠闲地沿着海滩散步，并检查一下旅游者是否带了规定的进入海滩的许可证。而清洁工要在天没亮就起来，开着肮脏、有噪音的卡车在镇上收垃圾。你想做哪一种工作呢？如果工资相同的话，大多数人喜欢做入场证检查员。为了让人们当清洁工，镇里向清洁工提供的工资必定要高于入场证检查员的工资。

经济学家用**补偿性工资差别**(compensating differential)来指不同工作的非货币特性所引起的工资差别。补偿性工资差别在经济中普遍存在。下面是几个例子：

补偿性工资差别： 为抵消不同工作的非货币特性而产生的工资差别。

- 煤矿工人得到的工资高于其他有相似教育水平的工人的工资。他们的高工资用来补偿采煤的枯燥和危险性，以及煤矿工人所面临的长期健康问题。
- 工厂中夜班工人的工资也高于同类白班工人的工资。高工资用来补偿他们不得不夜里工作而白天睡觉这种大多数人都不喜欢的生活方式。
- 教授的工资低于受教育程度差不多的律师和医生。教授的低工资由工作所带来的学术上和个人价值上的满足而得到补偿。(实际上，讲授经济学如此有趣，以至于令人惊讶的是，经济学教授在任何事上都能得到报酬！)

“一方面，我知道如果我离开公职到私人部门，可以赚更多的钱；但另一方面，我就不能砍头了！”

图片来源：© 2002 THE NEW YORKER COLLECTION FROM CARTOONBANK.COM. ALL RIGHTS RESERVED.

415

19.1.2 人力资本

正如我们在上一章中讨论的，资本这个词通常是指经济中设备与建筑物的存量。资本存量包括农民的拖拉机、制造商的工厂以及教师的黑板。资本的本质在于它本身是被生产出来的生产要素。

还有另外一种类型的资本，尽管它没有物质资本具体，但对经济的生产同样重要。**人力资本**(human capital)是对人的投资的积累。最重要的人力资本类型是教育。与所有资本形式一样，教育代表着为了提高未来生产率而在某一时点的资源支出。但是，与对其他资本形式的投资不同，教育投资是与一个特定的人相联系的，这种联系使教育成为人力资本。

人力资本： 对人的投资的积累，如教育和在职培训。

毫不奇怪，人力资本较多的工人平均收入高于人力资本较少的工人。例如，美国大学毕业生的收入比只有高中文凭的工人几乎高一倍。这种巨大的差异在世界上许多国家都得到了验证。这种差距在欠发达国家往往更大，因为受过教育的工人供给稀缺。

从供给和需求的角度可以很容易地说明为什么教育提高了工资。企业——劳动需求者——愿意向教育水平高的工人支付更高的工资，因为受教育程度高的工人有着较高的边际生产率。工人——劳动供给者——

只有在受教育能得到回报时才愿意支付受教育的成本。实际上，受教育程度较高的工人与受教育程度较低的工人之间的工资差别可以被看做对受教育成本的补偿性工资差别。

案例研究
日益增加的技能价值

“富者愈富，穷者愈穷。”这句话并不总是正确的，但近年来情况却的确如此。许多研究证明，过去 20 年来，高技能工人与低技能工人之间的收入差距一直在扩大。

表 19－1 提供了大学毕业生的平均收入与高中毕业后再也没有接受什么教育的人的平均收入的数据。这些数据说明，教育的金钱报酬在增加。1980 年，一个有大学学位的男性的平均收入比没有大学学位的男性的平均收入高 44%；到 2005 年，这个数字上升到 87%。对于女性来说，上大学的报酬比不上大学从高出 35% 提高到高出 72%。继续上学的经济激励现在和以前一样大。

表 19－1　不同受教育程度的人的平均年收入

大学毕业生赚的钱一直比没上过大学的工人赚的钱多，但在 20 世纪 80 年代和 90 年代间，薪水的差距增大了。

		1980 年	2005 年
男性	高中，未上大学	41 083 美元	40 112 美元
	大学毕业生	59 196 美元	75 130 美元
	大学毕业生高出的百分比	+44%	+87%
女性	高中，未上大学	24 775 美元	28 657 美元
	大学毕业生	33 452 美元	49 326 美元
	大学毕业生高出的百分比	+35%	+72%

注：收入数据根据通货膨胀进行了调整，并用 2005 年的美元表示。数据适用于 18 岁及以上的全职工人。大学毕业生的数据不包括有大学以上教育经历的工人，例如，有硕士或博士学位的人。

资料来源：U.S. Census and author's calculations.

为什么近年来熟练工人与非熟练工人之间的收入差距扩大了呢？没有人知道确切的原因，但经济学家提出了两种假说来解释这种趋势。这两种假说都提出，相对于对非熟练劳动的需求，对熟练劳动的需求一直在增加。需求的移动引起了相应的工资变动，工资变动又引起更大的不平等。

第一个假说是，国际贸易改变了对熟练劳动与非熟练劳动的相对需求。近年来，美国与其他国家的贸易量大大增加，其进口从 1970 年占总产值的 5% 增加到 2005 年的 16%，而出口从 1970 年的 6% 增加到 2005 年的 11%。由于许多外国非熟练劳动丰富而廉价，美国倾向于进口非熟练劳动生产的物品，而出口熟练劳动生产的物品。因此，当国际贸易扩大时，美国国内对熟练劳动的需求增加了，而对非熟练劳动的需求减少了。

416

第二个假说是，技术变革改变了对熟练劳动与非熟练劳动的相对需求。例如，考虑电脑的应用。电脑增加了对会用这种新机器的熟练工人的需求，并减少了对那些工作被电脑替代的非熟练工人的需求。例如，许多公司现在更多地依靠电脑数据库来储存商业记录，从而减少了对文件柜的依赖。这种变化增加了对电脑程序员的需求，而减少了对档案管理员的需求。因此，随着越来越多的企业使用电脑，对熟练劳动的需求增加了，而对非熟练劳动的需求减少了。

经济学家发现，要验证这两个假说的正确性是困难的。这两个假说可能都是正确的：日益增长的国际贸易和技术变革可能共同导致了我们最近几十年所观察到的日益扩大的收入不平等。

19.1.3 能力、努力和机遇

为什么美国职业棒球大联盟的运动员收入高于小联盟的运动员？可以确定，这里的高工资并不是补偿性工资差别。在大联盟里打球并不比在小联盟里打球更不愉快；实际上，情况正好相反。大联盟并不要求读过更多年书或更有经验。在很大程度上，大联盟的运动员赚钱更多只是因为他们的天赋更高。

对于从事各种职业的人来说，天赋都是重要的。由于先天遗传和后天培养，人们在体力与脑力上的特征都不一样。一些人强壮，另一些人瘦弱；一些人聪明，另一些人差一点；一些人在公共场合中是外向的，另一些人是内向的。这些个人特征决定了工人的生产能力，因此在决定他们的工资收入中起着作用。 418

与能力密切相关的是努力。一些人工作勤奋，另一些人懒散。对那些工作勤奋的人生产能力更强和工资更高我们并不感到奇怪。在某种程度上，企业直接按人们生产多少支付报酬。例如，销售人员通常是按他们完成的销售额百分比提成。在另一些时候，勤奋工作却并不直接以高年薪和奖金的形式得到补偿。

在工资的决定中，机遇也在起作用。如果一个人进职业学校学习如何修理真空管电视机，但由于晶体管电器的发明而使这种技能已经过时了，与其他受过相似年限教育的人相比，他(她)赚到的工资更低。这个工人的低工资是由于机遇——一种经济学家承认，但并没有深入论述的现象。

能力、努力和机遇在决定工资的过程中有多重要呢？这是很难说的，因为能力、努力和机遇很难衡量。但间接的证据表明，它们是非常重要的。当劳动经济学家研究工资时，他们把工人的工资与一些可衡量的变量，如受正规学校教育年限、工作年限、年龄和工作特性联系起来。虽然所有这些可衡量的变量正如理论所预期的那样影响着工人的工资，但它们只能解释我们经济中不足一半的工资差别。由于无法解释的工资差别如此之大，因此一些被忽略的变量，包括能力、努力和机遇，应该起着重要的作用。

417

新闻摘录
制造业工作岗位的流失

在20世纪40年代初，大约三个美国工人中就有一个从事制造业的工作。今天，这个数字是1/10。根据美国前劳工部部长Robert Reich的说法，制造业工作岗位的流失的原因并不值得忧虑，但它是难以探究的。

如果你能得到，那就是一份好工作

Robert B. Reich

近来政治家和学术权威们几乎每天都在讨论着一个话题：美国正在把工作岗位"丢给"较穷的国家——制造业的工作给中国，后台管理的工作给印度，几乎各种工作都给了拉丁美洲。这种悲叹使我们偏离了向更多美国人提供更好工作的更大挑战……

的确，许多年以来美国制造业的就业一直在减少，但主要并不是由于外国人的介入。工厂的就业岗位正在全世界范围内减少……我最近参观了一个只有两个工人和400个电脑控制机器人的美国工厂。两个工人坐在电脑屏幕前，指挥着机器人。几年以后，这种工厂将不会有人在现场，只有修理和升级机器人的技师偶尔过来看一下，就像煤气查表员来查你的煤气表一样。

制造业的发展趋势与农业类似。随着生产率提高，由于需要的工人少了，因此就业减少。在1910年，1/3美国人从事农业工作。现在只有不到3%的人从事农业工作。自从1995年以来，尽管全球制造业就业一直在减少，但全球工业产量增加了30%以上……

那么应该"归咎"于什么呢？应该"归咎"于新知识。知识创造了现在几乎可以从事任何常规工作的电子设备和软件。这超越了工厂的地界。过去美国有许多电梯操作员、电话接线员、银行出纳员，以及加油站的服务员。这些人中的大部分都已被技术取代了……

现在几乎任何一种稍微常规一点儿的工作都在美国消失了。但这并不意味着留给我们的工作少了。这只意味着常规工作少了……

仔细观察今天的经济，你会发现两类工作正处于上升阶段——但只有第一个可以得到更好的工资和福利。第一类工作涉及确定并解决新问题，例如，从事研发、设计和工程工作的人；从事高水平销售、市场营销和广告工作的人；作曲家、作家和制片人；律师、银行家、金融家、记者、医生和管理咨询人员。我称此为"符号分析"工作，因为这些工作大都需要通过数字、图形、语言和创意来进行分析、操控和传播。这种工作通常要求有大学学历……

美国正在增长的第二类工作涉及私人服务。电脑和机器人不能从事这些工作，因为这些工作要求关注与关心。其他国家的工人也不能从事这些工作，因为这些工作必须当面亲手完成。一些私人服务工人需要高中以上的教育——护士、理疗师以及医疗救护员。但大部分并不需要，例如，餐馆服务员、出租车司机、售货员、保安和医院护理人员。与符号分析者不同，美国大多数私人服务工人的工资一直处于停滞或下降状态。这是因为私人服务工人的供给迅速增加，越来越多过去在工厂或从事常规服务工作的人加入这个行列。合法与非法移民也在流入这个领域。

但美国的长期问题并不是工作岗位太少，而是私人服务工人与符号分析者之间的收入差距扩大了。这个问题的长期解决方法是通过使更多美国人得到更好的教育，包括上大学来刺激向上的流动性。

资料来源： *The Wall Street Journal*, December 26, 2003.

案例研究
漂亮的福利

人与人之间在许多方面不同。其中有一种差别是他们的魅力有多大。例如，演员 Keira Knightley 是一个美女。部分由于这个原因，她的电影吸引了大量观众。毫不奇怪，对于 Knightley 女士，观众多意味着大量的收入。

漂亮值钱。

图片来源：REUTERS/TONY MARSH/LANDOV.

漂亮的经济福利普遍存在吗？劳动经济学家 Daniel Hamermesh 与 Jeff Biddle 在发表于《美国经济评论》1994 年 12 月号上的一项研究中力图回答这个问题。Hamermesh 和 Biddle 考察了对美国和加拿大个人进行调查的资料。这项调查要求进行调查的访问者评价每个被访者的外貌。然后，Hamermesh 和 Biddle 考察被访者的工资在多大程度上取决于标准的决定因素——教育、工作经验等——以及在多大程度上取决于他们的外貌。

Hamermesh 和 Biddle 发现，漂亮值钱。那些被认为更有魅力的人平均比相貌平常的人收入高 5%，那些相貌平常的人比那些被认为比不太有魅力的人收入高 5%—10%。对男人和女人都得出了类似的结论。

用什么来解释这些工资差别呢？有几种解释"漂亮津贴"的方法。

第一种解释是，漂亮的外貌本身也是决定生产率和工资的内在能力之一。一些人生来就有电影明星的气质，另一些人则没有。在任何一种要在公众面前露面的工作中，漂亮的外貌都是有用的——例如表演、推销和侍者。在这种情况下，有魅力的工人对企业的价值比没有魅力的工人更大。企业对有魅力的工人愿意支付更多反映了其顾客的偏好。 419

第二种解释是，外貌是对其他类型能力的间接衡量。一个人看起来多有魅力还取决于遗传之外的其他因素，如服装、发型、个人举止以及其他可以控制的气质。也许在调查访问中成功地设计了其魅力形象的人，也是在其他工作中成功的聪明人。

第三种解释是，以貌取人是一种歧视，以后我们还要回到这个题目。

19.1.4 教育的另一种观点:信号

前面我们讨论了教育的人力资本观点。根据这种观点,正规学校教育增加了工人的工资是因为教育使这些人的生产率提高了。虽然这种观点被广泛接受,但一些经济学家提出了另一种理论,这种理论强调,企业把教育状况作为区分高能力工人与低能力工人的一种方法。根据这种观点,例如,当人们获得大学学历时,他们的生产率并未提升,但他们向未来雇主发出了他们高能力的**信号**。因为高能力的人比低能力的人更容易获得大学学历,所以,更多高能力的人获得了大学学历。因此,企业把大学学历解释为能力的一种信号是合理的。

教育的信号理论和第 16 章中讨论的广告的信号理论是相似的。根据广告的信号理论,广告本身并没有包含实际信息,但企业通过为广告花钱的意愿向消费者发出其产品质量的信号。根据教育的信号理论,正规学校教育并没有使生产率实际提高,但工人通过在学校花费数年的意愿向雇主发出其与生俱来的生产率的信号。在这两种情况下,所采取的行为并不是为了其内在的利益,而是由于采取那种行为的意愿向关注这种行为的某人传递了私人信息。

因此,现在我们有两种关于教育的观点:人力资本理论和信号理论。这两种观点都可以解释为什么受教育多的人往往比受教育少的人赚得多。根据人力资本观点,教育使工人生产率提高;根据信号观点,教育与天赋是相关的。但这两种观点对旨在提高教育水平的政策的效果有完全不同的预期。根据人力资本观点,提高所有工人的教育水平会提高所有工人的生产率,从而提高所有工人的工资;根据信号观点,教育并没有提高生产率,因此,提高所有工人的教育水平并不影响工资。

最可能的情况是,真理存在于这两种极端情况之间。教育的利益也许是人力资本的生产率提高效应和信号的生产率表现效应的一种结合。悬而未决的问题是这两种效应的相对大小。

19.1.5 超级明星现象

虽然大多数演员赚得很少,而且还不得不从事侍者这样的工作来养
421 家糊口,但演员 Johnny Depp 拍每部片子都能赚几百万美元。同样,尽管大部分人把打网球作为消遣不拿一分钱,但 Lindsay Davenport 却能在职业巡回赛中赚几百万美元。Depp 和 Davenport 在他们的领域中都是超级明星,他们巨大的公众魅力就反映在这天文数字般的收入上。

为什么 Depp 和 Davenport 赚的钱这么多呢?在一些职业内存在收入差距并不奇怪。好木匠赚的钱比一般木匠多,好管道工赚的钱比一般管

道工多。人们的能力与努力程度不同,这些不同都会引起收入上的差别。但最好的木匠和管道工没有像最好的演员和运动员中常见的那样赚到几百万美元。用什么来解释这种差别呢?

为了解释 Depp 和 Davenport 的巨额收入,我们必须考察他们出卖自己劳务的市场的特征。超级明星产生在有两个特点的市场上:

- 市场上每位顾客都想享受最优生产者提供的物品。
- 使最优生产者以低成本向每位顾客提供物品成为可能的是生产这种物品所用的技术。

如果 Johnny Depp 是最棒的演员,那么,每个人都想看他的下一部影片;看两遍只有 Depp 一半才华的演员的电影并不是好的替代品。此外,每个人都享受 Depp 的表演也是*可能的*。因为生产一部电影的拷贝是很容易的,Depp 可以同时向数百万人提供他的劳务。同样,由于网球比赛在电视上播出,几百万球迷可以欣赏 Lindsay Davenport 精湛的球艺。

现在我们可以说明,为什么不存在超级明星木匠与管道工。在其他条件相同的情况下,每个人都会喜欢雇用最好的木匠;但与一个电影演员不同,一个木匠只能为有限的顾客提供他的劳务。虽然最好的木匠也能得到比一般木匠高一些的收入,但普通木匠也仍能过上好日子。

新闻摘录 420
恐怖分子的人力资本

受过更好教育的工人更能胜任各种工作,即使是毁灭性的工作。

即使对于鞋子里放炸药的恐怖分子来说,
成功也和教育相关

Austan Goolsbee

人们在对所有那些想要杀害美国人的人的极度苦恼和绝望中度过了"9·11"事件五周年。特别让人们不安的是那些出身并非狂热分子的恐怖分子显然在崛起。

这些恐怖分子不是中东那些没有受过教育的绝望的穷人。他们中相当一部分人令人惊讶地拥有大学甚至研究生学历。越来越多的人来自伦敦,比如在鞋子里携带炸药的 Richard C. Reid,以及伦敦地铁爆炸案还有液体炸药密谋案的大部分嫌疑人。

公众不由得要问,为什么有这么多受过西方教育的人如此倾向于狂热主义?

在回答这个问题之前,有些经济学家认为我们应该想想是什么成就了成功的恐怖分子,而不主张从我们抓获的恐怖分子来进行外推。这是经济学家通常所指的"选择偏向"。

哈佛大学的 Efraim Benmelech 和兰德公司的 Claude Berrebi 这两位经济学家在他们的新研究项目"恐怖组织的袭击任务和自杀式爆炸者的生

产率"中,致力于像研究汽车工业一样研究恐怖分子的生产率。只不过他们通过恐怖分子的杀人能力来定义"成功"。

两位经济学家收集了2000—2005年以色列的巴勒斯坦自杀式爆炸者的资料,他们发现恐怖分子和普通工人一样,其生产率是通过经验和教育来提高的。相比年轻、受教育少的爆炸者,年纪大一些——接近30岁或者30多岁——而且受教育比较多的自杀式爆炸者在执行任务时更不容易被捕,并且在更大规模、更有难度的目标袭击中更有可能杀害更多的人。

Benmelech教授和Berrebi博士对比了最著名的、最大规模的自杀式爆炸者和一般的恐怖分子。普通的自杀式爆炸者年龄在21岁以下,其中大约18%的人受过大学教育。而最为成功的自杀式爆炸者平均年龄接近26岁,60%受过大学教育。

经验和教育对被捕的几率也有影响。每大一岁被捕几率就降低12%,受过高中以上教育的人的被捕几率降低了一半多。

有很多例子说明年轻、没受过教育的恐怖分子会犯自毁其途的愚蠢错误。Benmelech教授讲述了去年4月的一个案件,一个纳布卢斯的十几岁年轻人在实施爆炸前被以色列士兵抓获,因为他在95华氏度的天气里还穿着一件厚大衣。那位失败的鞋子炸药分子Reid先生才中学毕业。一个受教育程度较高、年龄较大的恐怖分子会像Reid先生那样,在飞机乘务员和其他乘客的清楚视线之内就企图用火柴点燃鞋子,从而使计划失败吗?一个受过更好教育的恐怖分子会更小心点吗?我们永远也不会知道。

但是研究者们认为,"9·11"事件的劫机者们(至少是我们知道生日的那些)平均年龄接近26岁,而我们认定的领导者Mohammed Atta当时33岁,研究生毕业,这些应该是有原因的。

正如Benmelech教授在一次访谈中所讲的:"显然,有些恐怖分子的任务是需要一定水平的技能才能完成的。受过更好教育、年龄较大的恐怖分子更不容易失手。所以顺理成章,恐怖分子组织者会让他们完成这些更困难的任务。"

在巴勒斯坦的自杀式爆炸者中,年龄较大并且受教育程度较高的人被分配去执行较大城市的爆炸任务,在那里他们有可能杀害更多的人。这说明被派遣袭击美国的恐怖分子可能和普通恐怖分子不同。他们应该是一些有技能去更好地规避安全检查的人。

资料来源: *New York Time*, September 14, 2006.

19.1.6 高于均衡的工资:最低工资法、工会和效率工资

对大多数工人之间工资差别的分析都是根据劳动市场的均衡模型——假设工资调整到使劳动的供求平衡。但这种假设并不总是适用

的。对一些工人来说,工资被设定在高于使供求平衡的水平上。现在我们考虑会出现这种情况的三个原因。

正如我们在第6章中首次说明的,高于均衡工资的一个原因是最低工资法。经济中大多数工人并不受这些法律的影响,因为他们的均衡工资远远高于法定的最低工资。但是,对一些工人,特别是对最不熟练而又最无经验的工人来说,最低工资法把他们的工资提高到他们在不受管制的劳动市场上所能赚到的水平之上。

工资会上升到其均衡水平之上的第二个原因是工会的市场势力。**工会**(union)是与雇主谈判工资和工作条件的工人协会。工会通常把工资提高到没有工会存在时的水平之上,也许是因为它们可以通过号召**罢工**(strike)来威胁从企业撤出劳动。研究表明,工会工人比类似的非工会工人赚的钱高出10%—20%。

工会:
与雇主谈判工资和工作条件的工人协会。

422

罢工:
工会有组织地从企业撤出劳动。

高于均衡的工资的第三个原因是**效率工资**(efficiency wages)理论提出的。这种理论认为,企业会发现支付高工资是有利的,因为这样做提高了工人的生产率。特别是,高工资可以减少工人的流动性,提高工人的努力程度,并提高申请企业工作的工人素质。如果这种理论正确的话,那么,一些企业就会选择支付给自己工人的工资高于工人正常情况下所赚到的工资。

效率工资:
企业为了提高工人的生产率而支付的高于均衡工资的工资。

高于均衡工资无论是由最低工资法、工会还是效率工资引起的,对劳动市场都有类似的影响。特别是,把工资推到均衡水平之上,增加了劳动供给量,减少了劳动需求量,结果是劳动过剩或失业。旨在解决该问题的失业和公共政策研究通常被认为是宏观经济学中的一个主题,因此,它已经超出了本章的范围。但是在分析收入时,完全不考虑这些问题也是错误的。尽管可以在保持劳动市场均衡的假设之下解释大部分工资差别,但在某些情况下,也存在高于均衡的工资。

即问即答 • 描述补偿性工资差别的定义,并举出一个例子。• 举出两个原因说明为什么受教育多的工人的收入比受教育少的工人高。

19.2 歧视经济学

工资差别的另一个来源是歧视。当市场向那些仅仅是因种族、宗教、性别、年龄或其他个人特征不同的相似个人提供不同机会时,就出现了**歧视**(discrimination)。歧视反映了某些人对某个社会群体的偏见。歧视是一个经常引起激烈争论的情绪化话题,但经济学家力图客观地研究这个题目,以便把假象与现实分开。

歧视:
对仅仅由于种族、宗教、性别、年龄或其他个人特征不同的相似个人提供不同的机会。

19.2.1 劳动市场歧视的衡量

劳动市场上的歧视对不同工人群体的收入有多大影响？这个问题是重要的，但并不容易回答。

如表 19 - 2 所示，不同群体工人赚到的工资无疑差别很大。美国黑人男性的中值工资比白人男性低 21% 左右，而黑人女性的中值工资比白人女性低 8% 左右。性别差异也是重要因素。白人女性的中值收入比白人男性低 23%，黑人女性的中值收入比黑人男性低 10%。根据这些表面的数字，这些差异似乎是雇主歧视黑人和妇女的证据。

表 19 - 2　不同种族与性别的中值年收入　　单位：美元

	白　人	黑　人	黑人工人收入低出的百分比(%)
男性	41 982	32 976	21
女性	32 173	29 680	8
女性工人收入低出的百分比(%)	23	10	

注：表中是 2005 年 14 岁以上全职工人的相关数据。
资料来源： U. S. Census Bureau.

但这一结论有一个潜在的问题。即使在一个没有歧视的劳动市场上，不同人的工资也不同。人们拥有的人力资本量以及能够并愿意从事的工作种类不同。我们在经济中所观察到的工资差别在一定程度上归因于前一部分讨论的均衡工资的决定因素。简单地观察不同群体——白人与黑人，男人与女人——之间的工资差别证明不了雇主的歧视。

423 例如，考虑人力资本的作用。在男性工人中，有大学学历的白人比黑人高 75%。因此，至少有一部分黑人工资与白人工资之间的差别可以追溯到受教育程度的差别。在白人工人中，有大学学历的男性与女性现在基本一样多，但大学毕业后有研究生学历或职业等级证书的男性比女性高 11%，这表明男性工资与女性工资之间的部分差别也是由于受教育程度。

此外，在解释工资差别时，人力资本也许比受正规学校教育年限衡量指标更重要。从历史上看，以黑人为主的地区的公立学校质量——按经费、班级规模等来衡量——一直低于以白人为主的地区的公立学校质量。同样，许多年来，专门为女性办的学校不开设科学和数学课程，尽管这些学科在市场中比其他学科有更大的价值。如果我们可以衡量教育的质量与数量，这些群体之间人力资本的差别看来还会更大一些。

以工作经验的形式获得的人力资本也有助于解释工资差别。特别是，女性的工作经验平均而言比男性少。原因之一是过去几十年来女性劳动力参工率一直在上升。由于这种历史性变化，现在女性工人比男性工人的平均年龄要小。原因之二是,妇女更可能中断工作去照料孩子。由于这两个原因,女性工人的平均经验少于男性工人的平均经验。

但工资差别的另一个来源是补偿性工资差别。男性和女性不总是选择同样类型的工作。例如,妇女更可能当秘书,而男性更可能当卡车司机。秘书与卡车司机的相对工资部分取决于各自的工作条件。由于这些非货币方面的因素是难以衡量的,因此,要确定补偿性工资差别在解释我们所观察到的工资差别中的实际重要性也是困难的。

因此,对不同群体之间工资差别的研究还没有得出任何一个关于美国劳动市场普遍存在歧视的清晰结论。大多数经济学家认为,某些观察到的工资差别是由于歧视所造成的,但对有多少是由于歧视所造成的看法并不一致。经济学家唯一一致的结论是否定的结论:由于不同群体之间平均工资的差别部分反映了人力资本和工作特性的差别,因此这些差别本身并不能说明劳动市场上到底存在多大歧视。 424

当然,不同工人群体之间人力资本的差异本身可能反映了歧视。例如,在历史上,向女学生提供难度较小的专业课就是一种歧视。同样,在历史上,黑人学生的学校质量低劣部分可以追溯到市议会与校董事会的偏见。但在工人进入劳动市场之前,这种歧视早就发生了。在这种情况下,虽然其表现是经济上的,其深层原因却是政治上的。

案例研究
Emily 比 Lakisha 更容易找到工作吗

尽管从劳动市场的结果来衡量歧视程度是困难的,但一些存在这种歧视的有力证据来自一次富有创造性的“实地调查”。经济学家 Marianne Bertrand 和 Sendhil Mullainathan 根据刊登在波士顿和芝加哥报纸上的 1 300 多则招聘广告,寄出了近 5 000 份假简历。其中一半简历上的名字用的是拉美裔社区中常用的名字,比如说 Lakisha Washington 或者 Jamal Jones;另一半是白人常用的名字,如 Emily Walsh 或者 Greg Baker。除此之外,这些简历都是相似的。这个调查的结果发表在 2004 年 9 月的《美国经济评论》上。

研究者发现,雇主对这两组简历的反应差别相当大。有白人姓名的求职者接到感兴趣的雇主电话的比有拉美裔人姓名的求职者高出 50% 以上。这项研究发现,这种歧视发生在所有类型的雇主中,包括在招聘广告中声称自己是“机会平等雇主”的人。研究者的结论是:“种族歧视仍然是劳动市场的一个显著特点。”

19.2.2 雇主的歧视

现在让我们从歧视程度的衡量转向劳动市场上歧视背后的经济力

量。即使在考虑到人力资本和工作特性之后,如果一个社会群体得到的工资仍低于另一个群体,那么谁是造成这种差别的罪魁祸首呢?

答案并不明显。把歧视性工资差别归罪于雇主看来是自然而然的。毕竟是雇主做出了决定劳动需求与工资的雇用决策。如果某些群体的工人得到的收入低于他们应该得到的,那么,雇主似乎应该负责任。但许多经济学家怀疑这个简单的答案。他们相信,竞争性市场经济对雇主的歧视提供了一种自然的矫正方法。这种矫正方法被称为利润动机。

425 设想一个按发色区分工人的经济。金发人与褐发人都有同样的技能、经验和职业道德。但由于歧视,雇主不喜欢雇用金发工人。因此,对金发工人的需求低于没有歧视时的情况。结果,金发工人赚到的收入低于褐发工人。

这种工资差别能维持多长时间呢?在这个经济中,一个企业可以用一种简单易行的方法打垮竞争对手:雇用金发工人。通过雇用金发工人,一家企业可以使其支付的工资和成本低于雇用褐发工人的企业。随着时间的推移,越来越多的"金发人"企业利用这种成本优势进入市场。现有的"褐发人"企业成本高,因此,当面临新竞争者时就开始亏损。这些亏损使"褐发人"企业被逐出市场。最后,"金发人"企业进入和"褐发人"企业退出引起对金发工人需求的增加以及对褐发工人需求的减少。这个过程一直持续到工资差别消失为止。

简言之,在与那些既对赚钱感兴趣又关心歧视的企业的竞争中,只对赚钱感兴趣的企业处于优势地位。因此,没有歧视的企业取代了有歧视的企业。竞争性市场以这种方法对雇主歧视进行了自发的矫正。

案例研究
电车上的种族隔离与利润动机

20 世纪初期,许多南部城市的电车上实行种族隔离。白人乘客坐在电车前面,而黑人乘客坐在电车后面。你认为是什么因素引起并维持了这种歧视性做法呢?经营电车的企业如何看待这种做法呢?

在 1986 年《经济史学刊》的一篇文章中,经济史学家 Jennifer Roback 考察了这些问题。Roback 发现,电车上的种族隔离是要求这种隔离的法律的结果。在这些法律通过之前,座位上的种族歧视是很少的。它远远不如把吸烟者和不吸烟者隔离开那么普遍。

此外,经营电车的企业通常都反对要求种族隔离的法律。向不同种族的人提供分开的座位增加了企业的成本,并减少了它们的利润。一个铁路公司的经理向市议会抱怨说,在种族隔离法之下,"公司不得不拖着许多空位跑"。

下面是 Roback 对一个南部城市情况的描述:

> 铁路公司并不是种族隔离政策的始作俑者,也根本不愿意服从这种政策。州政府的法律、公众煽动以及逮捕铁路公司总裁的威胁

都迫使它们在自己的车厢里实行种族隔离……没有什么证据表明管理者受到人权或种族平等信念的鼓动。证据表明,他们的主要动机是经济的;种族隔离成本高昂……公司的官员可能喜欢黑人,也可能不喜欢黑人,但他们不愿意为了满足这种偏见而放弃必然的利润。

南部电车上的故事说明了一个一般结论:企业所有者通常对赚钱比对歧视某个群体更感兴趣。当企业采用歧视性做法时,歧视的最终来源往往并不在企业本身而在其他方面。在这个特定的例子中,电车公司把白人与黑人分开是由于歧视性的法律要求他们这样做,而公司是反对这种法律的。 426

新闻摘录
性别差异

最近的经济学研究说明了,为什么男性和女性选择不同的职业路径。

再谈男性与女性之间的差别:这是一个竞争问题

Hal R. Varian

性别差异是父母、教师和社会科学家无止境地讨论的话题……一个值得关注的相关案例是,最近由斯坦福大学的经济学家 Muriel Niederle 和匹兹堡大学的经济学家 Lise Vesterlund 为美国国民经济研究局完成的一篇题为“女性回避竞争而男性过度竞争吗”的工作论文。

大家都注意到,女性不怎么担任高报酬的公司工作,或者数学、科学和工程工作。正如作者观察到的:“对这种职业差别的标准经济学解释包括偏好、能力和歧视。”

在这一系列的原因之上,作者又增加了一个新因素:对竞争环境的态度。如果男性比女性更喜欢竞争的环境,那么,就会有更多的男性在竞争激烈的领域内工作。

当然,任何一种对性别差异的讨论只能说明一般情况;显然,有一些女性也是在竞争环境中发展,而一些男性却不是这样。此外,对竞争的态度也许是根深蒂固的,或者是社会刻板印象这类因素导致的结果。

有什么证据能证明这种假说正确吗?男性真的比女性更喜欢竞争的环境吗?一个人可以举出一个又一个的事例,但作者采用了一种更直接的研究方法:进行实验。

通过一个实验,作者不仅可以确定男性与女性是否在竞争意愿上有差别,而且更重要的是可以确定他们是否在以实际绩效为条件的竞争意愿上有所差别。

经济学家请了 80 位被试者,分为两组女士和两组男士,让他们在 5 分钟之内将几组 5 个 2 位数相加。被试第一轮完成工作根据计件法(每一个正确答案 50 美分)计算,而后作为一场比赛(每一组中正确答案最多的人每个正确答案得到 2 美元,而其他参与者什么也得不到)。注意,在比赛中有 25% 的机会成为赢家的被试者得到和计件制时相同的平均支付。

所有参加者都被告知他们有多少问题答对了,但并没有告诉他们相对成绩。在完成了两轮任务之后,让被试者选择在第三轮中是偏好计件制还是比赛制。

在这个实验中,有几个令人感兴趣的发现。第一,在这两种报酬制下,男士和女士的成绩没有差别。尽管这样,选择比赛的男士是女士的两倍(75% 对 35%)。

即使考虑到成绩,只比较有同样正确答案数目的男士和女士,女士选择比赛制报酬的概率也要低 38%。

为什么男士更喜欢选择比赛呢? 也许这是因为他们对自己的能力更有信心。数据支持这个假说,75% 的男士相信他们能赢得 4 轮比赛,而只有 43% 的女士认为他们在自己组里是最好的。

虽然这两组都过分相信自己的成绩,但男士要自信得多……这个实验的结果与伯克利大学金融学教授 Terry Odean 的发现是一致的,男性的股票交易更频繁,显然是因为他们(错误地)认为他们在选择赢家上有杰出的能力。

作者总结了他们的实验结果:"从报酬最大化的观点看,成绩好的女士进入比赛的也极少,而成绩差的男士往往要进入比赛。"成绩差的男士和成绩好的女士的行为都使其利益受损,但至少在这一实验中,应该选择而没有选择比赛的女士的成本大于应该避开比赛的男士。

不应该太看重这个研究。但是如果女性选择竞争较少的职业的确是正确的,那么就可以问问为什么。社会生物学家会提出,这种差异来自基因倾向;社会学家会认为,是由于社会角色和预期的差异;发展心理学家会强调儿童培养的做法。无论是什么原因,Niederle 女士和 Vesterlund 女士确实提出了大量有趣而重要的问题。

资料来源: *New York Times*, March 9, 2006.

19.2.3 顾客与政府的歧视

利润动机是消除歧视性工资差别的强大力量,但也存在着对这种矫正能力的限制。两个重要的限制因素是顾客偏好与政府政策。

为了说明顾客的歧视性偏好会如何影响工资,仍然考虑我们虚拟的金发人与褐发人经济。假设餐馆老板在雇用服务员时歧视金发人。结果,金发服务员赚的工资低于褐发服务员。在这种情况下,其他餐馆可以用金发服务员营业并收取低价格。如果顾客只关心他们饭菜的质量和价格,歧视性企业就会关门大吉,而且,工资差别会消失。

另一方面，也可能是顾客偏好褐发服务员的服务。如果这种歧视性 427
偏好是强大的，金发人餐馆的进入就不一定能成功地消除褐发人与金发人之间的工资差别。这就是说，如果顾客有歧视性偏好，竞争市场就与歧视性工资差别不矛盾。有这种歧视的经济将包含两种类型的餐馆：金发人餐馆雇用金发人，成本低，收取的价格低；褐发人餐馆雇用褐发人，成本高，收取的价格也高。那些不关心服务员发色的顾客将被金发人餐馆的低价格所吸引；有偏好的顾客将到褐发人餐馆，他们要以高价格的形式为他们的歧视性偏好进行支付。

歧视在竞争市场中得以持续的另一种方法是政府强制实行歧视性做法。例如，如果政府通过法律，宣布金发人在餐馆中只能刷盘子而不能当服务员，那么工资差别在竞争市场上就可以保持下去。前面的案例研究
中电车上的种族隔离的例子就是政府强制歧视的一个例子。近些年来， 428
在南非放弃其种族隔离制度以前，也曾禁止黑人从事某些工作。歧视性政府通过这些法律是为了压制自由和竞争市场的正常平等化力量。

总之，竞争市场包含了一种自发矫正雇主歧视的方法。只关心利润的企业进入市场倾向于消除歧视性工资差别。只有在顾客愿意为维持歧视性做法进行支付或政府强制歧视时，竞争市场上的这种工资差别才能持续下去。

案例研究
体育运动中的歧视

正如我们所说明的，衡量歧视通常是很困难的。为了确定一个工人群体是否受到歧视，研究者必须对该群体与经济中其他工人之间的生产率差别进行矫正。但在大多数企业中，要衡量某个工人对物品与劳务生产的贡献是很困难的。

这种矫正较易进行的一种企业类型是体育运动队。职业的体育运动队有许多衡量生产率的客观标准。例如，在棒球队中，我们可以衡量一个运动员的平均击球率、本垒打频率、盗垒的数量等。

对运动队的研究表明，种族歧视实际上是普遍存在的，而且大部分的责任应该归咎于顾客。1988 年发表于《劳动经济学学刊》的一项研究考察了篮球运动员的薪水。该项研究发现黑人运动员的收入比能力相当的白人运动员低 20%，该研究还发现，在篮球比赛中，白人运动员较多的球队观众更多。对这个事实的一种解释是，至少在该项研究的当时，顾客的歧视使黑人运动员给球队老板赚到的钱不如白人运动员多。存在这种顾客歧视时，即使球队老板只关心利润，这种歧视性工资差别也会持续下去。

类似的情况也曾在棒球运动员中存在。一项研究用 20 世纪 60 年代后期的数据说明了黑人运动员赚到的收入比能力相当的白人运动员少。此外，即使黑人投球手的记录比白人投球手好，观看黑人投球比赛的球迷

也比观看白人投球比赛的少。但是，近年来对棒球运动员工资的研究并没有发现歧视性工资差别的证据。

1990年发表在《经济学季刊》上的另一项研究考察了老棒球队员卡的市场价格。这项研究发现了类似的歧视证据。黑人击球手的队员卡售价比能力相当的白人击球手的队员卡低10%，黑人投球手的队员卡售价比能力相当的白人投球手的队员卡低13%。这些结论表明，在棒球迷中存在顾客歧视。

即问即答 • 为什么很难确定一个工人群体是否受到歧视？• 解释利润最大化企业如何消除歧视性工资差别。• 歧视性工资差别怎么会保持下去？

429

19.3 结论

在竞争市场上，工人赚到的工资等于他们对物品与劳务生产的边际贡献值。但是，有许多因素影响边际产量值。企业对那些较有才能、较勤奋、较有经验而受教育较多的工人支付得更多一些，因为这些工人的生产率较高。企业对那些受到顾客歧视的工人支付得少一些，因为这些工人对收益的贡献较少。

我们在这两章提出的劳动市场理论解释了为什么一些工人的工资比另一些工人高。这种理论并没有以任何方式说明所引起的收入分配是否平等、公正或合意。这是我们在第20章中要涉及的话题。

内容提要

◎ 工人由于许多原因而赚到不同的工资。在某种程度上，工资差别是对工人工作特性的补偿。在其他条件相等时，从事艰苦、乏味工作的工人得到的工资高于从事轻松、有趣工作的工人。

◎ 人力资本多的工人得到的工资高于人力资本少的工人。累积的人力资本的收益是很高的，而且在过去20年来一直在增加。

◎ 虽然受教育年限、经验和工作特性都像理论所预期的那样影响收入，但仍有许多收入差别不能用经济学家可以衡量的东西来解释。收入中无法解释的变动主要归因于天生的能力、努力和机遇。

◎ 一些经济学家提出，受教育更多的人得到更高工资并不是因为教育提高了其生产率，而是因为有更高天赋的工人把教育作为一种向雇主显示他们高能力的信号。如果这种信号理论正确的话，那么，提高所有工人的受教育程度就不会提高整个工资水平。

◎ 有时工资会高于使供求平衡的水平。高

于均衡的工资产生的三个原因是最低工资法、工会和效率工资。

◎ 收入中的一些差别是基于种族、性别或其他因素的歧视。但是,歧视的衡量是很困难的,因为必须根据人力资本和工作特性的差别进行矫正。

◎ 竞争市场倾向于限制歧视对工资的影响。如果一个工人群体的工资由于与边际生产率无关的原因而低于另一个工人群体,那么,非歧视企业将比歧视企业盈利更多。因此,利润最大化行为可以减少歧视性工资差别。如果顾客愿意向歧视企业支付更多,或如果政府通过要求企业歧视的法律,竞争市场上的歧视就会持续下去。

关键概念 430

补偿性工资差别　工会　效率工资

人力资本　罢工　歧视

复习题

1. 为什么煤矿工人得到的工资高于其他有相似教育水平的工人?
2. 从什么意义上可以说教育是一种资本?
3. 教育为何可能在不提高工人生产率的情况下增加工人的工资?
4. 产生经济上的超级明星的条件是什么?你预期牙科行业中会出现超级明星吗?在音乐行业中呢?解释原因。
5. 举出工人的工资会高于使供求平衡的水平的三个原因。
6. 确定一个工人群体工资低是否是由于歧视存在什么困难?
7. 经济竞争的力量是加重还是削弱了基于种族的歧视?
8. 举出一个竞争市场中歧视如何会持续的例子。

问题与应用

1. 大学生有时通过暑期实习为私人企业或政府工作。许多这类工作工资很少或没有工资。
    a. 从事这种工作的机会成本是什么?
    b. 解释为什么学生愿意接受这些工作。
    c. 如果把做过暑期实习与做过工资较高的暑期工作的工人们以后一生的收入进行比较,你预计会发现什么?
2. 正如第6章所解释的,最低工资法扭曲了低工资劳动市场。为了减少这种扭曲,一些经济学家提倡一种双重最低工资制度,对成年工人实行正常的最低工资,对青少年工人实行“次最低工资”。举出两种原因说明为什么单一最低工资对青少年工人劳动市场的扭曲大于对成年工人劳动市场的扭曲。
3. 劳动经济学的一项基本结论是,那些工作经验多的工人得到的工资高于那些(正规教育相同但)工作经验少的工人。为什么会是这种情况?一些研究也发现，同种工作中的经验（称为“工龄”）对工资有额外的正影响。解释原因。

4. 在一些学院和大学中，经济学教授的薪水高于一些其他学科的教授。
   a. 为什么这种情况可能是真实的？
   b. 一些其他学院和大学制定对所有学科教授支付相同工资的政策。在这些学校中，经济学教授的教学负担比一些其他学科的教授轻。教学负担的差别起了什么作用？
5. 设想某人向你提出一种选择：你可以在世界上最好的大学学习四年，但你必须为你在那里上学保密。或者你可以从世界上最好的大学获得一个正式的学位，但你不能实际去那里上学。你认为哪一种选择能更多地提高你未来的收入？你的回答为教育作用中的信号与人力资本的争论作何注脚？
431 6. 当录音机在近一百年前第一次被发明出来时，音乐家们突然可以以低成本向大量听众提供他们的音乐。你认为这件事如何影响最优秀音乐家的收入？你认为它如何影响一般音乐家的收入？
7. 当前有关教育的争论是，应该仅仅根据教师的受教育年限和教学经验按标准薪级支付工资，还是应该部分地根据他们的业绩支付工资（称为“成绩工资”）。
   a. 为什么成绩工资可能是合意的？
   b. 谁会反对成绩工资制？
   c. 成绩工资潜在的挑战是什么？
   d. 一个相关的问题：为什么一个校区决定付给教师的工资远远高于周围校区提供的工资？
8. 当艾伦·格林斯潘（后来成为美联储主席）在20世纪60年代经营一家经济咨询公司时，他主要雇用女经济学家。他曾经在《纽约时报》上说：“我总是给予男性与女性同样的评价，而且我发现，由于其他人不这样评价，好的女经济学家就比男经济学家雇用成本低。”格林斯潘的行为是利润最大化的吗？这种行为值得赞赏还是应该谴责？如果更多的雇主像格林斯潘这样，男性与女性之间的工资差别会发生什么变动？为什么当时其他经济咨询企业没有遵循格林斯潘的经营战略呢？
9. 假设所有年轻女性只能将秘书、护士和教师作为自己的职业；同时，鼓励年轻男性考虑这三种职业和许多其他职业。
   a. 画出说明秘书、护士和教师共同组成的劳动市场的图形。画出说明所有其他领域共同组成的劳动市场的图形。在哪一种市场上工资更高？平均而言是男性还是女性得到的工资更高？
   b. 现在假设社会改变了，并鼓励年轻女性与男性都考虑更广泛的职业。随着时间推移，这种变化对a中所说明的两种市场的工资有什么影响？这种变化对男性与女性的平均工资会有什么影响？
10. 经济学家 June O'Neill 认为：“在家庭中角色较为平等之前，女性不会有与男性同样的市场工作形式与收入。”她说的市场工作“形式”是指什么？这些工作和职业特性如何影响收入？
11. 本章考虑了雇主、顾客和政府歧视的经济学，现在考虑工人的歧视。假设一些褐发工人不喜欢与金发工人一起工作。你认为这种工人歧视能解释金发工人的低工资吗？如果这种工资差别存在，利润最大化的企业家会怎么做？如果存在许多这种企业，长期中会发生什么变动？

第 20 章
收入不平等与贫困

玛丽·科拉姆曾对欧内斯特·海明威说:“富人和穷人之间的唯一差别就是富人钱多。”也许是这样。但这种说法留下了许多没有回答的问题。富人和穷人之间的差距是一个迷人而重要的研究课题——无论是对生活舒适的富人,对在困苦中挣扎的穷人,还是对有进取心而又有所担忧的中产阶级,都是如此。 433

从前两章中,你应该对为什么不同的人有不同的收入有了一些了解。一个人的收入取决于这个人劳动的供给与需求,供给与需求又取决于天赋、人力资本、补偿性工资差别和歧视等。由于劳动收入构成了美国经济中总收入的3/4,因此,决定工资的因素也就是决定经济中总收入如何在各社会成员间分配的主要因素。换句话说,这些因素决定了谁是富人,谁是穷人。

在本章中我们讨论收入分配——一个引出有关经济政策作用的一些基本问题的论题。第1章的经济学十大原理之一是政府有时可以改善市场结果。在考虑收入分配时,这种可能性特别重要。市场中看不见的手有效地配置资源,但它并不一定能保证公平地配置资源。因此,许多经济 434 学家——但不是全部——认为,政府应该为了实现更大的平等而进行收入再分配。但是,在这样做时,政府又遇到了经济学十大原理的另一个:人们面临权衡取舍。当政府实施一些政策来使收入分配更平等时,它扭曲了激励,改变了行为,并使资源配置效率降低。

我们对收入分配的讨论分三步进行:第一,确定社会中不平等的严重程度;第二,考虑有关政府在改变收入分配中应该起什么作用的不同观点;第三,讨论旨在帮助社会最贫困成员的各种公共政策。

20.1 不平等的衡量

我们从解决衡量不平等的四个问题开始对收入分配的研究:

- 社会中的不平等程度有多大？
- 有多少人生活在贫困之中？
- 衡量不平等程度时引出了哪些问题？
- 人们通常如何在不同收入阶层之间流动？

这些衡量问题是讨论旨在改变收入分配的公共政策的自然出发点。

20.1.1 美国的收入不平等

“对我来说，只要他们不干涉最高工资，对最低工资怎么调整都可以。”

图片来源：© 2002 THE NEW YORKER COLLECTION FROM CARTOONBANK.COM. ALL RIGHTS RESERVED.

设想你根据年收入给经济中所有的家庭排队。然后你把家庭分为五个数量相等的群体：收入最低的1/5、次低1/5、中间的1/5、次高1/5，以及收入最高的1/5。表20－1表示每一个群体的收入范围，另外还列出了5%收入最高的家庭。你可以通过这个表找出你的家庭在收入分配中处于什么位置。

表20－1　美国的收入分配：2005年

群　体	家庭年收入
最低的1/5	25 616美元以下
次低的1/5	25 616—45 021美元
中间的1/5	45 021—68 304美元
次高的1/5	68 304—103 100美元
最高的1/5	103 100美元及以上
最高的5%	184 500美元及以上

资料来源：U. S. Bureau of the Census.

为了考察不同时间收入分配的差别，经济学家发现提供像表20－2
435 中这样的收入数据是有用的。该表表明了在所选的年份每个群体家庭得到的总收入的份额。在2005年，收入最低的1/5的家庭得到了所有收入的4.0%，而收入最高的1/5的家庭得到了所有收入的48.1%。换言之，虽然最高和最低的1/5包括了相同的家庭数，收入最高的1/5家庭的年收入是收入最低的1/5家庭年收入的约12倍。

表20－2的最后一栏表示最富有的家庭的收入在总收入中所占的份额。2005年，最富有的5%家庭的收入占总收入的21.1%，比最穷的40%的家庭的总收入还多。

表20－2还说明了1935年以来各年的收入分配状况。乍一看，收入分配似乎一直是相当稳定的。在过去几十年间，收入最低的1/5家庭得到4%—5%的收入，而收入最高的1/5家庭得到40%—50%的收入。进一步考察该表会发现不平等程度的某种趋势。从1935年到1970年，分配逐渐变得较为平等。收入最低的1/5家庭的收入份额由4.1%提高到5.5%，而收入最高的1/5家庭的收入份额由51.7%下降到40.9%。近年

表 20-2 美国的收入不平等状况

年份	最低的 1/5(%)	次低的 1/5(%)	中间的 1/5(%)	次高的 1/5(%)	最高的 1/5(%)	最高的 5%(%)
2005	4.0	9.6	15.3	22.9	48.1	21.1
2000	4.3	9.8	15.5	22.8	47.4	20.8
1990	4.6	10.8	16.6	23.8	44.3	17.4
1980	5.2	11.5	17.5	24.3	41.5	15.3
1970	5.5	12.2	17.6	23.8	40.9	15.6
1960	4.8	12.2	17.8	24.0	41.3	15.9
1950	4.5	12.0	17.4	23.4	42.7	17.3
1935	4.1	9.2	14.1	20.9	51.7	26.5

资料来源: U. S. Bureau of the Census.

该表表示收入分配中每1/5的家庭及收入最高的5%的家庭所得到的税前总收入的百分比。

来这种趋势又倒过来了。从1970年到2005年,收入最低的1/5家庭的收入份额从5.5%下降到4.0%,而收入最高的1/5家庭的收入份额从40.9%上升到48.1%。

在第19章中,我们探讨了对近年来不平等程度加剧的某些解释。与低工资国家国际贸易的增长和技术变革倾向于减少对不熟练劳动的需求并增加对熟练劳动的需求。因此,不熟练工人的工资相对于熟练工人的工资下降了,而且,这种相对工资变动加剧了家庭收入的不平等。

20.1.2 世界各国的收入不平等状况

与其他国家相比,美国的收入分配不平等状况如何呢?这个问题是令人感兴趣的,但答案却是令人怀疑的。因为有的国家得不到相关的数据。即使得到了数据,也并不是世界上每个国家都用同样的方法收集数据。例如,一些国家收集个人收入数据,而另一些国家收集家庭收入数据,还有一些国家收集支出数据而不是收入数据。结果,当我们发现两国之间的收入差别时,我们无法确定这是反映了经济中真实的差别,还是仅仅体现了收集资料方法上的差别。 436

记住这一点提示,再来看图20-1,该图比较了12个国家的收入不平等状况。不平等衡量标准是最富有的1/10人口得到的收入与最穷的1/10人口得到的收入的比率。日本最平等,在日本最富有的1/10人口的收入是最穷的1/10人口的4.5倍。最不平等的是巴西,在巴西最富有的1/10人口的收入是最穷的1/10人口的51.3倍。虽然各国贫富之间都相当不平等,但世界各国的不平等程度差别相当大。

图 20-1　世界各国的不平等状况

该图表示不平等程度的衡量标准：属于最富有的10%人口的收入（或支出）除以最穷的10%人口的收入（或支出）。在这些国家中，日本和德国经济福利的分配最平等，而南非和巴西最不平等。

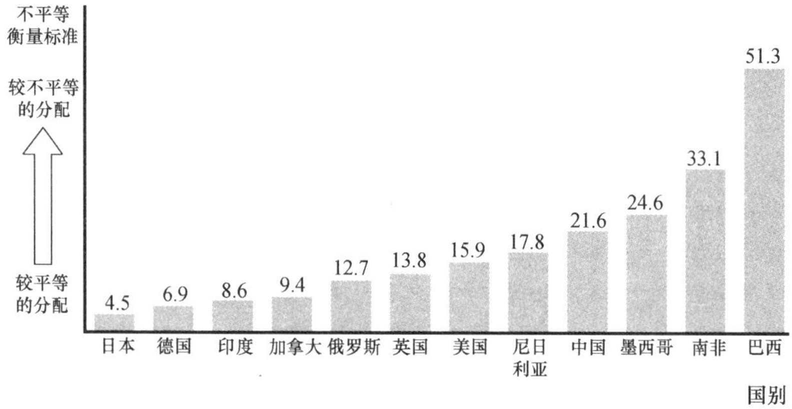

资料来源：*Human Development Report 2007/2008.*

当各国根据收入不平等状况排序时，美国大约排在中间。与其他经济发达国家如日本、德国和加拿大相比，美国的收入分配较为不平等；但美国的收入分配比许多发展中国家如南非、巴西和墨西哥要平等。

437

20.1.3　贫困率

贫困率：
家庭收入低于一个称为贫困线的绝对水平的人口百分比。

贫困线：
由联邦政府根据每个家庭规模确定的一种收入绝对水平，低于这一水平的家庭被认为处于贫困状态。

常用的收入分配的判断标准是贫困率。**贫困率**（poverty rate）是家庭收入低于一个称为贫困线的绝对水平的人口百分比。**贫困线**（poverty line）是联邦政府按提供充足食物成本的大约三倍的标准确定的。贫困线根据价格水平的变动每年进行调整，同时它还取决于家庭规模。

为了知道贫困率告诉我们一些什么信息，我们来考虑2005年的数据。这一年中值家庭收入为56 194美元，四口之家的贫困线是19 971美元。贫困率是12.6%。换句话说，有12.6%的人是那些按其家庭规模收入低于贫困线的家庭的成员。

图20-2表示1959年以来的贫困率，官方数据是从这一年开始统计的。你可以看到，贫困率从1959年的22.4%下降到1973年的11.1%。这种下降并不奇怪，因为在这一时期内经济中的平均收入（根据通货膨胀调整之后）增加了50%以上。由于贫困线是绝对标准而不是相对标准，因此，随着经济增长把整个收入分配向上推动，更多的家庭被推到贫困线之上。正如约翰·F.肯尼迪曾经指出的，水涨船高。

图 20－2　贫困率

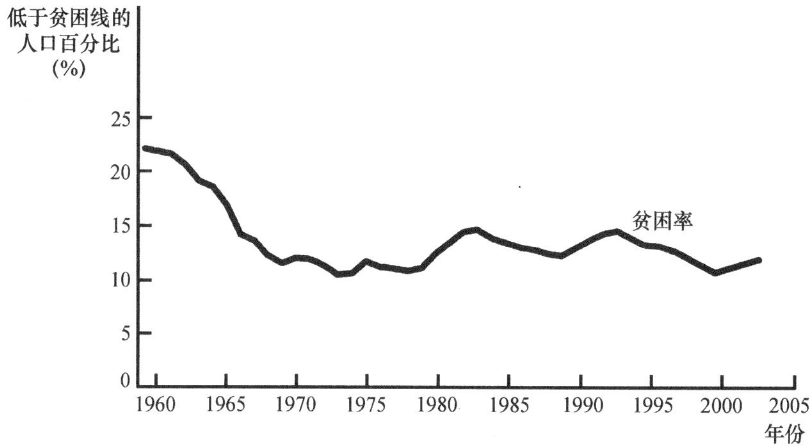

贫困率表示收入低于一个称为贫困线的绝对水平的人口百分比。

资料来源：U. S. Bureau of the Census.

但是，自从 20 世纪 70 年代初以来，经济的水涨了而一些船却没有随之升高。尽管平均收入持续增加，但贫困率并没有下降到 1973 年达到的水平之下。近年来在减少贫困方面没有取得进展与我们在表 20－2 中看到的不平等加剧密切相关。虽然经济增长增加了一般家庭的收入，但不平等的增长使最穷的家庭没有分享到经济更加繁荣的“果实”。

贫困是一种影响所有人口群体的经济病症，但对各群体影响的大小 438
并不同。表 20－3 显示了某些群体的贫困率，并反映出三个显著的事实：

表 20－3　谁是穷人

群　体	贫困率(%)
总人口	12.6
白人(非西班牙裔)	8.3
黑人	24.9
西班牙裔	21.8
亚裔	11.1
孩子(18 岁以下)	17.6
老人(64 岁以上)	10.1
已婚夫妇家庭	5.9
没有丈夫的以女性为家长的家庭	31.1

该表表明在人口的不同群体中贫困率差别很大。

资料来源：U. S. Bureau of the Census. Data are for 2005.

- 贫困与种族相关。黑人和西班牙裔人生活在贫困中的可能性是白人的三倍左右。
- 贫困与年龄相关。孩子比一般人更容易成为贫困家庭的成员，而老年人比一般人更不容易贫穷。
- 贫困与家庭结构相关。没有丈夫的以女性为家长的家庭生活在贫困中的可能性是已婚夫妇家庭的五倍多。

这三个事实描述了多年来美国社会的情况,它们说明哪些人更可能成为穷人。这些影响也会同时起作用:在女性为家长的家庭中黑人和西班牙裔的孩子有一半以上生活在贫困之中。

20.1.4 衡量不平等时的问题

虽然收入分配和贫困率数据有助于我们了解社会不平等的程度,但解释这些数据并不像看起来那么简单。这些数据是根据家庭年收入收集的。但人们所关心的并不是他们的收入,而是他们维持良好生活水平的能力。至少由于三个原因,收入分配与贫困率数据所给出的生活水平不平等状况是不完全的。

实物转移支付 收入分配和贫困率的衡量基于家庭的货币收入。但是,通过各种政府计划,穷人得到了许多非货币物品,包括食品券、住房补贴和医疗服务。以物品和劳务形式而不是以现金形式给予穷人的转移支付称为**实物转移支付**(in-kind transfers)。不平等程度的标准衡量方法并没有考虑这些实物转移支付。

实物转移支付: 以物品和劳务而不是以现金形式给予穷人的转移支付。

439

由于实物转移支付的对象主要是社会中最穷的成员,因此,没有把实物转移支付考虑在内就大大影响了所衡量的贫困率。根据美国人口普查局的研究,如果把实物转移支付按其市场价值纳入收入,生活在贫困中的家庭数量会比标准数据所显示的低10%左右。

经济生命周期 可以预见到人的一生中收入总在变动。一个年轻工人,尤其是还在学校的年轻人,收入是较低的。随着工人年龄增长和经验增加,收入在增加,在50岁左右达到最高,然后在工人65岁退休时收入又大幅度减少。这种有规律的收入变动形式称为**生命周期**(life cycle)。

生命周期: 在人的一生中有规律的收入变动形式。

由于人们能以借款与储蓄来平缓收入的生命周期变动,所以他们在任何一年的生活水平更多地依赖于一生中的收入,而不是当年的收入。年轻人也许为了上学或买房子而借款,然后在收入增加时偿还这些贷款。人们在中年时的储蓄率最高。由于人们可以根据退休预期来储蓄,因此在退休时收入大大减少并不一定会引起生活水平的相应降低。这种正常的生命周期形式也会引起年度收入分配不平等,但这并不一定代表生活水平的真正不平等。

暂时收入与持久收入 人一生的收入不仅仅因为预期的生命周期而变动,还因为随机的和暂时的力量而变动。某一年的霜冻摧毁了佛罗里达的橘子树,佛罗里达的橘子种植者的收入就会暂时减少。同时,佛罗里达的霜冻也使橘子价格上升,加利福尼亚的橘子种植者的收入就会暂时增加。下一年也可能会出现相反的情况。

正如人们能以借款和存款来平缓收入的生命周期变动一样,他们也能以借款和存款来平缓收入的暂时变动。在某种程度上,家庭在收入状况好的年份储蓄,而在收入状况差的年份借款(或动用储蓄)。在这个意义上,收入的暂时变动就并不一定影响他们的生活水平。家庭购买物品与劳务的能力主要取决于其**持久收入**(permanent income),即正常的或平均的收入。

持久收入: 一个人的正常收入。

为了衡量生活水平的不平等,持久收入的分配比年度收入的分配更有关联性。许多经济学家认为,人们根据他们的持久收入来消费,因此,消费不平等是持久收入不平等的主要判断标准。由于持久收入和消费受收入的暂时变动的影响较小,因此持久收入的分配比当期收入的分配更平等。

案例研究
不平等的其他衡量标准

达拉斯联邦储备银行的 Michael Cox 和 Richard Alm 最近的研究表明,不同的不平等衡量标准导致了极为不同的结论。Cox 和 Alm 比较了美国最富有的 1/5 的家庭与最穷的 1/5 的家庭的收入分配,来观察它们的差距有多大。他们用的是 2006 年的数据,他们的一些研究成果发表在 2008 年 2 月 10 日《纽约时报》的一篇文章中。

根据 Cox 和 Alm 的研究,美国最富有的 1/5 的家庭平均收入为 149 963 美元,而最穷的 1/5 的家庭平均收入为 9 974 美元。因此,最富有群体的收入是最贫穷群体的 15 倍。

如果考虑到税收,富人与穷人的差距缩小了一点。由于税制是累进的,最富有群体的收入中税收的百分比高于最贫穷群体。Cox 和 Alm 发现,最富有的 1/5 的家庭税后收入是最穷的 1/5 的家庭的 14 倍。 440

如果观察消费而不是收入,这个差距就大大缩小了。年景特别好的家庭更可能进入富有群体,而且,他们更可能把收入中相当高的一部分储蓄起来。年景特别坏的家庭更可能进入贫穷群体,而且,他们更可能把储蓄用于消费。根据 Cox 和 Alm 的研究,最富有的 1/5 的家庭的消费仅仅是最穷的 1/5 的家庭的 3.9 倍。

如果根据家庭人数差别进行矫正,消费的差距变得更小。由于大家庭更有可能是两个人赚钱,他们更可能发现自己接近于收入分配的上层。但是,他们也要养活更多的人。Cox 和 Alm 报告,最富有的 1/5 的家庭平均有 3.1 人,而最穷的 1/5 的家庭平均有 1.7 人。因此,最富有的 1/5 的家庭的人均消费仅仅是最穷的 1/5 的家庭的 2.1 倍。

这些资料表明,实质生活水平上的不平等比年收入的不平等小得多。

20.1.5 经济流动性

人们有时在谈“富人”与“穷人”时,仿佛年复一年这些群体都由同样的家庭组成。实际上,情况根本不是这样。经济流动性,即人们在各收入阶层之间的变动,在美国经济中是相当常见的。沿着收入阶梯向上移动可能是由于好运气或勤奋工作,向下移动可能是由于坏运气或懒惰。这种流动性有一些反映在收入的暂时变动上,而另一些则反映在收入较持久的变动上。

由于经济的流动性如此之大,因此,许多低于贫困线的人处于贫穷状态只是暂时的。对于相对少数的家庭来说,贫困是一个长期问题。在一个十年期中,四个家庭中约有一个至少在一年中处于贫困线之下。但只有不到3%的家庭在八年或更长时间中是贫困的。由于暂时的贫困和持久的贫困很可能面临不同的问题,因此,旨在反贫困的政策需要对这两个群体进行区分。

判断经济流动性的另一个方法是代际经济成功的持续性。那些研究这个问题的经济学家发现流动性是很大的。持续性并不完全,它表明各收入阶层之间有相当大的流动性。如果父亲的收入比同辈人的平均收入高20%,他的儿子很可能比同辈人的平均收入高8%。祖父的收入与孙子的收入之间的关联性则很小。

这种巨大的经济流动性的一个结果是,美国经济充满了自己致富的百万富翁(以及挥霍继承来的财产的继承人)。某项研究表明,美国有4/5的百万富翁是靠自己赚的钱,例如通过开办并建立企业或通过公司职务的晋升。只有1/5的百万富翁是继承了财产。

441

新闻摘录
什么使不平等加剧

一位经济学家提出了他对美国收入不平等加剧的观点。

收入与不平等:什么是数字没有告诉我们的

Tyler Cowen

日益增长的财富与收入不平等使许多人怀疑现代美国经济是不是以有利于富人的方式运行。很少有人怀疑近年来富人与其他人之间的差距扩大了,但情况也没有像一些人认为的那样不公正。

许多衡量收入不平等加剧的指标来自自然人口趋势。一般来说,老年人之间的收入不平等大于年轻人,这只是因为老年人经历的财产增加或减少的时间更长。

此外,受教育多的群体中表现出比受教育少的群体更大的收入不平等。没有受过教育的人更容易挤在一个相对低收入的狭窄范围里。但是受过教育的人会范围更大,包括有强工作动力的养家餬口者和轻松的小资,以及投资赢家和输家。结果是收入也极为不同。由于美国老年人和受过教育的人一直在增加,收入不平等自然也就上升了。

英属哥伦比亚大学经济学教授 Thomas Lemieux 估计,这种人口统计影响可以解释男性中所观察到的收入不平等的3/4,可以解释女性中收入不平等的 69%—95%("Increasing Residual Wage Inequality: Composition Effects, Noisy Data, or Rising Demand for Skill?" *The American Economic Review*, June 2006)。换言之,收入不平等的加剧并不只是由于不公正或者不好的公共政策……

在任何情况下,收入都不是衡量不平等唯一——甚至最重要的指标。例如,消费的不平等——穷人消费与富人消费之间的差别——并没有表现出显著的上升趋势(Dirk Krueger and Fabrizio Perri, "Does Income Inequality Lead to Consumption Inequality?" *The Review of Economic Studies*, January 2006)。当然,消费并不是福利的一个理想衡量指标;高而稳定的购买水平可能反映了债务增加,轻而易举地购买一台大屏幕电视机并不代表就可以同样轻而易举地购买好的医疗。

幸福也许是研究不平等最适合的变量,它也是最难衡量的。然而,至少在一个富有的社会中,幸福的不平等显然小于收入的不平等。一年收入50万美元的人通常并不比一年收入5万美元的人幸福10倍。年收入5万美元仍然可以享受现代世界的大部分便利。即使赚钱越多的人越幸福,但看来幸福的增加率是递减的,这就对幸福的不平等有一种自然的阻碍。

根据问卷调查和自我报告对个人幸福的研究表明,美国幸福的不平等并不是一直在增长的。此外,美国的幸福不平等程度大体上与瑞典和丹麦相当,而这两个国家以平等著称(参看载于 *Journal of Happiness Studies*, December 2005 的专题文章)。即使不是所有人都变得富有,美国社会还是为人们幸福提供了好机会。

如果我们研究1965—2003年的闲暇,受教育少的群体享受的自由时间比受教育高的群体增加得多得多(Mark Aguiar and Erik Hurst, "Measuring Trends in Leisure: The Allocation of Time Over Five Decades," Federal Reserve Bank of Boston Working Paper)。换言之,高收入的人为了赚钱辛苦工作,他们的玩乐也许就要少一点……

更广泛的哲学问题是为什么我们要如此关心不平等——任何一种不平等。生活并不是与我们的同类人竞争……我们应该继续改善给低收入者提供的机会,但把不平等作为美国主要的长期问题有些夸大其词了。

资料来源: *New York Times*, January 25, 2007.

即问即答 • 贫困率衡量了什么? • 说明在解释所衡量的贫困率时存在的三个潜在问题。 442

20.2 收入再分配的政治哲学

我们刚刚说明了一个经济的收入如何分配,并讨论了在解释衡量不平等时遇到的问题。从这种解释仅仅描述了世界是什么样的意义上说,它是实证的。我们现在转向决策者面临的规范问题:政府对经济不平等应该做些什么?

这不仅是经济学问题。仅仅通过经济分析并不能告诉我们决策者是不是应该努力使社会更平等。我们的观点是,这个问题在很大程度上是政治哲学问题。但由于政府在收入再分配中的作用是许多经济政策争论的中心,因此,我们暂且离开经济科学,考虑一点政治哲学。

20.2.1 功利主义

功利主义:
一种政治哲学,根据这种政治哲学,政府应该选择使社会上所有人总效用最大化的政策。

效用:
衡量幸福或满足程度的指标。

政治哲学中的一个主要学派是**功利主义**(utilitarianism)。功利主义的奠基人是英国哲学家杰里米·边沁(Jeremy Bentham,1748—1832)和约翰·斯图亚特·穆勒(John Stuart Mill,1806—1873)。在很大程度上,功利主义的目的是要把个人决策的逻辑运用于涉及道德与公共政策的问题中。

功利主义的出发点是**效用**(utility)——人们从其环境中得到的幸福或满足程度。效用是福利的衡量指标,而且,根据功利主义者的看法,它也是所有公共政策和私人行动的最终目标。他们声称,政府的正确目标是使社会中每一个人的效用总和最大化。

功利主义者支持收入再分配是根据边际效用递减的假设。一个穷人1美元的额外收入给这个人所带来的额外效用大于富人1美元的额外收入带来的效用看来是有道理的。换句话说,随着一个人收入的增加,从增加的1美元收入中得到的额外福利是递减的。这个似乎有道理的假设与功利主义者总效用最大化的目标意味着政府应该努力达到更平等的收入分配。

道理很简单。设想 Peter 和 Paul 两人除了 Peter 收入8万美元而 Paul 收入2万美元之外其他条件完全相同。在这种情况下,拿走 Peter 的1美元支付给 Paul 将减少 Peter 的效用而增加 Paul 的效用。但由于边际效用递减,Peter 效用的减少小于 Paul 效用的增加。因此,这种收入再分配增加了总效用,这是功利主义者的目标。

乍一看,这种功利主义者的观点似乎意味着,政府应该一直进行收入再分配,直至社会上每个人的收入完全相同为止。实际上,如果收入总量是固定的——我们例子中的10万美元——那么,情况确实是这样。但实际情况并非如此。功利主义者否定收入的完全平等化，因为他们接受了第 1 章中提出的经济学十大原理之一：人们会对激励做出反应。

要把 Peter 的钱支付给 Paul，政府就应该实行收入再分配政策。美国的联邦所得税和福利制度就是例子。在这些政策之下，收入高的人支付高税收，而收入低的人得到收入转移支付。但是，如果政府通过高所得税或减少的转移支付压低一个人可以赚到的额外收入，Peter 和 Paul 勤奋工作的激励都变小了。当他们工作减少时，社会收入减少了，总效用也减少了。功利主义的政府必须使更大平等的好处与扭曲激励的损失保持平衡。因此，为了使总效用最大化，政府要停止使社会完全平等。

一个有名的寓言阐明了功利主义者的逻辑。设想 Peter 和 Paul 在一个沙漠的不同地方旅行，他们都感到口渴难耐。Peter 所在的地方是一片绿洲，有许多水；而 Paul 所在的地方水很少。如果政府可以无成本地把一个绿洲的水转移到另一个地方，就可以通过使两个地方的水量相等而使水带来的总效用最大化。但假设政府只有一个漏水的桶。当它把水从一个地方运到另一个地方时，运输途中有一些水损失了。在这种情况下，功利主义的政府可能仍将根据 Paul 的口渴程度和水桶漏洞的大小，努力把一些水从 Peter 那里运到 Paul 那里。然而，在只有一只漏水的桶的情况下，功利主义的政府会停止尝试达到完全平等。

20.2.2 自由主义

自由主义：
一种政治哲学，根据这种政治哲学，政府应该选择必要的公正的政策。这种公正要由一位在“无知面纱”背后的无偏见观察者来评价。

思考不平等的第二种方法是所谓的**自由主义**(liberalism)。哲学家约翰·罗尔斯(John Rawls)在他的著作《正义论》中提出了这种观点。这本书在 1971 年出版，并很快成为政治哲学中的一本经典之作。

罗尔斯从一个社会的制度、法律和政策应该是公正的这个前提开始，提出了一个自然的问题：我们如何能使社会成员对公正的含义有一致的认识呢？似乎每个人的观点必然要取决于自己所处的特殊环境——才能高还是才能低，勤奋还是懒惰，受教育多还是受教育少，出生在富裕家庭还是贫穷家庭。我们能客观地决定一个公正的社会应该是什么样子吗？

为了回答这个问题，罗尔斯提出了以下的思想实验。设想在任何一个人出生之前，所有人都要到一起开会设计统治社会的规则。这时我们对每个人最终将处的位置都一无所知。用罗尔斯的话来说，我们都处于“无知面纱”背后的“原始状态”。罗尔斯认为，在这种原始状态下，我们可以为社会选择一套公正的规则，因为我们必须考虑这些规则将如何影响每一个人。正如罗尔斯所指出的：“由于所有人都处于相似状况，没有一个人能设计出有利于自己特殊状况的原则，因此，公正的原则是公平协商或谈判的结果。”用这种方法设计公共政策和制度能使我们对什么政策为公正的判断保持客观的态度。

然后，罗尔斯考虑在这种无知面纱遮蔽下所设计的政策要达到什么目标。特别是,如果一个人不知道自己最终是在收入分配的最上层、最下层还是中间层,那么他会认为什么样的收入分配是公正的。罗尔斯认为,处于原始状态下的人会特别关注处于收入分配最底层的可能性。因此,在设计公共政策时,我们的目标应该是提高社会中状况最差的人的福利。这就是说,不是像功利主义者所主张的那样使每个人效用的总和最大化,罗尔斯是要使最小效用最大化。罗尔斯的规则被称为**最大最小准则**(maximin criterion)。

444 **最大最小准则**:一种主张,认为政府的目标应该是使社会上状况最差的人的福利最大化。

由于最大最小准则强调的是社会上最不幸的人,因此,它证明了旨在使收入分配平等化的公共政策是正确的。通过把富人的收入转移给穷人,社会增进了最不幸者的福利。但是,最大最小准则并不会带来一个完全平等的社会。如果政府承诺使收入完全平等化,人们就没有勤奋工作的激励,社会的总收入就将大大减少,而且,最不幸者的状况肯定会更加恶化。因此,最大最小准则仍然允许收入不对称,因为这种不对称可以增强激励,从而提高社会帮助穷人的能力。然而,由于罗尔斯的哲学只重视最不幸的社会成员,因此它要求的收入再分配比功利主义者更多。

罗尔斯的观点是有争议的,但他提出的思想实验非常引人注目。特别是这种思想实验使我们把收入再分配作为**社会保险**(social insurance)的一种形式。这就是说,从无知面纱遮蔽的原始状态的角度看,收入再分配很像一种保险政策。房主购买火灾保险是为了应对他们的房子着火的风险。同样,当我们作为一个社会选择向富人征税以补助穷人的政策时,我们就为自己成为穷人家庭成员的可能性上了保险。由于人们不喜欢风险,因此我们应该为自己出生在一个给我们提供了保险的社会而感到庆幸。

社会保险:旨在保护人们规避负面事件风险的政府政策。

但是,有一点还不是很清楚,受无知面纱遮蔽的理性人实际上厌恶风险的程度是否足以使他们遵循最大最小准则。实际上,由于原始状态的人最终可能处于收入分配的任何一个位置上,因此,在设计公共政策时,他应该平等地对待所有可能的结局。在这种情况下,在无知面纱之下最好的政策应该是使社会成员的平均效用最大化,而且,由此产生的公正概念就更接近于功利主义者而不是罗尔斯主义者。

20.2.3 自由至上主义

自由至上主义:一种政治哲学,根据这种政治哲学,政府应该惩罚犯罪并实行自愿的协议,但不应该进行收入再分配。

关于不平等的第三种观点称为**自由至上主义**(libertarianism)。到现在为止,我们考虑的两种观点——功利主义和自由主义——都把社会总收入作为社会计划者为了达到某种社会目标而能够自由地再分配的共享资源。与此相反,自由至上主义者认为,社会本身并没有赚到收入——只是单个社会成员赚到了收入。根据自由至上主义者的看法,政府不应该为了实现任何一种收入分配而拿走一些人的收入并给予另一些人。

例如,哲学家罗伯特·诺齐克(Robert Nozick)在他1974年的著作《无政府、国家与乌托邦》中写了下面一段话：

> 我们并不是那些从某人那里分到一块蛋糕的孩子，分蛋糕的人可以对自己粗心的切割作最后的弥补。没有任何集中的分配，没有任何个人或群体有权控制所有的资源，来共同决定怎样发放这些资源。每个人得到的东西都是其他人通过交换或作为礼物送给他的。在一个自由社会里，不同的人们控制着不同的资源，新的持有来自自愿的交换和人们的行动。

在功利主义者和自由主义者努力判断社会上的不平等程度多高为合 445
意时，诺齐克否定了这个问题的适用性。

自由至上主义者还有一种评价经济结果的方法是评价这些结果产生的过程。当收入分配是以不公正手段达到的时候，例如，当一个人偷了另一个人的东西时，政府有权利也有义务解决这个问题。但是，只要决定收入分配的过程是正义的，那么分配结果无论如何不平等都是公正的。

诺齐克通过进行社会收入分配与课程成绩分布之间的类比来批评罗尔斯的自由主义。假设有人要你判断你现在正在教授的经济学课程成绩的公正性，你会设想你自己处于无知面纱之下，在不知道每个学生的才能与努力程度的情况下，去选择某个成绩分布吗？或者你会保证评价学生成绩的过程是公正的而不考虑成绩分布结果是否平均？至少就成绩的情况而言，自由至上主义者强调过程而不是结果的观点是非常有说服力的。

自由至上主义者的结论是，机会平等比收入平等更重要。他们认为，政府应该强调个人的权利，以确保每个人有同样的发挥自己才能并获得成功的机会。一旦建立了这些游戏规则，政府就没有理由改变由此引起的收入分配。

即问即答 Pam 赚的钱比 Pauline 多。一个人建议向 Pam 征税并补贴 Pauline 的收入。功利主义者、自由主义者和自由至上主义者会如何评价这种建议呢？

20.3 减少贫困的政策

正如我们刚刚说明的，政治哲学家对政府在改变收入分配中应该起什么作用持有各种观点。大部分选民中的政治争论反映了类似的分歧。尽管这些争论仍在继续，但大多数人认为，起码政府应该帮助那些最需要帮助的人。依照一个广为人知的比喻，政府应该提供一个“安全网”，以使任何一个公民免于陷入极度贫困。

贫困是决策者面临的最困难的问题之一。贫困家庭的成员比一般人更可能经历无家可归、毒品依赖、健康问题、未婚少女怀孕、文盲、失业和受教育程度低等问题。贫困家庭成员更可能犯罪,也更可能成为犯罪的牺牲品。虽然很难把贫困的原因与结果分开,但毫无疑问,贫困与各种经济和社会病症相关。

假设你是一个政府决策者,你的目标是减少生活在贫困中的人数。你应该如何实现这一目标呢?我们将考察一些你可能会考虑的政策选择。每一种选择都会帮助一些人脱贫,但没有哪一种选择是完美的,要确定哪一种选择最好并不容易。

446

20.3.1 最低工资法

规定雇主支付给工人的最低工资的法律总是争论的来源。支持者把最低工资作为帮助那些有工作的穷人而政府又不用花钱的一种方法,批评者把最低工资看成是对它想帮助的人的一种伤害。

正如我们最早在第6章中所说明的,很容易用供求工具来说明最低工资。对那些技能水平低和经验不足的工人来说,较高的最低工资导致其工资高于供求平衡的水平。因此它提高了企业的劳动成本,并减少了这些企业需求的劳动量。结果导致受最低工资影响的这些工人群体的高失业。虽然那些仍然就业的工人从较高工资中受益,但那些原本在较低工资时能就业的工人状况变坏了。

这些影响的大小主要取决于需求弹性。支持高水平最低工资的人认为,不熟练劳动的需求是较为缺乏弹性的,因此,高水平最低工资所减少的就业是微不足道的。批评最低工资的人则认为,劳动需求富有弹性,特别是在企业可以更充分地调整就业与生产的长期中更是如此。他们还注意到,许多最低工资工人是中产阶级家庭的青少年,因此,高水平最低工资作为帮助穷人的一种政策并不能完美地达到其目标。

20.3.2 福利

福利:
补贴需要者收入的政府计划。

提高穷人生活水平的一种方法是政府补贴其收入,这主要是通过福利制度来实现。**福利**(welfare)是包括各种政府计划的一个广义术语。贫困家庭临时援助(TANF)是一项旨在帮助那些需要抚养孩子,但没有成年人能支撑生活的家庭的计划。在一个典型的接受这种援助的家庭中,没有父亲,而母亲在家抚养小孩。另一项福利计划是补充保障收入(SSI),它为有病或有残疾的穷人提供帮助。要注意的是,在这两项福利计划中,仅仅是收入低的穷人并不一定有资格获得帮助。要想获得帮助,他或她还应该满足一些额外“需要”,例如,有小孩或者残疾。

反对福利计划的一种普遍观点是,它实际上激励了人们变成“需要帮助者”。例如,这些计划会鼓励家庭破裂,因为许多家庭只要没有父亲就有资格得到经济帮助。这个计划也会鼓励未婚生育,因为许多贫穷的单身女性只要有孩子就符合接受帮助的标准。由于贫穷的单身母亲是贫困问题中相当重要的一部分,而且,由于福利计划似乎增加了贫穷的单身母亲的数量,因此批评福利制度的人断言,这些政策恶化了它们原本打算解决的问题。基于这些意见,1996 年的一部法律对福利制度进行了修订,该法律对可以领取福利的时间进行了限制。

福利制度潜在的问题有多严重?没有一个人知道确切的情况。福利制度的支持者指出,贫穷的单身母亲依靠福利充其量也是艰难度日,而且他们怀疑如果不是迫不得已,这种制度会鼓励许多人追求这种接受帮助的贫困生活。此外,长期趋势有时也不支持福利制度批评者所持的观点,即双亲家庭的减少主要是福利制度的结果。自从 20 世纪 70 年代初以来,福利补助(根据通货膨胀调整后的)一直在下降,但生活在单亲家庭中的儿童的百分比上升了。 447

20.3.3 负所得税

只要政府选择一种制度来征税,它就影响了收入分配。在累进所得税的情况下这显然是正确的,在这种税制下,高收入家庭收入中纳税的百分比大于低收入家庭。正如我们在第 12 章中讨论的,在设计税制时各收入群体之间的平等是一个重要的标准。

许多经济学家建议用**负所得税**(negative income tax)来补贴穷人的收入。根据这种政策,每个家庭都要向政府报告自己的收入。高收入家庭根据他们的收入纳税,而低收入家庭将得到补助。换句话说,这些低收入家庭将“支付”一种“负税”。

负所得税: 向高收入家庭征税并给低收入家庭补贴的税制。

例如,假设政府用以下公式来计算一个家庭的税收义务:

应纳税额 = 收入 × 1/3 - 10 000 美元

在这种情况下,一个收入 6 万美元的家庭要缴纳 1 万美元的税;一个收入 9 万美元的家庭要缴纳 2 万美元的税;一个收入 3 万美元的家庭不纳税;而一个收入 1.5 万美元的家庭“应纳” - 5 000 美元的税。换句话说,政府将给这个家庭送去一张 5 000 美元的支票。

在负所得税之下,贫困家庭不用表示需要就会得到经济帮助。得到帮助所需要的唯一资格就是收入低。一种观点认为,这个政策既有优点也有缺点。一方面,负所得税不鼓励非婚生育和家庭破裂,福利制度的批评者认为现行的政策鼓励了非婚生育和家庭破裂;另一方面,负所得税也会补贴那些仅仅是由于懒惰而陷于贫穷的人,而一些人认为,政府不应该补贴这样的人。

一种和负所得税有相同作用的现实税收条款是劳动所得税抵免(EITC)。这种优惠使贫困劳动家庭一年中得到的所得税返还大于其缴纳的税收。由于劳动所得税抵免只适用于劳动的穷人,它就不会像其他反贫困计划所做的那样鼓励得到补贴的人不干活。但由于同样的原因,它也无助于减轻由于失业、生病或其他无工作能力引起的贫困。

20.3.4 实物转移支付

帮助穷人的另一种方法是直接向他们提供提高生活水平所需的某些物品与劳务。例如,慈善机构向需要者提供食物、居住场所和圣诞节的玩
448 具。政府向贫困家庭提供**食品券**,食品券是政府发放的、可以用来在商店购买食物的票证,商店可以把这些票证视为现金。政府也通过所谓的**医疗援助**计划向穷人提供医疗保健。

是用这些实物转移支付帮助穷人好,还是直接给穷人现金好呢? 这并没有一个明确的答案。

实物转移支付的支持者认为,这种转移支付确保穷人得到他们最需要的东西。最贫困社会成员中的嗜酒和吸毒与整个社会中存在的这种情况相比更为普遍。通过向穷人提供食物和居住场所,社会更确信自己不是在助长这些恶习。这是实物转移支付比现金支付在政治上更受欢迎的一个原因。

另一方面,现金支付的支持者认为,实物转移支付是无效率的和不尊重穷人的做法。政府并不知道穷人最需要什么物品与劳务。许多穷人是运气不好的普通人。尽管他们不幸,但由他们来决定如何提高自己的生活水平是最适当的。与其通过实物转移支付来为穷人提供他们可能并不
449 需要的物品与劳务,还不如给他们现金以购买他们认为最需要的东西,这样会使他们的状况更好。

新闻摘录
童工

在全世界减少童工使用的最好方法是什么?

图片来源: GETTY IMAGES.

研究改变了对于儿童与工作的观念

Virginia Postrel

当美国人想到穷国的童工时,他们很少会想到提水的女孩或放牧的男孩。但全世界2.11亿5—14岁工作儿童中的大部分并不是在工厂工作。他们从事着农业工作——从越南的92%到危地马拉的63%——而且大多数并没有直接得到报酬。

两位达特茅斯大学的经济学家 Eric V. Edmonds 和 Nina Pavcnik 在发表于《经济展望杂志》(*Journal of Economic Perspectives*)2005年冬季号的"全球经济中的童工"一文中写道:"与高收入国家流行的看法相反,大部分工作的儿童是被他们的父母雇用,而不是在制造业工厂工作或从事其

他形式的有酬工作。"

这篇文章对人们所了解的童工状况进行了调查。过去几年里这些经济学家和其他人的研究开始推翻了有关为什么儿童工作、他们做什么工作以及什么时候他们可能会放弃工作去上学的一些广为接受的观念。

六年前当 Edmonds 教授开始研究童工问题时他在一次接受采访时说:"传统的观点是童工的存在实际上并不是由于贫困。"许多决策者认为,童工"也许反映了父母的麻木不仁或者父母不知道让孩子受教育能带来什么利益"。因此,限制童工的政策集中在教育父母为什么他们的孩子不应该工作,以及通过禁止雇用童工来消除这种诱惑。

但是,最近的研究质疑了这种文化解释。Edmonds 教授说:"在我所观察到的每一种情况下,童工看来几乎完全与贫困相关。我并不是说,这只是因为贫穷,但它很大程度上是由于贫穷。"

随着家庭收入增加,儿童会不再工作,而且,如果有条件就会去上学。如果家庭收入减少,儿童就更可能回去工作。

一些最好的数据和最引人注目的结论来自越南,是从 1993 年到 1998 年对越南的约 3 000 个家庭进行跟踪调查得出的。这是一个经济迅速增长的时期,在这一时期国内生产总值每年增长 9% 左右。

在 2005 年冬季号的《人力资源杂志》(*Journal of Human Resources*)上发表的"随着经济状况改善童工减少了吗?"一文中,Edmonds 教授发现,在这五年期间,童工减少了近 30%。收入增加解释了这种变化的 60%。

这对脱贫家庭的影响更大。对那些刚跨过官方贫困线的人来说,由于收入足以支付足够的食物和基本必需品,收入增加解释了 80% 的童工减少。在 1993 年,58% 的人口在贫困线之下,而五年后是 33%。

Edmonds 教授写道:"在家庭可以满足其食物需求之前,童工看来并不随人均支出而变动,在满足食物需求之后童工就大幅度减少了。"

在同一时期,越南取消了限制出口大米的政策。这为越南农民开拓了一个巨大的新市场——该国从几乎没有出口变为世界最大的大米出口国之一——而且大米价格大幅度提高。

根据家庭调查数据,这种变化使 Edmonds 和 Pavcnik 教授可以考察当家庭收入增加但童工也更有价值时所发生的变动。他们的文章"贸易自由化对童工的影响"发表在《国际经济学杂志》(*Journal of International Economics*)2005 年 3 月号上。

Edmonds 教授在采访中说,他原来预计,如果只依靠自己的家庭农业,大米市场的繁荣会使更多儿童工作,因为他们劳动的价值大大提高了。但这种情况并没有出现。

"相反,看来随着收入增加,家庭所做的事是购买童工的替代品。他们使用了更多化肥,有了更多机械,购买了更多工具,"他补充说,"这与我预计会发生的事正好相反……"

来自越南的调查结果表明家庭并不想让它们的孩子干活。当家庭有能力时,即使儿童赚到的工资增加了,父母也会不再让孩子干活。看来根本问题是贫困,而不是文化。

他在采访中还说："甚至在今天，大多数童工政策都是让孩子失业——限制儿童的工作机会。但是，如果家庭已经处于不想让孩子工作，但又由于环境所迫而不得不这样做的情形，那么采取额外措施来防止儿童工作就是在惩罚穷人中最穷的人。"

资料来源： *New York Times*, July 14, 2005.

20.3.5 反贫困计划和工作激励

许多旨在帮助穷人的政策可能对鼓励穷人依靠自己的力量脱贫有意想不到的不利影响。为了说明这一点，让我们来看看下面这个例子。假设一个家庭维持合理的生活水平需要15 000美元。再假设出于对穷人的关心，政府承诺每个家庭都会达到这个收入。无论一个家庭赚多少钱，政府都会补足收入和15 000美元之间的差额。你预期这种政策会产生什么影响呢？

这种政策的激励效应是显而易见的：任何一个工作收入在15 000美元以下的人没有找工作和保持工作的激励。这个人每赚到1美元，政府就会减少1美元的收入补贴。实际上，这相当于政府对增加的收入征收
450 100%的税。有效边际税率为100%的政策必定会招致巨大的无谓损失。

这种高有效税率的负面影响会一直持续下去。一个被鼓励不工作的人失去了工作中提供的在职培训的机会。此外，他的孩子也不能通过观察有全职工作的父母而学到一些经验，而这可能对他们自己找工作和保持工作的能力有负面的影响。

虽然我们讨论的这个反贫困计划是假设的，但并不是像乍看起来那样不切实际。福利、医疗援助、食品券和劳动所得税抵免都是旨在帮助穷人的计划，而且这些计划都与家庭收入相关。随着一个家庭收入增加，该家庭就不再具有符合这些计划的资格。当把所有这些计划放在一起时，这些家庭就会面临极高的有效边际税率。有时，有效边际税率甚至超过100%，以至于当贫穷家庭的人们挣到更多钱时，他们的状况反而变坏了。政府努力帮助穷人，然而结果却是鼓励这些家庭的人们不工作。根据反贫困计划批评者的看法，这些计划改变了工作态度，并创造了一种"贫困文化"。

对这个问题似乎有一个简单的解决办法：随着贫困家庭收入的增加，逐渐减少对他们的补贴。例如，如果一个贫困家庭每赚1美元就减少30美分补贴，那么，它就面临30%的有效边际税率。虽然这种有效税收在某种程度上降低了工作的努力程度，但并没有完全消除对工作的激励。

这种解决方法存在的问题是，它会大大增加反贫困计划的成本。如果随着贫困家庭收入的增加逐渐减少补贴，那么，正好在贫困水平以上的

家庭也有资格得到大量补贴。补贴减少得越慢，符合补贴资格的家庭越多，实施这个计划的成本也越大。因此，决策者面临着用高有效边际税率增加穷人负担与用高成本减少贫困计划增加纳税人负担之间的权衡取舍。

还有各种其他方法可用于减少反贫困计划的非激励性。一种方法是要求任何一个得到补贴的人接受一份政府提供的工作——有时称为**劳动福利**的制度。还有一种方法是只在有限的时间内提供补贴。1996 年的福利改革法案遵循了这种思路，该法案把接受福利的年限定为一生中 5 年。当克林顿总统签署这个法案时，他是这样解释这种政策的："福利应该成为第二次机会，而不是一种生活方式。"

这种改革如何起作用？关于这个法案的争论持续到了今天，但毫无疑问，该法案通过后福利支出大大减少，而且传统上依靠福利的群体中的就业大大增加。美国杰出的福利制度专家、经济学家 Rebecca Blank 在 2003 年的一项研究中，是这样总结这段经历的：我们国家对有孩子的贫困家庭的援助计划从旨在提供收入补贴的现金援助计划转向旨在鼓励和支持工作的工作援助计划。批评者可能认为，这种转变会使我们的安全网覆盖得不够充分，由于时间限制、过去的状况和有限的州资金，越来越多的家庭无法得到援助。同时，工作要求迫使女性陷入工资收入低、无暇顾及自己的健康、没有充分的时间照顾孩子和料理其他家务的一种不稳定的、艰难的生活状况中。支持者会认为，这种体制现在已经运行了七年。 451
由于经济上的好运气和设计良好的政策的结合，大多数以前获得福利的女性现在有了工作经历，并向她们的孩子证明了参加工作的重要性。贫困加重和无家可归者大大增加的预言并没有出现。尽管工作支持制度远非完美，但它比过去效果欠佳的 AFDC（援助有要抚养的孩子的家庭）福利制度要好。

即问即答 列出旨在帮助穷人的三项政策，并讨论每种政策的优缺点。

20.4 结论

人们长期以来一直在思考社会的收入分配。古希腊哲学家柏拉图得出的结论是：在一个理想的社会中，最富的人的收入不超过最穷的人的收入的四倍。虽然不平等的衡量是很困难的，但显然我们社会的不平等已大大超过了柏拉图所建议的程度。

第 1 章的**经济学十大原理**之一是政府有时可以改善市场结果。但是，对于应该如何把这一原理运用到收入分配中很少有一致的看法。对于多大程度的收入不平等为合意的，或者甚至对于公共政策是否应该以改革收入分配为目的,现在的哲学家和决策者的看法并不一致。有关公共政策的许多争论反映了这种不一致。例如,当税收提高时,法律制定者就会为富人应该承担多少、中产阶级应该承担多少,以及穷人应该承担多少而争论不休。

经济学十大原理中还有一个是人们面临权衡取舍。当考虑经济不平等时,记住这个原理是很重要的。惩罚成功和奖励失败的政策减少了对成功者的激励。因此,决策者面临平等和效率之间的权衡取舍。越平等地分割蛋糕,蛋糕就会变得越小。这是几乎每一个人都同意的有关收入分配的一个结论。

452

内容提要

◎ 收入分配数据表明了我们社会中存在的巨大不平等。最富有的1/5家庭的收入是最穷的1/5家庭的收入的十倍还多。

◎ 由于实物转移支付、经济生命周期、暂时收入和经济流动性对了解收入变动如此重要,以至于要用某一年的收入分配数据来判断我们社会中的不平等程度是很困难的。当考虑到这些其他因素时,它们总倾向于表明经济福利的分配比年收入的分配更平等。

◎ 政治哲学家关于政府在改变收入分配中的作用的观点并不相同。功利主义者(例如,约翰·斯图亚特·穆勒)选择使社会中每个人效用之和最大化的收入分配。自由主义者(例如,约翰·罗尔斯)决定收入分配时,我们仿佛被置于"无知面纱"之下,这使我们不了解自己的生活状况。自由至上主义者(例如,罗伯特·诺齐克)要求政府保护个人权利以保证一个公正的过程,但不用关注其所引起的收入分配结果的不平等。

◎ 有许多旨在帮助穷人的不同政策——最低工资法、福利、负所得税以及实物转移支付。虽然这些政策都帮助了一些家庭脱贫,但它们也有意想不到的副作用。由于经济援助随着收入增加而减少,因此,穷人往往面临很高的有效边际税率。这种高有效税率不鼓励贫困家庭依靠自己的力量脱贫。

关键概念

贫困率
贫困线
实物转移支付
生命周期
持久收入
功利主义
效用
自由主义
最大最小准则
社会保险
自由至上主义
福利
负所得税

复习题

1. 最富有的 1/5 美国人的收入是最穷的 1/5 美国人的收入的 2 倍、4 倍，还是 10 倍？
2. 与世界其他国家相比，美国的收入不平等程度有多严重？
3. 美国人口中哪一个群体最可能生活在贫困之中？
4. 在判断不平等程度时，为什么收入的暂时变动和生命周期变动引起了一些困难？
5. 功利主义者、自由主义者和自由至上主义者各是如何决定多大的收入不平等是被允许的？
6. 对穷人的实物（而不是现金）转移支付有什么优缺点？
7. 描述反贫困计划如何不鼓励穷人工作。你能如何减少这种障碍？你所建议的政策的不利之处是什么？

问题与应用 453

1. 表 20－2 表明自从 20 世纪 70 年代以来美国的收入不平等加剧了。第 19 章中讨论的一些因素对这种加剧起了作用。这些因素是什么？
2. 表 20－3 表明，收入低于贫困线的家庭中儿童的百分比远远高于这些家庭中老年人的百分比。政府在不同社会计划之间的资金配置如何引起了这种现象？（提示：参看第 12 章。）
3. 经济学家通常把收入中的生命周期变动作为人的一生收入或持久收入的暂时变动的一种形式。在这种意义上说，如何比较你的现期收入与持久收入？你认为你的现期收入能正确地反映你的生活水平吗？
4. 本章讨论了经济流动性的重要性。
   a. 政府可以采取什么政策来提高一代人之内的经济流动性？
   b. 政府可以采取什么政策来提高几代人之间的经济流动性？
   c. 你认为我们应该为了增加对提高经济流动性的计划的支出而减少对现期福利计划的支出吗？这样做有什么有利之处与不利之处？
5. 考虑两个社区。在一个社区中，有 10 个家庭每家有 10 万美元收入，还有 10 个家庭每家有 2 万美元收入。在另一个社区，有 10 个家庭每家有 20 万美元收入，还有 10 个家庭每家有 2.2 万美元收入。
   a. 在哪个社区中收入分配更不平等？在哪个社区中贫困问题可能更严重？
   b. 罗尔斯更喜欢哪一种收入分配？解释原因。
   c. 你更喜欢哪一种收入分配？解释原因。
   d. 为什么有人有相反的偏好？
6. 本章用“漏水的桶”的比喻来解释一种对收入再分配的限制。
   a. 美国制度中有哪些因素使收入再分配引起了桶中水的漏出？具体说明。
   b. 你认为一般情况下，是共和党还是民主党认为用于收入再分配的桶会漏出更多？这种信念是如何影响他们关于政府应该进行多大程度的收入再分配的观点的？
7. 假设在一个有 10 个人的社会中存在两种可能的收入分配。在第一种分配中，9 个人的收入为 3 万美元，而 1 个人的收入为 1 万美元。在第二种分配中，10 个人每人的收入都是 2.5 万美元。

a. 如果社会中存在的是第一种分配，功利主义者支持的收入再分配观点应
454 该是什么？

b. 罗尔斯认为哪一种收入分配更平等？解释原因。

c. 诺齐克认为哪一种收入分配更平等？解释原因。

8. 如果把实物转移支付的市场价值加到家庭收入中，贫困率会大大降低。政府用于医疗援助的支出比任何一种其他实物转移支付都多，用于每个受援助家庭的支出每年总计约为 5 000 美元。

a. 如果政府给每个受援助家庭一张 7 000 美元的支票，而不是把它们列入医疗援助计划，你认为大多数这种家庭会用这笔钱去买医疗保险吗？为什么？（记住，贫困线是四口之家的收入低于 20 000 美元。）

b. 你对 a 的回答如何影响你关于我们是否应该通过评估政府为实物转移支付的价格来确定贫困率的观点？解释原因。

c. 你对 a 的回答如何影响你关于我们是应该以现金转移支付还是实物转移支付来向穷人提供帮助的观点？解释原因。

9. 考虑美国的两种收入保障方案：贫困家庭暂时援助（TANF）和劳动所得税抵免（EITC）。

a. 当一个有孩子而且收入极低的妇女多赚到 1 美元时，她得到的 TANF 收入减少了。你认为 TANF 的这个特点对低收入妇女的劳动供给有什么影响？解释原因。

b. 低收入工人赚到的收入越多（直到一点时），EITC 给予的利益越多。你认为这个方案对低收入者的劳动供给有什么影响？解释原因。

c. 取消 TANF 并将节省下来的钱给予 EITC 的不利之处是什么？

10. John 和 Jeremy 是两个功利主义者。John 认为劳动供给是非常富有弹性的，而 Jeremy 认为劳动供给是非常缺乏弹性的。你认为他们关于收入再分配的观点会有什么不同？

第 7 篇　深入研究的论题

第 21 章
消费者选择理论

走进商店时，你会见到成千上万种可以买的物品。然而，由于财力是 457
有限的，你不能买想买的一切。因此，你会考虑各种可供销售的物品的价格，并在你既有的财力下购买最适合你需要和意愿的一组商品。

在本章中，我们将提出描述消费者如何做出购买决策的理论。到现在为止，我们一直用需求曲线来概括消费者决策。正如前面所说的，一种物品的需求曲线反映消费者对该物品的支付意愿。当一种物品价格上升时，消费者的支付意愿将减少，因此其需求量减少。现在我们深入考察需求曲线背后的决策。本章中所提出的消费者选择理论对需求提供了更全面的解释，正如第 14 章的竞争企业理论对供给提供了更全面的解释一样。

第 1 章讨论的经济学十大原理之一是人们面临权衡取舍。消费者选择理论考察了人们在作为消费者时面临的权衡取舍。当消费者多购买某
种物品时，他只能少买其他物品。当他把更多时间用于休闲并用更少的 458
时间工作时，他的收入就减少，并只能减少消费。当他把收入更多地用于现在并减少储蓄时，他就必须接受未来的低消费水平。消费者选择理论考察的是面临这些权衡取舍的消费者如何做出选择，以及他们如何对环境的变化做出反应。

在提出消费者选择的基本理论之后，我们把它应用于几个家庭决策问题。特别是，我们要问：

- 所有需求曲线都向右下方倾斜吗？
- 工资如何影响劳动供给？
- 利率如何影响家庭储蓄？

乍一看，这些问题似乎是毫不相关的。但正如下文将要说明的，我们可以用消费者选择理论来解决这三个问题。

21.1 预算约束：消费者能买得起什么

大多数人都想提高他们所消费的物品的数量或质量——度更长时间

的假、开更豪华的车，或者在更好的餐馆吃饭。人们消费的之所以比他们想要的少是因为他们受到收入的约束，或者说限制。我们从考察收入和支出之间的这种联系来开始对消费者选择的研究。

为了使事情简化，我们考察一个只购买两种物品——比萨饼与百事可乐——的消费者面临的决策。当然，人们实际上购买成千上万不同种类的物品。但假设只有两种物品极大地简化了问题，而又不改变关于消费者选择的基本观点。

首先考虑消费者的收入如何约束用于比萨饼和百事可乐的支出量。假设消费者每月收入为1 000美元，而且全部用于消费比萨饼和百事可乐。一个比萨饼的价格是10美元，而一品脱百事可乐的价格是2美元。

图21－1中的表说明了消费者可以购买的比萨饼和百事可乐的多种组合。该表的第一行数据表示，如果消费者把全部收入用于买比萨饼，他一个月可以吃100个比萨饼，但此时就不能买百事可乐。第二行数据表示另一种可能的消费组合：90个比萨饼和50品脱百事可乐，以此类推。表中的每种消费组合的花费正好是1 000美元。

图21－1　消费者的预算约束线

比萨饼数量（个）	百事可乐数量（品脱）	比萨饼支出（美元）	百事可乐支出（美元）	总支出（美元）
100	0	1 000	0	1 000
90	50	900	100	1 000
80	100	800	200	1 000
70	150	700	300	1 000
60	200	600	400	1 000
50	250	500	500	1 000
40	300	400	600	1 000
30	350	300	700	1 000
20	400	200	800	1 000
10	450	100	900	1 000
0	500	0	1 000	1 000

预算约束线表示消费者在某种既定收入时能买得起的物品的各种组合。这里指消费者购买比萨饼和百事可乐的组合。其中的表和图说明如果消费者的收入为1 000美元，比萨饼的价格是10美元而百事可乐的价格是2美元时，他能买得起的东西。

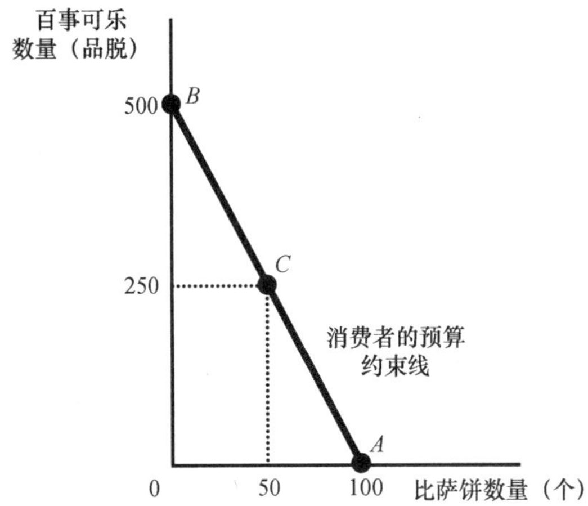

图 21－1 中的图形说明了消费者可以选择的消费组合。纵轴代表百事可乐的品脱量，横轴代表比萨饼的个数。该图上标出了三个点：在 A 点，消费者不买百事可乐而消费 100 个比萨饼；在 B 点，消费者不买比萨饼而消费 500 品脱百事可乐；在 C 点，消费者买 50 个比萨饼和 250 品脱百事可乐。C 点正好是线段 AB 的中点，在这一点上消费者在比萨饼和百事可乐上的支出相同（500 美元）。这只是消费者可以选择的比萨饼和百事可乐的许多组合中的三种。线段 AB 上所有各点都是可能的选择。这条线称为**预算约束线**（budget constraint），它表示消费者支付得起的消费组合。在本例中，它表示消费者面临的比萨饼和百事可乐之间的权衡取舍。

预算约束线： 对消费者可以支付得起的消费组合的限制。

预算约束线的斜率衡量的是消费者用一种物品换另一种物品的比
率。回想一下，可以用纵轴距离变动除以横轴距离变动（向上量比向前 459
量）来计算两点之间的斜率。从 A 点到 B 点，纵轴距离是 500 品脱百事可乐，横轴距离是 100 个比萨饼。因此，斜率是每个比萨饼 5 品脱百事可乐（实际上，由于预算约束线向右下方倾斜，斜率是一个负数。但为了达到分析的目的，我们可以略去负号）。

要注意的是，预算约束线的斜率等于两种物品的相对价格——一种物品与另一种物品的价格之比。1 个比萨饼的价格是 1 品脱百事可乐价格的 5 倍，因此，1 个比萨饼的机会成本是 5 品脱百事可乐。预算约束线的斜率为 5，反映了市场提供给消费者的权衡取舍：1 个比萨饼换 5 品脱百事可乐。

即问即答 如果百事可乐的价格为 5 美元，比萨饼的价格为 10 美元，画出收入为 1 000 美元的预算约束线。这条预算约束线的斜率是多少？

21.2 偏好：消费者想要什么

本章的目的是说明消费者如何做出选择。预算约束是分析该问题的一个方面，它表明消费者在收入与物品价格既定时所能买得起的物品组合。但是，消费者的选择不仅取决于他的预算约束，而且还取决于他对这两种物品的偏好。因此，消费者的偏好是我们分析的另一个方面。

21.2.1 用无差异曲线代表偏好 460

消费者的偏好使其在比萨饼与百事可乐的不同组合中做出选择。如果提供给消费者的是两个不同的组合，他将选择最适合他嗜好的组合。如果两种组合同等程度地适合他的嗜好，我们说，消费者在这两种组合之间是无差异的。

正如用图形表示消费者的预算约束一样，我们也可以用图形来表示他的偏好。我们用无差异曲线来实现这一目的。**无差异曲线**（indifference curve）表示给消费者相同满足程度的消费组合。在本例中，无差异曲线表示使消费者同样满足的比萨饼和百事可乐的组合。

无差异曲线：
一条表示给消费者相同满足程度的消费组合的曲线。

图 21-2 表示消费者许多无差异曲线中的两条。消费者在 A、B 和 C 的组合中是无差异的，因为它们都在同一条曲线上。毫不奇怪，如果消费者消费的比萨饼减少了，比如说从 A 点减少到 B 点，百事可乐消费的增加必然可以使他同样满足；如果比萨饼的消费再减少，比如从 B 点减少到 C 点，百事可乐的消费量还会增加。

图 21-2　消费者偏好

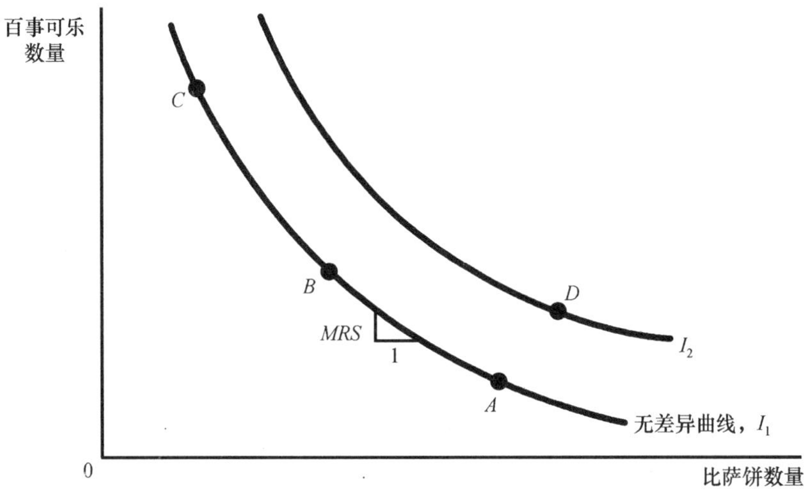

可以用无差异曲线表示消费者偏好，它代表使消费者同样满足的比萨饼与百事可乐的组合。由于消费者偏好更多的某种物品，因此，对较高无差异曲线（I_2）上各点的偏好大于较低无差异曲线（I_1）上的各点。边际替代率（*MRS*）表示消费者愿意用百事可乐换取比萨饼的比率。

一条无差异曲线上任意一点的斜率等于消费者愿意用一种物品替代另一种物品的比率，这个比率称为**边际替代率**（marginal rate of substitution, MRS）。在本例中，边际替代率衡量了为了补偿一单位比萨饼消费的减少，消费者要得到多少单位百事可乐。要注意的是，由于无差异曲线并不是一条直线，因此，在一条既定的无差异曲线上，所有各点的边际替代率并不相同。消费者愿意用一种物品交换另一种物品的比率取决于他已经消费的物品量。这就是说，消费者愿意用比萨饼换取百事可乐的量取决于他的饥饿或干渴程度，而这种程度又取决于他消费了多少比萨饼和百事可乐。

边际替代率：
消费者愿意以一种物品交换另一种物品的比率。

在任何一条既定的无差异曲线的所有点上，消费者的满足程度相同，但他对某些无差异曲线较为偏好。因为他对较多消费的偏好大于较少消费，所以，对较高无差异曲线的偏好大于较低的无差异曲线。在图 21-2 中，消费者对无差异曲线 I_2 上任何一点的偏好都大于无差异曲线 I_1 上任何一点。

461 消费者的无差异曲线束给出了消费者偏好的完整排序。这就是说，我们可以用无差异曲线来给任意两种物品的组合排序。例如，无差异曲线告诉我们,消费者对 *D* 点的偏好大于 *A* 点,因为 *D* 点所在的无差异曲线高于 *A* 点所在的无差异曲线(然而,这个结论可能是显而易见的,因为 *D* 点向消费者提供了更多的百事可乐和更多的比萨饼)。无差异曲线还告诉我们,消费者对 *D* 点的偏好大于 *C* 点,因为 *D* 点在更高的无差异曲线上。尽管 *D* 点时的百事可乐比 *C* 点少,但其额外的比萨饼足以使消费者更偏好它。通过找出更高无差异曲线上的一点,我们可以用无差异曲线束来给出任何比萨饼和百事可乐组合的排序。

21.2.2 无差异曲线的四个特征

由于无差异曲线代表消费者偏好,因此,它们具有某些反映这些偏好的特征。下面我们考虑可以描述大多数无差异曲线的四个特征:

- 特征 1:**消费者对较高无差异曲线的偏好大于较低无差异曲线**。消费者通常偏好消费更多而不是更少的商品。这种对更大数量的偏好反映在无差异曲线上。正如图 21－2 所示,较高的无差异曲线所代表的物品量多于较低的无差异曲线。因此,消费者偏好较高的无差异曲线。

- 特征 2:**无差异曲线向右下方倾斜**。无差异曲线的斜率反映了消费者愿意用一种物品替代另一种物品的比率。在大多数情况下,消费者两种物品都喜欢。因此,如果要减少一种物品的量,为了使消费者同样满足,就必须增加另一种物品的量。由于这个原因,大多数无差异曲线向右下方倾斜。

- 特征 3:**无差异曲线不相交**。为了证明这一点,假设两条无差异曲线相交,如图 21－3 所示。这样,由于 *A* 点和 *B* 点在同一条无差异曲线上,两点能使消费者同样满足。此外,由于 *B* 点与 *C* 点在同一条无差异曲线上,这两点也能使消费者同样满足。但这些结论意味着,尽管在 *C* 点时 462
对于两种物品都可以消费更多,但 *A* 点与 *C* 点能使消费者同样满足。这就与消费者对较多两种物品的偏好大于较少两种物品的假设相矛盾。因此,无差异曲线不能相交。

- 特征 4:**无差异曲线凸向原点**。无差异曲线的斜率是边际替代率——消费者愿意用一种物品替代另一种物品的比率。边际替代率(*MRS*)通常取决于消费者目前消费的每一种物品的量。特别是,由于人们更愿意放弃他们已经拥有的数量较多的物品,而不愿意放弃他们不多的物品,因此,无差异曲线凸向原点。例如,考虑图 21－4 中的例子。在 *A* 点时,由于消费者有大量百事可乐而只有少量比萨饼,他非常饿但并不太渴。为了使消费者放弃 1 个比萨饼,就要给他 6 品脱百事可乐:边际替代率是每个比萨饼 6 品脱百事可乐。与此相反,在 *B* 点时,消费者有少量百事可乐和大量比萨饼,因此他很渴但不太饿。在这一点时,他愿意放弃 1 个比萨饼来得到 1 品脱百事可乐:边际替代率是每个比萨饼 1 品脱百事可乐。因此,无差异曲线凸向原点,反映了消费者更愿意放弃他已大量拥有的那一种物品。

图 21-3　无差异曲线相交的不可能性

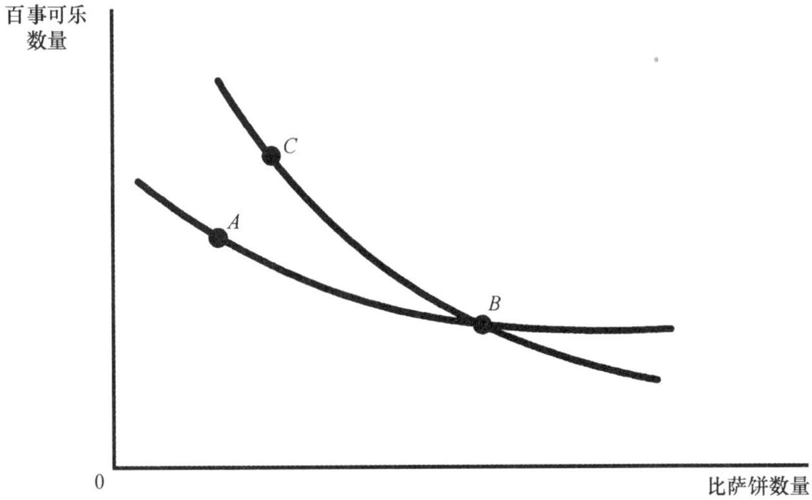

像这种情况是绝不会发生的。根据图中所示的无差异曲线，尽管 C 点的两种物品都多于 A 点，但消费者在 A、B 和 C 点时将获得相同的满足程度。

图 21-4　凸向原点的无差异曲线

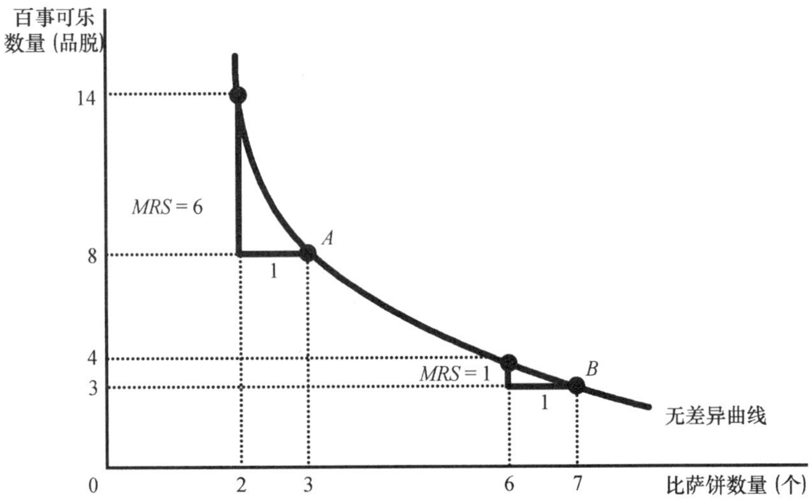

无差异曲线通常是凸向原点的。这种形状意味着，边际替代率（MRS）取决于消费者正消费的两种物品量。在 A 点时，消费者有少量百事可乐和大量比萨饼，因此，让他放弃 1 个单位比萨饼，他就要求有大量额外的百事可乐：边际替代率是每个比萨饼 6 品脱百事可乐。在 B 点时，消费者有大量比萨饼和少量百事可乐，因此，让他放弃 1 个比萨饼，他只要求少量额外的百事可乐：边际替代率是每个比萨饼 1 品脱百事可乐。

21.2.3　无差异曲线的两个极端例子

无差异曲线的形状告诉我们消费者用一种物品交换另一种物品的意愿。当物品很容易相互替代时，无差异曲线呈现较小的凸性；当物品难以替代时，无差异曲线呈现极大的凸性。为了说明这两种情况存在的原因，我们考虑极端的情况。

463

完全替代品　假设某人向你提供 5 美分硬币和 10 美分硬币的组合。你如何对这些不同的组合排序呢？

很可能的情况是，你只关心每种组合的总货币价值。如果是这样的话，无论一组组合中 5 美分的硬币和 10 美分的硬币是多少，你总愿意用 2 个 5 美分的硬币换一个 10 美分的硬币。你在 5 美分硬币和 10 美分硬币之间的边际替代率是一个不变的数——2。

我们可以用图 21－5(a)幅中的无差异曲线表示你对 5 美分硬币和 10 美分硬币的偏好。由于边际替代率是不变的，无差异曲线都是直线。在这种无差异曲线为直线的极端情况下，我们说这两种物品是**完全替代品**(perfect substitutes)。

完全替代品：
无差异曲线为直线的两种物品。

图 21－5　**完全替代品和完全互补品**

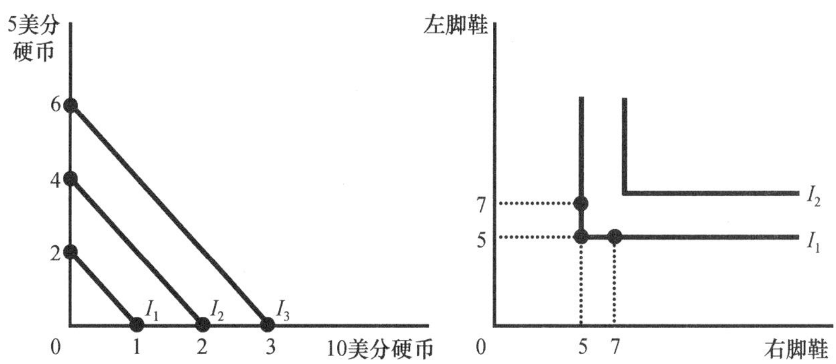

(a) 完全替代品　　(b) 完全互补品

当两种物品很容易替代时，比如 5 美分硬币和 10 美分硬币，无差异曲线是一条直线，如(a)幅所示。当两种物品极为互补时，例如左脚的鞋和右脚的鞋，无差异曲线是直角形，如(b)幅所示。

完全互补品　假设某人向你提供了一些鞋的组合。一些鞋适合于你的左脚，另一些鞋适合于你的右脚。你如何对这些不同的组合排序呢？

在这种情况下，你只关心鞋的对数。换句话说，你将根据从这些鞋中配成的对数来判断某个组合。5 只左脚鞋和 7 只右脚鞋的组合只有 5 双。如果不同时给左脚鞋，多给一只右脚鞋没有价值。

我们可以用图 21－5(b)幅的无差异曲线来代表你对右脚鞋和左脚鞋的偏好。在这种情况下，5 只左脚鞋和 5 只右脚鞋与 5 只左脚鞋和 7 只右脚鞋的组合是等同的。它也与 7 只左脚鞋和 5 只右脚鞋的组合等同。因此，无差异曲线是直角形。在这种无差异曲线为直角形的情况下，我们说这两种物品是**完全互补品**(perfect complements)。 464

完全互补品：
无差异曲线为直角形的两种物品。

当然，在现实世界中，大多数物品既不是完全替代品(像 5 美分硬币和 10 美分硬币)也不是完全互补品(像右脚鞋与左脚鞋)。更典型的情况是，无差异曲线凸向原点，但不像直角形那样凸向原点。

即问即答　画出比萨饼和百事可乐的一些无差异曲线。解释这些无差异曲线的四个特征。

21.3 最优化:消费者选择什么

本章的目的是说明消费者如何做出选择。我们已经说明了这种分析所需的两个方面:消费者预算约束(他能承担支付的有多少)与消费者的偏好(他想为之支出的东西)。现在把这两个方面结合起来考虑消费者关于购买什么的决策。

21.3.1 消费者的最优选择

再来考虑比萨饼与百事可乐的例子。消费者想达到比萨饼和百事可乐最好的可能组合——就是说,在最高可能无差异曲线上的组合。但消费者还必须达到或低于他的预算约束线,预算约束线衡量他可以得到的总资源。

图 21-6 表示消费者的预算约束线和其中三条无差异曲线。消费者可以达到的最高无差异曲线(图中的 I_2)是正好与预算约束线相切的那条
465 无差异曲线,相切的点被称为**最优点**。消费者也许更偏爱 A 点,但他负担不起那一点,因为这一点在他的预算约束线之外。消费者可以负担得起 B 点,但这一点在较低的无差异曲线上,因此,给消费者带来的满足程度较低。最优点代表消费者可以得到的比萨饼和百事可乐的最优组合。

消费者选择预算约束线上位于最高无差异曲线上的一点。在这个被称为最优点的点上,边际替代率等于两种物品的相对价格。图中消费者可以达到的最高无差异曲线是 I_2。消费者更偏好 A 点,A 点在无差异曲线 I_3 上,但消费者负担不起这种比萨饼和百事可乐的组合。与此相比,B 点是消费者能负担得起的,但由于它在较低的无差异曲线上,消费者不偏好这一点。

图 21-6 消费者最优点

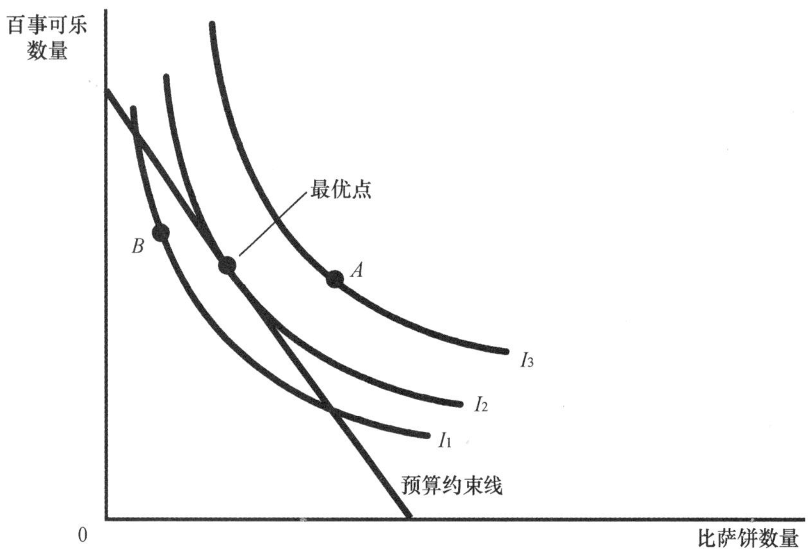

要注意的是，在最优点时，无差异曲线的斜率等于预算约束线的斜率，此时我们说，无差异曲线与预算约束线相切。无差异曲线的斜率是比萨饼和百事可乐之间的边际替代率，而预算约束线的斜率是比萨饼和百 466 事可乐的相对价格。因此，消费者选择的两种物品组合要使边际替代率等于相对价格。

在第7章中，我们说明了市场价格如何反映消费者对物品的边际评价。这种对消费者选择的分析以另一种方法说明了同样的结论。消费者在做出自己的消费选择时，把两种物品的相对价格作为既定的，然后选择使他的边际替代率等于这种相对价格的最优点。相对价格是市场愿意用一种物品交换另一种物品的比率，而边际替代率是消费者愿意用一种物品交换另一种物品的比率。在消费者最优时，消费者对两种物品的评价（用边际替代率表示）等于市场的评价（用相对价格表示）。所以在这种消费者最优时，不同物品的市场价格反映了消费者对这些物品的评价。

参考资料
效用：描述偏好和最优化的另一种方法

我们常用无差异曲线来表示消费者的偏好，另一种代表偏好的常用方法是用效用的概念。效用是对消费者从一组物品中得到的满足程度和幸福程度的抽象衡量。经济学家说，如果物品第一种组合提供的效用大于第二种，那么消费者对第一种组合的偏好就大于第二种。

无差异曲线和效用是密切相关的。由于消费者偏好于更高无差异曲线上的各点，因此，更高无差异曲线上物品的组合提供了更高的效用。由于消费者在同一条无差异曲线所有各点上的满足程度都相同，因此，所有这些组合都提供了同样的效用。你可以把一条无差异曲线作为一条“等效用”曲线。

任何一种物品的边际效用是消费者从多消费一单位该物品中得到的效用的增加。一般假设大多数物品表现出边际效用递减：消费者已经拥有的某种物品越多，额外一单位该物品所提供的边际效用就越低。

两种物品之间的边际替代率取决于它们的边际效用。例如，如果 X 物品的边际效用是 Y 物品边际效用的两倍，那么，一个人需要两个单位的 Y 物品来补偿失去的一单位 X 物品，则边际替代率等于2。也就是说，边际替代率（从而无差异曲线的斜率）等于一种物品的边际效用除以另一种物品的边际效用。

效用分析提供了描述消费者最优化的另一种方法。回想一下，在消费者最优时，边际替代率等于两种物品价格的比率，即

$$MRS = P_X/P_Y$$

由于边际替代率等于边际效用的比率，因此我们可以把这个最优化的条件写为

$$MU_X/MU_Y = P_X/P_Y$$

整理得

$$MU_X/P_X = MU_Y/P_Y$$

对该等式有一个简单的解释：在最优时，用于 X 物品支出的每美元的边际效用等于用于 Y 物品支出的每美元的边际效用。（为什么？如果等式不能成立，消费者就可以通过减少对每美元边际效用较少的物品的支出，增加对每美元边际效用较多的物品的支出，来增加效用。）

当经济学家讨论消费者选择理论时，他们可能会用不同的词语来表达。一个经济学家可能会说，消费者的目标是效用最大化；另一个经济学家可能会说，消费者的目标是最后达到最高可能的无差异曲线。第一个经济学家的结论是，在消费者最优时，用于所有物品的每美元的边际效用都是相等的；而第二个经济学家的结论是，无差异曲线与预算约束线相切。在本质上，这是表述同一件事情的两种方法。

21.3.2 收入变动如何影响消费者的选择

我们已经说明了消费者如何做出消费决策，现在来考察消费决策如何对收入变动做出反应。具体来说，假设收入增加了。在收入更高时，消费者可以买得起更多的两种物品。因此，收入增加使预算约束线向外移动。如图 21－7 所示。由于两种物品的相对价格并没有变，新预算约束线的斜率与原来的预算约束线一样。这就是说，收入增加引起预算约束线平行移动。

图 21－7　收入增加

当消费者收入增加时，预算约束线向外移动。如果两种物品是正常物品，消费者对收入增加的反应是购买更多这两种物品。在这里，消费者会购买更多的比萨饼和更多的百事可乐。

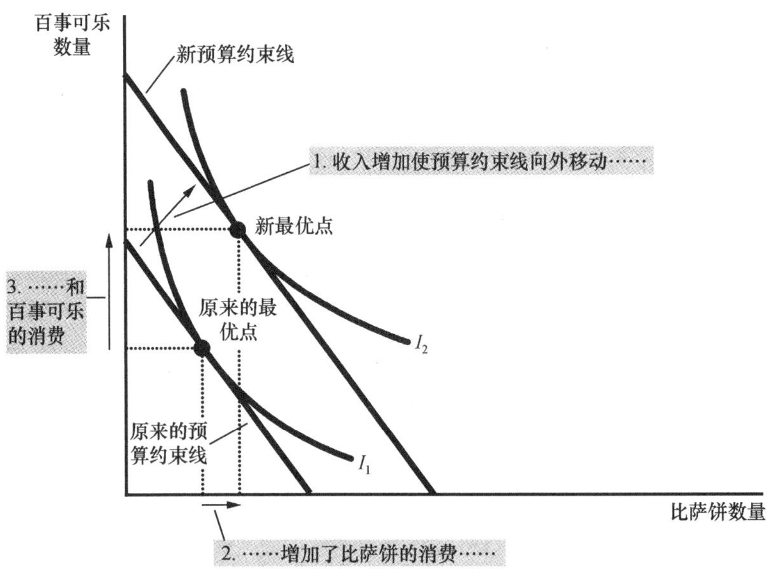

预算约束的扩大允许消费者选择更好的比萨饼和百事可乐的组合。换句话说，消费者现在可以达到更高的无差异曲线。在预算约束线的移动和用无差异曲线代表的消费者偏好为既定时，消费者的最优点从“原来的最优点”移动到“新最优点”。 467

要注意的是，在图 21－7 中，消费者选择消费更多的百事可乐和更多的比萨饼。虽然这个模型的逻辑并不要求两种物品的消费都随收入的增加而增加，但这种情况是最常见的。回忆一下第 4 章，如果当消费者收入增加时，他想更多地购买一种物品，经济学家就称这种物品是**正常物品**（normal good）。图 21－7 中的无差异曲线所依据的假设是，比萨饼和百事可乐都是正常物品。

正常物品：
收入增加引起需求量增加的物品。

图 21－8 表示收入增加引起消费者多买比萨饼而少买百事可乐的例子。如果消费者在收入增加时减少某种物品的购买量，经济学家就称这种物品是**低档物品**（inferior good）。图 21－8 就是依据比萨饼是正常物品而百事可乐是低档物品的假设而绘出的。

低档物品：
收入增加引起需求量减少的物品。

图 21－8　低档物品

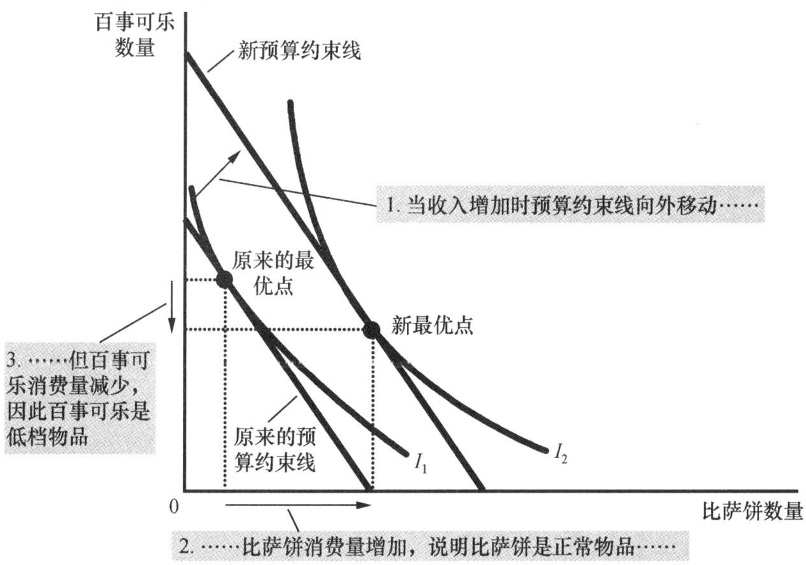

如果消费者收入增加时对一种物品的购买量减少，这种物品就是低档物品。在这里，百事可乐是低档物品：当消费者收入增加和预算约束线向外移动时，消费者购买的比萨饼多了，但购买的百事可乐少了。

虽然大多数物品是正常物品，但在世界上仍有一些低档物品。低档物品的一个例子是坐公共汽车。随着收入增加，消费者拥有自己的汽车或坐出租车而不愿意坐公共汽车。因此，坐公共汽车是一种低档物品。

21.3.3　价格变动如何影响消费者的选择

现在我们用消费者选择模型来考虑一种物品价格变动如何改变消费者的选择。具体来说，假设百事可乐的价格由每品脱 2 美元下降到 1 美 468

元。毫不奇怪，较低的价格增加了消费者的购买机会。换句话说，任何一种物品价格的下降都会使预算约束线向外移动。

图 21－9 更具体地描述了价格下降如何影响预算约束线。如果消费者把全部 1 000 美元的收入用于购买比萨饼，那么，百事可乐的价格是不会影响消费者的购买决策的。因此，图中的 *A* 点仍然不变。但如果消费者把他 1 000 美元的全部收入用于购买百事可乐，那么他现在可以买 1 000 品脱，而不是 500 品脱。因此，预算约束线的端点从 *B* 点移动到 *D* 点。

图 21－9　价格变动

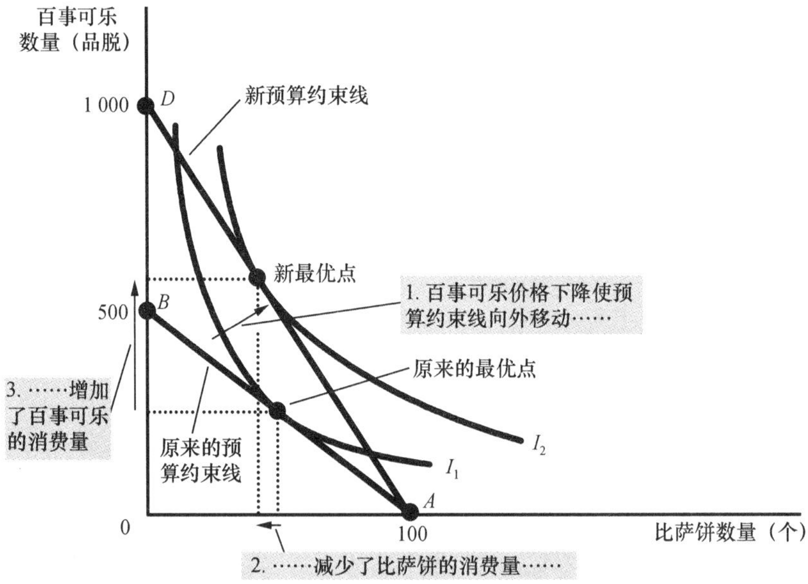

当百事可乐价格下降时，消费者预算约束线向外移动，而且斜率发生了变化。消费者从原来的最优点移动到新最优点，这改变了他对比萨饼和百事可乐的购买量。在这种情况下，消费者对百事可乐的消费量增加了，而对比萨饼的消费量减少了。

要注意的是，在这种情况下，预算约束线向外移动改变了预算约束线的斜率（这不同于价格不变但消费者收入变动时所出现的情况）。正如我们已经讨论过的，预算约束线的斜率反映了百事可乐与比萨饼的相对价格。由于百事可乐的价格从 2 美元下降到 1 美元，而比萨饼的价格仍然是 10 美元，消费者要用 10 品脱而不是 5 品脱百事可乐换 1 个比萨饼。因此，新预算约束线更为陡峭。

预算约束线的这种变动如何改变两种物品的消费量取决于消费者的偏好。就图 21－9 中的无差异曲线而言，消费者将购买更多的百事可乐和更少的比萨饼。

收入效应：
当一种价格变动使消费者移动到更高或更低无差异曲线时所引起的消费变动。

21.3.4　收入效应与替代效应

一种物品价格变动对消费的影响可以分解为两种效应：**收入效应**

(income effect)和**替代效应**(substitution effect)。为了说明这两种效应,考虑当消费者得知百事可乐价格下降时会做出什么反应。他可能会以以下方式推理:

替代效应:
当一种价格变动使消费者沿着一条既定的无差异曲线变动到有新边际替代率的一点时所引起的消费变动。 469

- “好消息!现在百事可乐便宜了,我的收入的购买力增加了。其实就是我比以前更富了。因为我变富了,所以我可以买更多的百事可乐和更多的比萨饼。”(这是收入效应。)
- “现在百事可乐的价格下降了,我放弃一个比萨饼可以得到更多百事可乐。因为现在比萨饼相对来说更贵了,所以我要少买比萨饼多买百事可乐。”(这是替代效应。)

你觉得哪一种说法更有说服力?

事实上,这两种说法都有道理。百事可乐价格下降使消费者状况变好。如果比萨饼和百事可乐都是正常物品,消费者将要把他提高的购买力用于消费这两种物品。这种收入效应倾向于使消费者购买更多比萨饼和更多百事可乐。但同时,百事可乐的消费相对于比萨饼的消费变得便宜了。这种替代效应使消费者选择更少比萨饼和更多百事可乐。

现在考虑这两种效应的结果。消费者肯定会购买更多百事可乐,因为收入效应和替代效应都增加了对百事可乐的购买。但消费者是否会多购买比萨饼是难以确定的,因为收入效应与替代效应在相反方向发生作用。表 21-1 总结了这个结论。

表 21-1　百事可乐价格下降时的收入效应与替代效应

物品	收入效应	替代效应	总效应
百事可乐	消费者比以前更富有了,因此,他会购买更多百事可乐。	百事可乐相对便宜了,因此,消费者会购买更多百事可乐。	收入效应与替代效应同方向发生作用,因此消费者会购买更多百事可乐。
比萨饼	消费者比以前更富有了,因此,他会购买更多比萨饼。	比萨饼相对贵了,因此,消费者购买更少的比萨饼。	收入效应与替代效应反方向发生作用,因此对比萨饼消费的总效应难以确定。

我们可以用无差异曲线解释收入效应与替代效应。收入效应是向更高无差异曲线移动引起的消费变动;替代效应是沿着无差异曲线变动到有不同边际替代率的一点引起的消费变动。

图 21-10 用图形表示如何把消费者决策的变动分解为收入效应和替代效应。当百事可乐的价格下降时,消费者从原来的最优点 A 点移动到新最优点 C 点。我们可以认为这种变动是分两步发生的。首先,消费者沿着最初的无差异曲线 I_1 从 A 点变动到 B 点。在这两点时消费者获得同样的满足,但在 B 点,边际替代率反映了新的相对价格(过 B 点的虚线与新的预算约束线平行,反映了新的相对价格)。其次,消费者移动到更高的无差异曲线 I_2,从 B 点变动到 C 点。尽管 B 点和 C 点在不同的无差 470

异曲线上，但它们有相同的边际替代率。这就是说，B 点上无差异曲线 I_1 的斜率等于 C 点上无差异曲线 I_2 的斜率。

图 21-10　收入效应与替代效应

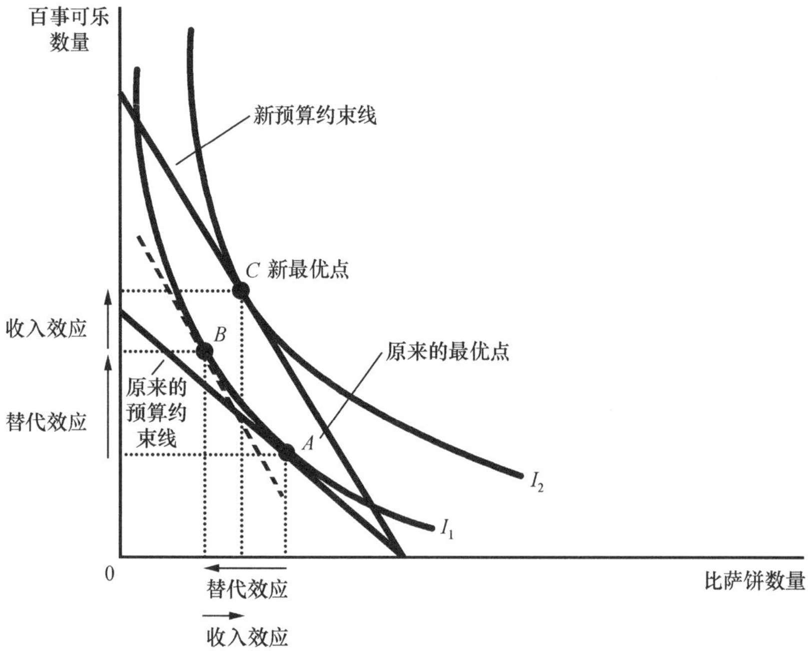

价格变动的效应可以分解为替代效应和收入效应。替代效应——沿着一条无差异曲线变动到有不同边际替代率的一点上——在图中表示为沿着无差异曲线 I_1 从 A 点移动到 B 点。收入效应——移动到更高的无差异曲线上——在图中表示为从无差异曲线 I_1 上的 B 点移动到无差异曲线 I_2 上的 C 点。

虽然消费者实际上绝不会选择 B 点，但这个假设的点在阐释决定消费者选择的两种效应时是有用的。要注意的是，从 A 点变动到 B 点仅仅代表边际替代率的变动而消费者的福利没有任何变动。同样，从 B 点到 C 点的变动仅仅代表福利的变动而边际替代率没有任何变动。因此，从 A 点到 B 点的变动表示替代效应，而从 B 点到 C 点的变动表示收入效应。

21.3.5　需求曲线的推导

我们刚刚说明了一种物品价格的变动如何改变消费者的预算约束线，从而也改变了他选择购买的两种物品量。物品的需求曲线反映了这些消费决策。你应该记得，需求曲线表示一种物品在每一价格水平下的需求量。我们可以把消费者的需求曲线作为由他的预算约束线和无差异曲线引起的最优决策的总结。

例如，图 21-11 考虑百事可乐的需求。(a)幅表示，当 1 品脱百事可乐的价格从 2 美元下降到 1 美元时，消费者的预算约束线向外移动。由
471 于收入效应与替代效应，消费者购买的百事可乐从 250 品脱增加到 750 品脱。(b)幅表示由这种消费者决策引起的需求曲线。用这种方法，消费

者选择理论为消费者需求曲线提供了一个理论基础。

图 21－11　需求曲线的推导

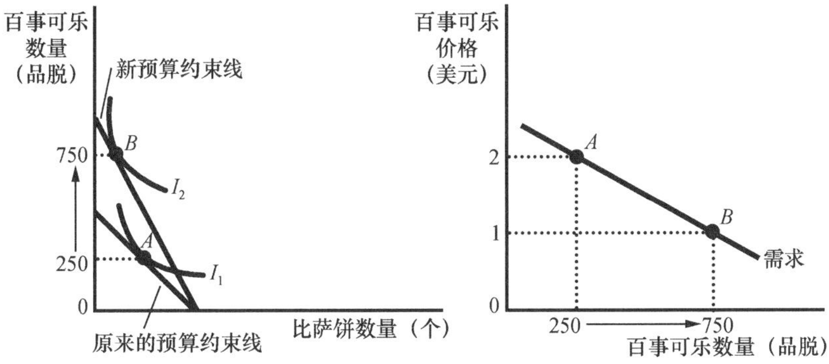

(a) 消费者最优点　　(b) 百事可乐的需求曲线

(a)幅表示当百事可乐的价格从 2 美元下降为 1 美元时，消费的最优点从 *A* 点移动到 *B* 点，百事可乐的消费量也从 250 品脱增加到 750 品脱。(b)幅的需求曲线反映了价格和需求量之间的关系。

或许需求曲线自然产生于消费者选择理论得到了证实，但需求曲线的推导本身并没有证明其所提出的理论。仅仅确定人们对价格变动的反应并不需要建立一个严格的分析框架，但是，正如我们将在下一节中说明的，消费者选择理论对研究人们在生活中做出的各种决策是有用的。

即问即答　画出百事可乐和比萨饼的预算约束线和无差异曲线。说明当比萨饼价格上升时，预算约束线与消费者最优点会发生什么变动。用图形把这种变动分解为收入效应与替代效应。

21.4　三种应用

我们已经建立了消费者选择的基本理论，现在可以用它来说明三个关于经济如何运行的问题。乍一看，这三个问题似乎是不相关的。但是，由于每个问题都涉及家庭决策，因此，我们可以用刚刚提出的消费者行为模型来解决这些问题。

21.4.1　所有的需求曲线都向右下方倾斜吗　472

一般来说，当一种物品价格上升时，人们对其的购买量减少。这种正常行为被称为**需求定理**，它反映在需求曲线向右下方倾斜上。

但是，就经济理论而言，需求曲线有时也会向右上方倾斜。换句话说，消费者有时会违背需求定理，并在一种物品价格上升时购买**更多**。为了说明这种情况如何发生,考虑图 21-12。在这个例子中,消费者购买两种物品——肉和土豆。最初,消费者预算约束线是从 A 点到 B 点的直线,此时最优点是 C 点。当土豆价格上升时,预算约束线向内移动,现在是从 A 点到 D 点的一条直线,此时最优点是 E 点。要注意的是,土豆价格上升使消费者购买了更多的土豆。

图 21-12　吉芬物品

在这个例子中,当土豆价格上升时,消费者最优点从 C 点移动到 E 点。在这种情况下,消费者对土豆价格上升的反应是少买肉而多买土豆。

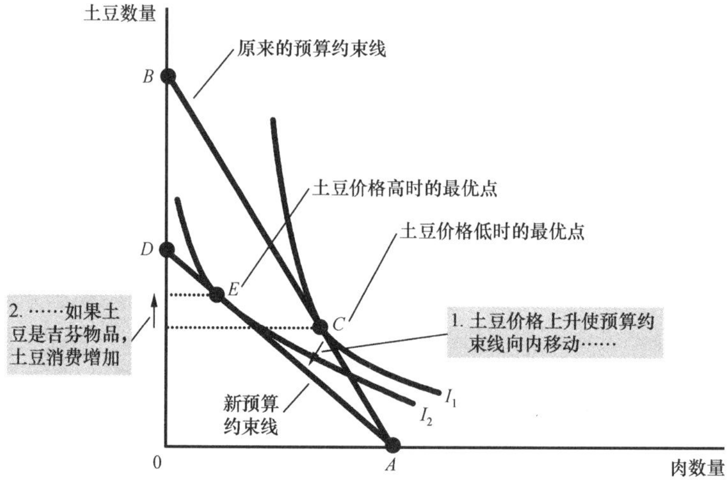

为什么消费者以一种似乎反常的方式做出反应呢?在这个例子中,土豆是一种非常低档的物品。当土豆价格上升时,消费者变穷了。收入效应使消费者想少买肉而多买土豆。同时,由于土豆相对于肉来说变贵了,替代效应使消费者想多买肉而少买土豆。但是,在这种特殊情况下,收入效应如此之大,以至于超过了替代效应。结果,消费者对土豆高价格的反应是少买肉,多买土豆。

吉芬物品: 价格上升引起需求量增加的物品。

经济学家用**吉芬物品**(Giffen good)这个术语来描述这种违背需求定理的物品[这个术语是以最早注意到这种可能性的经济学家罗伯特·吉芬(Robert Giffen)的名字命名的]。在这个例子中,土豆是一种吉芬物品,即收入效应大于替代效应的物品。因此,吉芬物品的需求曲线向右上方倾斜。

473

案例研究
寻找吉芬物品

有谁见过任何真实的吉芬物品吗?一些历史学家指出,在 19 世纪爱尔兰土豆灾荒时期,土豆实际上是吉芬物品。土豆是当时对人们如此重要的食物,以至于其价格上升会产生很强的收入效应。人们对自己生活水平下降的反应是削减奢侈品——肉,从而更多地购买土豆这种主食。因此,可以认为土豆价格上升实际上引起了土豆需求量增加。

Robert Jensen 和 Nolan Miller 最近的研究提出了类似但更为具体的存

在吉芬物品的证据。这两位经济学家在中国湖南省进行了5个月的现场调查。他们随机地送给所选家庭购物券以补贴这些家庭对当地主要食物大米的购买，并利用调查来衡量大米消费对价格变动的反应。他们发现了有力的证据，贫穷的家庭表现出吉芬行为。有补贴的大米价格下降引起这些家庭减少它们的大米消费，取消补贴起了相反的作用。Jensen和Miller写道："就我们所知，这是吉芬行为的第一个严格的经验证据。"

因此，消费者选择理论使消费曲线可以向上方倾斜，而且，有时这种奇怪的现象的确会发生。因此，我们在第4章中首次说明的需求规律并不完全可靠。但是，可以放心地说，吉芬物品是极为罕见的。

21.4.2 工资如何影响劳动供给

到现在为止，我们用消费者选择理论分析了如何在两种物品间分配自己的收入。我们可以用同样的理论分析人们如何分配时间。

考虑自由职业软件设计者Sally面临的决策。Sally每周除了睡觉之外有100小时。她把一些时间用于享受闲暇——骑自行车、看电视、学习经济学，其余时间用于开发电脑软件。她开发软件每个小时赚50美元，她把这些钱用于消费——食物、衣服、音乐下载。因此，她的工资（50美元）反映了她面临的闲暇和消费之间的权衡取舍。对于她放弃的每小时闲暇，她都多工作1小时，并得到了50美元的消费。

图21-13表示Sally的预算约束线。如果她把100小时全部用于享

图21-13　工作—闲暇决策

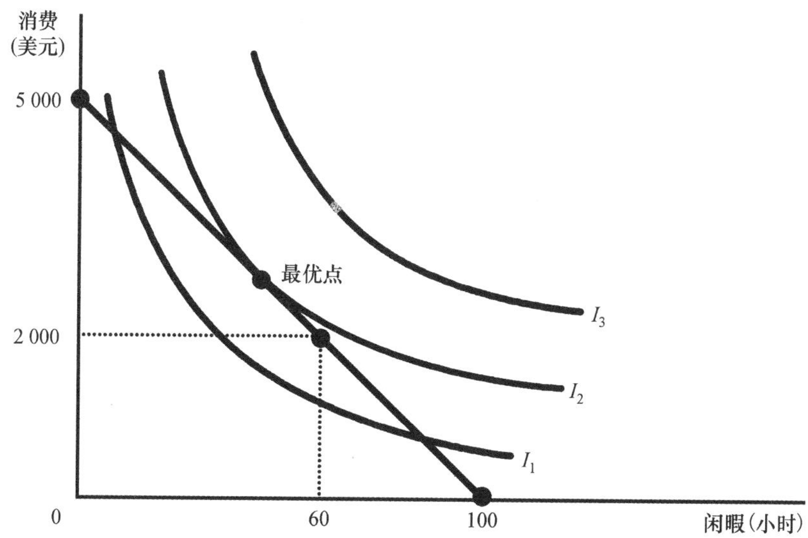

该图表示Sally决定工作多少时间时的预算约束线、她消费与闲暇的无差异曲线，以及她的最优点。

受闲暇，她就没有消费；如果她把100小时全部用于工作，她每周可以得到5 000美元的消费，但没有闲暇时间；如果她一周正常工作40小时，那么她将享受60小时闲暇，并且每周消费2 000美元。

图21－13用无差异曲线代表Sally对消费和闲暇的偏好。在这里，消费和闲暇是Sally要做出选择的两种“物品”。由于Sally总喜欢更多闲暇和更多消费，因此，她对较高无差异曲线上各点的偏好大于较低无差异曲线上的各点。在每小时工资为50美元时，图21－13中“最优点”代表Sally选择的消费与闲暇的组合。它是同时位于预算约束线和最高可能的无差异曲线 I_2 上的那一点。

474 现在考虑当Sally的工资从每小时50美元增加到60美元时会发生什么变动。图21－14表示两种可能的结果。在每种情况下，左图所示的预算约束线从 BC_1 向外移动至 BC_2。在这个过程中，预算约束线变得陡峭了，这反映了相对价格的变动：在工资较高时，Sally所放弃的每小时闲暇得到了更多消费。

图21－14　工资增加

该图表示一个人会如何对工资增加做出反应。左图表示消费者最初的预算约束线 BC_1 和新预算约束线 BC_2，以及消费者对消费和闲暇的最优选择。右图表示所引起的劳动供给曲线。由于工作小时数等于可以得到的总小时数减闲暇小时数，因此，闲暇的任何一种变动都意味着劳动供给量反方向变动。在(a)幅中，当工资上升时，消费增加而闲暇减少，导致向右上方倾斜的劳动供给曲线。在(b)幅中，当工资增加时，消费和闲暇都增加了，导致向右下方倾斜的劳动供给曲线。

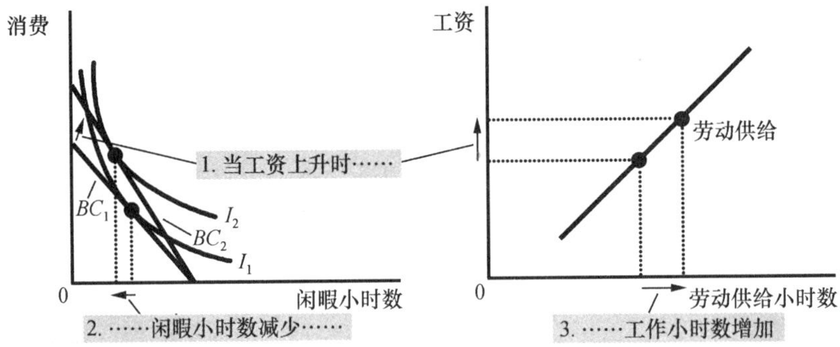

(a) 对有这些偏好的人来说……　……劳动供给曲线向右上方倾斜

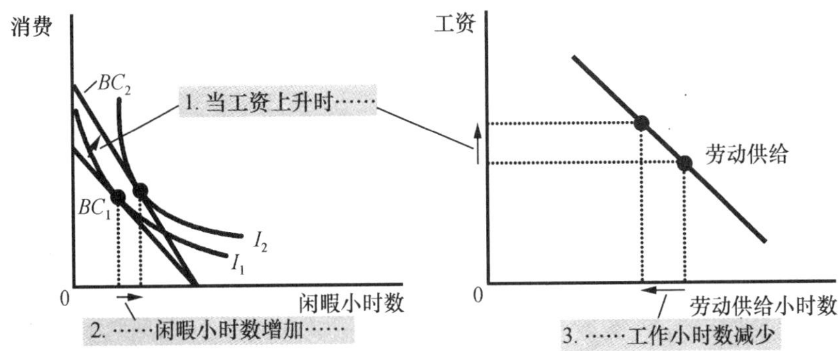

(b) 对有这些偏好的人来说……　……劳动供给曲线向右下方倾斜

用无差异曲线代表的Sally的偏好决定了她有关消费和闲暇的选择对更高工资的反应。在这两幅图中，消费都增加了。但在这两种情况下，闲暇对工资变动的反应不同。在(a)幅中，Sally对更高工资的反应是享受更少闲暇；在(b)幅中，Sally对更高工资的反应是享受更多闲暇。

Sally 对闲暇与消费的决策决定了她的劳动供给，因为她享受的闲暇越多，用于工作的时间就越少。图 21－14 中每幅中的右图都表示 Sally 决策所暗含的劳动供给曲线。在(a)幅中，Sally 更高的工资使她享受更少闲暇和更多工作，因此，她的劳动供给曲线向右上方倾斜；在(b)幅中，更高的工资使 Sally 享受更多闲暇和更少工作，因此劳动供给曲线“向后”倾斜。

乍一看，向后倾斜的劳动供给曲线很令人费解：为什么人们对更高工资的反应是减少工作？要回答这个问题，我们先来考虑高工资的收入效应与替代效应。

首先来考虑替代效应。当 Sally 工资增加时，相对于消费而言，闲暇变得更昂贵了，而这就鼓励 Sally 用消费替代闲暇。换句话说，替代效应使 Sally 因为更高的工资而更勤奋地工作，这就倾向于使劳动供给曲线向右上方倾斜。

现在考虑收入效应。当 Sally 工资增加时，她移动到更高的无差异曲线上。现在她的状况变得比以前好了。只要消费和闲暇都是正常物品，她就倾向于用这种福利增加来享受更高消费和更多闲暇。换句话说，收 476
入效应导致她工作减少，这就倾向于使劳动供给曲线向右下方倾斜。

最后，经济理论对工资增加导致 Sally 工作增加还是减少并没有给出明确的预期。如果对 Sally 来说，替代效应大于收入效应，她就增加工作；如果收入效应大于替代效应，她就减少工作。因此，劳动供给曲线既可能向右上方倾斜，也可能向右下方倾斜。

案例研究
劳动供给的收入效应：历史趋势、彩票赢家及卡内基的猜测

“我再也不用朝九晚五了。”

图片来源：© AP IMAGES.

向右下方倾斜的劳动供给曲线的想法乍看起来似乎仅仅是一个理论上的新奇想法，但实际上并非如此。证据表明，从长期来看，劳动供给曲线实际上是向右下方倾斜的。一百多年前，许多人每周工作 6 天，现在人们一般是每周工作 5 天。在每周工作时间减少的同时，一般工人的工资(根据通货膨胀调整后)则一直在增加。

经济学家是这样解释这种历史模式的：长期中技术进步提高了工人的生产率，从而增加了劳动需求。劳动需求的增加提高了均衡工资。随着工资增加，工人的报酬也增加了。但大多数工人对此的反应不是工作更多，而是以更多闲暇的方式分享自己的成功。换句话说，更高工资的收入效应大于替代效应。

劳动供给的收入效应还有一个有力证据来自一种非常不同的数据：彩票的赢家。巨额彩票奖金赢家的收入极大增加，因此，预算约束线大大向外移动。但是，由于赢家的工资并没有变，他们预算约束线的**斜率**仍然没有变，因此就没有替代效应。通过考察彩票赢家的行为，我们可以把劳动供给的收入效应分离出来。

对彩票赢家研究的结果是惊人的。那些赢得5万美元以上奖金的人们中有几乎25%在一年内辞职，还有9%减少了他们工作的小时数。那些赢得100万美元以上奖金的人们中有几乎40%不再工作。赢得这种巨额奖金对劳动供给的收入效应是显著的。

发表在1993年5月号《经济学季刊》上的一项研究也得出了类似的结论，该研究说明了获得遗产对人们劳动供给的影响。这项研究发现，一个继承遗产超过15万美元的人不再工作的可能性是继承遗产少于2.5万美元的人的4倍。19世纪的工业家安德鲁·卡内基(Andrew Carnegie)也许对此并不会感到吃惊。卡内基警告人们："给儿子留下巨额财产的父母会使他们儿子的才能和热情大大丧失，而且使他的生活不如没有遗产时那样有用和有价值。"这就是说，卡内基认为劳动供给的收入效应是相当大的，而且，给孩子留下巨额遗产的父母们会后悔。卡内基在有生之年和死后，把他巨额财产的大部分都捐给了慈善机构。

477

21.4.3 利率如何影响家庭储蓄

每个人所面临的一个重要决策是把多少收入用于今天的消费，把多少收入用于以备未来之需的储蓄。我们可以用消费者选择理论来分析人们如何做出这种决策，以及他们的储蓄量如何取决于储蓄将会赚到的利率。

考虑为退休计划的工人Sam面临的决策。为了使事情简化，我们把Sam的一生分为两个时期。在第一个时期，Sam年轻并且工作；在第二个时期，他年老并且退休。Sam年轻时，赚了10万美元收入。他把这笔收入分为现期消费和储蓄。当他年老时，将消费他所储蓄的钱，及其储蓄所赚到的利息。

假设利率是10%。那么Sam年轻时每储蓄1美元，年老时就可以消费1.1美元。我们可以把"年轻时的消费"和"年老时的消费"作为两种物品，而Sam必须在两者之间做出选择。利率决定了这两种物品的相对价格。

图21－15表示Sam的预算约束线。如果他不储蓄，则他年轻时消费10万美元而年老时没有消费；如果把所有收入都储蓄起来，那么他年轻时没有消费，而年老时有11万美元的消费。预算约束线表示这两种以及所有中间的可能性。

图21－15用无差异曲线代表Sam对两个时期中消费的偏好。由于Sam偏好在两个时期都多消费，因此他对较高无差异曲线上各点的偏好大于较低无差异曲线上的各点。在这种既定的偏好之下，Sam选择生命中两个时期消费的最优组合，这是既在最高可能无差异曲线上又在预算约束线上的一点。在这个最优点，Sam年轻时消费5万美元，年老时消费5.5万美元。

图 21－15　消费—储蓄决策

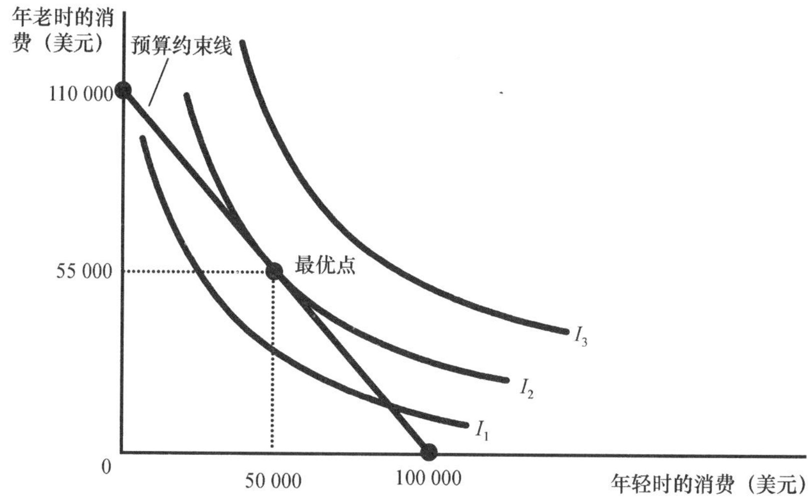

该图表示一个正决定在他生命的两个时期里消费多少的人的预算约束线、代表其偏好的无差异曲线和最优点。

现在考虑当利率从 10% 上升为 20% 时会发生什么变动。图 21－16 表示两种可能的结果。在这两种情况下，预算约束线都向外移动，并且变得更陡峭了。在新的高利率时，Sam 在年轻时所放弃的每一美元消费将使其在年老时得到更多消费。 478

图 21－16　利率提高

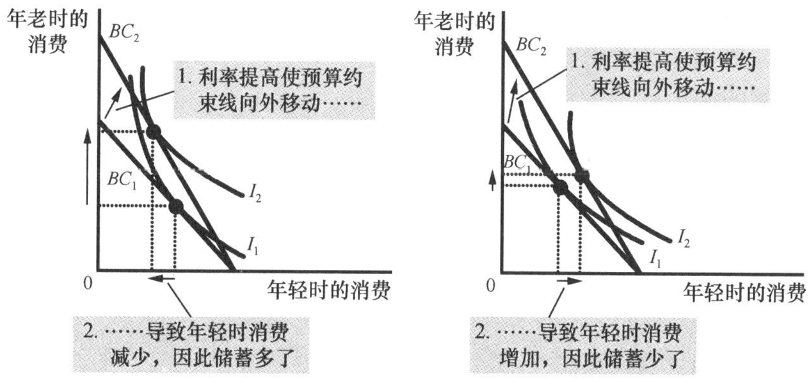

(a) 利率提高增加了储蓄　　(b) 利率提高减少了储蓄

在这两幅图中，利率上升都使预算约束线向外移动。在(a)幅中，年轻时消费减少，而年老时消费增加，结果是年轻时储蓄增加。在(b)幅中，两个时期消费都增加，结果是年轻时储蓄减少。

两幅图表示 Sam 的不同偏好以及对更高利率的反应。在这两种情况下，年老时的消费都增加了，但年轻时的消费对利率变动的反应是不同的。在(a)幅中，Sam 对高利率的反应是减少年轻时的消费；在(b)幅中，Sam 的反应是增加年轻时的消费。

Sam 的储蓄是他年轻时的收入减去他年轻时的消费。在(a)幅中，当利率上升时，年轻时的消费减少，因此，储蓄必然增加；在(b)幅中，Sam 年轻时的消费增加，因此，储蓄必然减少。

(b)幅中所反映的情况乍一看有点奇怪：Sam 对储蓄收益增加的反应

是减少储蓄。但这种行为实际上并不奇怪。我们可以通过利率提高的收入效应与替代效应来说明这一点。

首先来考虑替代效应。当利率上升时,相对于年轻时的消费而言,年老时消费的成本变低了。因此,替代效应使 Sam 年老时消费得更多,而年轻时消费得更少。换句话说,替代效应使 Sam 储蓄得更多。

然后来考虑收入效应。当利率上升时,Sam 移动到更高的无差异曲
479 线上。他现在的状况比过去改善了。只要两个时期消费的都是正常物品,他就倾向于用这种福利增加来在两个时期中享受更多消费。换句话说,收入效应使他储蓄减少。

结果既取决于收入效应又取决于替代效应。如果利率提高的替代效应大于收入效应,则储蓄增加;如果收入效应大于替代效应,则储蓄减少。因此,消费者选择理论说明了,利率提高既可能鼓励储蓄,也可能抑制储蓄。

虽然从经济理论的角度看这种不确定的结果是令人感兴趣的,但从经济政策的角度看,这种结果令人失望。事实证明,税收政策争论的一个重要问题部分取决于储蓄对利率的反应。一些经济学家主张减少对利息和其他资本收入的税收,认为这种政策变化会提高储蓄者可以赚到的税后利率,从而鼓励人们多储蓄。另一些经济学家则认为,由于收入效应与替代效应的相互抵消,这种税收变化可能不会增加储蓄,甚至反而会减少储蓄。遗憾的是,对利率如何影响储蓄在研究领域还没有一致的看法。因此,经济学家对旨在鼓励储蓄的税收政策变动实际上是否会达到预期效果仍然存在争论。

即问即答 解释工资增加可能如何减少一个人想要工作的量。

21.5 结论:人们真的这样想吗

消费者选择理论描述了人们如何做出决策。正如我们所说明的,它有广泛的适用性。它可以解释一个人如何在比萨饼与百事可乐之间、工作与闲暇之间、消费与储蓄之间进行选择。

但是,现在你也许会对消费者选择理论有一些怀疑。毕竟你也是一个消费者。你每次走进商店时都要决定买什么。而且你也知道,你并不是通过画出预算约束线和无差异曲线来做这种决策。这种对你自己做出决策的解释是否证明了与理论不一样?

回答是否定的。消费者选择理论并不想对人们如何做出决策提供一种具体的描述,它只是一个模型。而且,正如我们最早在第 2 章中所讨论的,模型不一定是完全现实的。

看待消费者选择理论的最好方法是把它作为消费者如何做出决策的

一个比喻。没有一个消费者(除非一位职业经济学家)是明确地借助这种理论中设想的最优化来做出决策的。但消费者知道他们的选择要受到自己财力的约束。而且,在这些约束为既定时,他们会尽其所能达到最高满足程度。消费者选择理论试图用清晰的经济学分析方法来描述这种隐含的心理过程。

正如布丁好不好,吃了才知道,理论的检验在于其运用。在本章最后一节,我们把消费者选择理论运用于与经济有关的三个实际问题。如果你选修高级经济学课程,你将看到,这种理论为更多的分析提供了一个框架。

内容提要 480

◎ 消费者预算约束线表示在其收入与物品价格为既定时,他可以购买的不同物品的可能组合。预算约束线的斜率等于这些物品的相对价格。

◎ 消费者的无差异曲线代表其偏好。无差异曲线表示能使消费者同样满足的各种物品组合。消费者对较高无差异曲线上各点的偏好大于对较低无差异曲线上的各点。任何一点上无差异曲线的斜率是消费者的边际替代率——消费者愿意用一种物品交换另一种物品的比率。

◎ 消费者通过选择既在预算约束线上又在最高无差异曲线上的一点来实现最优化。在这一点上,无差异曲线的斜率(物品之间的边际替代率)等于预算约束线的斜率(物品的相对价格)。

◎ 当一种物品价格下降时,对消费者选择的影响可以分解为收入效应和替代效应。收入效应是由于价格降低使消费者状况变好而引起的消费变动。替代效应是由于价格变动鼓励更多地消费变得相对便宜的物品而引起的消费变动。收入效应反映在从较低无差异曲线向较高无差异曲线的移动上,而替代效应表现为沿着一条无差异曲线向有不同斜率的点的变动上。

◎ 消费者选择理论适用于许多情况。它可以解释为什么需求曲线有可能向右上方倾斜,为什么工资提高既可能增加也可能减少劳动供给量,为什么利率提高既可能增加也可能减少储蓄。

关键概念

预算约束线
无差异曲线
边际替代率
完全替代品
完全互补品
正常物品
低档物品
收入效应
替代效应
吉芬物品

复习题

1. 某消费者收入为 3 000 美元。一杯红酒
481 3 美元，一磅奶酪 6 美元。画出该消费者的预算约束线。这条预算约束线的斜率是多少？
2. 画出消费者对红酒和奶酪的无差异曲线。描述并解释这些无差异曲线的四个特征。
3. 选出红酒与奶酪无差异曲线上的一点，说明边际替代率。边际替代率告诉我们什么？
4. 说明消费者的预算约束线以及红酒与奶酪的无差异曲线。说明最优消费选择。如果一杯红酒的价格是 3 美元，而一磅奶酪的价格是 6 美元，在这种最优时边际替代率是多少？
5. 消费红酒和奶酪的人得到晋升，因此，其收入从 3 000 美元增加到 4 000 美元。说明如果红酒和奶酪是正常物品，会发生什么变动。再说明如果奶酪是低档物品，会发生什么变动。
6. 奶酪的价格由 1 磅 6 美元上升为 1 磅 10 美元，而红酒的价格仍然是 1 杯 3 美元。对一个收入为 3 000 美元不变的消费者来说，红酒和奶酪的消费会发生什么变动？把这种变动分解为收入效应和替代效应。
7. 奶酪价格上升有可能使消费者购买更多奶酪吗？解释原因。

问题与应用

1. Jennifer 把她的收入用于消费咖啡和牛角面包（这两种都是正常物品）上。巴西早来的寒流使美国咖啡价格大幅度上升。
   a. 说明寒流对 Jennifer 预算约束线的影响。
   b. 假定牛角面包的替代效应大于收入效应，说明寒流对 Jennifer 最优消费组合的影响。
   c. 假定牛角面包的收入效应大于替代效应，说明寒流对 Jennifer 最优消费组合的影响。
2. 比较下列两对物品：
   - 可口可乐与百事可乐
   - 滑雪板和滑雪板上的固定装置

   a. 在哪一种情况下两种物品是互补品？在哪一种情况下它们是替代品？
   b. 在哪种情况下你预期无差异曲线完全是一条直线？而在哪种情况下你预期无差异曲线凸性很强？
   c. 在哪种情况下，消费者对两种物品相对价格的变动反应更大？
3. Mario 只消费奶酪和饼干。
   a. 对 Mario 来说，奶酪和饼干能都是低档物品吗？解释原因。
   b. 假设奶酪对 Mario 而言是正常物品，而饼干是低档物品。如果奶酪的价格下降，Mario 的饼干消费会发生什么变动？他的奶酪消费会发生什么变动？解释原因。
4. Jim 只买牛奶和点心。
   a. 在第一年中，Jim 赚了 100 美元，牛奶为每夸脱 2 美元，点心为每打 4 美元。画出 Jim 的预算约束线。
   b. 现在假设在第二年所有价格都上升了 10%，而 Jim 的薪水也增加了 10%。画出 Jim 的新预算约束线。与第一年的最优组合相比，第二年牛奶和点心的最优组合会如何变动？

5. 一个大学生有两种吃饭的选择：到食堂吃每份 6 美元的饭，或者吃每份 1.5 美元的方便面。他每周的食物预算是 60 美元。
   a. 画出表示到食堂吃饭和吃方便面的预算约束线。假设二者的支出量相等，画出一条表示最优选择的无差异曲线。用 *A* 点来标明最优选择。
   b. 假设方便面的价格现在上升到 2 美元。用你 a 中的图说明这种价格变动的结果。假设现在我们的学生只能把 30% 的收入用于到食堂吃饭。用 *B* 标出新的最优点。
   c. 由于这种价格变动方便面的消费量会发生什么变动？这种结果说明了收入与替代效应的什么结果？解释原因。
   d. 用 *A* 点和 *B* 点画一条方便面的需求曲线。这种物品是什么类型的？
6. 考虑你关于工作多少小时的决策。
   a. 画出假设你的收入不纳税时的预算约束线。在同一个图上，画出假设纳 15% 税时的预算约束线。
   b. 说明税收如何引起工作时数增加、减少或不变。解释原因。
7. Sarah 每周除了睡觉之外有 100 个小时。用图说明她每小时赚 6 美元、8 美元和 10 美元时的预算约束线。再画出工资在每小时 6—8 美元时使 Sarah 的劳动供给曲线向右上方倾斜的无差异曲线，以及当工资在每小时 8—10 美元时使 Sarah 的劳动供给曲线向右下方倾斜的无差异曲线。
8. 画出某人决定工作多少的无差异曲线。假设工资增加了，这个人的消费会减少吗？这是否合理？讨论之。（提示：考虑收入效应和替代效应。）
9. 假设你有一份工资为 3 万美元的工作，而且把一部分收入存入年利率为 5% 的储蓄账户。用一个包含预算约束线和无差异曲线的图说明在下列每一种情况下你的消费如何变动。为了使事情简化，假设你的收入不纳税。
   a. 你的薪水增加到 4 万美元。
   b. 你银行账户的利率上升到 8%。
10. 如正文中所讨论的，我们可以把人的一生分为两个假设的时期："年轻"和"年老"。假设人们只在年轻时赚钱，并把部分收入储蓄起来以备年老时消费。如果储蓄利率下降了，你能说出年轻时的消费会发生什么变动吗？你能说出年老时的消费会发生什么变动吗？解释原因。
11. 考虑一对夫妇关于要多少孩子的决策。假定这对夫妇一生中有 20 万个小时可以用于工作或抚养孩子。工资为每小时 10 美元。抚养一个孩子需要 2 万个小时。
   a. 画出表示一生消费和孩子数量之间的权衡取舍关系的预算约束线（不考虑孩子只能以整数进入家庭这一事实）。说明无差异曲线和最优选择。
   b. 假设工资增加到每小时 12 美元。说明预算约束线如何移动。用收入效应和替代效应讨论这种变动对孩子数量和一生消费的影响。
   c. 我们观察到，随着社会变得越来越富裕，一般人要的孩子数量也少了。该事实与这个模型一致吗？解释原因。 482
12. 经济学家乔治·斯蒂格勒（George Stigler）曾经写道，根据消费者理论，"当消费者收入增加时，如果他们不减少某种商品的购买量，那么当这种商品价格上升时，他们肯定要少买这种商品"。用收入效应和替代效应的概念解释这句话。
13. 福利制度给一些需要帮助的家庭提供收入。一般的情况是，给没有收入的家庭的支付最大；然后，当家庭开始有收入时，福利支付逐渐减少；最后就没有了。我们考虑这个计划对一个家庭劳动供给可能产生的影响。

a. 画出福利计划不存在时一个家庭的预算约束线。在同一个图上画出存在福利制度时的预算约束线。

b. 在你的图中加上无差异曲线，说明福利制度如何减少该家庭的工作时数。根据收入效应和替代效应进行解释。

c. 用 b 中的图说明福利制度对该家庭福利的影响。

14. 五个消费者有以下苹果和梨的边际效用：

	苹果的边际效用	梨的边际效用
Jerry	12	6
George	6	6
Elaine	6	3
Kramer	3	6
Newman	12	3

每个苹果的价格是 2 美元，每个梨是 1 美元。如果有的话，这些消费者最优的水果选择是哪一个？对那些没有最优选择的人，他们如何改变自己的支出？

第 22 章 微观经济学前沿

经济学研究人们做出的选择以及由此而引发的人们相互之间的影 483
响。正如我们在前面章节中所看到的，这种研究包括许多内容。但你要是认为前面所学的内容组成了一个已经完成的知识宝库，完美而恒久，那就错了。正如所有科学家一样，经济学家总是关注着新的研究领域，解释着新现象。本章，也是微观经济学的最后一章提出了经济学前沿中的三个主题，以说明经济学家如何努力扩展他们对人类行为和社会的理解。

第一个主题是**不对称信息**经济学。在生活中，一些人往往拥有比其他人更多的信息，而且，这种拥有信息的差别会影响他们做出的决策以及他们如何相互交易。考虑这种不对称性可以阐明现实中的许多事情，从二手车市场到送礼物的习惯均有涉及。

第二个主题是**政治经济学**。在本书中，我们说明了许多市场失灵和政府政策可以潜在地改善现实问题的例子。但“潜在地”是需要加以限定的：这种潜力能否实现取决于政治制度良好运行的程度。政治经济学学科运用经济学工具去理解政府的职能。

第三个主题是**行为经济学**。这个学科把一些心理学观点用于研究经
济问题。它提供了一个人类行为的观点，这种观点比传统经济理论中的 484
观点更微妙、更复杂，但也更现实。

本章包括了许多基础理论，为了说明这些基础的理论，本章对这三个主题的介绍并非面面俱到，而是浅尝辄止。一个目的是表明经济学家为了拓展对经济如何运作的理解，正在着力研究的几个方向；另一个目的是激发你对经济学的更多课程的兴趣。

22.1 不对称信息

“我知道一些你不知道的事。”这是在孩子们中常听到的一句嘲弄人

的话，但它包含了人们如何相互作用的深刻真理。在生活中，有时候一个人对正在发生的事情知道得比另一个人多。获得相关知识的差别被称为信息不对称。

信息不对称的例子有很多。一个工人对自己会把多少精力用于工作比他的雇主知道得多；一个二手车的卖者对车况的了解比买者多。第一个是隐蔽性行为的例子，而第二个是隐蔽性特性的例子。在每种情况下，没有信息的一方（雇主、买车者）都想知道相关信息，但有信息的一方（工人、卖车者）都有掩盖这些信息的激励。

由于不对称信息如此普遍地存在，因此，经济学家近几十年中把许多精力用于研究它所产生的影响。事实上，2001 年诺贝尔经济学奖授予了在这个主题上做出开拓性工作的三位经济学家——乔治·阿克洛夫（George Akerlof）、迈克尔·斯宾塞（Michael Spence）和约瑟夫·斯蒂格利茨（Joseph Stiglitz）。下面我们来讨论这种研究已经提出的一些观点。

22.1.1 隐蔽性行为：委托人、代理人及道德风险

道德风险：
一个没有受到完全监督的人从事不诚实或不合意行为的倾向。

代理人：
一个为另一个人（称为委托人）完成某种行为的人。

委托人：
让另一个人（称为代理人）完成某种行为的人。

道德风险（moral hazard）是在一个人，即所谓的**代理人**（agent）代表另一个人，即所谓的**委托人**（principal）完成一些工作时出现的问题。如果委托人不能完全监督代理人的行为，代理人就倾向于不会像委托人期望的那样努力。道德风险这个词指代理人从事不适当或“不道德”行为的风险或“危险”。在这种情况下，委托人就要试图用各种方法鼓励代理人更负责地行事。

雇佣关系是经典的例子。雇主是委托人，而工人是代理人。道德风险问题是工人没有受到充分监督时责任心下降的诱惑。雇主可以用各种方法对这个问题做出反应：

- 更好的监督。雇用保姆的父母在自己家里安装隐蔽录像机，以便在父母外出时录下保姆的行为。其目的是抓住不负责的行为。
- 高工资。根据效率工资理论（在第 19 章中讨论的），一些雇主会选择向其工人支付高于劳动市场供求均衡水平的工资。赚到这种高于均衡水平工资的工人不太可能会怠工，因为如果他被抓住并被解雇，他就可能无法再找到另一份高工资工作。
- 485 延期支付。企业会延迟支付工人的部分报酬，因此如果工人被抓住怠工并被解雇，他就会遭受较大的惩罚。延期报酬的一个例子是年终奖金。类似地，一个企业可能会选择在工人生命的后期进行支付。因此，工人的工资随着年龄而增加可能不仅仅反映经验带来的利益，也是对道德风险的一种反映。

雇主可以将这些用于减少道德风险问题的各种机制组合起来使用。

在工作场所之外，也有许多关于道德风险的其他例子。投保了火险

的房东可能很少买灭火器，因为房东要承担买灭火器的费用，而保险公司却因此得到了许多利益。家庭会住在洪水风险较高的河边，因为家庭要享受美景，而洪水之后灾难补贴的成本则由政府承担。许多管制的目的正是要解决这个问题：保险公司会要求房东买灭火器，而且，政府禁止在洪水风险较高的土地上安家落户。但是，保险公司并没有关于房东谨慎程度的完全信息，政府也没有关于家庭选择住所时有多大风险的完全信息。因此，道德风险问题就不可避免。

22.1.2 隐蔽性特征：逆向选择和次品问题

逆向选择：
从无信息一方的角度看，无法观察到的特征组合变为不合意的倾向。

逆向选择(adverse selection)是在卖者对所出售物品的特征了解得比买者多的市场上产生的问题。在这种情况下，买者要承担物品质量低的风险。这就是说，从无信息买者的角度看，所出售物品的"选择"可能是"逆向的"。

逆向选择的经典例子是二手车市场。二手车的卖者知道自己汽车的缺陷，而买者通常并不知道。由于最破旧的二手车的车主比那些拥有最好的二手车的车主更可能出售自己的车，买者就担心得到一个"次品"。结果，许多人都不去二手车市场上买车。这个次品问题可以解释为什么只使用了几周的二手车比同一种型号的新车卖得低几千美元这个现象。二手车的买者可能会推测，卖者急于把二手车出手是因为他知道买者不知道的一些情况。

逆向选择的第二个例子出现在劳动市场上。根据另一种效率工资理论，工人的能力有差别，而且，他们比雇用自己的企业更了解自己的能力。当企业降低其支付的工资时，能力较强的工人就会离去，因为他们知道自己能找到其他更好的工作。因此，企业会选择支付高于均衡水平的工资，以此吸引更好的工人组合。

逆向选择的第三个例子出现在保险市场上。例如，购买医疗保险的人比保险公司更了解自己的健康问题。由于有较多隐蔽性健康问题的人比其他人更可能购买医疗保险，因此，医疗保险的价格反映的是病人的成本而不是普通人的成本。结果，高价格可能会阻止正常、健康的人购买医疗保险。 486

当市场受逆向选择困扰时，看不见的手就不一定能发挥其魔力。在二手车市场上，好的二手车的车主可能选择留下这些车，而不是以持怀疑态度的买者愿意支付的低价格出售；在劳动市场上，工资会处于使供求平衡的水平之上，这就会引起失业；在保险市场上，低风险的买者可能选择不买保险，因为向他们提供的保险单没有反映他们的真实特征。支持政府提供医疗保险的人有时把逆向选择问题作为不相信私人市场能自行提供合适医疗保险数量的一个原因。

参考资料
公司管理

现代经济中许多生产是在公司内进行的。公司和其他企业一样，在生产要素市场上购买投入品，并在物品与劳务市场上出售它们的产品。它们也与其他企业一样，在决策中受利润最大化目标指引。但大公司要解决一些小企业如家庭企业中没有出现的问题。

大公司的特点是什么呢？从法律的角度看，公司是被授予许可证，并被认为是权利与责任与其所有者和雇员分开的独立法律主体的一种组织。从经济的角度看，公司这种组织形式最重要的特点是所有权与控制权的分离。一个称为股东的群体拥有公司并分享利润，另一个称为管理者的群体受雇于公司并做出如何配置公司资源的决策。

所有权与控制权分离引起了委托—代理问题。在这种情况下，股东是委托人，而管理者是代理人。CEO 和其他管理者处于了解企业可获得的机会的最有利地位，并承担为股东实现利润最大化的任务。但要确保他们执行这个任务并不总是一件容易的事。管理者可能有自己的目标，例如，使生活更轻松，有豪华的办公室和私人飞机，举行豪华宴会，或者统治一个大企业帝国。管理者的目标可能并不总是与利润最大化的目标一致。

公司董事会负责雇用与解雇高层管理人员。董事会考察管理者的业绩并设计其工资福利。这种工资福利通常包括旨在使股东利益与管理人员利益一致的激励，它会根据业绩给予管理者奖金或购买公司股票的期权，如果公司业绩好，这种股票的价值就相当大。

但是，要注意的是，董事本身是股东的代理人。监督管理者的董事会的存在仅仅是转变了委托—代理问题。这个问题变成如何确保董事会履行按股东的最大利益行事的法律责任。如果董事与管理者足够友好，他们可能就不会提供所规定的监督。

2005 年，公司的委托—代理问题成了一个大新闻。安然、泰科、世通等几个著名公司的高管人员被发现从事以损害股东利益为代价使自己致富的活动。在这些案例中，高管人员的行为如此过分，以至于被认定有罪，公司管理者不仅被解雇，而且还被判入狱。有时股东也会由于董事会没有充分监督管理者而向其提起诉讼。

幸运的是，公司管理人员的犯罪活动并不多，从某种程度来说，只是冰山一角。只要像在大多数大公司中那样，所有权与控制权分离，股东利益和管理者利益之间的关系就必然紧张。

487

22.1.3 为传递私人信息发信号

虽然不对称信息有时是公共政策的动因，但它也激发了一些否则就很难解释的个人行为。市场以多种方式对不对称信息问题做出反应，发信号就是其中之一。**发信号**(signaling)是指有信息的一方仅仅为了获得信任而披露自己私人信息所采取的行动。

发信号： 有信息的一方向无信息的一方披露自己私人信息所采取的行动。

在前几章中，我们已经说明了一些发信号的例子。我们在第16章中看到，企业会花钱做广告，来向潜在客户发出它们有高质量产品的信号；我们在第20章中看到，学生通过获得大学学历向潜在雇主发出他们能力强的信号。回想一下与人力资本理论相对立的教育信号理论。人力资本理论断言，教育提高了人的生产率，而不仅仅是传递内在能力的信息。有关发信号的这两个例子(广告、教育)看来似乎是极不相同的，但在表面现象之下它们仍有许多相同之处：在这两种情况下，有信息的一方(企业、学生)都用信号让无信息的一方(客户、雇主)相信有信息的一方正在提供高质量的东西。

怎样才能使一项行动成为一种有效信号呢？显然，其成本必然是很高昂的。如果信号是免费的，任何人就都可以使用它，它也就传递不了信息。由于同样的原因，还有另一个要求：对有高质量产品的人来说，信号必须是成本更低或是更有利的。否则，每一个人都有使用信号的同样激励，信号也就不能说明什么了。

再来考虑我们的两个例子。在广告的例子中，有好产品的企业从广告中得到了更大的利益，因为尝试过一次这种产品的客户更可能成为经常性客户。因此，有好产品的企业为信号(广告)付费是理性的，而且，客户把信号作为一条有关产品质量的信息也是理性的。在教育的例子中，有能力的人会比没有能力的人更容易从学校毕业。因此，有能力的人为信号(教育)付费是理性的，而且，雇主把信号作为一条有关个人能力的信息也是理性的。

世界上充满了发信号的例子。杂志的广告有时包括“正如在电视上看到的”这样的短语。为什么在杂志上出售产品的企业会强调这个事实？一种可能性是，企业力图传递它支付昂贵信号(电视上的广告时间)的意愿，希望你由此推断出它的产品是高质量的。由于同样的原因，精英学校的毕业生总是很有信心地在他们的简历上加入此类事实。

案例研究
作为信号的礼物

一个男人正为女朋友的生日送什么礼物而发愁。“我知道了，”他自言自语，“我认为我应该给她现金。我毕竟不知道她的喜好而她自己知道；有了现金，她可以买她想要的任何东西。”但是，当他把钱给她的时候，他把这位女孩得罪了。女孩觉得他并不是真正爱她，于是跟他分手了。

这个故事的背后有什么经济学道理呢？

在某些方面，送礼是一种奇妙的习惯。正如我们故事中的男人所指出的，人们通常比其他人更知道自己的偏好，因此，我们可以预期每个人

“让我看看他到底有多爱我。”

图片来源：© TONY METAXAS/ASIA IMAGES/GETTY IMAGES.

488

对现金的偏好都大于实物。如果你的雇主要用商品代替你的工资支票，你很可能拒绝这种支付手段。但是，当（你希望是）爱你的某个人做同样的事时，你的反应会完全不同。

送礼的一种解释是，礼物反映了不对称信息和发信号。我们故事中的男人拥有女朋友想知道的私人信息：他真的爱她吗？为她选择一件好礼物是他的爱的信号。可以肯定，挑选一件礼物而不是直接给现金的行动才能成为一个适当的信号。但其代价是高昂的（需要时间），而且，它的代价取决于私人信息（他多爱她）。如果他是真的爱她，选择一件好礼物就不难，因为他时刻在想着她。如果他并不爱她，找到适当的礼物就较为困难。因此，送一件适合女朋友的礼物是他传递自己爱她这种私人信息的一种方法。送现金表明他甚至懒得去试一试。

送礼物的发信号理论与另一种观察是一致的：在感情居于问题中最重要的地位时，人们最关心习惯。因此，给女朋友或男朋友送现金是一个很糟糕的举动。但是，当大学生收到父母的支票时，他们通常并不难过。父母的爱不容置疑，因此，接受者也许并不把现金礼物理解为缺乏感情的信号。

22.1.4 引起信息披露的筛选

筛选：
无信息的一方所采取的引起有信息的一方披露信息的行动。

当有信息的一方采取披露自己私人信息的行动时，这种现象称为发信号。当无信息的一方采取引起有信息的一方披露私人信息的行动时，这种现象称为**筛选**（screening）。

一些筛选是常识。一个买二手车的人会要求这辆车在出售之前经过汽车技师的检验。拒绝这个要求的卖者披露了他的车是次品的私人信息。买者会决定出一个低价或去寻找另一辆车。

筛选的另一个例子较为微妙。例如，考虑一个出售汽车保险的企业。这个企业想向安全驾驶的司机收取较低的保险费，而向爱冒险的司机收取较高的保险费。但是，如何才能把这两种司机区分开呢？司机知道他们自己是习惯安全驾驶的还是爱冒险的，但爱冒险的司机不会承认这一点。司机的历史记录是一种（保险公司实际上在使用的）信息，但由于汽车事故固有的随机性，历史记录是预期未来风险的一种不完全的指标。

保险公司通过提供能使他们自行甄别的不同保险单来区分两类司机。一种保单保险费较高，但补偿所发生的任何一次事故的全部费用；另一种保单保险费较低，但要扣除 1 000 美元（就是说，司机要对事故的第一个 1 000 美元负责，而保险公司只补偿剩余的风险）。要注意的是，对于爱冒险的司机，有免赔条款的保单会带来更大的负担，因为他们更可能发生事故。因此，在免赔额足够大时，含有免赔条款的低保险费保单将吸引安全驾驶的司机，而没有免赔条款的高保险费保单将吸引爱冒险的司机。

面对这两种保单，两类司机就会通过选择不同的保险单而披露自己的私人信息。

22.1.5 不对称信息与公共政策

489

我们已经考察了两种不对称信息——道德风险和逆向选择。而且，我们也说明了个人如何用发信号和筛选对这个问题做出反应。现在我们考虑研究信息不对称对于公共政策的适当范围的意义。

市场成功和市场失灵之间关系的紧张是微观经济学的中心。我们在第 7 章中知道了，从使社会可以在市场上实现总剩余最大化的意义上说，供求均衡是有效率的。亚当 · 斯密的看不见的手似乎是至高无上的。这个结论被外部性（第 10 章）、公共物品（第 11 章）、不完全竞争（第 15—17 章）和贫困（第 20 章）的研究弱化了。这些市场失灵的例子表明，政府有时可以改善市场结果。

不对称信息的研究给了我们一个警惕市场的新理由。当一些人知道的比另一些人多时，市场也不能使资源得到最好的利用。由于买者担心买到次品，那些拥有高质量二手车的人会在卖车时遇到麻烦。由于保险公司把那些很少生病的人与那些有大病（但隐瞒起来了）的人放在一起，前者将很难得到低成本医疗保险。

尽管不对称信息可以在一些情况下要求政府有所作为，但以下三个事实使这个问题复杂化了：第一，正如我们已经说明的，私人市场有时可以用发信号和筛选组合，从而依靠自己解决不对称信息问题。第二，政府也并不比私人各方有更多信息。即使市场的资源配置不是最优的，但它可能是次优的。这就是说，当存在信息不对称时，决策者会发现这很难改善市场所普遍承认的不完美结果。第三，政府本身也是一种不完善的制度——我们将在下一节讨论这个主题。

即问即答 一个人购买了一份人寿保险，他每年要支付一定数量的保费。在他死时，他的家人会得到比保费多得多的赔付。你预计购买人寿保险的人其死亡率是高于还是低于普通人？这如何成为道德风险的一个例子呢？如何成为逆向选择的例子呢？人寿保险公司会如何处理这些问题？

22.2 政治经济学

正如我们已经说明的，市场依靠自身并不总能实现合意的资源配置。当我们断定市场结果既无效率又不平等时，政府介入并改善这种状况就可能是有作用的。但是，在引入一个积极干预的政府之前，我们需要再考

政治经济学：
用经济学的分析方法研究政府。

虑一个事实：政府也是一种不完善的制度。**政治经济学**（political economy）学科（有时称为公共选择学科）运用经济学的方法来研究政府如何运作。

490

22.2.1 康多塞投票悖论

大多数先进的社会依靠民主原则来决定政府政策。例如，当一个城市决定在两个地方中选一个建一个新公园时，就有一种简单的选择方法：多数获胜。但是，对大多数政策问题来说，可能的结果往往会超过两个。例如，新公园可以建在许多可能的地方。在这种情况下，正如18世纪法国政治理论家马奎斯·康多塞（Marquis de Condorcet）的著名论断所指出的那样，民主在试图选出最好的结果时会遇到一些问题。

例如，假设有三种可能的结果，分别记为A、B和C，而且有三类具有表22－1所示偏好的选民。市长想把这些个人偏好整合为整个社会的偏好。她应该怎么做？

如果选民对结果A、B和C都有偏好，那么，在两两多数投票中，A击败B，B击败C，而C击败A。

表22－1　康多塞悖论

	选民类型		
	类型1	类型2	类型3
选民的百分比（%）	35	45	20
第一选择	A	B	C
第二选择	B	C	A
第三选择	C	A	B

首先，她会试着用一种两两投票的方式。如果她问选民在B和C中首先选什么，类型1和类型2选民将投B的票，B得到了多数票。然后，如果她让选民在A和B中选择，类型1和类型3选民将投A的票，A得到了多数票。观察到A击败了B，B击败了C之后，市长可能会得出结论，A是选民的明确选择。

但是，假设市长让选民在A和C中选择呢？在这种情况下，类型2和类型3选民将投C的票，C得到多数票。这就是说，在两两多数投票的方式之下，A击败了B，B击败了C，而C又击败了A。按常规来说，我们期望偏好表现出所谓传递性的特征：如果A优于B，而B优于C，那么，我们应该期望A会优于C。**康多塞悖论**（Condorcet paradox）是民主的结果并不总是遵照这个特性。两两投票是否会产生有传递性的社会偏好在某些情况下取决于个人偏好的形式，但正如我们的例子所表明的，不能如此推理。

康多塞悖论：
多数原则没有产生可传递的社会偏好。

康多塞悖论的一个含义是，投票的顺序会影响结果。如果市长建议先在A和B中选择，然后将赢家与C相比较，该市最终会选择C。但是，如果选民先在B和C之间选择，然后将赢家与A相比较，该市最终会选择A。而且，如果选民先在 A 和 C 之间选择,然后将赢家与 B 相比较,该市最终会选择 B。

从康多塞悖论中可以得出两个结论。狭义的结论是,当有两种以上的选择时,确定议程(也就是决定对事项进行投票的顺序)会对民主选举结果有重大影响。广义的结论是,多数投票通过本身并没有告诉我们社会真正想要什么结果。

22.2.2 阿罗不可能性定理

491

自从政治理论家最早注意到康多塞悖论以来,他们花费了大量精力研究投票制度并提议了一些新制度。例如,作为对两两多数投票的一种可供选择的替代,市长可以让每一个选民对可能的结果进行排序。对每一个选民,我们可以给排在最后的 1 分,排在倒数第二的 2 分,排在倒数第三的 3 分,以此类推。总分最高的获胜。在表 22-1 中,结果 B 是赢家(可以自己计算)。这种投票方法称为博达计算,以纪念提出这种计算方法的 18 世纪法国数学家和政治学家博达(Borda)。在为运动队排序的投票中常使用这种方法。

有没有一种完美的投票制度? 经济学家肯尼思·阿罗(Kenneth Arrow)在他 1951 年的著作《社会选择与个人价值》中探讨了这个问题。阿罗从定义什么是完美的投票制度开始。他假设,社会中的个人对各种可能的结果 A、B、C 等都有偏好。他又假设,社会想设计出一种能在这些结果中选出满足以下几个特征的结果的投票方案:

- 确定性:如果每个人对 A 的偏好都大于 B,那么,A 就击败了 B。
- 传递性:如果 A 击败了 B,B 击败了 C,那么,A 一定击败 C。
- 其他不相关选择的独立性:任何两个结果 A 和 B 之间的排序不应取决于是否还可以得到某个第三种结果 C。
- 没有独裁者:无论其他每个人的偏好如何,没有一个人总能获胜。

所有这些看来都是一种投票制度具有的合意特征。但是,阿罗证明了,从数学上可以毫无疑问地说,没有一种投票制度能满足所有这些特征。这个令人惊讶的结果称为**阿罗不可能性定理**(Arrow's impossibility theorem)。

阿罗不可能性定理:
一个数学结论,它表明在某些假设条件之下,没有一种方案能把个人偏好加总为一组正确的社会偏好。

证明阿罗定理所需的数学知识超出了本书的范围,但是我们可以从两个例子中理解这个定理为什么是正确的。我们已经说明了多数原则方法的问题。康多塞悖论表明,多数原则并不能对总满足传递性的结果排序。

作为另一个例子,博达计算不能满足其他不相关选择的独立性。回想一下表 22-1 的偏好,用博达计算,结果是 B 胜了。但是,假设作为另一种可能的 C 突然消失了。如果博达计算仅仅用于 A 和 B,那么 A 就将获胜(可以自己计算)。因此,消除了可供选择的 C,就改变了 A 和 B 之间的排序。这种变化的发生是因为,博达计算的结果取决于 A 和 B 得到的分数，而分数又取决于是否还有不相关的选择，即 C。

阿罗不可能性定理是一个深刻而又使人不安的结果。它并没有说，我们不应该把民主作为政府的形式。但是，它认为，无论社会在把其成员的偏好加总时采用哪一种方案，作为社会选择机制它在某些方面都是有缺陷的。

22.2.3 中值选民说了算

尽管有阿罗定理，但根据多数原则，用投票的方式选出领导人和公共
492 政策仍然是普遍的。研究政府的下一步是要考察采取多数原则的政府如何运作。这就是说，在一个民主社会里，谁能决定选择什么决策？在某些情况下，民主政府理论也产生了一个惊人的简单答案。

我们考虑一个例子。设想一个社会正在决定把多少钱用于某种公共物品，比如说是军队或国家公园。每个选民都有他自己最偏好的预算，而且，他对离自己最偏好的值近的结果的喜爱总是大于对离自己最偏好的值远的结果。因此，我们可以按偏好最少预算到偏好最大预算将选民排序。图 22－1 是一个例子。这里有 100 个选民，而且，预算规模从 0 到 200 亿美元不等。在这些偏好既定的情况下，你预期民主会产生什么结果呢？

中值选民定理： 一个数学结论，表明如果要选民沿着一条线选一个点，而且，每个选民都想选离他最偏好的点最近的点，那么，多数原则将选出中值选民最偏好的点。

根据称为**中值选民定理**（median voter theorem）的著名结论，多数原则将引起中值选民最偏好的结果。中值选民是正好在分布的中间的选民。在这个例子中，如果你按选民所偏好的预算给他们排序，而且，无论从这个队列的哪一头数 50 个选民，你将发现，中值选民想要 100 亿美元的预算。与此相比，平均偏好的结果（把偏好的结果相加再除以选民的数量）是 90 亿美元，而多数结果（最多选民偏好的结果）是 150 亿美元。

图 22－1 中值选民定理：一个例子

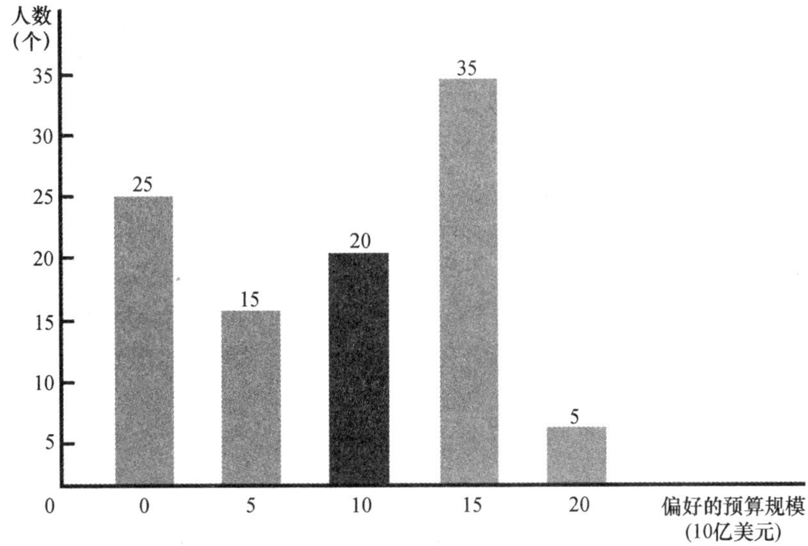

这个柱形图表明了 100 个选民最偏好的预算如何分布在 0—200 亿美元的五种选择上。如果社会用多数原则做出选择，那么中值选民（偏好 100 亿美元的选民）决定了结果。

中值选民决定了投票结果，因为他偏好的结果战胜了两边任何一种其他主张。在我们的例子中，有一半以上的选民想要 100 亿美元或更多的预算，有一半以上的选民想要 100 亿美元或更少的预算。如果有个人建议，比如是 80 亿美元而不是 100 亿美元，每一个偏好 100 亿美元或更多的选民就将与中值选民一起投票。同样，如果有个人建议 120 亿美元而不是 100 亿美元，每个想要 100 亿美元或更少的选民就与中值选民一起投票。在这两种情况下，中值选民这边都有一半以上的票数。

这与康多塞投票悖论有什么关系呢？结果是，当选民沿着一条线寻 493
找一点，而且，每个选民的目的都是自己最偏好的一点时，康多塞悖论就不会产生了。中值选民最偏好的结果击败了所有的来者。

中值选民定理的一个含义是，如果两个政党各自努力使自己当选的机会最大化，它们就要使自己的立场接近中值选民。例如，假设民主党主张 150 亿美元的预算，而共和党主张 100 亿美元的预算。从 150 亿美元的支持者多于其他任何一种选择的意义上说，民主党的立场更受欢迎。然而，共和党将得到 50% 以上的选票：它们吸引了 20 位想要 100 亿美元的选民、15 位想要 50 亿美元的选民以及 25 位想要零预算的选民。如果民主党想获胜，也要使其立场向中值选民靠近。因此，这种理论可以解释为什么两党制下各党是相互类似的，因为它们都向中值选民靠近。

中值选民定理的另一种含义是，少数人的观点不会被过多重视。设想 40% 的人想把大量的钱用在国家公园上，而 60% 的人不想花钱。在这种情况下，中值选民的偏好是零，而无论少数人的观点有多强烈。这是民主的逻辑。多数原则并不是达到考虑到每个人偏好的一种折中，而是只注意正好在分布中间的那个人。

22.2.4 政治家也是人

当经济学家研究消费者行为时，他们假设消费者购买一组能给他们带来最大满足水平的物品与劳务的组合。当经济学家研究企业行为时，他们假设企业生产能带来最高利润水平的物品与劳务量。当他们研究卷入政治活动的人时，他们应该假设什么呢？

"这不就是民主的真面目吗？……最终该批评的是选民。"

图片来源：© WWW.CARTOONSTOCK.COM/CHRIS WILDT.

政治家也是有目标的。最好假设政治领导人总是追求整个社会的福利，即他们的目标是效率与平等的最优结合。这也许是最好的，但并不现实。利己是政治活动者的强大动机，正如它是消费者和企业所有者的动机一样。一些政治家的动机是想再次当选，并在加强他们的选民基础时愿意牺牲国家利益。另一些政治家的动机只是贪婪。如果你有疑问，你就应该看看世界上的穷国，在这些国家，政府官员的腐败普遍制约了经济发展。

本书并不想提出某种政治行为理论。但是，在考虑经济政策时要记住，这种政策并不是由仁慈的国王制定的，而是由具有所有人类欲望的真实的人所制定的。有时他们的动机是增进国家利益,但有时他们的动机是自己的政治和金钱野心。当经济政策并不像经济学教科书中得出的那么理想时,我们不应该大惊小怪。

即问即答 公立学校区正就学校预算和由此引起的学生—教员比率进行投票。调查发现,20%的选民想要的比率是9:1,25%的选民想要的比率是10:1,而15%的选民想要的比率是11:1。你预计校区的投票会以什么结果结束?解释原因。

新闻摘录
农业政策与政治

政治家们的激励是什么?幽默大师达夫·巴里(Dave Barry)通过对2002年《农业保障法案》的分析为这一问题提供了一个答案。

等待救济的农民

Dave Barry

如果你像大多数美国纳税人一样,你往往会在半夜一身冷汗地惊醒,并扪心自问:"我对马海毛生产者的支持充分吗?"

我很高兴地回答你:你做得很好。这要感谢美国国会最近采取的大胆行动(座右铭:"嘿,这不是我们的钱!"),这个行动就是2002年通过的《农业保障法案》,这个法案最近通过了立法程序,其过程很像从牛的消化道中产生一团热气腾腾的排泄物。

《农业保障法案》的目的是向农民提供"价格稳定"。"价格稳定"是什么意思呢?意思就是:花你的钱。在这方面你已经很慷慨了:仅仅在去年,你就给了农民价值200多亿美元的"价格稳定"。自从1996年以来,你就给了1 000多名幸运的领取者每人100多万美元,这类幸运者中其实有许多大型的农业企业。你送了钱的"农民"中颇有些是百万富翁,例如Ted Turner和Charles Schwab,以及一些大型公司,比如雪佛兰、杜邦和约翰·汉考克共同人寿保险公司。

但是没有什么能与你即将达到的慷慨相媲美,纳税人!得益于《农业保障法案》,在未来的十年内,你为农民提供的稳定支出将增加70%,总计为1 800亿美元。按这个比率,几年以后农民的收入将是如此稳定,以至于他们将不得不由于担心被空军轰炸机在中心州投掷的纳税人提供的大捆的现金砸到,而躲在自家的地窖里。

也许你会问自己:"等等,难道,难道这不是福利吗?"

不,不是的。当政府给那些什么也不生产的人钱时,是福利。而这些钱的领取者生产了对我们的国家至关重要的东西——选票。来自两党的手握重权的国会议员以及布什总统都相信,如果他们在农业州投入足够的钱,农业州就会再选他们,从而使他们能继续从事把你的钱投入农业州的重要工作。因此，正如我们所看到的，这根本不是福利！这是行贿！

但是，我们不要忘记国家安全的因素。这是你的马海毛的去处。正如你所看到的，马海毛（mohair）是任何一种以“mo”开头的动物的毛，例如，驼鹿（moose）、老鼠（mouse）、獴（mongoose）或者海鳝（moray eel）。

不，对不起，请等等。“马海毛”实际上是用山羊的毛制成的毛制品。在二战期间，马海毛用于制造军装，因此，它被认为是战略物资；而且，国会决定，你作为纳税人应该向生产它的人付酬。但是，今天的马海毛当然已经没有了至关重要的军事目的，因此……你仍然要向生产它的人付酬！而且，感谢《农业保障法案》，你每年要向马海毛生产者支付成百上千万美元！

正如我所说的，这是为了国家安全。想想看，请上帝原谅我这么说，如果恐怖主义者想方设法建造了巨大的时间机器，并把美国送回到1941年，我们可不是就要再打一场二战了，我们可是已经准备好了。

你作为纳税人还会心惊胆战地知道，《农业保障法案》还要为小扁豆和鹰嘴豆生产者提供新补贴，而且很快就要实行了。美国对进口小扁豆和鹰嘴豆的依赖太大了。想象一下，生活在那些外国人会突然削减我们小扁豆和鹰嘴豆供给的世界中，是多可怕的事。设想一下，如果你不得不看着你的小孩说：“对不起，Billy 或 Suzy，我们今天晚上可能没有小扁豆和鹰嘴豆吃。这都是因为我们纳税人目光太短浅，没有交出几百万美元去支持国内小扁豆和鹰嘴豆生产者，因此，他们被迫在市场上面临与别人同样的竞争，而且……嘿，别跑，快回来！”

的确，那将是一个可怕的世界，完全没错。而且，这就是为什么我完全彻底地支持《农业保障法案》。我希望你同意我的看法，尽管我知道你们有些人会不同意。事实上，你们有些人对这个专栏也是如此愤怒，以至于你们决定再也不读我的任何文章。

哼，你猜会怎么着？我不在乎！感谢国会最近通过的《幽默保障法案》，我可以从联邦政府得到大笔钱来继续写这些专栏，一年又一年，即使没人想读这些专栏！

哦不，那将是愚蠢的！

资料来源： *Boston Globe Magazine*, June 30, 2002.

22.3 行为经济学

494

经济学是研究人们的行为的，但它并不是研究人类行为的唯一学科。社会心理学也可以说明人们在他们生活中做出的选择。经济学和心理学通常独立进行研究，这部分是因为它们解决的是不同范畴的问题。但是，最近出现了一个称为**行为经济学**（behavioral economics）的学科，在这个学

行为经济学： 经济学中将心理学的观点考虑进来的分支学科。

科中，经济学家运用了心理学的基本观点。下面我们来讨论这些观点。

22.3.1 人并不总是理性的

经济理论植根于活生生的人中，有时称为**人类经济学**。这个物种的成员总是理性的。作为企业管理者，他们使利润最大化；作为消费者，他们使效用最大化（或者，也可以说，在最高的无差异曲线上选一点）。在他们面对的约束为既定时，他们理性地评价所有成本与收益，并总是选择尽可能好的行为过程。

495 但是，现实的人是人类。虽然在许多方面他们类似经济学中假设的理性的、精明的人，但他们要复杂得多。他们可能是健忘的、冲动的、困惑的、有感情的和目光短浅的。人类理性的这些不完善是心理学家的主要研究对象，但直到最近，经济学家才对这些不完善给予重视。

第一位从事经济学和心理学边缘研究的社会学家赫伯特·西蒙（Herbert Simon）提出，不应该把人作为理性最大化者，而应该作为**满意者**。他们并不是总选择最好的行为过程，而是做出仅仅足够好的决策。同样，其他经济学家也提出，人仅仅是"接近理性"，或者他们表现出"有限理性"。

对人类决策的研究力图查明人们犯下的系统性错误。下面是几个发现：

- **人们过分自信**。设想有人向你请教一些数字问题，比如，联合国有多少非洲国家，北美最高的山有多高，等等。但是，不是要你给出一个
496 单个的数字，而是要你给出90%的置信区间，即你有90%的自信真实数字会落入其中。当心理学家进行这类实验时，他们发现，大多数人给出的范围是极小的：真实数字落入其区间的概率大大小于90%。这就是说，大多数人过分相信自己的能力。

- **人们过分重视从现实生活中观察到的细枝末节**。设想你正在考虑买一辆X牌的小汽车。为了了解这种车的可靠性，你阅读《消费者报告》，这个报告调查了1 000位X车的车主。然后你找有X车的朋友，而且，她告诉你她的车不怎么样。你如何看待你朋友的观察呢？如果你理性地思考，你将认识到，她仅仅使你的样本从1 000个增加到1 001个，这并没有提供更多新的信息。但是，由于你的朋友的故事就发生在身边，在你作决策时，你给予它的重视就会比你应有的更大。

- **人们不愿改变自己的观念**。人们倾向于用证据来坚定自己已有的信念。在一项研究中，让被试者阅读并评价一份死刑能否制止犯罪的研究报告。在阅读了这份报告后，那些本来就支持死刑的人说，他们更加坚信自己的观点；而那些原来就反对死刑的人也说，他们更加坚信自己的观点。这两组人用完全相反的方法解释同一个证据。

考虑一下你在自己的生活中所做出的决策。你表现出了一些这类特

点了吗？

一个争议激烈的问题是，背离理性对理解经济现象是不是很重要。在研究401(k)计划，即对一些企业向工人提供的享受税收优惠的退休金储蓄账户时出现了一个令人感兴趣的问题。在一些企业，工人填一个简单的表就可以参与这个计划。在另一些企业，工人们被自动加入该计划，并可以通过填一个简单的表而退出这个计划。结果，在第二种情况下参与的工人比第一种情况下多得多。如果工人是完全的理性最大化者，无论他们的雇主提供的计划是否是默认的，工人应该选择最优量的退休金储蓄。实际上，工人的行为似乎表现出相当大的惯性。一旦我们放弃了理性人模型，理解他们的行为似乎就容易了。

你会问，为什么当心理学和常识都怀疑理性假设时，经济学却仍要建立在这个假设之上呢？一种回答是，即使这一假设不是完全真实的，也仍然相当接近于真实。例如，当我们研究竞争企业和垄断企业之间的差别时，企业理性的利润最大化假设就得出了许多重要而适用的观点。回想一下第2章，经济模型并不意味着复制现实，只是要说明所涉及问题的本质，以有助于理解。

经济学家经常假设理性的另一个原因可能是经济学家本身也不是理性最大化者。与大多数人一样，他们也过分自信，而且，他们也不愿改变自己的观念。他们在可供选择的人类行为理论中做出的选择也表现出巨大的惯性。而且，经济学家也会满足于并不完美但足够好的理论。理性人模型可能是使社会科学家满意的选择理论。

22.3.2 人关注公正

497

关于人类行为的另一种观点可以用一个称为**最后通牒游戏**的实验来作最好的说明。游戏的进行如下：两位志愿者（他们相互不认识）被告知，他们将要去玩游戏并可以赚到100美元。在玩以前，他们要了解规则。游戏从掷硬币开始，硬币用来确定充当玩家A和玩家B角色的志愿者。玩家A的工作是在他自己和玩家B之间分100美元奖金。在玩家A提出他的建议后，玩家B决定是接受还是拒绝。如果他接受了，两个玩家根据这个建议得到钱。如果玩家B拒绝了建议，两家都空手走出去。无论在哪一种情况下，游戏都结束了。

在继续进行游戏之前，停下来并想想在这种情况下你会怎么做。如果你是玩家A，你会建议如何分这100美元？如果你是玩家B，你会接受什么建议？

传统的经济理论假设在这种情况下，人们是理性的财富最大化者。这个假设得出了一个简单的预期：玩家A应该建议他得99美元，而B得1美元；而且，玩家B应该接受这个建议。毕竟，一旦提出了建议，玩家B只要从中得到点什么，他接受建议状况就会改善。此外，由于玩家A知道，接受建议符合玩家 B 的利益，所以，玩家 A 就没有理由给他的钱多于 1 美元。用博弈论（第 17 章中讨论的）的语言说，99－1 分配是纳什均衡。

但是，当实验经济学家让现实的人玩最后通牒游戏时，结果与这种预期差别很大。充当玩家 B 角色的人通常拒绝只给他 1 美元或类似的少量钱的建议。由于预料到这一点，扮演玩家 A 角色的人通常建议给玩家 B 的钱远远多于 1 美元。一些人将提出 50－50 的分法，但更经常的是玩家 A 建议给玩家 B 30 或 40 美元这样的量，并把大部分留给自己。在这种情况下，玩家 B 通常会接受建议。

这说明什么呢？合理的解释是人们部分受朴素的公正观念的驱使。99－1 的分法在许多人看来如此之不公正，即使自己一无所获也要拒绝。与此相反，70－30 的分法虽然仍不公正，但没有不公正到使人们放弃正常的利己。

在我们对家庭和企业行为的整个研究中，朴素的公正观念没有起到任何作用。但是，最后通牒游戏的结果表明，也许应该考虑这一点。例如，在第 18 章和第 19 章，我们讨论了劳动供求如何决定工资。一些经济学家提出，应该把企业支付给工人的工资的可观察到的公正性也包括在内。因此，当企业某一年获利特别丰厚时，尽管标准的均衡没有表示出，但工人（和玩家 B 一样）也可以指望得到一份公正的奖金。企业（和玩家 A 一样）也会由于担心工人会用降低效率、罢工或恶意破坏来惩罚企业而决定向工人支付高于均衡水平的工资。

新闻摘录
这是你经济学的大脑

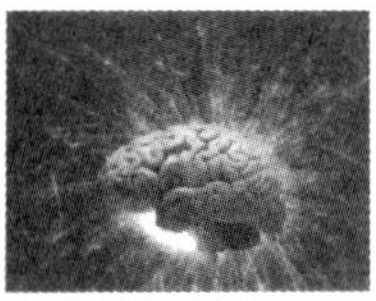

图片来源：© LOUIE PSIHOYOS/SCIENCE FACTION/GETTY IMAGES.

研究日益集中在经济学和神经科学的交叉点上。

进入神经经济学：投资者为什么做他们所做之事

Tyler Cowen

拉斯维加斯闪耀的灯光和响亮的钟声激起了发财的幻想并鼓舞人们去冒险。保险公司用忧郁的口气提醒我们死亡率。市场营销家们都知道，内容和表达影响着我们的决策。

第一次，经济学家们开始科学地研究这些现象。他们用一种新技术追踪大脑里的神经活动，研究情感如何影响人们的选择，包括赌徒和投资者的经济选择。

比如，当人们处于"积极唤起状态"时，人们想到的是未来的收益，并且享受风险带来的感觉。我们每个人都很熟悉随着奖杯而来的兴奋感。斯坦福大学的两位研究人员 Camelia Kuhnen 和 Brian Knutson 发现，当人们的大脑显示出这种情绪时，人们很愿意承担一些愚不可及的风险。

但是当人们想到成本代价，就开始用不同的大脑模块，也就变得更焦虑。至少在实验室里，人们在这种情境下就变得非常保守。而且人们还会对带有未知因素的模糊风险特别恐惧。这可能有助于解释为什么投资者不太愿意投资于外国股票市场，即使他们可以以很低的成本分散投资组合。

人并不是一以贯之或者彻底理性的决策者，这大概是颠扑不破的真理。加州理工学院的经济学教授 Peter L. Bossaerts 研究发现，大脑是分开评价风险和收益的，并不像经济学家们所说的“预期效用”那样把风险和收益一起算。

研究人员可以通过屏幕观察到人们是如何把他们的选择在大脑的不同区域分门别类。这听起来不太像是经济学，但是神经经济学家正是从经济学家哈耶克的见解出发的——人脑的资源是稀缺的，必须配置给有竞争力的用途。大脑和经济体系一样，运转良好的系统不可能是中央集权指挥控制的。

神经经济学方兴未艾，最早的一篇重要实证性论文是 2001 年由 Kevin McCabe、Daniel Houser、Lee Ryan、Vernon Smith 和 Theodore Trouard 合作发表的。他们都是经济学教授。加州理工学院有一个神经经济学实验室，由 Colin F. Camerer 领导，他本人既是数学奇才，现在又是经济学教授。这个实验室聚集了一批优秀的跨学科研究人员。很多早期的参加者既学过神经学又学过经济学，并且依然是这个领域的佼佼者。

投资者对于这些研究成果可能带来的赚钱潜力越来越有兴趣。想象一下，可以训练交易员们把感情放在一边，或者提前通过脑部扫描测试他们的客观性。未来可能还有设备能够监控交易员们在交易大厅或者议价过程中的情感状况，并且指导他们如何补救可能发生的错误。

最好的交易员最擅长了解别人的心思吗？还是交易技巧与某些特征有关，例如计算和忽略周围人类情感喧扰的能力？

更为野心勃勃的是未来的研究可能会尝试去决定短期的价格泡沫什么时候破灭。当人们不再微笑，调整肾上腺素水平或者用不同眼神接触的时候，市场是不是就潮流逆转了？

不是所有的神经经济学都利用大脑扫描。麻省理工学院斯隆管理学院的 Andrew W. Lo 教授就使用类似测谎仪的技术分析证券交易员，证明了焦虑和恐惧影响了市场行为。测量眼睛的移动既容易又便宜，也有助于研究人员确定被试者在想些什么。还有些研究人员打开猴子的头盖骨测量单个的神经元，猴子的神经元根据奖赏的概率和数量会部分活化。但是大部分经济学家会在意这些吗？像“依伏神经核”这样的词——指的是大脑皮层下与奖赏刺激有关的细胞核——在研究利率和货币供给这样的领域会受到欢迎吗？怀疑者质疑神经经济学是否能解释真实世界的现象。

神经经济学家承认他们的努力还在初期阶段。识别大脑模块和相应的作用是困难的。即使大脑的某个部分在特定时刻是活跃的，它又如何参与到人们决策时更为广泛的方法中呢？

研究中被扫描的人数通常都很少，因为扫描费用为每小时 500 美元，还要使用昂贵的机器。而且环境也有影响。我们大概没法把纽约交易所交易大厅里的决策和医院扫描仪下的决策相提并论，在医院被试者必须躺着，听着嘶嘶的机器声，保持心如止水，还要思索交易策略。

尽管这样，如果技术让研究人员能够分辨更多的大脑区域，更准确地认读大脑，而且成本也更低，神经经济学还是会有大幅进步。这个领域越来越多地认同人类的情感是重要的，只不过不太知道怎么去处理。

下一步呢？可能神经经济学家应该转向政治经济学。人们在投票的时候和在作交易的时候一样用同一个大脑部位思考吗？投票是出于恐惧、厌恶，还是出于对新事物、兴奋感的期待？

资料来源： *New York Times*, April 20, 2006.

22.3.3 人有时是矛盾的

设想有一些枯燥的工作，比如，洗衣服、扫自己门前路上的雪，或填写你的所得税表。现在考虑以下几个问题：

498 (1) 你偏好A：花50分钟立即做完这些事，还是B：明天花60分钟做这些事？

(2) 你偏好A：在第90天内花50分钟做这些事，还是B：花60分钟在91天内做这些事？

当提出这类问题时，许多人对问题(1)选B，而对问题(2)选A。当预做计划时[正如问题(2)那样]，他们使用于枯燥工作的时间最小化。但面对立即做这些事的情况时[正如问题(1)那样]，他们又选择了拖延。

在一些方面，这种行为并不令人惊讶：每个人都时常会拖一拖。但是，从理性人理论的角度看，这令人困惑。假设，对问题(2)的回答，一个
499 人选择在90天内花50分钟。然后，当第90天到来时，我们允许他改变自己的主意。实际上，这时他就面对问题(1)，因此，他选择在明天做这件事。但是，为什么仅仅是时间的流逝就会影响他做出的选择呢？

生活中人们经常为自己制订计划，但他们并没有遵守计划。一个吸烟者答应戒烟，但在吸完最后一支烟的几小时里，他又要求再吸一支并违背了诺言。一个想减肥的人答应不再吃甜点，但当侍者端来甜点盘时，他又把诺言忘了。在这两种情况下，即时满足的欲望使他们放弃了自己过去的计划。

一些经济学家认为，消费—储蓄决策是人们总是表现出这种不一致
500 性的重要例子。对许多人来说，支出提供了即时满足。储蓄，如同放弃香烟和甜点一样，要求为遥远未来的报酬而做出现时的牺牲。而且，也正如许多吸烟者希望自己戒烟和许多超重的人希望自己吃得少一点一样，许多消费者希望自己储蓄得更多。根据一份调查，76%的美国人说他们的储蓄将不够退休后用。

这种前后不一致性暗含着人们应该努力用一些方法使自己未来按计划

行事。想戒烟的吸烟者可以把他的烟扔掉,想减肥的人可以锁住电冰箱。一个储蓄太少的人该怎么做呢?他应该找到某种方法在他花钱之前把钱锁起来。一些退休金账户,如 401(k),正是起到了这一作用。一个工人可以同意在他看到钱之前就从他的工资支票中划出一些钱。在退休之前若使用存入这个账户的钱就要交罚金。也许这就是这些退休金账户如此受欢迎的一个原因:它们制止了人们自己即时满足的欲望。

即问即答 描述人的决策不同于传统经济理论中理性人决策的至少三个方面。

22.4 结论

本章考察了微观经济学的前沿。你会注意到,我们只是简述了思想,而没有完全展开这些思想。这不是偶然的。一个原因是,你在高级课程中会更详细地学习这些主题。另一个原因是,这些主题仍然是活跃的研究领域,因此,仍然在不断更新。

为了说明这些主题如何适用于更广泛的情况,回想一下第 1 章的经济学十大原理。一个原理认为,市场通常是组织经济活动的一种好方法。另一个原理说明,政府有时可以改善市场结果。当你学习经济学时,你可以更充分地领悟这些原理的真实性以及运用这些原理时应该注意的问题。不对称信息的研究应该使你更谨慎地对待市场结果;政治经济学的研究应该使你更谨慎地对待政府的解决方法;而行为经济学的研究应该使你更谨慎地对待依靠人的决策的任何一种制度,包括市场和政府。

如果说这些主题有一个统一的观点,那就是:生活是杂乱的。信息是不完全的,政府是不完善的,人也是不完美的。当然,在你开始学习经济学之前,你早就知道这些。但是,如果经济学家要解释,也许甚至改善周围的世界,就需要尽可能准确地理解这些不完善之处。

内容提要 501

◎ 在许多经济交易中,信息是不对称的。当存在隐蔽性行为时,委托人会关注因代理人道德风险问题引起的损失。当存在隐蔽性特征时,买者会关注卖者中的逆向选择问题。私人市场有时用发信号和筛选来应对不对称信息。

◎ 虽然政府政策有时可以改善市场结果,但政府本身也是不完善的制度。康多塞悖论说明,多数原则没有引起社会有传递性的偏好;而阿罗不可能性定理说明,没有一种投票制度是完美的。在许多情况下,民主制度将产生中值选民想要的结果,而无论其他选民的偏好是什么。此外,那些决定政府政策的人会受利己而不是国家利益的驱动。

◎ 心理学和经济学的研究表明,人的决策比传统经济理论所假设的要复杂。人们并不总是理性的,他们关心经济结果的公正性(即使对他们自己有不利影响),而且,他们可能具有前后不一致性。

关键概念

道德风险
代理人
委托人
逆向选择
发信号
筛选
康多塞悖论
阿罗不可能性定理
中值选民定理
行为经济学

复习题

1. 什么是道德风险?列出雇主为了降低这个问题严重性可能会做的三件事。
2. 什么是逆向选择?举出逆向选择可能成为一个问题的市场的一个例子。
3. 给**发信号**和**筛选**下定义,并各举出一个例子。
4. 康多塞提到的投票的非正常特征是什么?
5. 解释为什么多数原则代表了中值选民的偏好,而不是平均选民的偏好。
6. 描述最后通牒游戏。传统经济理论预期这个游戏的结果是什么?试验证实了这种预期吗?解释原因。

502

问题与应用

1. 下列每一种情况都涉及道德风险。在每种情况下,确定委托人和代理人,并解释为什么存在不对称信息。所描述的行为如何减少了道德风险问题?
   a. 房东要求房客支付保证金。
   b. 企业把在未来以既定价格购买公司股票的期权作为对高层管理人员的报酬。
   c. 汽车保险公司对在汽车上安装防盗器的客户提供折扣。
2. 假设长寿健康医疗保险公司对一种家庭保险单每年收取 5 000 美元。公司总裁建议,为了增加利润,公司把每年的价格提高到 6 000 美元。如果企业采用了这个建议,会产生什么经济问题?平均而言,企业的客户群中健康的人会更多还是不健康的人会更多?公司的利润一定能增加吗?
3. 本章的案例研究描述了男朋友如何通过向女朋友赠送适当的礼物发出"他爱她"的信号。你认为说"我爱你"是否算做信号?为什么?
4. 一些艾滋病宣传员认为,不应该允许医疗保险公司问申请者是否感染了引起艾滋病的 HIV 病毒。这种规定帮助了还是伤害了那些 HIV 呈阳性的人?这种规定帮助了还是伤害了那些 HIV 不呈阳性的人?这种规定加剧了还是减缓了医疗保险市场上的逆向选择问题？你认为它增加了还是减少了没有医疗保险的人数？按你的选择，这是一种好政策吗？

5. 政府正在考虑两种帮助穷人的方法：给他们现金，或者由赈济处向他们提供免费餐。举出一个支持发放现金的理由。根据不对称信息，给出一个赈济处会比给现金更好的理由。

6. Ken 向一家冰淇淋店走去。

   侍者：今天我们有香草的和巧克力的。

   Ken：我要香草的。

   侍者：我差点忘了。我们也有草莓的。

   Ken：这样的话，我要巧克力的。

   Ken 违背了决策的标准特征吗？（提示：再读一下有关阿罗不可能性定理的那部分内容。）

7. 三个朋友正在选择吃午餐的餐馆。下面是他们的偏好：

	Rachel	Ross	Joey
第一选择	意大利餐馆	意大利餐馆	中国餐馆
第二选择	中国餐馆	中国餐馆	墨西哥餐馆
第三选择	墨西哥餐馆	墨西哥餐馆	法国餐馆
第四选择	法国餐馆	法国餐馆	意大利餐馆

   a. 如果三个朋友用博达计算做出他们的决策，他们到哪里吃饭？

   b. 在去他们所选择的餐馆的路上，他们看到墨西哥餐馆和法国餐馆关门了，因此，他们用博达计算再在剩下的两家餐馆中选择。现在他们决定去哪家餐馆？

   c. 你对 a 和 b 的回答如何与阿罗不可能性定理相关？

8. 三个朋友选择看哪一个电视节目。下面是他们的偏好：

	Chandler	Phoebe	Monica
第一选择	*Lost*	*Heroes*	*Scrubs*
第二选择	*Heroes*	*Scrubs*	*Lost*
第三选择	*Scrubs*	*Lost*	*Heroes*

   a. 如果三个朋友用博达计算做出他们的选择，会出现什么结果？

   b. Monica 建议按多数原则投票。她提出，他们先在 *Lost* 和 *Heroes* 之间选择，然后在第一次投票中的赢者和 *Scrubs* 之间选择。如果他们都忠实地按他们的偏好投票，会出现什么结果？

   c. Chandler 会同意 Monica 的建议吗？ 503
   他偏好哪一种投票制度？

   d. Phoebe 和 Monica 能说服 Chandler 按 Monica 的投票制度去做吗？在第一轮投票中，Chandler 虚伪地说，他对 *Heroes* 的偏好大于 *Lost*。他为什么会这么做？

9. 五位室友计划在他们的宿舍里看电影来度过周末，而且，他们正在争论看几部电影。下面是他们的支付意愿：

单位：美元

	Quentin	Spike	Ridley	Martin	Steven
第一部电影	7	5	4	2	1
第二部电影	6	4	2	1	0
第三部电影	5	3	1	0	0
第四部电影	3	1	0	0	0
第五部电影	1	0	0	0	0

租录像带的成本为 8 美元,由室友平分,因此,每部电影每人支付 1.6 美元。

a. 有效的看电影数量(即使总剩余最大化的数量)是几部?

b. 从每个室友的角度看,偏好的电影是几部?

c. 中值室友的偏好是什么?

d. 如果室友在有效结果和中值投票人的偏好之间进行投票,每个人会如何投票?哪一个结果会得到大多数票?

e. 如果一个室友提出了一个不同数量的电影的建议,他的建议能战胜 d 中投票的赢者吗?

f. 在提供公共物品中多数原则能达到有效的结果吗?

10. 一组运动员正在进行多日三项全能的竞赛。他们第一天比赛长跑,第二天比赛游泳,第三天比赛自行车。你知道运动员要完成三个项目中每一项的顺序。根据这个信息,请你安排整个竞赛的顺序。你要满足以下条件:

- 运动员的顺序应该是可传递的:如果运动员 A 排在 B 之前,运动员 B 排在 C 之前,那么运动员 A 就一定排在 C 之前。
- 如果在三场比赛中 A 都击败了 B,A 就应该排在 B 之前。
- 任何两个运动员的排列顺序不取决于第三个运动员在结束排序之前是否已被淘汰出竞赛。

根据阿罗定理,只有三种能满足这些特征的运动员排序。这三种排序是什么?这三种排序是合意的吗?为什么?你认为较好的排序日程是哪一种?你的排序使以上哪一个特征得不到满足?

11. 为什么两党制的一个政党会不选择接近于中值选民?(提示:考虑投票中的弃权和政治捐献)。

12. 两家冰淇淋店正在一条一英里的海岸上选址。人们都沿着海岸坐,坐在海滩上的每个人每天从离自己最近的店买一个冰淇淋蛋卷。每个冰淇淋卖者都想使自己的顾客数量最大化。这两家店应设在沿海岸的什么地方?

13. 解释以下的反应为什么反映了某种对理性的背离。

a. 在广泛报道了加州的地震之后,许多人到自己的保险公司申请地震保险。

b. 1 月份,许多保健俱乐部都提供特别会员年费,以吸引那些在新的一年决心运动更多的顾客。即使这些会员费昂贵,许多新顾客也很少去锻炼。

术 语 表

支付能力原则(ability-to-pay principle) 认为应该根据一个人可以承受的负担来对这个人征税的思想。

绝对优势(absolute advantage) 用比另一个生产者更少的投入生产某种物品的能力。

会计利润(accounting profit) 总收益减总显性成本。

逆向选择(adverse selection) 从无信息一方的角度看,无法观察到的特征组合变为不合意的倾向。

代理人(agent) 一个为另一个人(称为委托人)完成某种行为的人。

阿罗不可能性定理(Arrow's impossibility theorem) 一个数学结论,它表明在某些假设条件之下,没有一种方案能把个人偏好加总为一组正确的社会偏好。

平均固定成本(average fixed cost) 固定成本除以产量。

平均收益(average revenue) 总收益除以销售量。

平均税率(average tax rate) 支付的总税收除以总收入。

平均总成本(average total cost) 总成本除以产量。

平均可变成本(average variable cost) 可变成本除以产量。

行为经济学(behavioral economics) 经济学中将心理学的观点考虑进来的分支学科。

受益原则(benefits principle) 认为人们应该根据他们从政府服务中得到的利益来纳税的思想。

预算约束线(budget constraint) 对消费者可以支付得起的消费组合的限制。

预算赤字(budget deficit) 政府支出大于政府收入。

预算盈余(budget surplus) 政府收入大于政府支出。

经济周期(business cycle) 就业和生产等经济活动的波动。

资本(capital) 用于生产物品与劳务的设备和建筑物。

卡特尔(cartel) 联合起来行事的企业集团。

循环流量图(circular-flow diagram) 一个说明货币如何通过市场在家庭与企业之间流动的直观经济模型。

科斯定理(Coase theorem) 认为如果私人各方可以无成本地就资源配置进行协商,那么,他们就可以自己解决外部性问题的一个命题。

勾结(collusion) 一个市场上的企业之间就生产的产量或收取的价格达成的协议。

公共资源(common resources) 有竞争性但无排他性的物品。

比较优势(comparative advantage) 一个生产者以低于另一个生产者的机会成本生产一种物品的行为。

补偿性工资差别(compensating differential) 为抵消不同工作的非货币特性而产生的工资差别。

竞争市场(competitive market) 有许多买者与卖者,以至于每个人对市场价格的影响都微乎其微的市场。

互补品(complement) 一种物品价格上升引起另一种物品需求量减少的两种物品。

康多塞悖论(Condorcet paradox) 多数原则没有产生可传递的社会偏好。

规模收益不变(constant returns to scale) 长期平均总成本在产量变动时保持不变的特性。

消费者剩余(consumer surplus) 买者愿意为一种物品支付的量减去其为此实际支付的量。

矫正税(corrective taxes) 旨在引导私人决策者考虑负外部性引起的社会成本的税收。

成本(cost) 卖者为了生产一种物品而必须放弃的每种东西的价值。

成本—收益分析(cost-benefit analysis) 比较提供一种公共物品的社会成本与社会收益的研究。

需求的交叉价格弹性(cross-price elasticity of demand) 衡量一种物品需求量对另一种物品价格变动的反应程度的指标,用第一种物品需求量变动百分比除以第二种物品价格变动百分比来计算。

无谓损失(deadweight loss) 市场扭曲(例如税收)引起的总剩余减少。

需求曲线(demand curve) 表示一种物品的价格与需求量之间关系的图形。

需求表(demand schedule) 表示一种物品的价格与需求量之间关系的表格。

边际产量递减(diminishing marginal product) 一种投入的边际产量随着投入量增加而减少的特征。

收益递减(diminishing returns) 随着投入量的增加,每一单位额外投入得到的收益减少的特性。

歧视(discrimination) 对仅仅由于种族、宗教、性别、年龄或其他个人特征不同的相似个人提供不同的机会。

规模不经济(diseconomies of scale) 长期平均总成本随产量增加而增加的特性。

占优策略(dominant strategy) 无论其他参与者选择什么策略,对一个参与者都为最优的策略。

经济利润(economic profit) 总收益减总成本,包括显性成本与隐性成本。

经济学(economics) 研究社会如何管理自己的稀缺资源。

规模经济(economies of scale) 长期平均总成本随产量增加而减少的特性。

效率(efficiency) 社会能从其稀缺资源中得到最大利益的特性。

效率工资(efficiency wages) 企业为了提高工人的生产率而支付的高于均衡工资的工资。

有效市场假说(efficient market hypothesis) 认为资产价格反映了关于一种资产价值的所有公开的、可获得的信息的理论。

有效规模(efficient scale) 使平均总成本最小的产量。

弹性(elasticity) 衡量需求量或供给量对其某种决定因素的反应程度的指标。

平等(equality) 经济成果在社会成员中公平分配的特性。

均衡(equilibrium) 市场价格达到使供给量与需求量相等的水平时的状态。

均衡价格(equilibrium price) 使供给与需求平衡的价格。

均衡数量(equilibrium quantity) 均衡价格下的供给量与需求量。

排他性(excludability) 一种物品具有的可以阻止一个人使用该物品的特性。

显性成本(explicit costs) 需要企业支出货币的投入成本。

出口(exports) 在国内生产而在国外销售的物品。

外部性(externality) 一个人的行为对旁观者福利的影响。

生产要素(factors of production) 用于生产物品与劳务的投入。

固定成本(fixed costs) 不随着产量变动而变动的成本。

搭便车者(free rider) 得到一种物品的利益但避开为此付费的人。

博弈论(game theory) 研究策略状况下人们如何行为。

吉芬物品(Giffen good) 价格上升引起需求量增加的物品。

横向平等(horizontal equity) 主张有相似支付能力的纳税人应该缴纳等量税收的思想。

人力资本(human capital) 对人的投资的积累,如教育和在职培训。

隐性成本(implicit costs) 不需要企业支出货币的投入成本。

进口(imports) 在国外生产而在国内销售的物品。

激励(incentive) 引起一个人做出某种行为的某种东西。

收入效应(income effect) 当一种价格变动使消费者移动到更高或更低无差异曲线时所引起的消费变动。

需求收入弹性(income elasticity of demand) 衡量一种物品需求量对消费者收入变动反应程

度的指标,用需求量变动百分比除以收入变动百分比来计算。

无差异曲线(indifference curve) 一条表示给消费者相同满足程度的消费组合的曲线。

低档物品(inferior good) 收入增加引起需求量减少的物品。

通货膨胀(inflation) 经济中物价总水平的上升

实物转移支付(in-kind transfers) 以物品和劳务而不是以现金形式给予穷人的转移支付。

外部性内在化(internalizing the externality) 改变激励,以使人们考虑到自己行为的外部效应。

需求定理(law of demand) 认为在其他条件不变时,一种物品价格上升,对该物品的需求量减少的观点。

供给定理(law of supply) 认为在其他条件不变时,一种物品价格上升,该物品供给量增加的观点。

供求定理(law of supply and demand) 任何一种物品价格的调整都会使该物品的供给和需求达到平衡。

自由主义(liberalism) 一种政治哲学,根据这种政治哲学,政府应该选择必要的公正的政策。这种公正要由一位在"无知面纱"背后的无偏见评论者来评价。

自由至上主义(libertarianism) 一种政治哲学,根据这种政治哲学,政府应该惩罚犯罪并实行自愿的协议,但不应该进行收入再分配。

生命周期(life cycle) 在人的一生中有规律的收入变动形式。

定额税(lump-sum tax) 对每个人等量征收的税收。

宏观经济学(macroeconomics) 研究整体经济现象,包括通货膨胀、失业和经济增长。

边际变动(marginal change) 对行动计划的微小增量调整。

边际成本(marginal cost) 额外一单位产量所引起的总成本的增加。

边际产量(marginal product) 增加一单位投入所引起的产量增加。

劳动的边际产量(marginal product of labor) 增加的一单位劳动所引起的产量增加量。

边际替代率(marginal rate of substitution, MRS) 消费者愿意以一种物品交换另一种物品的比率。

边际收益(marginal revenue) 增加一单位销售量引起的总收益变动。

边际税率(marginal tax rate) 增加1美元收入所支付的额外税收。

市场(market) 由某种物品或劳务的买者与卖者组成的一个群体。

市场经济(market economy) 当许多企业和家庭在物品与劳务市场上相互交易时,通过它们的分散决策配置资源的经济。

市场失灵(market failure) 市场本身不能有效配置资源的情况。

市场力量(market power) 单个经济活动者(或经济活动者的一个小集团)对市场价格有显著影响的能力。

最大最小准则(maximin criterion) 一种主张,认为政府的目标应该是使社会上状况最差的人的福利最大化。

中值选民定理(median voter theorem) 一个数学结论,表明如果要选民沿着一条线选一个点,而且,每个选民都想选离他最偏好的点最近的点,那么,多数原则将选出中值选民最偏好的点。

微观经济学(microeconomics) 研究家庭和企业如何做出决策,以及它们如何在市场上相互交易。

垄断竞争(monopolistic competition) 存在许多出售相似但不相同产品的企业的市场结构。

垄断企业(monopoly) 一种没有相近替代品的产品的唯一卖者的企业。

道德风险(moral hazard) 一个没有受到完全监督的人从事不诚实或不合意行为的倾向。

纳什均衡(Nash equilibrium) 相互作用的经济主体在假定所有其他主体所选策略为既定的情况下选择自己最优策略的状态。

自然垄断(natural monopoly) 由于一个企业能以低于两个或更多企业的成本向整个市场供给一种物品或劳务而产生的垄断。

自然资源(natural resources) 由自然界提供的用于生产物品与劳务的投入,如土地、河流和矿藏。

负所得税(negative income tax) 向高收入家庭征税并给低收入家庭转移支付的税制。

正常物品(normal good) 收入增加引起需求量增加的物品。

规范表述(normative statements) 企图描述世界应该是什么的观点。

寡头(oligopoly) 只有少数几个卖者提供相似或相同产品的市场结构。

机会成本(opportunity cost) 为了得到某种东西所必须放弃的东西。

完全互补品(perfect complements) 无差异曲线为直角形的两种物品。

完全替代品(perfect substitutes) 无差异曲线为直线的两种物品。

持久收入(permanent income) 一个人的正常收入。

政治经济学(political economy) 用经济学的分析方法研究政府。

实证表述(positive statements) 企图描述世界是什么的观点。

贫困线(poverty line) 由联邦政府根据每个家庭规模确定的一种收入绝对水平,低于这一水平的家庭被认为处于贫困状态。

贫困率(poverty rate) 家庭收入低于一个称为贫困线的绝对水平的人口百分比。

价格上限(price ceiling) 出售一种物品的法定最高价格。

价格歧视(price discrimination) 以不同价格向不同顾客出售同一种物品的经营做法。

需求价格弹性(price elasticity of demand) 衡量一种物品需求量对其价格变动反应程度的指标,用需求量变动百分比除以价格变动百分比来计算。

供给价格弹性(price elasticity of supply) 衡量一种物品供给量对其价格变动反应程度的指标,用供给量变动百分比除以价格变动百分比来计算。

价格下限(price floor) 出售一种物品的法定最低价格。

委托人(principal) 让另一个人(称为代理人)完成某种行为的人。

囚徒困境(prisoners' dilemma) 两个被捕的囚徒之间的一种特殊"博弈",说明为什么甚至在合作对双方都有利时,保持合作也是困难的。

私人物品(private goods) 既有排他性又有竞争性的物品。

生产者剩余(producer surplus) 卖者出售一种物品得到的量减去其生产成本。

生产函数(production function) 用于生产一种物品的投入量与该物品产量之间的关系。

生产可能性边界(production possibilities frontier) 表示在可得到的生产要素与生产技术既定时,一个经济所能生产的产量的各种组合的图形。

生产率(productivity) 一个工人一小时所生产的物品与劳务数量。

利润(profit) 总收益减去总成本。

累进税(progressive tax) 高收入纳税人缴纳的税收在收入中的比例高于低收入纳税人的税收。

产权(property rights) 个人拥有并控制稀缺资源的能力。

比例税(proportional tax) 高收入纳税人和低收入纳税人缴纳收入中相同比例的税收。

公共物品(public goods) 既无排他性又无竞争性的物品。

需求量(quantity demanded) 买者愿意并且能够购买的一种物品的数量。

供给量(quantity supplied) 卖者愿意并且能够出售的一种物品的数量。

理性人(rational people) 系统而有目的地尽最大努力实现其目标的人。

累退税(progressive tax) 高收入纳税人缴纳的税收在收入中的比例低于低收入纳税人的税收。

消费中的竞争性(rivalry in consumption) 一个人使用一种物品将减少其他人对该物品的使用的特性。

稀缺性(scarcity) 社会资源的有限性。

筛选(screening) 无信息的一方所采取的引起有信息的一方披露信息的行动。

短缺(shortage) 需求量大于供给量的状态。

发信号(signaling) 有信息的一方向无信息的一方披露自己私人信息所采取的行动。

社会保险(social insurance) 旨在保护人们规避负面事件风险的政府政策。

罢工(strike) 工会组织工人从企业撤出劳动。

替代品(substitute) 一种物品价格上升引起另一种物品需求量增加的两种物品。

替代效应(substitution effect) 当一种价格变动使消费者沿着一条既定的无差异曲线变动到有新边际替代率的一点时所引起的消费变动。

沉没成本(sunk cost) 已经发生而且无法收回的成本。

供给曲线(supply curve) 表示一种物品的价格与供给量之间关系的图形。

供给表(supply schedule) 表示一种物品的价格与供给量之间关系的表格。

过剩(surplus) 供给量大于需求量的状态。

关税(tariff) 对在国外生产而在国内销售的物品征收的税。

税收归宿(tax incidence) 税收负担在市场参与者之间进行分配的方式。

总成本(total cost) 企业用于生产的投入的市场价值。

(企业)总收益[total revenue (for a firm)] 企业出售其产品所得到的货币量。

(市场)总收益[total revenue (in a market)] 一种物品买者支付从而卖者得到的量,用该物品的价格乘以销售量来计算。

公地悲剧(Tragedy of the Commons) 一个寓言,说明从整个社会的角度看,为什么公有资源的使用大于合意的水平。

交易成本(transaction cost) 各方在达成协议与遵守协议过程中所发生的成本。

工会(union) 与雇主谈判工资和工作条件的工人协会。

功利主义(utilitarianism) 一种政治哲学,根据这种政治哲学,政府应该选择使社会上所有人总效用最大化的政策。

效用(utility) 衡量幸福或满足程度的指标。

边际产量值(value of the marginal product) 一种投入的边际产量乘以该产品的价格。

可变成本(variable costs) 随着产量变动而变动的成本。

纵向平等(vertical equity) 主张支付能力更强的纳税人应该缴纳更多税收的思想。

福利(welfare) 补贴需要者收入的政府计划。

福利经济学(welfare economics) 研究资源配置如何影响经济福利的一门学问。

支付意愿(willingness to pay) 买者愿意为某种物品支付的最高量。

世界价格(world price) 一种物品在世界市场上所通行的价格。

索　引

说明：索引中的页码为英文原书页码，在正文边际处。黑体的页码指给出关键术语定义的页码。

B

D

E

F

H

I

J

K

L

M

N

O

P

Q

R

S

U

V

W

教学支持服务

圣智学习出版集团（Cengage Learning）作为为终身教育提供全方位信息服务的全球知名教育出版集团，为秉承其在全球对教材产品的一贯教学支持服务，将为采用其教材图书的每位老师提供教学辅助资料。任何一位通过Cengage Learning北京代表处注册的老师都可直接下载所有在线提供的、全球最为丰富的教学辅助资料，包括教师用书、PPT、习题库等。

鉴于部分资源仅适用于老师教学使用，烦请索取的老师配合填写如下情况说明表。

教学辅助资料索取证明

兹证明____________大学__________系/院__________学年（学期）开设的____名学生☐主修 ☐选修的____________课程，采用如下教材作为☐主要教材 或 ☐参考教材：

书名：________________________

作者：____________________ ☐英文影印版 ☐中文翻译版

出版社：____________________

学生类型：☐本科1/2年级 ☐本科3/4年级 ☐研究生 ☐MBA ☐EMBA ☐在职培训

任课教师姓名：____________________

职称／职务：____________________

电话：____________________

E-mail:____________________

通信地址：____________________

邮编：____________________

对本教材的建议：____________________

系/院主任：__________（签字）

（系/院办公室章）

______年______月______日

---

*相关教辅资源事宜敬请联络圣智学习出版集团北京代表处。

北京大学出版社
PEKING UNIVERSITY PRESS

经济与管理图书事业部

北京市海淀区成府路205号 100871

联 系 人：石会敏 张 燕

电 话：**010-62767312 / 62767348**

传 真：**010-62556201**

电子邮件：shm@pup.pku.edu.cn

em@pup.pku.edu.cn

网 址：http://www.pup.cn

CENGAGE Learning

Cengage Learning Beijing Office

圣智学习出版集团北京代表处

北京市海淀区科学院南路2号融科资讯中心C座南楼1201室

Tel: (8610) 8286 2095 / 96 / 97 Fax: (8610) 8286 2089

E-mail: asia.infochina@cengage.com

www. cengageasia.com